CODE

DES PONTS ET CHAUSSÉES

ET DES MINES.

—

TOME II.

PARIS. — IMPRIMERIE DE FAIN ET THUNOT,

RUE RACINE, 28, PRÈS DE L'ODÉON.

CODE

DES PONTS ET CHAUSSÉES

ET DES MINES

OU

COLLECTION COMPLÈTE.

DES LOIS, ARRÊTÉS, DÉCRETS, ORDONNANCES, ARRÊTS DE LA COUR DE CASSATION,
RÈGLEMENTS ET CIRCULAIRES CONCERNANT LE SERVICE DES PONTS ET CHAUSSÉES
ET DES MINES;

Par Th. RAVINET,

Ancien chef au ministère des Travaux publics,
Chevalier de la Légion d'honneur;

AUTEUR DU
DICTIONNAIRE HYDROGRAPHIQUE DE LA FRANCE.

TOME DEUXIÈME.

DEUXIÈME ÉDITION.

PARIS.

CARILIAN-GŒURY ET Vor DALMONT,

LIBRAIRES DES CORPS ROYAUX DES PONTS ET CHAUSSÉES ET DES MINES,
Quai des Augustins, nos 39 et 41.

1847.

CODE

DES PONTS ET CHAUSSÉES

ET DES MINES.

*Décret du 27 janvier 1810, relatif au fonds de retraite des employés
et des ingénieurs des ponts et chaussées.*

ART. 1er. Il sera versé chaque année à la caisse d'amortissement, à
compter du 1er janvier 1810 (et ce suivant le mode prescrit par notre
décret du 7 fructidor an XII), une somme de dix mille francs, pour être
ajoutée annuellement et en totalité, pendant vingt ans, au fonds de la
retenue faite sur les appointements des employés de l'administration
centrale des ponts et chaussées, afin de servir, cumulativement avec ce
dernier fonds, à payer les retraites desdits employés.

La disposition du présent article est applicable aux fonds de soixante-
dix mille francs accordé par le même décret du 7 fructidor an XII pour
accroître les fonds de pensions des ingénieurs et de leurs veuves.

2. Les sommes à verser à la caisse d'amortissement, montant ensemble à celle de quatre-vingt mille francs, seront prélevées chaque
année sur le fonds général du service des ponts et chaussées.

3. Les veuves des ingénieurs continueront à avoir droit à des pensions alimentaires, conformément aux dispositions de notre décret du
7 fructidor an XII; mais, à dater du 1er janvier 1810, elles ne seront
point assujetties à justifier qu'elles n'ont pas un revenu net de six cents
francs.

---

*Circulaire du drieeteur général des ponts et chaussées (M. Molé) à
MM. les préfets, portant que les baux d'entretien des routes finiront
désormais au 31 mars.*

Paris, le 19 février 1810.

MONSIEUR le préfet, les baux d'entretien et de réparation des routes
ont eu jusqu'à ce moment pour terme celui de l'année civile, le 31 décembre.

Cette manière de terminer la campagne des travaux avec l'année et
l'exercice de fonds avait quelque chose de spécieux, en ne considérant
que l'ordre de la comptabilité; mais l'expérience a démontré que ce
faible avantage était contre-balancé par trop d'inconvénients pour que
l'on puisse s'y arrêter plus longtemps.

Les pluies, alors plus abondantes, occasionnent plus de dégradations,
et les routes, pour n'être pas interceptées, exigent des travaux plus
suivis. C'est alors qu'il s'agit d'employer les matériaux approvisionnés,

et cependant le transport de ces matériaux est devenu plus difficile par l'effet des neiges et des glaces.

On éprouve les mêmes difficultés pour la réception des ouvrages ; leur vérification, quelquefois illusoire, et souvent incomplète, est toujours pénible. Un changement d'adjudicataire à cette époque ne peut donc qu'apporter des retards dans les ateliers de travaux et d'approvisionnements.

Frappé de ces inconvénients, j'ai résolu de les faire disparaître en fixant généralement l'époque de l'expiration des baux au 31 mars.

Vous voudrez bien avoir égard à ces dispositions pour les baux d'entretien que vous aurez à passer à l'avenir. Je proroge même jusqu'au 31 mars prochain tous ceux qui seraient expirés à l'époque du 31 décembre dernier, et que vous n'auriez pas encore renouvelés.

Décret du 27 février 1810, contenant règlement pour la police du bassin à flot du port de la Rochelle.

TITRE Ier. *Admission dans le bassin à flot de la Rochelle ; entrée et sortie des bâtiments.* — Art. 1er. Nul bâtiment ne sera admis à l'entrée ou à la sortie du bassin sans un ordre écrit de l'officier du port ; cet ordre énoncera l'espèce de bâtiment, son jaugeage, le nom du capitaine, de l'armateur ou du consignataire, et de plus, pour le bâtiment entrant, la place qu'il occupera dans le bassin.

2. L'entrée et la sortie du bassin ne pourront avoir lieu que de jour et de pleine mer lorsque les deux eaux seront en équilibre. Cependant, s'il importait au bâtiment sortant de primer la marée, et que cela se pût sans nuire à ceux stationnés dans le bassin, on avancerait cet instant d'équilibre en ouvrant les ventelles des portes. Cette manœuvre, au surplus, ne pourra être faite que lorsque la mer montante aura acquis une hauteur suffisante pour qu'aucun des bâtiments de l'intérieur ne puisse échouer.

3. Nul bâtiment ne pourra se présenter au passage de l'écluse, dans quelque circonstance que ce soit, qu'il n'y ait sur le radier du côté du vieux port une hauteur d'eau supérieure à son tirant d'eau d'au moins 30 centimètres.

4. L'usage des gaffes armées de crochets de fer est rigoureusement proscrit dans le passage. Chaque bâtiment entrant ou sortant devra se touer de bord sur une amarre qu'il aura eu soin de placer d'avance dans la direction de l'axe de l'écluse, et qu'il fixera soit aux boucles d'amarrage, soit au fond par une ancre à jet qui sera relevée aussitôt après ; il pourra seulement se servir de perches ordinaires armées de boutons de bois pour éviter l'abordage le long des murs et des portes, le tout à peine de 25 francs d'amende.

5. Nul bâtiment ne pourra, sous la même peine, s'arrêter dans le passage de l'écluse ; il franchira ce passage avec toute la célérité possible, en y employant tous les moyens qui lui seront prescrits par l'officier du port, qui en dirigera d'ailleurs l'application et qui devra en conséquence être présent à cette opération.

6. L'entrée du bassin ne pourra être exigée des bâtiments chargés de chaux, de charbon de terre, de bois de chauffage.

TITRE II. *Du maître des portes et éclusiers sous ses ordres.* — 7. La manœuvre et la surveillance des portes seront confiées à un marin retiré du service de l'Etat, sous les ordres de l'officier du port; il fera ce service sous le titre de *maître des portes.*

8. Le maître des portes aura sous ses ordres quatre ouvriers éclusiers pour la manœuvre des portes.

9. Il est interdit à tous autres que les agents désignés dans les deux articles qui précèdent, de se mêler de cette manœuvre et de se permettre la moindre entreprise qui y ait rapport, même de toucher aux cabestans, palans et autres appareils établis à cet effet sur chaque bajoyer, le tout à peine de 50 francs d'amende, et même de plus forte somme en cas de récidive.

10. Les portes seront ouvertes chaque fois que le maître en recevra l'ordre de l'officier du port; elles seront refermées aussitôt que les bâtiments auxquels il s'agissait de livrer le passage l'auront franchi et que la mer commencera à descendre.

11. Le maître des portes et les quatre éclusiers sous ses ordres sont tenus de se trouver réunis aux portes, soit de jour, soit de nuit, une heure avant le plain de chaque marée, et d'y rester jusqu'à ce que les portes fermées soient bien solidement appuyées par la pression des eaux supérieures et à l'abri de l'effet des ressacs.

12. Lorsque la mer sera décroissante, c'est-à-dire depuis le cinquième jour après la syzygie jusqu'au quatrième après la quadrature, et que le temps d'ailleurs sera calme, ils seront dispensés de cette sujétion, sauf les cas où il s'agirait de manœuvrer les portes et les ventelles pour la sortie ou l'entrée de quelques bâtiments, conformément à ce qui a été prescrit par l'article 2.

13. Néanmoins, l'un des quatre éclusiers, d'après le tour de rôle qu'établira le maître, sera tenu d'être là pour veiller aux circonstances imprévues qui pourraient se présenter, et prévenir toutes les tentatives qui pourraient être faites contre l'ordre établi par le présent règlement pour la manœuvre des portes et la conservation des objets qui en dépendent.

14. Indépendamment du service qui vient de leur être assigné, le maître des portes et les quatre éclusiers sous ses ordres seront chargés de la main-d'œuvre de tout ce qui est relatif à l'entretien des portes et de leur appareil, de même que de celui des deux embarcations affectées au service des travaux, suivant les ordres qu'ils en recevront des ingénieurs. On leur fournira les matières et les ustensiles nécessaires à ces divers objets; ils auront soin surtout de laver souvent les portes, de nettoyer la vase qui s'accumule dans les entre-toises, et de tenir les cabestans et cordages qui servent à manœuvrer ces portes en bon état de service. Ils répondront personnellement des avaries auxquelles lesdits objets seraient exposés par leur faute ou leur négligence.

15. Le maître des portes et les quatre éclusiers devront loger, le plus possible, à la proximité de l'écluse.

16. Les éclusiers doivent subordination et obéissance au maître des portes dans tout ce qui concerne leur service, sous peine de remplacement.

Titre III. *Division du bassin.* — 17. Le bassin sera divisé en deux parties, dont l'une est consacrée à l'abattage en carène et à tout ce qui est relatif aux opérations que nésessite cet abattage; l'autre à la tenue à flot des bâtiments pendant leur armement et désarmement.

Première partie réservée au carénage. — 18. Les bâtiments qui auront à abattre et virer en quille ne pourront faire ces opérations que le long du quai qui joint la porte de la jetée à l'église de Saint-Nicolas. Nul ne pourra se placer le long de ce quai pour quelque autre opération que ce soit, ni y rester après que son carénage sera fini, le tout à peine de 25 francs d'amende.

Un navire ayant à caréner seulement aura la préférence, pour son placement à quai, sur tout autre ayant en même temps des réparations d'une autre espèce à faire, fallût-il même déplacer momentanément celui-ci.

19. Tout bâtiment virant en quille, s'il est à plus d'un mât, ne pourra le faire que sur deux mâts; et s'il est démâté, il sera tenu d'établir deux mâts pour cette opération. On aura soin d'avoir des défenses le long du bord au quai, et d'éviter le choc des portes, haubans ou autres parties saillantes sur la crête supérieure de ce quai, le tout à peine de 50 francs d'amende.

20. Au moment de chauffer un bâtiment abattu, le constructeur sera tenu, sous peine d'amende de pareille somme, de prévenir la direction de l'artillerie chargée de la sûreté de la tour Saint-Nicolas, servant de magasin d'artifice, et l'officier du port, et de prendre de son côté toutes les précautions nécessaires pour éviter les accidents. Il s'abstiendra de ce chauffage pendant les vents tempétueux, surtout lorsque leur direction pourra faire craindre le transport des étincelles vers la tour précitée ou sur les bâtiments stationnés dans le bassin.

Il aura d'ailleurs un nombre d'hommes suffisant et toujours disponible avec les ustensiles nécessaires pour arrêter les progrès du feu dès l'instant qu'il se manifesterait au bâtiment chauffé. Une pompe à incendie sera spécialement affectée à ce service.

21. Si le bâtiment à caréner a son lest à bord et qu'il faille l'en décharger pour cette opération, il pourra le déposer sur le quai, à dix mètres de distance du bord, mais il sera tenu de le reprendre aussitôt après, et de faire place nette au balais, le tout à peine de 10 francs d'amende.

22. Dans le débarquement de ce lest, comme dans tout autre, les matières ne seront point jetées de bord, mais portées à bras d'hommes et déposées à la main sur le tas.

Lorsqu'il s'agira de mettre momentanément à terre le lest et tous les fardeaux, tels que mâts, ancres, cabestans et autres pour les réparer, on aura soin, pour éviter leur choc sur le pavé, d'interposer des morceaux de bois assez forts pour résister à ce choc sans qu'il en résulte de dégradations, sous les peines portées aux lois et règlements de police, et en outre de payer la valeur des avaries.

23. Tout bâtiment qui aura caréné et qui quittera la place occupée par lui pendant cette opération, sera également tenu de débarrasser le quai de tous les dépôts de matières, ustensiles et débris de toute nature qu'il aurait pu y faire, et de laisser le lieu qu'il occupait dans un état de propreté convenable; en cas de contravention à cet article, le quai sera débarrassé et nettoyé à ses frais, à la diligence de l'officier du port, et

le bâtiment ne pourra sortir du bassin qu'après avoir acquitté les frais et l'amende, qui ne pourra être au-dessous de 10 francs.

24. Les chaudières à fondre le brai ne seront, dans aucun cas, établies sur le pavé. En attendant qu'il soit, à cet effet, construit des pégoulières, cette fusion ne pourra avoir lieu qu'au delà de la chaussée qui couronne le quai de carénage dans la partie vide de maisons, le long du rempart ou sur les parties non pavées en arrière des murs, en aile et en retour de ce quai, sous peine, pour les délinquants, d'encourir une amende de 50 francs et de plus forte en cas de récidive.

25. Nulle voiture, de quelque espèce qu'elle soit, même à bras, ne pourra outre-passer la ligne tracée par la plantation qui vient d'être faite et les pieux d'amarrage, sous les peines portées aux lois et règlements de police. Les fardeaux à charger ou à décharger seront conduits jusque-là à bras par le moyen de rouleaux.

26. Il est expressément défendu, sous les mêmes peines, de prendre sur ce quai des moyens d'abattage ou d'amarrage ailleurs qu'aux boucles et aux pieux qui s'y trouvent établis.

Deuxième partie consacrée aux mouvements des bâtiments. — 27. Le surplus du pourtour du bassin, sauf la place qui pourra être ultérieurement assignée à l'établissement d'une machine à mâter, sera entièrement consacrée aux mouvements des bâtiments en armement ou désarmement.

28. Les bâtiments venant du dehors et qui auront à mettre leur cargaison à terre auront, dans tous les cas, la préférence pour leur placement à quai, fallût-il même pour cela déplacer un bâtiment en chargement. Celui-ci aura à son tour la préférence sur le bâtiment qui ne serait point en charge. Tout bâtiment en déchargement l'opérera sans interruption, ou sera tenu de quitter sa place à quai, sous peine, en cas de désobéissance à la première injonction qui lui en sera faite par l'officier du port, d'une amende de 50 francs.

29. Dans tous les cas, un bâtiment ne pourra occuper que la place qui lui aura été assignée par l'officier du port, d'après les principes qui viennent d'être énoncés, et il sera toujours obligé de déférer à l'ordre qu'il recevra de cet officier d'en changer, sous les peines prévues en l'article précédent.

30. L'espace compris entre le quai de carénage et la parallèle à ce quai, partant du bajoyer de l'écluse du même côté, sera constamment laissé vide; le constructeur seul pourra y maintenir des radeaux et autres équipages flottants nécessaires au carénage, avec la précaution de les bien solidement amarrer.

31. Les bâtiments à quai seront solidement amarrés de l'arrière et de l'avant aux boucles fixées dans les murs et à ce destinées. Ils auront de plus des retenues au large pour les empêcher de venir heurter et frotter contre les quais, et enfin des défenses en cordages ou paillassons et non en bois, le long du bord, pour éviter les effets du frottement; dans les occasions où il serait inévitable, les retenues du large pourront être filées aux boucles des murs latéraux à celui où le bâtiment serait placé, ou à des ancres jetées dans l'intérieur du bassin; mais dans ce dernier cas, ces ancres seront momentanément levées lorsqu'il y aura lieu à mouvement d'entrée ou de sortie des bâtiments, pour prévenir tout danger, sauf à les replacer ensuite.

52. Il est expressément défendu, sous peine de 50 francs d'amende, de mettre des ancres à terre sous quelque prétexte que ce soit, et d'user d'autre moyen d'amarrage que ceux établis dans les murs et sur le couronnement des quais.

33. Nul bâtiment à quai ne pourra refuser une amarre de celui qui serait en deuxième ligne et ainsi de suite.

34. Il est expressément défendu, à peine de 500 francs d'amende au maximum contre le délinquant, aux équipages de jeter leurs bouriers ou autres immondices dans le bassin. Le capitaine est personnellement responsable des contraventions à ce sujet.

35. Les bâtiments en déchargement seront tenus de déposer à mesure leurs marchandises à dix mètres au delà du bord des quais, et de les enlever dans un délai de trois jours. Nul dépôt ne peut exister plus longtemps sur les quais et places aboutissants, sous peine d'une amende de 50 francs. La distance de dix mètres, précédemment indiquée, sera, dans tous les cas, parfaitement libre pour la circulation autour du bassin.

TITRE IV. *Compétence et application des amendes.* — 36. Les amendes et peines encourues pour les contraventions au présent règlement seront prononcées par les tribunaux de police municipale et correctionnelle suivant l'exigence des cas, sauf le renvoi au chef des mouvements maritimes, dans les cas prévus par l'article 50 du décret du 12 décembre 1806, pour les objets qui seraient de sa compétence.

37. Le produit des amendes sera versé dans la caisse du demi-droit de tonnage. Une partie de ces mêmes produits pourra aussi être employée par les préfets, à gratifier les officiers de port, conducteurs des ponts et chaussées, maîtres des portes et éclusiers qui auront mis du zèle dans la surveillance de ce service, et qui auront signalé et fait connaître les contraventions.

38. Nos ministres de l'intérieur et de la marine et des colonies sont chargés, chacun en ce qui le concerne, de l'exécution du présent décret.

Décret du 10 mars 1810, *concernant la propriété et l'administration du canal du Midi* (1).

NAPOLÉON, etc.; vu l'état des dotations par nous faites d'actions sur le canal du Midi; voulant pourvoir à l'administration de cette propriété, et assurer en même temps aux actionnaires la jouissance qu'ils ont droit d'attendre; nous avons décrété et décrétons ce qui suit :

TITRE Iᵉʳ. *De la propriété du canal.* — Art. 1ᵉʳ. La propriété du canal du Midi, cédée à notre domaine extraordinaire par acte du 21 juillet 1809, passé entre notre ministre de l'intérieur et notre conseiller d'État directeur général de la caisse d'amortissement, en exécution des décrets des 21 mars 1808, 7 février et 17 mai 1809, et de la loi du 23 décembre dernier, comprend :

_____

(1) Voir l'ordonnance du roi, du 25 avril 1823.

1° Les vingt et une portions deux tiers du canal principal qui appartenaient au domaine de l'État;

2° L'embranchement nommé le canal de Saint-Pierre, servant de communication entre la partie supérieure de la Garonne et la partie inférieure au-dessous du moulin de Basacle, à Toulouse;

3° L'embranchement ou canal en amont de Narbonne;

4° Celui dit la Robine de Narbonne;

5° Celui en aval de Narbonne;

6° Celui dit canal de Sainte-Lucie, jusqu'à son embouchure dans le canal du port de la Nouvelle;

Toutes lesdites parties du canal du Midi, telles qu'elles se trouvent au plan annexé au présent.

2. Dans la vente sont compris les bords, francs-bords, maisons éclusières, usines, magasins, terrains, rentes et autres droits et actions quelconques appartenant audit canal, sans exception ni réserves.

3. Les effets mobiliers, tels que bureaux, embarcations, matériaux appartenant à l'État et autres objets quelconques affectés au canal, font également partie de la vente.

4. Les droits de propriété appartenant au domaine extraordinaire de notre couronne seront divisés en mille actions de 10,000 francs chacune.

5. Les canaux donneront une propriété indivisible entre les mains des actionnaires. La propriété résidera toujours sous le titre collectif de l'association; il ne pourra en être distrait ni séparé aucune portion par cession, donation, décès, faillite des actionnaires, liquidation, faillite de la société, et toute autre cause.

6. La destination de la chose vendue ne pourra jamais être changée ni convertie à d'autres usages qu'à ceux de la navigation.

7. Pourra néanmoins la société propriétaire faire tous les changements utiles tendant à amélioration, tels que nouvelles prises d'eaux, nouvelle direction de canal, constructions d'écluses et autres ouvrages d'art sous de meilleures formes, création d'usines et autres perfectionnements; le tout néanmoins après avoir obtenu notre approbation.

8. Conformément à l'article 1er de la loi du 5 floréal an XI, la contribution foncière sur le canal ne pourra être établie qu'à raison des terrains qu'il occupe, et le canal ne pourra être assujetti à aucune taxe particulière.

9. Les actionnaires feront percevoir à leur profit le droit de navigation, conformément aux tarifs actuellement établis; il ne sera rien changé à ces tarifs avant l'expiration de trente années, époque à laquelle ils pourront être revisés et augmentés, s'il y a lieu, à raison des différences survenues dans les rapports de la valeur de l'argent avec le prix du travail et des denrées; le tout sera réglé administrativement.

TITRE II. *De la formation de la compagnie.* — 10. L'universalité des actionnaires forme une société en commandite sous le nom de compagnie du canal du Midi.

11. Tout appel de fonds sur les actionnaires est prohibé.

12. Il y aura un registre double sur lequel les actions seront inscrites nominativement. Le transfert s'opérera sur la déclaration du propriétaire, qui sera inscrite sur le registre.

13. Les actions de la compagnie du canal du Midi, pour leur immobilisation, leur inaliénabilité, leur disposition et jouissance, sont assimilées en tout aux actions de la banque de France.

14. Les actions peuvent être acquises par des étrangers.

Titre III. *De l'administration de la compagnie.* — 15. La compagnie entre en jouissance à compter du 1er janvier 1810. A partir de cette époque, toutes les recettes et dépenses sont partagées et supportées en commun par les actionnaires.

16. L'universalité des actionnaires de la compagnie sera représentée par les trente d'entre eux qui réuniront le plus d'actions, ou par leurs fondés de pouvoirs.

17. Les représentants se réuniront en assemblée générale dans le cours de chaque année.

18. Les assemblées générales seront présidées par le grand chancelier de la Légion d'honneur. En cas d'empêchement, le président de l'assemblée sera nommé à la majorité des voix.

19. L'administration générale du canal sera confiée à un administrateur nommé par nous, sur la présentation du grand chancelier de la Légion d'honneur.

20. Il devra, avant d'entrer en fonctions, justifier qu'il est propriétaire ou procureur spécial de propriétaires de cinquante actions au moins.

21. Il prêtera, entre les mains du grand chancelier de la Légion d'honneur, le serment de gérer les intérêts de la compagnie en bon père de famille, et d'exécuter scrupuleusement les règlements d'administration qu'elle aura arrêtés et qui auront été approuvés.

22. Il recevra une indemnité fixée provisoirement à 12,000 francs, et qui sera définitivement réglée par la première assemblée générale.

23. Il sera établi à Paris; il aura l'administration de toutes les affaires de la compagnie, surveillera les recettes et les dépenses, fera établir les états et bordereaux, et verser à la caisse de la société tous les fonds qui ne seront pas employés aux dépenses locales.

24. Il pourra suspendre et remplacer provisoirement les employés; il proposera à notre intendant général les nominations et destitutions, la fixation des appointements et celle des dépenses à faire, tant à Paris que dans les départements.

L'état de ces dépenses sera présenté chaque année à l'assemblée générale, et soumis à son approbation.

25. Il ne pourra faire payer aucune dépense qu'elle ne fasse partie de celles approuvées par le grand chancelier de la Légion d'honneur.

26. Dans les dix premiers jours de chaque mois, et plus souvent s'il y a lieu, il remettra au grand chancelier de la Légion d'honneur l'état de situation au 30 du mois précédent, tant de la caisse générale à Paris que des recettes et dépenses dans les départements, lesdits états dûment certifiés et vérifiés.

27. Les actes judiciaires et extrajudiciaires concernant la compagnie soit activement, soit passivement, seront faits au nom de la compagnie, poursuites et diligences de l'administrateur général.

Titre IV. *Du compte à rendre aux actionnaires, et du règlement de leurs intérêts et du dividende.* — 28. L'administrateur général présentera à l'assemblée générale de chaque année le compte des recettes et dépenses de l'année précédente.

29. Il sera payé de six mois en six mois un intérêt annuel.

30. Le dividende sera définitivement réglé tous les ans par l'assemblée générale; d'après le compte qui lui aura été rendu pour 1810, il sera de 5 pour 100. Cette assemblée générale, à compter de 1811, se tiendra dans le courant du mois de mai.

31. Un dixième des bénéfices sera mis en réserve; lorsqu'on aura prélevé le dividende de 5 pour 100, il entrera en accroissement de chaque action pour devenir comme elle la propriété de l'actionnaire, et pourra cependant être employé en dépenses imprévues, s'il y a lieu.

32. Le surplus du dividende sera payé à vue à la caisse générale de la compagnie.

33. Chaque actionnaire pourra prendre connaissance de l'arrêté des recettes et dépenses, et du règlement qui aura été fait du dividende.

TITRE V. *De l'administration locale du canal ; de la direction et surveillance des travaux d'entretien et autres travaux d'art.* — 34. Il sera préposé à la direction des travaux d'entretien et autres travaux d'art du canal un ingénieur pris parmi les ingénieurs des ponts et chaussées; et si les travaux exigent un plus grand nombre d'ingénieurs, ils seront pris également parmi les ingénieurs ou élèves des ponts et chaussées.

35. Chaque année, et avant le chômage du canal, l'ingénieur du canal rédigera le projet des dépenses d'entretien et autres travaux; il le remettra au directeur receveur, qui l'adressera avec ses observations à l'administrateur général, pour obtenir l'autorisation des dépenses à faire dans la campagne.

36. Il sera fait chaque année, par l'administrateur général ou un délégué spécial nommé par lui à cet effet, et par l'ingénieur divisionnaire des ponts et chaussées ou un autre ingénieur nommé par le directeur général des ponts et chaussées, une visite générale du canal et de ses dépendances, pour en connaître l'état et faire connaître les réparations qui auraient été négligées et les reconstructions qui seraient jugées nécessaires.

L'ingénieur du canal assistera à cette visite; l'employé principal de l'administration et le conducteur des travaux dans chaque arrondissement seront tenus aussi d'y assister, et il sera du tout dressé un procès-verbal.

37. Si l'ingénieur divisionnaire trouvait les travaux insuffisants pour garantir la conservation du canal, il en référera au directeur général des ponts et chaussées, qui se concertera avec l'administrateur général, et en cas de difficultés il y sera statué par notre intendant général.

38. S'il est reconnu qu'il soit nécessaire de faire quelques constructions nouvelles, elles ne pourront avoir lieu qu'après que les plans en auront été dressés par l'ingénieur du canal, avec le devis de leurs dépenses, et que le tout aura été communiqué au directeur général des ponts et chaussées pour prendre l'avis du conseil général des ponts et chaussées, et, sur le tout, l'autorisation de notre intendant général du domaine extraordinaire.

39. Le directeur receveur général, le contrôleur principal ambulant et les autres employés préposés à l'administration locale du canal, continueront leurs fonctions sous les ordres de l'administration générale et la surveillance de notre intendant général.

TITRE VI. *Des propriétaires des six vingt-huitièmes un tiers dans l'ancien canal du Midi.* — 40. Le directeur receveur général remettra aux propriétaires des six vingt huitièmes un tiers une copie du compte général des recettes et dépenses particulières aux parties du canal sur lesquelles s'étend leur copropriété; ils seront tenus en conséquence de nommer un syndic entre eux, lequel sera chargé de les représenter, et qui pourra prendre connaissance, sans toutefois les déplacer, des pièces comptables au dépôt des archives.

41. Tous les six mois il leur sera payé un à-compte sur ordonnance de l'administrateur général, d'après la situation des recettes et dépenses, et l'avis du directeur receveur et de l'ingénieur du canal.

42. Le solde à leur payer sera réalisé sur les fonds disponibles, d'après l'arrêté définitif du compte en recettes et dépenses de chaque exercice.

Décret du 16 mars 1810, concernant la propriété et l'administration des canaux d'Orléans et de Loing (1).

Vu les états des dotations par nous faites d'actions sur les canaux d'Orléans et de Loing; voulant pourvoir à l'administration de leur propriété et assurer en même temps aux actionnaires la jouissance qu'ils ont droit d'attendre; nous avons décrété et décrétons ce qui suit :

TITRE 1er. *De la propriété des canaux d'Orléans et de Loing.* — Art. 1er. La propriété des canaux d'Orléans et de Loing, cédée à notre domaine extraordinaire par acte du 28 février 1810, passé entre Jean-Pierre Bachasson-Montalivet, notre ministre de l'intérieur, et Jacques Defermon, notre intendant général du domaine extraordinaire, en exécution des décrets des 21 mars 1808, 17 mai 1809 et 10 août suivant; dont les dispositions ont été converties en loi le 23 décembre dernier, comprend lesdits canaux d'Orléans et de Loing, avec toutes leurs dépendances, bords, francs-bords, usines, maisons éclusières, magasins, terrains, rentes et revenus propres à la chose, et tous droits et actions appartenant auxdits canaux, sans exception ni réserve.

2. Les effets mobiliers, tels que bureaux, embarcations, meubles, matériaux et autres objets appartenant à l'État, affectés auxdits canaux, font également partie de la vente.

3. Les droits de propriété appartenant au domaine extraordinaire de notre couronne seront divisés en mille quatre cents actions de dix mille francs chacune.

4. Les canaux donneront une propriété indivisible entre les mains des actionnaires : la propriété résidera toujours sous le titre collectif de l'association; il ne pourra en être distrait ni séparé aucune portion par cession, donation, décès, faillite des actionnaires, liquidation, faillite de la société, et toute autre cause.

5. La destination de la chose vendue ne pourra jamais être changée ni convertie à d'autres usages qu'à ceux de la navigation.

6. Pourra néanmoins, la société propriétaire, faire tous les change-

---

(1) Voir l'ordonnance du roi, du 25 avril 1823.

ments utiles tendant à amélioration, telles que nouvelles prises d'eau, nouvelle direction de canal, constructions d'écluses, et autres ouvrages d'art sous de meilleures formes, création d'usines et autres perfectionnements; le tout néanmoins après avoir obtenu notre approbation.

7. Conformément à l'article 1er de la loi du 5 floréal an XI, la contribution foncière sur les canaux ne pourra être établie qu'à raison des terrains qu'ils occupent; et les canaux ne pourront être assujettis à aucune taxe particulière.

8. Les actionnaires feront percevoir à leur profit le droit de navigation, conformément aux tarifs actuellement établis : il ne sera rien changé à ces tarifs avant l'expiration de trente années, époque à laquelle ils pourront être revisés et augmentés s'il y a lieu, à raison des différences survenues dans les rapports de la valeur de l'argent avec le prix du travail et des denrées; le tout sera réglé administrativement.

Titre II. *De la formation de la compagnie.* — 9. L'universalité des actionnaires forme une société en commandite, sous le nom de *Compagnie des canaux d'Orléans et de Loing.*

10. Tout appel de fonds sur les actionnaires est prohibé.

11. Il y aura un registre double sur lequel les actions seront inscrites nominativement.

12. Le transfert s'opérera sur la déclaration du propriétaire, qui sera inscrite sur ce registre.

13. Les actions de la compagnie des canaux d'Orléans et de Loing, pour leur immobilisation, leur inaliénabilité, leur disposition et jouissance, sont assimilées en tout aux actions de la banque de France.

14. Les actions peuvent être acquises par des étrangers.

Titre III. *De l'administration de la compagnie.* — 15. La compagnie entre en jouissance à compter du 1er janvier 1810. A partir de cette époque, toutes les recettes et dépenses sont partagées et supportées en commun par les actionnaires.

16. L'universalité des actionnaires de la compagnie sera représentée par les trente d'entre eux qui réuniront le plus d'actions ou par leurs fondés de pouvoir.

17. Les représentants se réuniront en assemblée générale dans le cours de chaque année.

18. Les assemblées générales seront présidées par le grand chancelier de la Légion d'honneur : en cas d'empêchement, le président de l'assemblée sera nommé à la majorité des voix.

19. L'administration générale des canaux sera confiée à un administrateur nommé par nous sur la présentation du grand chancelier de la Légion d'honneur; ce sera le même que pour le canal du Midi, autant que cela se pourra.

20. Il devra, avant d'entrer en fonctions, justifier qu'il est propriétaire ou procureur spécial de propriétaires de soixante actions au moins.

21. Il prêtera, entre les mains du grand chancelier de la Légion d'honneur, le serment de gérer les intérêts de la compagnie en bon père de famille, et d'exécuter scrupuleusement les règlements d'administration qu'elle aura arrêtés, et qui auront été approuvés.

22. Il recevra une indemnité fixée provisoirement à quinze mille

francs, et qui sera définitivement réglée par la première assemblée générale.

23. Il sera établi à Paris : il aura l'administration de toutes les affaires de la compagnie, surveillera les recettes et les dépenses, fera établir les états et bordereaux, et verser à la caisse de la société tous les fonds qui ne seront pas employés aux dépenses locales.

24. Il pourra suspendre et remplacer provisoirement les employés; il proposera à notre intendant général les nominations et destitutions, la fixation des appointements et celle des dépenses à faire tant à Paris que dans les départements.

L'état de ces dépenses sera présenté chaque année à l'assemblée générale, et soumis à son approbation.

25. Il ne pourra faire payer aucune dépense qu'elle ne fasse partie de celles approuvées par le grand chancelier de la Légion d'honneur.

26. Dans les dix premiers jours de chaque mois, et plus souvent s'il y a lieu, il remettra au grand chancelier de la Légion d'honneur l'état de situation au 30 du mois précédent, tant de la caisse générale à Paris que des recettes et dépenses dans les départements; lesdits états dûment certifiés et vérifiés.

27. Les actes judiciaires et extrajudiciaires concernant la compagnie, soit activement, soit passivement, seront faits au nom de la compagnie, poursuite et diligence de l'administrateur général.

Titre IV. *Du compte à rendre aux actionnaires et du règlement de leurs intérêts et du dividende.* — 28. L'administrateur général présentera, à l'assemblé générale de chaque année, le compte des recettes et dépenses de l'année précédente.

29. Il sera payé, de six mois en six mois, un intérêt annuel de cinq pour cent.

30. Le dividende sera définitivement réglé tous les ans par l'assemblée générale, d'après le compte qui lui aura été rendu : cette assemblée générale, à compter de 1811, se tiendra dans le courant du mois de mai.

31. Un dixième des bénéfices sera mis en réserve : il entrera en accroissement de chaque action, pour devenir comme elle la propriété de l'actionnaire, et pourra cependant être employé en dépenses imprévues s'il y a lieu; le surplus du dividende sera payé à vue à la caisse générale de la compagnie.

32. Chaque actionnaire pourra prendre connaissance de l'arrêté des recettes et dépenses, et du règlement qui aura été fait du dividende.

Titre V. *De l'administration locale des canaux, de la direction et surveillance des travaux d'entretien et autres travaux d'art.* — 33. Il sera préposé à la direction des travaux d'entretien et autres travaux d'art des canaux, un ingénieur pris parmi les ingénieurs des ponts et chaussées; et si les travaux exigent un plus grand nombre d'ingénieurs, ils seront pris également parmi les ingénieurs ou élèves des ponts et chaussées.

34. Chaque année, et avant le chômage des canaux, l'ingénieur rédigera le projet des dépenses d'entretien et autres travaux, et il le remettra aux conservateurs, qui l'adresseront, avec leurs observations, à l'administrateur général, pour obtenir l'autorisation des dépenses à faire dans la campagne.

35. Il sera fait chaque année, par l'administrateur général ou un

délégué spécial nommé par lui.à cet effet, et par l'ingénieur divisionnaire des ponts et chaussées, ou un autre ingénieur nommé par le directeur général des ponts et chaussés, une visite générale des canaux et de
leurs dépendances, pour en constater l'état et faire connaître les réparations qui auraient été négligées et les reconstructions qui seraient jugées nécessaires.

L'ingénieur des canaux assistera à cette visite : l'employé principal
de l'administration et le conducteur des travaux dans chaque arrondissement seront tenus aussi d'y assister; et il sera du tout dressé un
procès-verbal.

36. Si l'ingénieur divisionnaire trouvait les projets de travaux proposés insuffisants pour garantir la conservation des canaux, il en référera au directeur général des ponts et chaussées, qui se concertera avec
l'administrateur général; et, en cas de difficultés, il y sera statué par
notre intendant général.

37. S'il est reconnu qu'il soit nécessaire de faire quelques constructions nouvelles, elles ne pourront avoir lieu qu'après que les plans en
auront été dressé par l'ingénieur des canaux, avec le devis de leurs dépenses, et que le tout aura été communiqué au directeur général des
ponts et chaussées, pour prendre l'avis du conseil général des ponts et
chaussées, et, sur le tout, l'autorisation de notre intendant général du
domaine extraordinaire.

38. Les conservateurs, le receveur principal, les contrôleurs-vérifi-
cateurs ambulants, et les autres employés préposés à l'administration
locale des canaux, continueront leurs fonctions sous les ordres de l'administrateur général et la surveillance de notre intendant général.

Décret du 11 *avril* 1810, *qui annule un arrêté du conseil de préfecture
de l'Eure, relatif à un droit de pêche.*

NAPOLÉON, etc.; sur le rapport de notre ministre des finances relatif
à un arrêté du conseil de préfecture du département de l'Eure, du 16
juin 1807, qui a maintenu le sieur Leuffroy-Leroux dans la propriété et
possession d'une pêcherie située en la rivière de Seine, sous une des
arches du pont de Vernon, dite l'arche du Saulx;

Vu ledit arrêté, ensemble les observations du conseiller d'Etat, directeur général des eaux et forêts;

Vu la pétition du sieur André Leroy, adjudicataire du premier cantonnement de pêche établi sur la Seine, tendant à être maintenu dans
la jouissance de la pêcherie dont il s'agit, laquelle est comprise dans
son adjudication;

Vu pareillement l'avis de notre conseil d'Etat approuvé par nous le
11 thermidor an XII (1), lequel a décidé que le droit de pêche dans les
fleuves et rivières navigables était irrévocablement anéanti par la loi du
30 juillet 1793, dans la main de ceux qui en jouissaient soit patrimo-
nialement, soit à titre d'engagistes ou d'échangistes, lors même que les
titres de possession seraient antérieurs à 1569;

---

(1) Voir cet avis, tome Ier, page 418.

Considérant que l'arrêté du conseil de préfecture de l'Eure est contraire à cette disposition ; que le droit de pêche dont jouissait indûment le sieur Leuffroy-Leroux étant compris dans l'adjudication faite au sieur Leroy, c'est à ce dernier à se pourvoir, s'il y a lieu, contre ledit Leroux pour raison de non-jouissance ;

Notre conseil d'Etat entendu,

Nous avons décrété et décrétons ce qui suit :

Art. 1er. L'arrêté du conseil de préfecture de l'Eure, du 16 juin 1807, qui a maintenu le sieur Leuffroy-Leroux dans la propriété de la pêcherie située sous une arche du pont de Vernon, dite arche du Saulx, est annulé ;

Art. 2. Notre ministre des finances est chargé de l'exécution du présent décret.

Loi du 21 avril 1810, concernant les mines, les minières et les carrières

Titre Ier. *Des mines, minières et carrières.* — Art. 1er. Les masses de substances minérales ou fossiles renfermées dans le sein de la terre ou existantes à la surface, sont classées, relativement aux règles de l'exploitation de chacune d'elles, sous les trois qualifications de mines, minières et carrières.

2. Seront considérées comme mines celles connues pour contenir en filons, en couches ou en amas, de l'or, de l'argent, du platine, du mercure, du plomb, du fer en filons ou couches, du cuivre, de l'étain, du zinc, de la calamine, du bismuth, du cobalt, de l'arsenic, du manganèse, de l'antimoine, du molybdène, de la plombagine ou autres matières métalliques, du soufre, du charbon de terre ou de pierre, du bois fossile, des bitumes, de l'alun et des sulfates à base métallique.

3. Les minières comprennent les minerais de fer dits d'alluvion, les terres pyriteuses propres à être converties en sulfate de fer, les terres alumineuses et les tourbes.

4. Les carrières renferment les ardoises, les grès, pierres à bâtir et autres, les marbres, granits, pierres à chaux, pierres à plâtre, les pouzzolanes, le trass, les basaltes, les laves, les marnes, craies, sables, pierres à fusil, argiles, kaolin, terres à foulon, terres à poterie, les substances terreuses et les cailloux de toute nature, les terres pyriteuses regardées comme engrais, le tout exploité à ciel ouvert ou avec des galeries souterraines.

Titre II. *De la propriété des mines.* — 5. Les mines ne peuvent être exploitées qu'en vertu d'un acte de concession délibéré en conseil d'Etat.

6. Cet acte règle les droits des propriétaires de la surface sur le produit des mines concédées.

7. Il donne la propriété perpétuelle de la mine, laquelle est dès lors disponible et transmissible comme tous autres biens, et dont on ne peut être exproprié que dans les cas et selon les formes prescrits pour les autres propriétés, conformément au Code civil et au Code de procédure civile. Toutefois une mine ne peut être vendue par lots ou partagée sans une autorisation préalable du gouvernement donnée dans les mêmes formes que la concession.

8. Les mines sont immeubles.

Sont aussi immeubles les bâtiments, machines, puits, galeries et autres travaux établis à demeure, conformément à l'article 524 du Code civil.

Sont aussi immeubles par destination les chevaux, agrès, outils et ustensiles servant à l'exploitation.

Ne sont considérés comme chevaux attachés à l'exploitation que ceux qui sont exclusivement attachés aux travaux intérieurs des mines.

Néanmoins les actions ou intérêts dans une société ou entreprise pour l'exploitation des mines seront réputés meubles, conformément à l'article 529 du Code civil.

9. Sont meubles les matières extraites, les approvisionnements et autres objets mobiliers.

TITRE III. *Des actes qui précèdent la demande en concession de mines.* — SECTION Ire. *De la recherche et de la découverte des mines.* — 10. Nul ne peut faire des recherches pour découvrir des mines, enfoncer des sondes ou tarières sur un terrain qui ne lui appartient pas, que du consentement du propriétaire de la surface, ou avec l'autorisation du gouvernement, donnée après avoir consulté l'administration des mines, à la charge d'une préalable indemnité envers le propriétaire, et après qu'il aura été entendu.

11. Nulle permission de recherches ni concession de mines ne pourra, sans le consentement formel du propriétaire de la surface, donner le droit de faire des sondes et d'ouvrir des puits ou galeries, ni celui d'établir des machines ou magasins dans les enclos murés, cours ou jardins, ni dans les terrains attenant aux habitations ou clôtures murées, dans la distance de cent mètres desdites clôtures ou des habitations.

12. Le propriétaire pourra faire des recherches, sans formalité préalable, dans les lieux réservés par le précédent article, comme dans les autres parties de sa propriété; mais il sera obligé d'obtenir une concession avant d'y établir une exploitation. Dans aucun cas, les recherches ne pourront être autorisées dans un terrain déjà concédé.

SECTION II. *De la préférence à accorder pour les concessions* — 13. Tout Français, ou tout étranger naturalisé ou non en France, agissant isolément ou en société, a le droit de demander et peut obtenir, s'il y a lieu, une concession de mines.

14. L'individu ou la société doit justifier des facultés nécessaires pour entreprendre et conduire les travaux, et des moyens de satisfaire aux redevances, indemnités, qui lui seront imposées par l'acte de concession.

15. Il doit aussi, le cas arrivant de travaux à faire sous des maisons ou lieux d'habitation, sous d'autres exploitations ou dans leur voisinage immédiat, donner caution de payer toute indemnité, en cas d'accident : les demandes ou oppositions des intéressés seront, en ce cas, portées devant nos tribunaux et cours.

16. Le gouvernement juge des motifs ou considérations d'après lesquels la préférence doit être accordée aux divers demandeurs en concession, qu'ils soient propriétaires de la surface, inventeurs ou autres.

En cas que l'inventeur n'obtienne pas la concession d'une mine, il aura droit à une indemnité de la part du concessionnaire; elle sera réglée par l'acte de concession.

17. L'acte de concession, fait après l'accomplissement des formalités prescrites, purge, en faveur du concessionnaire, tous les droits des propriétaires de la surface et des inventeurs, ou de leurs ayants droit, chacun dans leur ordre, après qu'ils ont été entendus ou appelés légalement, ainsi qu'il sera ci-après réglé.

18. La valeur des droits résultant en faveur du propriétaire de la surface, en vertu de l'article 6 de la présente loi, demeurera réunie à la valeur de ladite surface, et sera affectée avec elle aux hypothèques prises par les créanciers du propriétaire.

19. Du moment où une mine sera concédée, même au propriétaire de la surface, cette propriété sera distinguée de celle de la surface, et désormais considérée comme propriété nouvelle, sur laquelle de nouvelles hypothèques pourront être assises, sans préjudice de celles qui auraient été ou seraient prises sur la surface et la redevance, comme il est dit à l'article précédent.

Si la concession est faite au propriétaire de la surface, ladite redevance sera évaluée pour l'exécution dudit article.

20. Une mine concédée pourra être affectée, par privilége, en faveur de ceux qui, par acte public et sans fraude, justifieraient avoir fourni des fonds pour les recherches de la mine, ainsi que pour les travaux de construction ou confection de machines nécessaires à son exploitation, à la charge de se conformer aux articles 2103 et autres du Code civil, relatifs aux priviléges.

21. Les autres droits de privilége et d'hypothèque pourront être acquis sur la propriété de la mine, aux termes et en conformité du Code civil, comme sur les autres propriétés immobilières.

TITRE IV. *Des concessions.* — SECTION Ire. *De l'obtention des concessions.* — 22. La demande en concession sera faite par voie de simple pétition adressée au préfet, qui sera tenu de la faire enregistrer à sa date sur un registre particulier, et d'ordonner les publications et affiches dans les dix jours.

23. Les affiches auront lieu pendant quatre mois, dans le chef-lieu du département, dans celui de l'arrondissement où la mine est située, dans le lieu du domicile du demandeur, et dans toutes les communes dans le territoire desquelles la concession peut s'étendre; elles seront insérées dans les journaux de département.

24. Les publications des demandes en concession de mines auront lieu devant la porte de la maison commune et des églises paroissiales et consistoriales, à la diligence des maires, à l'issue de l'office, un jour de dimanche, et au moins une fois par mois pendant la durée des affiches. Les maires seront tenus de certifier ces publications.

25. Le secrétaire général de la préfecture délivrera au requérant un extrait certifié de l'enregistrement de la demande en concession.

26. Les demandes en concurrence et les oppositions qui y seront formées seront admises devant le préfet jusqu'au dernier jour du quatrième mois, à compter de la date de l'affiche; elles seront notifiées par actes extrajudiciaires à la préfecture du département, où elles seront enregistrées sur le registre indiqué à l'article 22. Les oppositions seront notifiées aux parties intéressées, et le registre sera ouvert à tous ceux qui en demanderont communication.

27. A l'expiration du délai des affiches et publications, et sur la

preuve de l'accomplissement des formalités portées aux articles précédents, dans le mois qui suivra au plus tard, le préfet du département, sur l'avis de l'ingénieur des mines, et après avoir pris des informations sur les droits et les facultés des demandeurs, donnera son avis, et le transmettra au ministre de l'intérieur.

28. Il sera définitivement statué sur la demande en concession, par un décret impérial délibéré en conseil d'Etat.

Jusqu'à l'émission du décret, toute opposition sera admissible devant le ministre de l'intérieur ou le secrétaire général du conseil d'Etat : dans ce dernier cas, elle aura lieu par une requête signée et présentée par un avocat au conseil, comme il est pratiqué pour les affaires contentieuses ; et, dans tous les cas, elle sera notifiée aux parties intéressées.

Si l'opposition est motivée sur la propriété de la mine acquise par concession ou autrement, les parties seront renvoyées devant les tribunaux et cours (1).

29. L'étendue de la concession sera déterminée par l'acte de concession : elle sera limitée par des points fixes, pris à la surface du sol, et passant par des plans verticaux menés de cette surface dans l'intérieur de la terre à une profondeur indéfinie; à moins que les circonstances et les localités ne nécessitent un autre mode de limitation.

30. Un plan régulier de la surface, en triple expédition, et sur une échelle de dix millimètres pour cent mètres, sera annexé à la demande.

Ce plan devra être dressé ou vérifié par l'ingénieur des mines, et certifié par le préfet du département.

31. Plusieurs concessions pourront être réunies entre les mains du même concessionnaire, soit comme individu, soit comme représentant une compagnie, mais à la charge de tenir en activité l'exploitation de chaque concession.

SECTION II. *Des obligations des propriétaires de mines.* — 32. L'exploitation des mines n'est pas considérée comme un commerce, et n'est pas sujette à patente.

33. Les propriétaires de mines sont tenus de payer à l'Etat une redevance fixe, et une redevance proportionnée au produit de l'extraction.

34. La redevance fixe sera annuelle, et réglée d'après l'étendue de celle-ci; elle sera de 10 fr. par kilomètre carré.

La redevance proportionnelle sera une contribution annuelle, à laquelle les mines seront assujetties sur leurs produits.

35. La redevance proportionnelle sera réglée chaque année par le budget de l'Etat, comme les autres contributions publiques : toutefois elle ne pourra jamais s'élever au-dessus de cinq pour cent du produit net. Il pourra être fait un abonnement pour ceux des propriétaires des mines qui le demanderont.

36. Il sera imposé en sus un décime par franc, lequel formera un fonds de non-valeur, à la disposition du ministre de l'intérieur, pour dégrèvement en faveur des propriétaires des mines qui éprouveront des pertes ou accidents.

_____

(1) Voir l'arrêté du ministre de l'intérieur, du 27 octobre 1812.

37. La redevance proportionnelle sera imposée et perçue comme la contribution foncière.

Les réclamations à fin de dégrèvement ou de rappel à l'égalité proportionnelle seront jugées par les conseils de préfecture. Le dégrèvement sera de droit, quand l'exploitant justifiera que sa redevance excède cinq pour cent du produit net de son exploitation.

38. Le gouvernement accordera, s'il y a lieu, pour les exploitations qu'il en jugera susceptibles, et par un article de l'acte de concession ou par un décret spécial délibéré en conseil d'Etat pour les mines déjà concédées, la remise en tout ou partie du payement de la redevance proportionnelle, pour le temps qui sera jugé convenable; et ce, comme encouragement, en raison de la difficulté des travaux : semblable remise pourra aussi être accordée comme dédommagement, en cas d'accident de force majeure qui surviendrait pendant l'exploitation.

39. Le produit de la redevance fixe et de la redevance proportionnelle formera un fonds spécial, dont il sera tenu un compte particulier au trésor public, et qui sera appliqué aux dépenses de l'administration des mines, et à celles des recherches, ouvertures et mises en activité des mines nouvelles ou rétablissement de mines anciennes (1).

40. Les anciennes redevances dues à l'Etat, soit en vertu des lois, ordonnances ou règlements, soit d'après les conditions énoncées en l'acte de concession, soit d'après des baux et adjudications au profit de la régie du domaine, cesseront d'avoir cours à compter du jour où les redevances nouvelles seront établies.

41. Ne sont point comprises dans l'abrogation des anciennes redevances, celles dues à titre de rentes, droits et prestations quelconques, pour cession de fonds ou autres causes semblables, sans déroger toutefois à l'application des lois qui ont supprimé les droits féodaux.

42. Le droit attribué par l'article 6 de la présente loi aux propriétaires de la surface sera réglé à une somme déterminée par l'acte de concession.

43. Les propriétaires de mines sont tenus de payer les indemnités dues au propriétaire de la surface sur le terrain duquel ils établiront leurs travaux.

Si les travaux entrepris par les explorateurs ou par les propriétaires de mines ne sont que passagers, et si le sol où ils ont été faits peut être mis en culture au bout d'un an, comme il l'était auparavant, l'indemnité sera réglée au double de ce qu'aurait produit net le terrain endommagé.

44. Lorsque l'occupation des terrains pour la recherche ou les travaux des mines prive les propriétaires du sol de la jouissance du revenu au delà du temps d'une année, ou lorsque, après les travaux, les terrains ne sont plus propres à la culture, on peut exiger des propriétaires des mines l'acquisition des terrains à l'usage de l'exploitation. Si le propriétaire de la surface le requiert, les pièces de terre trop endommagées ou dégradées sur une trop grande partie de leur surface devront être achetées en totalité par le propriétaire de la mine.

_____

(1) Le produit de ces redevances est réuni aux fonds généraux de l'État, depuis que la spécialité a été détruite par la loi du 23 septembre 1814.

L'évaluation du prix sera faite, quant au mode, suivant les règles établies par la loi du 16 septembre 1807, sur le desséchement des marais, etc., titre XI ; mais le terrain à acquérir sera toujours estimé au double de la valeur qu'il avait avant l'exploitation de la mine.

45. Lorsque, par l'effet du voisinage ou pour toute autre cause, les travaux d'exploitation d'une mine occasionnent des dommages à l'exploitation d'une autre mine, à raison des eaux qui pénètrent dans cette dernière en plus grande quantité ; lorsque, d'un autre côté, ces mêmes travaux produisent un effet contraire et tendent à évacuer tout ou partie des eaux d'une autre mine, il y aura lieu à indemnité d'une mine en faveur de l'autre : le règlement s'en fera par expert.

46. Toutes les questions d'indemnités à payer par les propriétaires de mines, à raison des recherches ou travaux antérieurs à l'acte de concession, seront décidées conformément à l'article 4 de la loi du 28 pluviôse an VIII.

Titre V. *De l'exercice de la surveillance sur les mines par l'administration.* — 47. Les ingénieurs des mines exerceront, sous les ordres du ministre de l'intérieur et des préfets, une surveillance de police pour la conservation des édifices et la sûreté du sol.

48. Ils observeront la manière dont l'exploitation sera faite, soit pour éclairer les propriétaires sur ses inconvénients ou son amélioration, soit pour avertir l'administration des vices, abus ou dangers qui s'y trouveraient.

49. Si l'exploitation est restreinte ou suspendue, de manière à inquiéter la sûreté publique ou les besoins des consommateurs, les préfets, après avoir entendu les propriétaires, en rendront compte au ministre de l'intérieur pour y être pourvu ainsi qu'il appartiendra.

50. Si l'exploitation compromet la sûreté publique, la conservation des puits, la solidité des travaux, la sûreté des ouvriers mineurs ou des habitations de la surface, il y sera pourvu par le préfet, ainsi qu'il est pratiqué en matière de grande voirie et selon les lois.

Titre VI. — *Des concessions ou jouissances des mines, antérieures à la présente loi.* — § Ier. *Des anciennes concessions en général.*—51. Les concessionnaires antérieurs à la présente loi deviendront, du jour de sa publication, propriétaires incommutables, sans aucune formalité préalable d'affiches, vérifications de terrain ou autres préliminaires, à la charge seulement d'exécuter, s'il y en a, les conventions faites avec les propriétaires de la surface, et sans que ceux-ci puissent se prévaloir des art. 6 et 42.

52. Les anciens concessionnaires seront, en conséquence, soumis au payement des contributions, comme il est dit à la section II du titre IV, art. 33 et 34, à compter de l'année 1811.

§ II. *Des exploitations pour lesquelles on n'a pas exécuté la loi de 1791.* — 53. Quant aux exploitants de mines qui n'ont pas exécuté la loi de 1791, et qui n'ont pas fait fixer conformément à cette loi les limites de leurs concessions, ils obtiendront les concessions de leurs exploitations actuelles conformément à la présente loi, à l'effet de quoi les limites de leurs concessions seront fixées sur leurs demandes ou à la diligence des préfets, à la charge seulement d'exécuter les conventions faites avec les propriétaires de la surface, et sans que ceux-ci puissent se prévaloir des articles 6 et 42 de la présente loi.

54. Ils payeront en conséquence les redevances, comme il est dit à l'art. 52.

55. En cas d'usages locaux ou d'anciennes lois qui donneraient lieu à la décision de cas extraordinaires, les cas qui se présenteront seront décidés par les actes de concession ou par les jugements de nos cours et tribunaux, selon les droits résultant pour les parties, des usages établis, des prescriptions légalement acquises, ou des conventions réciproques.

56. Les difficultés qui s'élèveraient entre l'administration et les exploitants relativement à la limitation des mines, seront décidées par l'acte de concession.

A l'égard des contestations qui auraient lieu entre des exploitants voisins, elles seront jugées par les tribunaux et cours.

TITRE VII. — *Règlements sur la propriété et l'exploitation des minières, et sur l'établissement des forges, fourneaux et usines.*—SECTION Iʳᵉ. *Des minières.* — 57. L'exploitation des minières est assujettie à des règles spéciales.

Elle ne peut avoir lieu sans permission.

58. La permission détermine les limites de l'exploitation et les règles sous les rapports de sûreté et de salubrité publiques.

SECTION II. *De la propriété et de l'exploitation des minerais de fer d'alluvion.* — 59. Le propriétaire du fonds sur lequel il y a du minerai de fer d'alluvion est tenu d'exploiter en quantité suffisante pour fournir, autant que faire se pourra, aux besoins des usines établies dans le voisinage avec autorisation légale : en ce cas, il ne sera assujetti qu'à en faire la déclaration au préfet du département ; elle contiendra la désignation des lieux : le préfet donnera acte de cette déclaration, ce qui vaudra permission pour le propriétaire, et l'exploitation aura lieu par lui sans autre formalité.

60. Si le propriétaire n'exploite pas, les maîtres de forges auront la faculté d'exploiter à sa place, à la charge, 1° d'en prévenir le propriétaire qui, dans un mois, à compter de la notification, pourra déclarer qu'il entend exploiter lui-même ; 2° d'obtenir du préfet la permission, sur l'avis de l'ingénieur des mines, après avoir entendu le propriétaire.

61. Si, après l'expiration du délai d'un mois, le propriétaire ne déclare pas qu'il entend exploiter, il sera censé renoncer à l'exploitation ; le maître de forges pourra, après la permission obtenue, faire les fouilles immédiatement dans les terres incultes et en jachères, et, après la récolte, dans toutes les autres terres.

62. Lorsque le propriétaire n'exploitera pas en quantité suffisante, ou suspendra ses travaux d'extraction pendant plus d'un mois sans cause légitime, les maîtres de forges se pourvoiront auprès du préfet pour obtenir la permission d'exploiter à sa place.

Si le maître de forges laisse écouler un mois sans faire usage de cette permission, elle sera regardée comme non avenue, et le propriétaire du terrain rentrera dans tous ses droits.

63. Quand un maître de forges cessera d'exploiter un terrain, il sera tenu de le rendre propre à la culture, ou d'indemniser le propriétaire.

64. En cas de concurrence entre plusieurs maîtres de forges pour l'exploitation dans un même fonds, le préfet déterminera, sur l'avis de l'ingénieur des mines, les proportions dans lesquelles chacun d'eux pourra exploiter, sauf le recours au conseil d'Etat.

Le préfet réglera de même les proportions dans lesquelles chaque maître de forges aura droit à l'achat du minerai, s'il est exploité par le propriétaire.

65. Lorsque les propriétaires feront l'extraction du minerai pour le vendre aux maîtres de forges, le prix en sera réglé entre eux de gré à gré, ou par des experts choisis ou nommés d'office, qui auront égard à la situation des lieux, aux frais d'extraction et aux dégâts qu'elle aura occasionnés.

66. Lorsque les maîtres de forges auront fait extraire le minerai, il sera dû au propriétaire du fonds, et avant l'enlèvement du minerai, une indemnité qui sera aussi réglée par experts, lesquels auront égard à la situation des lieux, aux dommages causés, à la valeur du minerai, distraction faite des frais d'exploitation.

67. Si les minerais se trouvent dans les forêts impériales, dans celles des établissements publics, ou des communes, la permission de les exploiter ne pourra être accordée qu'après avoir entendu l'administration forestière. L'acte de permission déterminera l'étendue des terrains dans lesquels les fouilles pourront être faites : ils seront tenus, en outre, de payer les dégâts occasionnés par l'exploitation, et de repiquer en glands ou plants les places qu'elle aurait endommagées, ou une autre étendue proportionnelle déterminée par la permission.

68. Les propriétaires ou maîtres de forges ou d'usines exploitant les minerais de fer d'alluvion, ne pourront, dans cette exploitation, pousser des travaux réguliers par des galeries souterraines, sans avoir obtenu une concession, avec les formalités et sous les conditions exigées par les articles de la section 1re du titre III et les dispositions du titre IV.

69. Il ne pourra être accordé aucune concession pour minerai d'alluvion ou pour des mines en filons ou couches, que dans les cas suivants :

1° Si l'exploitation à ciel ouvert cesse d'être possible, et si l'établissement de puits, galeries et travaux d'art est nécessaire ;

2° Si l'exploitation, quoique possible encore, doit durer peu d'années, et rendre ensuite impossible l'exploitation avec puits et galeries.

70. En cas de concession, le concessionnaire sera tenu toujours, 1° de fournir aux usines qui s'approvisionnaient de minerai sur les lieux compris en la concession, la quantité nécessaire à leur exploitation, au prix qui sera porté au cahier des charges ou qui sera fixé par l'administration ; 2° d'indemniser les propriétaires au profit desquels l'exploitation avait lieu, dans la proportion du revenu qu'ils en tiraient.

Section III. *Des terres pyriteuses et alumineuses.* — 71. L'exploitation des terres pyriteuses et alumineuses sera assujettie aux formalités prescrites par les art. 57 et 58, soit qu'elle ait lieu par les propriétaires des fonds, soit par d'autres individus qui, à défaut par ceux-ci d'exploiter, en auraient obtenu la permission.

72. Si l'exploitation a lieu par des non-propriétaires, ils seront assujettis, en faveur des propriétaires, à une indemnité qui sera réglée de gré à gré ou par experts.

Section IV. *Des permissions pour l'établissement des fourneaux, forges et usines.* — 73. Les fourneaux à fondre les minerais de fer et autres substances métalliques, les forges et martinets pour ouvrer le fer et le cuivre, les usines servant de patouillets et bocards, celles pour le traitement des substances salines et pyriteuses, dans lesquelles on consomme des combustibles, ne pourront être établis que sur une permission accordée par un règlement d'administration publique.

74. La demande en permission sera adressée au préfet, enregistrée le jour de la remise sur un registre spécial à ce destiné, et affichée pendant quatre mois dans le chef-lieu du département, dans celui de l'arrondissement, dans la commune où sera situé l'établissement projeté, et dans le lieu du domicile du demandeur.

Le préfet, dans le délai d'un mois, donnera son avis tant sur la demande que sur les oppositions et les demandes en préférence qui seraient survenues; l'administration des mines donnera le sien sur la quotité du minerai à traiter; l'administration des forêts, sur l'établissement des bouches à feu en ce qui concerne les bois, et l'administration des ponts et chaussées, sur ce qui concerne les cours d'eau navigables ou flottables.

75. Les impétrants des permissions pour les usines supporteront une taxe une fois payée, laquelle ne pourra être au-dessous de 50 fr., ni excéder 300 fr.

Section V. *Dispositions générales sur les permissions.* — 76. Les permissions seront données à la charge d'en faire usage dans un délai déterminé; elles auront une durée indéfinie, à moins qu'elles n'en contiennent la limitation.

77. En cas de contravention, le procès-verbal dressé par les autorités compétentes sera remis au procureur impérial, lequel poursuivra la révocation de la permission, s'il y a lieu, et l'application des lois pénales qui y sont relatives.

78. Les établissements actuellement existants sont maintenus dans leur jouissance, à la charge par ceux qui n'ont jamais eu de permission, ou qui ne pourraient représenter la permission obtenue précédemment, d'en obtenir une avant le 1er janvier 1813, sous peine de payer un triple droit de permission pour chaque année pendant laquelle ils auront négligé de s'en pourvoir et continué de s'en servir.

79. L'acte de permission d'établir des usines à traiter le fer autorise les impétrants à faire des fouilles même hors de leurs propriétés, et à exploiter les minerais par eux découverts, ou ceux antérieurement connus, à la charge de se conformer aux dispositions de la section II.

80. Les impétrants sont aussi autorisés à établir des patouillets, lavoirs et chemins de charroi, sur les terrains qui ne leur appartiennent pas, mais sous les restrictions portées en l'art. 11; le tout à charge d'indemnité envers les propriétaires du sol, et en les prévenant un mois d'avance.

Titre VIII, Section Ire. *Des carrières.* — 81. L'exploitation des carrières à ciel ouvert a lieu sans permission, sous la simple surveillance de la police, et avec l'observation des lois ou règlements généraux ou locaux.

82. Quand l'exploitation a lieu par galeries souterraines, elle est soumise à la surveillance de l'administration, comme il est dit au titre V.

Section II. *Des tourbières.* — 83. les tourbes ne peuvent être exploitées que par le propriétaire du terrain, ou de son consentement.

84. Tout propriétaire actuellement exploitant, ou qui voudra commencer à exploiter des tourbes dans son terrain, ne pourra continuer

ou commencer son exploitation, à peine de 100 fr. d'amende, sans en avoir préalablement fait la déclaration à la sous-préfecture et obtenu l'autorisation.

85. Un règlement d'administration publique déterminera la direction générale des travaux d'extraction dans le terrain où sont situées les tourbes, celle des rigoles de dessèchement, enfin, toutes les mesures propres à faciliter l'écoulement des eaux dans les vallées et l'atterrissement des entailles tourbées.

86. Les propriétaires exploitants, soit particuliers, soit communautés d'habitants, soit établissements publics, sont tenus de s'y conformer, à peine d'être contraints à cesser leurs travaux.

TITRE IX. *Des expertises.* —87. Dans tous les cas prévus par la présente loi et autres naissant des circonstances où il y aura lieu à expertise, les dispositions du titre XIV du Code de procédure civile, art. 303 à 323, seront exécutées.

88. Les experts seront pris parmi les ingénieurs des mines, ou parmi les hommes notables ou expérimentés dans le fait des mines et de leurs travaux.

89. Le procureur impérial sera toujours entendu et donnera ses conclusions sur le rapport des experts.

90. Nul plan ne sera admis comme pièce probante dans une contestation, s'il n'a été levé ou vérifié par un ingénieur des mines. La vérification des plans sera toujours gratuite.

91. Les frais et vacations des experts seront réglés et arrêtés, selon les cas, par les tribunaux : il en sera de même des honoraires qui pourront appartenir aux ingénieurs des mines ; le tout suivant le tarif qui sera fait par un règlement d'administration publique.

Toutefois, il n'y aura pas lieu à honoraires pour les ingénieurs des mines, lorsque leurs opérations auront été faites soit dans l'intérêt de l'administration, soit à raison de la surveillance et de la police publiques.

92. La consignation des sommes jugées nécessaires pour subvenir aux frais d'expertise pourra être ordonnée par le tribunal contre celui qui poursuivra l'expertise.

TITRE X. *De la police et de la juridiction relatives aux mines.* —

93. Les contraventions des propriétaires de mines exploitants non encore concessionnaires ou autres personnes, aux lois et règlements, seront dénoncées et constatées, comme les contraventions en matière de voirie et de police.

94. Les procès-verbaux contre les contrevenants seront affirmés dans les formes et délais prescrits par les lois.

95. Ils seront adressés en originaux à nos procureurs impériaux, qui seront tenus de poursuivre d'office les contrevenants devant les tribunaux de police correctionnelle, ainsi qu'il est réglé et usité pour les délits forestiers, et sans préjudice des dommages-intérêts des parties.

96. Les peines seront une amende de 500 francs au plus et de 100 francs au moins, double en cas de récidive, et d'une détention qui ne pourra excéder la durée fixée par le Code de police correctionnelle.

Extrait du décret du 28 avril 1810, qui ordonne la reprise des travaux du canal de la Somme.

ART. 1er. Les travaux du canal et de la navigation de la Somme depuis sa jonction avec le canal Crozat, près Ham, jusqu'à Saint-Valery, seront repris cette année.

2. Il sera prélevé chaque année, à dater de 1811, pour être affectée à ces travaux, une somme de trois cent mille francs, à prendre sur l'imposition destinée aux travaux des systèmes de canaux se rattachant au canal de Saint-Quentin.

Il sera de plus fait un prêt, par la caisse des canaux, montant à la somme de deux millions quatre cent mille francs, sur laquelle il sera versé, pour la présente année 1810, trois cent mille francs. La quotité à affecter aux années suivantes sera fixée par le budget annuel des ponts et chaussées (1).

Décret du 3 mai 1810, portant rétablissement de l'ancien magasin de sauvetage au port de Quillebœuf.

ART. 1er. L'ancien établissement d'un magasin de sauvetage formé au port de Quillebœuf, dans la rivière de Seine, pour secourir les navires descendant ou remontant ce fleuve, est rétabli.

2. L'administration de cet établissement est confiée à la chambre de commerce de Rouen, qui sera mise en possession de tous les bâtiments, ustensiles et agrès qui lui ont appartenu et qui existent encore.

3. La prise de possession de ces objets sera faite par un des membres de la chambre de commerce, délégué par elle à cet effet, en présence du maire de Quillebœuf, de l'officier de marine chef du pilotage, et du détenteur actuel de ce magasin, qui pourra réclamer les objets qu'il justifiera être sa propriété, ou qui en recevra une juste indemnité.

4. Il sera construit sur le quai de Quillebœuf, à l'endroit qui sera reconnu le plus convenable, un fanal, qui sera constamment allumé pendant la nuit, sans néanmoins rien innover aux règlements qui existent sur la navigation de la rivière, et notamment aux dispositions de notre décret du 23 août 1808, qui interdit le pilotage et la navigation pendant la nuit, depuis l'embouchure de la Seine jusqu'au dessus de la Meilleraye.

5. Les dépenses de premier établissement, y compris la construction du fanal, sont évaluées à. . . . . 7,000 fr.

Celles d'entretien annuel ne pourront excéder. . . . 3,500

6. Pour subvenir à ces dépenses, il sera perçu un droit additionnel au droit de tonnage sur chacun des navires ou bâtiments de mer ou de rivière qui traverseront le passage de la Seine vers Quillebœuf, savoir :

1° Sur tous bâtiments français, navires ou allèges, naviguant des ports ou anses des départements de la Seine-Inférieure, de l'Eure et du Calvados, situés en rivière, à Rouen, et de Rouen auxdits ports et anses, par tonneau. . . . . 1 c. $\frac{1}{4}$

---

(1) Voir la loi du 3 août 1821, relative à l'achèvement de ce canal.

2° Sur tous navires français venant de quelque autre port français de l'Océan ou y allant, et passant devant Quillebœuf.   5 c.

3° Sur tous navires français venant de quelque port étranger de l'Europe, situé sur l'Océan ou sur les mers du Nord, ou y allant, ou bien venant de quelque port français de la Méditerranée ou y allant. 5

4° Sur tous navires français venant des colonies ou y allant, ou faisant tout autre voyage au long cours. 10

5° Sur tous bâtiments naviguant sous pavillon étranger, quel que soit leur voyage. 15

Les bâtiments français de vingt tonneaux et au-dessous, quelle que soit leur navigation, ne payeront rien.

7. Le droit ne sera acquitté qu'une fois par voyage comprenant l'aller et le retour, et ce en descendant la rivière : il sera perçu par le receveur de la douane à Quillebœuf, qui en tiendra le produit, mois par mois, à la disposition de la chambre de commerce de Rouen.

8. Les travaux nécessaires pour le rétablissement du magasin de sauvetage seront exécutés sur la proposition de la chambre, et en vertu des ordres du préfet de la Seine-Inférieure, approuvés par le ministre de l'intérieur.

Les dépenses d'entretien annuel seront ordonnancées par le président de la chambre de commerce, sous la surveillance et les ordres du préfet.

9. Les comptes annuels de la recette et des dépenses seront dressés à la fin de chaque exercice par la chambre de commerce, transmis par elle au préfet de la Seine-Inférieure, qui les soumettra à l'approbation de notre ministre de l'intérieur.

Décret du 3 mai 1810, qui annule des arrêtés du conseil de préfecture du département de la Dyle.

Sur le rapport de notre ministre de l'intérieur,

Vu les articles 8 de la loi du 7 ventôse an XII et de notre décret du 23 juin 1806;

Vu le procès-verbal du 12 janvier 1808, par lequel il est constaté qu'un sieur Vandormaes, cultivateur à Wavres, a été rencontré sur la grande route conduisant, de Wavres vers Bruxelles, des grains chargés sur une de ses voitures à quatre roues à jantes étroites, et attelée de quatre chevaux;

Vu les arrêtés du conseil de préfecture du département de la Dyle, des 20 juin et 4 juillet 1809, qui déclarent qu'il n'y a pas lieu de prononcer d'amende contre le sieur Vandormaes, attendu que ledit procès-verbal ne constate pas de contravention en matière de surcharge;

Considérant qu'en exceptant de l'obligation des roues à jantes larges les voitures employées au transport des récoltes, la loi et le décret précités n'ont eu en vue que les voitures employées à transporter les objets récoltés depuis le lieu où ils sont recueillis jusqu'à celui où, pour les conserver, le cultivateur les dépose et rassemble;

Considérant que, dans l'espèce, le transport de grains effectué par la voiture du sieur Vandormaes avait pour but de les livrer à la consommation ou au commerce ; que l'exception relative aux roues à jantes larges, prononcée par l'article 8 de la loi du 7 ventôse an XII, n'est point applicable à ce cas ;

Le conseil d'Etat entendu, il a été décrété ce qui suit :

Art. 1er. Les arrêtés précités du conseil de préfecture du département de la Dyle, des 20 juin et 4 juillet 1809, sont annulés.

2. Il sera de nouveau statué, conformément aux lois, sur la contravention constatée par le procès-verbal du 12 janvier 1808, ci-dessus désigné.

Décret du 26 juin 1810, concernant la navigation de la Haisne.

ART. 1er. A dater de la publication du présent décret, les transports de charbon de terre et de marchandises de toute espèce sur la rivière la Haisne auront lieu en conséquence de conventions libres et conclues de gré à gré entre les chargeurs et bateliers, pour le fret ou prix desdits transports, comme sur toutes autres rivières, fleuves et canaux de l'empire.

2. La corporation des bateliers de Condé est et demeure supprimée, et défenses lui sont faites d'avoir ni syndics ni caisse commune.

3. En cas d'insuffisance des règlements de police existants pour le passage des écluses ou la navigation, d'après les articles ci-dessus, il y sera pourvu en notre conseil, sur le rapport de notre ministre de l'intérieur (1).

4. Nos arrêtés et décrets des 13 prairial an XI, 25 germinal an XIII, 22 brumaire an XIV et 2 février 1809, sont rapportés en tout ce qu'ils ont de contraire aux articles précédents.

Instruction du ministre de l'intérieur (M. Montalivet), du 3 août 1810, sur l'exécution de la loi du 21 avril 1810.

§ Ier. *Généralités. Classement.* — Les substances minérales ont été classées, par la loi du 21 avril 1810, en trois divisions distinctes, à chacune desquelles sont appliquées des dispositions législatives différentes.

§ II. *Des mines. Généralités.* — Les mines ne doivent être exploitées qu'en vertu d'un acte de concession délibéré en conseil d'Etat.

Cet acte, par lequel les droits des propriétaires de la surface seront réglés à l'égard des mines à concéder, investit le concessionnaire de la propriété perpétuelle de la mine.

Le gouvernement se fera rendre compte de l'état de l'exploitation.

Les entrepreneurs seront éclairés sur les progrès de l'art. Des améliorations, basées sur une théorie sûre et constatée par l'expérience, leur seront proposées. Les travaux utiles seront encouragés.

L'administration surveillera tous les établissements, pour leur porter sans cesse secours et lumières, par l'intermédiaire des ingénieurs des

---

(1) Voir le décret du 27 février 1811, et l'ordonnance royale du 13 octobre 1824.

mines. Ces ingénieurs, qui réunissent le plus d'instruction théorique à la connaissance des procédés mis en usage dans tous les pays où l'exploitation des mines prospère, feront aussi profiter nos entreprises des résultats des connaissances acquises et de l'expérience des hommes les plus consommés dans l'art.

Enfin, s'il arrivait que, par négligence ou mauvaise gestion de quelques-uns des propriétaires des mines, la sûreté publique, celle des mineurs ou autres individus, fussent compromises, ou s'il n'était point convenablement pourvu aux besoins des consommateurs, le gouvernement sévirait contre de telles infractions aux obligations du concessionnaire, qui, recevant cette nouvelle propriété, doit en garantir à la société les produits, en même temps qu'il bénéficie sur l'exploitation.

C'est afin d'avoir moins à craindre cet abus de la chose concédée, qu'il devra être porté une attention sévère dans le choix des concessionnaires, sous le rapport de leurs facultés et de leur capacité, pour assurer l'exécution du mode d'exploitation le plus avantageux de la mine qui leur sera accordée; et c'est aussi pour assurer l'unité de vues et la suite des travaux, d'après un plan constant, que la loi a établi cette différence entre la propriété des mines et les autres propriétés, que celle-là ne pourra être vendue par lots ou partagée, sans une autorisation du gouvernement donnée dans la même forme que la concession.

En général, il est bon que les mutations n'aient lieu qu'avec l'approbation du gouvernement, afin de s'assurer que les nouveaux prétendants à cette propriété atteignent le but de la loi, et qu'ils possèdent les facultés nécessaires pour exécuter les conditions de l'acte de concession : on sent que, si cela n'était pas ainsi, tous les soins que prend le gouvernement pour n'accorder les concessions qu'à des personnes reconnues en état de les faire valoir, seraient illusoires, si, par l'effet des mutations, ces propriétés passaient indifféremment dans toute sorte de mains.

L'étendue que pourront avoir les concessions des mines n'est pas fixée par la loi : il est réservé à l'administration de la déterminer, suivant l'état des mines et les circonstances locales. On n'aura, par conséquent, pas à redouter les mauvais effets des concessions trop vastes.

Une redevance fixe sera perçue, en raison de l'étendue : cette redevance est encore un moyen répressif de l'abus des trop grandes concessions.

Une autre redevance, proportionnelle aux produits des mines, a pour objet d'augmenter les fonds, pour pouvoir en appliquer aux secours et encouragements, et pour faire face aux dépenses administratives générales.

Cette seconde redevance n'exédera pas cinq pour cent du produit net; elle sera modérée en raison de l'état des exploitations.

La recherche des mines est stimulée, éclairée par les soins des agents du gouvernement. Les ingénieurs des mines aident de leurs conseils ceux qui se livrent à ces travaux. Il en sera rendu compte à l'administration.

La découverte est encouragée, soit par la concession de la mine, soit par une indemnité de la part du concessionnaire, si l'auteur de la découverte n'obtient pas la concession, à défaut de moyens suffisants. Les anciens concessionnaires sont non-seulement maintenus dans les droits qu'ils avaient, mais ils sont associés aux avantages accordés aux nouveaux concessionnaires, à l'égard de la propriété des mines, et ils ne sont astreints qu'aux nouvelles redevances envers l'Etat, prescrites par la loi.

Les exploitants concessionnaires qui n'ont pas exécuté, quant à la limitation, les dispositions prescrites par la loi de 1791, sont appelés à faire légitimer leur jouissance.

§ III. *Des minières. Généralités.* — Les minières sont exploitées à ciel ouvert par les propriétaires des terrains, ou par d'autres personnes au refus des propriétaires, mais en vertu d'une permission de l'administration, donnée sur l'avis de l'ingénieur des mines, après avoir entendu le propriétaire du terrain. (Titre VII.)

Cette permission déterminera les limites et les règles de l'exploitation, sous les rapports de sûreté et de salubrité publiques, et de manière à satisfaire aux besoins des usines et des consommateurs en général.

Les minières rentrent dans la classe des mines, et sont concédées de la même manière, quand l'exploitation à ciel ouvert cesse d'être possible ou peut devenir nuisible; mais le concessionnaire est assujetti à la condition de fournir aux usines établies légitimement les minerais qui leur sont nécessaires, à un prix déterminé, et d'indemniser les propriétaires du sol, dans la proportion du revenu qu'ils tiraient de l'extraction des minerais.

On sent que cette dernière condition ne sera pas toujours rigoureusement exécutable. Il faut ici observer l'esprit de la loi, qui est de réserver aux propriétaires des terrains le plus grand avantage possible; mais lorsque des exploitations superficielles auront ouvert les terrains, y auront donné accès aux eaux, que celles-ci se seront accumulées, il faudra que les fouilles du concessionnaire soient portées assez profondément pour être à l'abri des dangers continuels que lui présenterait le voisinage des masses supérieures; il faudra qu'il se débarrasse des eaux, ou par des galeries d'écoulement, ou à l'aide de machines assez puissantes. Il pourra alors être accordé aux propriétaires des terrains une portion de bénéfice, les dépenses prélevées, et il ne faut pas perdre de vue que, si on élève le prix des minerais au delà d'une certaine limite, on paralysera l'activité des usines, abus qui serait nuisible à l'Etat et au propriétaire lui-même.

Les tourbières se trouvent comprises dans la classe des minières; elles ne peuvent être exploitées que par le propriétaire, ou de son consentement, et en vertu d'un règlement d'administration publique, qui fixe le mode général d'extraction et les moyens d'écoulement des eaux dans chaque vallée.

§ IV. *Des carrières. Généralités.* — Les carrières peuvent être exploitées à ciel ouvert, sans permission, sauf la surveillance et les règlements de police. (Tit. VIII.)

Si l'exploitation se fait par galeries souterraines, elle est soumise à la surveillance de l'administration, comme les mines.

§ V. *Action de l'autorité publique.* — L'exécution de la loi présente deux sortes d'actions distinctes de l'autorité publique.

A. L'action administrative, qui constate la nature de l'objet, en établit la propriété, la surveille et la protége sous les rapports de sûreté publique et de sûreté individuelle, et sous celui des avantages commerciaux.

B. L'action judiciaire, qui a pour objet le maintien des droits légitimes, la répression des contraventions à la loi, et qui prononce sur toutes les contestations auxquelles peut donner lieu la propriété des mines, minières et carrières, soit entre les exploitants, soit entre ceux-ci et les propriétaires du sol, ou autres personnes.

A. § 1er. *Action administrative Recherche et découverte des mines.*
— La recherche des mines peut avoir lieu de deux manières; savoir : 1° par les propriétaires des terrains, ou avec leur assentiment; dans ce cas, il n'y a aucune formalité à remplir; 2° par d'autres que les propriétaires, et sur le refus de ceux-ci; dans cette circonstance, les recherches ne doivent être faites qu'après en avoir obtenu permission, ainsi qu'il suit.

Les permissions de recherche sont accordées par le ministre de l'intérieur, sur l'avis de l'administration des mines, d'après un arrêté pris par le préfet du département, sur la demande qui doit contenir, d'une manière précise, l'objet de la recherche, la désignation du terrain, et les nom et domicile du propriétaire du terrain : la permission ne peut être accordée qu'à la charge d'une indemnité préalable envers lui, en raison de la non jouissance et des dégâts occasionnés à la surface, et après qu'il a été entendu. (Tit. III, art. 10.)

Le préfet prend l'avis de l'ingénieur des mines, qui fait connaître la nature du terrain, la probabilité du succès que présentent les circonstances locales, et la meilleure direction à suivre dans les travaux.

L'arrêté du préfet, qui statue sur la demande, doit énoncer les nom, qualités et domicile du demandeur, la date de la demande, l'objet de la recherche, la désignation précise du lieu ou des lieux sur lesquels elle pourra porter, la date de la communication faite au propriétaire du terrain, l'avis de l'autorité locale, celui de l'ingénieur des mines, la discussion de l'opposition de la part du propriétaire ou des propriétaires, s'ils en ont fait, l'avis des experts sur l'indemnité à payer aux propriétaires, enfin l'opinion motivée du préfet sur le tout, en conséquence de laquelle ce magistrat admet ou rejette la demande, en fixant, en cas d'admission, la durée de la permission, l'étendue des terrains sur lesquels elle devra porter, et ordonne le renvoi de son arrêté et des pièces de l'affaire au ministre de l'intérieur, pour être statué définitivement.

La durée des permissions de recherche, d'après les anciens usages auxquels il n'est point dérogé, n'excède pas deux années : elles peuvent être renouvelées après cette époque, s'il y a lieu, sur l'avis de l'administration des mines, et aux mêmes conditions, à l'égard des propriétaires des terrains. Les travaux doivent être mis en activité dans les trois mois de la date de la permission accordée par le ministre. Les travaux doivent être suivis avec activité, et, dans le cas d'inaction formellement constatée, après avoir entendu le permissionnaire, et sur le rapport du préfet du département et de l'administration des mines, la permission peut être révoquée par le ministre, et accordée à d'autres.

Aucune permission de recherche ne peut être accordée pour faire des sondages, ouvrir des puits, ou établir des machines dans les enclos murés et dans les terrains attenant aux habitations, dans la distance de cent mètres desdites clôtures ou habitations, qu'avec le consentement formel du propriétaire. (Tit. III, art. 11.)

Tout propriétaire de terrain a droit de rechercher, sans permission préalable, des mines, minières ou carrières dans son terrain : mais, comme tout autre, il ne peut suivre l'exploitation des substances qu'il aura découvertes, qu'en se conformant aux dispositions de la loi pour obtenir concession ou permission d'exploiter, suivant les cas.

Des recherches ne peuvent avoir lieu, dans l'étendue d'une concession déjà obtenue, que par le concessionnaire lui-même, ou d'après son consentement formel. S'il en était autrement, il est évident que la loi serait éludée, et que, sous prétexte de recherches, il s'établirait des exploitations illicites.

Lorsque celui qui a découvert une mine ne pourra en obtenir la concession, à défaut de moyens suffisants pour en faire prospérer l'exploitation, il aura droit à une indemnité de la part du concessionnaire. Cette indemnité est réglée par l'acte de concession.

On ne doit considérer comme découvertes, en fait de mines, que celles qui font connaître, non-seulement le lieu où se trouve une substance minérale, mais aussi la disposition des amas, couches ou filons, de manière à démontrer la possibilité de leur utile exploitation.

§ II. *Des concessions.* — Il y a lieu à demande de concession, soit pour des mines nouvellement découvertes, lorsque le gisement des couches minérales est tellement reconnu, qu'il y a certitude d'une exploitation utile, soit pour des mines exploitées et non encore concédées. (Tit. II, art. 5; tit. III, sect. II, art. 6.)

Il y a aussi lieu à concession pour des minières, lorsqu'il est nécessaire de les exploiter par puits et galeries; et, dans ce cas, les formalités à remplir sont les mêmes que pour la concession des mines. (Tit. VII, sect. II, art. 69, 70.)

Les terrains d'une même concession doivent être contigus.

Plusieurs concessions peuvent être réunies entre les mains d'un même concessionnaire : ces concessions peuvent même être limitrophes, pourvu que toutes soient tenues constamment en activité d'exploitation. (Tit. IV, sect. Iʳᵉ, art. 31.)

Les concessionnaires antérieurs à la présente loi sont devenus, par son effet, propriétaires des mines qui leur avaient été concédées : ils sont tenus de payer les nouvelles redevances fixe et proportionnelle que la loi établit. (Tit. IV, sect. Iʳᵉ, art. 51, 52.)

La loi n'ayant point porté d'exceptions à l'égard des anciens concessionnaires qui auraient encouru la déchéance, aux termes de la loi de 1791, mais à l'égard desquels il n'a point été prononcé, on doit aussi leur appliquer les mesures favorables des articles 53 et 54, mais à la charge de mettre les travaux en activité dans l'année, à dater de la publication de la loi.

Toute nouvelle demande en concession doit être présentée au préfet du département dans l'étendue duquel la mine est située. (Tit. IV, sect. Iʳᵉ, art. 22 et suivants.)

La pétition doit indiquer les nom, prénoms, qualités et domicile du demandeur, la désignation précise du lieu de la mine, la nature du minerai à extraire, l'état auquel les produits seront livrés au commerce, les lieux d'où on tirera les bois et combustibles qui seront nécessaires, l'étendue de la concession demandée, les indemnités offertes aux propriétaires des terrains, à celui qui aurait découvert la mine, s'il y a lieu ; la soumission de se conformer au mode d'exploitation déterminé par le gouvernement. Si la concession demandée a pour objet des minières dont les produits sont nécessaires à des usines, la pétition doit contenir la soumission de fournir aux usines, dans la proportion et au prix à fixer par l'administration. (Tit. IV, art. 29, 30; VI, art. 56; II, art. 6; IV, sect. II, art. 42; III, sect. II, art. 14, 16; VII, sect. II, art. 70.)

Dans tous les cas, il devra être joint à la pétition un plan régulier de la surface, en triple expédition, et sur une échelle de dix millimètres pour cent mètres, qui présente l'étendue de la concession et les limites déterminées le plus possible par des lignes droites menées d'un point à un autre, en observant de diriger les lignes de préférence sur des points immuables. Ce plan devra faire connaître la disposition des substances minérales à exploiter. (Tit. IV, art. 29, 30.)

Il sera joint un extrait du rôle des impositions, constatant la cote des demandeurs ; ou, si c'est une société, elle justifiera par un acte de notoriété que ses membres réunissent les qualités nécessaires pour exécuter les travaux et satisfaire aux indemnités et redevances auxquelles la concession devra donner lieu. (Tit. III, sect. II, art. 14.)

La demande en concession sera enregistrée à la date de sa réception à la préfecture. (Tit. IV, art. 22, 23, 24, 25 et 26.)

Le secrétaire général donnera au requérant extrait certifié de l'enregistrement.

Le préfet ordonnera les publications et affiches de la demande, dans les dix jours de sa réception.

Les pétitionnaires ne peuvent se charger eux-mêmes de l'exécution des publications et affiches prescrites par la loi : elles doivent avoir lieu à la diligence des sous-préfets et des maires.

Les affiches seront exposées pendant quatre mois dans le chef-lieu du département, dans celui de l'arrondissement où la mine est située, celui du domicile du demandeur, et dans toutes les communes sur le territoire desquelles la concession peut s'étendre. Les publications de la demande doivent être faites, en outre, aux termes de l'article 24, au moins une fois par mois pendant le temps fixé pour la durée des affiches.

Après l'expiration du délai légal, le préfet acquerra la preuve de l'accomplissement des formalités ci-dessus, au moyen des certificats à lui adressés par les sous-préfets et les maires, lesquels certificats doivent faire mention des oppositions, s'il leur en est parvenu : les sous-préfets joignent leur avis. (Tit. IV, art. 27.)

Les oppositions faites, soit par-devant les autorités locales, soit à la préfecture, sont enregistrées comme l'a été la demande en concession : elles sont notifiées aux parties intéressées, et le registre est ouvert à qui veut en avoir communication.

L'ingénieur des mines, auquel les pièces de l'affaire seront remises, vérifiera le plan et le certifiera. Cet ingénieur donnera son avis sur l'ensemble de l'affaire, fera connaître l'état de la mine ; il indiquera le mode d'exploitation le plus utile, les redevances fixe et proportionnelle dont la concession lui paraît susceptible, à raison de l'influence qu'elles pourront avoir sur la suite de l'exploitation.

S'il y a discussion entre les propriétaires du terrain et le demandeur en concession, relativement aux indemnités autorisées par les art. 6 et 42 de la loi, ou réclamation de sa part, à l'égard des redevances proposées par l'ingénieur des mines, ces objets seront soumis à l'avis du conseil de préfecture.

Le préfet, sur le vu de la demande, des plans qu'il doit viser, des certificats qui constatent l'exécution des formalités prescrites, de l'avis des autorités locales, de celui de l'ingénieur des mines, des oppositions, de l'avis du conseil de préfecture, s'il y a lieu, et après avoir pris des informations sur les droits et facultés des demandeurs, donne son opinion sur le tout et la transmet au ministre de l'intérieur avec toutes les pièces.

Jusqu'à l'émission du décret, toute opposition est rigoureusement admissible; mais celles tardivement formées n'arriveront qu'avec le préjugé défavorable qui doit accompagner des démarches que l'on a paru désirer soustraire à l'examen préalable des autorités locales, auxquelles cependant ces réclamations seront renvoyées, dans tous les cas, pour avoir un avis motivé. (Tit. IV, art. 28.)

Les oppositions adressées à l'administration, et qui seraient motivées sur la propriété déjà acquise de la mine, seront renvoyées devant les tribunaux et cours. (Tit. IV, art. 28.)

Le gouvernement juge des motifs ou considérations d'après lesquels la préférence doit être accordée aux demandeurs, soit comme propriétaires de la surface, soit comme ayant découvert la mine, ou à quelque autre titre que ce soit. (Tit. III, art. 16.)

Les principaux motifs qui déterminent à accéder à une demande en concession sont : 1° l'existence reconnue d'un minéral utilement exploitable; 2° la certitude de moyens d'exploitation offerte par les localités, sans anéantir des établissements antérieurement en activité; 3° la faculté d'asseoir l'exploitation sur une étendue de terrain suffisante pour qu'elle soit suivie par les moyens les plus économiques; 4° la connaissance des débouchés qui doivent assurer la prospérité de l'entreprise; 5° une intelligence active de la part des demandeurs, et la justification des moyens nécessaires pour satisfaire aux dépenses de l'entreprise.

Le décret de concession énonce les prénoms, nom, qualités et domicile du concessionnaire ou des concessionnaires, la nature et la situation de l'objet concédé : il désigne les limites de la concession accordée, exprime son étendue en kilomètres carrés, fixe les indemnités à payer envers qui de droit; il détermine le mode d'exploitation qui devra être suivi par le concessionnaire, et notamment les galeries d'écoulement et autres grands moyens d'épuisement, d'aérage ou d'extraction des minerais, qui devront être exécutés pour l'exploitation la plus économique; les autres conditions dépendantes des circonstances locales, et à l'exécution desquelles le concessionnaire se serait soumis; enfin, l'obligation d'acquitter les redevances générales, aux termes de la loi : il indique l'époque à partir de laquelle la redevance proportionnelle commencera à être perceptible pour l'objet concédé, et l'obligation aussi d'acquitter envers les propriétaires de la surface, ou à l'égard des inventeurs, les indemnités qui seront fixées ou qui seraient dues, aux termes des articles 6, 42, 51, 53, 55 et 43, 44, 45 et 46.

Un plan de la concession reste joint à la minute du décret.

S'il y avait des changements à opérer, en vertu du décret, sur les plans fournis, ces changements seraient exécutés sous la surveillance de l'administration générale des mines, et les plans seraient, à cet égard, certifiés par le chef de l'administration et visés par le ministre de l'intérieur.

Le décret de concession est adressé par le ministre au préfet du département, qui le notifie sans délai au concessionnaire, et qui en ordonne les publications et affiches dans les communes sur lesquelles s'étend la concession.

§ III. *Des mutations et du partage des mines ou minières concédées.* — L'objet de la concession ne peut être partagé ou vendu par lots, sans une autorisation spéciale du gouvernement (Tit. II, art. 7).

La division d'une mine ou d'une minière en exploitation entraînerait le plus souvent la ruine de l'entreprise : d'ailleurs, le but que s'est proposé le gouvernement en accordant la concession à des personnes reconnues capables de faire valoir la chose qui leur est confiée, ne serait plus rempli. Le partage de l'objet concédé donnerait lieu à des extractions partielles toujours beaucoup plus nuisibles qu'elles ne peuvent être utiles.

Il est donc indispensable, lorsque, par effet d'hérédité ou autrement, une mine ou une minière concédée se trouverait dans le cas d'être partagée, que la question de partage soit soumise au gouvernement.

Dans ce cas, l'administration a à examiner,

1° Si la mine ou la minière concédée est susceptible de division, sans inconvénient;

2° Si chacun des copartageants, qui deviendrait propriétaire d'une portion de la mine ou de la minière, aurait les facultés nécessaires pour suivre les travaux à faire dans chacune des parties, et acquitter les charges qui seraient affectées proportionnellement à chaque portion.

La demande en division de mine ou minière doit être adressée au préfet du département, avec les plans de la surface, sur une échelle de dix millimètres pour cent mètres, et celui des travaux intérieurs, sur celle d'un millimètre pour mètre, avec les extraits des rôles d'impositions certifiant les cotes de chacun des demandeurs, et avec les avis des autorités locales sur leurs moyens et leurs facultés.

L'ingénieur des mines donne son avis sur la possibilité de la division, en conservant des exploitations utiles. S'il y a possibilité, il indiquera le mode de division préférable, et les travaux qui devront avoir lieu par suite de cette division.

S'il y a impossibilité de partager, sans compromettre la sûreté et l'utilité de l'exploitation, l'ingénieur des mines motivera son avis dans ce sens, d'après les considérations de l'état de la mine et des résultats nuisibles que produirait la division.

Le préfet du département adresse son opinion, sur le tout, au ministre de l'intérieur, lequel, après avoir pris l'avis de l'administration générale des mines, soumet un rapport au gouvernement, qui statue sur la demande en conseil d'Etat.

Si la demande en division est admise, le décret détermine le mode de partage, les travaux à exécuter par chacun des copartageants, et la proportion des charges et redevances qui leur sont imposées. Chacun

II. 3

jouit ensuite de son lot, comme s'il eût été concessionnaire originaire.

En cas de simple mutation par vente ou hérédité, l'approbation
pourra avoir lieu dans la même forme, avec cette différence, qu'il ne
s'agira que de constater les facultés des héritiers ou des acquéreurs, au
moyen d'extraits des rôles de contributions et de l'avis des autorités locales, lesquelles pièces seront adressées, avec la demande, au ministre
de l'intérieur, pour être ensuite statué comme il vient d'être dit.

§ IV. *De l'abandon des mines ou minières concédées.* — Lorsque le
propriétaire d'une mine ou d'une minière concédée, en abandonnera
l'exploitation, pour quelque cause que ce soit, il est extrêmement important que l'état de la mine ou minière et celui des travaux restent
constatés par des plans et des descriptions exacts. (Loi de 1791, art. 16,
17 et 18.)

Sans cette précaution, il serait, dans tous les temps, plus difficile et
plus dangereux de reprendre l'exploitation, et il est utile, pour celui
même qui l'abandonne, que d'autres puissent en tenter la reprise, et
l'indemniser de la valeur des travaux et machines qu'il y aurait laissés.
Cela est intéressant, d'ailleurs, pour les propriétaires des terrains, à
raison des droits qui pourraient leur avoir été attribués, en vertu de
l'article 6 de la loi, et à raison de la sécurité qu'ils ont droit de réclamer pour la conservation de leur propriété.

C'est donc une mesure d'ordre public, que d'exiger d'un propriétaire de mine ou minière qu'il prévienne l'administration des mines,
au moins trois mois d'avance, lorsqu'il sera déterminé à abandonner
l'exploitation, afin qu'il soit pris par l'administration les mesures convenables pour conserver une connaissance exacte de l'état des travaux,
et qu'il soit pourvu aux moyens de sûreté et de conservation qui seront
jugés nécessaires.

Dans tout état de choses, une expédition du procès-verbal de description et du plan, avant l'abandon de l'exploitation, doit être déposée
aux archives de la préfecture, et une autre à celles de l'administration
des mines, pour y avoir recours au besoin.

L'exploitation abandonnée restera à la disposition du gouvernement,
comme bien vacant. (Code civil, art. 539.)

§ V. *Des formes à observer pour l'exploitation des minières.* — On
a vu, § III, que les minières exploitables à ciel ouvert sont assujetties à des permissions qui règlent les limites de l'exploitation et prescrivent les mesures nécessaires sous les rapports de sûreté et de salubrité publiques. (Tit. VII.)

Ces minières peuvent être exploitées par les propriétaires des terrains.
Ils sont tenus d'en faire la déclaration au préfet, avec désignation précise du lieu. Le préfet donne acte de cette déclaration; ce qui vaut
permission pour le propriétaire, lequel est soumis, à l'égard de ses
travaux, aux règlements de police et de sûreté publique. (Art. 59.)

Mais sur le refus, de la part du propriétaire du terrain, de procéder
à l'extraction, et lorsque cela est nécessaire pour l'activité d'usines légalement établies, le chef d'usines obtient du préfet, et sur l'avis de
l'ingénieur des mines, la faculté d'exploiter. (Art. 60, 61 et 62.)

Dans ce cas, la demande est faite par le chef d'usine au préfet du
département.

Elle contient l'indication précise du lieu, et les nom et domicile du propriétaire.

Le préfet ordonne la notification au propriétaire, qui doit déclarer, dans le mois, s'il entend exploiter par lui-même.

Après le délai d'un mois, l'affaire est donnée en communication à l'ingénieur des mines, avec la réponse du propriétaire, si elle a eu lieu ; et l'ingénieur fait son rapport sur la demande et sur les oppositions, s'il y en a.

Si, après le délai d'un mois, le propriétaire du terrain n'a pas répondu à la notification, il est censé avoir renoncé à l'exploitation.

Le préfet accorde la permission : elle énonce les limites du terrain dans lequel elle aura lieu et le mode qui devra être suivi ; elle prescrit la condition de payer au propriétaire du fonds, et avant l'enlèvement du minerai, une indemnité pour la valeur de celui-ci, qui doit être réglée de gré à gré, ou à dire d'experts, défalcation faite des dépenses d'extraction. (Art. 66.)

La permission porte aussi l'obligation, par le chef d'usine, de rétablir, après l'extraction, le terrain en état de culture, ou d'indemniser le propriétaire de la valeur de ce terrain. (Art. 63.)

Lorsque le propriétaire du terrain se charge d'extraire lui-même les minerais pour les livrer aux usines, le prix en est également réglé de gré à gré avec les chefs d'usine, ou à dire d'experts choisis, ou nommés d'office. (Art. 65.)

Il est évident que, dans toutes ces évaluations de prix des minerais, on doit prendre essentiellement en considération la conservation de l'activité des usines. Il faut donc avoir égard, avec une grande circonspection, aux procédés plus ou moins dispendieux, au moyen desquels les substances minérales à traiter seront émises dans le commerce. La ruine des usines serait funeste à l'intérêt public, et serait nuisible à l'intérêt du propriétaire du terrain lui-même.

Lorsque plusieurs usines ont besoin des minerais d'une même minière, le préfet détermine, sur l'avis de l'ingénieur des mines, les proportions dans lesquelles chacun des chefs d'usine aura droit à l'extraction, si elle est faite par eux ou pour leur compte, ou à l'achat du minerai, s'il est extrait par le propriétaire. (Art. 64.)

C'est dans cette circonstance qu'il importe le plus que le préfet, sur l'avis de l'ingénieur des mines, prescrive le mode d'exploitation et l'ordre qui doit être suivi pour éviter les dégâts qui résulteraient de la concurrence des extractions à une même minière.

Enfin, si l'exploitation doit être opérée dans des forêts dépendant du domaine public ou des bois communaux, la loi a prescrit des mesures tendant à empêcher la dévastation de ces propriétés. Il faut alors que l'administration forestière soit entendue, conjointement avec l'administration des mines, afin qu'il ne soit consacré à l'extraction que les terrains reconnus indispensablement nécessaires, et qu'il soit pris tous les moyens de conservation et de reproduction que les circonstances locales permettent (Art. 67.)

Dans ce cas, le préfet ne devra prononcer sur la permission à accorder, qu'après avoir vu les rapports du conservateur des forêts et de l'ingénieur des mines, et après avoir même, s'il le jugeait nécessaire, mis ces fonctionnaires à portée de se communiquer leurs vues, et de concerter la détermination à proposer.

Les permissions de cette espèce seront soumises par le préfet au ministre de l'intérieur, qui statuera définitivement, après avoir pris l'avis de l'administration générale des mines et celui de l'administration générale des forêts.

Toutes ces règles s'appliquent aux minières qui fournissent des minerais de fer, ou des minerais dont on obtient des sels, tels que les sulfates de fer, de cuivre, d'alumine, etc.

§ VI. *Des tourbières.* — Les tourbières, que la loi a mises dans la classe des minières, sont soumises à des dispositions qui diffèrent, à quelques égards, de celles qui précèdent. (Tit. VIII.)

Les tourbes ne peuvent être exploitées que par le propriétaire du terrain dans lequel elles se trouvent, ou que du consentement de ce propriétaire. (Art. 83.)

Il est d'une très-grande importance pour la salubrité du pays où l'extraction des tourbes a lieu, et pour l'économie de ce combustible, que l'exploitation en soit faite avec régularité, et surtout en évitant la stagnation des eaux dans les vallées tourbières, stagnation qui ne manque pas de produire des épidémies funestes.

Il est donc indispensable que l'exploitation de chaque propriétaire soit coordonnée au système reconnu le plus salubre et le plus utile dans chaque canton à tourbe.

A cet effet, les ingénieurs des mines, après avoir pris, dans ces terrains, les nivellements nécessaires, et avoir reconnu le gisement et la puissance des bancs de tourbe, par des sondages, soumettront au préfet un plan général d'exploitation, auquel ce magistrat donnera son approbation, s'il y a lieu, et sauf le recours au ministre de l'intérieur. (Art. 85.)

Tout propriétaire de terrain à tourbe doit, aux termes de la loi, demander à la sous-préfecture du lieu la permission d'extraire. Il désignera avec précision le lieu où il voudrait établir son extraction ; il indiquera l'étendue de sa propriété, la qualité et l'épaisseur des bancs de tourbe qu'il aura reconnus par des sondages. (Art. 84, 86.)

L'ingénieur des mines, consulté, donnera son avis sur la demande. L'autorisation accordée par le préfet au propriétaire, exprimera la direction, l'étendue, la profondeur à donner à l'exploitation, et l'époque à laquelle elle devra avoir lieu, en conformité du mode et du plan général d'extraction qui auront été déterminés.

§ VII. *Des carrières.* — L'exploitation des carrières à ciel ouvert continuera d'être soumise aux lois et règlements de police qui leur sont relatifs.

Les ingénieurs des mines rendront compte aux préfets des départements, de l'état de ces exploitations, et proposeront les mesures à prendre, suivant les circonstances.

Les carrières exploitées par puits et galeries nécessitent une surveillance plus attentive et plus suivie. Il s'agit d'obvier aux atteintes qui peuvent être portées aux droits des propriétaires du terrain, d'empêcher que la sûreté des ouvriers ne soit compromise par un mauvais mode d'exploitation, et de prévenir la disparition et l'absorption des eaux de la surface qui sont nécessaires aux besoins des communes et des particuliers.

La proximité où ces travaux sont de la superficie, les rend susceptibles de plus d'inconvénients, et de dangers plus fréquents que les travaux des mines exploitées en profondeur, lesquels exigent cependant tant de prudence et d'instruction.

Les carrières exploitées par puits et galeries doivent être visitées fréquemment par les ingénieurs des mines, et par les gardes-mines sous leurs ordres.

Les exploitants doivent avoir les plans et coupes de leurs travaux, tracés sur une échelle d'un millimètre pour mètre. Ils fourniront à la préfecture, tous les ans, dans le mois de janvier, ou de février au plus tard, lesdits plans et coupes, pour être vérifiés, certifiés, et déposés au bureau de l'ingénieur des mines.

A l'aide de ces plans, qui seront continuellement utiles aux exploitants, l'administration parviendra à rendre l'exploitation des carrières plus sûre sous tous les rapports, et les tribunaux seront aussi plus promptement en état de prononcer sur les plaintes qui leur seraient portées.

§ VIII. *Des fourneaux, forges et usines pour le traitement des substances minérales.* — Les fonderies et usines dans lesquelles les substances minérales doivent être traitées, pour en extraire les métaux et les sels ; les forges, martinets, laminoirs et fonderies pour le fer ou le cuivre, et, en général, les usines dans lesquelles les substances minérales sont élaborées à l'aide des combustibles, ne doivent être en activité qu'en vertu d'une permission du gouvernement, accordée après quatre mois de publication et d'affiche de la demande, comme pour les concessions des mines. (Tit. VII, art. 37.)

La demande en permission est adressée au préfet du département : elle énonce la nature de la substance qu'on se propose de traiter, la consistance de l'usine, le lieu d'où l'on tirera le minerai ou le métal à traiter, l'espèce et la quantité de combustible qu'on consommera, les lieux qui le fourniront, le cours d'eau dont on se servira (lorsqu'on veut en employer), la durée désirée de la permission. Des plans de l'usine et du cours d'eau y sont joints ; ces plans, sur une échelle d'un millimètre pour dix mètres (1). (Art. 74.)

Les oppositions, s'il en survient pendant le délai légal des affiches, doivent être communiquées au demandeur pour qu'il y réponde.

Les autorités locales donneront leur avis.

Les choses essentiellement nécessaires pour l'activité de ces usines, sont :

1° L'existence, en qualité utile et en quantité suffisante du minerai à traiter ;

2° La possibilité de se procurer les combustibles qui peuvent être appliqués à l'opération qu'on veut entreprendre ;

3° L'emploi d'un cours d'eau est presque toujours indispensable ou utile.

Il convient donc que, pour ces sortes de demandes, le préfet soit éclairé du rapport de l'ingénieur des mines, de celui du conservateur des forêts, si l'on emploie le bois pour combustible, et du rapport de

_____

(1) Un arrêté du ministre de l'intérieur, en date du 4 janvier 1811, porte que l'échelle des plans généraux sera de deux millimètres pour un mètre, ou un cinq-centième, et celle des plans de détail de dix millimètres pour un mètre ou un centième.

l'ingénieur des ponts et chaussées, relativement au cours d'eau, si l'on en fait usage.

Aussitôt après le délai expiré pour les affiches et publications, le préfet prend, sur la demande, l'avis du conservateur des forêts et celui de l'ingénieur des ponts et chaussées, s'il y a lieu; après quoi, il communique l'ensemble de l'affaire à l'ingénieur des mines. Celui-ci expose, dans son rapport, la nature et le gisement des minerais qu'on se propose de traiter; il entre dans le détail de tous les moyens d'activité que les localités peuvent présenter; il en déduit l'utilité ou le danger de l'entreprise, fait connaître si elle peut être nuisible ou non à des entreprises déjà établies; s'il juge l'établissement utile, il explique la méthode qui lui paraît la plus économique à suivre pour le traitement du minerai, l'espèce et la quantité du combustible qu'il conviendrait d'y appliquer, la meilleure disposition des fourneaux et foyers, les moyens mécaniques qui produiraient les effets les plus avantageux pour atteindre le but qu'on se propose, et, par conséquent, la force motrice qu'il faudra employer, soit qu'on l'emprunte d'un cours d'eau ou de tout autre moyen.

Enfin, l'ingénieur donne son avis sur les oppositions, sur la préférence à accorder, s'il y a concurrence pour la demande, et sur la quotité de la taxe, une fois payée, à laquelle les permissions sont assujetties. Il certifie l'exactitude du plan, après l'avoir vérifié. (Tit. VII, sect. IV, art. 75.)

En cas de concurrence entre plusieurs demandeurs, celui qui, à facultés égales d'ailleurs, réunirait dans sa propriété territoriale ou qui aurait à sa disposition les minerais et les combustibles à employer, mériterait la préférence.

Lorsque la demande en permission est complétement instruite devant le préfet, ce magistrat, sur le vu de la pétition, des certificats d'affiches et publications, des oppositions, s'il y en a, de l'avis des autorités locales et de ceux des fonctionnaires ci-devant dénommés, ainsi qu'il y a lieu, donne son opinion sur le tout, et l'adresse au ministre de l'intérieur avec toutes les pièces. (Tit. VII, sect. II, III et V.)

Le décret à intervenir indiquera les prénoms, nom, qualité et domicile du demandeur, l'objet de la permission, la substance ou les substances à traiter, l'espèce et la quantité des bouches à feu, la nature des combustibles qui seront employés, et les conditions de conservation ou de reproduction qui pourront être exigées.

Les dispositions relatives au cours d'eau sont fixées, lorsqu'il y a lieu, ainsi que l'époque à laquelle l'usine devra être mise en activité; la durée de la permission, si elle est limitée; les charges particulières qui pourraient être prescrites en faveur d'un service; enfin la taxe fixe que le permissionnaire devra acquitter.

Les établissements existant antérieurement à la publication de la loi du 21 avril 1810, sont maintenus, à la charge de justifier d'une permission légale, ou d'en obtenir une avant le 1er janvier 1813, sous peine de payer un triple droit de permission, pour chaque année de retard de la demande qu'ils doivent faire, à dater de la loi. (Art. 78.)

En conséquence, les ingénieurs des mines présenteront aux préfets des départements un état circonstancié des usines en activité. Cet état fera connaître le nombre et l'espèce de leurs feux, et la nature de leurs produits.

Les préfets doivent se faire remettre copie authentique des titres en vertu desquels chaque usine aurait été établie; et, à défaut de titre valable, le chef d'usine sera prévenu de la nécessité où il est de former sa demande, conformément à la présente instruction, pour qu'il soit statué par le gouvernement.

§ IX. *Du changement d'état des usines.* — La suppression d'une usine, sa transformation en usine d'un autre genre, les changements dans l'espèce ou le nombre des feux, les changements à l'état du cours d'eau, le transport d'une fabrique d'une localité dans une autre, sont des choses qui intéressent l'ordre public sous plusieurs aspects importants, et qui peuvent aussi nuire à l'intérêt des particuliers. (*Lois forestières*, 1629.)

Ces changements ne doivent avoir lieu qu'avec l'approbation préalable du gouvernement, donnée dans la même forme que la permission; et comme celle-ci n'a été donnée qu'à la charge d'en faire usage dans un délai déterminé, et, par conséquent, de tenir l'usine en activité, celle qui resterait inactive, sans cause légitime, au delà du temps ordinaire de sa fériation, ne pourra être remise en feu qu'en vertu d'une nouvelle permission.

Si l'on ne suivait pas cette marche, il arriverait que les matières premières qui alimentaient l'usine ayant été réparties, pendant le temps de son inaction, sur d'autres points de consommation, la remise en activité pourrait être une cause de ruine pour des établissements formés postérieurement avec autorisation, et d'après la considération même de la cessation du premier.

Un propriétaire d'usine qui ferait des changements sans autorisation préalable, serait d'ailleurs passible de tous les dommages soufferts par des tiers, sans qu'il fût admis à prétendre que ces mêmes dommages résultaient de l'état antérieur.

§ X. *Droits des concessionnaires de mines et des permissionnaires pour établissement d'usines à traiter les substances minérales et les métaux.* — Les concessionnaires de mines, ou les permissionnaires sont propriétaires absolus des objets concédés ou des usines établies en vertu de permissions : cette propriété est immeuble. Les chevaux, machines, agrès, outils et ustensiles nécessaires à la continuité de l'exploitation, sont des dépendances qui ne peuvent être séparées de l'établissement sans en suspendre l'activité; elles sont aussi considérées comme immeubles.

Cette propriété est absolument distincte de la propriété des terrains superficiels.

Les inscriptions prises sur celle-ci ne portent pas sur celle-là, et réciproquement.

Tous les droits de propriété résultant des lois civiles peuvent être exercés à l'égard de l'objet concédé, tant qu'il reste indivis entre les mains des propriétaires reconnus en état d'exécuter les conditions de la concession. On ne peut être exproprié que dans la forme prescrite au Code civil et au Code de procédure civile, ou à la poursuite du gouvernement, pour ne s'être point conformé aux conditions essentielles de l'acte de concession. L'objet concédé est passible de tous les effets du Code hypothécaire. Il peut être affecté par privilége en faveur de ceux qui justifieraient formellement avoir fourni les fonds nécessaires à son exploitation. (Tit. II, sect. II, art. 10.)

L'indemnité qui aurait été fixée en faveur des propriétaires de la surface, en vertu de l'article 6 de la loi, demeure réunie à la valeur de la surface, et passible indivisément des hypothèques qui seraient prises par les créanciers du propriétaire du terrain. (Tit. II, sect. II, art. 18.)

C'est par cette raison que l'indemnité pour les propriétaires de la surface, lorsqu'il y a lieu, doit être fixée, même lorsque la propriété appartient au concessionnaire de la mine ou de la minière. (Art. 19.)

Les actions ou intérêts dans une société ou entreprise pour l'exploitation de substances minérales sont réputées meubles; sont aussi réputés meubles les matières extraites, les approvisionnements et autres objets mobiliers ordinaires. (Tit. II, art. 8 et 9.)

L'acte de concession purge, en faveur du concessionnaire, tous les droits des propriétaires de la surface, inventeurs, ou de leurs ayants cause, chacun dans leur ordre. (Tit. II, art. 17.)

Les propriétaires d'usines légalement établies pour le traitement des substances minérales peuvent faire des fouilles et exploiter, même au dehors de leur propriété, les minerais nécessaires à l'activité de leurs usines, en se conformant aux dispositions du titre VII, pour l'exploitation des minières. (Tit. VII, sect. V.)

Les concessionnaires ou permissionnaires peuvent appliquer aux travaux d'extraction des minerais, ou à leur traitement, les cours d'eau qui sont sur le lieu de leur établissement, ou qu'ils y amèneraient, si ces dispositions sont reconnues n'être pas nuisibles à l'usage des habitants du pays, aux usines préexistantes, à la navigation, ou aux moyens de défense des places de guerre.

Ils peuvent, en conséquence, être autorisés par l'administration à ouvrir des canaux souterrains ou à découvert, les étendre, même à l'égard des concessionnaires, hors de l'enceinte de leur concession, pourvu qu'ils n'y pratiquent pas d'exploitation; et construire et élever toutes digues ou écluses nécessaires, des patouillets et des laveries.

§ XI. *Des obligations des propriétaires de mines et des propriétaires d'usines, pour le traitement des substances minérales et des métaux.* — Les concessionnaires propriétaires de mines, et les permissionnaires propriétaires d'usines, sont obligés à extraire et à traiter les substances minérales dont l'exploitation leur est confiée, de manière à satisfaire aux besoins de la consommation, et suivant le mode le plus avantageux à la société. Ce mode est aussi le plus profitable pour ces exploitants, aujourd'hui surtout que toutes les dispositions qu'ils feront pour une exploitation économique et durable, non-seulement conserveront dans leurs mains une propriété importante, mais ajouteront encore à sa valeur. (Tit. IV, art. 31; V, art. 49 et 50.)

Les travaux des concessionnaires ou permissionnaires doivent être en activité, au plus tard un an après avoir obtenu la concession ou permission du gouvernement, et ils sont obligés de la suivre constamment et sans interruption. Cette obligation sera énoncée dans les actes de concession et dans les permissions. La cessation d'activité sur ces établissements est souvent la cause de leur ruine : elle occasionne au moins toujours de plus grandes dépenses; d'ailleurs, elle prive les consommateurs et les fabriques qui s'alimentent de ces produits : dans certaines circonstances même, elle peut compromettre le service de l'État.

Une obligation essentielle qui doit aussi être énoncée aux actes de concession et aux permissions, et dont les exploitants éclairés sentiront bien toute l'importance, c'est celle d'avoir des plans et coupes des travaux, à mesure de leurs progrès. Sans cette pratique indispensable, on est exposé à chaque instant, dans l'intérieur des mines, à toute sorte d'accidents désastreux. La confection des plans, dans les travaux des mines, est une mesure de sûreté publique et de la plus grande utilité pour l'intérêt de l'exploitant. Il est donc nécessaire que chaque exploitant adresse au préfet de son département, tous les ans, dans le mois de janvier, ou de février au plus tard, les plans et coupes, sur une échelle d'un millimètre pour mètre, des travaux faits pendant l'année précédente (1); et il joindra à ce premier envoi, pour les mines antérieurement exploitées, les plans des travaux précédemment exécutés, autant qu'il sera possible de le faire. Ces plans seront transmis à l'ingénieur en chef des mines de l'arrondissement, ou à l'ingénieur ordinaire en faisant les fonctions, pour être vérifiés, certifiés, et conservés en ordre dans leurs bureaux, afin d'être consultés au besoin.

Tout concessionnaire ou exploitant de mines, minières ou carrières, doit s'abstenir, de la manière la plus absolue, de faire aucun sondage, d'ouvrir des puits, ni de communiquer par des galeries, ni d'établir des machines, magasins ou dépôts de matières extraites, dans les terrains faisant partie d'enclos murés, cours ou jardins; ni dans les terrains attenant aux habitations ou clôtures, dans la distance de cent mètres desdites clôtures ou habitations.

Il ne peuvent se permettre aucune espèce de travaux dans ces lieux, qu'après en avoir obtenu des propriétaires une permission spéciale et authentique.

Les concessionnaires ou permissionnaires doivent acquitter avec exactitude les indemnités ou rentes auxquelles ils ont été soumis, conformément au décret de concession ou de permission, et les indemnités dues aux propriétaires des terrains sur lesquels ils établissent leurs travaux, déblais ou matériaux.

Si le concessionnaire vient à découvrir, dans l'étendue de sa concession, une substance minérale d'une autre espèce que celle pour laquelle il lui a été accordé une concession, il en demandera une particulière pour cet objet, s'il veut l'exploiter. On sent parfaitement : 1° que celui qui a obtenu la concession d'un objet, peut n'être pas jugé susceptible de la même faveur pour un autre; 2° que les limites déterminées pour la première concession, et les dispositions prescrites par le décret qui y est relatif, peuvent n'être pas également convenables pour la seconde; 3° il peut arriver encore, et il arriverait souvent, que la nouvelle substance découverte dût donner lieu à une concession qui se porterait hors des limites de la première, et même sur d'autres concessions de mines différentes; 4° enfin, sous le rapport des droits des tiers et celui de l'intérêt de l'Etat, il est indispensable que le gouvernement établisse, positivement et distinctement, les droits du concessionnaire pour chaque espèce de mines.

---

(1) Les exploitants trouveront beaucoup de facilité pour l'envoi des plans de leurs travaux annuels, en adoptant, dès le premier envoi, pour le plan général, le mode des plans divisés en carreaux numérotés de dix en dix millimètres. Alors il suffira qu'ils envoient, chaque année, les carreaux correspondants à leurs nouveaux travaux.

§ XII. *Redevances publiques.* — L'exploitation des mines, minières et carrières, n'est pas sujette à patente; mais les propriétaires de mines doivent payer annuellement :

1° Une redevance fixe de 10 francs par kilomètre carré de la concession accordée. Il est évident que cette redevance porte sur l'étendue de la concession, rapportée à un plan horizontal, soit que la concession ait été accordée par limites verticales ou par couches. Ce serait éluder la loi que de prétendre que les concessions par couches de minerai ne doivent payer cette redevance que relativement à une seule surface commune à toutes ces concessions. Elles peuvent être en nombre indéfini au-dessous de cette seule surface; outre que ce serait là une application inexacte de la loi, ce serait encore encourager un mode de concession reconnu généralement comme étant le plus mauvais; et enfin, si l'une des concessions par couche était abandonnée, la redevance serait augmentée pour les concessions restantes; cette redevance ne serait donc plus fixe. Sous aucun rapport, on ne peut voir qu'il y ait ici d'équivoque sur le sens de la loi; et qu'est-ce d'ailleurs que cette redevance de 10 francs par kilomètre carré? La surface concédée ne sera jamais assez grande pour que cette taxe soit importante : c'est le vœu prononcé du gouvernement. (Tit. IV, sect. II.)

L'acquittement de la redevance fixe ne présentera aucune difficulté : elle sera évaluée sur le plan même de la concession accordée, qui fera connaître l'étendue de sa surface.

2° La redevance proportionnelle imposée sur les produits, a pour objet, en ajoutant la somme de son produit à celle de la redevance fixe, de faire face aux dépenses de l'administration des mines, à celles des recherches, ouvertures et mises en activité de mines nouvelles, ou au rétablissement de mines anciennes. Ce produit pourra encore être très-utilement appliqué pour encouragements, à raison de l'exécution de machines puissantes ou de grands travaux économiques, et surtout à l'établissement des moyens d'exploitation utiles à plusieurs mines d'un même canton; par exemple, au percement de galeries profondes d'écoulement qui prépareraient un nouveau champ d'extraction à plusieurs concessions de mines, à l'établissement de fonderies centrales, etc., etc. (Art. 35 et 39.)

La redevance proportionnelle, réglée chaque année par le budget de l'État, sera imposée et perçue comme la contribution foncière; elle n'excédera pas cinq pour cent du produit net. (Art. 37.)

Les propriétaires de mines adresseront au préfet du département, dans la première quinzaine de chaque trimestre de l'année, les états des produits de leurs mines, conformément aux modèles qu'ils auront reçus de la préfecture, avant le 15 février de chaque année. Ces états seront adressés à l'ingénieur des mines, qui les visera et y portera ses observations, s'il y a lieu.

Il sera perçu un décime par franc, en sus de la redevance proportionnelle, pour former un fonds de non valeur, lequel sera à la disposition du ministre de l'intérieur, pour dégrèvement en faveur des exploitants qui auraient éprouvé des pertes. (Art. 36.)

Les réclamations à fin de dégrèvement seront adressées au préfet, avec l'avis de l'autorité locale.

L'ingénieur des mines fera son rapport au préfet sur l'état de l'exploitation, et le tout sera soumis au conseil de préfecture, pour être statué, sauf appel au conseil d'Etat, de la part des réclamants, ou évocation par le ministre de l'intérieur, sur l'avis de l'administration des mines.

Les propriétaires des mines pourront proposer un abonnement. Il sera statué sur cette demande comme on vient de le dire pour les dégrèvements. La durée de l'abonnement n'excédera pas cinq années. Il sera renouvelé, après ce terme, et fixé en raison de l'état des exploitations et des circonstances qui influent sur leur activité.

Lorsque des accidents de force majeure, qui ne résulteront pas de négligence ou d'impéritie dans l'exécution du mode d'exploitation, ou lorsque des motifs d'encouragement pour des travaux difficiles donneront lieu à ce qu'ils soit fait une remise sur la redevance proportionnelle; les demandes seront adressées aussi au préfet du département, et l'affaire sera instruite dans la même forme que pour les demandes en dégrèvement; mais avec cet différence, que l'approbation du gouvernement est indispensable dans ces cas, et que par conséquent il est statué par un décret, sur le rapport du ministre et l'avis de l'administration générale des mines. (Art 38.)

Il est à remarquer ici que les exploitations sont affranchies de toutes autres redevances envers l'Etat, que celles fixes et proportionnelles établies par la loi du 21 avril 1810, à moins qu'il ne s'agisse de prix de travaux faits par l'Etat et cédés aux concessionnaires, ou de droits, en général, acquis au domaine national comme propriétaire. (Art. 40.)

Suivant l'article 51, les anciens concessionnaires sont devenus propriétaires des mines, sans aucune formalité nouvelle; et, suivant l'article 53, les exploitants concessionnaires de mines qui n'ont pas exécuté la loi de 1791 pour les limites, obtiendront la concession de leur exploitation, en remplissant les formalités prescrites par la loi du 21 avril 1810, et en exécutant les conditions qui auraient été convenues antérieurement avec les propriétaires de la surface, mais sans que ceux-ci puissent se prévaloir des articles 6 et 42 de cette loi. (Tit. VI.)

§ XIII. *De la surveillance administrative.* — L'objet de l'administration des mines est: 1° d'assurer l'exécution des lois tant sous les rapports de sûreté publique et particulière, que sous ceux des besoins de la consommation générale et de la conservation des exploitations;

2° D'acquérir la connaissance la plus complète possible des ressources que présente le territoire de la France, relativement aux richesses minérales; de réunir tous les moyens qui peuvent concourir au perfectionnement de l'art, afin de compléter l'instruction, et de donner à cette branche importante d'industrie nationale, la direction la plus utile, et qui tienne tous les exploitants au niveau des connaissances journellement acquises;

3° De rendre compte au gouvernement de l'état des exploitations et de leurs produits; lui proposer les moyens d'amélioration dépendant de l'autorité administrative, les secours et encouragements qu'il serait juste et utile d'accorder, les grands moyens d'art à appliquer aux besoins de plusieurs exploitations et qu'un seul concessionnaire ne pourrait pas exécuter; enfin, la proposition de toutes les déterminations propres à faire obtenir des mines de la France, non-seulement les produits nécessaires pour la consommation intérieure, mais aussi ceux qui peuvent faire profiter l'Etat des avantages politiques qui doivent en résulter. (Tit. V.)

L'administration dirige, sous l'autorité du ministre de l'intérieur, des écoles établies en vertu des décrets. Là, des élèves *sortis* de l'école polytechnique, et déjà forts dans diverses parties de sciences, sont instruits dans la *théorie* et dans la *pratique* de l'art des mines, sous des professeurs habiles et des praticiens expérimentés.

Les élèves ne sont admis au grade d'ingénieur qu'après des examens sévères et la certitude acquise qu'ils ont les connaissances nécessaires; ils sont alors employés, sous les ordres des inspecteurs généraux et des ingénieurs en chef, d'abord aux établissements nationaux qui dépendent des écoles; ensuite ils sont répartis dans les divisions départementales, pour le service de l'administration générale.

Les ingénieurs des mines donnent leur avis aux préfets des départements, dans l'instruction des affaires administratives qui ont trait aux mines, minières, usines et carrières : ils soumettent à ces magistrats toutes les mesures de sûreté et d'amélioration qu'ils jugent utiles.

Ils avertissent les propriétaires des mines et usines des défauts qui leur paraissent avoir lieu dans leurs opérations; ils leur démontrent les inconvénients, les dangers qui doivent en résulter; leur font connaître les moyens de réforme et ceux de perfectionnement; ils vérifient, au besoin, les plans et coupes de leurs travaux; ils rendent compte à l'administration de l'état des exploitations, provoquent les secours et encouragements à accorder, donnent leur avis sur les demandes en dégrévement et sur les demandes d'abonnement pour les redevances.

Les ingénieurs ont le droit, il est même de leur devoir rigoureux, de dénoncer, tant aux autorités locales qu'aux préfets et aux procureurs généraux des cours de justice, les infractions et contraventions aux lois, les exploitations illicites, tout ce qui compromettrait la conservation des travaux, ce qui porterait obstacle à l'activité des exploitations légitimes, et toute action qui attenterait à la sûreté publique ou particulière, sous le rapport de l'exploitation des mines, usines et carrières.

Les ingénieurs peuvent être requis, comme experts, par les tribunaux : ils doivent aussi, lorsqu'ils en sont requis par une cour de justice, vérifier les plans fournis, à moins que cette vérification ne soit impossible par l'état des lieux, ce qu'ils constateront par procès-verbal.

Il n'y a pas lieu à indemnités ou honoraires pour les ingénieurs des mines, lorsque leurs opérations auront été faites dans l'intérêt de l'administration et de la surveillance publique.

Les ingénieurs rendent compte de toutes leurs opérations à l'administration générale des mines, à laquelle ils adresseront, en outre, tous les ans, un état général de situation et des produits des exploitations de leur arrondissement, avec leurs observations.

Ils adressent aussi à l'administration des mémoires détaillés sur la statistique minéralogique de leurs arrondissements, avec des cartes correspondantes, et envoient, à l'appui de leurs descriptions, les suites de minéraux qui peuvent compléter le tableau général de la France par ordre de départements, déjà commencé et qui se continue au dépôt de l'administration.

Les fonctions des ingénieurs des mines et leurs rapports, soit entre eux, soit avec l'administration, seront plus particulièrement établis dans le décret d'organisation du corps des mines.

B. § Ier. *Action de l'autorité judiciaire.* — Toutes discussions relatives à la propriété des mines, minières, usines et carrières, toutes celles ayant pour objet l'acquittement des indemnités déterminées par le décret de concession ou de permission, ainsi que les contestations sur les dédommagements pour dégâts occasionnés à la surface des terrains, sont du ressort des tribunaux ordinaires.

Les contraventions aux lois et règlements, à cause d'exploitations illicites, sont dénoncées et constatées comme en matière de voirie et de police, suivies comme pour les délits forestiers, et jugées par les tribunaux de police correctionnelle, sans préjudice des dommages et intérêts des parties.

Les peines à prononcer sont une amende de 500 francs, au plus ; de 100 francs, au moins ; et de 1,000 francs, en cas de récidive, et une détention qui ne peut excéder celle fixée par le Code.

Décret du 18 août 1810, relatif au mode de constater les contraventions en matière de grande voirie, de poids des voitures et de police sur le roulage.

Napoléon, etc. ; sur le rapport du ministre de l'intérieur ;

Considérant qu'il importe de multiplier les moyens de constater et de poursuivre les contraventions en matière de grande voirie, de poids des voitures et de roulage ;

Considérant qu'il résulte des termes des articles 32 et 41 de notre décret du 23 juin 1806, rapprochés de ceux de l'article 2 de la loi du 29 floréal an x, que les procès-verbaux dressés par les fonctionnaires publics qui en ont reçu l'attribution par l'article 2 de la loi du 29 floréal, doivent être affirmés ; que, d'après tous les principes, cette affirmation est indispensable pour que les procès-verbaux puissent motiver une condamnation ;

Le conseil d'État entendu, il a été décrété ce qui suit :

Art. 1er. Les préposés aux droits réunis et aux octrois seront à l'avenir appelés, concurremment avec les fonctionnaires publics désignés en l'article 2 de la loi du 29 floréal an x, à constater les contraventions en matière de grande voirie, de poids des voitures et de police sur le roulage.

2. Les préposés ci-dessus désignés, ainsi que les fonctionnaires publics désignés en l'article 2 de la loi du 29 floréal an x, seront tenus d'affirmer devant le juge de paix les procès-verbaux qu'ils seront dans le cas de rédiger, lesquels ne pourront autrement faire foi et motiver une condamnation.

3. L'arrêté du conseil de préfecture du département de Sambre-et-Meuse, du 5 avril 1810, pris en matière de grande voirie contradictoirement à un arrêté du préfet du 7 mars, est maintenu.

Avis du conseil d'Etat du 18 août 1810, approuvé le 22 du même mois, relatif au service de la navigation au passage des ponts de Paris.

Le conseil d'Etat, qui a vu :

1° Le projet de décret du ministre de l'intérieur, dont une disposition porte qu'il sera ajouté un article au règlement contenant organisation du service de la navigation au passage des ponts de Paris ;

2° L'arrêté du ministre de l'intérieur, du 16 pluviôse an XI, qui institue deux chefs de ponts, et porte un tarif pour leur service, c'est-à-dire pour le lâchage et remontage des bateaux ;

3° L'arrêté du préfet de police, du 12 ventôse an XI ;

4° L'arrêté du même préfet, du 6 juin 1807 ;

Est d'avis :

1° Que ce qui est relatif au service des ponts, au lâchage et remontage des bateaux, a été toujours réglé par des ordonnances enregistrées au parlement ;

2° Qu'en effet lesdits chefs de pont sont institués par l'autorité publique pour le service des particuliers ; qu'ils ont un droit, un privilége exclusif et perçoivent, selon un tarif, des droits fort considérables ; que leur institution et le tarif de leurs droits ne peuvent avoir lieu que par l'autorité souveraine ;

3° Que le règlement du ministre de l'intérieur non-seulement a besoin de nouvelles dispositions, mais doit être en entier soumis à sa majesté, pour y être statué dans la forme prescrite pour les règlements d'administration publique ;

4° Qu'enfin, à compter du 1er janvier prochain, les fonctions des chefs de ponts actuels et l'exécution du tarif doivent cesser, et qu'ils doivent seulement être autorisés provisoirement jusqu'à ladite époque, et le rapport du ministre de l'intérieur être fait sans délai, pour être pourvu aux besoins du service de la navigation au passage des ponts, avant ledit jour 1er janvier prochain ;

5° Que le présent avis doit être inséré au Bulletin des lois.

Décret du 8 septembre 1810, relatif aux pensions des ingénieurs et de leurs veuves.

Art. 1er. Le fonds de soixante-dix mille francs accordé par notre décret du 9 fructidor an XII, pour accroître les fonds destinés aux pensions des ingénieurs et de leurs veuves, est porté à quatre-vingt-dix mille francs, et sera versé chaque année, ainsi qu'il est ordonné par notre décret du 27 janvier 1810, à la caisse d'amortissement, à compter du 1er janvier 1810.

2. Les veuves d'ingénieurs auxquelles il n'a pas été accordé de pension, faute par elles d'avoir fourni la preuve qu'elles ne jouissaient pas d'un revenu net de six cents francs, pourront en obtenir quelle que soit l'époque du décès de leurs maris, si d'ailleurs elles remplissent les autres conditions prescrites par notre décret du 9 fructidor an XII.

Décret du 26 septembre 1810, relatif aux mesures à prendre pour les grandes constructions dans Paris (1).

Art. 1er. Le ministre de l'intérieur désignera, avant le 1er novembre prochain, les théâtres où devront être placées les pierres, aux environs

---

(1) *Arrêté du ministre de l'intérieur (M. Montalivet), du 13 octobre 1810, concernant l'exécution du décret ci-dessus.*

Le ministre de l'intérieur ;

Vu le décret impérial du 26 septembre dernier, portant défense d'embarrasser la voie publique par les matériaux destinés aux grandes constructions ;

Arrête ce qui suit :

Titre Ier. *Des constructions commencées dans la ville de Paris.* — Art. 1er. D'ici au 1er novembre, tout ingénieur ou architecte chargé d'une grande construction, soit immédiatement par le ministère de l'intérieur, soit par le directeur général des ponts et chaussées, soit par le préfet du département, soit par l'intendant des bâtiments de Sa Majesté, soit par des associations ou par des particuliers quelconques, ira en faire sa déclaration à la préfecture de police.

2. Dans les cinq jours qui suivront cette déclaration, le préfet de police désignera un commissaire-voyer, qui se rendra, avec l'ingénieur ou l'architecte, sur les lieux de la construction et du dépôt des matériaux.

3. L'ingénieur ou l'architecte et le voyer manderont les entrepreneurs de la construction, et, après les avoir ouïs, feront un rapport dans lequel ils indiqueront :

1° Le théâtre où les matériaux destinés à passer l'hiver devront être renfermés ;

2° Le théâtre où devront être déposés, à l'ouverture de la campagne prochaine, les matériaux nécessaires pour cette campagne, au fur et à mesure de leur arrivée et du besoin.

4. Partout où le plan des abords des grandes constructions doit rendre nécessaires des acquisitions ultérieures de terrains, ces acquisitions seront hâtées, afin que les terrains à acquérir servent au plus tôt de dépôt aux matériaux.

5. Lorsqu'il n'y aura point de terrains dont l'acquisition définitive soit prévue, il sera, autant que faire se pourra, loué des emplacements à la proximité des grandes constructions.

6. Lorsqu'il n'existera point d'emplacements hors des places ou de la voie publique, et que l'espace le permettra, sans qu'il en résulte aucune gêne, on pourra proposer l'établissement de chantiers ou théâtres clos, de manière que le cantonnement des matériaux soit absolument séparé de ce qui restera pour la voie publique.

7. Les ingénieurs ou architectes et les commissaires-voyers tracéront, sur le terrain et sur un plan, leurs projets de dépôt ou de cantonnement des matériaux.

8. S'il n'y a point d'oppositions, ces plans, approuvés par le préfet de police, règleront définitivement l'emplacement des dépôts ou des théâtres.

En cas d'opposition, il en sera référé au ministre de l'intérieur, qui statuera dans la huitaine.

9. Passé le 15 novembre prochain, tous les matériaux qui seraient hors des enceintes déterminées comme il a été dit ci-dessus, seront enlevés à la diligence du préfet de police, aux frais, risques et périls des entrepreneurs.

Titre II. *Des constructions à venir.* — 10. Aucune grande construction ne pourra être commencée sans qu'un plan concerté, comme il a été dit ci-dessus, n'ait déterminé l'emplacement des matériaux et la quantité qui pourra être déposée à la fois à pied-d'œuvre.

Titre III. *Des dépôts des matériaux près des carrières.* — 11. Afin de ne pas retarder l'avancement des grands travaux, les entrepreneurs seront toujours tenus d'avoir des dépôts à proximité des carrières.

12. L'emplacement et l'étendue de ces dépôts seront déterminés par l'ingénieur ou par l'architecte chargé de la construction ; on les rapprochera le plus possible des grandes routes, sans pouvoir anticiper sur elles. Les dépôts seront formés avant le 1er février prochain, pour les constructions commencées ; et dans la quinzaine de l'adjudication, pour les constructions à venir.

13. Ces dépôts seront toujours garnis de manière que, dans aucun temps, le retard

des grandes constructions qui s'exécutent dans l'enceinte de la ville de Paris, afin qu'aucune place, boulevard, rue, ni voie publique, ne soit plus occupée par ces matériaux.

Il désignera également, près des carrières, des chantiers où seront déposées les pierres, pour de là être transportées, au fur et à mesure qu'elles devront être employées, sur le théâtre désigné en exécution de la disposition ci-dessus.

2. A l'avenir, toutes les fois qu'une grande construction sera ordonnée dans la ville de Paris, la quantité de pierres à transporter autour de ladite bâtisse, et l'emplacement où elles seront déposées, seront désignés.

3. Les lieux de dépôt des pierres, ou théâtres, devront toujours être pris sur des emplacements hors de la voie publique.

4. Avant le 15 décembre prochain, les boulevards, les quais et la place du Carrousel devront être entièrement désobstrués.

5. A défaut d'exécution des présentes dispositions, la préfecture de police fera faire les transports aux frais des entrepreneurs, lesquels pourront être, en outre, condamnés, s'il y a lieu, à une amende qui n'excédera pas mille francs.

Décret du 14 novembre 1810, relatif aux travaux du Rhin entre Strasbourg et Kehl.

ART. 1er. A compter du 1er janvier 1811, les travaux des digues, épis de bordages et autres relatifs à la direction du cours du Rhin, et à la conservation des rives et des îles du fleuve, entre Strasbourg et Kehl, seront exécutés par l'ingénieur du corps impérial des ponts et chaussées, d'après les projets concertés avec les officiers du corps impérial du génie, et suivant les budgets par nous arrêtés, conformément aux dispositions de nos décrets du 13 fructidor an XIII et 20 juin 1810.

2. Il nous sera présenté, dans le cours de janvier 1811, un projet général et un état de répartition en quatre années des travaux nécessaires à la conservation des fortifications du pont permanent, des rives du fleuve et des îles dont la stabilité importe aux communications, en cas de guerre et de siége.

---

de l'approvisionnement des matériaux ne puisse en apporter dans l'avancement des constructions.

14. Les ingénieurs ou les architectes de chaque construction seront chargés de visiter, au moins une fois par mois, lesdits dépôts, et d'en rendre compte.

15. Ceux des entrepreneurs des constructions commencées, qui prétendront que l'obligation d'avoir un chantier extérieur augmente leur dépense, seront admis à réclamer; et, sur leur demande, il sera fait une estimation de ladite augmentation, pour y avoir égard lors du règlement des comptes.

16. Tous les chefs d'administration chargés de constructions publiques, et le préfet de police, sont chargés de l'exécution du présent arrêté : il sera imprimé et adressé à toutes lesdites autorités, qui le notifieront individuellement aux ingénieurs et aux architectes chargés des grandes constructions commencées.

Décret du 18 novembre 1810, contenant organisation du corps des ingénieurs des mines.

Titre Ier. *Composition du corps impérial des ingénieurs des mines.* — Art. 1er. Le corps impérial des ingénieurs des mines sera divisé en grades de la manière suivante :

Inspecteurs généraux,
Inspecteurs divisionnaires,
Ingénieurs en chef,
Ingénieurs ordinaires,
Aspirants,
Elèves.

2. Il y aura dès à présent,
   3 inspecteurs généraux,
   5 inspecteurs divisionnaires,
   15 ingénieurs en chef (1),
   30 ingénieurs ordinaires,
   10 aspirants;
   25 élèves.

3. Le nombre des ingénieurs en chef et ordinaires pourra être augmenté successivement et dans la proportion des besoins du service, sur le rapport de notre ministre de l'intérieur.

4. Les ingénieurs en chef, les ingénieurs ordinaires et les élèves seront divisés en deux classes.

Deux cinquièmes appartiendront à la première classe, et trois cinquièmes à la seconde.

5. Lorsque le besoin du service exigera que des ingénieurs en chef de première classe, pour des cas spéciaux, aient sous leurs ordres un ou plusieurs ingénieurs en chef, ils prendront, pendant la durée de ces fonctions, le titre d'*ingénieurs en chef directeurs.*

6. A la première organisation, et pour cette fois seulement, notre ministre de l'intérieur pourra admettre quatre élèves, pris dans les départements réunis, sans qu'ils soient tenus de justifier de leur cours d'étude à l'école polytechnique.

Toutefois ils subiront un examen devant les inspecteurs généraux des mines, et devront en obtenir un certificat de capacité.

7. Les deux inspecteurs particuliers des carrières sous Paris, et l'ingénieur géomètre en chef employé aux travaux de ces carrières, seront considérés comme faisant partie du corps impérial des mines.

Les grades leur seront assignés par notre ministre de l'intérieur.

Ils continueront d'être payés par la ville de Paris.

8. A l'avenir, le remplacement de ces ingénieurs, ainsi que celui de l'inspecteur général des carrières, actuellement ingénieur en chef des mines, s'opérera par des individus du corps impérial des mines.

Titre II. *Des ingénieurs.* — § Ier. *Du service et de la résidence des ingénieurs.* — 9. Le territoire de l'empire français formera douze divisions sous le rapport du service des mines, minières et carrières, conformément au tableau annexé au présent décret (2).

(1) Ce nombre a été porté à dix-huit, par un décret du 5 avril 1811.
(2) On peut voir dans l'almanach royal la circonscription actuelle des divisions des mines.

10. Les ingénieurs en chef de première et de deuxième classes, et les ingénieurs ordinaires de première et de deuxième classes, seront répartis dans les départements d'après des états de distribution et de classification qui nous seront présentés par notre ministre de l'intérieur, sur la proposition du directeur général.

11. Les trois inspecteurs généraux sont résidants à Paris; ils pourront néanmoins être chargés d'inspections extraordinaires sur les points qui leur seront désignés par notre ministre de l'intérieur, d'après l'avis du directeur général.

12. Les inspecteurs divisionnaires seront employés aux tournées ou missions proposées par le directeur général et approuvées par notre ministre de l'intérieur : les époques auxquelles ils devront venir à Paris, pour en rendre compte, seront déterminées.

13. Les ingénieurs en chef et ordinaires des deux classes résideront dans les lieux qui seront ultérieurement déterminés par notre ministre de l'intérieur.

14. Les élèves résident dans les écoles d'application, sauf les missions relatives à leur instruction et le service extraordinaire auquel ils pourraient être momentanément appelés.

§ II. *Fonctions des ingénieurs en chef.* — 15. Les ingénieurs en chef des mines sont sous les ordres du directeur général pour l'exécution des lois et règlements sur le fait des mines, minières, carrières, et des usines désignées dans l'article 73 de la loi du 21 avril 1810, et pour l'exécution de toutes les mesures prescrites par notre ministre de l'intérieur.

16. Ils rendent compte aux préfets des travaux relatifs aux exploitations, reçoivent et exécutent leurs ordres dans tous les cas où la loi exige l'intervention de l'autorité administrative. Ils leur donnent les renseignements que ces fonctionnaires leur demandent, et tous ceux qu'il serait utile de leur faire connaître pour l'avancement des arts, le succès de l'industrie et du commerce.

17. Ils correspondent avec le directeur général, avec les autorités constituées de leur arrondissement et avec les ingénieurs ordinaires.

18. Ils dénoncent au directeur général, aux préfets, aux procureurs généraux et impériaux, les infractions aux lois, les exploitations ou entreprises illicites, et les travaux qui compromettraient la sûreté publique, ou les exploitations qui, par la diminution successive des produits, ou par la cessation absolue des travaux, donneraient des craintes pour les besoins de la consommation.

19. Ils sont tenus de faire des tournées aux époques et de la manière qui seront réglées par le directeur général, pour inspecter les travaux et surveiller les objets qui peuvent intéresser le service.

20. Ils se feront rendre compte des résultats de la surveillance exercée par les ingénieurs ordinaires sur toutes les exploitations de leur arrondissement.

21. Ils pourront consulter les plans de toutes les concessions anciennes de mines qui doivent être déposés dans les préfectures; ils en prendront des copies qui resteront dans leurs bureaux, ainsi que des minutes de tous les plans et cartes relatifs aux concessions nouvelles qui auront été demandées ou obtenues.

22. Ils veilleront à ce que les concessionnaires remplissent les conditions que la loi leur impose.

23. Ils donnent leur avis motivé, à la suite de l'avis ou des rapports des ingénieurs ordinaires, sur les demandes en concession, permission, renouvellement de concessions ou permissions, sur les questions d'arts et de sciences, et sur tous les objets contentieux pour lesquels ils seront consultés par les autorités compétentes.

24. Ils proposeront aux préfets et ils adresseront au directeur général les projets d'affiches et les conditions du cahier des charges, pour toutes les concessions de mines, et pour celles des usines désignées par l'article 73 de la loi du 21 avril 1810.

25. Ils surveilleront, vis-à-vis des ingénieurs ordinaires, l'exécution des mesures qui seront prises en vertu des ordres de nos ministres de l'intérieur et des finances, pour la rentrée des sommes provenant soit des redevances fixes et proportionnelles, soit des abonnements qui auront lieu aux termes de la loi du 21 avril 1810.

26. Les ingénieurs en chef, à défaut d'ingénieurs ordinaires, devron en remplir les fonctions.

§ III. *Fonctions des ingénieurs ordinaires.* — 27. Les ingénieurs ordinaires sont sous les ordres des ingénieurs en chef.

Ils reçoivent immédiatement les ordres des préfets, lorsqu'il n'y a point d'ingénieur en chef employé dans leur arrondissement, ou dans les cas d'urgence.

28. Ils ne pourront jamais s'éloigner, sans autorisation, de l'arrondissement de leurs exploitations; ils visiteront au moins une fois par an chacune des exploitations qui y existent; ils examineront soigneusement les travaux souterrains, et observeront principalement tout ce qui pourrait compromettre l'existence de ceux déjà faits, et rendre les travaux ultérieurs impossibles ou plus difficiles.

29. Dès qu'une infraction aux lois sera parvenue à leur connaissance, ils se rendront sur les lieux, et dresseront un procès-verbal, qu'ils transmettront aux autorités compétentes et à l'ingénieur en chef.

30. Si une exploitation est conduite de manière à compromettre la sûreté publique, la conservation des travaux intérieurs, la sûreté des ouvriers ou celle des habitations à la surface, ils en feront rapport au préfet, et proposeront les moyens de prévenir les accidents qui pourraient en résulter, ou d'y remédier; ils donneront avis de ces procès-verbaux et rapports à l'ingénieur en chef.

31. Lorsqu'une exploitation sera restreinte ou suspendue, de manière à ne pouvoir plus satisfaire aux besoins des consommateurs, ils feront leur rapport à ce sujet, pour qu'il soit pris des mesures par l'autorité administrative ou par l'autorité judiciaire, suivant l'exigence des cas.

32. Ils préviendront les propriétaires, des vices ou défectuosités qu'ils auront remarqués dans leurs mines, usines ou machines; ils pourront leur proposer des vues d'amélioration, et aider les directeurs d'établissements, de leurs lumières et de leur expérience.

33. Lorsqu'il y aura une demande en permission de recherche, concession ou permission d'usine, ils feront les reconnaissances et les opérations nécessaires soit à la fixation des limites, soit pour se mettre à même de fournir tous les renseignements nécessaires pour indiquer le mode général d'exploitation, et pour régler les conditions qui seront exigées par l'acte de concession. Ils soumettront leur rapport à l'ingénieur en chef, qui le transmettra au préfet.

34. Après s'être assurés par eux-mêmes de l'exactitude des plans qui leur seront soumis par les demandeurs en concession ou les exploitants de mines, ils y apposeront leur *visa*.

35. Ils donneront aux préfets les avis qui leur seront demandés sur les questions de dégrèvement.

36. Ils recevront des exploitants et des maîtres d'usines, par l'intermédiaire des préfets, l'état des produits bruts de leur exploitation aux époques déterminées par le directeur général, celui de la quantité des ouvriers, de celle des matériaux employés et des matériaux ouvrés; ils recevront également le plan des travaux souterrains faits dans l'année précédente; ils viseront toutes ces pièces, et y ajouteront leurs observations, pour le tout être vérifié par l'ingénieur en chef lors de sa tournée.

37. Dans le cas où une exploitation serait délaissée et où il n'y aurait eu aucun acte judiciaire conservatoire, ils surveilleront, sous les ordres des préfets, la conservation des machines et instruments, celle des constructions et travaux souterrains et bâtiments servant à l'exploitation de la mine. Nos cours et tribunaux pourront leur confier les mêmes fonctions, quand il y aura pourvoi devant eux.

Les frais nécessaires par suite de ces actes conservatoires seront à la charge des concessionnaires, et ne pourront être payés que sur les valeurs existant dans la mine, soit en minerai extrait, soit en machines et ustensiles servant à l'exploitation.

38. Ils dirigent, sous les ordres de l'ingénieur en chef, les travaux de recherches, ainsi que ceux des mines exploitées au compte du gouvernement.

39. Ils dirigent et surveillent tous les travaux concernant l'extraction des tourbes et l'assainissement des terrains. Leurs projets doivent être approuvés par l'ingénieur en chef.

40. Ils visitent les carrières, et donnent les instructions pour la conduite des travaux, sous le rapport de la sûreté et de la salubrité.

41. Toutes les fois qu'ils en seront requis par les autorités compétentes, ils donneront leur avis sur les indemnités ou cautionnements réclamés par les propriétaires des terrains sous lesquels sont les exploitations, sur le dégrèvement ou la remise des impositions dues par les exploitants, sur les contestations élevées entre deux concessionnaires voisins, sur la propriété du minerai, et les indemnités pour préjudice provenant de l'exploitation.

42. Ils pourront se charger des expertises en fait de mines, et concernant les usines désignées dans l'article 73 de la loi du 21 avril 1810, lorsque ces expertises auront été ordonnées par les tribunaux ou demandées par les parties contendantes.

43. Ils pourront, en outre, avec l'autorisation du directeur général, et sur la demande des concessionnaires, lever des plans de mines, et suivre des travaux d'exploitation ou des constructions d'usines; mais ils ne pourront ni verbaliser, ni faire de rapport, ni s'immiscer d'une manière quelconque dans les affaires judiciaires ou administratives auxquelles lesdites exploitations donneraient lieu.

44. Les indemnités qui leur seront allouées pour ce travail particulier, seront payées de gré à gré par les concessionnaires ou exploitants, ou après avoir été taxées d'office par les préfets ou tribunaux.

Titre III. *Conseil général des mines, minières et carrières.* — 45.
Le conseil général des mines est composé des inspecteurs généraux
résidant à Paris, et des inspecteurs divisionnaires qui seront appelés par
le directeur général.

Les auditeurs y prendront séance immédiatement après le directeur
général : ils y auront voix délibérative seulement dans les affaires où
ils auront été rapporteurs, et voix consultative dans les autres cas.

Le directeur général pourra y appeler les ingénieurs de tout grade
qui se trouveront à Paris ; mais ils n'y auront que voix consultative.

Un secrétaire de ce conseil sera nommé par notre ministre de l'intérieur, sur la présentation du directeur général ; il sera pris parmi les
ingénieurs.

Le conseil général est présidé par le directeur général.

Il y aura un vice-président, nommé pour une année par notre ministre de l'intérieur, sur la présentation du directeur général ; il sera pris
parmi les inspecteurs généraux : il pourra être continué.

46. Le conseil général donnera son avis,

Sur les demandes en concession,

Sur les travaux d'art auxquels il conviendra d'assujettir les concessionnaires, comme condition de la concession,

Sur les reprises de travaux,

Sur l'utilité ou les inconvénients des partages des concessions,

Sur le perfectionnement des procédés de l'art,

Et sur tous les autres objets pour lesquels il sera jugé utile au service de connaître l'opinion du conseil.

Le conseil général sera nécessairement consulté sur les questions contentieuses qui devront être décidées par notre ministre de l'intérieur,
ou portées au conseil d'Etat ; dans ce dernier cas, son avis, signé de la
majorité des membres, sera joint au rapport qui nous sera soumis sur
ces questions.

47. Le conseil général s'assemblera une fois par semaine, et pourra
en outre être assemblé extraordinairement sur la convocation du directeur général, qui le mettra en comité lorsqu'il le jugera convenable.

48. Le secrétaire du conseil général inscrira les délibérations sur deux
registres ; l'un pour le conseil, l'autre pour le comité. Le procès-verbal
des séances sera signé à la séance suivante, et présenté au directeur
général, pour être par lui visé, lors même qu'il n'aurait pas présidé.

Titre IV. *Nomination et avancement.* — 49. Les élèves des mines
sont pris parmi ceux de l'école polytechnique qui auront complété
leurs études et rempli les conditions exigées ; le directeur général en
proposera et notre ministre de l'intérieur en déterminera le nombre
chaque année.

50. Les places d'aspirants du corps des ingénieurs des mines seront
données aux élèves de première classe, suivant le rang qu'ils auront
aux écoles, en raison de leurs progrès et de leur application.

51. Lorsqu'il y aura lieu à une ou plusieurs nominations, le premier
ou les premiers de la première classe seront choisis, sur la proposition
du directeur général, par notre ministre de l'intérieur.

52. Les ingénieurs ordinaires sont pris parmi les aspirants : ils sont
nommés par nous, sur le rapport du ministre et l'avis du directeur
général.

53. Les ingénieurs en chef sont pris parmi les ingénieurs ordinaires de première classe, sans exclusion de la seconde : ils sont nommés par nous, sur le rapport du ministre et l'avis du directeur général.

54. La promotion d'une classe à l'autre, relativement aux ingénieurs en chef et ordinaires, est faite par notre ministre de l'intérieur, sur le rapport du directeur général.

55. Les inspecteurs divisionnaires seront pris parmi les ingénieurs en chef des deux classes, et nommés par nous, sur le rapport du ministre, d'après l'avis du directeur général.

56. Les inspecteurs généraux seront pris parmi les inspecteurs divisionnaires et les ingénieurs en chefs de la première classe : ils seront nommés par nous, sur le rapport du ministre et sur l'indication du directeur général.

Titre V. *Traitements, frais de fournitures et de loyers de bureau, frais de tournée.* — 57. Les appointements des différents grades et classes des ingénieurs sont fixés de la manière suivante :

Elève de 2e classe.		800 fr.
Elève de 1re.		900
Aspirant.		1,500
Ingénieurs ordinaires	de 2e classe.	2,500
	de 1re.	3,000
Ingénieurs en chef	de 2e.	4,500
	de 1re.	5,000
Ingénieur en chef directeur d'une école.		
Ingénieur en chef ayant d'autres ingénieurs du même grade sous ses ordres.		6,000
Inspecteur divisionnaire.		8,000
Inspecteur général.		12,000

58. Les inspecteurs généraux en tournée recevront quinze francs par jour d'indemnité, et dix francs par poste.

59. Les inspecteurs divisionnaires et les ingénieurs en chef faisant les fonctions de directeur, recevront, pour frais de tournée, douze francs par jour et huit francs par poste.

Les ingénieurs en chef en mission extraordinaire hors de leur arrondissement, recevront douze francs par jour d'indemnité et six francs par poste.

Les ingénieurs, pour indemnité de leurs frais de tournée dans les départements auxquels ils sont attachés, recevront annuellement une somme qui sera déterminée par le ministre, sur le rapport du directeur général, à la fin de chaque exercice, en raison des tournées effectives dont les ingénieurs auront justifié.

Le ministre réglera provisoirement la quotité des à-comptes que ces ingénieurs devront recevoir sur cette indemnité.

60. Les frais de bureau des inspecteurs généraux sont fixés à quinze cents francs.

61. Les frais de fournitures et de loyers de bureau des ingénieurs en chef et ordinaires des deux classes seront réglés par notre ministre de l'intérieur, sur le rapport du directeur général : ils ne pourront, pour aucun grade, excéder mille francs, ni être au-dessous de quatre cents francs.

62. Les aspirants recevront annuellement une somme de trois cents

francs, et les élèves de service cent francs pour leur campagne.

63. Notre ministre de l'intérieur, sur le rapport du directeur général, statuera sur les indemnités que les circonstances exigeraient et qui ne sont point déterminées par les articles ci-dessus.

64. Il ne sera alloué aucuns frais aux ingénieurs de tout grade qui seront déplacés pour leur avancement.

65. Il sera fait un fonds annuel par le budget des mines, destiné à subvenir aux frais de voyage d'un ou de plusieurs auditeurs, ingénieurs, aspirants ou élèves.

Ces voyages auront lieu, soit en France, soit dans les pays étrangers.

La nomination pour faire des voyages sera accordée aux ingénieurs comme une distinction et une récompense d'études et de travaux antérieurs.

Le ministre, sur la proposition du directeur général, déterminera l'objet et la durée de ces voyages, et en réglera les frais.

Titre IV. *Police et uniforme du corps.* — § Ier. *Police.* — 66. Les ingénieurs des différents grades et des différentes classes observeront la subordination envers le grade et la classe supérieurs : dans le cas où des ingénieurs de même grade seront en concurrence de fonctions, le plus ancien commandera.

67. Les fautes simples contre la subordination ou l'exactitude du service seront réprimées par les arrêts, suivant l'ordre ci-après :

L'élève ou aspirant en mission pourra être mis aux arrêts pour dix jours au plus, par l'ingénieur ordinaire, à la charge d'en rendre compte à l'ingénieur en chef.

Les élèves, les aspirants et les ingénieurs ordinaires, pourront être mis aux arrêts pour vingt jours au plus, par l'ingénieur en chef, à la charge d'en avertir les préfets, et d'en rendre compte au directeur général, qui pourra lever, confirmer ou prolonger les arrêts.

Les ingénieurs en chef pourront être mis aux arrêts pour quinze jours au plus, par les inspecteurs divisionnaires et par les ingénieurs en chef directeurs, et pour un mois par les inspecteurs généraux en tournée et par le directeur général. Les inspecteurs généraux informeront les préfets, et rendront compte au directeur général.

Les inspecteurs généraux et les inspecteurs divisionnaires pourront, sur le rapport du directeur général, être mis aux arrêts par notre ministre de l'intérieur, pour un terme de dix jours au plus.

68. Les fautes plus graves contre la subordination et l'ordre du service seront réprimées par une suspension de fonctions et une privation de traitement qui ne pourra excéder six mois : ces peines seront prononcées par le ministre.

69. Les fautes très-graves qui auraient compromis ou le service, ou les fonds du trésor public, ou l'honneur du corps, les fautes récidivées contre la subordination et l'exactitude, seront punies de la destitution, sur le rapport qui nous en sera fait par notre ministre de l'intérieur, d'après l'avis motivé du directeur général.

70. Hors le cas de tournées autorisées, les inspecteurs généraux ne pourront s'absenter de Paris, sans une permission délivrée par le directeur général.

Les ingénieurs en chef ne pourront quitter la circonscription de leur service sans une pareille autorisation.

Les ingénieurs ordinaires ne pourront quitter le département ou le service auquel ils seront attachés, sans une permission de l'ingénieur en chef; et les aspirants ou élèves, sans une permission de l'ingénieur ordinaire. Les ingénieurs ordinaires préviendront les ingénieurs en chef, et ceux-ci préviendront le directeur général des permissions qu'ils auront accordées.

71. Les ingénieurs qui ne se rendront pas à leur poste aux époques assignées, seront privés de leurs appointements pour tout le temps de leur absence.

Si le retard excède un mois, il y aura lieu à une suspension de traitement pendant quatre mois.

Si le retard excède trois mois, il y aura lieu à prononcer la destitution.

§ II. *Uniforme de corps.* — 72. L'uniforme des ingénieurs des mines de tout grade sera le même que celui des ingénieurs de tout grade des ponts et chaussées, déterminé par notre décret du 7 fructidor an XII, sauf les exceptions ci-après :

Le collet et les parements de l'habit seront en velours bleu impérial.

Les boutons auront pour légende : *Corps impérial des mines*; au centre, un aigle.

Il leur est interdit de rien changer à l'uniforme prescrit pour chaque grade (1).

Titre VII. *Comptabilité.* — 73. Les dépenses du personnel et du matériel du service des mines seront acquittées sur les fonds spéciaux des mines.

74. Le budget de ce service sera réglé d'avance, pour chaque exercice, sur le rapport de notre ministre de l'intérieur et l'avis du directeur général : des crédits seront ouverts, comme pour les autres parties de l'administration publique.

75. Tous les ans, dans le courant de la première quinzaine de février au plus tard, il sera rendu, par les ingénieurs des mines qui seraient chargés de surveiller des établissements au compte du gouvernement, un compte en deniers sous la forme d'état de situation, dont le modèle leur sera transmis.

76. Lorsque les ingénieurs dirigeront par eux-mêmes une mine en exploitation pour le compte du gouvernement, ils deviendront personnellement comptables; ils rédigeront en cette qualité et signeront eux-mêmes les états de situation qu'ils devront envoyer au directeur général, à l'époque indiquée dans l'article précédent, et dans la forme qui leur sera prescrite.

77. Les comptes des établissements qui forment les écoles d'application, seront préparés par l'ingénieur en chef directeur, dans le sein du comité de l'école, qui les visera.

78. Les comptes ou états de situation seront soumis à l'examen du directeur général, au 1er mars de chaque année, et définitivement arrêtés par le ministre.

Titre VIII. *Bureaux de la direction générale des mines.* — 79. Les

---

(1) Cet uniforme remplace celui qui avait été déterminé par l'arrêté du gouvernement, du 19 germinal an x (9 avril 1802).

bureaux de la direction générale des mines formeront, dans le même sens que ceux des ponts et chaussées, une division de ceux de l'intérieur; les employés continueront de concourir avec les employés du ministère, par la retenue qui sera exercée sur leur traitement, à la formation d'une masse commune destinée au payement des retraites, pensions et secours.

Toutes les dispositions du décret du 4 juillet 1806 sont applicables aux employés des bureaux de la direction des mines.

80. À compter de l'exécution du présent décret, il sera prélevé, pendant dix ans, sur les fonds des redevances imposées sur les mines et usines, une somme de dix mille francs, pour le premier fonds de retraites et pensions à accorder à ceux des employés du ministère âgés ou infirmes dont la mise en retraite ne peut être différée. La distribution de cette somme sera soumise à l'approbation du gouvernement.

Le montant de ces fonds sera versé par trimestre, sur les ordonnances du ministre de l'intérieur, à la caisse d'amortissement.

TITRE IX. *Retraites et pensions.* — 81. À dater de la publication du présent décret, il sera fait, chaque mois, une retenue de trois pour cent sur les appointements des ingénieurs de tout grade, jusques et compris les aspirants, pour former un fonds destiné à l'acquit des pensions, tant des ingénieurs qui seront dans le cas d'obtenir leur retraite, que de leurs veuves et de leurs enfants.

82. Les ingénieurs de tout grade actuellement en activité auront droit à la retraite après trente ans de service effectif, aux termes de l'article 8 du décret du 4 juillet 1806. Ceux qui sont entrés dans le corps depuis l'établissement de l'école polytechnique, n'auront droit à la retraite qu'après trente ans de service effectif dans ce corps.

À l'avenir les trente ans dateront de la nomination comme aspirant, ou de l'âge de vingt ans, dans le cas où l'aspirant aurait été au-dessous de cet âge lors de sa nomination.

83. Les pensions et secours accordés aux veuves des ingénieurs des mines ne pourront excéder la moitié de la pension à laquelle le décédé aurait eu droit.

84. La quotité des pensions de retraite des ingénieurs, celles qui seront accordées à leurs veuves, et les secours dont leurs enfants orphelins seront susceptibles, seront réglés conformément aux dispositions du titre VIII du décret d'organisation des ponts et chaussées.

85. Une réserve sera faite sur le fonds des pensions, pour pourvoir aux secours annuels qui seront accordés aux enfants orphelins.

86. Tout ingénieur destitué perd ses droits à la pension, quand il aurait le temps de service nécessaire pour l'obtenir : il ne peut prétendre ni au remboursement des sommes retenues sur son traitement pour les pensions, ni à aucune indemnité équivalente.

Il en est de même des ingénieurs qui passeraient à un autre service hors du corps des mines, sans la permission expresse du gouvernement.

87. Les appointements des ingénieurs seront payés par mois, les ordonnances délivrées à cet effet seront sujettes à la retenue de trois pour cent : il sera fait mention expresse de la retenue sur les ordonnances.

88. Il sera prélevé, sur le fonds spécial des mines, une somme de vingt-cinq mille francs, pour former le premier fonds des retraites et pensions à accorder à ceux des ingénieurs âgés ou infirmes dont la

mise en retraite ne peut être différée, et aux veuves actuellement existantes susceptibles de pensions.

La durée de ce prélèvement, et sa quotité, seront ultérieurement réglées en raison de l'accroissement que recevra le corps des mines.

TITRE X. *Dispositions générales.* — 89. Lorsque des ingénieurs des mines auront été employés pour l'exécution des jugements des cours, et lorsqu'ils auront été commis pour des travaux dépendant particulièrement des départements et des communes, ou qu'ils auront été requis, comme experts, dans des discussions entre des exploitants, chefs d'usines et autres particuliers, ils seront remboursés de leurs frais de voyage et autres dépenses, d'après la fixation qui en sera faite par les cours, les tribunaux ou le préfet, selon les cas, et d'après un mandat du préfet, rendu exécutoire en vertu d'une ordonnance de justice.

90. Il sera fait un inventaire détaillé de tous les plans, papiers et cartes, et des instruments appartenant à l'Etat, existants dans les bureaux des ingénieurs en chef et des ingénieurs ordinaires. Le double de cet inventaire, vérifié et visé par l'ingénieur du grade supérieur dans la division, sera adressé au directeur général dans le courant de l'année qui suivra l'exécution du présent décret.

En cas de décès d'un ingénieur de tout grade en activité de service, les sous-préfets et les maires feront former des oppositions aux scellés, s'il en est apposé ; s'il n'est pas apposé de scellés, ils feront, sans délai, procéder au récolement de l'inventaire des bureaux, à l'enlèvement des objets y énoncés, et au séquestre de tous les plans, mémoires et cartes relatifs au service des mines.

Les sous-préfets informeront de ces mesures le directeur général, qui désignera le successeur du décédé ou tel autre ingénieur, pour faire le triage de ce qui appartiendra à l'Etat.

Si parmi les papiers, cartes ou plans appartenant à la succession, il s'en trouve qui puissent être utiles au service des mines et usines, ils seront retenus en en payant la valeur.

91. Il pourra être accordé, pour récompenser des services distingués, aux ingénieurs qui auront obtenu leur retraite, le brevet simplement honoraire d'un grade supérieur.

92. Le directeur général des mines rédigera et soumettra à notre ministre de l'intérieur les instructions générales nécessaires à l'exécution du présent décret.

Décret du 14 décembre 1810, sur la fixation des dunes.

ART. 1er. Dans les départements maritimes, il sera pris des mesures pour l'ensemencement, la plantation et la culture des végétaux reconnus les plus favorables à la fixation des dunes.

2. A cet effet, les préfets de tous les départements dans lesquels se trouvent des dunes, feront dresser, chacun dans leur département respectif, par les ingénieurs des ponts et chaussées, un plan des dunes qui sont susceptibles d'être fixées par des plantations appropriées à leur nature ; ils feront distinguer sur ce plan les dunes qui appartiennent au domaine, celles qui appartiennent aux communes, celles enfin qui sont la propriété des particuliers.

3. Chaque préfet rédigera ou fera rédiger, à l'appui de ces plans, un mémoire sur la manière la plus avantageuse de procéder, suivant les localités, à l'ensemencement et à la plantation des dunes; il joindra à ce rapport un projet de règlement, lequel contiendra les mesures d'administration publique les plus appropriées à son département, et qui pourront être utilement employées pour arriver au but désiré.

4. Les plans, mémoires et projets de règlements levés et rédigés en exécution des articles précédents, seront envoyés par les préfets à notre ministre de l'intérieur, lequel pourra, sur le rapport de notre directeur général des ponts et chaussées, ordonner la plantation, si les dunes ne renferment aucune propriété privée; et, dans le cas contraire, nous en fera son rapport, pour être par nous statué en conseil d'Etat, dans la forme adoptée pour les règlements d'administration publique.

5. Dans le cas où les dunes seraient la propriété de particuliers ou des communes, les plans devront être publiés et affichés dans les formes prescrites par la loi du 8 mars 1810; et si lesdits particuliers ou communes se trouvaient hors d'état d'exécuter les travaux commandés, ou s'y refusaient, l'administration publique pourra être autorisée à pourvoir à la plantation à ses frais; alors elle conservera la jouissance des dunes, et recueillera les fruits des coupes qui pourront être faites, jusqu'à l'entier recouvrement des dépenses qu'elle aura été dans le cas de faire, et des intérêts; après quoi lesdites dunes retourneront aux propriétaires, à charge d'entretenir convenablement les plantations.

6. A l'avenir, aucune coupe de plants d'oyats, roseaux de sable, épines maritimes, pins, sapins, mélèzes et autres plantes résineuses, conservatrices des dunes, ne pourra être faite que d'après une autorisation spéciale du directeur général des ponts et chaussées, et sur l'avis des préfets.

7. Il pourra être établi des gardes pour la conservation des plantations existantes actuellement sur les dunes, ou qui y seront faites à l'avenir; leur nomination, leur nombre, leurs fonctions, leur traitement, leur uniforme, seront réglés d'après le mode usité pour les gardes des bois communaux. Les délits seront poursuivis devant les tribunaux, et punis conformément aux dispositions du Code pénal.

8. N'entendant en rien innover, par le présent décret, à ce qui se pratique pour les plantations qui s'exécutent sur les dunes du département des Landes et du département de la Gironde.

Décret du 23 décembre 1810, relatif à l'administration de la pêche dans les canaux et aux produits des francs-bords et plantations.

Art. 1er. La mise en ferme de la pêche dans les canaux et les produits des francs-bords et des plantations qui appartiennent à l'Etat, seront exercés par l'administration des ponts et chaussées.

2. Les fonds en provenant seront versés au trésor public par l'intermédiaire des droits réunis, et feront partie des fonds généraux.

Décret contenant règlement sur l'administration et l'entretien des polders (1).

Au palais des Tuileries, le 11 janvier 1811.

Titre Ier. *Des schoores.*— Art. 1er. Les schoores, ou terres en avant des polders, qui sont couvertes et découvertes par la marée, sont, comme lais et relais de la mer, aux termes de l'article 538 du Code Napoléon, *des dépendances du domaine public.*

2. Tous particuliers, corps ou communautés qui prétendraient droit à des terres de la nature définie par l'article 1er, dans les départements de l'Escaut, de la Lys, des Deux-Nèthes, des Bouches-de-l'Escaut, des Bouches-du-Rhin, seront déchus de leurs droits sans nulle formalité préalable, si dans le délai d'un an à compter de la publication du présent décret, ils ne forment leur demande et ne justifient de ces droits devant notre maître des requêtes directeur des polders, ou devant le préfet de leur département.

3. Leurs réclamations seront communiquées à l'administration du domaine; et, lorsque les titres ne seront pas contestés, ils seront admis par un arrêté du maître des requêtes.

Cet arrêté sera soumis à l'approbation de notre ministre des finances.

4. En cas de contestations, elles seront portées devant la cour impériale, pour y être définitivement statué dans l'année, sur les conclusions de notre procureur général, comme il est pratiqué pour les affaires domaniales.

Titre II. *Des schoores endigués ou polders.* — Section Ire. *Disposition de garantie pour l'entretien des digues des polders.*— 3. Le revenu des polders, et même la valeur du fonds, sont affectés par privilége à toutes les dépenses d'entretien, réparation et reconstruction des digues.

6. Dans le cas où des travaux nécessaires à l'entretien d'un polder seraient négligés, le maître des requêtes les fera exécuter au compte du gouvernement.

7. Les dépenses faites par le gouvernement pour ces travaux seront remboursées au moyen de la saisie et vente des fruits.

8. Si, à l'expiration de l'année, les revenus saisis ne suffisent pas au remboursement des dépenses et frais de tout genre, il sera délivré, pour le surplus, une contrainte contre l'association du polder.

Il sera procédé, pour la saisie, la vente des fruits et la contrainte, dans les formes prescrites pour la rentrée des deniers publics.

9. Toutefois, les autres biens, meubles et immeubles des propriétaires des polders ne pourront être affectés aux suites de la contrainte.

10. Faute, par l'association du polder, de payer le montant de la contrainte dans les trois mois qui la suivront, l'association sera citée devant la cour impériale, qui sera tenue de prononcer l'expropriation sans frais, à la diligence de notre procureur général et à la chambre du conseil.

---

(1) Les polders que nous avons en France sont connus sous le nom de *watringues.* Le décret que nous publions ici, et celui du 16 décembre 1811, peuvent être consultés avec fruit pour l'administration de ces watringues.

11. Le polder sera ensuite mis en vente selon les formes établies ci-après pour la vente des schoores, art. 25.

12. Les dépenses et frais faits par le gouvernement pour le polder seront d'abord acquittés sur le prix de la vente ; le surplus sera remis aux propriétaires expropriés.

Section II. *De la dépossession des polders envahis par la mer.* —

13. Tout polder envahi par la mer depuis plus d'un an cesse d'être la propriété de ceux auxquels il appartenait, et rentre par le fait dans le domaine public.

14. Toutefois, la prescription d'un an ne sera pas opposée aux propriétaires qui feront constater par-devant le maître des requêtes et par les ingénieurs des ponts et chaussées l'impossibilité actuelle du réendiguement.

15. Si l'endiguement en redevient possible, le maître des requêtes le fera constater comme la maturité d'un schoore, et fera notifier le procès-verbal aux anciens propriétaires connus, et à tous par la voie d'affiche aux portes de l'église et de la maison commune, et par l'insertion au journal du département.

16. La prescription sera acquise un an après ladite notification, et prononcée par la cour impériale, à la diligence du maître des requêtes, comme il est dit art. 10.

17. Après l'arrêt de la cour, le polder pourra être concédé ou endigué au compte du gouvernement.

18. S'il est concédé, les anciens propriétaires pourront demander la préférence sur les concessionnaires, tant que les travaux n'en seront pas commencés, en les indemnisant de toutes les dépenses qu'ils auraient pu faire, avec les intérêts.

Le gouvernement prononcera sur cette demande des anciens propriétaires, dans la même forme que pour les concessions.

19. Si le polder est endigué au compte du gouvernement, les anciens propriétaires pourront y rentrer pendant toute la durée des travaux, et même pendant l'année qui suivra le réendiguement, en faisant le remboursement porté en l'article précédent.

20. Le terme d'une année expiré, sur la proposition du maître des requêtes et le rapport de notre ministre de l'intérieur, le polder sera déclaré immédiatement propriété domaniale par un décret pris dans la forme des règlements d'administration publique.

Section III. *De l'endigage des schoores et de leur concession.* — 21. Les schoores, soit qu'ils n'aient jamais été endigués, soit qu'ils aient été endigués et reconquis par la mer, ou rentrés au domaine, comme il est dit à la section précédente, pourront être endigués au compte du gouvernement et à ses frais, ou par des particuliers, corps ou communautés auxquels la concession en aura été légalement faite.

22. Pour qu'il y ait lieu à endiguer au compte du gouvernement ou à concéder un schoore, sa maturité devra d'abord être constatée par le maître des requêtes chargé du service des polders, sur un rapport des ingénieurs des ponts et chaussées et un avis du préfet, les directions des polders contigus préalablement entendues.

Tout projet d'endiguement sur les deux rives de l'Escaut sera communiqué au préfet maritime d'Anvers, qui fera vérifier par les ingénieurs et les pilotes si les passes du fleuve ne peuvent pas en éprouver quelque dommage.

23. Notre ministre de l'intérieur nous fera ensuite un rapport sur l'endiguement et la concession, s'il y a lieu, en joignant à ce rapport un plan figuratif et limitatif du schoore susceptible d'être endigué, un cahier des charges, tant dans l'intérêt général du territoire et de la navigation, que dans l'intérêt des polders voisins.

Il sera statué sur le tout dans la forme prescrite par les règlements d'administration publique.

24. La concession d'un schoore sera à titre onéreux ou à titre gratuit.

25. Si elle est à titre onéreux, elle pourra se faire de deux manières : la première, sur une soumission portant obligation : 1° de faire les travaux dans le délai prescrit ; 2° d'observer les conditions portées au cahier des charges ; 3° de payer une redevance annuelle ou une somme une fois acquittée ; la seconde à l'enchère, ainsi qu'il est usité pour la vente des domaines nationaux.

26. Si le schoore concédé à titre onéreux est dans la dépendance du domaine public, en vertu d'une dépossession prononcée comme il est dit section II ci-dessus, le prix ou la redevance seront payés au propriétaire dépossédé, déduction faite des frais auxquels la dépossession aura pu donner lieu.

27. Si la concession est à titre gratuit, le concessionnaire sera tenu à faire les travaux dans le délai prescrit, et à suivre les conditions du cahier des charges.

28. Les propriétaires reconnus tels aux termes des dispositions de la section II, titre Ier, conserveront leurs propriétés dans les schoores concédés, à la charge de concourir aux frais d'endiguement.

Le propriétaire ou les propriétaires reconnus d'un terrain suffisant pour former un polder, pourront demander et obtenir la permission d'endiguer dans les formes et aux conditions ci-dessus prescrites.

TITRE III. *De l'administration et de la conservation des polders.* — SECTION Ire. *De l'association des intéressés à chaque polder.* — 29. Chaque polder aura une association pour sa conservation et son administration particulière.

30. Les règles de l'association seront arrêtées par le maître des requêtes, présentées à notre approbation comme règlement d'administration publique, sur les avis du préfet, de notre directeur général des ponts et chaussées, et sur le rapport de notre ministre de l'intérieur. À chaque règlement sera joint une carte figurative et délimitative du polder.

SECTION II. *De la réunion de plusieurs polders en association d'arrondissement.* — 31. Les polders qui auront entre eux des intérêts communs seront formés en association pour leur défense mutuelle.

32. Chaque polder sera considéré dans l'association comme un individu ; toutes les propriétés de chaque polder seront solidaires entre elles.

33. L'étendue de chaque arrondissement de polder déterminée par une carte, les règles constitutives de l'association, la division des polders en classes, la proportion de la contribution de chaque classe, en raison de l'intérêt qu'ils ont à la défense des polders calamiteux, seront fixées sur la proposition du maître des requêtes, par un règlement d'administration publique, comme il est dit à l'article 30.

TITRE IV. *Des travaux et du mode d'exécution.* — 34. Les travaux de simple entretien seront exécutés par les associations particulières des polders.

35. Toutes les fois qu'il s'agira de travaux s'exécutant au moyen du concours des polders d'un arrondissement, les projets, les devis et détails seront rédigés par les ingénieurs, et les adjudications passées par les préfets en conseil de préfecture, dans les formes adoptées pour l'administration des ponts et chaussées.

36. Les ingénieurs des ponts et chaussées seront chargés de la rédaction des projets des travaux d'art, tels que construction d'écluses ou de nouvelles digues, et tous autres qui tendraient à changer les moyens de défense du polder. Lorsque les travaux devront être payés sur les fonds d'une seule association particulière, l'exécution lui en sera confiée, mais ces travaux seront soumis à la surveillance, à l'examen et à la réception des ingénieurs des ponts et chaussées.

37. Il sera prononcé administrativement sur toutes difficultés entre particuliers ou associations de polders relatives aux travaux de construction, réparation ou entretien de digues et canaux d'écoulement, lesquels seront considérés comme travaux publics, aux termes de la loi du 28 pluviôse an VIII.

TITRE V. *Magasins de secours.* — 38. Il sera formé, partout où besoin sera, et au compte des arrondissements, des magasins et dépôts de secours, lesquels contiendront des approvisionnements en outils et matériaux nécessaires dans les cas de dangers imminents.

39. Il ne pourra être rien délivré des magasins de secours que sur récépissé, et à la charge, par les propriétaires, de remettre la valeur en argent ou en nature, des objets qu'ils y auront empruntés, pour être de suite remplacés aussitôt que le péril sera passé.

TITRE VI. *Dispositions générales et spéciales.* — 40. Le maître des requêtes, après avoir examiné les dispositions des règlements usités, qui ont eu pour but de prévenir ou réprimer les délits de dégradations ou vols de bois et de fascinage commis sur les digues, donnera son avis sur les dispositions desdites ordonnances qu'il croirait convenable de renouveler, pour en former un règlement général de police des polders. Il sera ensuite statué par nous, en notre conseil, sur le rapport de notre ministre de l'intérieur.

41. Il n'y aura lieu, pour le département de la Lys, à l'application des dispositions de la section II du titre III, qu'après l'expiration de l'imposition décennale, établie par la loi du 27 décembre 1809; sauf le cas d'avaries extraordinaires qui rendraient le produit de cette imposition insuffisant.

42. Toutes les questions entre les particuliers ou entre les associations de polders, touchant la propriété, seront portées devant les tribunaux ordinaires.

43. Les dispositions du titre Ier sont applicables aux départements du Zuyderzée, des Bouches-de-la-Meuse, des Bouches-de-l'Issel, de Frise, de l'Ems-Occidental, et de l'Ems-Oriental. L'administration et l'entretien des polders continueront provisoirement d'avoir lieu dans les susdits départements, ainsi qu'il a été réglé, chapitre 6, titre V de notre décret du 18 octobre 1810.

*Arrêté du préfet de la Gironde, sur la police des rivières de ce départ-
tement* (1).

Du 23 janvier 1811.

LE préfet de la Gironde : Vu les lois, règlements, instructions et arrêtés sur la police des fleuves et rivières navigables et flottables ou non
flottables, des ruisseaux et fossés de desséchement ou de dégorgement,
affluant aux rivières ;

Vu la lettre de M. le conseiller d'Etat directeur général des ponts et
chaussées, du 4 juillet 1810 ;

Considérant que les cours des eaux sont l'un des objets qui doivent
le plus fixer l'attention de l'administration, à cause de leur influence
sur la navigation, sur l'abondance des récoltes, la salubrité de l'air, et
le service des moulins et usines ;

Que, quoique les règlements rendus sur ces matières renferment les
dispositions les plus détaillées et les plus précises, il n'en est pas dont
l'infraction soit plus fréquente et plus habituelle, ainsi que cela résulte
des plaintes multipliées qui parviennent à l'administration, soit sur les
travaux que les propriétaires riverains des rivières se permettent sur
leurs bords, soit sur le placement des moulins à nef ou sur bateaux,
soit sur les inondations ou la stagnation des eaux produites par le défaut des curages, la trop grande hauteur des déversoirs des moulins,
souvent leur mauvaise position, quelquefois même la non-existence de
ces déversoirs ;

Considérant que toutes ces contraventions étant signalées et réprimées par nos lois, il est nécessaire de rappeler et de réunir, dans un
seul arrêté, les dispositions de ces lois et règlements sur la matière,
afin que les citoyens connaissent leurs obligations, et que les magistrats
et agents de l'administration publique sachent aussi, et les devoirs qu'ils
ont à remplir, et la surveillance qu'ils ont à exercer ;

Arrête :

§ Ier. De la police des fleuves et rivières navigables ou flottables.

Art. 1er. Il est défendu à tous propriétaires riverains des fleuves et
rivières navigables ou flottables du département de faire aucuns batardeaux, écluses, gords, pertuis, murs, plants d'arbres, amas de pierres
ou de fascines, ou autres empêchements nuisibles au cours des eaux,
ni d'y jeter aucunes immondices ou ordures, même de les rassembler
sur les quais et rivages, d'en embarrasser ou altérer le lit, d'en affaiblir ou changer le cours par des tranchées ou autrement, à peine
de 500 francs d'amende, et d'y mettre rouir du chanvre, faire aucune
fouille, ou tirer pierres, terres, sables, et autres matériaux plus près
des bords que douze mètres, à peine de 100 francs d'amende. (*Ordonnance de* 1669, *titre XXVII, articles* 40 *et* 42; *arrêt du conseil du*
17 *juillet* 1782, *articles* 9 *et* 10, *sur la navigation de la Garonne.*

---

(1) Cet arrêté a été approuvé le 14 septembre 1811, par M. le directeur général des
ponts et chaussées.

2. Toutes jetées, nasses, plantations d'arbres ou buissons, faites sur les vieux bords ou sur les accolins ou atterrissements dans les parties couvertes par les plus hautes marées, tous quais en pierre ou en bois, ou tous autres ouvrages, même défensifs, sans autorisation, sont expressément défendus. Ceux qui seront dans le cas de faire de pareils ouvrages pour la conservation de leurs propriétés attaquées par les courants ou par la formation des cales, sont tenus de nous en adresser la demande en permission, sur laquelle il sera statué d'après l'avis et le rapport de M. l'ingénieur en chef, le tout à peine de 500 francs d'amende. (*Arrêt du conseil d'État de 1782; arrêté du préfet, du 22 frimaire an* XII.)

3. Il est défendu à toutes personnes de jeter dans les rivières aucune chaux, noix vomique, coque du Levant, et autres drogues ou appâts, à peine de punition corporelle. (*Ordonnance de 1669, titre* XXXI, *article* 14.)

4. Il est ordonné à toutes personnes qui trouveront des épaves, sur les bords ou dans le lit des rivières, de les haler à terre, et d'en faire la déclaration aux maires, lesquels les feront déposer entre les mains de personnes solvables, et en dresseront procès-verbal, qui nous sera transmis par l'intermédiaire des sous-préfets, pour être statué sur les réclamations qui en seraient faites, ou être procédé en conformité de l'article 16 du titre 31 de l'ordonnance de 1669.

Peyrats ou cales.

5. Nul peyrat, cale ou empiétement sur le lit d'une rivière ne peut avoir lieu sans notre autorisation.

Tous propriétaires de peyrats, ou autres travaux de cette nature déjà existants, seront tenus de représenter au garde de la navigation, dans sa première tournée, le titre en vertu duquel lesdits peyrats ou travaux ont été exécutés.

En cas de représentation de ce titre, le garde de la navigation vérifiera si lesdits peyrats ou travaux ont été exécutés conformément au titre; et il en dressera procès-verbal, qui sera transmis à M. l'ingénieur en chef, pour être par nous statué sur son avis.

Au cas qu'il n'y ait point de titre, le garde de la navigation dressera pareillement procès-verbal, qu'il remettra à M. l'ingénieur en chef, pour, sur son avis, être décidé si lesdits peyrats ou travaux sont ou non nuisibles à la navigation.

Moulins à nef ou sur bateaux.

6. Tout moulin à nef ou sur bateaux ne peut exister qu'en vertu d'une autorisation expresse. La place qu'il doit occuper doit être fixée par l'ingénieur en chef; les propriétaires ou fermiers ne pourront en changer la position sans une autorisation, et après vérification faite par l'ingénieur du nouveau placement demandé.

Les moulins sont assujettis par quatre ancres à une patte, avec chaîne en fer, avec défense expresse de mettre amarre à terre ou sur piquets. Il est enjoint aux meuniers de tenir dans la partie d'amont, là où la marée ne se fait pas sentir, et de tenir dans la partie d'amont et d'aval,

II. 5

dans les lieux jusqu'où va la marée, un fanal allumé pendant la nuit, et d'avoir au moins deux hommes à bord. Les meuniers seront en outre obligés d'avoir, jour et nuit, un cabestan propre à faire les manœuvres en cas de besoin pour le passage des bateaux.

Il sera toujours laissé entre le bord de la rivière et le moulin un espace pour servir de passage aux bateaux. Cet espace sera déterminé, suivant les localités, par M. l'ingénieur en chef. Les moulins ne devront jamais être placés dans le fort du courant servant à la navigation, et leur position devra être parallèle au canal de la rivière, pour éviter la direction du courant sur l'une des deux rives.

Toute contravention aux dispositions ci-dessus emporte une amende de 500 francs, sans préjudice des dommages et intérêts résultants des avaries ou dégâts que les moulins peuvent occasionner. (*Arrêt du conseil, du 17 juillet 1782 ; arrêté du préfet, du 22 frimaire an XII.*)

7. Immédiatement après la publication du présent arrêté, le garde de la navigation dressera un état séparé, par rivière, des moulins à nef qui y seront établis. Il se fera représenter les procès-verbaux de fixation de placement, en vertu desquels ils occupent leur place. Si ces procès-verbaux existent, le garde les visera ; et il fera mention, dans son procès-verbal, si le placement est énoncé de manière que, se rattachant à des points fixes et invariables, le déplacement ne soit pas facile, et dans le cas où la fixation du placement n'eût pas été faite, il en fera également mention ; il énoncera de même les inconvénients que peut présenter la position actuelle de ces moulins.

Les procès-verbaux ou états dressés par le garde de la navigation nous seront remis dans la quinzaine après qu'ils auront été dressés.

8. Dans les deux mois qui suivront la vérification ordonnée par l'article précédent, les propriétaires des moulins rapporteront au sous-préfet de l'arrondissement les titres d'établissement de leurs moulins, pour, sur son avis, être vérifiés et visés par nous ; ils y joindront les procès-verbaux de la fixation de placement qu'ils ont obtenu, pour être également visés par nous.

Les propriétaires des moulins, dont le placement n'aurait pas été fixé, adresseront dans le même délai, au sous-préfet, leur demande en fixation, laquelle nous sera transmise avec ses observations pour y être statué sur l'avis de M. l'ingénieur en chef.

Les originaux des procès-verbaux de placement seront déposés à notre bureau des travaux publics. Des expéditions en forme en seront délivrées aux propriétaires, et des extraits en seront envoyés par les sous-préfets de l'arrondissement aux maires des communes sur le territoire desquelles ils sont placés, pour servir à leur surveillance ; pareils extraits seront remis au garde de la navigation pour ses vérifications ordinaires.

9. Faute par les propriétaires des moulins d'avoir rempli, dans le délai ci-dessus fixé, les obligations qui leur sont imposées, ils seront cités au conseil de préfecture pour voir ordonner la destruction de leurs moulins, et la condamnation aux amendes portées par l'arrêt du conseil du 17 juillet 1782.

Chemins et halage.

10. Conformément aux dispositions de l'ordonnance de 1669, aux

articles 649 et 650 du Code civil, au décret du 16 messidor an XIII, les propriétaires des héritages aboutissant aux rivières navigables laisseront le long de leurs bords, où il n'y a pas de tirages à chevaux établis, la place de 3 mètres 33 centimètres de longueur, sans qu'ils puissent planter des arbres ni tenir clôture ou haie plus près, à peine de 500 francs d'amende, confiscation des arbres, et être, les contrevenants, contraints à réparer et à remettre les chemins en état, à leurs frais.

En conséquence, tous propriétaires sont tenus d'enlever sans délais tous les arbres et buissons qui gêneraient le libre passage, en se conformant, quant aux distances, à la disposition précédente. Ils sont pareillement tenus d'établir sur leurs fossés de dégorgement ou de clôture affluant à la rivière, des petits ponts en bois, à leurs frais, afin qu'il y ait une libre circulation de passage.

Le droit de servitude des pêcheurs, à terre, se borne à l'usage du marche-pied, tel que l'ont les autres navigateurs.

11. MM. les ingénieurs des ponts et chaussées et le garde de la navigation constateront dans leurs procès-verbaux de visite les contraventions aux dispositions ci-dessus, en désignant la nature des empêchements, le lieu de leur situation et le nom du propriétaire. S'ils consistent en arbres qu'il soit nécessaire d'abattre pour le chemin de halage, ils les marqueront ; et, dans tous les cas, ils remettront une copie de leurs procès-verbaux aux maires des communes sur le territoire desquelles la contravention existe ; les maires en donneront récépissé au bas des originaux qui nous seront transmis par M. l'ingénieur en chef.

12. MM. les maires feront notifier administrativement et sans délai, aux propriétaires en contravention, les procès-verbaux qui leur auront été remis, avec injonction de mettre dans le délai de huitaine les choses dans l'état prescrit par les procès-verbaux. Faute par les propriétaires d'avoir obéi à cette injonction, il en sera dressé procès-verbal, concurremment par les maires, ou ingénieurs, ou gardes de la navigation. Ces procès-verbaux nous seront remis par l'intermédiaire des sous-préfets, ou de M. l'ingénieur en chef, et les contrevenants cités au conseil de préfecture, pour se voir condamner à l'amende prononcée par l'ordonnance ou les règlements ; et néanmoins les susdits arbres ou obstacles seront coupés ou enlevés sans délai, à la diligence du garde de la navigation ou du maire, aux frais du contrevenant, desquels il sera délivré exécutoire.

§ II. De la police des rivières non flottables, canaux ou fossés de dégorgement des eaux ou de desséchement, vulgairement appelés jales, esteys ou mères d'eau.

13. Tout propriétaire riverain des jales, esteys ou ruisseaux affluant aux rivières, dans le canal desquels les bateaux remontent, sont tenus de laisser, dans l'étendue que ces bateaux peuvent parcourir, indépendamment du talus, un espace d'un mètre cinquante centimètres de largeur sur les bords, libre de tous empêchements à une libre circulation, tels qu'arbres, buissons, vases, piquets ou murailles.

Les contraventions seront constatées, dans toutes les parties navigables, concurremment par MM. les maires, ingénieurs, et par le garde de la navigation, et réprimées conformément aux dispositions des articles 11 et 12 du présent arrêté.

14. Tout ruisseau, canal, estey, fossé de dégorgement ou de dessèchement, ou mère d'eau, sera entretenu en bon état aux frais des propriétaires riverains, qui les tiendront constamment dégagés de tous empêchements nuisibles au cours des eaux, tels qu'arbres, buissons, batardeaux, et qui les cureront à vieux bords et à vieux sol, toutes les fois que leur état l'exigera, et périodiquement, et au moins tous les trois ans.

Dispositions des différentes ordonnances de réformation des grands maîtres et maîtrises des eaux et forêts.

15. Indépendamment du recurement périodique à vieux bords et à vieux sol, qui aura lieu au moins une fois tous les trois ans, les propriétaires seront en outre tenus de couper, au moins une fois par an, les roseaux et autres plantes aquatiques qui gênent l'écoulement des eaux.

Les propriétaires sont aussi obligés, en tout temps, de faire enlever, chacun en droit soi, tous les éboulements de terre ou autres obstacles nuisibles au cours des eaux qui pourraient arriver accidentellement.

16. En conséquence, tous esteys, ruisseaux, canaux, fossés de dégorgement et dessèchement, ou mères d'eau, dont le recurement n'a pas été fait depuis trois ans, seront recurés dans le cours de la présente année, par les soins des propriétaires riverains.

17. Dans tous les cours d'eau où le recurement à vieux bords et vieux sol n'aura pas lieu, comme ayant été fait depuis moins de trois ans, ou comme n'ayant pas été jugé nécessaire, les propriétaires feront couper les roseaux et les plantes aquatiques dans les mois d'août et de septembre de la présente année, de manière que cette opération soit terminée au 1er octobre suivant, soit pour la présente année, soit pour l'avenir.

18. Les contraventions aux cinq articles précédents seront punies d'une amende de 50 francs, qui sera prononcée par le conseil de préfecture (*arrêt du conseil, du 29 novembre 1729*), indépendamment des mesures qui vont être indiquées pour faire exécuter, aux frais des propriétaires contrevenants, les travaux qu'ils auront négligés.

19. Pour l'exécution des dispositions contenues aux articles 14, 15, 16 et 17 du présent arrêté, dans la huitaine de sa réception, MM. les maires, accompagnés de deux propriétaires présents dans la commune, et les plus intéressés, par la position et l'étendue de leurs terres, au dégorgement des eaux, parcourront dans toute leur longueur les cours d'eau mentionnés dans lesdits articles, qui se trouveront dans la commune, et en reconnaîtront l'état actuel, leur largeur, leur longueur et leur profondeur moyenne, l'étendue que ces cours d'eau parcourent dans la commune, les autres communes qu'ils traversent, la hauteur jusqu'à laquelle remonte la marée; s'il y a lieu, les portions de territoire que ces eaux sont destinées à dessécher, ou dont ils doivent dégorger les eaux. Il sera dressé procès-verbal de cette visite, dont une expédition restera entre les mains du maire, et l'autre sera donnée au sous-préfet de l'arrondissement. L'opération mentionnée dans le présent article sera terminée dans la quinzaine.

20. Le premier dimanche du mois d'octobre prochain, MM. les maires de toutes les communes traversées par un même cours d'eau, se rendront dans la commune dont ils sont invités à convenir entre eux, ou qui, à défaut et sur la demande de l'un d'eux, sera désignée par le sous-préfet de l'arrondissement. Cette réunion sera présidée par le maire le plus ancien d'âge. Chaque maire est autorisé à se faire représenter dans ladite réunion par l'un des deux propriétaires qui l'auront assisté dans l'opération prescrite par l'article précédent, et qui, dans ce cas, aura voix délibérative. Les autres propriétaires qui auront concouru, dans les communes respectives, à ladite opération, sont libres d'assister à ladite réunion, ou d'y exposer leurs vues, et de présenter leurs observations.

21. L'assemblée ainsi composée, après avoir pris connaissance des procès-verbaux dressés en exécution de l'article 19, réglera la nature des travaux à faire dans les divers cours d'eau, pour assurer l'écoulement des eaux, l'époque où lesdits travaux seront commencés et achevés, les lieux par lesquels ils devront commencer, et en remontant de l'embouchure à la source.

Il sera nommé, dans la même assemblée, un ou plusieurs commissaires surveillants, pris soit parmi MM. les maires, soit parmi les propriétaires mentionnés dans l'article 19, pour assurer la bonne exécution des travaux ordonnés dans ladite assemblée.

Il sera dressé du tout un procès-verbal, dont une expédition sera remise à chacun des maires qui auront composé l'assemblée, et une autre sera adressée au sous-préfet de l'arrondissement.

22. Les commissaires nommés en exécution de la précédente disposition sont spécialement chargés, de concert avec les maires de chaque commune, d'inspecter, visiter et surveiller les travaux ordonnés, de s'assurer s'ils sont faits exactement, régulièrement, et aux époques prescrites. Les propriétaires seront avertis de leur obligation d'exécuter lesdits travaux, par l'affiche du procès-verbal, à la porte de la maison commune, et par la lecture publique qui en sera faite pendant deux dimanches consécutifs, à l'issue de la messe paroissiale, le tout à la diligence des maires de chaque commune.

23. Les commissaires surveillants constateront, concurremment avec les maires de chaque commune, aux époques prescrites pour l'entière confection des travaux, les propriétaires riverains qui auront négligé de les faire; ils en remettront l'état aux maires, qui les dénoncera au sous-préfet de l'arrondissement, pour la poursuite de l'amende. Sont néanmoins lesdits commissaires surveillants, ainsi que les maires eux-mêmes, autorisés à faire exécuter les travaux aux frais des propriétaires négligents, pour le payement desquels ces propriétaires seront poursuivis, indépendamment de l'amende, comme en matière de contributions, ainsi que pour l'indemnité que pourraient prétendre les commissaires surveillants, pour prix de leurs soins et de leurs travaux, laquelle leur sera accordée s'ils en forment la demande, à régler par le sous-préfet de l'arrondissement.

24. Il est expressément défendu à tout individu, même propriétaire de canaux, de jales, ruisseaux ou mères d'eau, d'y mettre rouir du chanvre, d'y faire aucun batardeau, ou d'y jeter des ingrédients, sous les peines prononcées, et à peine en outre de tous dommages et intérêts.

Moulins situés sur esteys, canaux, ruisseaux ou autres cours d'eau.

25. Conformément aux règlements et usages de la ci-devant province de Guyenne, tous les moulins situés sur les esteys, jales, ruisseaux ou autres cours d'eau, doivent avoir leurs déversoirs.

La largeur et la hauteur des déversoirs seront déterminées par un arrêté particulier pris par nous, sur le rapport des ingénieurs. Les dimensions seront invariablement fixées par des repères. Il sera dressé procès-verbal de cette fixation.

Outre les déversoirs, les moulins établis sur des ruisseaux auront des empellements propres à faciliter le recurement du béal du moulin.

26. Pour s'assurer si les propriétaires desdits moulins se sont conformés aux dispositions énoncées dans l'article précédent, les maires, en faisant la visite prescrite par l'article 19, dresseront un procès-verbal séparé de l'état desdits moulins, dans lequel ils feront connaître si toutes lesdites dispositions sont fidèlement remplies : une expédition de ce procès-verbal sera adressée au sous-préfet de l'arrondissement, pour être, s'il y a lieu, par nous statué sur son avis.

27. Dans les grandes eaux, soit qu'elles soient occasionnées par les pluies d'orage, fonte de neige ou autrement, les meuniers sont tenus de laisser les vannes et écluses ouvertes, à peine de dommages et intérêts des dégâts occasionnés par leur faute, et de 100 francs d'amende, en conformité de la loi du 6 octobre 1791.

28. Les dispositions des articles 14, 15, 16, 17 et 18 sont en tout applicables à l'obligation de recurer et nettoyer les canaux des moulins, de leur béal ou gourgue, laquelle obligation regarde, ou les propriétaires des moulins, ou les propriétaires riverains, suivant les droits qu'établissent à cet égard les usages locaux ou les conventions particulières.

Les moulins établis sur la rivière du Ciron se trouvent compris dans la disposition générale du présent arrêté, sans préjudice des arrêtés particuliers qui les concernent, à raison du mode de flottage qui y est établi.

29. Tous les propriétaires qui voudraient faire construire de nouveaux moulins, en rétablir d'abandonnés, tous propriétaires de moulins existants, qui voudraient faire rétablir leurs écluses, vannes ou digues, ne pourront le faire qu'après nous en avoir demandé et obtenu l'autorisation par l'intermédiaire du maire de la commune et du sous-préfet de l'arrondissement. Cette autorisation sera confirmée suivant les formes prescrites par l'article 9 de l'arrêté du gouvernement, du 19 ventôse an VI, après avoir rempli les formalités indiquées par la circulaire de S. Exc. le ministre de l'intérieur, du 19 thermidor suivant.

30. Dans tous les cas où il y aura lieu à un exécutoire pour des ouvrages faits par adjudication ou autrement, contre des contrevenants, l'exécutoire sera remis au percepteur des contributions, pour la rentrée en être poursuivie comme en matière de contributions publiques, et le percepteur aura la même remise que sur les contributions directes.

31. Les sous-préfets, les maires, les ingénieurs des ponts et chaussées, le garde de la navigation, les agents maritimes et forestiers, dans les limites de leurs attributions respectives, sont spécialement chargés de

l'exécution du présent arrêté, qui sera imprimé, publié et affiché dans toutes les communes du département.

Décret du 28 janvier 1811, relatif au service de la navigation sous les ponts de Paris.

Sur le rapport du ministre de l'intérieur;

Vu l'avis de notre conseil d'Etat, du 18 août 1810, approuvé par nous le 22 du même mois;

Le conseil d'Etat entendu, il a été décrété ce qui suit :

Titre Ier. *Institution des chefs de ponts pour la ville de Paris.* — Art. 1er. Le service de la navigation sous les ponts de Paris sera fait par deux chefs de pont.

2. Il est défendu à tous autres de passer les bateaux sous les ponts. Sont exceptés de cette disposition les margotats, bachots et doubles bachots.

3. Les chefs de pont fourniront un cautionnement de *vingt-quatre mille francs en numéraire*, et de *cinquante mille francs*, soit en immeubles, soit en cinq pour cent consolidés ou en actions immobilisées de la banque de France.

Le cautionnement en numéraire sera versé à la caisse d'amortissement.

Titre II. *Droits et obligations des chefs de pont.* — 4. Le salaire des chefs de pont demeure établi, tant pour la descente que pour le remontage, conformément au tarif annexé au présent (1).

5. Les chefs de pont tiendront un registre sur lequel ils inscriront, jour par jour, les déclarations qui leur seront faites à fin de lâchage.

6. Les chefs de pont seront tenus de descendre les bateaux selon l'ordre de date des déclarations.

Néanmoins les bateaux chargés pour le compte du gouvernement seront descendus à la première réquisition.

7. Les bateaux seront pris à la pointe de l'île Louviers, ou à la gare de la Femme-sans-Tête, au choix des propriétaires, qui en feront mention dans leur déclaration.

8. Lorsque la descente de bateaux chargés de bois ne pourra avoir lieu sans allége, l'allége sera descendue sans frais.

9. Les propriétaires qui entendront faire remonter leurs bateaux vides en feront la déclaration : 1° aux chefs de ponts, 2° à l'inspecteur de la navigation sur le port, aussitôt après la vidange.

Cette déclaration sera inscrite sur un registre.

10. Les chefs de pont sont tenus de remonter les bateaux déclarés dans les trois jours au plus tard de la déclaration.

11. Lorsqu'il y aura plus de trois bateaux vides dans les ports du bas, les chefs de pont seront tenus de les remonter sans délai, quand même il n'aurait pas été fait de déclaration à fin de remontage.

Deux toues ou barguettes compteront pour un bateau.

---

(1) Voir l'ordonnance royale du 16 janvier 1822, à laquelle est annexé un nouveau tarif.

12. Les chefs de pont sont responsables envers le commerce : 1° de leurs manœuvres, 2° des retards qu'ils apporteraient à la descente ou au remontage des bateaux.

TITRE III. *De la manière dont les chefs de pont seront désignés.* — 13. Dans le mois qui suivra la publication du présent décret, le préfet du département de la Seine recevra toutes les soumissions qui lui seront faites pour le service du lâchage et du remontage des bateaux.

14. Ces soumissions contiendront : 1° l'obligation de se conformer aux dispositions du titre II ci-dessus et des autres règlements existants sur le même service ; 2°. l'offre de payer, au profit de notre bonne ville de Paris, telle somme que les soumissionnaires jugeront pouvoir rendre comme prix du droit exclusif qui est attribué aux chefs de pont par l'article 2 du présent décret.

15. Ces soumissions seront ouvertes par le préfet de la Seine, en présence du préfet de police, du maître des requêtes chargé du service des ponts et chaussées, et du conseil de préfecture.

16. Il y sera statué comme sur les soumissions pour travaux publics, en prenant en considération, outre la somme offerte, la capacité des soumissionnaires.

17. Le tout sera soumis à l'approbation de notre ministre de l'intérieur.

TITRE IV. *Dispositions générales.* — 18. Le préfet de police est autorisé à faire rendre, pour l'exécution du présent règlement, des ordonnances de police particulière pour le service de la navigation au passage des ponts, à la charge de l'approbation préalable de notre ministre de l'intérieur.

Décret du 20 février 1811, qui fait des augmentations aux cadres du corps des ponts et chaussées.

ART. 1er. Les cadres du corps impérial des ponts et chaussées sont augmentés, savoir :

De deux inspecteurs divisionnaires ;
De sept ingénieurs en chef de première classe ;
De six ingénieurs en chef de seconde classe ;
De onze ingénieurs ordinaires de première classe ;
De onze ingénieurs ordinaires de seconde classe.

2. Les cadres des conducteurs sont également augmentés, savoir :

De huit conducteurs de première classe ;
De huit conducteurs de seconde classe ;
De six conducteurs de troisième classe.

3. Outre les fonds accordés par nos décrets des 7 fructidor an XII, 27 janvier, 8 septembre et 14 novembre 1810 (1), pour subvenir aux retraites des ingénieurs des ponts et chaussées, une somme de 15,000 fr. sera mise à la disposition de notre ministre de l'intérieur, chaque année, pendant dix-neuf ans, à dater du 1er janvier 1811.

(1) Ce dernier décret contient l'organisation du service des ponts et chaussées en Hollande.

4. Un fonds de 5,000 fr. sera également mis à la disposition de notre ministre de l'intérieur pour subvenir aux retraites des conducteurs, à dater du 1er janvier 1811. Cette charge s'éteindra successivement, conformément à l'article 56 de notre décret du 7 fructidor an XII, par le décès des individus qui auront obtenu des retraites sur ce fonds.

5. Les ingénieurs des pays réunis formant les départements des Bouches-de-l'Elbe, des Bouches-du-Weser et de l'Ems-Supérieur, qui en seront jugés dignes par leur capacité, leur moralité, leur bonne conduite et leurs anciens services, seront admis dans le corps des ponts et chaussées.

Décret du 27 février 1811, contenant de nouvelles dispositions sur la navigation de la Haisne (1).

Vu notre décret du 26 juin 1810, qui déclare libre la navigation de la Haisne, et ordonne qu'en cas d'insuffisance des règlements de police existants, il y sera pourvu ultérieurement;

Sur le rapport de notre ministre de l'intérieur;

Notre conseil d'Etat entendu,

Nous avons décrété et décrétons ce qui suit :

Art. 1er. Il sera établi à l'écluse de Condé un préposé à la police de la navigation, qui sera nommé par notre ministre de l'intérieur, sur la présentation du directeur général des ponts et chaussées.

2. Les propriétaires des bateaux destinés à passer des eaux de l'Escaut dans celles de la Haisne en feront à ce préposé la déclaration signée et contenant la désignation précise du bateau, par son tonnage et son numéro.

Le préposé inscrira cette déclaration par ordre de dates et de numéros sur un registre à souche à ce destiné; il remettra au déclarant le bulletin et le numéro de sa déclaration. Il ne pourra exiger ni recevoir des bateliers aucune rétribution sous peine de destitution. Son traitement sera ultérieurement fixé par notre ministre de l'intérieur.

3. Les bateaux chargés qui se présenteront pour remonter la Haisne auront toujours la préférence sur tous les bateaux non chargés qui pourraient être inscrits. En conséquence, les déclarations des conducteurs de bateaux chargés seront portées sur un registre particulier; et ces bateaux seront toujours placés en tête de la rame montante.

Ne seront réputés chargés que les bateaux qui auront au moins 90 centimètres d'enfoncement.

4. La déclaration prescrite par l'article 2 pourra être faite quand même le bateau désigné ne serait pas dans les environs de Condé : ce bateau pourra même naviguer sur d'autres rivières ou canaux, en attendant son tour de passage ; mais si ce même bateau ne se trouve pas présent à la file au moment où son numéro sera appelé pour faire partie de la rame montante, il perdra le rang que lui donne son inscription, et cette inscription sera considérée comme nulle. Excepté dans ce cas,

(1) Voir l'ordonnance royale du 13 octobre 1824.

un même bateau ne pourra prendre une nouvelle inscription avant qu'il soit descendu de la Haisne dans l'Escaut.

5. L'ordre à établir pour régler la rentrée des bateaux de la Haisne dans l'Escaut, et leur descente à la grande écluse, sera proposé par un arrêté du préfet du Nord, qui sera soumis à l'approbation de notre ministre de l'intérieur.

6. Les chargements de bord à bord, à l'entrée de la Haisne, sont sévèrement défendus.

7. Le nombre de bateaux qui seront admis simultanément, tant dans la rivière de la Haisne que dans les bassins nouvellement ouverts, est fixé provisoirement à quatre cent soixante et onze; ce nombre pourra être augmenté lorsque la possibilité en aura été reconnue par le directeur général des ponts et chaussées, qui proposera ladite augmentation à l'approbation du ministre de l'intérieur.

8. Les mesures réglementaires nécessaires pour l'exécution du présent décret seront arrêtées par le préfet du Nord, qui se concertera à cet égard avec le préfet de Jemmapes; elles recevront provisoirement leur exécution, sauf l'approbation de notre ministre de l'intérieur.

9. Toutes contraventions tendant à entraver la marche des bateaux, ou empêcher l'exécution, soit du présent décret, soit des mesures réglementaires qui en sont la suite, seront punies d'une amende, qui ne pourra être moindre de 50 fr. ni excéder 300.

10. Les contraventions seront constatées par le préposé à la police de la navigation; et les procès-verbaux seront remis au préfet du département sur le territoire duquel la contravention aura eu lieu, pour y être statué par le conseil de préfecture.

11. Les arrêtés du conseil de préfecture seront rendus exécutoires par le préfet, et ramenés à exécution sans qu'il soit besoin de visa ni mandement des tribunaux, nonobstant et sauf tout recours. Les individus condamnés seront contraints par l'envoi de garnison et saisie de meubles, en vertu desdits arrêtés qui emporteront hypothèque à la charge de l'inscription.

Décret du 6 mai 1811, relatif à l'assiette des redevances fixes et proportionnelles sur les mines.

NAPOLÉON, etc.; sur le rapport du ministre de l'intérieur;

Le conseil d'Etat entendu;

Voulant pourvoir au mode de recouvrement des redevances fixes et proportionnelles à percevoir sur les mines, en exécution des articles 33, 34, 52 et 54 de la loi du 21 avril 1810;

Considérant qu'aux termes de la loi, aucune mine ne peut être exploitée sans concession;

Qu'il existe un grand nombre de mines qui n'ont encore pu être concédées, et qui cependant sont en pleine exploitation sans titre légal;

Qu'à la rigueur ces extractions devraient être suspendues;

Que cependant elles fournissent aux besoins du commerce, et qu'il est juste d'accorder aux exploitants de bonne foi le temps de remplir les formalités nécessaires pour se mettre en règle et obtenir des concessions;

Qu'en attendant, les exploitants continueront de jouir des mines et de s'en attribuer le produit;

Qu'étant provisoirement admis à participer aux mêmes avantages que les concessionnaires, il est conforme aux principes de la justice et du bon ordre qu'ils en partagent les charges;

Il a été décrété ce qui suit :

TITRE Ier. *Assiette de la redevance fixe.* — SECTION Ire. *Assiette de la redevance fixe sur les mines concédées.* — Art. 1er. Immédiatement après la publication du présent décret, chaque préfet fera dresser le *tableau de toutes les mines concédées* existant dans son département.

2. Ces tableaux des concessions de mines énonceront (conformément au modèle n° Ier) le nom et la désignation de la mine concédée, sa situation; les noms, professions et demeures des concessionnaires; la désignation et la date du titre de concession; l'étendue de la concession exprimée en kilomètres carrés et fractions de kilomètre carré jusqu'à deux décimales, et la somme à percevoir.

3. S'il n'y a pas de double des titres de concession d'une mine déposé à la préfecture, le préfet en instruira immédiatement le concessionnaire, qui, dans le délai d'un mois, sera tenu d'en faire le dépôt, en original ou expédition authentique, et il lui en sera remis un récépissé : faute par lui de fournir son titre, la contenance de sa concession sera provisoirement portée au *tableau* sur le pied de l'évaluation approximative qui en sera faite par le préfet sur l'avis de l'ingénieur des mines; le concessionnaire sera imposé en conséquence, sauf le dégrèvement, comme il sera dit article 7.

4. La réduction en nouvelles mesures de l'étendue superficielle énoncée en mesures anciennes dans les actes de concession, sera opérée par les ingénieurs des mines; et leurs procès-verbaux de réduction seront annexés aux titres déposés dans les préfectures, et copie en sera remise aux concessionnaires.

5. Si la contenance superficielle d'une concession ne se trouve point énoncée dans le texte du titre, soit en kilomètres carrés, soit en lieues carrées, soit en toute autre mesure anciennement en usage, le préfet en préviendra immédiatement le concessionnaire, qui sera tenu de justifier, dans le délai d'un mois, par un arpentage légal, ou relevé sur des cartes exactes, de la surface rigoureusement contenue dans les limites prescrites par l'acte de concession; et, faute par lui de faire cette justification, la contenance du terrain sera provisoirement portée sur le *tableau*, et la redevance provisoirement exigible, conformément à la disposition de l'article 3 ci-dessus.

6. La vérification de la surface des concessions sera faite par l'ingénieur des mines du département; à cet effet, les concessionnaires qui seront dans le cas de l'article précédent fourniront un plan de leur concession en triple expédition, et dressé sur une échelle de dix millimètres pour cent mètres : ce plan, accompagné d'un procès-verbal d'arpentage détaillé, sera envoyé au préfet, qui le transmettra à l'ingénieur des mines, pour être vérifié sur le terrain, s'il y a lieu, et visé par lui.

7. Aussitôt que les concessionnaires qui seraient restés en retard relativement à l'exécution des articles 3, 5 et 6 ci-dessus, auront satisfait aux dispositions prescrites par ces mêmes articles, ils seront admis en dégrèvement, en raison de la différence de l'étendue réelle de

leur concession, d'avec celle qui leur aura été provisoirement attribuée sur les tableaux et sur les rôles, en vertu de la décision du préfet, mais seulement pour l'avenir.

8. La contenance des concessions anciennes, dont la surface excède le *maximum*, et qui n'ont point été réduites conformément à la loi de 1791, sera portée sur les tableaux pour son étendue actuelle, jusqu'à l'époque où les concessionnaires se seront mis en règle pour obtenir la fixation définitive des limites de leurs concessions et de celle de la redevance.

9. Quant aux concessions dont le titre n'exprimerait ni contenance superficielle positive ni limites suffisamment précisées pour que la justification exigée par les articles 5 et 6 fût actuellement praticable, elles seront taxées, par provision, conformément à la disposition de l'article 3, jusqu'à la fixation définitive des limites.

10. Les *tableaux des concessions* de mines arrêtés par les préfets serviront de *matrices de rôle*; ils seront rectifiés chaque année, soit par suite de mutation de propriété, soit en raison des réductions ou augmentations survenues en vertu de décisions légales, et seront transmis, pour la confection des *rôles*, aux directeurs des contributions directes.

SECTION II. *Assiette de la redevance fixe sur les mines exploitées sans concession régularisée, ou sans aucune concession.* — 11. Immédiatement après la publication du présent décret, chaque préfet fera dresser le *tableau des mines exploitées* dans son département sans concession régularisée, ou sans aucune concession.

Ces tableaux énonceront (conformément au modèle n° II) le nom et la désignation de la mine exploitée sans concession, sa situation; les noms, professions et demeures des exploitants; la date de leur demande en concession, confirmation ou limitation de concession; l'étendue superficielle du terrain qui leur aura été provisoirement assigné ou attribué par les autorités anciennes ou actuelles, ou sur lequel s'étend leur exploitation, quoique les limites n'en aient pas encore été déterminées, exprimée en kilomètres carrés jusqu'à deux décimales, et la somme à percevoir.

12. Les particuliers qui exploitent des mines non encore concédées, et qui ne sont point en règle, seront tenus de faire, dans le mois de la publication du présent décret, une déclaration de la contenance superficielle du terrain dont ils veulent obtenir la concession. Le préfet, après avoir pris l'avis de l'ingénieur des mines, évaluera la quotité de surface à attribuer provisoirement à l'exploitant; celui-ci sera imposé en conséquence, sauf son recours en dégrèvement, s'il y a lieu, dès qu'il aura obtenu une concession.

13. Les exploitants non concessionnaires qui négligeront de se conformer à l'article précédent, seront considérés comme occupant une étendue superficielle égale au *maximum* fixé par la loi du 28 juillet 1791; et ils seront portés au tableau pour être taxés en conséquence, sauf dégrèvement lorsqu'ils se seront mis en règle.

14. Les *tableaux des mines exploitées sans concession*, ainsi formés, seront arrêtés par les préfets, et serviront provisoirement de *matrices de rôle*; ils seront rectifiés chaque année, soit en raison des mutations, quant aux exploitants, soit en raison des réductions ou augmentations

survenues en vertu de décisions légales, et seront transmis, pour la confection des *rôles*, aux directeurs des contributions directes.

15. Les concessionnaires de mines et les exploitants non concessionnaires ne pourront, dans aucun cas, se prévaloir de la quotité de surface qui leur aura été provisoirement attribuée sur les tableaux et rôles concernant la redevance fixe, pour inquiéter ou troubler les exploitations voisines, ni pour appuyer aucune de leurs prétentions sur la fixation définitive de l'étendue et des limites de leur exploitation.

TITRE II. *Assiette de la redevance proportionnelle.* — SECTION Iʳᵉ. — *Assiette de la redevance proportionnelle sur les mines concédées.* —

16. La *matrice de rôle* pour la redevance proportionnelle sur les mines concédées, qui sont en extraction, sera dressée d'après des *états d'exploitation* (conformes au modèle nᵒ IV).

17. Il y aura un *état d'exploitation* pour chaque mine concédée : la confection en sera divisée en deux parties, savoir : 1ᵒ la partie descriptive, 2ᵒ la proposition de l'évaluation du produit net imposable.

18. La partie descriptive des états d'exploitation sera faite par l'ingénieur des mines du département, après avoir appelé et entendu les concessionnaires ou leurs agents, conjointement avec les maires et adjoints de la commune ou des communes sur lesquelles s'étendent les concessions, et les deux répartiteurs communaux qui seront les plus forts imposés.

Elle comprendra les noms et la nature des mines, le numéro des articles, les noms des communes ; les noms, professions et demeures des concessionnaires, possesseurs ou usufruitiers ; la désignation sommaire des ouvrages souterrains entretenus et exploités, ainsi que celle des machines ; enfin, la désignation des bâtiments et usines servant à l'exploitation.

19. La proposition de l'évaluation du produit net imposable sera faite par les mêmes individus désignés en l'article précédent, et portée à l'avant-dernière colonne du tableau.

La déclaration du produit net du revenu à laquelle se tiendront le propriétaire ou ses agents, sera mentionnée au tableau si elle diffère de l'évaluation.

20. Les préfets régleront les époques auxquelles les ingénieurs des mines, maires, adjoints et répartiteurs, devront se réunir, de manière à ce que la partie descriptive des états d'exploitations et la proposition d'évaluation soient achevées sans délai cette année, et que par la suite elles aient subi, avant le 15 mai de chaque année, les changements qu'il sera nécessaire d'y faire annuellement.

21. Les mines dont la concession superficielle s'étendra sur deux ou plusieurs communes seront portées sur les états d'exploitation, au nom de la commune où sont situés les bâtiments d'exploitation, usines et maisons de direction. Il en sera de même des mines dont la concession superficielle s'étendra sur les frontières de deux ou plusieurs départements.

22. Les états ainsi préparés seront certifiés et signés par les ingénieurs des mines, maires, adjoints et répartiteurs qui auront concouru à leur formation.

23. D'après ces états l'ingénieur des mines fera préparer la *matrice de rôle* (conformément au modèle nᵒ V), en y laissant en blanc

la colonne des évaluations définitives du produit net imposable; il transmettra le tout au préfet, qui le soumettra au comité d'évaluation.

24. Ce comité sera composé du préfet, de deux membres du conseil général du département, nommés par le préfet; du directeur des contributions et de l'ingénieur des mines, et de deux des principaux propriétaires de mines dans les départements où il y a un nombre d'exploitations suffisant.

25. Le comité est chargé de déterminer les évaluations définitives du produit net imposable de chaque mine; d'en faire porter l'expression au bas de chaque état d'exploitation, à l'avant-dernière colonne de la matrice du rôle, et d'arrêter les états et matrices.

26. Le comité d'évaluation procédera aux appréciations du produit net imposable, soit d'office, soit en ayant égard aux déclarations des exploitants qui les auront fournies.

27. Les exploitants, concessionnaires, ou usufruitiers, ou leurs ayants cause, sont tenus de remettre au secrétariat de la préfecture, le plus tôt possible, pour cette année, et pour les années suivantes, avant le 1er mai, la *déclaration détaillée* du produit net imposable de leurs exploitations; faute de quoi l'appréciation aura lieu d'office.

28. Pour éclairer le comité, le préfet et l'ingénieur des mines réuniront d'avance tous les renseignements qu'ils jugeront nécessaires, notamment ceux concernant le produit brut de chaque mine, la valeur des matières extraites ou fabriquées, le prix des matières premières employées et de la main-d'œuvre, l'état des travaux souterrains, le nombre des ouvriers, les ports ou lieux d'exportation ou consommation, et la situation plus ou moins prospère de l'établissement. Le comité d'évaluation aura égard à ces renseignements.

Ces éclaircissements seront, autant que possible, placés dans de nouvelles colonnes ajoutées, selon les lieux et les circonstances, au modèle de tableau n° IV.

Pour la présente année, le revenu net de 1810 servira de base aux appréciations; et cette évaluation se fera, soit en suivant les formes indiquées aux articles 16 et suivants, soit d'après les renseignements énoncés au présent article et l'avis du comité.

29. Les états d'exploitation et la matrice de rôle pour les mines concédées resteront déposés chez le directeur des contributions, pour servir à la confection des rôles.

SECTION II. *Assiette de la redevance proportionnelle sur les mines non concédées.* — 30. Il sera procédé pour les mines non concédées régulièrement, ou exploitées sans aucune concession, comme pour les mines concédées; mais les états d'exploitation seront intitulés différemment. Il y aura une matrice de rôle séparée, conforme au tableau n° VII.

Chaque état d'exploitation, considéré comme section, formera un article dans la matrice de rôle.

TITRE III. *Abonnements pour la redevance proportionnelle.* — 31. Les exploitants, concessionnaires ou non concessionnaires, qui désireront jouir de la faveur de l'abonnement, déposeront, dans le délai d'un mois après la publication du présent décret, pour les années 1811 et 1812, et pour les années ultérieures avant le 15 avril, au secrétariat de la préfecture de leur département, leur *soumission* appuyée de motifs détaillés : il leur en sera délivré un reçu.

Faute par ces exploitants de déposer leur soumission dans le délai prescrit, ils seront imposés proportionnellement à leur revenu net présumé, comme il est dit au titre précédent.

32. Les soumissions d'abonnement pour 1811 et 1812 pourront être acceptées, sur l'avis des préfets, par le directeur général des mines, d'après une estimation faite sur les renseignements indiqués à l'article 28, du produit des mines pour lesquelles sera proposé l'abonnement.

33. Pour les années 1813 et suivantes, les soumissions d'abonnement seront acceptées, modifiées ou rejetées, après avoir pris l'avis du comité d'évaluation, lorsque les opérations prescrites au titre II auront eu lieu.

34. Les abonnements seront approuvés, savoir :

Par le préfet, sur l'avis de l'ingénieur des mines, quand l'évaluation du revenu net donnera une redevance au-dessous de mille francs ;

Par le ministre de l'intérieur, sur le rapport du directeur général, quand la redevance sera au-dessus de mille francs jusqu'à trois mille francs ;

Et, au-dessus de trois mille francs, par un décret rendu en conseil d'État.

35. L'*état certifié des abonnements* qui auront été admis sera transmis au directeur des contributions pour être employé sur le rôle ; il accompagnera le *mandement* qui sera annuellement délivré par le préfet pour l'imposition de la redevance proportionnelle.

Titre IV. *De la confection des rôles.* — Section Ire. *Des rôles pour la redevance fixe.* — 36. Chaque directeur des contributions fera dresser le *rôle de la redevance fixe* sur les mines concédées et les mines exploitées sans concession régulière ou sans aucune concession, d'après le tableau qui lui sera transmis chaque année par le préfet.

37. Le rôle confectionné (conformément au modèle n° III) énoncera les noms, qualités et demeures des concessionnaires, usufruitiers et exploitants non concessionnaires ; le nom de la mine concédée ou exploitée sans concession, celui de la commune où devra se faire la perception ; enfin l'étendue superficielle de la concession ou bien celle du terrain provisoirement assigné ou attribué à l'exploitation. La cote se composera du montant de la redevance telle qu'elle aura été portée sur le tableau fourni par le préfet, du montant des dix centimes additionnels pour fonds de non-valeur, et du montant des centimes pour frais de perception.

Après avoir été vérifié et rendu exécutoire par le préfet, le rôle sera renvoyé au directeur des contributions, chez lequel il restera déposé.

Section II. *Des rôles de la redevance proportionnelle.* — 38. Les rôles pour la redevance proportionnelle sur les mines exploitées en vertu d'une concession ou sans concession, seront dressés par le directeur des contributions (conformément au modèle n° VIII), d'après les *matrices*, *états d'abonnement et mandements* des préfets.

39. A cet effet, le directeur des contributions imposera, sur chaque exploitant non abonné, une somme égale au vingtième du produit net de son exploitation ; il portera à l'article de chaque abonné le montant

de son abonnement, et il ajoutera aux cotes, soit de l'abonnement, soit de la redevance déterminée officiellement, le montant des dix centimes additionnels pour fonds de non-valeur, et celui des centimes pour frais de perception.

Le rôle ainsi confectionné sera adressé au préfet, pour être vérifié et rendu exécutoire : il restera déposé chez le directeur des contributions.

TITRE V. *Du recouvrement.* — 40. Le recouvrement des redevances fixe et proportionnelle sera effectué par le percepteur des contributions de la commune où est située la mine. Lorsque le terrain concédé ou provisoirement assigné et attribué aux exploitants non concessionnaires embrassera plusieurs communes, le percepteur de la commune où seront situés les bâtiments, usines et maisons de direction, sera seul chargé du recouvrement.

41. Les percepteurs poursuivront les recouvrements sur des rôles délivrés par le directeur des contributions, vérifiés et certifiés par le préfet.

42. La somme à allouer pour les frais de perception aux percepteurs, receveurs d'arrondissement et receveurs généraux, sera réglée, ainsi que le mode de payement ou de retenue, par une décision de notre ministre des finances.

43. Il sera fait écriture séparée de la perception des redevances fixes et proportionnelles dans les journaux et registres des receveurs d'arrondissement et receveurs généraux.

TITRE VI. *Des décharges, réductions, remises et modérations.* — 44. Tout particulier concessionnaire ou non-concessionnaire exploitant de mines, qui, par vente, bail, cessation de travaux ou toute autre cause légale, aurait cessé d'être imposable aux redevances fixes et proportionnelles, et qui aurait été porté sur les rôles, et tous ceux qui réclameront des réductions, soit en raison des taxes d'office, faute d'avoir fait régulariser en temps utile leurs exploitations, soit pour cause d'erreurs dans l'énoncé de l'étendue superficielle des concessions, adresseront leurs réclamations au préfet.

45. Ces réclamations seront accompagnées de pièces justificatives; elles seront renvoyées à l'ingénieur des mines, qui, après avoir fait les vérifications nécessaires, fournira son avis motivé.

46. S'il y a lieu à ce que la cote soit réduite, le conseil de préfecture prononcera la quotité de la réduction, sauf le pourvoi selon les lois.

47. Les exploitants concessionnaires ou non-concessionnaires qui se croiront trop imposés à la redevance proportionnelle, se pourvoiront également par-devant le préfet.

48. Le préfet enverra les réclamations au sous-préfet de l'arrondissement, aux directeurs des contributions, et à l'ingénieur des mines pour avoir leur avis; il les enverra aussi au maire de la commune pour avoir l'avis des répartiteurs qui auront été entendus selon l'article 18, et il soumettra le tout au conseil de préfecture, qui prononcera sur la réduction de la cote.

49. Si les sous-préfets, directeur des contributions et ingénieur des mines ne conviennent pas de la surtaxe, deux experts seront nommés, l'un par le préfet et l'autre par le réclamant. A l'époque fixée par le préfet, ces experts se rendront sur les lieux avec le contrôleur des contributions; et, en présence de l'ingénieur des mines et du réclamant ou de son fondé de pouvoir, ils vérifieront les faits exposés dans la

réclamation, et rectifieront, s'il y a lieu, l'appréciation du revenu net de l'exploitation.

5o. Le contrôleur des contributions rédigera un procès-verbal des dires des experts et des parties intéressées; il y joindra son avis, ainsi que celui de l'ingénieur des mines, et adressera le tout au sous-préfet, qui le transmettra au préfet. Le conseil de préfecture, après avoir vu l'avis du directeur des contributions, prononcera sur la réclamation, sauf le pourvoi, comme il est dit article 46.

51. Les frais d'expertise, de présence et de vérification, seront réglés par le préfet.

52. Quand la réclamation aura été reconnue non fondée, les frais seront supportés par le réclamant.

53. Si elle est reconnue fondée, les frais seront pris sur la portion du fonds de non-valeur mis à la disposition du préfet, ainsi qu'il sera dit ci-après.

54. Lorsque, par des événements extraordinaires, un exploitant aura éprouvé des pertes, il adressera sa pétition détaillée au préfet, qui la renverra à l'ingénieur des mines.

L'ingénieur se transportera sur les lieux, vérifiera les faits en présence des maires, constatera la quotité de la perte, et en adressera un procès-verbal détaillé au préfet, qui prendra l'avis du sous-préfet de l'arrondissement et du directeur des contributions.

55. Le préfet réunira les différentes demandes qui lui auront été faites dans le cours de l'année en remises et modérations, et l'année expirée, il fera entre les contribuables, dont les réclamations auront été reconnues justes et fondées, la distribution des sommes qu'il pourra accorder sur les fonds de non-valeur mis à sa disposition.

56. L'état de distribution sera envoyé au directeur général des mines, pour être soumis au ministre de l'intérieur et recevoir son approbation.

57. Sur les dix centimes imposés additionnellement à la redevance proportionnelle, moitié est mise à la disposition des préfets pour être employée aux frais de confection des états, tableaux, matrices et rôles, aux décharges et réductions, remises et modérations, ainsi qu'aux frais d'expertise et de vérification des réclamations en dégrèvement; l'autre moitié restera à la disposition particulière du ministre de l'intérieur, et sera destinée principalement à accorder des suppléments de fonds aux départements auxquels le *maximum* des centimes additionnels ne suffirait pas pour faire face aux dépenses précédemment énoncées, et à accorder des remises et modérations extraordinaires aux départements où les exploitations auraient éprouvé des accidents majeurs.

DÉPARTEMENT

D

(MODÈLE Nº 1er.)

REDEVANCE FIXE SUR LES MINES.

TABLEAU *des Mines concédées dans le département d'*   *pour l'année mil huit cent*

NOM et désignation de la mine concédée, et numéros.	SITUATION.			NOMS, prénoms, qualités, professions, et demeures des concessionnaires ou usufruitiers.	Désignation du titre de concession.	ÉTENDUE de la concession, exprimée en kilomètres carrés et en fractions de kilomètre carré jusqu'à deux décimales.	SOMMES à imposer.	OBSERVATIONS et MUTATIONS.
	Arrondissement.	Canton.	Communes (en commençant par celle où sont situés les bâtimens servant à l'exploitation).					
No 1er. Mine de plomb de Canisy.	Pradelles.	Monestier.	Castelnau et Langogne.	*Charles Durand, Philip. Henrion, et Marie Duval,* de Saint-Flour.	Arrêt du conseil du 1er sept. 1771.	kil. 45 hect. 95	fr. c. 459 50	Le titre de concession n'ayant point été fourni, la contenance superficielle a été provisoirement et approximativement évaluée par le préfet pour la présente année.
No 2. Mine de houille de Linange.	*Idem.*	Obières.	Linange.	*Charles de Rochesauve.*	...	48 92	489 20	
No 3. Mine de cuivre de Saint-Cernin.	*Idem.*	Sugnis et Saugues.	Saint-Cernin, Aliance et Alban.	*Victoire de Lamotte.*	Arrêt du conseil du 20 mai 1787.	18 52	185 20	La surface de la concession n'étant point exprimée dans le titre, elle a été provisoirement et approximativement évaluée par le préfet pour cette année.
TOTAUX.								

FAIT et arrêté le présent tableau, conformément au décret impérial du   et portant la contenance superficielle totale des concessions des mines dans le département d   kilomètres carrés et   hectares, et le montant de la somme à imposer à   francs   centimes.

Pour être, le présent tableau, transmis au directeur des contributions directes et lui servir de matrice pour la confection du rôle de la redevance fixe sur les mines concédées pendant l'année mil huit cent

Fait à   ce   mil huit cent

Par le Préfet :
Le Secrétaire de préfecture.

Le Préfet du département.

DÉPARTEMENT

D

RÉDEVANCE FIXE SUR LES MINES.

(Modèle Nº II.)

TABLEAU des Mines exploitées sans concession dans le départem. d · · · · · · · · pour l'année 18 ·

NOM et désignation de la mine exploitée sans concession, et numéros.	SITUATION.			NOMS, prénoms, professions et demeures des particuliers exploitant sans concession.	DATE de la demande en concession.	ÉTENDUE provisoire assignée ou attribuée à l'exploitation exprimée en kilomètres carrés et fractions de kilomètre carré jusqu'à deux décimales.		SOMMES à imposer.		OBSERVATIONS et MUTATIONS.
	Arrondissement.	Canton.	Communes (en commençant par celle où sont situés les bâtiments servant à l'exploitation).			kil.	hect.	fr.	c.	
Nº 1er. Mine de houille de Saint-Flour.	Suze.	Suze.	Ste-Marguerite.	Théodore et Jean Marchand, frères.	11 décembre 1810.	15	50	155	00	
Nº 2. Mine de cuivre de Saint-Marcel, etc.	Aost.	Saint-Marcel.	Saint-Marcel.	Alex. Melzi.	Il n'y a aucune demande formée.	118	52	1,185	20	L'exploitant n'ayant présenté aucune demande en concession, ou a attribué à son exploitation le maximum de surface.
TOTAUX.										

Fait et arrêté le présent tableau, conformément au décret impérial du · · · · · et portant la contenance totale des surfaces de terrain assignées et attribuées provisoirement aux exploitations des mines non concédées dans le département d · · · · à · · · · hectares, et le montant de la somme à imposer, à · · · · francs · · · · centimes.

Pour être, le présent tableau, transmis au directeur des contributions directes, et lui servir de matrice pour la confection du rôle de la redevance fixe sur les mines exploitées sans concession pendant l'an mil huit · · · ·

A · · · · · · · · · · · · ce · · · · · · · · · · an mil huit cent · · · · · · · · · · · · · · ·

Par le Préfet :

Le Secrétaire de préfecture,

Le Préfet du département,

(Modèle, N° III).

DÉPARTEMENT

REDEVANCE FIXE SUR LES MINES, AN

Rôle des sommes qui doivent être payées en l'an mil huit cent   par les Concessionnaires,
Possesseurs ou Usufruitiers, et Exploitants non concessionnaires des Mines du département d

Redevance fixe en principal. . . . .
Centimes pour fonds de non-valeur. . . . . . .
Centimes pour frais de perception. . . . . . .

Total de la somme à percevoir à titre de redevance fixe sur les mines du département d

ÉMARGEMENTS.	NOMS, PRÉNOMS, QUALITÉS, PROFESSIONS ET DEMEURES Des concessionnaires, possesseurs ou usufruitiers, et exploitants sans concession. Désignation des mines, de l'étendue des concessions, de celle des terrains assignés et attribués provisoirement aux exploitants sans concessions, et des communes où la perception doit être effectuée.	MONTANT des cotes en principal centimes additionnels et centimes pour frais de perception.
	ARRONDISSEMENT d ART. 1er. Commune d Le sieur concessionnaire de la mine de pour une étendue superficielle de kilomètres carrés et demeurant à payera la somme de savoir: En principal. . . . . hectares, Pour centimes additionnels. . . . . . . Centimes pour frais de perception. . . . . ART. 2. Commune de Le sieur exploitant non concessionnaire de la mine d demeurant à pour une étendue superficielle, provisoire, d kilomètres carrés et hectares, payera la somme de savoir, etc., etc.	

RÉCAPITULATION DU ROLE.

NUMÉROS DES PAGES.	MONTANT DES TAXES.	NUMÉROS DES PAGES.	MONTANT DES TAXES.
		Ci-contre.	
A reporter.			
Total général.			

Vu le présent rôle de la redevance fixe sur les mines du département d   pour l'an mil huit cent   après avoir procédé à sa vérification, en avons arrêté le montant à la somme de   laquelle se compose de   montant du principal de la redevance fixe, tel qu'il a été établi par nos tableaux des mines concédées ou exploitées sans concession, dressés le   de la somme de   montant des dix centimes pour fonds de non valeur autorisés par la loi du 21 avril 1810, et plus de celle de   montant des centimes alloués pour frais de perception.

Pour le recouvrement dudit rôle être fait et le montant versé en totalité par les percepteurs, entre les mains des receveurs particuliers d'arrondissement dans les délais prescrits, à l'exception de la somme de   pour frais de perception, qui sera retenue par les percepteurs.

Enjoignons à tous les concessionnaires, possesseurs ou usufruitiers, et exploitants sans concession, leurs représentants ou ayants-cause, à quelque titre que ce soit, d'acquitter les sommes y contenues entre les mains des percepteurs, dans les délais prescrits, sous peine d'y être contraints.

Fait et arrêté à   mil huit cent

          Par le Préfet :

      Le Secrétaire général,   Le Préfet du département,

(Modèle N° IV).

REDEVANCE PROPORTIONNELLE SUR LES MINES.

MINES CONCÉDÉES DU DÉPARTEMENT D

ÉTAT d'exploitation de la Mine d   commune d
arrondissement d

DÉPARTEMENT D

ARRONDISSEMENT D

COMMUNE D

NOM et nature de la mine, et numéros.	COMMUNES (en commençant par celle où les bâtiments, usines et maisons de direction sont situés).	NOMS, professions et demeures des cessionnaires ou usufruitiers.	DÉSIGNATION des ouvrages entretenus et exploités, tels que puits, galeries et autres excavations régulières et irrégulières, et machines.				NOMBRE et terme moyen. Ouvriers.	DÉSIGNATION des bâtiments et usines.		ÉVALUATION du produit net imposable.	MUTATIONS.
			Nombre et espèces.	Dimensions		Machines.		Nombre et nature.	Contenance superficielle.		
				Mètres courants.	Mètres cubes.				Arpents métriques.	Francs.	
No 1er. Mine de houille d'Argenterie.	Sainte-Foi et Mirande.	Alexandre Laforce et compagnie, demeurant à Paris.	2 puits. 1 bure, 2 cheminées, 16 galeries	150 20 36 500	600 40 50 1,310	Une machine à feu et une à molettes.		Maison de la direction à un étage, renfermant 3 magasins ou ateliers.	0 75	60,000	
				500	2,000						

Fait et arrêté par nous, ingénieur des mines, maires et adjoints, et répartiteurs d   commune de
de l'an mil huit cent

À
L'ingénieur des mines,   ce
Les Maires, Adjoints et Répartiteurs,

DÉPARTEMENT
D.

REDEVANCE PROPORTIONNELLE SUR LES MINES. (MODÈLE Nº V).

MINES CONCÉDÉES.

MATRICE de rôle pour la redevance proportionnelle sur les Mines exploitées en vertu de concession dans le département d

NOMS et PRÉNOMS, SURNOMS, professions et demeures des concessionnaires ou usufruitiers et articles de la matrice.	NUMÉROS.	NOMS et NATURE.	COMMUNES.	REVENU net.	FIXATION du revenu net imposable.	MUTATIONS.
ART. 1er. Le sieur Charles *Daveau*, négociant, demeurant à Nantes.	10	Mine de houille de l'Albucque.	Flesset, Rosières et Saint-Guéry, arrondissement (voisin) d	50,000 fr.	40,000 fr.	
ART. 2. La compagnie *Roussel, Etienne et Dallemagne*, ayant son domicile à Paris.	32	Mines de plomb de Dourgne.	Aubin, Fontaine, Allance et Digne, département (voisin) d	12,500	14,500	
	15	Mines de fer d'Azérac.	Brassac............	4,000		
			Total............	66,500 fr.	54,500 fr.	

FAIT et arrêté par nous, membres du comité d'évaluation, pour le revenu net imposable total des mines exploitées en vertu de concession dans le département d à la somme de
ce   de l'an mil huit cent

A
L'ingénieur des mines,

Les membres du comité d'évaluation,

REDEVANCE PROPORTIONNELLE SUR LES MINES. (MODÈLE N° VI).

MINES NON CONCÉDÉES DU DÉPARTEMENT D

DÉPARTEMENT D

ARRONDISSEMENT D

COMMUNE D

*ÉTAT d'exploitation de la Mine d   commune d
arrondissement d*

NOM et nature de la mine, et numéros.	COMMUNES (en commançant par celle où les bâtiments, usines et la maison de direction sont situés).	NOMS, professions et demeures des exploitants concessionnaires.	DÉSIGNATION des ouvrages entretenus et exploités tels que puits, galeries et autres excavations régulières et irrégulières, et machines.				DÉSIGNATION des bâtiments et usines.		MUTATIONS.
			Nombre et espèces.	Longueur totale.	Cubage total.	Machines.	Nombre et nature.	Contenance superficielle.	ÉVALUATION du produit net imposable.
				Mètres courants.	Mètres cubes.			Arpents métriques.	Francs.
N° 2. Mine de plomb et argent de Latour.	Palombes et Néronde et Sugny, arrondissement (voisin) d	Veuve Saint-Hyacinthe, demeurant à Lyon.	3 puits... 4 galeries. 15 excavations irrégulières..	121 240 »	450 500 400 — 1,350	Deux machines à molettes.	Maison de la direction à deux étages et usines renfermant deux bocards, une laverie, dix cases de grillage, deux fourneaux de réverbère, un fourneau de coupelle, trois maga-sins et trois ateliers.	1 50	80,000 fr.

FAIT et arrêté par nous, ingénieur des mines, maires et adjoints et répartiteurs d
co   de l'an mil huit cent   commune d

L'ingénieur des mines.

Les maires, adjoints et répartiteurs.

DÉPARTEMENT (Modèle n° VII).

D

REDEVANCE PROPORTIONNELLE SUR LES MINES.

MINES NON CONCÉDÉES.

Matrice de rôle pour la redevance proportionnelle sur les Mines exploitées sans concession dans le département d

NOMS ET PRÉNOMS, surnoms, professions et demeures des exploitants non concessionnaires, et articles de la matrice.	NUMÉROS.	NOMS ET NATURE.	COMMUNE.	REVENU net.	TOTAL du revenu net imposable.	MUTATIONS.
ART. 1er. Veuve *Saint-Hyacinthe*, demeurant à Lyon.	1er.	Mine de plomb et argent de Latour.	Palombes et Néronde et Sugny, arrondissement (voisin) de	80,000 fr.	60,000 fr.	
ART. 2. La compagnie *Saint-Cernin* et *Banzely*, ayant son domicile à Bordeaux.	12.	Mine d'alun de Saint-Georges.	Najac et Laval et Bleymard, département (voisin) d	50,000	51,000	
			Total.........	130,000 fr.	111,000 fr.	

Fait et arrêté par nous, membres du comité d'évaluation, pour le revenu net imposable total des mines exploitées sans concession dans le département de de l'an mil huit cent

A ce

L'Ingénieur des mines,

Les membres du comité d'évaluation,

DÉPARTEMENT

D

(Modèle N° VIII.)

REDEVANCE PROPORTIONNELLE SUR LES MINES, AN

Rôle des sommes qui doivent être payées en l'an   par les Concessionnaires exploitants, Possesseurs ou Usufruitiers et exploitants non Concessionnaires des Mines du départ. d

Redevance en principal . . {
Abonnement. . . . .
Sommes à imposer d'office. . . . .
Sur les mines non abonnées. . . . .

Centimes pour fonds de non-valeur. . . . .
Centimes pour frais de perception. . . . .

TOTAL de la somme à percevoir sur les mines exploitées du départ. d   pour l'an mil huit cent

NOMS, PRÉNOMS, PROFESSIONS ET DEMEURES Des Concessionnaires, Possesseurs ou Usufruitiers exploitants non Concessionnaires. DÉSIGNATION DES MINES EXPLOITÉES, et noms des communes où la perception doit être effectuée.	MONTANT des côtes en principal, centimes additionnels et centimes pour frais de perception.
ARRONDISSEMENT D ART. 1er. Commune d concessionnaire de la mine d Le sieur demeurant à savoir : un revenu de payera la somme totale de En principal. . . . . Pour centimes additionnels. . . . . . . Centimes pour frais de perception. . . . ART. 2. Commune d exploitant non concessionnaire de la mine Le sieur demeurant à savoir : payera, par abonnement, la somme totale de Pour le montant de son abonnement. . . . . . Pour centimes additionnels. . . . . Centimes pour frais. de perception.	pour

ÉMARGEMENTS.

(Suite du Modèle N° VIII).

RÉCAPITULATION DU RÔLE.

NUMÉROS DES PAGES.	MONTANT DES TAXES.	NUMÉROS DES PAGES.	MONTANT DES TAXES.
		Ci-contre.........	
A reporter.......			
Total général.......			

Vu le rôle de la redevance proportionnelle sur les mines exploitées du département d   pour l'an   après avoir procédé à sa vérification, en avons arrêté et arrêtons le montant en principal à la somme de   égale à celle fixée par notre mandement du   montant de la portion du principal qui laquelle se compose de la somme de   montant des abonnements, et de celle de   a dû être imposée d'office sur les contribuables non abonnés; plus du montant des dix centimes additionnels autorisés par la loi du 21 avril 1810, et de celui des   centimes alloués pour frais de perception par   pour le recouvrement dudit rôle être fait, et le montant versé en totalité par les percepteurs entre les mains des receveurs particuliers d'arrondissement, dans les délais prescrits, à l'exception de la somme de   pour frais de perception, qui sera retenue par les percepteurs.

Enjoignons à tous les concessionnaires, possesseurs, usufruitiers et exploitants non concessionnaires, leurs représentants ou ayants-cause à quelque titre que ce soit, d'acquitter les sommes y contenues entre les mains des percepteurs, dans les délais prescrits, sous peine d'y être contraints.

Fait et arrêté à   ce   de l'an mil huit cent

Par le Préfet :   *Le Préfet du département,*
Le Secrétaire général,

*Circulaire du directeur général des ponts et chaussées (M. Molé), à
MM. les préfets, annonçant la réunion des desséchements des marais
aux attributions de l'administration des ponts et chaussées.*

Paris, le 5 juin 1811.

MONSIEUR LE PRÉFET, je vous annonce que, par décision du 13 mai
dernier, son excellence le ministre de l'intérieur a ordonné la réunion
des desséchements des marais aux attributions de l'administration générale des ponts et chaussées.

C'est, en conséquence, avec moi que vous aurez désormais à correspondre directement sur cette matière.

Mon intention est d'y donner toute la surveillance et les développements que son importance mérite.

La loi du 16 septembre 1807 a levé les obstacles que l'insuffisance de
l'ancienne législation présentait; elle a assuré aux concessionnaires la
juste portion de bénéfice qu'ils doivent attendre de leurs soins et de
leurs avances; elle a garanti aux propriétaires l'intégrité de leurs titres.

Les principes sont établis; il ne reste plus qu'à donner à l'industrie
une première impulsion, surtout par la protection et les encouragements d'une administration active.

J'ai déjà été à même de remarquer que quelques desséchements ont
langui, parce que les projets n'avaient point été étudiés avec assez de
soin, ou n'avaient pas été soumis à un examen assez approfondi, et
qu'il en est quelquefois résulté une prévention préjudiciable au succès
de ces sortes d'entreprises.

Afin de prévenir cet inconvénient, j'aurai soin que les projets ne
soient définitivement autorisés qu'après avoir été discutés et arrêtés en
conseil général des ponts et chaussées, qui, réunissant dans son sein
les ingénieurs les plus éclairés du corps, n'admettra rien que de certain
et de conforme aux règles de l'art.

Depuis près de quatre ans que la nouvelle loi est en exécution, vous
avez été à portée d'acquérir, dans cette partie, une expérience dont je
désirerais profiter. Je recevrai, avec le plus vif empressement, les
observations que vous pourriez avoir à faire sur la marche adoptée,
sur les simplifications, sur les améliorations dont vous la jugeriez susceptible.

J'examinerai, je comparerai les opinions diverses, et j'admettrai tout
ce qui me paraîtra tendre le plus directement au perfectionnement de
cette branche précieuse de l'administration publique.

Je vous invite à m'adresser ces observations, en m'accusant réception de la présente.

Ce n'est point un travail compliqué que je vous prie de m'adresser,
mais des idées générales que votre expérience administrative a pu vous
donner lieu de recueillir, sur une partie qui intéresse trop immédiatement vos administrés, pour que vous n'y ayez pas donné une attention
particulière.

Décret du 6 juin 1811, qui autorise le sieur Juhel Renoy à construire un pont sur la rivière de Leyre.

NAPOLÉON, etc.; sur le rapport de notre ministre de l'intérieur ;

Vu la pétition par laquelle le sieur Juhel Renoy, propriétaire de forges et fonderies dans la commune de Salles, département de la Gironde, demande l'autorisation de construire à ses frais un pont sur la rivière de Leyre, et la concession d'un droit de péage ;

La délibération du conseil municipal de la commune de Salles, en date du 8 octobre 1809 ;

L'avis du préfet en date du 3 mai 1810, et la loi du 14 floréal an x, Notre conseil d'Etat entendu,

Nous avons décrété et décrétons ce qui suit:

Art. 1er. Le sieur Juhel Renoy, propriétaire de forges et fonderies, dans la commune de Salles, département de la Gironde, est autorisé à construire à ses frais, et conformément aux plans et devis dressés par l'ingénieur en chef du département, un pont sur la rivière de Leyre, au lieu appelé le Bournet, et à percevoir à son profit pendant cinquante ans, à compter de la date du présent décret, le droit de péage réglé :

Pour le passage d'une personne chargée ou non chargée, deux centimes et demi.	o fr.	2 c.	1/2
— d'un cheval monté, cinq centimes.	o	5	
— d'un cheval ou mulet en laisse ou d'un âne, deux centimes et demi.	o	2	1/2
— d'une paire de bœufs attelés, quinze centimes. .	o	15	
— d'une charrette attelée d'un ou plusieurs chevaux, quinze centimes.	o	15	
— de chaque bœuf ou vache, deux centimes et demi.	o	2	1/2
— De chaque veau, mouton ou porc, un centime.	o	1	

Art. 2. Le sieur Renoy ou ses ayants-cause sont tenus d'établir de chaque côté du pont, les levées portées au devis; d'indemniser, s'il y a lieu, les propriétaires riverains, et de faire pour l'entretien du pont et desdites levées, les réparations nécessaires et qui seront prescrites par le préfet du département, sur l'avis de l'ingénieur des ponts et chaussées.

A défaut, par le sieur Renoy ou ses ayants-cause de faire lesdites réparations dans le délai déterminé, il sera par nous déclaré déchu de la propriété du pont et du droit de péage, pour être conférés à la commune de Salles, aux mêmes clauses et conditions.

Art. 3. Il ne sera autorisé aucun établissement de pont ou de bac entre le pont à établir et le bac de Salles.

Les habitants et autres voyageurs seront toujours libres de passer avec leurs bestiaux et chevaux la rivière de Leyre, à gué entre ces deux points.

Art. 4. Les contestations relatives à la quotité du droit seront portées devant le maire, les contraventions et délits seront renvoyés aux tribunaux qui doivent en connaître.

Art. 5. La compétence des uns et des autres sera réglée d'après les

principes établis par la loi du 6 frimaire an VII (1), relative à la police
des bacs et bateaux.

Décret du 7 juin 1811, qui ordonne l'exécution du canal de Nantes à Brest.

ART. 1er. Le canal de Nantes à Brest sera entrepris.

2. Les travaux seront dirigés de manière que la première partie qui
doit joindre la Loire à la Vilaine, soit faite dans l'espace de trois ans.

3. La caisse des canaux fera, cette année, l'avance d'une somme de
300,000 francs pour commencer les travaux sur cette partie, et à dater
de 1812, il sera fait un crédit de 1,100,000 fr. par an, de manière qu'à
la fin de 1814, la communication de la Loire à Saint-Malo par la Vilaine soit ouverte, et cette première partie du canal de Bretagne achevée.

Décret du 22 août 1811, relatif à l'administration et à la conservation du canal des Alpines.

ART. 1er. Les concessions d'eau dans le canal des Alpines (département des Bouches-du-Rhône), faites à titre onéreux par les ci-devant
États de Provence, sont maintenues.

2. Les concessions consenties par l'administration centrale et par le
préfet du département des Bouches-du-Rhône, sont maintenues provisoirement; elles seront, sans délai, soumises à notre approbation.

3. Les concessions d'eau seront faites à l'avenir par le préfet, sur
l'avis du directeur des domaines, et soumises à notre approbation.

4. Le prix de toute concession sera stipulé payable comptant, à concurrence du coût des ouvrages que la concession rendra nécessaires, et
le surplus en une rente en blé représentant le vingtième du restant à
acquitter, exempte de toute retenue.

5. Les rentes stipulées conformément à l'article précédent seront exigibles, au choix de l'administration, en denrées ou en argent; et, dans
ce dernier cas, le blé sera évalué d'après les mercuriales du marché de
Salon, dans la forme prescrite par notre décret du 26 avril 1808.

6. Les arrérages des rentes provenant de concessions seront versés
dans la caisse de l'administration des domaines, et spécialement affectés
aux frais d'administration et d'entretien du canal, au recurage annuel,
et aux travaux nécessaires pour la mise annuelle des eaux.

La mise de l'eau dans le canal sera faite annuellement, le plus tard,
le 15 avril.

7. Toute personne, commune ou association, qui prétendra avoir
droit aux eaux du canal, ne pourra en jouir qu'après avoir produit son
titre de concession dans le délai qui sera déterminé par le préfet, et
qu'après avoir justifié du payement du prix de la concession.

8. Le canal des Alpines, ses francs-bords, la coupe des herbages et

---

(1) Voir tome 1er, page 360.

l'émondage des arbres qui en dépendent, seront administrés par le directeur des domaines, dans la même forme que pour les autres domaines impériaux.

9. Il sera établi, pour la garde du canal, un inspecteur, un éclusier et un garde, qui seront nommés par le préfet.

Les traitements de ces agents sont fixés ainsi qu'il suit :

Inspecteur.	1,000 fr.
Eclusier.	600
Garde.	400

Leur service sera réglé par le préfet, sur l'avis du directeur des domaines.

10. Les agents préposés à la garde du canal prêteront serment devant le juge de paix de leur domicile.

Ils constateront toutes les contraventions au règlement, et toutes les entreprises sur le canal ou les eaux : ils affirmeront et déposeront leurs procès-verbaux, dans les vingt-quatre heures, devant le juge de paix du lieu de la contravention, et en remettront en outre une expédition au directeur des domaines, qui poursuivra les réparations et dommages par voie administrative, conformément à la loi du 29 floréal an x, sauf les cas de violences, vols de matériaux, voies de fait, ou réparation de dommages réclamés par des particuliers, dont la connaissance appartient aux tribunaux.

11. Les maires des communes riveraines veilleront, en outre, à la conservation du canal et à l'exécution du présent règlement.

12. Les grosses réparations, les travaux de curage annuel et de la mise des eaux dans le canal, seront adjugés au rabais.

Le directeur des domaines pourra néanmoins faire exécuter, par économie, les réparations dont l'urgence aura été constatée et reconnue par un arrêté du préfet, et qui ne pourraient pas être différées sans danger.

Décret du 4 août 1811, relatif aux travaux des routes et chemins qui traversent les fortifications et les frontières.

Art 1er. A compter du 1er janvier 1812, les travaux d'entretien et de réparation des routes qui traversent les fortifications, lorsqu'ils ne changeront rien au tracé, aux profils et à la nature de la construction, seront exécutés par les ingénieurs des ponts et chaussées, sur les fonds d'entretien des routes, après qu'ils auront concerté les jours et les heures d'exécution avec le commandant d'armes, sous les rapports généraux de la police militaire, et avec le commandant du génie relativement à la conservation et à la police spéciale des fortifications.

2. Les travaux d'entretien et de réparation de routes qui entraîneront quelques changements dans le tracé, les profils ou la nature de la construction, seront exécutés de la même manière, mais après que les projets en auront été concertés conformément à nos décrets du 13 fructidor an xiii et du 20 juin 1810.

3. Les reconstructions simples, ou qui n'exigeraient que de légères modifications, sont assimilées aux réparations de même nature.

4. Les officiers du génie continueront de rédiger et de faire exécuter

les projets des constructions neuves et des reconstructions équivalentes, de toutes les parties de routes qui traversent les fortifications ou qui passent à la queue des glacis, dans les limites tracées pour le terrain domanial militaire par les articles 15, 16, 17, 18, 19, 20 et 21 du titre Iᵉʳ de la loi du 10 juillet 1791.

Hors de ces limites, au dehors ou dans l'intérieur des places de guerre, les ingénieurs des ponts et chaussées rédigeront et feront exécuter les projets de routes, après toutefois qu'ils auront été concertés, discutés et approuvés conformément à nos décrets du 13 fructidor an XIII et du 20 juin 1810.

Seulement ils seront tenus, pour l'exécution des travaux dans le rayon kilométrique et aux abords des portes, d'en régler les jours et les heures avec le commandant d'armes et le commandant du génie, sous les rapports déterminés en l'article 1ᵉʳ.

5. Lorsque les constructions neuves et les reconstructions ou grosses réparations des parties de route interceptées dans les fortifications, seront la suite d'un projet de route nouvelle ou d'un changement dans la direction, les profils et le genre de construction d'une route ancienne, la dépense de ces parties de route, et des changements qu'elles entraîneront dans les profils des ouvrages et dans les ponts militaires, sera comprise dans celle du projet général de la route.

A cet effet, le devis de ces parties de route sera arrêté de concert entre le commandant du génie et l'ingénieur des ponts et chaussées, qui en fera un article du devis ou de l'état estimatif général de la route.

Les travaux seront exécutés sur les fonds approuvés d'après ce devis, sous la direction du commandant du génie, qui en remettra le toisé à l'ingénieur des ponts et chaussées.

6. Si ce sont au contraire les nouveaux ouvrages ou changements faits dans les fortifications, qui obligent de changer ou de modifier les parties de routes qu'ils interceptent, les dépenses de ces routes seront comprises dans le projet, et faites sur les fonds des fortifications.

7. Les dispositions qui précèdent sont applicables aux chemins vicinaux à la charge des communes, qui traversent les fortifications, et aux rues qui aboutissent aux remparts.

8. Les routes qui traversent les frontières continueront d'être exécutées par les ingénieurs des ponts et chaussées; mais elles ne pourront être entreprises qu'après que les projets en auront été concertés et arrêtés aux termes de nos décrets du 13 fructidor an XIII et du 20 juin 1810. Les généraux commandant les divisions militaires et les départements, et les directeurs des fortifications, seront tenus d'avertir sur-le-champ notre ministre de la guerre des travaux de routes nouvelles qui s'ouvriraient sans sa participation.

9. Les procès-verbaux de concert sur les projets de routes seront toujours rédigés en double expédition, l'une pour le ministre de l'intérieur, l'autre pour le ministre de la guerre.

Chaque expédition sera accompagnée d'un calque du plan et des profils en long et en travers, et d'un extrait du devis de construction et d'un état estimatif, dans les points qui peuvent ou doivent être l'objet de la discussion de la commission mixte des travaux publics.

Avis du conseil d'État, du 30 août 1811, approuvé le 3 septembre suivant, relatif à l'alignement des villes ou communes.

Le conseil d'État, qui, en exécution du renvoi ordonné par sa majesté, a entendu le rapport de la section de l'intérieur sur celui du ministre de ce département, présentant un projet de décret tendant à homologuer l'acquisition faite par l'arrêté du 13 février 1809, du préfet du département de la Seine, au nom de la ville de Paris, de deux maisons situées rue de la Huchette, n° 40, qui appartenaient à la demoiselle Lasteyrie du Saillant, et dont partie était destinée à être démolie pour former un quai;

Considérant que, conformément à l'article 52 de la loi du 16 septembre 1807, le conseil de sa majesté ne peut autoriser des acquisitions *pour l'ouverture de nouvelles rues, pour l'élargissement des anciennes ou pour tout autre objet d'utilité publique,* que pour les communes dont les projets de plan auront été *arrêtés en conseil d'État;*

Est d'avis : 1° que le ministre de l'intérieur soit invité, avant de proposer à sa majesté un projet d'acquisition de maisons ou terrains nécessaires à l'embellissement ou à l'utilité soit de la ville de Paris, soit de toute autre ville ou commune de l'empire, à faire précéder cette demande, soit du plan des alignements déjà arrêtés légalement s'il y en a eu, soit d'un projet de plan d'alignement, pour ledit plan être arrêté en conseil d'État, en exécution de l'article 52 de la loi du 16 septembre 1807;

2° Que, pour la ville de Paris spécialement, il est important de mettre de la régularité dans les alignements qui sont quelquefois donnés maison par maison et sans sytème général, et qu'à cet effet le préfet du département de la Seine, dans les attributions duquel est ce travail, doit faire présenter, dans le plus court délai possible, au ministre de l'intérieur, le plan des alignements, et, autant qu'il se pourra, des nivellements pour la ville de Paris, et que, pour faire jouir plus tôt ses habitants des avantages et de la sécurité qui en résulteront, ce plan soit présenté successivement et par quartier, quand la chose est possible, pour, sur le rapport du ministre de l'intérieur, y être statué par sa majesté, aux termes dudit article 52;

3° Que le présent avis soit inséré au Bulletin des lois.

Décret du 16 décembre 1811, contenant règlement sur la construction, la réparation et l'entretien des routes.

Titre Ier. *Classification des routes.*—Art. 1er. Toutes les routes de notre empire sont divisées en routes impériales et routes départementales.

2. Les routes impériales sont de trois classes, conformément aux tableaux I, II et III, joints au présent décret (1).

3. Les routes départementales sont toutes les grandes routes non

(1) Voir les nouveaux tableaux joints à la circulaire du 10 juillet 1824.

7

comprises auxdits tableaux, et connues jusqu'à ce jour sous la dénomination de *routes de troisième classe.*

4. Toutes les fois qu'une route nouvelle sera ouverte, le décret qui
en ordonnera la construction indiquera la classe à laquelle elle appartiendra ; et il sera pourvu aux frais de son exécution et de son entretien
suivant les distinctions établies ci-après.

Titre II. *Des dépenses des routes.* — 5. Les routes impériales de première et seconde classe seront entièrement construites, reconstruites et
entretenues aux frais de notre trésor impérial.

6. Les frais de construction, de reconstruction et d'entretien des
routes impériales de troisième classe seront supportés concurremment
par notre trésor et par les départements qu'elles traverseront.

7. La construction, la reconstruction et l'entretien des routes départementales demeurent à la charge des départements, arrondissements
et communes qui seront reconnus participer plus particulièrement à leur
usage.

Titre III. *De la manière de pourvoir à l'entretien des routes impériales.* — 8. Le fonds ordinaire que fournit annuellement notre trésor
pour les routes sera, pour chaque année, de vingt millions, lesquels
seront répartis ainsi qu'il suit :

1° Pour l'entretien des routes de première classe, huit millions ;

2° Pour l'entretien des routes de deuxième classe, six millions ;

3° Enfin, pour la part à supporter par le trésor dans l'entretien des
routes de troisième classe, six millions.

9. Notre ministre de l'intérieur fera connaître chaque année, aux
conseils généraux de département, la somme pour laquelle chacun
d'eux aura été compris dans la répartition qu'il aura faite des six millions portés au dernier paragraphe de l'article précédent, et celle qui
serait nécessaire dans chaque département pour le complément de l'entretien de ses routes de troisième classe, afin que les conseils généraux
puissent voter tout ou partie dudit complément, aux termes de l'article 6 du présent décret.

10. Les routes de première et de deuxième classe n'étant pas encore
toutes parvenues à l'état d'entretien, la portion des sommes indiquées à
l'article 8, qui, chaque année, ne sera point employée audit entretien,
sera affectée à la construction des lacunes ou aux réparations extraordinaires des parties dégradées desdites routes.

Titre IV. *Des moyens de pourvoir aux réparations extraordinaires et
à la confection des lacunes ou parties de routes impériales à ouvrir ou
à terminer.* — 11. Indépendamment des routes pour la construction
desquelles il est accordé des fonds spéciaux, les constructions et reconstructions de routes impériales seront faites au moyen d'une somme
annuelle de cinq millions, fournie sur les fonds du trésor, additionnellement aux sommes qui seront affectées à ces constructions et reconstructions, conformément à l'article 10 du présent décret.

12. Ces fonds seront appliqués de préférence à nos routes impériales
de première classe, et ensuite à celles de seconde, jusqu'à ce qu'elles
soient toutes portées à l'état de simple entretien.

Titre V. *Des routes départementales.* — Section Ire. *Dispositions pour
la formation d'un état général des routes départementales.* — 13. Dans
leur session de 1812, les conseils généraux indiqueront :

1° Celles des routes départementales désignés en l'article 3 qu'ils jugeraient devoir être supprimées ou rangées dans la classe des chemins vicinaux, ou ceux des chemins vicinaux qu'ils jugeraient devoir être élevés au rang de routes départementales ;

2° Celles des routes départementales qu'il serait le plus pressant de réparer ;

3° La situation des travaux qui sont ordonnés et continueront à être exécutés dans leurs départements, sur les routes départementales, en vertu des lois précédentes, en y joignant le tableau des impositions extraordinaires créées par lesdites lois, et de la portion pour laquelle la loi a spécifié que notre trésor impérial concourrait auxdits travaux ;

4° Leurs vues sur la plantation de leurs routes départementales, dans la forme du rapport ordonné au titre VIII, section II, art. 91 du présent, pour nos routes impériales.

14. Le travail des conseils généraux, prescrit par l'article précédent, sera revêtu de l'avis du préfet et des observations de l'ingénieur, et transmis à notre ministre de l'intérieur par l'intermédiaire de notre directeur général des ponts et chaussées.

15. Au 1er septembre prochain, notre directeur général remettra à notre ministre de l'intérieur un rapport tendant à nous faire connaître l'état au vrai des routes départementales, en distinguant :

1° Celles qui n'ont besoin que d'un simple entretien pour être viables en toute saison ;

2° Celles qui exigeraient des réparations extraordinaires ;

3° Les lacunes qu'elles présentent ;

4° L'estimation par aperçu des dépenses nécessaires pour les mettre toutes à l'état de simple entretien.

SECTION II. *De la répartition des dépenses.* — 16. Il sera statué sur la construction, la reconstruction, la plantation et l'entretien des routes départementales, par des règlements d'administration publique rendus pour chacune desdites routes.

17. Ces décrets prononceront :

1° Sur l'époque à laquelle la route devra être achevée, plantée, s'il y a lieu, comme il sera dit ci-après, titre VIII, et mise à l'état de simple entretien ;

2° Sur la somme nécessaire à cet effet ;

3° Sur celle qu'exigera l'entretien annuel ;

4° Sur la part contributive dans lesdites sommes, à supporter par les départements, arrondissements et communes intéressés à l'existence de la route ;

5° Sur les offres faites par des propriétaires, ou des associations de propriétaires, ou des communes, pour contribuer à la construction, à la reconstruction ou à l'entretien de cette route.

18. Toute demande pour l'ouverture, la reconstruction ou l'entretien des routes départementales, formée par des arrondissements, des communes, des particuliers ou des associations de particuliers, sera présentée à la plus prochaine session du conseil général du département, lequel délibérera :

1° Sur l'utilité des travaux demandés ;

2° Sur la part que devront supporter respectivement, dans les dépenses, les départements, les arrondissements ou les communes, et proportion de leur intérêt dans les travaux proposés;

5° Sur les offres faites par des particuliers ou associations de particuliers ou communes, et sur les conditions auxquelles ces offres seraient faites.

19. La délibération du conseil général sera communiquée aux conseils d'arrondissement, aux conseils municipaux, aux particuliers ou associations de particuliers, dont il est parlé au paragraphe V de l'article 17, lesquels seront tenus de fournir leurs observations dans un délai qui leur sera fixé par le préfet.

20. Lorsqu'une proposition pour l'ouverture, la reconstruction ou l'entretien d'une route départementale intéressera plusieurs départements, notre ministre de l'intérieur fera communiquer cette proposition aux conseils généraux de tous les départements intéressés; et il sera procédé dans chacun desdits départements, ainsi qu'il est dit aux articles 18 et 19 ci-dessus.

21. Les délibérations définitives des conseils généraux seront, avec l'avis du préfet et les observations de l'ingénieur en chef du département, adressées, par l'intermédiaire de notre directeur général des ponts et chaussées, à notre ministre de l'intérieur, d'après le rapport duquel il sera statué par nous suivant qu'il appartiendra.

22. Dans le cas où le conseil général d'un département n'aurait reçu aucune demande pour l'établissement, la réparation ou l'entretien de ses routes départementales, et jugerait cependant nécessaire qu'il fût rendu des décrets pour assurer l'existence de tout ou partie de ces routes, il pourra prendre une délibération dans la forme indiquée à l'article 18, sur laquelle sera faite l'instruction préalable prescrite par l'article 19, pour être ensuite statué par nous, ainsi qu'il appartiendra.

23. La réunion des conseils généraux et d'arrondissement, pour délibérer sur les objets spécifiés aux sections présente et suivante, sera spécialement autorisée par notre ministre de l'intérieur : la durée et l'objet de chacune de ces sessions extraordinaires seront déterminés par l'arrêté de convocation du ministre, et il ne pourra y être traité d'aucun autre objet.

SECTION III. *De l'exécution et de la surveillance des travaux.*

24. Les travaux de construction, de reconstruction et d'entretien des routes départementales seront projetés, les devis seront faits, discutés et approuvés dans les formes et les règles suivies pour les routes impériales; et les travaux seront exécutés par les ingénieurs des ponts et chaussées.

25. Il sera exercé une surveillance spéciale sur les travaux des routes départementales, dans l'intérêt des départements, arrondissements, communes, particuliers et associations de particuliers qui auraient contribué à fournir les fonds nécessaires : à cet effet, le préfet nommera parmi les membres des conseils de département, arrondissement et communes, et parmi les particuliers et associations de particuliers, une commission, dont il désignera le président et secrétaire, à laquelle il sera donné communication préalable du cahier des charges, et qui assistera aux adjudications ainsi qu'à la réception des matériaux et des travaux, et donnera ses observations sur le tout.

26. Les fonds provenant des contributions extraordinaires, cotisa-

tions ou dotations de capitaux ou de rentes, établies ou acceptées par suite de nos décrets sur les routes départementales, seront déposés dans la caisse du receveur général du département, pour être employés, comme fonds spécial, sur les mandats du préfet et d'après les ordonnances de notre ministre de l'intérieur.

27. Le compte de l'emploi de ces fonds sera présenté chaque année à la commission formée en vertu de l'article 25. Elle donnera son avis sur ledit compte, lequel sera soumis, pour la partie qui le concernera, à chaque conseil général intéressé, qui le vérifiera et y joindra ses observations : le tout sera transmis par le préfet à notre directeur général des ponts et chaussées, et soumis à toutes les formes établies pour la comptabilité des travaux.

TITRE VI. *Du mode d'entretien des routes.* — SECTION Iʳᵉ. *Des adjudications.* — § Iᵉʳ. *Règles générales des adjudications.* — 28. A l'avenir, et à mesure de l'expiration des baux d'entretien des routes actuellement existants, ou en cas de résiliation desdits baux, l'entretien des routes pavées et non pavées sera divisé en deux parties, qui seront adjugées séparément, savoir : 1° la fourniture des matériaux, qui sera donnée à l'entreprise ; 2° leur emploi et les autres travaux de l'entretien, qui seront adjugés à des cantonniers.

Il ne pourra être dérogé au mode d'entretien établi par le présent article qu'en vertu d'un règlement d'administration publique, fixant le mode qui y sera substitué, et rendu, pour chaque localité où l'exception serait reconnue nécessaire, sur la proposition de notre directeur général des ponts et chaussées et le rapport de notre ministre de l'intérieur.

29. Aucun individu, s'il n'est maître de poste, ne peut réunir l'adjudication de la fourniture des matériaux et l'adjudication d'aucuns travaux d'entretien.

30. Ces deux espèces d'adjudications seront faites dans les formes usitées jusqu'à ce jour, sur soumissions cachetées et d'après un cahier de charges arrêté par notre directeur général des ponts et chaussées. Le cahier de charges des baux d'entretien énoncera toutes les obligations prescrites aux cantonniers par le présent décret, indépendamment des clauses locales motivées par la nature des matériaux et du terrain.

31. Les baux d'adjudication de la fourniture des pavés et autres matériaux continueront d'être soumis à l'approbation de notre directeur général des ponts et chaussées. Les baux d'adjudication de l'emploi des matériaux et autres travaux de l'entretien des routes seront aussi transmis à notre directeur général des ponts et chaussées, pour être par lui approuvés ; néanmoins ils recevront immédiatement leur exécution provisoire.

32. Dans les baux des adjudications de l'entretien des routes, ne sera pas comprise la portion des ouvrages de terrasses applicables aux réparations, curement et entretien des fossés des routes, laquelle portion sera exécutée ainsi qu'il est dit au titre VIII, section III, art. 109 du présent.

§ II. *Des adjudications des matériaux.* — 33. Les baux pour la fourniture des pavés seront de six ans au moins : ceux pour l'extraction, le transport et le cassage des matériaux destinés à la réparation des routes non pavées, ne pourront être moindres d'une année, ni excéder trois années.

34. Ces baux stipuleront une amende payable au profit de l'Etat, du tiers de la valeur des pavés ou autres matériaux qui auraient dû être approvisionnés, et qui ne seraient point déposés, à l'époque fixée, sur la route ; et ce, indépendamment du remplacement, aux frais de l'entrepreneur, de tous les matériaux non fournis.

35. Avant de délivrer aucun mandat de payement aux adjudicataires des matériaux, le préfet pourra faire vérifier, par tous les moyens qu'il jugera convenables, la réalité des quantités de matériaux annoncées comme fournies, d'après le certificat délivré à l'entrepreneur par l'ingénieur en chef.

§ III. *Des adjudications de l'emploi des matériaux et autres travaux d'entretien.* — 36. Les adjudications à des cantonniers, de l'emploi des matériaux et autres travaux de l'entretien des routes, seront faites pour le terme de trois années.

37. Pour l'exécution de l'article 28, il sera fait, par département, une division des routes de notre empire, tant impériales que départementales, en cantons, dont l'étendue pourra être inégale, et sera réglée par la nature du sol et la facilité ou la difficulté des travaux.

38. Les limites des cantons de route seront, autant qu'il sera possible, adaptées à celles des relais des postes aux chevaux de notre empire : chaque relais de poste pourra comprendre toutefois plusieurs cantons de route, suivant la nature du sol et les convenances du travail.

39. Le tableau des cantons de route de chaque département, dressé par l'ingénieur en chef, et revêtu des observations des sous-préfets et des préfets, sera, sur le rapport de notre directeur général des ponts et chaussées, arrêté définitivement par notre ministre de l'intérieur, avant le 1er septembre 1812.

40. Tout individu habitant dans une commune dont le territoire est traversé par un canton de route, ou en est limitrophe, pourra présenter sa soumission pour le travail de l'entretien dudit canton de route.

Aucun individu, s'il n'est maître de poste, ne peut soumissionner plus d'un canton de route. Un maître de poste peut soumissionner plusieurs cantons de route, pourvu qu'ils soient desservis par son relais.

41. Tout maître de poste qui, aux termes de l'article précédent, présentera sa soumission pour se rendre adjudicataire de l'entretien du canton ou des cantons de route compris dans l'étendue de ses relais, pourra, par exception spéciale aux dispositions de l'article 29, réunir la qualité d'adjudicataire de la fourniture des matériaux et celle de cantonnier.

42. Tout maître de poste cessant, par quelque cause que ce soit, son service de maître de poste, cessera, par le fait, d'être adjudicataire de l'entretien des routes ou de la fourniture des matériaux, à commencer du mois qui suivra son remplacement, s'il n'est admis, sur sa demande, à continuer son entreprise pendant le reste de la durée de son bail.

43. Tout défaut d'accomplissement dûment constaté, de la part du cantonnier, de l'une des obligations qui lui auront été imposées par le cahier des charges, entraînera la résiliation de son bail. Les baux réserveront en outre à l'administration la faculté de faire exécuter,

aux frais du cantonnier, les réparations qu'il aurait négligé de faire.

44. Les adjudications des cantons de route seront faites par les sous-préfets, sur le vu des soumissions définitives, en présence de l'ingénieur ordinaire de l'arrondissement et de l'ingénieur en chef, si celui-ci juge à propos de s'y trouver.

Le sous-préfet prononcera l'adjudication, après avoir pris l'avis des ingénieurs, et entendu, s'il est besoin, les soumissionnaires.

Les procès-verbaux seront envoyés au préfet, qui les transmettra, avec son avis et ses observations, à notre directeur général des ponts et chaussées.

45. La résiliation sera prononcée par le préfet et approuvée par notre ministre de l'intérieur, sur l'avis de notre directeur général des ponts et chaussées.

46. Toutes plaintes ou réclamations contre les adjudications ou résiliations des baux de l'entretien des cantons de route, seront adressées à notre directeur général des ponts et chaussées, pour y être prononcé sur son rapport par notre ministre de l'intérieur.

SECTION II. *Des cantonniers.* — 47. Les cantonniers exécuteront leurs travaux sous la direction des ingénieurs et conducteurs des ponts et chaussées; ils seront chargés:

Pour les chaussées pavées, 1° de relever et de remplacer chaque pavé enfoncé ou cassé; 2° de maintenir et reposer les pierres ou pavés de bordure; 3° de déblayer les boues amoncelées dans les flaques et bas-fonds; 4° de combler les ornières qui peuvent se faire entre les chaussées et les accotements; 5° d'entretenir les accotements unis et praticables en toutes saisons;

Pour les chaussées d'empierrement, 1° d'employer les matériaux approvisionnés sur les routes; 2° de donner l'écoulement aux eaux pluviales ou autres; 3° de combler les ornières à mesure qu'elles se forment; 4° de rabattre les bourrelets des chaussées, régaler toutes les aspérités qu'elles présentent, et recouvrir en gravier ou pierrailles les flaques, creux ou sentiers qui s'y formeraient; 5° d'entretenir les accotements de manière qu'ils soient unis et praticables en toutes saisons; 6° de conserver les alignements et la forme des tas d'approvisionnements, de telle manière que la vérification des ingénieurs puisse toujours en être sûre et facile.

48. Tout cantonnier sera tenu d'exécuter, jour par jour, les réparations, et d'employer à cet effet le nombre d'ouvriers nécessaire. Lorsque l'adjudicataire sera un maître de poste, il sera tenu d'indiquer et de faire admettre un maître ouvrier pour recevoir et faire exécuter tous les ordres des ingénieurs et conducteurs de ponts et chaussées.

Il n'en restera pas moins personnellement obligé pour l'exécution de toutes les clauses de son bail.

49. Les cantonniers feront connaître chaque jour au conducteur des ponts et chaussées et au maire de leur commune, les abus et délits qui seraient commis dans l'étendue de leurs cantons, tels que fraude dans l'approvisionnement des matériaux, dégradations commises sur la route, ou tout autre délit de grande voirie quelconque.

50. Les maires seront tenus de dresser sur-le-champ un rapport des plaintes dont il est fait mention au précédent article, et d'adresser sans retard ledit rapport au sous-préfet, qui fera à l'instant vérifier les faits

par l'ingénieur de l'arrondissement. Si les plaintes désignent nominativement quelque individu comme auteur de la contravention, le maire en dressera procès-verbal, ou veillera à ce qu'il soit dressé par le commissaire de police, ou par l'adjoint qui en remplit les fonctions.

51. Les cantonniers seront toujours présents ou appelés à la réception qui sera faite par les ingénieurs, des pavés ou matériaux approvisionnés par les adjudicataires; ils devront présenter, lors de cette réception, leurs observations aux ingénieurs sur la nature de ces matériaux.

52. Lorsque la fourniture des matériaux et l'exécution des travaux se trouveront réunies dans l'adjudication consentie à un maître de poste, les maires assisteront à la réception des matériaux, et feront, sur leur nature, les observations que l'article précédent autorise les cantonniers à présenter.

53. Les maires ou cantonniers qui auront fait des observations sur la fourniture des matériaux, pourront les transmettre, s'ils le jugent convenable, et dans les vingt-quatre heures, au sous-préfet.

54. Tout cantonnier qui, aux époques et dans les formes indiquées dans les articles 51 et 53 ci-dessus, n'aurait pas présenté ses observations sur la nature des matériaux qui lui seraient fournis, ne sera plus admis à se prévaloir de la mauvaise qualité des matériaux, pour excuser le mauvais état de son canton de route.

55. Les cantonniers prêteront aide et assistance aux voituriers et voyageurs, et ils donneront avis aux maires et à la gendarmerie de tout ce qui pourrait intéresser la sûreté et la tranquillité publiques.

Les maires seront tenus de faire au sous-préfet de l'arrondissement le rapport des déclarations du cantonnier : la gendarmerie en devra dresser procès-verbal sur-le-champ, et sans déplacer, en la présence du cantonnier déclarant.

56. Le travail de l'entretien des routes sera payé aux cantonniers chaque mois, au chef-lieu de l'arrondissement, à raison du douzième du prix d'une année de bail, sauf la retenue d'un douzième, qui aura lieu sur chaque payement pour la garantie de la bonne exécution des travaux subséquents; et il sera fait compte de cette retenue lors de l'expiration du bail.

TITRE VII. *De la surveillance de l'entretien des routes* — SECTION Ire. *De la surveillance de l'administration.* — 57. Les préfets, sous-préfets et maires sont chargés d'exercer une surveillance spéciale sur le bon état des routes de leurs départements, arrondissements et communes.

§ Ier. *De la surveillance des maires.* — 58. La surveillance des maires sur l'état des routes de leur commune et sur le service des cantonniers qui y seront placés s'exercera par une inspection des travaux qu'ils pourront faire aussi fréquemment qu'ils le trouveront convenable, en se faisant accompagner par les cantonniers toutes les fois qu'ils le jugeront nécessaire.

59. Les maires ne pourront néanmoins interdire ni ordonner aucun travail auxdits cantonniers; mais ils rendront compte au sous-préfet de leur arrondissement, au moins chaque quinzaine, et sur-le-champ, s'il y a urgence, des résultats de leur inspection.

§ II. *De la surveillance des sous-préfets.* — 60. Les sous-préfets feront quatre fois chaque année l'inspection des routes impériales de leur arrondissement; ils devront en outre se transporter sur tous les points de route dont l'état sera l'objet d'une contradiction entre les rapports des maires et ceux des ingénieurs.

61. Dans tous les cas énoncés à l'article ci-dessus, les sous-préfets pourront prescrire aux ingénieurs ordinaires de se rendre sur les parties de route qu'ils leur indiqueront, et se faire en outre assister, dans leurs visites, par les maires et les cantonniers.

62. Après chacune de leurs tournées, les sous-préfets adresseront aux préfets un compte sommaire et exact, canton par canton, de la situation des routes de leur arrondissement.

§ III. *De la surveillance des préfets.* — 63. Les préfets, dans leur tournée annuelle, inspecteront toutes les routes impériales de leur département; ils devront en outre se transporter sur tous les points de route dont l'état sera l'objet d'une contradiction entre les rapports des sous-préfets et ceux des ingénieurs.

64. Les auditeurs sous-préfets de chef-lieu, et les auditeurs attachés aux préfets, pourront être par eux nommés commissaires pour l'inspection ou la visite de la totalité ou de partie des routes du département.

65. Les préfets pourront se faire assister des ingénieurs en chef dans les formes établies et dans les cas prévus pour les sous-préfets et les ingénieurs ordinaires par l'article 61 du présent décret, et se faire en outre accompagner dans leurs visites par les sous-préfets et les ingénieurs ordinaires.

§ IV. *Dispositions générales.* — 66. Dans leurs tournées et dans les visites spéciales qu'ils feront des routes, les préfets et sous-préfets appelleront devant eux les maîtres de poste, et entendront leurs dires sur la conduite journalière et l'état des travaux de l'entretien des cantons de route compris dans leurs relais respectifs; et ces dires seront toujours mentionnés dans les comptes de tournée des sous-préfets.

67. Pour obtenir leurs mandats de payement, les cantonniers enverront chaque mois au préfet, par l'intermédiaire des sous-préfets, indépendamment du certificat de consentement au payement du douzième délivré par les ingénieurs, un certificat des maires et maîtres de poste de leurs cantons de route, constatant le bon état desdites routes.

68. Lors même qu'un cantonnier sera porteur des certificats mentionnés au précédent article, le préfet, s'il a reçu quelque plainte ou acquis des notions sur le mauvais état de son canton de route, pourra en faire ou en ordonner la visite, et suspendre, jusqu'au résultat de ladite visite, la délivrance du mandat de payement.

69. Le préfet pourra également ordonner une vérification extraordinaire du canton de route d'un cantonnier qui le réclamerait et qui aurait éprouvé le refus de l'un des certificats mentionnés à l'article 67.

Section II. *Du service des ingénieurs.* — 70. Les ingénieurs en chef et ordinaires sont spécialement chargés de diriger par eux-mêmes, et par les conducteurs sous leurs ordres, l'exécution de l'emploi des matériaux et autres travaux de l'entretien des routes par les cantonniers.

71. Ils se tiendront continuellement assurés que les cantonniers remplissent leurs obligations, et particulièrement celles prescrites par l'article 48, d'exécuter jour par jour les réparations dans leur canton de route.

72. Dans tous les cas où des réparations n'auraient pas été faites par des cantonniers, les ingénieurs ordinaires, sur le rapport des conducteurs, demanderont l'autorisation de faire exécuter ces réparations aux frais des cantonniers : il sera statué sur cette demande dans les vingt-quatre heures par les sous-préfets, qui rendront compte de leurs décisions aux préfets.

73. Lorsqu'il y aura lieu à provoquer la résiliation du bail d'un cantonnier, l'ingénieur en chef en fera la demande au préfet, par un rapport détaillé, auquel seront joints toutes les pièces et documents nécessaires pour que ladite résiliation soit prononcée conformément aux articles 43 et 45 du présent décret.

74. A l'avenir, les ingénieurs en chef des ponts et chaussées ne seront tenus qu'à une seule tournée générale par année de toutes les routes du département auquel ils seront attachés.

75. Ils seront, de plus, tenus de se transporter, à la demande du préfet, seuls ou avec lui, sur tous les points des routes où il aura jugé leur présence nécessaire.

76. Des ingénieurs ordinaires feront quatre fois par année la tournée des routes de leur arrondissement.

77. Ils devront aussi se transporter, à la demande du sous-préfet, seuls ou avec lui, sur tous les points des routes où il aura jugé leur présence nécessaire.

78. Les ingénieurs en chef, dans leurs tournées ou visites, seront accompagnés de l'ingénieur ordinaire de l'arrondissement et du conducteur surveillant des cantons de route dans lesquels ils se trouveront; ils constateront l'état de la route; ils s'assureront des causes de dégradation qu'elle leur présenterait, et si l'approvisionnement de matériaux, voulu par le cahier des charges, a été effectué par les entrepreneurs aux époques fixées; ils entendront les plaintes des cantonniers.

79. Les ingénieurs en chef adresseront le compte de chacune de leurs tournées ou visites, à notre directeur général, par l'intermédiaire des préfets.

80. Les ingénieurs ordinaires devront se transporter sur-le-champ partout où la route aurait éprouvé quelque dégradation notable et nouvelle, et où le service réclamerait leur présence, sous un rapport quelconque, en dresser procès-verbal, et en envoyer copie à l'ingénieur en chef et au sous-préfet.

81. A l'époque fixée pour l'approvisionnement des matériaux, les ingénieurs ordinaires procéderont, en présence des entrepreneurs et des cantonniers, à leur réception.

Ils dresseront de cette réception un procès-verbal, dans lequel ils seront tenus de consigner les observations des maires ou des cantonniers, et les motifs de la décision qu'ils auront prise en suite de ces observations.

Ce procès-verbal sera adressé, par eux, à l'ingénieur en chef, qui en donnera connaissance au préfet.

82. Au vu de ce procès-verbal, le préfet, en conseil de préfecture, prononcera, s'il y a lieu, contre les entrepreneurs, les amendes portées en l'article 34 du présent décret.

83. Tout ingénieur ordinaire qui se dispenserait de l'une de ses tournées, ou se ferait remplacer dans les fonctions qui lui sont attri-

buées par le présent décret, encourra les peines de discipline portées en l'article 18 de notre décret de fructidor an XII.

84. Après chacune de leurs tournées, les ingénieurs ordinaires adresseront à l'ingénieur en chef un tableau sommaire et exact de la situation des routes dans leur arrondissement; et l'ingénieur en chef formera un tableau général des tableaux qui lui auront été adressés par les ingénieurs ordinaires, pour être par lui remis au préfet; le préfet l'adressera, avec ses observations résultant de ses tournées ou visites, et des comptes de tournées ou visites des sous-préfets; à notre directeur général, lequel devra ainsi avoir, quatre fois par an, sous les yeux, la situation au vrai de toutes les routes de notre empire.

Cette situation sera remise, à chaque époque, à notre ministre de l'intérieur, qui nous en rendra compte.

85. Avant qu'il soit accordé aucun avancement à un ingénieur ordinaire des ponts et chaussées, notre ministre de l'intérieur se fera rendre compte des résultats de la correspondance du préfet avec notre directeur général, relativement au service de l'ingénieur, et notamment en ce qui concerne la direction et la surveillance des travaux de l'entretien des routes.

Titre VIII. *De la plantation des routes* (1). — Section Ire. *Plantations anciennes.* — 86. Tous les arbres plantés avant la publication du présent, sur les routes impériales, en dedans des fossés et sur le terrain de la route, sont reconnus appartenir à l'État, excepté ceux qui auront été plantés en vertu de la loi du 9 ventôse an XIII.

87. Tous les arbres plantés, jusqu'à la publication du présent décret, le long desdites routes, et sur le terrain des propriétés communales ou particulières, sont reconnus appartenir aux communes ou particuliers propriétaires du terrain.

Section II. *Plantations nouvelles.* — 88. Toutes les routes impériales non plantées, et qui sont susceptibles de l'être sans inconvénient, seront plantées par les particuliers ou communes propriétaires riverains de ces routes, dans la traversée de leurs propriétés respectives.

89. Ces propriétaires ou ces communes demeureront propriétaires des arbres qu'ils auront plantés.

90. Les plantations seront faites au moins à la distance d'un mètre du bord extérieur des fossés, et suivant l'essence des arbres.

91. Dans chaque département, l'ingénieur en chef remettra au préfet, avant le 1er juillet 1812, un rapport tendant à fixer celles des routes impériales du département non plantées, et susceptibles de l'être sans inconvénient, l'alignement des plantations à faire, route par route et commune par commune, et le délai nécessaire pour l'effectuer; il y joindra son avis sur l'essence des arbres qu'il conviendrait de choisir pour chaque localité; pour le tout devenir l'objet d'un arrêté du préfet, qui sera soumis à l'approbation de notre ministre de l'intérieur, par l'intermédiaire de notre directeur général.

92. Les arbres seront reçus par les ingénieurs des ponts et chaussées, qui surveilleront toutes les opérations, et s'assureront que les propriétaires se sont conformés en tout aux dispositions de l'arrêté du préfet.

---

(1) Voir la loi du 12 mai 1825.

93. Tous les arbres morts ou manquants seront remplacés, dans les trois derniers mois de chaque année, par le planteur, sur la simple réquisition de l'ingénieur en chef.

94. Lorsque les plantations s'effectueront au compte et par les soins des communes propriétaires, les maires surveilleront, de concert avec les ingénieurs, toutes les opérations.

L'entreprise en sera donnée au rabais et à la chaleur des enchères, par voie d'adjudication publique, à moins d'une autorisation formelle du préfet de déroger à cette disposition.

L'adjudicataire garantira pendant trois ans la plantation, et restera chargé tant de son entretien que du remplacement des arbres morts ou manquants pendant ce temps : la garantie de trois années sera prolongée d'autant pour les arbres remplacés.

95. A l'expiration du délai fixé en exécution de l'article 91 pour l'achèvement de la plantation dans chaque département, les préfets feront constater par les ingénieurs si des particuliers ou communes propriétaires n'ont pas effectué les plantations auxquelles le présent décret les oblige, ou ne se sont pas conformés aux dispositions prescrites pour les alignements et pour l'essence, la qualité, l'âge des arbres à fournir.

Le préfet ordonnera, au vu dudit rapport de l'ingénieur en chef, l'adjudication des plantations non effectuées ou mal exécutées par les particuliers ou les communes propriétaires. Le prix de l'adjudication sera avancé sur les fonds des travaux des routes.

96. Les dispositions de l'article précédent sont applicables à tous particuliers ou communes propriétaires qui n'auraient pas remplacé leurs arbres morts ou manquants, aux termes de l'article 93 du présent décret.

97. Tous particuliers ou communes au lieu et place desquels il aura été effectué des plantations, en vertu des deux articles précédents, seront condamnés à l'amende d'un franc par pied d'arbre que l'administration aura planté à leur défaut; et ce, indépendamment du remboursement de tous les frais de plantation.

98. Le produit desdits frais et amendes sera versé, comme fonds spécial, à notre trésor impérial, et affecté au service des ponts et chaussées.

SECTION III. *Dispositions générales.* — 99. Les arbres plantés sur le terrain de la route et appartenant à l'État, ceux plantés sur les terres riveraines, soit par les communes, soit par les particuliers, en exécution du présent décret ou antérieurement, ne pourront être coupés et arrachés qu'avec l'autorisation du directeur général des ponts et chaussées, accordée sur la demande du préfet, laquelle sera formée seulement lorsque le dépérissement des arbres aura été constaté par les ingénieurs, et toujours à la charge du remplacement immédiat (1).

100. La vente des arbres appartenant à l'État, et de ceux appartenant aux communes, sera faite par voie d'adjudication publique : le prix de ceux appartenant à l'État sera versé, comme fonds spécial, à notre trésor impérial, et affecté au service des ponts et chaussées ; le

_____

(1) Voir l'ordonnance du 8 août 1821, pour l'abattage des arbres sur les routes départementales.

prix des arbres appartenant aux communes sera versé dans leurs caisses respectives.

101. Tout propriétaire qui sera reconnu avoir coupé, sans autorisation, arraché ou fait périr les arbres plantés sur son terrain, sera condamné à une amende égale à la triple valeur de l'arbre détruit.

102. L'élagage de tous les arbres plantés sur les routes, conformément aux dispositions du présent titre, sera exécuté toutes les fois qu'il en sera besoin, sous la direction des ingénieurs des ponts et chaussées, en vertu d'un arrêté du préfet, qui sera pris sur le rapport des ingénieurs en chef, et qui contiendra les instructions nécessaires sur la manière dont l'élagage devra être fait.

Les ingénieurs et conducteurs des ponts et chaussées sont chargés de surveiller et d'assurer l'exécution desdites instructions.

103. Les travaux de l'élagage des arbres appartenant à l'État ou aux communes seront exécutés au rabais et par adjudication publique.

104. La vente des branches élaguées, des arbres chablis et de ceux qui seraient en partie déracinés, sera faite par voie d'adjudication publique : le prix des bois appartenant à l'État sera versé comme fonds spécial à notre trésor impérial, et affecté au service des ponts et chaussées ; le prix des bois appartenant aux communes sera versé dans leurs caisses respectives.

105. Les particuliers ne pourront procéder à l'élagage des arbres qui leur appartiendraient sur les grandes routes qu'aux époques et suivant les indications contenues dans l'arrêté du préfet, et toujours sous la surveillance des agents des ponts et chaussées, sous peine de poursuites comme coupables de dommages causés aux plantations des routes.

106. La conservation des plantations des routes est confiée à la surveillance et à la garde spéciale des cantonniers, gardes champêtres, gendarmes, agents et commissaires de police, et des maires, chargés par les lois de veiller à l'exécution des règlements de grande voirie.

107. Un tiers des amendes qui seront prononcées pour peine des dégâts et dommages causés aux plantations des grandes routes, appartiendra aux agents qui auront constaté le dommage ; un deuxième tiers appartiendra à la commune du lieu des plantations, et l'autre tiers sera versé comme fonds spécial à notre trésor impérial, et affecté au service des ponts et chaussées.

108. Toutes condamnations, aux termes des articles 97, 101 et 105 du présent, seront poursuivies et prononcées, et les amendes recouvrées comme en matière de grande voirie.

109. Les travaux d'entretien, de curement et de réparation des fossés des grandes routes seront exécutés par les propriétaires riverains, d'après les indications et alignements qui seront donnés par les agents des ponts et chaussées (1).

110. Tous les travaux de curement ou d'entretien de fossés, qui n'auraient pas été exécutés par les propriétaires ou locataires riverains aux époques indiquées, le seront, à leurs frais, par les soins des agents

(1) Voir la loi du 12 mai 1825.

des ponts et chaussées, et payés sur des états approuvés et rendus exécutoires par les préfets (1).

111. Toute contestation qui s'élèverait entre les ingénieurs et les particuliers sur l'exécution des deux articles précédents sera jugée par le préfet (2).

TITRE IX (3). *Répression des délits de grande voirie.* — 112. A dater de la publication du présent décret, les cantonniers, gendarmes, gardes champêtres, conducteurs des ponts et chaussées, et autres agents appelés à la surveillance de la police des routes, pourront affirmer leurs procès-verbaux de contraventions ou de délits devant le maire ou l'adjoint du lieu.

113. Ces procès-verbaux seront adressés au sous-préfet, qui ordonnera sur-le-champ, aux termes des articles 3 et 4 de la loi du 29 floréal an x, la réparation des délits par les délinquants, ou à leur charge, s'il s'agit de dégradations, dépôts de fumiers, immondices ou autres substances, et en rendra compte au préfet en lui adressant les procès-verbaux.

114. Il sera statué sans délai, par les conseils de préfecture, tant sur les oppositions qui auraient été formées par les délinquants que sur les amendes encourues par eux, nonobstant la réparation du dommage.

Seront, en outre, renvoyés à la connaissance des tribunaux les violences, vols de matériaux, voies de fait, ou réparations de dommages réclamés par des particuliers.

115. Un tiers des amendes de grande voirie appartiendra à l'agent qui aura constaté le délit; le deuxième tiers, à la commune du lieu du délit; et le troisième tiers sera versé comme fonds spécial à notre trésor impérial, et affecté au service des ponts et chaussées.

116. La rentrée des amendes prononcées par les conseils de préfecture en matière de grande voirie sera poursuivie à la diligence du receveur général du département, et dans la forme établie pour la rentrée des contributions publiques.

117. Toutes dispositions contraires au présent décret sont abrogées.

Décret du 16 décembre 1811, contenant règlement de police des polders dans les départements de l'Escaut, des Bouches-de-l'Escaut, de la Lys, des Deux-Nèthes, des Bouches-du-Rhin et de la Roer (4).

ART. 1er. La surface des digues sera entretenue de manière qu'elle

---

(1) Voir la loi du 12 mai 1825.
(2) *Idem.*
(3)   *Décret du 10 avril 1812.*
Vu la loi du 29 floréal an x, relative aux contraventions en matière de grande voirie;
Vu le titre IX de notre décret du 16 décembre 1811, prescrivant des mesures répressives des délits de grande voirie, et complétant la loi du 29 floréal an x;
Le conseil d'État entendu, il a été décrété ce qui suit:
Art. 1er. Le titre IX de notre décret précité est applicable aux canaux, rivières navigables, ports maritimes de commerce et travaux à la mer, sans préjudice de tous les moyens de surveillance ordonnés par les lois et décrets, et des fonctions des agents qu'ils instituent.
(4) Ce décret peut recevoir une application utile dans l'intérieur de la France; c'est ce motif qui nous a déterminé à le joindre à notre recueil.

soit unie et solide dans toutes ses parties, que la végétation soit favorisée, et que le gazon qui la recouvre soit conservé.

2. Les fouilles et les trous faits par les particuliers dans le corps d'une digue extérieure seront punis par une amende de vingt-cinq francs.

3. L'amende sera double si ces dégradations ont lieu la nuit.

Les dégradations qui auraient été faites au talus extérieur, de jour ou de nuit, seront, en outre de cette double amende, punies d'une détention qui ne pourra être de moins de trois jours ou plus d'un mois.

4. Les arbres existants sur les digues, et les haies de clôture qui s'y trouvent, seront arrachés par les propriétaires avant les tournées périodiques de la direction, qui fera arracher et extirper tout ce qu'elle trouvera de semblable dans chaque inspection.

Les propriétaires en retard, ou leurs fermiers, payeront à la caisse du polder une amende équivalente au double des frais de cette main-d'œuvre. Le préfet réglera et rendra exécutoire l'état de ces frais.

5. Toute plantation ultérieure d'arbres ou de haies sera punie d'une amende d'un franc par arbre ou par mètre courant de haie, outre les frais d'arrachement et ceux de réparation des parties plantées.

6. Les rampes établies sur les talus des digues, dans des endroits destinés au passage des hommes et des voitures, devront former saillie sur le corps de la digue.

Il ne pourra en être établi de nouvelles qu'avec la permission écrite de la direction du polder, et au moyen de remblais.

Toute contravention au présent article sera punie d'une amende de vingt francs pour les rampes ayant moins d'un mètre de large, et cinquante francs pour celles qui auraient une largeur d'un mètre et au-dessus.

7. Toute construction existante dans le corps d'une digue extérieure sera détruite, et la digue convenablement réparée aux frais des propriétaires, à moins qu'elle ne puisse être suffisamment renforcée par les mêmes propriétaires.

S'ils négligent d'exécuter à cet égard les ordres de la direction, l'ouvrage sera exécuté à leurs frais, et ils seront en outre punis d'une amende de cinquante francs.

8. Toute digue extérieure servant de chemin vicinal sera appropriée à cet usage, aux frais du polder; et son terre-plein, convenablement rechargé de sable, gravier ou autres matériaux semblables, sera bordé intérieurement d'un bourlet ou épaulement de cinquante centimètres au moins d'élévation.

Le passage des voitures, chevaux et bestiaux sur les contre-digues extérieures donnera lieu à une amende de six francs pour une voiture, de deux francs pour un cheval, et d'un franc pour une bête à cornes.

9. Le propriétaire d'un cochon trouvé sur la digue payera une amende de douze francs, outre le double des frais de réparation du dommage. En cas de récidive, il y aura, en outre, lieu à saisir et vendre le cochon au profit du polder.

10. Les oies trouvées sur la digue pourront être tuées par le garde-digue.

11. Il est défendu à tous autres qu'aux membres des directions, aux agents des ponts et chaussées et aux ouvriers en activité de marcher sur le paillassonnage des digues, ainsi que sur les risbermes et revête-

ments de leur talus extérieur, sous peine d'une amende de trois francs.

12. Le propriétaire d'une barque amarrée, ancrée ou échouée à dessein sur le talus extérieur d'une digue ou sur un ouvrage de défense, payera une amende dix francs, et le double des frais de réparation si la digue ou l'ouvrage se trouvait dégradé.

13. La pêche et la recherche des coquillages et du bois avec instruments quelconques, à pied ou en bateau, sont défendues devant le pied extérieur des digues et sur les ouvrages avancés, sous peine de trois francs d'amende et vingt-quatre heures de détention, outre la confiscation des barques et instruments employés à cette pêche et recherche.

14. Les roseaux ne pourront être enlevés des alluvions avant le 1er mars de chaque année, sous peine de six francs d'amende par cent bottes.

Le vol des souches et plantards dans les oseraies sera puni d'une amende de trois francs par souche ou fagot, et d'un jour de détention.

15. Il est défendu de ramasser le bois mort et la paille ou le roseau sur les digues, sous peine de trois francs d'amende et vingt-quatre heures de détention.

16. Le vol des matériaux déposés sur les digues ou existants dans les magasins d'approvisionnement, sera puni d'une amende triple de la valeur, et d'un emprisonnement de trois jours.

17. Le vol des matériaux employés aux ouvrages de défense et en faisant partie sera puni d'une amende de dix francs au moins et de cinquante francs au plus, et d'un emprisonnement qui ne pourra être moindre de trois jours ni excéder un mois, outre la réparation du dommage.

Les peines portées au présent article et aux articles 13 et 14 s'appliqueront également à ceux qui auraient acheté ou recelé ces matériaux.

18. Les digues extérieures ne pourront être pâturées sans l'autorisation expresse et motivée de la direction. La pâture en est défendue sans exception, depuis le 1er novembre jusqu'au 1er avril. Toute contravention au présent article sera punie d'une amende de trente francs.

Dunes.

19. Aucune fouille ne pourra être faite dans les dunes de mer, sans la permission écrite de la direction du polder et l'autorisation du préfet, avec désignation précise de l'endroit où la fouille sera permise.

Les fouilles et les enlèvements de sable, non autorisés, seront punis d'une amende de trois francs.

20. Il est défendu de couper ou arracher aucune herbe ni broussaille dans les dunes de mer, et d'enlever les pailles et autres matériaux employés pour favoriser leur accroissement, sous peine d'une amende de six francs, outre les frais de réparation.

21. Nul ne pourra faire paître des bestiaux dans les dunes sans une autorisation de la direction.

Ceux qui y seront trouvés en contravention au présent article ou sans berger donneront lieu à une amende de deux francs par bête à cornes, et de cinquante centimes par mouton. L'amende sera de six francs pour un cheval.

Intérieur des polders et moyens d'écoulement.

22. Les fouilles dans l'intérieur seront défendues à moins de vingt mètres du pied des digues, sous peine de vingt francs d'amende pour chaque contravention, outre les frais de réparation.

23. Toute dégradation d'une digue intérieure sera punie de la même peine.

24. Les digues intérieures devront conserver leurs dimensions, et être maintenues en bon état.

En conséquence, aucune plantation ne pourra y être faite, aucun chemin ou passage de voiture ne pourra y être établi dorénavant sans la permission écrite de la direction, autorisée par le maître des requêtes.

Toute contravention au présent article sera punie d'une amende de vingt francs, outre les frais de réparation.

25. Il est défendu d'établir des moulins à vent sur les digues et à moins de cinquante mètres de leur sommet : les règlements de police existants à l'égard de ceux placés sur les digues servant de chemin continueront d'avoir leur exécution.

26. Les canaux et rigoles servant à l'écoulement des eaux intérieures des polders devront être maintenus à la largeur et à la profondeur requises, et être curés deux fois l'année.

Leur état sera vérifié dans deux tournées d'inspection que la direction fera, la première en mai et la seconde en octobre, et qu'elle annoncera quinze jours d'avance par une publication.

Tout propriétaire ou fermier qui sera trouvé en défaut sous ce rapport lors de l'inspection, payera une amende de deux fois la valeur de l'ouvrage que la direction fera faire d'office.

27. Il est défendu de barrer les canaux et rigoles d'écoulement, et d'en obstruer le cours, sous peine d'une amende de cinq francs, et du double des frais d'enlèvement et de réparation exécutés comme à l'article précédent.

28. La disposition de l'article précédent s'appliquera à l'établissement non autorisé de ponts et ponceaux sur les canaux et rigoles susdits, ainsi qu'aux plantations existantes sur leurs bords.

29. Il est défendu de faire rouir du chanvre et du lin dans les canaux et fossés, sous peine de vingt francs d'amende; et, en cas de récidive, le chanvre ou le lin sera confisqué en sus de l'amende.

30. Il ne pourra être déposé d'herbes ou de fumier plus près qu'à quatre mètres de leurs bords.

Les contrevenants au présent article seront punis d'une amende de dix francs, outre les frais de curage, s'il y a lieu.

31. Le passage des voitures, chevaux et bestiaux à travers les canaux et rigoles d'écoulement est interdit, et sera puni d'une amende de trois francs, outre les frais de la réparation.

Il ne pourra être établi d'abreuvoirs qu'à cinq mètres au moins de leurs bords; l'infraction de cette prohibition entraînera une amende de six francs, et les choses seront rétablies en leur premier état, aux frais du propriétaire ou fermier qui l'aura enfreinte.

32. Il est défendu de placer dans les canaux, rigoles et écluses d'é-

II. 8

coulement aucun instrument de pêche, à peine de confiscation et d'une amende de dix francs, qui sera double en cas de récidive : la même amende sera payée par les propriétaires de barques stationnées dans les mêmes cours d'eau, et de celles qui resteraient plus longtemps que l'espace d'une marée dans le chenal extérieur des écluses de station à la mer.

33. Quiconque aura dégradé ou endommagé dans une de ses parties une écluse de décharge, sera condamné à une amende de cent francs, outre la réparation à ses frais, et les dédommagements auxquels les suites du délit pourraient donner lieu.

34. Celui qui se permettra d'ouvrir ou de fermer de son chef une écluse de décharge ou de suation, encourra la même amende, et même la détention, dans le cas où le recouvrement des dommages et intérêts serait impossible.

Moments de danger.

35. Lorsqu'une marée, ou une crue extraordinaire et accompagnée de circonstances qui peuvent amener une rupture ou le débordement de la digue, exigera le concours d'un grand nombre de bras pour la défendre, tous les habitants du polder, au-dessus de dix-huit ans, avertis par le son du tocsin, seront tenus de se rendre sur les points qui seront indiqués tous les ans par une publication du maire.

Le refus d'obéir à cet appel sera puni d'une amende égale au prix de deux journées de travail ; et, après un avertissement que le maire fera donner, sur l'invitation de la direction, de quatre jours de prison en sus de l'amende.

36. Lorsque dans ces moments la direction aura commandé des travailleurs et des voitures attelées qui devaient se rendre aux points menacés, chaque heure de retard sera punie d'une amende de deux francs pour un homme, et de six francs pour une voiture.

37. Un travailleur qui refusera dans ce cas d'exécuter les ordres de la direction, encourra une amende de dix francs ; et, en outre, il sera puni de cinq jours de détention, s'il excite d'autres travailleurs à l'insubordination.

38. Lorsque après avoir épuisé les ressources des polders et des magasins de secours disponibles sur un point menacé, la direction manquera des matériaux nécessaires pour prévenir une rupture ou un débordement, elle pourra, sauf remboursement, après la cessation du danger, des objets enlevés, et indemnité du dommage causé par leur enlèvement, s'emparer de tout ce qui existera en piquets, fascines et paille dans les environs de la digue, dût-elle même faire enlever le chaume des maisons et les chevrons de leur toiture.

39. Le vol des matériaux ou des outils, dans ces moments, sera puni d'une amende égale à la décuple valeur, et d'un emprisonnement qui ne pourra être moindre d'un mois ni excéder deux ans.

40. Tout particulier qui, dans les grandes crues ou marées extraordinaires, percera une digue de défense par une tranchée ou autrement, dans le dessein prémédité de causer l'inondation d'un ou plusieurs polders, sera renvoyé devant nos cours impériales, pour être condamné aux peines décernées par l'article 91 de notre Code criminel contre ceux

qui tendent à troubler l'État par la dévastation, le massacre ou le pillage d'une ou plusieurs communes.

Tourbières.

41. Dans le polder et dans les terrains adjacents dont le sol n'est pas plus élevé que celui du polder, il ne pourra être entrepris d'extraction de tourbes qu'en vertu d'une permission délivrée suivant les formalités ci-après prescrites.

Toute contravention au présent article sera punie d'une amende de cinquante francs par are de terrain tourbé.

42. La demande de permission, adressée au préfet, sera par lui communiquée à notre maître des requêtes directeur général des polders, avec son avis, et l'affiche ordonnée dans la commune où l'extraction doit avoir lieu.

43. Le maître des requêtes, après avoir consulté les directions des polders intéressés, et pris l'avis tant de l'ingénieur des mines que de l'ingénieur des ponts et chaussées, enverra la demande de permission au directeur général des ponts et chaussées, qui statuera.

44. Si le terrain qui doit être tourbé n'est pas susceptible d'être rendu à l'agriculture, sans épuisements artificiels après l'extraction de la couche reconnue par les sondes qui auront été faites, il y aura lieu à un cautionnement stipulé par la permission délivrée en vertu de l'article précédent.

45. Le cautionnement devra être hypothéqué sur des terres de polder du même arrondissement, au profit de celui où l'extraction aura lieu, et être calculé à raison de deux mille francs par hectare destiné à être tourbé.

46. Les inscriptions nécessaires seront prises et renouvelées à la diligence du dykgraaff du polder; et la radiation n'en pourra être obtenue que sur l'autorisation du maître des requêtes, après parfait desséchement, et sur l'avis de l'ingénieur des ponts et chaussées, à l'appui d'un procès-verbal constatant l'efficacité des moyens employés et la durée qu'ils promettent.

Dispositions générales.

47. Dans tous les cas prévus par le présent règlement, les parents seront responsables pour leurs enfants, et les maîtres pour leurs domestiques.

48. Les dispositions des articles 222 et suivants du Code pénal seront applicables à tout manquement, injure ou outrage envers les membres des directions, dykgraaffs et jurés en fonctions.

49. Les délits prévus par le présent règlement général seront constatés et les délinquants arrêtés, s'il y a lieu, par les gardes champêtres, concurremment avec les gardes-digues, ainsi que par tous les officiers de police judiciaire et administrative; et celui qui aura constaté un délit aura droit à la part d'amende accordée aux gardes-digues par les règlements d'organisation des polders : ils la recevront sur le même pied et de la même manière.

50. Les délits de voirie seront portés devant les conseils de préfecture, selon la loi du 29 floréal an x; les autres délits, devant les tribunaux correctionnels ou nos cours impériales, selon leur nature.

Décret du 21 janvier 1812, sur la police de la pêche de la Loire (1).

Art. 1er. A partir de quarante brasses en amont des ponts de Nantes jusqu'à l'embouchure de la Loire dans la mer, il est défendu aux pêcheurs de placer des bires ou nasses dans le fleuve : celles qui y seront trouvées seront brisées sur-le-champ, sans préjudice de l'amende qui sera encourue, conformément à l'ordonnance de 1669.

2. Au-dessus du point désigné ci-dessus, il ne pourra être placé de nasses dans la Loire qu'en les attachant avec des masses de fer et des cordes, sans jamais se servir, à cet effet, de pierres et de cordons d'osier, sous peine, par les contrevenants, d'être poursuivis conformément aux dispositions de l'article 42 du titre XXVII de l'ordonnance de 1669.

3. Les agents des eaux et forêts, ceux des ponts et chaussées et de la navigation, et tous autres officiers de police, dresseront procès-verbal des contraventions aux articles du présent décret, lesquelles seront constatées, poursuivies et réprimées par voie administrative, conformément à la loi du 29 floréal an x.

Décret du 2 février 1812, concernant les eaux de la ville de Paris.

Art. 1er. A compter du 1er mars prochain, l'eau sera fournie gratuitement à toutes les fontaines de notre bonne ville de Paris.

2. Il est défendu à tous agents, économes ou employés d'établissements publics jouissant de fournitures d'eau, à quelque titre que ce soit, de vendre l'eau provenant desdites fournitures, à peine de tous dommages et intérêts envers la ville de Paris, et d'une amende de mille francs.

3. A l'avenir, il ne sera accordé d'autorisation d'établir, sur le bord de la rivière, des fontaines, pompes à bras ou autres machines destinées à monter l'eau, pour la vendre et distribuer au public, que par décret rendu en notre conseil, sur le rapport de notre ministre de l'intérieur.

4. Les particuliers ou compagnies propriétaires de semblables établissements cesseront leur exploitation dans trois mois, et rendront les places nettes, s'ils n'ont été autorisés dans ce délai comme il est dit à l'article précédent, sauf à l'administration à traiter avec eux du matériel de leurs établissements, dans le cas où l'on croirait utile de les conserver.

5. Il sera nommé par nous sous huitaine, sur la proposition de notre ministre de l'intérieur, une commission de trois membres de notre conseil, à laquelle seront en outre appelés nos conseillers d'Etat préfets du département et de police, et le maître des requêtes chargé des travaux des ponts et chaussées de Paris. Cette commission sera chargée d'examiner la comptabilité et la direction des eaux de Paris, et de nous

---

(1) Voir la loi du 15 avril 1829, relative à la pêche fluviale.

faire un rapport sur les moyens, 1° de diminuer les dépenses; 2° de procurer le plus tôt possible l'établissement de fontaines dans les quartiers et rues dans lesquels il y en a un trop petit nombre ou qui en manquent.

Circulaire du directeur général des ponts et chaussées (M. Molé) à MM. les préfets, qui autorise les marchés par séries de prix pour les entretiens et réparations d'avaries des ports de commerce.

Paris, le 4 mars 1812.

MONSIEUR le préfet, les inconvénients qui sont résultés des marchés par séries de prix, dans l'exécution des travaux qui dépendent de l'administration des ponts et chaussées, ont déterminé M. le directeur général, mon prédécesseur, à en interdire l'usage.

Plusieurs d'entre MM. les ingénieurs ont réclamé contre cette prohibition, particulièrement pour les ouvrages exposés aux coups de mer; ils ont prétendu que le mode prescrit pour les adjudications entraînait des longueurs qui ne pouvaient s'accorder avec l'urgence des travaux à exécuter, quand une partie de la côte se trouvait inopinément attaquée, et qu'il fallait, sans perdre de temps, arrêter les progrès des dégradations.

En examinant ces réclamations et les circonstances sur lesquelles elles s'appuient, j'ai remarqué que si, en général, le mode d'exécution par séries de prix était abusif, il était des cas où l'on pourrait en faire une application utile, et même très-économique, particulièrement pour les entretiens et réparations des ouvrages à la mer, qui, par leur nature, exigent une plus grande célérité d'exécution, et surtout des moyens préparés à l'avance et toujours disponibles.

Ainsi, quand il s'agit d'une construction neuve ou de la restauration d'un ouvrage ancien, MM. les ingénieurs peuvent tout prévoir; et le temps ne leur manque pas pour l'étude et la rédaction des projets : par conséquent l'adjudication en bloc peut s'en faire selon le mode adopté pour tous les travaux des ponts et chaussées.

Mais, pour les menus entretiens courants, ou bien, lorsqu'à la suite d'un coup de mer, il se manifeste à quelque ouvrage existant une dégradation imprévue et subite, il me paraît très-convenable d'avoir un entrepreneur qui soit toujours prêt à mettre la main à l'œuvre au premier ordre, et d'après des prix convenus : or le mode de séries de prix est celui qui offre, plus que tout autre, cet avantage.

En admettant ce mode, il faut éviter surtout de retomber dans les abus dont l'administration est heureusement sortie.

Pour cela, MM. les ingénieurs prépareront, pour chacun des ports de commerce, autant que besoin sera, un bordereau ou série de prix,

1° Pour la fourniture de chaque espèce de matériaux;

2° Pour la main-d'œuvre de chaque nature d'ouvrage.

Cette série, qui me sera soumise, deviendra la base d'une adjudication qui pourra être passée pour trois années consécutives au plus.

Toutes les fois que, pendant la durée de ce bail, il surviendra un ouvrage de réparations ou d'entretien à faire, une avarie à réparer, MM. les ingénieurs en donneront l'ordre à l'entrepreneur : mais ils ne seront pas dispensés, pour cela, d'en dresser les devis et détails estimatifs, comme à l'ordinaire, aux prix du marché passé. L'entrepreneur les souscrira de sa soumission, par laquelle il s'engagera à exécuter l'ouvrage prescrit pour la somme déterminée par le détail estimatif. Le tout sera soumis immédiatement à mon approbation ; et je ferai, s'il y a lieu, les fonds en même temps que j'approuverai les devis.

S'il arrive que l'ouvrage, étant au-dessous de l'eau, ne puisse être évalué que pendant l'exécution, un rapport détaillé de M. l'ingénieur en chef me fera connaître, aussi exactement que possible, l'état des choses et le montant présumé de la dépense à faire. Vous y joindrez votre avis, d'après l'examen duquel je statuerai.

Ces travaux seront régularisés au moyen des attachements qui auront été tenus ; et les états des dépenses ainsi faites me seront soumis dans les trois mois, au plus tard, de leur confection, pour être le tout examiné et approuvé, s'il y a lieu.

Il pourra arriver également que la réparation soit d'une telle urgence, qu'on ne puisse en différer l'exécution et attendre mon autorisation, sans courir des dangers ou sans s'exposer à de nouveaux accidents : l'article 26 de l'instruction jointe à ma circulaire du 13 août 1810 trace la marche que vous avez à suivre dans ces circonstances, et je n'ai rien à y ajouter, sinon que c'est alors particulièrement que le système d'adjudication ou de bail des entretiens pourra être plus efficacement appliqué, comme offrant les moyens les plus expéditifs.

Ainsi, monsieur le préfet, nous éluderons les lenteurs indispensables des formes prescrites pour les adjudications ordinaires, sans rien perdre des avantages de la régularité que présente un marché à forfait.

Ainsi, sans exposer l'exécution des travaux au moindre retard, l'administration sera constamment au courant des opérations de MM. les ingénieurs, et de l'emploi des fonds destinés à la conservation et à l'entretien des ports de commerce.

Je me repose sur vous, monsieur le préfet, et sur le zèle de MM. les ingénieurs, pour que cette mesure, qui tend à faciliter le service, reçoive son exécution, en commençant par les principaux ports où vous jugerez que l'application en sera le plus utile.

Circulaire du directeur général des mines (M. Laumond) aux préfets, indiquant les formalités à suivre pour les demandes en concession de mines.

Paris, le 23 mars 1812.

J'AI l'honneur de vous prévenir qu'il est indispensable que vous vouliez bien, à l'avenir, adresser au ministère de l'intérieur ou à la direction générale des mines, trois plans authentiques de chaque demande en concession, visés par vous, et certifiés par l'ingénieur des mines.

Ces plans doivent être présentés au gouvernement, et visés par le secrétaire du conseil d'Etat.

Je vous transmettrai celui qui doit être déposé dans les archives du département, aussitôt que le gouvernement aura statué sur les demandes.

Décret du 12 avril 1812, portant annulation, pour cause d'incompétence, d'un arrêté par lequel le préfet du département du Cantal avait ordonné la démolition d'une digue construite par un particulier à travers la rivière de Cère.

NAPOLÉON, etc. ; sur le rapport de notre commission du contentieux ;

Vu la requête du sieur Royre, tendant à ce qu'il nous plaise annuler un arrêté du préfet du département du Cantal, du 30 mai 1811, qui, sur la plainte de plusieurs riverains, et sur les rapports de l'ingénieur ordinaire et de l'ingénieur en chef des ponts et chaussées, ordonne la démolition d'une digue que ledit sieur Royre a construite à travers la rivière de Cère, et qui forme barrage permanent pour la pêche de ladite rivière ;

Vu ledit arrêté ;

Vu les pièces produites par le sieur Royre à l'appui de sa requête ;

Vu les observations et les pièces adressées par le préfet du Cantal à l'appui de son arrêté ;

Considérant que la rivière de Cère n'est point navigable ;

Que, par l'avis de notre conseil d'État, approuvé le 30 pluviôse an XIII, et inséré au Bulletin des lois, la pêche des rivières non navigables appartient aux propriétaires riverains, en se conformant aux lois et règlements ;

Que, par l'avis de notre conseil d'État, du 24 ventôse an XII, et non inséré au Bulletin des lois, « les contraventions aux règlements de police sur les rivières non navigables, canaux et autres petits cours d'eau, » doivent, selon les dispositions du Code civil et les lois existantes, » être portées, suivant leur nature, devant les tribunaux de police municipale ou correctionnelle ; et les contestations qui intéressent les propriétaires, devant les tribunaux civils ; »

Que la loi du 14 floréal an XI n'attribue à l'autorité administrative que les mesures relatives au curage des canaux et rivières non navigables, à l'entretien des digues et ouvrages d'art qui y correspondent, au rôle de répartition et au recouvrement des sommes nécessaires au payement des travaux d'entretien, réparations ou reconstructions ;

Qu'il ne s'agit, dans l'espèce, que d'une digue nouvelle, dont l'effet serait d'attribuer au sieur Royre la pêche exclusive du saumon et des autres poissons qui remontent la rivière de Cère, au préjudice des propriétaires riverains ;

Notre conseil d'État entendu, il a été décrété ce qui suit :

Art. 1er. L'arrêté du préfet du Cantal, du 30 mai 1811, est annulé pour cause d'incompétence, et les parties renvoyées à se pourvoir devant les tribunaux.

Circulaire du directeur général des ponts et chaussées (M. Molé), à MM. les préfets, relative à la direction des travaux des bâtiments ou établissements militaires dans les villes non fortifiées.

Paris, le 17 avril 1812.

L'ARTICLE 4 du décret du 23 avril 1810, monsieur, porte que les officiers du génie ne seront chargés de la direction des travaux à faire aux établissements militaires que dans les places de guerre, et que les ingénieurs des ponts et chaussées en seront chargés dans les villes de l'intérieur, et les architectes dans les grandes villes.

L'article 28 du décret du 16 septembre 1811, explicatif de celui du 23 avril 1810, porte que le commandant du génie et le directeur des fortifications seront remplacés, pour la direction des travaux, par les ingénieurs ordinaires et en chef des ponts et chaussées, ou par les architectes des communes.

Quoiqu'il résulte de ces dispositions que les ingénieurs et les architectes sont appelés concurremment à la direction des travaux dont il s'agit, vous sentirez aisément, monsieur, que les premiers ne peuvent en être chargés qu'autant que leur service ordinaire ne pourrait en souffrir, et il n'est pas douteux que ce ne soit dans cette intention que le décret du 16 septembre ait été rédigé. Cependant, s'il ne se trouvait point, dans les villes où les travaux s'exécutent, d'architectes qui méritassent la confiance de l'administration, les ingénieurs devraient en être nécessairement chargés.

Au reste, monsieur, lorsque les ingénieurs prêteront leur ministère pour l'exécution des travaux dont il s'agit, ils auront le droit de réclamer et le remboursement de leurs frais de voyage et autres dépenses, et des honoraires proportionnés à leur travail, conformément à l'article 75 du décret du 7 fructidor an XII.

Je m'empresse de vous adresser ces observations, afin que vous puissiez connaître la marche que vous auriez à suivre s'il existait des bâtiments militaires dans votre département.

Circulaire du directeur général des ponts et chaussées (M. Molé), à MM. les préfets, portant envoi d'un modèle de devis pour l'entretien des routes.

Paris, le 9 mai 1812.

Monsieur le préfet, j'ai reconnu la nécessité de procéder d'une manière uniforme, dans tout l'empire, à l'adjudication des baux d'entretien des routes, au fur et à mesure de leur expiration.

J'ai, à cet effet, fait rédiger deux modèles de devis, l'un pour la fourniture et l'approvisionnement des matériaux destinés à l'entretien des routes, l'autre pour l'emploi des matériaux et autres travaux de l'entretien, en exécution du titre VI du décret du 16 décembre 1811.

J'ai l'honneur de vous les adresser; vous voudrez bien les remettre à M. l'ingénieur en chef de votre département, afin qu'il rédige, en conséquence, les devis et détails des routes à l'entretien, conformément à la division par cantons, aussitôt que je vous en aurai transmis le tableau approuvé par son excellence le ministre de l'intérieur.

Les travaux d'entretien des routes dont les baux sont expirés ne pourront éprouver d'interruption pendant la confection de ces devis, vous ayant autorisé, par ma circulaire du 11 avril dernier, à faire exécuter les ouvrages d'entretien par les anciens entrepreneurs aux prix de leurs marchés, et ce jusqu'à la mise en activité des nouveaux baux à passer.

Quant aux travaux d'art, aux relevés à bout et aux grosses réparations des chaussées pavées et en empierrements, ces ouvrages ne faisant pas partie de l'entretien proprement dit, l'article 28 du décret du 16 décembre 1811 ne peut leur être appliqué.

Vous voudrez bien, monsieur le préfet, procéder à l'adjudication de ces travaux comme par le passé, conformément aux clauses et conditions générales imposées aux entrepreneurs, que je vous ai adressées par ma circulaire du 30 juillet 1811 (1).

Je me repose sur votre sollicitude et sur le zèle de MM. les ingénieurs pour la prompte exécution de toutes ces dispositions.

Devis général des ouvrages à faire pour la fourniture et l'approvisionnement des matériaux destinés à l'entretien des routes. — Chap. Ier. *Indication et qualité des matériaux.* — Art. 1er. Les pavés,

2. Les bordures,

3. Les pierres ou moellons pour les chaussées de blocage auront

4. Le sable sera d'un gros grain, sec, graveleux, sans mélange de terre ou d'autres matières étrangères, bien passé à la claie, et de la meilleure qualité.

5. Toutes les pierrailles pour les chaussées en cailloutis seront réduites à la grosseur de

6. Tous les pavés et bordures autres que ceux de blocage seront bien équarris sur toutes les faces, de manière à pouvoir donner en emploi des joints de   de largeur au plus; les pavés et bordures d'échantillon seront sans aucun bousin, les plus durs, et de la meilleure qualité; tout pavé tendre, défectueux ou en cul-de-lampe sera rebuté : il en sera de même des bordures.

7. Tous les matériaux pour la réparation des chaussées d'empierrement, cailloutis ou gravelage, seront les plus durs et de la meilleure qualité; ils seront extraits ou ramassés à l'avance, passés à la claie, et purgés de toute glaise, terre végétale, ou autres substances qui pourraient s'y trouver adhérentes.

8. Il ne pourra être extrait de sable ni aucuns matériaux sur les accotements, dans les fossés, entre les arbres, ni sur les talus ou banquettes : l'entrepreneur ne pourra également faire aucune excavation à ciel ouvert ou souterraine, ni continuer celles existantes, plus près que 20 mètres au delà du bord extérieur des accotements. Toute dérogation à cette règle devra être préalablement autorisée par décision du préfet, prise sur l'avis motivé de l'ingénieur en chef; et, dans ce cas, les fouilles seront soigneusement remplies au fur et à mesure avec les décombres, de manière qu'en aucun cas la route ne puisse en éprouver d'altération.

9. L'entrepreneur remettra aux carriers qu'il emploiera, des jauges exactes des dimensions des pavés et bordures d'échantillon à fournir, afin qu'il n'y ait rien d'arbitraire dans le travail de ses ouvriers.

10. Les pavés et bordures, le moellon et le sable à fournir pour la réparation annuelle des chaussées en pavé ou en blocage, seront approvisionnés sur les routes; savoir : les trois quarts depuis le   jusqu'à la fin de   de chaque année, et le dernier quart

---

(1) Voir la circulaire du 25 août 1833, portant envoi d'un nouveau cahier de charges, de clauses et conditions générales.

depuis le   jusqu'à la fin de   de telle sorte
que les approvisionnements ne se fassent jamais en même temps que
l'emploi, et qu'il soit réservé une partie des matériaux pour réparer les
plus mauvais pas pendant la mauvaise saison.

11. Les matériaux pour l'année d'entretien des chaussées en empierrement, gravelage ou cailloutis, seront approvisionnés depuis
le   jusqu'à la fin de   savoir : les trois quarts
depuis le   jusqu'à la fin de   et le dernier quart
depuis le   jusqu'à la fin de

12. Les matériaux pourront être voiturés à l'avance sur les ports
et dépôts dont on s'est servi jusqu'à présent, ou sur les demi-lunes et
les parties les plus larges des accotements, de manière à ne point gêner
la voie publique, et à éviter toute confusion avec les matériaux des
adjudicataires des relevés à bout et autres travaux extraordinaires, non
compris dans les baux d'entretien.

13. Les approvisionnements en pavés, bordures, moellons et sable
pour les chaussées pavées, seront déposés d'un seul côté, sur l'accotement, par tas régulièrement disposés, à un demi-mètre du bord
extérieur de l'accotement. Les tas seront espacés entre eux à la distance
prescrite par les états d'indication. Les pavés formeront une enceinte
dans laquelle on déposera le sable.

14. Les pierres ou moellons pour la réparation des chaussées en
blocage seront également rangés et disposés conformément aux états
d'indication.

15. Le caillou pour les chaussées en cailloutis sera emmétré par tas réguliers, dont les dimensions seront prescrites par les états d'indication.

16. Dans les cas où les tas n'auraient pas les dimensions prescrites,
ils seront réemmétrés aux frais de l'entrepreneur; et en cas de fraude
reconnue dans quelques-uns des tas, le déchet provenant de cette
fraude sera déduit de chacun des autres tas, sans que l'entrepreneur
puisse être admis à justifier que la fraude n'est pas générale.

17. Dans la traversée des villes et villages, l'ingénieur pourra permettre de modifier l'espacement et l'emplacement des matériaux.

18. Toute main-d'œuvre pour la vérification, ouverture et rétablissement des tas de matériaux en approvisionnements, est à la charge
de l'entrepreneur.

19. Tous les matériaux rebutés seront enlevés par l'entrepreneur, ou
à ses frais, dans le délai prescrit par le procès-verbal de non-réception.

20. Les ingénieurs ordinaires procéderont aux réceptions immédiatement après l'expiration des termes fixés pour les fournitures; les entrepreneurs ou leurs représentants seront tenus d'y assister, pour les
accepter ou faire leurs observations dans le délai de dix jours, conformément à l'article 54 du décret du 16 décembre 1811; toute réclamation ultérieure ne serait point admise. Les procès-verbaux de réception
seront remis de suite à l'ingénieur en chef, et l'on ne commencera
l'emploi des matériaux qu'après avoir reçu l'autorisation du préfet.

Chap. II. *Clauses et conditions générales. Mode et durée d'adjudication.*
— 21. L'adjudication aura lieu sur des soumissions cachetés, écrites
sur papier timbré, conformément aux dispositions de l'arrêté du gouvernement, du 19 ventôse an xi, et des articles 30 et 33 du décret du
16 décembre 1811.

22. Les baux pour la fourniture des approvisionnements des routes pavées dureront six ans, à commencer du   pour finir au

23. Ceux pour l'extraction, le transport et le cassage des matériaux destinés à la réparation des routes non pavées, seront de trois années, à commencer du   pour finir au

24. Les adjudications des cantons de route seront faites par les sous-préfets, sur le vu des soumissions définitives, en présence de l'ingénieur ordinaire de l'arrondissement, et de l'ingénieur en chef, si celui-ci juge à propos de s'y trouver.

Le sous-préfet prononcera l'adjudication, après avoir pris l'avis des ingénieurs, et entendu, s'il est besoin, les soumissionnaires.

Les procès-verbaux seront envoyés au préfet, qui les transmettra, avec son avis et ses observations, à M. le directeur général des ponts et chaussées, pour être approuvés s'il y a lieu. (*Art. 31 et 44 du décret.*)

25. Il ne sera alloué aucune indemnité dans le cas où l'adjudication ne serait pas approuvée; mais s'il n'était ordonné que de légers changements à cette époque, ou pendant le cours de l'entreprise, l'adjudicataire devra s'y conformer, pourvu qu'il n'en résulte pas une différence de plus du sixième; et il lui sera fait état de la valeur de ces changements, soit en plus, soit en moins, au prorata des prix du détail estimatif, rectifiés par ceux de l'adjudication.

Qualités pour être adjudicataire.—26. Aucun individu, s'il n'est maître de poste, ne peut réunir l'adjudication de la fourniture des matériaux et l'adjudication d'aucuns travaux d'entretien. (*Art. 29 du décret.*)

27. Nul ne sera admis comme entrepreneur, s'il n'a les qualités nécessaires pour exécuter les approvisionnements et en garantir le succès. Chaque concurrent devra être libre de toutes fonctions incompatibles avec celles d'entrepreneur, et il justifiera de sa solvabilité, en présentant bonne et valable caution, tant pour la sûreté des fonds qui lui seront délivrés, que pour la garantie de son marché, et même pour y être suppléé, en cas d'accident ou d'insuffisance.

Le montant du cautionnement est fixé au vingtième du prix du montant du bail : il sera fourni en immeubles, et soumis à l'approbation de M. le préfet.

Cas de résiliation des baux. — 28. Tout maître de poste cessant de l'être cessera d'être adjudicataire de l'entretien des routes ou de la fourniture des matériaux, à commencer du mois qui suivra son remplacement, s'il n'est admis sur sa demande à continuer son entreprise pendant la durée de son bail. (*Art. 42 du décret.*)

29. Si, par une circonstance majeure et imprévue, les prix subissaient tout à coup une augmentation ou une diminution notable, le marché pourra être résilié à la demande de l'entrepreneur ou par l'administration, à moins que l'entrepreneur n'acceptât les modifications qui seront prescrites par M. le directeur général des ponts et chaussées.

30. Il ne sera point admis de sous-traitants; et, dans le cas où l'on viendrait à découvrir que cette clause a été éludée, l'adjudication pourra être résiliée et recommencée à la folle enchère de l'entrepreneur.

31. La résiliation sera prononcée par le préfet, et approuvée par le ministre de l'intérieur, sur l'avis du directeur général des ponts et chaussées. (*Art. 45 du décret.*)

32. Toutes plaintes ou réclamations contre les adjudications ou résiliations des baux de l'entretien des cantons, seront adressées au directeur général des ponts et chaussées, pour y être prononcé sur son rapport par le ministre de l'intérieur. (*Art. 46 du décret.*)

Exploitation des matériaux. — 33. L'adjudicataire sera tenu de payer, sans recours contre le gouvernement, tous dommages ou indemnités pour l'extraction, le transport ou le dépôt des matériaux, soit de gré à gré avec les propriétaires ou à dire d'experts, conformément aux lois et règlements sur cette matière ; et il sera tenu de représenter, quand il en sera requis, le traité qu'il aura fait avec eux, et leurs quittances.

34. L'entrepreneur ne pourra, sous prétexte de l'indemnité par lui payée aux propriétaires, vendre ni employer à tout autre objet que celui de son adjudication, le pavé, la pierre brute, le sable et le cailloux qu'il aura tirés ou approvisionnés, quand bien même il s'en trouverait d'excédant à ce qu'il doit fournir. En cas de contravention, les propriétaires pourront le poursuivre en dommages et intérêts devant les tribunaux.

35. L'entrepreneur ne pourra extraire des matériaux ailleurs que dans les carrières ou sablières prescrites, sans y être préalablement autorisé.

36. L'entrepreneur, jusqu'à la fin de son bail, devra user des carrières de manière à ne les point détériorer ni encombrer, non plus que les chemins de service qu'il sera tenu d'entretenir.

37. Il ne sera fait à l'entrepreneur aucune réduction pour les diminutions du transport qu'occasionnerait la fourniture avec autorisation, des matériaux provenant de nouvelles carrières dues à ses recherches.

38. Dans le cas où l'exploitation et la fabrication des matériaux ne seraient pas assez activées pour assurer les approvisionnements, l'ingénieur en chef sera autorisé par le préfet à y suppléer aux frais de l'entrepreneur, en établissant dans les carrières et ateliers les ouvriers nécessaires.

39. Les cantonniers sont chargés de faire connaître au conducteur des ponts et chaussées, et au maire de leur commune, les abus, fraudes ou délits qui auraient lieu dans l'approvisionnement des matériaux, au moment même où ils les reconnaîtraient : les maires sont tenus de rédiger sur-le-champ un procès-verbal des plaintes des cantonniers, et de les transmettre sans retard au sous-préfet. (*Art. 49 et 50 du décret.*)

40. Les cantonniers seront toujours présents ou appelés à la réception qui sera faite par les ingénieurs, des pavés ou autres matériaux approvisionnés par les adjudicataires. Ils devront présenter, lors de cette réception, leurs observations aux ingénieurs, sur la nature de ces matériaux (*Art. 51 du décret.*)

41. Lorsque la fourniture des matériaux et l'exécution des travaux d'entretien se trouveront réunies dans l'adjudication consentie à un maître de poste, les maires assisteront à la réception des matériaux, et feront sur leur nature les observations que les cantonniers seraient autorisés à présenter. (*Art. 52 du décret.*)

42. L'entrepreneur payera, au profit de l'Etat, une amende du tiers de la valeur des pavés ou autres matériaux qui auraient dû être appro-

visionnés, et qui ne seraient pas déposés, aux époques fixées, sur la route, et ce indépendamment du remplacement aux frais de l'entrepreneur, de tous les matériaux non fournis. (*Art.* 34 *du décret.*)

Ouvriers, outils et équipages. — 43. L'entrepreneur ne pourra employer que des ouvriers intelligents et capables de bien exploiter et bien façonner les pavés et bordures. Tout ouvrier ou agent quelconque de l'entrepreneur, inhabile, indocile, inexact, ou manquant de probité, sera renvoyé de suite à la première demande de l'ingénieur en chef.

44. Le nombre d'ouvriers et voituriers sera toujours proportionné à la quantité d'ouvrages à faire; et, pour mettre l'ingénieur à même de s'en assurer et de reconnaître les individus, il lui en sera remis chaque mois une liste nominative, qu'il transmettra à l'ingénieur en chef avec ses observations et les propositions qu'il jugerait utiles au bien du service; s'il était reconnu par les ingénieurs que, faute d'ouvriers, les approvisionnements ne doivent pas être terminés aux époques prescrites, il en sera rendu compte à M. le préfet, pour être par lui pris telles mesures qu'il jugera convenables.

45. L'entrepreneur sera tenu d'avoir toujours en bon état le nombre d'outils et voitures nécessaire pour assurer le succès de son entreprise : l'ingénieur de l'arrondissement en fera la vérification chaque fois qu'il le croira utile, et l'entrepreneur se conformera de suite aux ordres qui lui seront donnés à cet égard.

Payement, garantie et obligations. — 46. Les payements d'à-compte pour matériaux déjà déposés sur la route s'effectueront en raison de l'avancement des travaux et en vertu des mandats du préfet expédiés sur les certificats de l'ingénieur en chef, jusqu'à concurrence des neuf dixièmes de la dépense, autant que les fonds ordonnancés le permettront, et sans que l'entrepreneur puisse réclamer aucune indemnité pour cause de retard.

47. L'entrepreneur ne sera payé du montant de la garantie qu'après la réception définitive des approvisionnements de la dernière année; et dès lors, à moins qu'il ne lui ait été fait des significations contraires, il sera, ainsi que sa caution, déchargé des obligations de son entreprise.

48. Il ne sera alloué à l'entrepreneur aucune indemnité à raison des pertes, avaries ou dommages occasionnés par négligence, imprévoyance, défaut de moyens ou fausses manœuvres. Sont exceptés les cas de force majeure légalement constatés; cas dans lesquels il ne sera pourtant rien alloué aux entrepreneurs sans l'approbation préalable de M. le directeur général.

49. L'entrepreneur, soit par lui-même, soit par ses commis, visitera les travaux aussi souvent que cela sera nécessaire pour le bien du service. Il justifiera de ses visites et accompagnera les ingénieurs dans leurs tournées, toutes les fois qu'il en sera requis.

50. Au commencement du bail, le nouvel entrepreneur prendra les matériaux qui pourraient avoir été approvisionnés par son prédécesseur, en excédant des quantités prescrites, et les lui payera de gré à gré ou à dire d'experts : à la fin du bail, il en sera usé de même à son égard.

51. Au moyen des prix consentis et approuvés, l'entrepreneur fera

l'achat et fourniture de tous les matériaux ; il soldera tous les salaires et peines d'ouvriers, commis et autres agents dont il pourra avoir besoin pour assurer la bonne exécution des ouvrages. Il ne pourra, sous aucun prétexte d'erreur ou omission dans les distances de transport, revenir sur les prix par lui consentis, attendu qu'il a dû s'en rendre préalablement un compte exact, et qu'il est censé avoir fait tous les détails et calculs d'appréciation.

52. L'entrepreneur exécutera ponctuellement tout ce que les ingénieurs lui commanderont pour l'exécution de son entreprise.

53. L'entrepreneur sera appelé à prendre connaissance des métrages, états de situation et certificats de réception. Il devra les accepter ou déduire ses motifs de refus dans les dix jours, à peine de nullité de toute réclamation postérieure ; il pourra en prendre copie dans les bureaux des ingénieurs ou de la préfecture.

54. Les frais relatifs à l'adjudication seront payés comptant par l'entrepreneur, d'après l'état qui en sera arrêté par M. le directeur général des ponts et chaussées. Ces frais ne seront autres que ceux d'affiches, de publications et de criées, ceux de timbre et d'expédition du devis, du cahier des charges et du procès-verbal d'adjudication, enfin le droit d'enregistrement, fixé à 1 franc par la loi du 7 germinal an VIII, l'arrêté du 15 brumaire an XII, et le décret du 25 germinal an XIII.

55. Pour l'exécution des précédentes clauses générales, ainsi que des conditions particulières stipulées au devis, l'entrepreneur se soumet à être traité comme entrepreneur des travaux publics. En conséquence, toutes les contestations qui s'élèveront en interprétation du devis, ou relativement au mode d'exécution, seront portées par-devant le conseil de préfecture, pour y être décidées administrativement, sur le rapport de l'ingénieur en chef, et sauf le recours au gouvernement, s'il y a lieu.

Devis général des ouvrages pour l'emploi des matériaux et autres travaux de l'entretien des routes. — Chapitre Ier. *Indication des ouvrages à faire.* — Art. 1er. Les cantonniers exécuteront tous les travaux de main-d'œuvre et emploi de matériaux sous la direction des ingénieurs et conducteurs des ponts et chaussées.

Ils seront chargés :

Pour les chaussées pavées : 1° de relever et de remplacer chaque pavé enfoncé ou cassé ; 2° de maintenir et reposer les pierres ou pavés de bordure ; 3° de déblayer les boues amoncelées dans les flaques et bas fonds ; 4° de combler les ornières qui peuvent se faire entre les chaussées et les accotements ; 5° et d'entretenir les accotements unis et praticables en toute saison.

Pour les chaussés d'empierrement : 1° d'employer les matériaux approvisionnés sur les routes ; 2° de donner de l'écoulement aux eaux pluviales ou autres ; 3° de combler les ornières à mesure qu'elles se forment ; 4° de rabattre les bourrelets des chaussées, régaler toutes les aspérités qu'elles présentent, et recouvrir en gravier ou pierrailles les flaques, creux ou sentiers qui s'y formeraient ; 5° d'entretenir les accotements de manière qu'ils soient unis et praticables en toutes saisons ; 6° de conserver les alignements et la forme des tas des approvisionnements, de telle manière que les vérifications des ingénieurs puissent toujours en être sûres et faciles. (*Art.* 47 *du décret du* 16 *décembre* 1811.)

2. Les ponceaux, gargouilles, cassis, rigoles, aqueducs, écharpes, revers d'eau et autres ouvrages destinés à évacuer les eaux des routes, seront décombrés, curés et nettoyés de manière à être continuellement à vif fond. Toutes les dégradations qui pourraient être occasionnées par les eaux seront réparées sur-le-champ par les cantonniers; ils pratiqueront de nouvelles rigoles, cassis ou écharpes sur tous les points où les ingénieurs en auront reconnu la nécessité.

3. Les travaux d'entretien, de curement et de réparation des fossés des routes devront être exécutés par les propriétaires riverains, d'après les indications et alignements donnés par les agents des ponts et chaussées. (*Art.* 109 *du décret.*) Les cantonniers seront tenus de veiller à ce que ces indications et alignements soient exactement observés.

4. Si les cantonniers ont besoin de terre pour réparer les dégradations fortuites ou recharger les accotements, ils pourront la prendre dans les champs voisins, en payant aux propriétaires, s'il y a lieu, les indemnités préalables, de gré à gré ou à dire d'experts.

5. On indiquera chaque année aux cantonniers les parties qui devront être relevées à bout, et ils n'y feront que les réparations indispensables pour maintenir une viabilité sûre et facile, en attendant l'exécution des relevés à bout.

6. Les cantonniers, lorsqu'ils en seront requis par l'ingénieur ou le conducteur, seront tenus de nettoyer de terre, plantes, herbes ou autres, les cordons, plinthes, corniches, corbeaux, avant et arrière-becs, parapets et autres parties des ponceaux, aqueducs, murs de soutènement, etc.

7. Lors des neiges et des fortes gelées, les cantonniers seront tenus d'enlever la neige et la glace des cassis, rigoles ou autres cours d'eau établis sur la route. Ils seront également tenus de répandre sur les chaussées en rampes les quantités de sable qui auront été approvisionnées à cet effet.

8. Les écharpes, revers d'eau ou autres parties pavées sur les accotements seront entretenues par les cantonniers avec les vieux pavés, et il n'y sera employé du pavé neuf que sur l'ordre de l'ingénieur.

9. Les relevés à bout seront exécutés par les entrepreneurs qui en seront adjudicataires, et les cantonniers ne seront chargés de l'entretien de ces relevés à bouts neufs, ainsi que de leurs accotements qu'après la réception définitive qui aura été faite en leur présence.

10. Dans les cas de nécessité et non prévus où il serait ordonné par M. le directeur général, pour l'entretien des routes, d'employer une quantité plus considérable de matériaux neufs, que celle déterminée par le bail des fournitures, le cantonnier sera tenu de faire l'emploi des matériaux prescrits en plus, et il lui en sera fait état d'après les prix de son adjudication.

11. Toutes pierres errantes, soit sur les accotements, soit sur les chaussés, seront aussitôt ramassées et jointes au tas d'approvisionnement, pour les chaussées en cailloutis, ou enterrées au pied des bordures des chaussées pavées.

Des matériaux et de leur emploi. — 12. Les cantonniers seront toujours présents ou appelés à la réception qui sera faite par les ingénieurs, des pavés ou matériaux approvisionnés par les adjudicataires. Ils devront présenter, lors de cette réception, leurs observations aux ingénieurs, sur la nature de ces matériaux. (*Art.* 51 *du décret.*)

13. Il ne pourra être distrait, enlevé, vendu ou donné aucun pavé ou autres matériaux neufs ou vieux, ou de rebut, à peine de poursuites suivant la rigueur des lois ; et les cantonniers sont personnellement responsables de tous les matériaux quelconques approvisionnés et reçus pour l'entretien de leur canton de route, à moins qu'ils n'aient fait constater de suite les vols ou enlèvements ; à cet effet, ils entretiendront les formes des tas d'approvisionnement et l'arrangement régulier des pavés, de manière à rendre sensible, au premier aspect, le moindre déficit, ainsi que le prescrit l'art. 147 du décret.

14. Tous les cailloux, pierrailles ou gravier pour l'entretien des chaussées en cailloutis doivent être parfaitement purgés de terre, sable ou autres matières, et cassés à la grosseur prescrite par le devis des fournitures.

15. Tous les pavés neufs et bordures, soit d'échantillon ou blocage, auront les dimensions et qualités ci-après :

Les pavés,

16. Les pierres pour l'entretien des chaussées en blocage doivent être dures et avoir au moins

17. Le sable est exigé sec, graveleux, sans aucun mélange de terre, et bien passé à la claie.

18. Tous les matériaux doivent provenir des carrières, sablières et autres endroits indiqués au devis des fournitures ; il ne pourra être fait aucune extraction quelconque qu'à vingt mètres du bord extérieur des accotements.

19. Avant de relever ou remplacer aucun pavé ou bordure, soit en pavé d'échantillon ou de blocage, comme aussi avant de répandre les pierrailles sur les chaussées, les boues et les matières usées seront soigneusement enlevées jusqu'au vif fond.

20. Sous les pavés ou bordures à relever ou à remplacer, la forme sera piochée, rafraîchie en sable neuf, et les pavés remis en place seront parfaitement garnis de sable neuf et en quantité suffisante, tant dans les joints qu'à la surface de la chaussée.

21. Lorsque le sol sera glaiseux, les cantonniers éviteront de piocher la forme jusqu'à la glaise ; ils remueront seulement le vieux sable et en mettront du neuf en quantité suffisante pour bien asseoir le nouveau pavé.

22. Tous les pavés vieux provenant des relevés à bout, et ceux remplacés par les pavés neufs d'entretien, seront essemillés avec soin par les cantonniers, mis en tas comme les pavés neufs, et réemployés par eux à mesure que l'occasion de les faire servir se présentera. Les cantonniers devront toujours employer les pavés neufs sans les altérer, et ils emploieront en clausoir les vieux pavés, après leur avoir donné la forme exacte du trou à boucher.

23. On ne rebutera que les pavés vieux et de mauvaise qualité qui auront moins de   Toute bordure vieille qui n'aurait pas conservé   de dimension, sans démaigrissement, sera rebutée et taillée pour être convertie en pavé d'échantillon.

24. Tous les pavés de rebut, lorsqu'ils auront été reconnus hors de service par les ingénieurs ou conducteurs, seront soigneusement enterrés au pied des bordures, pour les soutenir et prévenir les ornières ou débords.

25. Les joints larges ne seront tolérés dans aucun cas, non plus que les cales qui les rempliraient.

26. Il ne devra, sous aucun prétexte, être posé de pavés à plat : tous le seront de champ, bien d'équerre avec l'axe de la chaussée, et en liaison de la moitié de leurs parements, exactement joints en bouts et rives, tant entre eux qu'avec les bordures, bien garnis de sable dessous et au pourtour, affermis à coups de marteau, et battus au refus d'une hie ou demoiselle du poids de   kilogrammes, afin qu'il ne reste ni enfoncement, ni flaches, ni bosses, et que le bombement ou la pente en travers soit exactement maintenu ou rétabli.

Les dispositions ci-dessus s'appliqueront à la réparation des chaussées en pavés de blocage.

Les cailloux ou graviers seront transportés à la brouette, et non jetés à la pelle, lors de l'emploi.

27. L'emploi de tous les matériaux affectés à l'entretien, sera effectué, au fur et à mesure des besoins de la route; et si, à l'expiration du bail, la route étant en bon état, il s'y trouve une quantité de matériaux non employée, il ne sera pas fait déduction du prix de l'emploi desdits matériaux.

Aucun emploi ne sera commencé avant que le procès-verbal de réception ait été transmis à l'ingénieur en chef, et que celui-ci ait reçu l'autorisation du préfet. Tous les matériaux employés sans autorisation seront remplacés aux frais des cantonniers.

28. Dans le cas où les matériaux ne seraient pas approvisionnés en quantité et qualité requises, aux époques prescrites, il y sera pourvu aux frais des fournisseurs, dans le plus bref délai : cependant, si les routes avaient besoin de réparations urgentes, les ingénieurs pourront autoriser les cantonniers à prendre ce qui serait nécessaire à même des nouveaux approvisionnements, quoique incomplets, et il en serait fait état d'après le métrage préalablement fait par le conducteur, en présence du maire ou lui dûment appelé.

Rétablissement des routes en bon état. — 29. Lorsque, au commencement du bail, les routes ou parties de route ne seront pas à l'entretien simple, leur rétablissement aura lieu en plusieurs années, d'après les indications détaillées; mais alors les cantonniers ne seront tenus de maintenir en parfait état et avec toutes pentes et bombements primitifs que les parties qui leur auront été remises en état de neuf, au fur et à mesure des réceptions qui en seront faites en leur présence; quant aux autres parties, ils seront tenus de les prendre dans l'état actuel, et, au moyen des sommes par eux consenties d'après l'adjudication, de réparer de suite tous les trous, cavités, rouages dangereux : de combler les débords, d'assurer partout l'écoulement des eaux, et de continuer les travaux d'entretien, de manière que la viabilité soit partout sûre et facile; ce que les certificats des maires et des maîtres de poste devront constater pour que le payement soit effectué.

Chapitre II. *Clauses et conditions générales.* — 30. Les travaux de simple entretien sont de deux espèces :

1° La fourniture des matériaux à donner à l'entreprise;

2° Leur emploi et les autres travaux de l'entretien à adjuger à des cantonniers.

Le présent devis général ne s'applique qu'à l'emploi des matériaux et aux autres travaux de l'entretien.

Mode et durée de l'adjudication. — 31. Les baux d'adjudication se-

II.   9

ront passés pour trois ans, à commencer sur des soumissions cachetées, écrites sur papier timbré, conformément aux dispositions de l'arrêté du gouvernement, du 19 ventôse an XI, et aux articles 30 et 36 du décret du 16 décembre 1811.

32. Les adjudications des cantons de route seront faites par les sous-préfets, sur le vu des soumissions définitives, en présence de l'ingénieur ordinaire de l'arrondissement et de l'ingénieur en chef, si celui-ci juge à propos de s'y trouver.

Le sous-préfet prononcera l'adjudication, après avoir pris l'avis des ingénieurs, et entendu, s'il est besoin, les soumissionnaires. Les procès-verbaux seront envoyés au préfet, qui les transmettra, avec son avis et ses observations, au directeur général des ponts et chaussées, pour être par lui approuvés; néanmoins, ils recevront immédiatement leur exécution provisoire. (*Art. 31 et 44 du décret.*)

Qualités pour être adjudicataire. — 33. Aucun individu, s'il n'est maître de poste, ne peut réunir l'adjudication de la fourniture des matériaux et l'adjudication d'aucuns travaux d'entretien. (*Art. 29 du décret.*)

34. Tout individu habitant dans une commune dont le territoire est traversé par un canton de route, ou en est limitrophe, pourra présenter sa soumission pour le travail dudit canton de route.

35. Aucun individu, s'il n'est maître de poste ne peut sommissionner plus d'un canton de route. Un maître de poste, peut soumissionner plusieurs cantons de route, pourvu qu'ils soient desservis par son relais. (*Art. 40 du décret.*)

36. Tout maître de poste qui présentera sa soumission pour se rendre adjudicataire de l'entretien du canton ou des cantons de route compris dans l'étendue de ses relais, pourra, par exception spéciale, réunir la qualité d'adjudicataire de la fourniture des matériaux et celle de cantonnier. (*Art. 41 du décret.*)

37. Lorsque l'adjudicataire sera un maître de poste, il sera tenu d'indiquer et de faire admettre un maître ouvrier pour recevoir et faire exécuter tous les ordres des ingénieurs et conducteurs des ponts et chaussées, sans cesser d'être personnellement obligé pour l'exécution de toutes les clauses de son bail. (*Art. 48 du décret.*)

38. Aucun individu, s'il n'est maître de poste, ne pourra devenir adjudicataire de l'entretien des chaussées pavées ou de blocage, s'il n'est paveur de profession, et s'il ne joint à sa soumission un certificat de capacité et de moralité.

39. Les soumissions étant accompagnées de pièces justificatives de la capacité et de la moralité, les soumissionnaires s'obligeront à exécuter tous les travaux d'après les conditions prescrites et moyennant les sommes qu'ils porteront en toutes lettres.

Les certificats de capacité ne seront pas nécessaires pour l'entretien des chaussées en cailloutis.

Cas de résiliation. — 40. Tout maître de poste cessant de l'être, cessera, par le fait, d'être adjudicaire de l'entretien des routes ou de la fourniture des matériaux, à commencer du mois qui suivra son remplacement, s'il n'est admis, sur sa demande, à continuer son entreprise pendant la durée de son bail. (*Art. 42 du décret.*)

41. Tout défaut d'accomplissement dûment constaté, de la part du

cantonnier, de l'une des obligations qui lui sont imposées par le présent, entraînera la résiliation de son bail, et les réparations qu'il aurait négligé de faire seront exécutées à ses frais. (*Art. 43 du décret.*)

42. La résiliation sera prononcée par le préfet et approuvée par le ministre de l'intérieur, sur l'avis du directeur général des ponts et chaussées. (*Art. 45 du décret.*)

43. Toutes plaintes ou réclamations contre les adjudications ou résiliations de baux de l'entretien des cantons de route, seront adressées au directeur général des ponts et chaussées, pour y être prononcé, sur son rapport, par le ministre de l'intérieur. (*Art. 46 du décret.*)

Retard ou malfaçon. — 44. Dans tous les cas où des réparations n'auraient pas été faites par des cantonniers, les ingénieurs ordinaires, sur le rapport du conducteur, demanderont l'autorisation de faire exécuter ces réparations aux frais des cantonniers; il sera statué sur cette demande dans les vingt-quatre heures par les sous-préfets, qui rendront compte de leurs décisions aux préfets. (*Art. 72 du décret.*)

45. Tous les ouvrages défectueux seront démolis et refaits aux frais des cantonniers, qui seront d'ailleurs tenus de faire tout ce que les ingénieurs ou conducteurs exigeront d'eux pour le tracé, la vérification et reconnaissance de leurs travaux.

Réception. — 46. Lorsque la fourniture des matériaux et l'exécution des travaux se trouveront réunies dans l'adjudication consentie à un maître de poste, les maires assisteront à la réception desdits matériaux. (*Art. 52 du décret.*)

47. Les maires ou cantonniers qui auront fait des observations sur la fourniture des matériaux, pourront les transmettre, s'ils le jugent convenable, et dans les vingt-quatre heures, au sous-préfet. (*Art. 53 du décret.*)

48. Tout cantonnier qui, aux époques et dans les formes indiquées, n'aurait pas présenté ses observations sur la nature des matériaux qui lui seraient fournis, ne sera plus admis à se prévaloir de la mauvaise qualité des matériaux pour excuser le mauvais état de son canton de route. (*Art. 54 du décret.*)

Nombre et police des ouvriers. — 49. Tout cantonnier sera tenu d'exécuter, jour par jour, les réparations, et d'employer le nombre d'ouvriers nécessaire. (*Art. 48 du décret.*)

50. Pour satisfaire à l'exécution des réparations journalières, les cantonniers seront tenus d'avoir constamment le nombre d'ouvriers qu'exigera le besoin de la route : ce nombre sera constaté par les conducteurs, et ne pourra jamais être moindre que d'un ouvrier par mètres de longueur.

51. Les ouvriers seront sur la route, sans désemparer, tous les jours de travail, depuis le lever jusqu'au coucher du soleil, entre les équinoxes d'automne et du printemps, et depuis pendant le reste de l'année. Il sera fait un état des absents, pour être pris, contre les cantonniers, telles mesures qui seront jugées nécessaires.

52. Les cantonniers seront tenus de congédier sur-le-champ, à la demande de l'ingénieur en chef, ceux de leurs agents ou ouvriers trouvés inhabiles, inexacts, insubordonnés ou sans conduite, et de les remplacer de suite par d'autres mieux choisis et capables de bien faire.

Ustensiles et outils. — 53. Chaque cantonnier paveur se pourvoira de tous les outils nécessaires, tels que brouettes, hie ou demoiselle du poids de   kilogrammes, louchets, pelles, pinces, pioches, couperets, marteaux de paveur, masses en fer, dames, râteaux en fer, rabots en bois, pour rassembler les boues, règles et niveaux de maçon, cordeaux, jalons et voyans, pour observer les pentes et alignements.

Les cantonniers seront dispensés des outils spécialement applicables à l'entretien des chaussées pavées, lorsqu'ils n'auront à entretenir que des chaussées en cailloutis.

54. Tous les outils devront être en bon état, conditionnés de la meilleure manière, réparés et renouvelés aussi souvent qu'il sera nécessaire; ils seront soumis à l'inspection des ingénieurs et de leurs agents, qui provoqueront les mesures que les circonstances pourraient exiger.

55. A la fin du bail, le cantonnier entrant sera tenu de reprendre et de payer, de gré à gré ou à dire d'experts, les outils que le cantonnier sortant ne voudrait pas garder.

Plantations. — 56. La conservation des plantations des routes est confiée à la surveillance et à la garde spéciale des cantonniers. (*Art.* 106 *du décret.*)

57. En conséquence, ils veilleront à ce qu'il ne leur soit porté aucune atteinte, que les élagages, échenillages, cultures et plantations se fassent dans les temps et avec les soins qui seront prescrits par l'instruction qu'ils recevront à cet effet; et, en cas de délit, ils seront tenus d'en donner avis au maire dans les vingt-quatre heures, à peine d'une retenue de   s'ils négligeaient de remplir cette obligation.

Fraudes et délits. — 58. Les cantonniers feront connaître, chaque jour, aux conducteurs des ponts et chaussées, et aux maires de leur commune, les abus et délits qui seraient commis dans l'étendue de leurs cantons, tels que fraudes dans l'approvisionnement des matériaux, dégradations commises sur la route, et tous autres délits de grande voirie quelconques. (*Art.* 49 *du décret.*)

59. Toute fraude ou malfaçon que les cantonniers apercevraient dans l'exécution des relevés à bout, ou de tous autres travaux extraordinaires, sera de suite déclarée par eux aux ingénieurs ou à leurs agents.

60. Les maires sont chargés de dresser, sur-le-champ, un procès-verbal des plaintes des cantonniers, et de l'adresser au sous-préfet. (*Art.* 50 *du décret.*)

61. Les cantonniers prêteront aide et assistance aux voituriers et voyageurs, et ils donneront avis aux maires et à la gendarmerie, de tout ce qui pourrait intéresser la sûreté et la tranquillité publiques. Les maires seront tenus de faire aux sous-préfets le rapport des déclarations des cantonniers. La gendarmerie en devra dresser procès-verbal sur-le-champ, sans déplacer et en la présence du cantonnier déclarant. (*Art.* 55 *du décret.*)

62. L'emploi des roues à jantes étroites, des clous saillants ou bandes avec parties saillantes, et notamment les surcharges, étant contraire à la conservation des routes, les cantonniers pourront s'assurer par eux-mêmes de l'exactitude du service des préposés aux ponts à bascule, qui seront tenus d'opérer en leur présence; ils déclareront aux maires, aux adjoints, à la gendarmerie, aux ingénieurs ou aux conduc-

teurs, toutes les négligences ou fraudes dont ils auraient connaissance.

63. Les cantonniers qui, d'après la force et le nombre des chevaux, ou d'après l'espèce de donnée, jugeraient une voiture en surcharge, la signaleront aux cantonniers suivants jusqu'au prochain pont à bascule, où le chargement en sera vérifié : s'il y a délit, la partie de l'amende revenant au dernier cantonnier sera partagée également entre tous ceux qui auront suivi la voiture.

64. Les cantonniers surveilleront avec soin et feront connaître les propriétaires riverains, vignerons, laboureurs et autres qui se permettraient de faire des entreprises en anticipation sur les fossés, talus, banquettes, accotements ou autres parties des routes, soit par des constructions, soit par des labours, dépôts de fumier, de bois ou autrement, à peine de devenir personnellement responsables des amendes que les délinquants auraient encourues.

65. Les cantonniers affirmeront leurs procès-verbaux de contravention ou de délit, devant le juge de paix, le maire ou l'adjoint du lieu. (*Art.* 112 *du décret.*)

66. Les procès-verbaux seront adressés aux sous-préfets. (*Art.* 113 *du décret.*)

67. Un tiers des amendes de grande voirie appartiendra à celui qui aura constaté le délit. (*Art.* 115 *du décret.*)

68. Les cantonniers donneront exactement connaissance aux ingénieurs ou aux conducteurs des ponts et chaussées, de toutes les plaintes et déclarations de délits quelconques qu'ils auraient faites aux maires ou à la gendarmerie, avec l'indication des dates. Il en sera dressé un état par les ingénieurs ordinaires, qui l'enverront régulièrement, à la fin de chaque mois, à l'ingénieur en chef.

Surveillance administrative. — 69. La surveillance des maires sur l'état des routes de leur commune, et sur le service des cantonniers qui y seront placés, devant s'exercer par une inspection des travaux qu'ils pourront faire aussi fréquemment qu'ils le trouveront convenable, en se faisant accompagner par les cantonniers toutes les fois qu'ils le jugeront nécessaire, ceux-ci seront tenus de déférer aux demandes des maires à cet égard; néanmoins, ils ne devront exécuter aucun travail, ni modifier celui commencé, d'après l'ordre des maires, qui doivent se borner à rendre compte au sous-préfet, au moins chaque quinzaine, et sur-le-champ s'il y a urgence, des résultats de leur inspection. (*Art.* 58 et 59 *du décret.*)

70. Les cantonniers seront tenus d'assister les sous-préfets dans les inspections des routes qu'ils doivent faire quatre fois par an, et en outre dans les visites de tous les points de route dont l'état sera l'objet d'une contradiction entre les rapports des maires et ceux des ingénieurs. (*Art.* 60 *et* 61 *du décret.*)

Payement des cantonniers. — 71. Le travail de l'entretien des routes sera payé aux cantonniers, chaque mois, au chef-lieu d'arrondissement, à raison du douzième du prix d'une année du bail, sauf la retenue d'un douzième qui aura lieu sur chaque payement, pour la garantie de la bonne exécution des travaux subséquents, et il sera fait compte de cette retenue lors de l'expiration du bail. (*Art.* 56 *du décret.*)

72. Pour obtenir leurs mandats de payement, les cantonniers enverront chaque mois aux préfets, par l'intermédiaire des sous-préfets,

indépendamment du certificat de consentement au payement du douzième, délivré par les ingénieurs, un certificat des maires et maîtres de poste de leurs cantons de routes, constatant le bon état desdites routes. (*Art. 67 du décret.*)

73. Lors même qu'un cantonnier sera porteur des certificats indiqués, le préfet, s'il a reçu quelques plaintes ou acquis des notions sur le mauvais état de son canton de route, pourra en faire ou en ordonner la visite, et suspendre, jusqu'au résultat de ladite visite, la délivrance du mandat de payement. (*Art. 68 du décret.*)

74. Le préfet pourra également ordonner une vérification extraordinaire du canton de route d'un cantonnier qui le réclamerait et qui aurait éprouvé le refus d'un des certificats exigés. (*Art. 69 du décret.*)

75. Sous aucun prétexte d'erreur ou d'omission dans les prix, les cantonniers ne pourront revenir sur ceux par eux consentis, attendu qu'ils ont dû s'en rendre préalablement un compte exact.

Présence, conduite et obligations des cantonniers. — 76. Les cantonniers ne pourront s'absenter sans une permission de l'ingénieur de l'arrondissement et sans avoir pourvu à leur remplacement; indépendamment de leur présence journalière sur les ateliers, ils seront tenus de parcourir toute l'étendue de leur canton au moins deux fois par semaine.

77. Les cantonniers ne pourront céder ni la totalité, ni aucune partie de leur entreprise, sans y être autorisés, à peine de nullité des sous-traités ou marchés particuliers qu'ils auraient pu faire, et de résiliation de leur bail avec réadjudication à leur folle enchère.

78. Les cantonniers payeront comptant les frais d'adjudication, d'après l'état qui en sera arrêté par le directeur général des ponts et chaussées : ces frais ne pourront être que ceux d'affiches, de publications et de criées, ceux de timbre et d'expédition des devis, détails estimatifs, cahiers des charges et procès-verbal d'adjudication, enfin le droit d'enregistrement, fixé à un franc par la loi du 7 germinal an VIII, l'arrêté du 15 brumaire an XII, et le décret du 25 germinal an XIII.

79. Pour l'exécution de toutes les clauses et obligations ci-dessus, ainsi que des conditions particulières stipulées aux devis et détails estimatifs, les cantonniers se soumettront à être traités comme entrepreneurs de travaux publics; et en conséquence, toutes contestations seront portées devant le conseil de préfecture, pour y être décidées administrativement, sur le rapport de l'ingénieur en chef, et sauf le recours au gouvernement, s'il y a lieu.

Décret du 20 juin 1812, contenant règlement pour l'administration des marais Gargouillaud et pour l'entretien du canal la Grange.

Vu la loi du 16 septembre 1807;

Vu les projets de règlement proposés par le préfet de la Vendée, et par les propriétaires du marais Gargouillaud, pour l'administration de ce marais et l'entretien du canal la Grange;

Considérant qu'il importe, soit pour la conservation du desséchement du marais de Vix, soit pour l'amélioration du marais Gargouillaud, que ce canal soit régulièrement réparé et entretenu ;

Le conseil d'Etat entendu, il a été décrété ce qui suit :

Art. 1er. Tous les propriétaires du marais Gargouillaud, arrondissement de Fontenay, département de la Vendée, formeront une société sous le nom de société du marais Gargouillaud, dans le but de pourvoir à l'amélioration de ce marais et à l'entretien du canal de la Grange.

2. Cette société sera représentée par une commission syndicale, composée de neuf membres choisis par le préfet, parmi les propriétaires les plus imposés à raison du marais.

3. Cette commission sera renouvelée par tiers tous les trois ans par la commission elle-même, sauf l'approbation du préfet.

Les membres sortant pourront être réélus.

4. La première assemblée de la commission sera convoquée par le préfet, dans la ville de Fontenay, où elle sera présidée par le sous-préfet. Elle déterminera pour l'avenir, sauf l'approbation du préfet, le lieu et l'époque de ses séances annuelles. Il ne pourra y avoir de changement à cet égard, qu'en vertu d'une délibération de la commission approuvée par le préfet.

5. La commission nommera un directeur qui sera chargé de faire exécuter ses délibérations : il sera dépositaire des plans, titres et registres, dont il signera l'inventaire à son entrée en fonctions.

6. Les fonctions du directeur seront gratuites, et dureront trois ans. Le directeur sortant pourra être réélu.

7. Le percepteur des contributions de la commune de Vix est de droit caissier de la société. Il est chargé en cette qualité de faire déclarer exécutoires les rôles des contributions, de percevoir les contributions et revenus, de payer les dépenses du marais sur les mandats du directeur. Son cautionnement en argent et son traitement seront réglés par la commission, sauf l'approbation du préfet.

8. Chaque année la commission nommera deux de ses membres qui seront chargés, conjointement avec le directeur, de vérifier si les travaux ordonnés sont bien exécutés, et de concerter les projets qui seront présentés à l'assemblée suivante.

9. Le garde champêtre de l'une des communes voisines sera chargé par le directeur de la garde des marais et du canal la Grange. Ses procès-verbaux dûment affirmés auront foi en justice, quoique faits hors du ressort de ses fonctions ordinaires.

10. Les contributions nécessaires seront fixées, chaque année, dans l'assemblée périodique de la commission syndicale. Si des cas imprévus exigent des dépenses extraordinaires, l'assemblée sera convoquée extraordinairement par le directeur, avec l'autorisation du préfet.

11. Le recouvrement des contributions sera fait dans les mêmes formes et avec les mêmes priviléges que celui des contributions publiques.

12. Les poursuites nécessaires pour le recouvrement des contributions seront faites à la requête du directeur et à la diligence du caissier. L'état des contraintes, signé du directeur, sera soumis au *visa* du sous-préfet, et confié ensuite pour l'exécution à l'un des porteurs de contraintes ordinaires de l'arrondissement.

13. Les membres de la commission syndicale seront convoqués par le directeur un mois d'avance.

14. La commission ne pourra délibérer qu'au nombre de cinq membres.

15. Les assemblées seront présidées par le directeur, ou en cas d'empêchement par le plus âgé des commissaires adjoints annuellement. La voix du président est prépondérante en cas de partage.

16. Toutes les délibérations de la commission syndicale seront soumises à l'approbation du préfet, auquel elles seront adressées en double expédition, dont une sera déposée aux archives de la préfecture.

Circulaire du directeur général des ponts et chaussées (M. Molé), à MM. les préfets, portant que la manœuvre des ponts à bascule sera confiée à l'avenir à des préposés spéciaux.

Paris, le 24 juin 1812.

Monsieur le préfet, l'objet des ponts à bascule est de constater les excès de chargement dont les rouliers se rendent si souvent coupables, d'arrêter et de prévenir par là une des causes les plus puissantes de la destruction des routes. Jusqu'ici, l'établissement de ces ponts n'a pas produit tous les avantages que l'on était en droit d'en attendre, et l'on ne peut en accuser que la négligence avec laquelle les préposés au service de ces ponts ont rempli leurs fonctions, et que MM. les ingénieurs eux-mêmes ont mise à surveiller ces préposés : il est urgent d'arrêter le désordre qui s'est introduit dans cette partie du service ; j'ai besoin, pour y parvenir, que vous y donniez toute votre attention et votre sollicitude.

D'après les dispositions du décret du 23 juin 1806, qui permettent de charger les préposés à la perception des octrois, de la manœuvre des ponts à bascule, on a cru devoir généralement confier à ces agents le soin de vérifier le poids des voitures de roulage ; mais l'expérience du passé m'a donné lieu de reconnaître qu'il était nécessaire de profiter de la latitude que laisse le décret, en chargeant des préposés spéciaux de constater les contraventions dont les rouliers se rendraient coupables. La surveillance particulière qu'exige le service des octrois, rend incompatibles les fonctions de préposé à ce service et celles de préposé aux ponts à bascule ; d'un autre côté, les employés aux octrois se trouvant naturellement hors de la dépendance des ingénieurs, ces derniers étaient privés de l'autorité nécessaire pour remédier au relâchement et aux abus de tout genre qui menacent aujourd'hui cette partie d'une désorganisation complète.

J'ai donc décidé qu'à l'avenir la manœuvre des ponts à bascule serait confiée à des préposés spéciaux, qui seront sous les ordres immédiats des ingénieurs. Ces places de préposés serviront de retraite à des conducteurs ou piqueurs d'une probité éprouvée, sachant lire et écrire ; ils seront nommés par moi, sur la proposition de MM. les préfets et l'avis des ingénieurs en chef : leur salaire sera pris sur les fonds des routes sur lesquelles les ponts à bascule sont placés, et réglé comme il est dit en l'article 14 du décret du 23 juin 1806.

Je vous prie en conséquence, monsieur le préfet, de me proposer sur-le-champ des sujets pour les places de préposés des ponts à bascule de votre département, qui étaient remplies par des employés aux octrois, en vous conformant aux dispositions du paragraphe précédent.

Dans le cas où des préposés spéciaux déjà nommés et en fonctions se seraient rendus coupables de négligence ou de collusion, ou en seraient seulement soupçonnés, je vous prie de me proposer leur remplacement. Les nouveaux préposés ne pourront exercer aucune autre fonction.

J'ai lieu d'espérer les plus heureux effets de cette régénération dans le personnel de cette partie du service ; mais elle deviendrait elle-même insuffisante, si MM. les ingénieurs négligeaient d'exercer, envers les préposés aux ponts à bascule, une surveillance active et suivie ; si MM. les maires des communes et MM. les sous-préfets des arrondissements dans lesquels sont situés les ponts à bascule, ne secondaient en ce point les ingénieurs, et ne concouraient de tous leurs moyens à assurer l'exécution des lois relatives à la largeur des jantes des voitures ; enfin si vous-même, monsieur le préfet, ne veilliez à ce que chacun agisse dans le même intérêt, selon que le comporte la nature de ses devoirs. Vous devez rappeler souvent à MM. les ingénieurs, sous-préfets et maires, qu'ils ne doivent négliger aucune occasion de s'assurer par eux-mêmes de l'exactitude des préposés aux ponts à bascule à remplir leurs fonctions, la surveillance de ce service faisant nécessairement partie de celle qu'ils doivent exercer sur les routes, aux termes du décret du 16 décembre 1811.

Les devoirs de ces préposés sont consignés dans les lois et décrets relatifs à la police du roulage : plusieurs préfets les ont rappelés dans des règlements particuliers ou des instructions ; mais comme il convient d'adopter, à cet égard, la même mesure pour tous les départements, je vous prie, monsieur le préfet, dans le cas où déjà vous auriez arrêté un règlement ou une instruction de cette espèce, de m'en adresser une copie, et, dans le cas contraire, de rédiger sans retard un projet de règlement dans lequel vous rappellerez les diverses contraventions que ces préposés doivent constater, les formalités qu'ils ont à remplir à ce sujet, les amendes imposées pour chaque nature de délit, et les lois et décrets qui déterminent les obligations des employés aux ponts à bascule.

Je n'ai sûrement pas besoin, monsieur le préfet, d'insister davantage auprès de vous sur l'importance des ponts à bascule, et la nécessité de leur faire enfin remplir leur objet. MM. les ingénieurs, dont le premier devoir est de prévenir et de réprimer toutes les causes de dégradation des routes, ayant désormais les préposés aux ponts à bascule sous leurs ordres, deviennent responsables de la manière dont ces préposés rempliront leurs fonctions. Pour attacher davantage ces derniers à leur place, et augmenter l'intérêt qu'ils ont à en bien remplir les devoirs, j'ai encore résolu de former un fonds de retraite, au moyen d'une retenue de trois pour cent faite sur leurs traitements et sur la portion des amendes que la loi leur accorde. Ceux d'entre eux qui se trouveraient hors d'état de servir, par leurs infirmités ou leur âge, pourront obtenir sur ce fonds des pensions alimentaires, dont le montant sera ultérieurement fixé. Leurs veuves et les orphelins qu'ils laisseraient pourront obtenir des secours lorsque la situation du fonds des retraites le permettra, et que leur état d'indigence aura été suffisamment constaté.

J'attends de ces mesures, et surtout du zèle de MM. les ingénieurs, et de votre active surveillance, monsieur le préfet, les meilleurs résultats.

Circulaire du directeur général des ponts et chaussées (M. Molé), à MM. les préfets, pour assurer l'exécution du titre VII du décret du 16 décembre 1811.

Paris, le 30 juin 1812.

Je viens, monsieur le préfet, appeler votre attention sur le titre VII du décret du 16 décembre dernier, relatif à l'entretien des routes. Ses dispositions tendent toutes à placer le service de l'entretien des routes sous la surveillance spéciale de MM. les préfets, sous-préfets et maires, et elles peuvent recevoir leur exécution actuelle sans qu'il soit besoin d'attendre que les baux soient renouvelés d'après le mode prescrit par le même décret, et que toutes les autres parties du nouveau système aient reçu leur application. Les résultats que l'on doit s'en promettre sont d'ailleurs trop précieux pour que je ne me hâte point de les recueillir; et c'est pour y parvenir le plus promptement possible que je vais parcourir avec vous les différentes dispositions de ce titre.

L'article 57 charge MM. les préfets, sous-préfets et maires d'exercer une surveillance spéciale sur le bon état des routes de leurs départements, arrondissements et communes.

Le paragraphe Ier règle la surveillance des maires.

L'article 58 porte que la surveillance des maires sur l'état des routes de leurs communes et sur le service des cantonniers qui y seront placés, s'exercera par une inspection des travaux qu'ils pourraient faire aussi fréquemment qu'ils le trouveront convenable, en se faisant accompagner par les cantonniers, toutes les fois qu'ils le jugeront nécessaire.

Vous devez veiller, monsieur le préfet, à ce que MM. les maires commencent dès à présent l'exercice de ces fonctions nouvelles et importantes qui leur sont déléguées, et je vous invite à leur adresser à cet effet une circulaire qui puisse leur servir d'instruction et leur fasse connaître l'esprit et les dispositions d'un décret à l'exécution et au succès duquel ils peuvent si efficacement concourir; mais en leur recommandant de multiplier leurs visites, vous leur ferez observer qu'ils ne doivent pas déranger les cantonniers de leur travail sans une utilité véritable. Vous vous ferez rendre compte de l'exactitude qu'ils mettront à adresser au sous-préfet de leur arrondissement le compte qu'ils doivent lui faire parvenir au moins une fois par quinzaine. Il sera bon de joindre à votre circulaire une formule de ce compte, qui puisse être adoptée pour tout votre département.

L'article 59 n'a besoin d'aucun développement.

Le paragraphe II a pour objet la surveillance des sous-préfets, et l'article 60 porte : « Les sous-préfets feront quatre fois, chaque année, l'inspection des routes impériales de leur arrondissement; ils devront en outre se transporter sur tous les points de route dont l'état sera l'objet d'une contradiction entre les rapports des maires et ceux des ingénieurs. »

Il importe de fixer dès à présent les époques de tournées de MM. les sous-préfets. Je pense qu'elles doivent avoir lieu de trois mois en trois mois; savoir, le 1er janvier, le 1er avril, le 1er juillet, le 1er octobre. Si quelque objet urgent, tel que les opérations de la conscription, se rencontrait à l'une de ces époques, vous auriez à m'en prévenir et à m'annoncer le moment où MM. les sous-préfets pourraient commencer leur visite; rien ne pouvant les dispenser de faire en personne et complétement, chaque année, les quatre inspections auxquelles l'article 60 les oblige. Il sera nécessaire que vous adoptiez aussi un modèle uniforme pour le compte sommaire et exact, canton par canton, qu'ils doivent vous adresser de la situation des routes de leur arrondissement, après chacune de leurs tournées.

Le paragraphe III traite de la surveillance des préfets; l'article 63 porte : « Les préfets, dans leur tournée annuelle, inspecteront toutes les routes impériales de leur département; ils devront en outre se transporter sur tous les points de route dont l'état sera l'objet d'une contradiction entre les rapports des sous-préfets et des ingénieurs. »

Vous voudrez bien, monsieur le préfet, me prévenir du moment où vous commencerez votre tournée, et me donner avis de toutes les contradictions qui se seraient élevées entre MM. les sous-préfets et les ingénieurs.

Vous me ferez connaître si vous jugez utile d'user de la faculté que vous donne l'article 64, de nommer commissaires pour l'inspection des routes les auditeurs sous-préfets de chef-lieu, ou ceux qui sont placés immédiatement près de vous.

Le paragraphe IV renferme des dispositions générales.

L'article 66 peut encore recevoir son exécution, sans que les baux soient renouvelés selon le nouveau système. Il porte que, dans leurs tournées et dans les visites spéciales qu'ils feront des routes, MM. les préfets et sous-préfets appelleront devant eux les maîtres de poste et entendront leurs dires sur la conduite journalière et l'état des travaux de l'entretien des cantons de routes compris dans leurs relais respectifs, ces dires devant toujours être mentionnés dans les comptes de tournée des sous-préfets.

Les maîtres de poste étant plus intéressés que tout autre au bon entretien des routes, le décret a voulu non-seulement qu'ils fussent le plus souvent possible chargés de cet entretien, mais encore que la route ne fût réputée viable, et la tâche de l'entretien censée remplie, que quand ils l'auraient reconnu et attesté.

Aussi l'article 67 porte-t-il que, pour obtenir leur mandat de payement, les cantonniers enverront chaque mois au préfet, par l'intermédiaire des sous-préfets, indépendamment du certificat de consentement au payement du douzième délivré par les ingénieurs, un certificat des maires et maîtres de poste de leur canton de routes, constatant le bon état desdites routes. Cet article, ainsi que ceux 68 et 69, ne peuvent recevoir leur exécution qu'à dater du jour où les nouveaux baux auront commencé à courir.

La section II du même titre règle le service des ingénieurs.

L'article 70 n'a rien changé à ce qui existait, en chargeant MM. les ingénieurs en chef et ordinaires, de la direction et de l'exécution des travaux. Vous aurez seulement, monsieur le préfet, à vous assurer fréquemment que la surveillance qui leur est prescrite par l'article 71, est soigneusement exercée. Cet article, ainsi que les articles 72 et 73, ne peut être appliqué que quand le nouveau mode d'entretien sera complétement organisé. Vous remarquerez seulement combien il importe au service que, dans le cas de la résiliation du bail d'un cantonnier, vous chargiez provisoirement de l'entretien du canton compris au bail résilié, l'adjudicataire de l'un des cantons contigus, d'après les prix de son bail. En cas de refus de sa part, vous ferez exécuter les travaux par régie ou sur une soumission provisoire, jusqu'à la décision du ministre de l'intérieur, sur la résiliation, dont vous m'adresserez l'acte après que vous l'aurez prononcée, conformément à l'article 45. Vous m'instruirez, chaque année, de l'époque choisie par l'ingénieur en chef, pour la tournée à laquelle il est tenu par l'article 74, et vous lui rappellerez qu'il doit tout voir par lui-même et ne pas laisser un seul canton sans le parcourir.

Il devra en outre, conformément à l'article 75, se transporter sur tous les points de route où vous auriez jugé sa présence nécessaire.

Les quatre tournées des ingénieurs ordinaires dont il est parlé en l'article 76, demeurent fixées aux mêmes époques que celles de MM. les sous-préfets; mais ils les feront séparément ou avec ces derniers, selon que vous l'aurez jugé utile au bien du service; ce que vous ne manquerez point de me faire connaître, après vous être concerté avec M. l'ingénieur en chef.

L'article 78 donne le détail des renseignements que doivent recueillir et des faits que doivent vérifier MM. les ingénieurs en chef dans leur tournée. Le compte qu'ils doivent m'en adresser selon l'article 79, par votre intermédiaire, me fera connaître s'ils s'y sont conformés, et s'ils n'ont rien omis dans l'examen et les vérifications auxquels ils sont tenus.

Rien ne peut dispenser MM. les ingénieurs ordinaires de procéder par eux-mêmes, comme il est dit en l'article 81, en présence des entrepreneurs et des cantonniers, à la réception des matériaux aux époques fixées pour leur approvisionnement. Le procès-verbal qu'ils en dresseront doit contenir les observations des maires et des cantonniers, et les motifs de la décision qu'ils auraient prise. Vous me donnerez toujours connaissance de ce procès-verbal, qui doit vous être adressé par l'ingénieur en chef. La sévérité qui sera mise dans la réception des matériaux, et les soins que les ingénieurs apporteront à ce qu'ils soient toujours approvisionnés aux époques prescrites, sont au nombre des moyens qui doivent le plus contribuer à la restauration et à la conservation des routes.

Vous m'instruirez, monsieur le préfet, de toutes les décisions qui seraient prises par le conseil de préfecture, au vu des procès-verbaux dressés par les ingénieurs. Je n'ai pas besoin de vous faire observer que les articles 81 et 82, ainsi que tous ceux qui sont relatifs aux cantonniers, ne peuvent recevoir d'exécution que quand les nouveaux baux auront été passés.

Si vous appreniez qu'un ingénieur ordinaire ait manqué de faire ou fait incomplétement l'une de ses tournées, ou qu'il se soit fait remplacer par son conducteur ou autrement, dans les fonctions qui lui sont attribuées par le décret, vous devrez m'en donner sur-le-champ connaissance, afin que je prenne contre lui, et pour assurer le service, telle mesure qu'il appartiendrait.

L'article 84, qui termine et complète en quelque sorte cette surveillance hiérarchique qu'a voulu établir le décret, oblige les ingénieurs ordinaires, après chacune de leurs tournées, à adresser à l'ingénieur en chef un tableau sommaire et exact de la situation des routes dans leurs arrondissements : l'ingénieur en chef doit vous remettre un tableau général, formé des tableaux qui lui auront été adressés par les ingénieurs ordinaires ; et vous, monsieur le préfet, vous devez me transmettre ce tableau avec vos observations résultant de vos tournées et de celles de MM. les sous-préfets, de telle manière que quatre fois par an je reçoive et je puisse mettre sous les yeux de son excellence le ministre de l'intérieur le tableau de la situation au vrai de toutes les routes impériales. Vous savez qu'à chaque époque, son excellence doit rendre compte de cette situation à Sa Majesté.

Enfin, l'article 85 mettant en première ligne, parmi les titres qu'un ingénieur peut acquérir à un prochain avancement, le soin et la surveillance qu'il apporte aux travaux de l'entretien des routes, je vous invite à me tenir constamment informé du plus ou moins de zèle que montreront, pour le service, MM. les ingénieurs de votre département.

Je ne terminerai pas cette lettre sans vous faire remarquer que le décret du 16 décembre ayant assuré à l'entretien et à la réparation des routes impériales, des sommes exactement calculées sur leurs besoins, leur restauration et leur conservation ne dépendent plus que du bon emploi des fonds et de la surveillance qui sera exercée sur les travaux. Le décret organise cette surveillance en même temps qu'il prescrit par tout l'*entretien journalier*, de tous les modes d'entretien le plus conservateur. C'est donc désormais des administrateurs et des ingénieurs appelés à l'exécution de tant de dispositions si sages que dépend l'état des routes. Les ingénieurs n'objecteront plus le défaut de fonds ; les administrateurs, les limites imposées à leur surveillance : les premiers peuvent tout faire, et les seconds doivent tout voir ; le zèle et les lumières des uns et des autres, sont de sûrs garants que les intentions de Sa Majesté seront remplies, et des améliorations sensibles que les routes vont promptement recevoir.

Décret du 2 juillet 1812, contenant règlement pour l'administration des marais de Bordeaux et de Bruges.

Vu l'arrêté du préfet du département de la Gironde ;

Vu les lois des 4 pluviôse an VI, 14 floréal an XI, et 16 septembre 1807 ;

Considérant qu'il importe d'assurer aux marais de Bordeaux et de Bruges une administration conservatrice et régulière ; que c'est par ce seul moyen qu'on peut parvenir à donner à l'exécution des travaux nécessaires pour remplir les dispositions de notre décret du 25 avril 1808, toute l'activité désirable, et à faire exercer sur ceux déjà exécutés la surveillance qu'exige leur conservation ;

Le conseil d'Etat entendu, il a été décrété ce qui suit :

TITRE Ier. *De la formation d'une commission syndicale et de ses fonctions.* — Art. 1er. Tous les propriétaires des marais de Bordeaux et de Bruges, tous ceux qui sont intéressés à la conservation de leur desséchement, formeront une société appelée Société des Marais de Bordeaux et de Bruges.

2. Les fonds situés dans la commune de Bouscat, entre le fossé de

Cirénit et le nouveau canal de ceinture ; ceux renfermés entre Lestey-Crébat, le chemin du Roy, et Lestey-Lauzun, feront à l'avenir partie intégrante du territoire formant les marais de Bordeaux et de Bruges, et seront soumis à la même administration.

3. Les marais seront administrés par une commission syndicale, composée de sept membres, nommés conformément aux dispositions de l'article 7 du titre II de la loi du 16 septembre 1807.

4. Les membres de cette commission syndicale resteront sept ans en place ; mais, pour la première fois, il en sortira un à la fin de la première année, un à la fin de la seconde, et ainsi de suite, de manière à ce qu'ils soient renouvelés annuellement par septième : ils pourront être indéfiniment réélus.

5. Un des commissaires nommés par le préfet sera désigné par lui sous le titre de directeur ; il sera chargé, en cette qualité, de la surveillance générale des intérêts de la société ; il sera dépositaire des plans, registres et autres pièces relatives à l'administration des marais.

Il sera autorisé à convoquer et à présider la commission, dont les assemblées seront tenues dans les mêmes lieux que celles de l'ancienne communauté.

Les fonctions du directeur dureront trois ans ; il pourra être indéfiniment réélu.

Il lui sera donné pour le remplacer, en cas d'empêchement, un adjoint ou suppléant, dont les fonctions seront annuelles, et qui pourra être aussi réélu.

L'adjoint sera nommé parmi les membres de la commission syndicale.

6. La commission administrative sera chargée, 1° de répartir entre les intéressés, le montant des taxes reconnues nécessaires à l'achèvement et à la conservation du desséchement ;

2° De faire exécuter les travaux ;

3° D'examiner, modifier ou approuver les projets de travaux d'entretien ;

4° De passer les marchés et les adjudications des travaux de cette nature ;

5° De vérifier les comptes du percepteur ;

6° De donner son avis sur tous les objets relatifs aux intérêts de la société ;

7° De présenter une liste double, sur laquelle sera nommé par le préfet un conducteur des travaux, lorsqu'il y aura lieu ;

8° De nommer et présenter un expert, conformément à l'article 8 du titre II de la loi du 16 septembre 1807, pour procéder contradictoirement avec celui nommé par les propriétaires et le tiers expert nommé par le préfet, à l'estimation des terrains mentionnés à l'article 2 du présent décret, comme devant faire partie, à l'avenir, du territoire des marais de Bordeaux et de Bruges.

7. La commission ne pourra prendre de délibération sans être au nombre de cinq membres, y compris le directeur-président, qui, en cas de partage d'opinion, aura voix prépondérante.

Les délibérations de la commission seront soumises à l'approbation du préfet, conformément à la loi du 4 pluviôse an VI, article 4.

8. La commission syndicale pourra proposer un plan de révision des règlements de la communauté des propriétaires, lorsqu'elle le jugera convenable.

Le règlement devra être soumis à l'approbation du préfet; et dans le cas où il serait approuvé, il sera mis en activité lorsque les travaux de desséchement seront exécutés.

TITRE II. *Des travaux généraux du desséchement, du mode de leur exécution et de leur payement.* — 9. Les travaux à exécuter pour compléter le desséchement ordonné par notre décret du 25 avril 1808, ne pourront être entrepris que sur des projets rédigés par l'ingénieur en chef, approuvés par notre directeur général des ponts et chaussées.

10. Ces travaux seront exécutés sous la surveillance de l'ingénieur en chef, et la direction du conducteur nommé conformément au § VII de l'article 6 du présent décret, et sous l'inspection de deux membres de la commission syndicale.

11. Les travaux ne pourront être exécutés qu'au moyen d'adjudications passées d'après le mode prescrit pour ceux des ponts et chaussées.

12. Aucun payement ne pourra être fait que sur les mandats du directeur, visés par le conducteur et l'ingénieur.

13. Les payements définitifs auront lieu en vertu de mandats du directeur, sur des certificats de réception des travaux, délivrés par l'ingénieur en chef, qui se fera assister, lors de la réception desdits travaux, par le conducteur qui les aura dirigés, et par les deux membres de la commission qui auront été chargés de les surveiller.

TITRE III. *Des travaux d'entretien, de leur exécution et de leur payement.* — 14. Les projets de travaux d'entretien seront rédigés et proposés par le conducteur, approuvés par l'ingénieur en chef, et soumis à la commission syndicale. Il sera statué par le préfet sur leur exécution et leur mise en adjudication; ces travaux seront adjugés par la commission, et dirigés par le conducteur.

15. Les travaux d'urgence pourront être exécutés de suite et par économie, en vertu d'une délibération spéciale de la commission; elle en rendra compte sur-le-champ au préfet, qui pourra prendre l'avis de l'ingénieur en chef, et suspendre les travaux s'il le juge convenable.

16. Les travaux d'entretien seront payés en vertu de mandats du directeur sur les certificats d'à-compte délivrés par le conducteur.

Les payements définitifs auront également lieu en vertu de mandats du directeur, sur des certificats de réception délivrés par le conducteur, qui procédera à la réception des travaux en présence de deux membres de la commission syndicale.

TITRE IV. *Comptabilité. — De la rédaction des rôles et de leur recouvrement.* — 17. La perception des taxes délibérées par la commission sera faite par un percepteur nommé par elle : cette nomination sera soumise à l'approbation du préfet.

Le percepteur prêtera le serment voulu par la loi.

18. Le percepteur sera tenu de fournir un cautionnement en immeubles proportionné au montant des rôles. Il sera alloué au percepteur une remise proposée par la commission, et déterminée par le préfet.

19. Le percepteur, au moyen de cette remise, dressera les rôles sur les documents qui lui seront fournis par la commission.

Les rôles seront visés par la commission, et rendus exécutoires par le préfet.

Le recouvrement en sera fait dans l'année par le percepteur, savoir :

le premier tiers dans les quatre mois de la mise en recouvrement des rôles ; le second tiers dans les quatre mois suivants ; et le troisième tiers dans les quatre mois qui suivront l'époque du deuxième payement.

20. Le percepteur et les contribuables sont assujettis, pour le recouvrement et pour le payement desdits rôles, aux mêmes dispositions que celles prescrites par les lois relatives aux contributions publiques ; en conséquence, le payement desdites contributions est exigible des fermiers et de tous autres détenteurs de fonds imposés, sauf leurs recours contre qui de droit.

Le recouvrement desdites contributions sera poursuivi dans les mêmes formes prescrites pour le recouvrement des contributions publiques : les contraintes sont délivrées par le sous-préfet.

21. Le percepteur sera responsable et passible du défaut de payement des taxes dans les délais fixés ci-dessus, à moins qu'il ne justifie des poursuites par lui faites en temps utile contre les retardataires.

22. Le percepteur sera tenu d'acquitter les mandats délivrés conformément aux dispositions des articles 12 et 13 du titre II, et 16 du titre III du présent décret.

Il rendra compte annuellement, avant le 1er juin, des recettes et dépenses qu'il aura faites pendant l'exercice de l'année précédente : il ne lui sera point tenu compte des payemens irrégulièrement faits.

Le directeur pourra, toutes les fois qu'il le jugera convenable, vérifier l'état de situation du percepteur, qui sera tenu, en conséquence, de lui communiquer toutes les pièces relatives à sa comptabilité.

23. La commission syndicale, après avoir vérifié les comptes annuels du percepteur, en recettes et dépenses, les transmettra au préfet, qui les arrêtera définitivement, s'il y a lieu, sur l'avis du sous-préfet.

TITRE V. *Dispositions générales.* — 24. Toutes les contraventions relatives au recouvrement des rôles, aux réclamations des individus imposés, et à la confection des travaux, seront jugées administrativement, conformément aux dispositions des lois des 28 pluviôse an VIII et 14 floréal an XI.

25. Il sera procédé à la fixation des indemnités à accorder pour occupation de terrains nécessaires à l'établissement des canaux qui seront ouverts par suite des projets approuvés, conformément aux dispositions de la loi sur les expropriations pour cause d'utilité publique.

26. Les indemnités à payer à la société par les propriétaires des fonds améliorés par suite des travaux de desséchement seront réglées conformément aux dispositions de la loi du 16 septembre 1807.

Circulaire du directeur général des ponts et chaussées (M. Molé), à MM. les préfets, portant envoi d'un modèle de procès-verbaux pour constater les délits en matière de grande voirie (1).

Paris, le 14 août 1812.

MONSIEUR le préfet, le bon état des routes dépend en grande partie

---

(1) Le modèle qui accompagnait cette circulaire a été modifié. Voir la circulaire du 8 août 1816.

de la répression des délits de grande voirie, et plusieurs dispositions du décret du 16 décembre 1811 ont eu pour objet de rendre cette répression plus sûre et plus facile.

Aux termes du titre IX de ce décret, tous les agents appelés à la surveillance de la police des routes peuvent affirmer les procès-verbaux de contravention ou de délits devant le maire ou l'adjoint du lieu.

C'est au vu de ces procès-verbaux que les sous-préfets ordonnent les réparations portées aux articles 3 et 4 de la loi du 29 floréal an x.

Le défaut d'uniformité dans la manière de constater les délits a fait naître de l'incertitude et entraîné des lenteurs dans l'application de la loi. En conséquence, j'ai adopté un modèle de procès-verbal qui sera désormais le seul en usage dans tous les départements de l'empire : j'ai l'honneur de vous l'adresser.

Vous voudrez bien le faire imprimer, et en délivrer des exemplaires aux cantonniers, gendarmes, gardes champêtres, conducteurs des ponts et chaussées, et autres agents chargés de surveiller la police des routes, avec ordre de s'y conformer.

Ce mode ainsi fixé, et MM. les sous-préfets ayant alors sous les yeux la preuve régulière des délits, la peine devra suivre immédiatement la contravention.

Néanmoins, monsieur le préfet, le succès de cette mesure dépendra toujours du zèle des agents appelés à la surveillance des routes, et du soin que vous voudrez bien apporter à son exécution.

Circulaire du directeur général des mines (M. Laumond), aux ingénieurs en chef des mines, indiquant les mesures à prendre pour l'instruction des demandes en concession ou permission d'exploitation (1).

Paris, le 17 août 1812.

J'AI remarqué que, le plus souvent, dans l'instruction des demandes en concession ou permission, les ingénieurs en chef et ordinaires ne remplissent pas d'une manière complète les obligations qui leur sont imposées.

L'article 24 du décret du 18 novembre 1810 porte :

« Ils (les ingénieurs en chef) proposeront aux préfets, et ils adres-
» seront au directeur général, les projets d'affiche et les conditions du
» cahier des charges, pour toutes les concessions de mines et pour celles
» des usines désignées par l'article 73 de la loi du 21 avril 1810. »

L'article 33 charge les ingénieurs ordinaires de *faire toutes les reconnaissances et opérations nécessaires pour se mettre à même de fournir tous les renseignements essentiels, pour indiquer le mode général d'exploitation, et pour régler les conditions qui seront exigées par l'acte de concession. Ils doivent soumettre, à cet égard, leur rapport à l'ingénieur en chef.*

Au lieu d'entrer dans ces détails, qui constituent une des parties les plus importantes du service de l'ingénieur des mines, on néglige d'a-

---

(1) Voir la circulaire du 18 décembre 1812.

bord presque toujours de rédiger les projets d'affiche, et l'administration supérieure se trouve souvent dans l'obligation de les faire recommencer.

Quant aux cahiers des charges des concessions, on se contente d'indiquer, d'une manière vague, par quelques articles de l'avis, les travaux les plus importants à exécuter par les concessionnaires, tels que les galeries d'écoulement et les puits d'extraction ; mais on passe sous silence le mode d'exploitation, d'où dépend cependant, en grande partie, la prospérité des établissements, et qu'il est par conséquent bien essentiel de prescrire au concessionnaire dans l'acte même qui doit lui assurer la propriété incommutable d'une mine.

Les plans et coupes de terrains et des travaux déjà exécutés ne sont presque jamais joints aux pièces, et pourtant eux seuls, avec les détails techniques circonstanciés fournis par l'ingénieur, peuvent mettre le conseil général des mines dans le cas de donner son avis, avec entière connaissance de cause, sur les parties d'art des affaires que je présente à son examen.

Je sais que, pour la concession de mines non exploitées, il peut souvent être difficile d'indiquer d'avance avec détail le mode d'exploitation le plus convenable, parce que la fixation de ce mode d'exploitation peut dépendre de circonstances naturelles qui ne sont connues que lorsque le gîte de minerai a été exploré ; mais, dans ce cas, on doit se réserver, par un article du cahier des charges, la faculté de prescrire ce mode d'exploitation par la suite.

Afin de faire cesser les irrégularités que je viens de vous signaler, je vous prie de vous conformer, à l'avenir, aux instructions suivantes :

1° Vous rédigerez toujours les projets d'affiches, et vous m'en transmettrez directement une expédition.

2° Chacun de vos rapports sur une demande en concession devra renfermer une description détaillée du gîte à exploiter et des terrains environnants, sous les rapports physiques et géologiques : la direction et l'inclinaison du gîte, ainsi que l'allure des roches qui l'encaissent, seront toujours figurées sur les plans de surface.

3° Vous rédigerez toujours un projet de cahier des charges le plus détaillé qu'il vous sera possible, et qui sera séparé du reste de votre avis, de manière qu'il puisse être joint au projet de décret ; et vous m'en transmettrez toujours directement l'expédition.

4° S'il s'agit d'une mine déjà en exploitation, il faudra faire joindre aux plans de surface, des plans et coupes des travaux déjà exécutés : à défaut de moyen de les faire fournir promptement avec l'exactitude convenable, vous en dresserez vous-même un plan figuratif, indiquant, autant que possible, la structure géologique du terrain, les hauteurs relatives des points principaux de l'exploitation et des points d'émargement, etc. Dans ce cas, le cahier des charges indiquera avec détail, ou les travaux d'art principaux, ou le mode d'exploitation qu'il sera jugé convenable de prescrire au concessionnaire pour la prospérité de son établissement.

5° S'il s'agit d'une mine non encore exploitée et d'un gîte de minerai peu connu, votre projet de cahier des charges indiquera seulement avec précision les grands travaux d'art nécessaires à exécuter, et le dernier article devra toujours astreindre le concessionnaire à se conformer au mode d'exploitation qui lui sera prescrit, dans la suite, par l'administration des mines.

6° Enfin, il est convenable que vous employiez toujours, dans vos rapports, avis, cahiers des charges, etc., les termes d'art généralement usités et employés depuis longtemps par l'administration des mines ; vous ne devez faire usage des termes locaux, tels que *bures*, *arènes*, *vallées*, etc., qu'en les indiquant comme synonymes des premiers.

Vous voudrez bien faire connaître aux ingénieurs ordinaires de votre arrondissement les dispositions de cette lettre, et les inviter à s'y conformer.

Arrêté du ministre de l'intérieur (**M. Montalivet**), *du 27 octobre 1812, qui fixe le sens de l'article 28 de la loi du 21 avril 1810.*

Le ministre de l'intérieur ;

Vu le rapport du directeur général des mines, par lequel il représente la nécessité de fixer, d'une manière invariable, le vrai sens et la véritable application des dispositions de l'article 28 de la loi sur les mines, du 21 avril 1810, afin que l'article 26 de la même loi reçoive strictement son exécution ;

Vu l'avis du conseil général des mines, du 20 avril dernier ;

Considérant, à l'égard des demandes en concession formées sous le régime de la loi du 21 avril 1810, que ces demandes doivent, aux termes de l'article 23 de cette loi, être publiées et affichées pendant quatre mois consécutifs ;

Que les oppositions à ces demandes, ainsi que les prétentions en préférence, ne doivent être admises par les préfets, aux termes de l'article 26, qu'autant qu'elles sont notifiées à la préfecture, au plus tard, le dernier jour du quatrième mois des affiches et publications de la demande primitive ;

Considérant, à l'égard des demandes en concession instruites sous le régime de la loi de 1791, et qui ont été publiées et affichées conformément à cette loi, que ces demandes ne sont susceptibles d'une nouvelle instruction et de nouvelles publications et affiches que relativement aux droits des propriétaires de la surface, d'après l'avis du conseil d'Etat, approuvé le 11 juin 1810, et que, par conséquent, aucune opposition ni demande en concurrence n'est plus admissible par les préfets contre les demandes primitives ;

Considérant que, jusqu'à ce que le conseil d'Etat soit saisi de l'instruction sur une demande en concession de mines, c'est au ministre de l'intérieur seul qu'il appartient de renvoyer à la décision des tribunaux les oppositions motivées sur la propriété de la mine demandée, comme étant acquise aux opposants par concession ou autrement, et dont la connaissance est réservée à l'autorité judiciaire par l'article 28 de la loi, soit que ces oppositions aient été notifiées aux préfets dans l'intervalle des quatre mois de délai pour les publications et affiches des demandes, soit qu'elles aient été introduites directement auprès du ministre, dans les formes prescrites en cet article.

Considérant enfin, que, quel que soit le motif des oppositions tardives ou formées en temps utile, il importe à l'administration supérieure de les connaître, et d'être mise à portée d'en apprécier le mérite, ainsi que l'influence qu'elles peuvent avoir sur la décision à intervenir;

Arrête:

Art. 1er. Toutes oppositions ou demandes en concurrence formées contre une demande en concession nouvelle, et notifiées dans les formes prescrites par l'article 26 de la loi du 21 avril 1810, à la préfecture d'un département, après le dernier jour du quatrième mois de l'affiche de cette demande, ne pourront être admises par le préfet pour faire partie de l'instruction d'après laquelle il statuera sur la demande en concession, conformément à l'article 27 de la même loi, comme si ces oppositions ou demandes en concurrence n'avaient point eu lieu.

2. Le préfet auquel ces oppositions ou demandes tardives auront été notifiées, les transmettra néanmoins séparément au ministre avec un arrêté constatant les motifs pour lesquels elles n'auront pas été comprises et discutées dans l'instruction principale sur la demande en concession, et son avis sur le mérite de ces oppositions.

3. Les oppositions ou demandes en concurrence contre les demandes en concession publiées et affichées sous le régime de la loi de 1791, survenues depuis les nouvelles publications et affiches de ces demandes, publications qui ont pour objet la fixation des droits attribués aux propriétaires de la surface par les articles 6 et 42 de la loi, ne pourront également être admises par les préfets pour faire partie de l'instruction principale, lorsque ces oppositions ne seront point directement relatives à la fixation de ces droits, soit que ces oppositions ou demandes aient été introduites dans les quatre mois des nouvelles publications et affiches, soit qu'elles l'aient été postérieurement. Dans l'un ou l'autre cas, ces oppositions ou demandes seront transmises ainsi qu'il est dit en l'article précédent.

4. Toutes les fois qu'une opposition à une demande en concession, notifiée à la préfecture dans le délai prescrit en l'article 26 de la loi, sera motivée sur la propriété de la mine acquise à l'opposant par concession ou autrement, et qu'ainsi la connaissance sera susceptible d'en appartenir aux tribunaux, d'après les dispositions de l'article 28 de la loi, le préfet ne pourra en ordonner le renvoi de son propre mouvement; mais il exprimera son avis sur la nature de cette opposition, par un arrêté particulier et préparatoire, qu'il transmettra, avec l'opposition et les pièces à l'appui, au ministre de l'intérieur, lequel statuera sur le renvoi aux tribunaux, s'il y a lieu.

Circulaire du ministre de l'intérieur (M. Montalivet), aux préfets, indiquant les formes à suivre pour les demandes en concurrence d'exploitation des mines.

Paris, le 3 novembre 1812.

La loi du 21 avril 1810 ordonne (article 23) que *les demandes en concession* seront publiées et affichées pendant quatre mois.

Conformément à l'article 26, *les oppositions* à ces demandes sont admises devant le préfet, jusqu'au dernier jour du quatrième mois, à compter de la date de l'affiche.

D'après le même article, les demandes en concurrence sont admises, notifiées et enregistrées de la même manière et dans le même délai que les oppositions.

Nulle part la loi n'a prescrit que les oppositions fussent affichées ni publiées; il ne s'est élevé aucun doute à ce sujet de la part des fonctionnaires chargés de la faire exécuter.

Il n'en est pas de même des *demandes en concurrence*.

Elles ont donné lieu à la question de savoir si elles doivent être soumises aux formalités des publications et des affiches.

Une demande en concurrence n'est qu'une opposition à la demande primitive, et le législateur lui a imprimé ce caractère, en la mentionnant cumulativement, dans l'article 26, avec les oppositions.

En effet, si cette demande avait lieu à la fin du quatrième mois, et qu'elle dût être affichée pendant quatre mois, l'instruction se prolongerait jusqu'au huitième mois; si, à cette époque, il se présentait un nouveau concurrent, sa réclamation reporterait l'instruction au douzième mois, et alors il n'y aurait pas de raison de voir le terme de ces retardements administratifs.

Le législateur n'a pu avoir l'intention d'exposer l'administration à un semblable résultat.

Il a donc évidemment assimilé les demandes en concurrence aux oppositions, pour lesquelles il n'a pas exigé la publication et l'affiche, mais qui doivent être notifiées aux parties.

C'est dans ce sens que la loi doit être exécutée.

Les demandes en concurrence devant être mises, comme les oppositions, sous les yeux de l'autorité supérieure, examinées par elle, et discutées, s'il y a lieu, en conseil d'Etat, les demandeurs en concurrence ont la certitude d'obtenir justice, sans qu'ils aient droit de réclamer la formalité d'affiche et de publication, formalité inutile en elle-même, non prescrite par la loi, et qui n'aurait d'autre effet que d'éterniser les affaires.

J'ai cru devoir vous donner connaissance de ces observations, afin que vous puissiez en faire l'application aux cas analogues qui se présenteront.

Circulaire du directeur général des mines (M. Laumond), aux ingénieurs des mines, contenant de nouvelles observations sur les formalités à remplir pour les demandes en concession ou permission d'exploitation.

Paris, le 18 décembre 1812.

PAR ma lettre du 17 août dernier, je vous ai rappelé que, conformément aux art. 24 et 33 du décret du 18 novembre 1810, il était nécessaire de joindre à chacun de vos rapports sur les demandes en concession un cahier de charges rédigé séparément et avec détail.

Ces cahiers devant renfermer l'indication des travaux nécessaires à exécuter par les concessionnaires, doivent quelquefois leur imposer des charges assez dispendieuses, auxquelles il pourrait paraître injuste de les assujettir sans qu'ils aient eu connaissance de ce à quoi ils s'engageaient en formant une demande en concession.

D'un autre côté, le conseil général des mines peut me proposer des changements aux conditions des cahiers de charges rédigés par les ingénieurs; ce qui pourrait, dans la marche actuelle des choses, prolonger beaucoup la durée de l'instruction des demandes en concession.

Pour éviter ces inconvénients, je vous prie de m'adresser toujours directement, pendant la durée de l'apposition des affiches, et le plus promptement qu'il vous sera possible, les projets de cahiers de charges, ainsi que les plans et renseignements spécifiés dans ma lettre précitée du 17 août; je vous renverrai les premiers avec mon approbation ou avec les modifications que je croirai devoir y apporter, et vous les transmettrez alors aux préfets, qui les communiqueront aux demandeurs en concession. Ceux-ci devront déclarer, par écrit, s'ils s'engagent à exécuter les travaux prescrits par ces cahiers de charges, et vous aurez soin de faire toujours mention de cette déclaration dans votre rapport définitif.

Je n'ai pas besoin de vous rappeler tout le soin qu'il est nécessaire que vous apportiez à la rédaction des cahiers de charges; il vous suffira de penser que la prospérité des établissements dépendra souvent des dispositions que vous y insérerez. Il faut, en conséquence, que ces cahiers renferment tout ce qu'il sera essentiel d'ordonner pour assurer le succès des entreprises; mais vous ne perdrez pas de vue que l'assujettissement à des travaux trop dispendieux, relativement aux moyens de fortune des compagnies exploitantes, pourrait porter, par la suite, ces compagnies à des réclamations fondées, et occasionner peut-être l'inexécution entière des charges ordonnées.

Vous n'oublierez pas non plus que la *sûreté publique* et l'assurance à long terme des *besoins des consommateurs* sont aussi essentiellement dépendantes de la régularité des exploitations; que ces deux intérêts, spécialement indiqués dans le titre V de la loi du 21 avril 1810, excitent également la sollicitude du gouvernement, et qu'ils doivent particulièrement être l'objet de votre constante prévoyance.

Circulaire du directeur général des mines (M. Laumond), aux préfets, sur le même objet que la précédente.

Paris, le 18 décembre 1812.

L'art. 24 du décret du 18 novembre 1810, portant organisation du corps des ingénieurs des mines, charge nominativement les ingénieurs de proposer aux préfets et d'adresser au directeur général des mines, les projets d'affiches et les conditions des cahiers de charges pour toutes les concessions des mines ou d'usines.

Ces deux dispositions n'étaient pas généralement exécutées, et je viens de les rappeler aux ingénieurs.

Je vous prie donc de vouloir bien dorénavant, aussitôt qu'une demande en concession vous aura été présentée, dans les formes prescrites par la loi du 21 avril 1810, la communiquer à l'ingénieur des mines de votre département, pour qu'il vous présente le projet de rédaction des affiches prescrites par cette loi.

Quant aux cahiers de charges, comme ils doivent indiquer les travaux d'art nécessaires à exécuter par le concessionnaire, et le mode d'exploitation convenable, il me paraît indispensable qu'ils soient consentis par le demandeur; car il ne serait pas juste de lui imposer des conditions, peut-être onéreuses, qu'il n'aurait pas prévues en formant sa demande.

J'ai en conséquence chargé les ingénieurs, lorsque les cahiers de charges rédigés par eux auront été approuvés ou modifiés par moi, d'après l'avis du conseil général des mines, de vous les transmettre sur-le-champ : veuillez bien alors les communiquer aux demandeurs, en les invitant à déclarer par écrit s'ils se soumettent à exécuter les travaux et à remplir les conditions indiquées par ces cahiers.

Il sera nécessaire que cette déclaration reste jointe aux pièces, et que vous en fassiez mention dans votre avis définitif sur chaque demande en concession.

Décret du 3 janvier 1813, contenant des dispositions de police relatives à l'exploitation des mines.

Les événements survenus récemment dans l'exploitation des mines de quelques départements de notre empire, ayant excité d'une manière particulière notre sollicitude en faveur de nos sujets occupés journellement aux travaux des mines, nous avons reconnu que ces accidents peuvent provenir : 1° de l'inexécution des clauses des cahiers des charges imposées aux concessionnaires pour la solidité de leurs travaux; 2° du défaut de précaution contre les inondations souterraines et l'inflammation des vapeurs méphitiques et délétères; 3° du défaut de subordination des ouvriers; 4° de la négligence des propriétaires des mines à leur procurer les secours nécessaires; et voulant prévenir, autant qu'il est en nous, le retour de ces malheurs, par des mesures de police spécialement applicables à l'exploitation des mines;

Le conseil d'Etat entendu, il a été décrété ce qui suit :

TITRE Ier. *Dispositions préliminaires.* — Art. 1er. Les exploitants des mines, qui, conformément aux dispositions de la loi du 21 avril 1810, ont le droit d'obtenir les concessions de leurs exploitations actuelles, seront tenus d'en former la demande dans le délai d'un an, à dater de la publication du présent décret.

2. Leurs demandes seront adressées aux préfets, qui leur en feront délivrer certificat, et qui les feront passer au directeur général des mines, avec leur avis et celui de l'ingénieur, sur la fixation définitive des limites des concessions demandées.

TITRE II. *Dispositions tendant à prévenir les accidents.* — 3. Lorsque la sûreté des exploitations ou celle des ouvriers pourra être compromise par quelque cause que ce soit, les propriétaires seront tenus d'avertir l'autorité locale de l'état de la mine qui serait menacée, et l'ingénieur des mines, aussitôt qu'il en aura connaissance, fera son rapport au préfet, et proposera la mesure qu'il croira propre à faire cesser la cause du danger.

4. Le préfet, après avoir entendu l'exploitant ou ses ayants-cause dûment appelés, prescrira les dispositions convenables, par un arrêté

qui sera envoyé au directeur général des mines, pour être approuvé, s'il y a lieu, par le ministre de l'intérieur.

En cas d'urgence, l'ingénieur en fera mention spéciale dans son rapport, et le préfet pourra ordonner que son arrêté soit provisoirement exécuté.

5. Lorsqu'un ingénieur, en visitant une exploitation, reconnaîtra une cause de danger imminent, il fera sous sa responsabilité les réquisitions nécessaires aux autorités locales, pour qu'il y soit pourvu sur-le-champ, d'après les dispositions qu'il jugera convenables, ainsi qu'il est pratiqué en matière de voirie, lors du péril imminent de la chute d'un édifice.

6. Il sera tenu, sur chaque mine, un registre et un plan, constatant l'avancement journalier des travaux et les circonstances de l'exploitation dont il sera utile de conserver le souvenir. L'ingénieur des mines devra, à chacune de ses tournées, se faire représenter ce registre et ce plan; il y insérera le procès-verbal de visite et ses observations sur la conduite des travaux. Il laissera à l'exploitant, dans tous les cas où il le jugera utile, une instruction écrite sur le registre, contenant les mesures à prendre sur la sûreté des hommes et celle des choses.

7. Lorsqu'une partie ou la totalité d'une exploitation sera dans un état de délabrement ou de vétusté tel que la vie des hommes aura été compromise ou pourrait l'être, et que l'ingénieur des mines ne jugera pas possible de la réparer convenablement, l'ingénieur en fera son rapport motivé au préfet, qui prendra l'avis de l'ingénieur en chef, et entendra l'exploitant ou ses ayants-cause.

Dans le cas où la partie intéressée reconnaîtrait la réalité du danger indiqué par l'ingénieur, le préfet ordonnera la fermeture des travaux.

En cas de contestations, trois experts seront nommés, le premier par le préfet, le second par l'exploitant, et le troisième par le juge de paix du canton.

Les experts se transporteront sur les lieux; ils y feront toutes les vérifications nécessaires, en présence d'un membre du conseil d'arrondissement, délégué à cet effet par le préfet, et avec l'assistance de l'ingénieur en chef : ils feront au préfet un rapport motivé.

Le préfet en référera au ministre, en donnant son avis.

Le ministre, sur l'avis du préfet et sur le rapport du directeur général des mines, pourra statuer, sauf le recours au conseil d'Etat.

Le tout sans préjudice des dispositions portées, pour les cas d'urgence, dans l'art. 4 du présent décret.

8. Il est défendu à tout propriétaire d'abandonner en totalité une exploitation, si auparavant elle n'a été visitée par l'ingénieur des mines.

Les plans intérieurs seront vérifiés par lui; il en dressera procès-verbal, par lequel il fera connaître les causes qui peuvent nécessiter l'abandon.

Le tout sera transmis par lui, ainsi que son avis, au préfet du département.

9. Lorsque l'exploitation sera de nature à être abandonnée par portions ou par étages, et à des époques différentes, il y sera procédé successivement et de la manière ci-dessus indiquée.

Dans les deux cas, le préfet ordonnera les dispositions de police, de sûreté et de conservation qu'il jugera convenables, d'après l'avis de l'ingénieur des mines.

10. Les actes administratifs concernant la police des mines, en matières dont il a été fait mention dans les articles précédents, seront notifiés aux exploitants, afin qu'ils s'y conforment dans les délais prescrits; à défaut de quoi, les contraventions seront constatées par procès-verbaux des ingénieurs des mines, conducteurs, maires, autres officiers de police, gardes-mines; on se conformera à cet égard aux articles 93 et suivants de la loi du 21 avril 1810, et, en cas d'inexécution, les dispositions qui auront été prescrites seront exécutées d'office, aux frais de l'exploitant, dans les formes établies par l'art. 37 du décret impérial du 18 novembre 1810.

Titre III. *Mesures à prendre en cas d'accidents arrivés dans les mines, minières, usines et ateliers.* — 11. En cas d'accidents survenus dans une mine, minière, usine et ateliers qui en dépendent, soit par éboulement, par inondation, par le feu, par asphyxie, par rupture des machines, engins, câbles, chaînes, paniers, soit par émanations nuisibles, soit par toute autre cause, et qui auraient occasionné la mort ou des blessures graves à un ou plusieurs ouvriers, les exploitants, directeurs, maîtres mineurs et autres préposés, sont tenus d'en donner connaissance aussitôt au maire de la commune et à l'ingénieur des mines, et, en cas d'absence, au conducteur.

12. La même obligation leur est imposée dans le cas où l'accident compromettrait la sûreté des travaux, celle des mines ou des propriétés de la surface, et l'approvisionnement des consommateurs.

13. Dans tous les cas, l'ingénieur des mines se transportera sur les lieux; il dressera procès-verbal de l'accident, séparément, ou concurremment avec les maires et autres officiers de police; il en constatera les causes, et transmettra le tout au préfet du département.

En cas d'absence, les ingénieurs seront remplacés par les élèves, conducteurs et gardes-mines assermentés devant le tribunaux. Si les uns et les autres sont absents, les maires ou autres officiers de police nommeront des experts à ce connaissant, pour visiter l'exploitation et mentionner leurs dires dans un procès-verbal.

14. Dès que le maire et autres officiers de police auront été avertis, soit par les exploitants, soit par la voix publique, d'un accident arrivé dans une mine ou usine, ils en préviendront immédiatement les autorités supérieures. Ils prendront, conjointement avec l'ingénieur des mines, toutes les mesures convenables pour faire cesser le danger et en prévenir la suite. Ils pourront, comme dans le cas de péril imminent, faire des réquisitions d'outils, chevaux, hommes, et donneront les ordres nécessaires.

L'exécution des travaux aura lieu sous la direction de l'ingénieur et des conducteurs, ou, en cas d'absence, sous la direction des experts délégués à cet effet par l'autorité locale.

15. Les exploitants seront tenus d'entretenir sur leurs établissements, dans la proportion du nombre d'ouvriers et de l'étendue de l'exploitation, les médicaments et les moyens de secours qui leur seront indiqués par le ministre de l'intérieur, et de se conformer à l'instruction réglementaire qui sera approuvée par lui à cet effet (1).

_____

(1) Voir ci-après, page 172.

16. Le ministre de l'intérieur, sur la proposition des préfets et le rapport du directeur général des mines, indiquera celles des exploitations qui, par leur importance et le nombre des ouvriers qu'elles emploient, devront avoir et entretenir, à leurs frais, un chirurgien spécialement attaché au service de l'établissement.

Un seul chirurgien pourra être attaché à plusieurs établissements à la fois, si ces établissements se trouvent dans un rapprochement convenable; son traitement sera à la charge des propriétaires, proportionnellement à leur intérêt.

17. Les exploitants et directeurs des mines voisines de celle où il serait arrivé un accident, fourniront tous les moyens de secours dont ils pourront disposer, soit en hommes, soit de toute autre manière, sauf le recours, pour leur indemnité, s'il y a lieu, contre qui de droit.

18. Il est expressément prescrit aux maires et autres officiers de police de se faire représenter le corps des ouvriers qui auraient péri par accident dans une exploitation, et de ne permettre leur inhumation qu'après que le procès-verbal de l'accident aura été dressé, conformément à l'art. 81 du Code civil, et sous les peines portées dans les articles 358 et 359 du Code pénal.

19. Lorsqu'il y aura impossibilité de parvenir jusqu'au lieu où se trouvent les corps des ouvriers qui auront péri dans les travaux, les exploitants, directeurs et autres ayants-cause, seront tenus de faire constater cette circonstance par le maire ou autre officier public, qui en dressera procès-verbal et le transmettra au procureur impérial, à la diligence duquel, et sur l'autorisation du tribunal, cet acte sera annexé au registre de l'état civil.

20. Les dépenses qu'exigeront les secours donnés aux blessés, noyés ou asphyxiés, et la réparation des travaux seront à la charge des exploitants.

21. De quelque manière que soit arrivé un accident, les ingénieurs des mines, maires et autres officiers de police transmettront immédiatement leurs procès-verbaux aux sous-préfets et aux procureurs impériaux. Les procès-verbaux devront être signés et déposés dans les délais prescrits.

22. En cas d'accidents qui auraient occasionné la perte ou la mutilation d'un ou plusieurs ouvriers, faute de s'être conformés à ce qui est prescrit par le présent règlement, les exploitants, propriétaires et directeurs pourront être traduits devant les tribunaux, pour l'application, s'il y a lieu, des dispositions des articles 319 et 329 du Code pénal, indépendamment des dommages et intérêts qui pourraient être alloués au profit de qui de droit.

TITRE IV. *Dispositions concernant la police du personnel.* — SECTION Ire. *Des ingénieurs, propriétaires de mines, exploitants et autres préposés.* — 23. Indépendamment de leurs tournées annuelles, les ingénieurs des mines visiteront fréquemment les exploitations dans lesquelles il serait arrivé un accident, ou qui exigeraient une surveillance particulière.

Les procès-verbaux seront transcrits sur un registre ouvert à cet effet dans les bureaux des ingénieurs; ils seront en outre transmis aux préfets des départements.

24. Les propriétaires des mines, exploitants et autres préposés,

fourniront aux ingénieurs et autres conducteurs tous les moyens de parcourir les travaux, et notamment de pénétrer sur tous les points qui pourraient exiger une surveillance spéciale. Ils exhiberont le plan tant intérieur qu'extérieur, et les registres de l'avancement des travaux, ainsi que du contrôle des ouvriers; ils leur fourniront tous les renseignements sur l'état d'exploitation, la police des mineurs et autres employés; ils les feront accompagner par les directeurs et maîtres mineurs, afin que ceux-ci puissent satisfaire à toutes les informations qu'il serait utile de prendre sur les rapports de sûreté et de salubrité.

Section II. *Des ouvriers.* — 25. À l'avenir, ne pourront être employés en qualité de maîtres mineurs ou chefs particuliers de travaux des mines et minières, sous quelque dénomination que ce soit, que des individus qui auront travaillé comme mineurs, charpentiers, boiseurs ou mécaniciens, depuis au moins trois années consécutives.

26. Tout mineur de profession ou autre ouvrier employé, soit à l'intérieur, soit à l'extérieur, dans l'exploitation des mines et minières, usines et ateliers en dépendants, devra être pourvu d'un livret et se conformer aux dispositions de l'arrêté du 9 frimaire an XII.

Les registres d'ordre, sur lesquels l'inscription aura lieu dans chaque commune, seront conservés au greffe de la municipalité, pour y recourir au besoin.

Il est défendu à tout exploitant d'employer aucun individu qui ne serait pas porteur d'un livret en règle portant l'acquit de son précédent maître.

27. Indépendamment des livrets et registres d'inscription à la mairie, il sera tenu, sur chaque exploitation, un contrôle exact et journalier des ouvriers qui travaillent, soit à l'intérieur, soit à l'extérieur des mines, minières, usines et ateliers en dépendants : ces contrôles seront inscrits sur un registre qui sera coté par le maire, et parafé par lui tous les mois.

Ce registre sera visé par les ingénieurs lors de leur tournée.

28. Dans toutes leurs visites, les ingénieurs des mines devront faire faire, en leur présence, la vérification du contrôle des ouvriers.

Le maire de la commune pourra faire cette vérification quand il le jugera convenable, surtout dans le moment où il y aura lieu de présumer qu'il peut y avoir quelque danger pour les individus employés aux travaux.

29. Il est défendu de laisser descendre ou travailler dans les mines et minières les enfants au-dessous de dix ans.

Nul ouvrier ne sera admis dans les travaux s'il est ivre ou en état de maladie : aucun étranger n'y pourra pénétrer sans la permission de l'exploitant ou du directeur, et s'il n'est accompagné d'un maître mineur.

30. Tout ouvrier qui, par insubordination ou désobéissance envers le chef des travaux, contre l'ordre établi, aura compromis la sûreté des personnes ou des choses, sera poursuivi et puni selon la gravité des circonstances, conformément à la disposition de l'art. 22 du présent décret.

Titre V. *Dispositions générales.* — 31. Les contraventions aux dispositions de police ci-dessus, lors même qu'elles n'auraient pas été suivies d'accidents, seront poursuivies et jugées conformément au titre X de la loi du 21 avril 1810, sur les mines, minières et usines.

Décret du 15 janvier 1813, contenant règlement de police pour les canaux de la haute et basse Deule, et pour celui de la Bassée.

Napoléon, etc. ; vu les arrêtés, ordonnances et règlements anciens portés sur la police des canaux et rivières navigables des ci-devant provinces qui composent le département du Nord, et notamment l'ordonnance du magistrat de la ville de Lille, du 17 décembre 1705, renouvelée le 5 février 1721 ; l'arrêt du conseil d'Etat du 28 janvier 1752, et les ordonnances des intendants de Flandre et d'Artois, des 14 janvier et 14 juin 1756, 5 mars 1766, 24 juillet 1763 et 24 octobre 1785 ;

Vu les observations du directeur des fortifications de Lille, et de l'ingénieur en chef du département du Nord ;

Vu l'arrêté du préfet du département du Nord, du 28 avril 1812, en forme de règlement de police, adopté par le préfet du département du Pas-de-Calais ;

Notre conseil d'Etat entendu,

Nous avons décrété et décrétons ce qui suit :

Manœuvres des écluses.

Art. 1er. La navigation aura lieu tous les jours sur la haute et basse Deule ; mais si dans les mois de juillet, août et septembre, où la sécheresse se fait ordinairement sentir, il arrivait que la Scarpe ne pût fournir assez d'eau à la Deule sans nuire à sa propre navigation, celle de la haute Deule demeurerait fixée aux lundi, mercredi et vendredi de chaque semaine, aux écluses de jonction près le Fort-de-Scarpe, de la Barre, et de Saint-André à Lille ;

A l'écluse de Don, les mardi, jeudi et samedi.

Elle aurait lieu les mêmes jours qu'à cette dernière à toutes les écluses de la basse Deule.

2. Les écluses intermédiaires seront manœuvrées à mesure que les rames de bateaux se présenteront pour y passer ; mais avant de remettre leurs écluses, les éclusiers seront tenus de fermer les vannes de desséchement dans la partie supérieure.

A cet effet, la manœuvre de ces vannes leur sera confiée, moyennant une rétribution qui sera fixée par le préfet, sur la proposition de l'ingénieur en chef, et payée par les intéressés, dans une proportion que déterminera le préfet.

3. Hors les manœuvres nécessaires pour le passage des rames des bateaux montants et des bateaux descendants, les écluses resteront fermées pour conserver les eaux au point de navigation.

Les moulins ne pourront être alimentés qu'avec les eaux qui s'élèveront au-dessus de ce point.

4. L'écluse de jonction près du Fort-de-Scarpe sera ouverte tous les jours deux fois pour le passage des bateaux : la première ouverture aura lieu en été vers cinq heures du matin, et à six heures en hiver ; la seconde à deux heures après midi en tout temps.

La même écluse sera ouverte pendant l'été pour l'écoulement des eaux de la Scarpe dans la Deule, toutes les fois que cette opération sera jugée nécessaire pour alimenter la Deule et fournir les eaux à la ville de Lille ; et elle pourra être ouverte pendant l'hiver lorsque les eaux de la

Scarpe seront limpides, dans le cas où cette manœuvre deviendrait nécessaire pour accélérer la navigation.

Les bateaux passeront de la Scarpe dans la Deule le matin, le soir de la Deule dans la Scarpe, et toujours après le passage des barques ou coches d'eau : cependant, comme en hiver les barques arrivent ordinairement fort tard à Douai, la navigation des bateaux pourra commencer à trois heures après midi.

L'écluse de jonction ne restera ouverte que le temps nécessaire à la navigation, à moins qu'il n'en soit autrement ordonné par le préfet, par l'ingénieur en chef des ponts et chaussées, ou par l'ingénieur de l'arrondissement, dans des cas particuliers relatifs au bien de l'agriculture ou de la navigation, et à la charge par ces deux derniers de rendre compte au préfet de ce qu'ils auraient provisoirement ordonné.

5. Aucune écluse ne pourra être manœuvrée avant les heures fixées par l'article 4, ni après le coucher du soleil, excepté celle de jonction du Fort-de-Scarpe, qui pourra être ouverte tous les soirs pour le passage des barques.

6. La hauteur des eaux prises sur le busc des écluses pour la navigation en amont de ces ouvrages demeure fixée ainsi qu'il suit, savoir :

Haute Deule.

		En été.		En hiver.	
Aux écluses de jonction.	. .	1ᵐ.	90ᶜ.	2ᵐ.	»ᶜ.
—	du Pont-à-Vendin.	1	96	2	06
—	de Don.	3	»	3	10
—	des Anserœuilles.	2	25	2	35
—	d'Haubourdin.	1	95	2	05
—	de la Barre.	2	85	2	95
—	de Saint-André.	2	14	2	24

Basse Deule.

—	de Wambrechies.	2	56	2	76
—	de Quesnoy.	2	80	3	»
—	de Deulémont.	2	80	3	»

7. Il sera peint sur les deux bajoyers de chaque écluse une échelle graduée ; sur l'échelle à droite sera marquée la hauteur des eaux de navigation d'été, et sur l'autre celle d'hiver. Ces échelles seront divisées de cinq centimètres en cinq centimètres, à partir du point de navigation, et cotées au-dessus et au-dessous, afin qu'il soit possible de vérifier en tout temps la hauteur des eaux.

Responsabilité des éclusiers.

8. Les éclusiers civils sont personnellement responsables de l'exécution des dispositions qui précèdent ; toute infraction de leur part sera punie de la retenue de leur traitement pendant un temps proportionné à la contravention, et même par la révocation, indépendamment des dommages-intérêts, si le cas y échoit.

Dans le cas où l'infraction serait du fait des gardes-éclusiers du génie, il en sera référé au commandant de cette arme, afin qu'il leur inflige les punitions prescrites par les lois et règlements militaires, et que, s'il y a lieu, il provoque leur destitution auprès du ministre de la guerre

Police des moulins.

9. Il est expressément défendu à tout propriétaire ou fermier des moulins établis sur les canaux de la Deule, ainsi que sur les ruisseaux qui les alimentent, de faire des travaux tendant à changer les dimensions des radiers et seuils de leurs moulins et décharges, à les hausser ou à les baisser, sans en avoir obtenu une autorisation préalable du préfet, à peine de 300 francs d'amende, conformément à l'ordonnance du 24 décembre 1785.

10. Il sera établi, à l'origine des prises d'eau de chaque moulin, et par les propriétaires des moulins et à leurs frais, des vannes de décharge enchaînées ou boulonnées, dont la manœuvre et la clef seront confiées aux éclusiers.

Dans les endroits où cette construction ne pourra avoir lieu, et où elle sera différée, les vannes dépendant de ces usines seront de même enchaînées ou boulonnées avec cadenas dont les clefs seront confiées aux éclusiers : à mesure que ces vannes devront être renouvelées, celles mouleresses seront réduites à la largeur convenable, afin qu'elles ne laissent pas échapper plus d'eau qu'il n'en faut pour faire mouvoir les moulins.

La rétribution à allouer aux éclusiers, tant pour la manœuvre des vannes établies à l'origine des prises d'eau que pour l'ouverture et la fermeture des cadenas des autres qui seront boulonnées ou enchaînées, sera à la charge des propriétaires des usines, et sera fixée par le préfet, sur la proposition de l'ingénieur en chef.

Jauge des bateaux.

11. Les bateaux dits d'Arras, les belandres et autres bateaux d'une moindre capacité pourront naviguer sur la Deule à la jauge d'un mètre vingt-cinq centimètres ; la jauge des nefs de Condé, des bateaux dits bâtards et autres semblables est fixée à un mètre dix centimètres.

En conséquence, la marque que les bateaux devaient porter à cette hauteur, conformément à l'ordonnance du 5 mars 1766, sera remplacée par une échelle métrique divisée en demi-décimètres, à compter de la partie du fond des bateaux la moins élevée.

Nul bateau ne sera admis sur la navigation de la Deule, deux mois après la publication du présent décret, s'il n'a, à l'endroit indiqué ci-dessus, l'échelle prescrite par le paragraphe précédent.

Indépendamment de cette échelle, les éclusiers, gardes-canaux et autres employés chargés de l'exécution du présent décret, pourront vérifier, au moyen d'une jauge qui sera déposée à chaque écluse, le tirant d'eau des bateaux.

Cette vérification se fera dans tous les endroits qui seront jugés nécessaires ; la partie du bateau qui donnera le plus grand enfoncement déterminera le tirant d'eau.

12. Les bateliers pris en contravention au précédent article encour-

ront une amende de vingt francs par chaque demi-décimètre excédant la jauge ; l'amende sera double si un bateau surchargé demeure sur terre plus de quatre heures consécutives, conformément aux ordonnances des 17 décembre 1705 et 14 janvier 1766.

L'amende sera également double si la vérification donne un enfoncement plus fort que celui indiqué par l'échelle ; ils seront en outre tenus de réduire leur chargement à la jauge déterminée ci-dessus.

Tout bateau contrevenant sera retenu aux écluses jusqu'à la réduction de sa surcharge, et jusqu'à ce que le conducteur ait justifié de la remise à la préfecture ou à la sous-préfecture du récépissé du versement des amendes dans la caisse du receveur général ou d'un receveur d'arrondissement.

Bateaux échoués.

13. Lorsqu'un bateau sera coulé à fond, les éclusiers en préviendront les ingénieurs des ponts et chaussées, qui le feront relever aux dépens du propriétaire, si celui-ci n'a fait dans les vingt-quatre heures les dispositions pour le remettre à flot.

Les débris des bateaux échoués seront vendus pour pourvoir aux frais de leur enlèvement ; et, en cas d'insuffisance, leurs propriétaires seront poursuivis administrativement pour le payement du surplus.

14. Les propriétaires ou conducteurs d'un bateau en danger sont autorisés à requérir les éclusiers de les secourir par la manœuvre de leurs écluses ; ceux-ci sont obligés d'obtempérer à leur demande, autant que cette manœuvre pourra s'exécuter sans danger pour les autres bateaux.

Tout batelier ainsi secouru et trouvé en surcharge payera le double des amendes déterminées par l'article 12.

15. Les bateaux naviguant en rames sur les canaux de la haute et basse Deule devront, hors le cas prévu par le dernier alinéa de l'article 20, suivre exactement l'ordre de leur file, sans pouvoir se dépasser les uns les autres, sous quelque prétexte que ce soit, même au cas où l'un des premiers serait envasé ou arrêté dans sa marche, à peine de répondre de tous dommages-intérêts envers les autres bateliers et envers tout particulier qui éprouverait du retard par l'infraction du présent article, et de payer une amende de 24 francs.

Lorsque, par l'effet de l'envasement du lit du canal ou par défaut d'eau suffisante, un bateau se trouvera arrêté dans sa marche, les conducteurs des autres bateaux à la rame seront obligés, à la réquisition du conducteur du bateau arrêté, de le secourir par l'aide de leurs chevaux.

Les conducteurs qui refuseraient d'obtempérer à la réquisition des bateliers seront privés de la faculté de conduire des bateaux, pendant un mois pour la première fois, pendant deux mois pour la seconde fois, et, en cas de récidive, cette faculté leur sera entièrement interdite, et ils seront rayés du tableau dont il sera question ci-après.

Police relative aux barques publiques ou coches d'eau.

16. Tout batelier naviguant sur le canal de la haute Deule sera tenu de livrer passage aux barques publiques du côté de la voie du trait, à

peine d'une amende de 20 francs, conformément à l'ordonnance du 17 décembre 1705. Les barques descendantes seront également tenues de céder la voie de trait aux barques montantes. Entre le Fort-de-Scarpe et l'écluse de Don, les chevaux des barques tiendront la rive gauche du canal.

17. Il ne pourra y avoir, à l'endroit du pont de la Barre, faubourg de Lille, plus de deux bateaux de front du côté opposé au chemin de trait, à peine de 7 francs 50 centimes.

Les bateaux qui se trouveront au port des barques publiques devront, sous la même peine, se déplacer une heure avant leur arrivée, en exécution de l'ordonnance du 17 décembre 1705, renouvelée le 5 février 1721.

Police des conducteurs de bateaux.

18. Deux mois après la publication du présent décret, nul ne sera admis à conduire des bateaux sur la Deule qu'il n'ait fait inscrire à la sous-préfecture de son arrondissement ses nom, prénoms et domicile. Il est défendu aux bateliers de se servir, pour la conduite de leurs bateaux, d'autres personnes que de celles munies d'un certificat de cette inscription.

Le passage des écluses sera interdit à tout batelier qui contreviendra à cette disposition.

19. Tout conducteur qui se sera engagé envers un batelier sera tenu de conduire son bateau jusqu'à la destination convenue, sous peine de perdre son salaire.

Conservation des ouvrages d'art.

20. Les bateaux passant à vide aux écluses simples seront obligés de dételer leurs chevaux, conformément à l'ordonnance du 14 juin 1756. Les chevaux employés à la conduite des barques et bateaux devront ralentir leur marche aux approches des ponts, bassins et écluses; ils ne pourront marcher qu'au pas jusqu'à ce que ces ouvrages soient traversés par les barques et bateaux, à peine de répondre de tout dommage et intérêt, et d'encourir l'amende de 20 francs, déterminée par l'article 5 de ladite ordonnance. Les bateaux contrevenants seront retenus aux écluses jusqu'à l'entier payement des dommages et de l'amende encourue.

Passage libre des ponts et écluses et de leurs abords.

21. Aucun bateau ne pourra rester en station dans les environs des ponts et écluses, à la distance de 100 mètres, à moins que ce ne soit pour être déchargé, et seulement pendant le temps nécessaire à son déchargement, de manière que leur passage soit toujours libre et facile.

Pêche.

22. Conformément à l'article 12, titre 5, de la loi du 14 floréal an 10 et à l'arrêté du gouvernement du 17 nivôse suivant, il n'est permis de pêcher dans les canaux de la haute et basse Deule qu'avec une ligne

flottante, tenue à la main, sous les peines et amendes prononcées par l'article 14 de ladite loi.

La pêche des ruisseaux et courants qui alimentent ces canaux appartient aux propriétaires riverains, conformément à l'avis du conseil d'État du 30 pluviôse an XIII.

Largeur des digues et rives.

23. Les propriétaires des terrains qui bordent le canal de la Deule, entre le Fort-de-Scarpe et Lille, laisseront le long des bords un espace de douze mètres de largeur à partir des crêtes intérieures, dans tous les endroits où le canal se trouve bordé de digues, conformément à l'article 3 de l'arrêt du conseil d'État, du 28 janvier 1752; ils laisseront une largeur de huit mètres pour le chemin de halage, dans les lieux où le canal est bordé de rives, conformément à l'ordonnance de 1669, à l'arrêté du 13 nivôse an V et au décret impérial du 22 janvier 1808 (1).

Les propriétaires des héritages aboutissant aux canaux de la basse Deule et de la Bassée laisseront également une largeur de huit mètres pour le chemin de halage, et de trois mètres cinquante centimètres du côté opposé, le tout à peine de cinq cents francs d'amende, et d'être contraints à réparer et remettre les digues ou rives en leur état primitif, en conformité de l'article 7 du titre 28 de l'ordonnance de 1669.

Il pourra être établi, en dehors desdits espaces, un fossé de séparation, de deux mètres de largeur, dans les endroits où il sera jugé nécessaire par l'ingénieur en chef des ponts et chaussées, sauf à statuer sur l'indemnité qui pourrait être due, conformément à la loi du 8 mars 1810.

Conservation des digues.

24. Nul ne pourra, d'après l'article 3 de l'arrêt du conseil de 1752, labourer ni bêcher plus près des distances indiquées en l'article précédent, des crêtes intérieures et des rives des canaux, à peine d'être assimilé à ceux qui les dégradent.

Les riverains continueront néanmoins de jouir des herbes croissant sans culture ni labour sur les rives et les digues, à la charge de les entretenir, à l'exception de la largeur de six mètres uniquement réservés à la voie de trait.

Ces herbes ne pourront être fauchées qu'à la main, et à la charge de réparer toutes dégradations résultant de cette jouissance.

Divagation des bestiaux.

25. Il est expressément défendu, à peine de confiscation et de 125 fr. d'amende, conformément à l'article 7 dudit arrêt, à ceux qui conduisent des bestiaux, de les laisser paître sur les digues ni divaguer sur leurs talus intérieurs; la même peine sera encourue par ceux qui con-

---

(1) L'ordonnance de 1669 fixe aussi à 3 mètres 50 centimètres (10 pieds) la largeur des rives du côté opposé au chemin de halage.

duiraient des voitures ou des chevaux de charge sur la partie réservée
pour les digues et chemins de halage.

Il sera établi des barrières aux endroits où il sera jugé nécessaire
pour en interdire l'accès.

Défense de faire boire les chevaux et bestiaux dans les canaux.

26. Les chevaux employés à la conduite des barques et bateaux, et
les bestiaux sans charge, pourront seuls circuler sur la voie de trait;
mais leurs conducteurs ne pourront, sous aucun prétexte, les conduire
sur la digue opposée à la voie de trait, ni les faire boire dans les canaux, sous les peines portées par l'article précédent.

Les éclusiers, pontonniers, gardes-canaux et gardes champêtres sont
spécialement chargés de veiller à l'exécution du présent article, et d'en
constater la contravention.

Prises d'eau et dégradations aux digues.

27. Il est expressément défendu à toute personne de rompre, déranger ou endommager, de quelque manière que ce soit, les digues et
bords des canaux de la Deule et de la Bassée, ainsi que des courants
qui les alimentent, d'y faire aucune saignée ni ouverture pour en tirer
ou détourner les eaux, de faire, sous quelque prétexte que ce puisse
être, des bâtardeaux, passages et crêtes dans lesdits courants, le tout
sous peine de 375 francs d'amende, et du rétablissement des lieux, en
conformité de l'article 1er de l'arrêt du 28 janvier 1752.

Les propriétaires de toutes les prises ou décharges d'eau actuellement existantes seront tenus de déposer à la préfecture, dans les trois
mois de la publication du présent décret, le double de l'autorisation
qu'ils ont obtenue, ou de solliciter une nouvelle autorisation, dans le
même délai; sinon les prises ou décharges d'eau seront supprimées à
leurs frais.

Plantations, constructions.

28. Il est également défendu, conformément à l'article 4 de l'arrêt
du conseil de 1752 et à l'article 8, titre 28 de l'ordonnance des eaux
et forêts de 1669, et sous les peines de 500 francs d'amende et de confiscation portées par ce dernier article, à tout particulier de planter
aucun arbre, haie ou buisson dans la distance de 10 mètres des bords
intérieurs des digues et rives desdits canaux, ainsi que d'élever ou construire aucune bâtisse dans la même distance.

Il ne pourra être fait de grosses réparations aux murs d'anciennes
maisons et autres bâtiments actuellement existant à une distance de
10 mètres desdites crêtes sans une autorisation du préfet; aucune maison à réparer, reconstruire ou bâtir ne pourra l'être sans une semblable
autorisation, qui sera nécessaire même pour les maisons de l'intérieur
des villes et faubourgs.

Attendu que les arbres et haies existant actuellement sur les digues
des canaux de la Deule et de la Bassée ont été plantés ou conservés en
contravention à l'article 4 de l'arrêt du 28 janvier 1752 et à l'article 8
du titre 28 de l'ordonnance de 1669, la distance à laquelle ils se trouvent

des bords intérieurs des digues sera constatée par un procès-verbal dressé par les ingénieurs des ponts et chaussées, sur lequel il sera statué ultérieurement par le préfet en conseil de préfecture.

Piquets et ancres d'amarrage.

29. Les bateliers ne pourront planter ni enfoncer aucun piquet, ancre et autres objets d'amarrage, plus près qu'à six mètres des bords de la rivière, à peine de 125 francs d'amende, conformément à l'article 5 de l'arrêt de 1752 : ils ne pourront, sous la même peine, amarrer leurs bateaux aux arbres plantés ou à planter sur les digues pour le compte du gouvernement.

Dépôt, chargement et déchargement de marchandises.

30. Il ne pourra être déposé sur les digues et bords de la rivière, des tourbes, denrées, marchandises, grès, pierres et immondices; défenses sont faites d'y rouler, ainsi que sur les rives en talus, des arbres et autres matières qui puissent les endommager, sous les peines portées par l'article précédent.

Le chargement et le déchargement des denrées et marchandises ne pourront être faits ailleurs qu'aux ports établis,

Savoir :

1° Dans l'intérieur de la ville de Lille;
2° Au sas de la Barre;
3° Au pont de Canteleu;
4° À la planche à Quesnoy;
5° À Loos;
6° À Haubourdin;
7° Au bac de Santes;
8° Au bac de Wavrin;
9° Aux Anserœuilles;
10° Au pont de Don;
11° Au bac de Bauvin;
12° Au pont de Meurchin;
13° Au Pont-à-Vendin;
14° Au pont d'Artois;
15° Au bac de Courrières;
16° À la batterie d'Oignies;
17° À la buse d'Hennin;
18° Au pont à Sault;
19° À la planche de Noyelles;
20° Au pont d'Auby;
21° Au pont de Dorignies.

Extraction de tourbes.

31. Conformément à l'article 3 de l'arrêt de 1752 précité, il ne pourra être extrait des tourbes plus près qu'à 100 mètres desdits canaux et des courants et ruisseaux qui les alimentent; il est également défendu de déposer ou faire sécher des tourbes, du lin et du chanvre, à une distance de moins de douze mètres, à peine de confiscation.

Dans les communes où cette disposition aura été enfreinte, la faculté de tourber pourra être interdite.

Aucune extraction de tourbes ne pourra d'ailleurs avoir lieu qu'en
vertu d'autorisation spéciale du préfet, conformément à la loi du 21 avril
1810, sur les mines et tourbières; il sera planté à la distance de
100 mètres une ligne de saules, ou des arbres de futaie, dans les marais
qui bordent la Deule et les canaux qui y affluent. Cette ligne servira de
démarcation, ainsi qu'il est prescrit par l'ordonnance du 24 juillet 1775;
elle sera plantée sur le bord des tourbières, dans les marais excavés, à
une distance de moins de 100 mètres.

Abreuvoirs; gués.

32. Il ne pourra être établi aucun gué ni abreuvoir dans les canaux
de la Deule et de la Bassée, ni dans les courants et ruisseaux qui les alimentent; tous ceux qui pourraient exister actuellement, ayant été établis en contravention aux articles 7 et 9 de l'arrêt de 1752, seront supprimés dans les quinze jours qui suivront la publication du présent
décret, aux frais des communes où ils sont établis, sauf leur recours
contre les auteurs de ces contraventions.

Les gués pourront être remplacés par des ponts, en vertu d'une autorisation spéciale du préfet.

Nasses, étiers.

33. Attendu que l'usage des nasses que l'on emploie pour la pêche
n'est nullement contraire à la loi du 14 floréal an x et à l'arrêté du
gouvernement du 17 nivôse suivant, mais que ces nasses empêchent
l'écoulement des eaux et occasionnent des alluvions, il est pareillement
défendu à toutes personnes quelconques de mettre des nasses, étiers,
hugues, pilots ou autres obstacles à l'écoulement des eaux, dans lesdits canaux et ruisseaux qui les alimentent, sous les peines portées
par l'article 14 de ladite loi, et en outre d'une indemnité de 125 francs
au bénéfice de la navigation, conformément à l'article 2 de l'arrêt de 1752.

34. Les propriétaires riverains des sources, courants, ruisseaux et
rigoles qui alimentent les canaux de la Deule et de la Bassée, sont
tenus de les faucarder, de les curer et de les maintenir en bon état, à
la première réquisition qui leur en sera faite par les ingénieurs des ponts
et chaussées chargés de l'inspection desdites eaux; sinon, il y sera procédé à leurs frais, conformément à l'article 12 de l'arrêt de 1752, et
de la manière prescrite par les articles 109, 110 et 111 du décret du
16 décembre 1811.

La réquisition des ingénieurs, revêtue de l'approbation du préfet,
sera notifiée par l'intermédiaire des maires des communes respectives.

35. Les meuniers seront tenus d'observer exactement les jauges et
hauteurs indiquées et à indiquer pour les eaux, tant d'hiver que d'été,
à peine de 125 francs d'amende, conformément à l'article 10 de l'arrêt
de 1752.

36. Les courants et les ruisseaux qui alimentent les canaux sont:

Pour la haute Deule (rive droite).

1° Le ruisseau qui vient de Pont-à-Vendin, et dans lequel se jettent les eaux des marais de Meurchin, Provin et Bauvin ; il joint la Deule au-dessous du bois d'Allennes ;

2° Le ruisseau venant des sources des marais d'Annœulin, d'Allennes et d'Hérin ; il se jette dans la Deule au-dessous des Anserœuilles ;

3° Le ruisseau dit la Naviette ;

4° Le Cameras ;

5° Le ruisseau des sources des marais d'Ancoine ;

6° Le ruisseau des sources de Bilon et de Martinales ;

7° Un ruisseau venant des hauteurs d'Annequin.

Rive gauche.

1° Le canal des Pestiférés ;

2° La rivière de Dorignies, dite Lescrébieux ;

3° L'ancienne Deule, ou canal de Lens ;

4° Le ruisseau du marais de Flot-de-Wingle ;

5° Le ruisseau du marais de Berclau ;

6° La rivière de Santes ou de la Tortue ;

7° Enfin, le ruisseau de Lomme, qui se jette dans la Deule, près du Fondeur.

Plus trente et une buses établies sur les deux rives pour tirer les eaux des terres et marais qui l'avoisinent.

Pour la basse Deule (rive droite).

La rivière de Lamarque.

Les ruisseaux de Waziers, du Chien, et celui qui naît à la Catelle.

Rive gauche.

Le Chat et le courant venant des hauteurs de Prémesques.

Visite annuelle des canaux.

37. L'ingénieur en chef des ponts et chaussées fera chaque année une visite générale des canaux de la Deule et de la Bassée, et des canaux et ruisseaux qui y affluent, et en adressera le procès-verbal au préfet.

Celui de la première visite constatera tous les bâtiments, arbres et haies établis ou existants sur l'étendue réservée pour les digues, conformément à l'article 28 du présent décret.

38. Les employés des ponts et chaussées, les éclusiers, les pontonniers, les gardes-canaux, les gardes-pêche, les gendarmes impériaux et les gardes champêtres, sont spécialement chargés de l'exécution du présent décret ; ils dresseront des procès-verbaux des contraventions qu'ils auront remarquées, les affirmeront, dans les vingt-quatre heures, par-devant le maire ou l'adjoint du lieu de la contravention, et les adresseront au sous-préfet, pour y être statué conformément à la loi du 29 floréal an x et au décret impérial du 10 avril 1812.

Ces employés recevront sur les mandats du préfet le tiers de toutes les amendes qui seront prononcées sur les procès-verbaux; le deuxième tiers sera versé à la caisse municipale du lieu de la contravention, et le troisième dans la caisse de la navigation, conformément à l'article 115 du décret du 16 décembre 1811 et au décret du 10 avril 1812.

39. Le présent décret est commun au canal de la Bassée.

Décret du 25 janvier 1813, concernant les pensions de retraite à accorder aux préposés aux ponts à bascule.

ART. 1er. A dater du 1er janvier 1813, il sera fait une retenue de trois pour cent sur le traitement des préposés au service des ponts à bascule spécialement établis en vertu de l'article 3 de la loi du 29 floréal an x.

2. Lorsqu'à raison de leurs infirmités ou de leur vieillesse, ces préposés spéciaux ne seront plus capables d'aucun service, ils pourront obtenir des pensions de retraite.

3. Le maximum de cette pension est fixé à la somme de 240 francs, quel que soit le nombre d'années de service de celui qui aura droit à la retraite.

4. Seront précomptées sur les pensions de retraite à accorder aux préposés aux ponts à bascule, celles qu'ils auraient pu obtenir du gouvernement, à un titre ou pour des services quelconques; en conséquence ils seront tenus de fournir, lorsqu'ils demanderont leur retraite, un certificat constatant qu'ils n'ont pas de pension, ou qu'ils en ont une dont la somme n'atteint pas le maximum déterminé.

5. Il sera aussi, lorsque l'état des fonds le permettra, accordé des secours aux veuves et orphelins que ces préposés auraient laissés dans l'indigence.

6. A dater du 1er janvier 1813, il sera prélevé pendant trois ans, sur les fonds des routes impériales de toutes les classes sur lesquelles sont établis les ponts à bascule, une somme de 8,000 francs, pour former le premier fonds des pensions à accorder aux préposés au service des ponts à bascule, dont l'âge ou les infirmités réclameront une prompte retraite.

7. Le fonds de 8,000 francs ci-dessus, et le montant de la retenue de trois pour cent, faite sur les traitements des préposés aux ponts à bascule, seront versés par trimestre sur les ordonnances du ministre de l'intérieur, à la caisse d'amortissement, qui en tiendra un compte distinct.

Décret du 31 janvier 1813, relatif à l'exécution des travaux d'entretien et de réparation des ponts dormants et des ponts-levis établis sur des parties de routes qui traversent des fortifications.

Vu le décret du 4 août 1811, relatif aux travaux des parties de routes qui traversent les fortifications;

Le conseil d'Etat entendu, il a été décrété ce qui suit:

Art. 1er. Les travaux d'entretien et de réparation des ponts dormants et des ponts-levis établis pour la défense des places, ou situés sur des canaux de défense ou sur des fossés d'inondation, dans les parties de routes qui traversent les fortifications, et désignés au décret précité du 4 août 1811, sous le nom de *ponts militaires*, resteront, comme par le passé, à la charge du ministère de la guerre, et seront exécutés par les officiers du génie.

2. Les ponts dormants et les ponts-levis établis sur des rivières ou canaux de navigation, pour la continuation de la route, et non pour la défense d'une place, et situés sur des parties de routes impériales traversant les fortifications, sont mis à la charge des ponts et chaussées. Les travaux seront exécutés par les ingénieurs civils, conformément à ce qui est prescrit par notre décret du 4 août 1811, dont toutes les dispositions sont maintenues.

3. Les ingénieurs militaires et civils s'entendront, d'ici au 1er mai, pour déterminer d'une manière positive ce qui appartiendra à l'une ou à l'autre administration : leur travail sera soumis aux ministres de l'intérieur et de la guerre, pour être par eux approuvé.

Circulaire du directeur général des ponts et chaussées (M. Molé), à MM. les préfets, pour l'établissement de bornes départementales et cantonnales sur les routes.

Paris, le 11 février 1813.

Monsieur le préfet, pour compléter le nouveau système adopté par sa majesté, de classification et d'entretien des routes de l'empire, il restait à placer à la limite des départements que les routes traversent, et à celle de chaque canton de route, des signes qui pussent servir de guide au voyageur, et faciliter le service des divers agents appelés à l'entretien ou à la surveillance des routes.

Le moment est venu, monsieur le préfet, de pourvoir à ce besoin et de compléter ainsi l'ensemble des mesures prescrites par le décret du 16 décembre 1811. Vous trouverez ci-joint le modèle que j'ai cru devoir adopter pour les bornes départementales. Le prix de chaque borne, d'après le détail estimatif rédigé pour l'exécution de ce modèle, s'élève à 180 francs, y compris la sculpture de l'aigle et la gravure des lettres. Cette évaluation ne peut être considérée que comme terme moyen, et la dépense variera nécessairement selon le prix de la matière et de la main-d'œuvre dans chaque département.

Les bornes départementales seront placées sur les routes impériales de première, deuxième et troisième classes. La hauteur de ces bornes est portée à deux mètres, et cette dimension m'a paru la plus convenable, attendu l'impossibilité où l'on aurait pu se trouver, dans plusieurs départements, de se procurer des blocs assez forts pour former les bornes d'un seul morceau de pierre de taille.

Ces bornes devront indiquer non-seulement les noms des départements dont elles formeront les limites, mais encore le numéro et la désignation de la route sur laquelle elles se trouveront situées. Elles auront alors un double objet d'utilité, l'indication de la limite des départements pour fixer les attributions de la grande voirie, et l'indication des communications pour diriger les voyageurs.

La dépense pour l'établissement des bornes départementales sur les routes de première, deuxième et troisième classes sera prise sur les fonds d'entretien des routes, quelles que soient leur origine et leur nature.

Vous voudrez donc bien, monsieur le préfet, faire rédiger par M. l'ingénieur en chef, et me transmettre sans délai le projet des bornes de délimitation à placer sur les routes impériales de votre département. Chaque ingénieur en chef devra se concerter avec ses collègues des départements limitrophes, pour établir dans le projet qu'il doit rédiger, conformément aux instructions qui précèdent, le montant exact de la dépense à faire d'après le nombre des bornes à poser.

Quant aux bornes cantonales, elles serviront à prévenir les contestations qui pourraient s'élever entre les cantonniers sur les points de départ des parties de routes dont ils sont chargés; elles assureront la répression des délits en matière de grande voirie, en rendant facile et précise l'indication des lieux où ils peuvent être commis; enfin elles donneront aux agents chargés de la surveillance des routes de nouveaux moyens de l'exercer.

Je vous adresse le modèle des bornes cantonales. Le détail estimatif que j'ai fait rédiger pour son exécution porte le prix de chaque borne à 24 francs, évaluation qui, comme celle de 180 fr. pour les bornes départementales, doit être considérée comme prix moyen. Suivant ce modèle, la hauteur de la borne cantonale est de soixante centimètres ; sa base est triangulaire : l'une des diagonales de cette base est placée perpendiculairement à la route, et les numéros des cantons sont inscrits sur les faces qui leur sont respectivement correspondantes. Afin que les limites du canton d'entretien ne soient pas confondues avec celles du canton de circonscription territoriale, les bornes cantonales ne portent que le numéro que le canton a reçu dans la division arrêtée par son excellence le ministre de l'intérieur.

Les numéros des cantons ne formant qu'une seule série pour chaque département, l'inscription du numéro des routes sur chaque borne devenait inutile.

Les bornes cantonales seront placées sur le côté de la route opposé à celui sur lequel sont établies les bornes kilométriques.

Veuillez, monsieur le préfet, demander à M. l'ingénieur en chef, et m'adresser sans délai le projet des bornes cantonales à établir dans votre département.

La dépense de ces bornes sera prise sur les mêmes fonds que celle des bornes départementales.

Circulaire du directeur général des ponts et chaussées (M. Molé), à MM. les préfets, sur la nécessité d'exercer la plus grande surveillance dans tout ce qui a rapport à l'entretien des routes.

Paris, le 15 février 1813.

Monsieur le préfet, je viens vous entretenir encore une fois de l'entretien des routes, des soins que les ingénieurs doivent donner à cette partie importante de leur service, et de la surveillance que MM. les préfets, les sous-préfets et les maires doivent apporter à l'exécution des travaux, conformément aux dispositions du décret du 16 décembre 1811.

Ce décret, en assurant aux routes de toutes classes les fonds nécessaires à leur entretien, et même une partie considérable des fonds réclamés pour leur réparation et leur achèvement, a fait dépendre presque entièrement leur bon état du zèle des ingénieurs et de la vigilance de l'administration.

Néanmoins, pendant l'année qui vient de s'écouler, ce service n'a point reçu toutes les améliorations que l'on avait droit d'attendre, et ce commencement d'expérience a déjà prouvé que le relâchement qu'on y remarquait depuis longtemps était dégénéré en habitudes qui ne pourront être vaincues ou réformées que par une fermeté constante et une volonté soutenue.

L'abondance des fonds a permis de multiplier les approvisionnements de matériaux sur un grand nombre de routes; mais j'ai été à portée d'observer moi-même, dans mes tournées, le retard et la négligence qu'on apportait souvent à leur emploi. Tantôt on laisse passer la saison favorable; tantôt on laisse la dégradation de la route s'accroître au point que les matériaux approvisionnés ne sont plus suffisants pour la réparer; tantôt l'on attend qu'un rechargement général soit devenu nécessaire, au lieu d'opposer aux causes qui dégradent et usent les routes des soins aussi journaliers et aussi constants que ces causes elles-mêmes; ce qui est pourtant le seul moyen qu'elles ne présentent jamais au roulage ni obstacle ni danger.

Les réparations sont quelquefois aussi mal faites qu'elles sont rares ou que leur époque est mal choisie. Tantôt les matériaux sont répandus sans méthode et sans intelligence çà et là sur la chaussée; tantôt ils sont si peu brisés et présentent des pierres d'un volume si considérable, que leur emploi ne rend la route que plus mauvaise et moins praticable.

Je ne parle pas de l'insuffisance des moyens employés jusqu'ici pour assurer le prompt écoulement des eaux; la section III du titre VIII du décret du 16 décembre 1811 a prescrit toutes les dispositions nécessaires pour l'ouverture, l'entretien et le curement des fossés, et vous sentez comme moi, monsieur le préfet, toute l'importance de leur exécution. Je vous invite à rappeler de nouveau à MM. les sous-préfets et les maires la surveillance qui leur est demandée par le titre VII du même décret : rien n'est plus propre que leur concours à assurer le bon entretien des routes. Les comptes de tournées que MM. les sous-préfets vous adresseront quatre fois l'année, vous feront connaître l'état des routes et la manière dont ils surveillent les travaux.

Parmi les causes qui ont le plus concouru, depuis quelques années, à la dégradation des routes, on doit certainement mettre en première ligne l'inexécution des règlements sur la largeur des jantes et la fixation des chargements. Je ne puis trop vous rappeler que tous les délais accordés pour l'usage des roues à jantes étroites sont depuis longtemps expirés, et que toutes les contraventions aux règlements sur cette matière doivent désormais être punies selon toute la rigueur de la loi. Ma circulaire du 24 juin 1812, en prescrivant une nouvelle organisation du service des ponts à bascule, et en plaçant plus particulièrement les préposés sous l'autorité des ingénieurs et la vôtre, vous a donné les moyens de réprimer les abus innombrables qui se commettaient.

Quant aux ingénieurs, ils doivent se pénétrer particulièrement de toutes les dispositions de la section II du même titre. Jusqu'ici ils m'ont laissé à désirer de leur voir apporter au service de l'entretien des routes le même zèle et la même ardeur qu'ils mettent à l'exécution des grands travaux ordonnés par sa majesté. Rappelez-leur que rien ne peut leur donner plus de droits à la reconnaissance de leurs concitoyens, à l'estime de l'administration et aux bontés du souverain, que le dévouement qu'ils montreront dans cette partie si importante de leur service, de laquelle dépendent la sûreté, la facilité, et par conséquent la prospérité des relations commerciales de l'empire. S'ils ont sans cesse ces considérations sous les yeux, ils ne confieront plus, comme j'ai eu occasion de le remarquer plusieurs fois, aux piqueurs et aux conducteurs sous leurs ordres, une portion de surveillance dont ils doivent être jaloux.

Au reste, monsieur le préfet, j'ai cependant remarqué, pendant l'année 1812, quelques améliorations sensibles, et je ne doute pas qu'avec la quantité de fonds assurés à l'entretien des routes par le décret du 16 décembre, le système d'entretien journalier qu'il établit, votre surveillance, et le concours de celle de MM. les sous-préfets et les maires, enfin le redoublement de zèle et d'efforts que j'attends de MM. les ingénieurs, et que me garantit le bon esprit qui les anime, toutes les routes de l'empire n'atteignent promptement à un degré de perfection auquel elles n'étaient jamais parvenues.

Circulaire du directeur général des mines (M. Laumond), à MM. les préfets, relative à l'exécution du décret du 3 janvier 1813.

Paris, le 17 février 1813.

MONSIEUR le préfet, les nombreux accidents auxquels sont exposés les ouvriers employés aux travaux des mines ont fait reconnaître la nécessité d'un règlement de police qui prescrit les mesures propres à prévenir, autant que possible, ces fâcheux événements.

Ce règlement fait l'objet du décret du 3 janvier dernier, inséré au Bulletin des lois.

La loi du 21 avril 1810 n'avait pas fixé de délai aux exploitants actuels, pour se mettre en mesure d'obtenir la concession de leur exploitation.

Par les articles 1 et 2 du titre Ier du règlement, il leur est accordé le délai d'un an, à dater de la publication du décret, pour former leur demande et remplir les formalités qui sont prescrites.

Je vous prie de vouloir bien donner une attention particulière à l'exécution de ces articles, et prendre, en conséquence, des mesures pour que tous les exploitants des mines de votre département qui ne sont pas pourvus de titres réguliers de concessions vous adressent leur demande, dans le délai fixé et dans les formes voulues par la loi du 21 avril 1810. L'accomplissement de cette disposition sera un premier pas vers l'ordre, qui peut seul prévenir les événements désastreux et assurer la conservation des exploitations. Vous voudrez bien remarquer que ces articles sont également applicables à toutes les *mines de fer en filons, couches ou amas*, comme aux *mines d'alluvion*, exploitées par puits ou galeries. La plus grande partie de ces mines a été exploitée jusqu'ici, sans ordre comme sans titre, par les maîtres de forge ou pour elur compte. Il est bien important que ces exploitations soient régularisées et soumises au mode de concession, mode avantageux pour les maîtres d'usines eux-mêmes.

Il n'est que trop reconnu que les accidents les plus graves, et qui ont les suites les plus funestes, proviennent souvent d'une cause éloignée, mais qui ne prend un caractère fâcheux que parce que, dès sa naissance, on a négligé d'apporter le remède convenable.

Ces sortes d'événements n'auront plus lieu, si les mesures de précautions indiquées dans le titre II sont exécutées avec soin.

Il ne vous paraîtra pas moins nécessaire de donner des ordres et de surveiller la confection et la mise en ordre des plans et registres prescrits par l'article 6.

L'article 56 du décret du 18 novembre 1810, ainsi que l'instruction du ministre de l'intérieur, du 5 août précédent, ont déjà ordonné ces mesures. Les plans doivent être dressés sur l'échelle *d'un millimètre pour mètre*. Ils peuvent seuls fournir aux ingénieurs des mines les moyens d'exercer leur surveillance ; et, comme ils n'existent encore que sur un très-petit nombre d'exploitations, il devient urgent de faire exécuter cette disposition conservatrice des hommes et des choses.

Si malgré la surveillance qui va être exercée, il survient encore des accidents qui ne pouvaient pas être prévus, le titre III du décret contient toutes les dispositions qui devront être exécutées, selon la nature et la gravité des accidents qui se seront manifestés.

Vous remarquerez sans doute, monsieur le préfet, que, par l'article 15 de ce même titre, les exploitants sont tenus d'entretenir sur leurs établissements, dans la proportion du nombre des ouvriers et de l'étendue de l'exploitation, les médicaments et les moyens de secours qui leur seront prescrits, et de se conformer à l'instruction qui sera approuvée par le ministre de l'intérieur.

J'ai l'honneur de vous envoyer cette instruction qui est approuvée par son excellence ; je vous en adresse un nombre suffisant d'exemplaires pour être distribués à chacun des exploitants et chefs d'usines qui se trouvent dans votre département. Elle a été rédigée par M. Salmade, docteur en médecine de la faculté de Paris, homme recommandable par ses talents, et qui n'a indiqué que ceux des traitements dont l'efficacité a été bien constatée par l'expérience.

Il est donc bien à désirer, que, lors des accidents qui pourraient survenir, on suive exactement, selon leur espèce et leur gravité, les procédés qui sont prescrits dans cette instruction.

Il n'est pas moins nécessaire, monsieur le préfet, que vous exigiez que les exploitants et maîtres d'usines de la nature de celles qui sont indiquées dans le décret que j'ai fait imprimer à la suite de l'instruction (1), se tiennent toujours pourvus des médicaments qui sont indi-

(1) Voir ce décret à la page 151.

qués à la fin de cette même instruction, comme premiers secours qui doivent être administrés aussitôt après l'accident.

Les quantités de chaque espèce n'ont pas été assignées ; elles doivent dépendre du nombre d'ouvriers qui sont employés dans chaque établissement : vous aurez donc à diriger, sur ce point, MM. les maires des communes.

Aux termes de l'article 16, vous aurez à indiquer celles des exploitations qui, par leur importance, devront avoir et entretenir à leurs frais un chirurgien spécialement attaché au service de l'établissement.

Une boîte dite de secours, telle qu'elle est décrite également à la fin de l'instruction, devra être placée dans chaque établissement au service duquel un chirurgien sera spécialement attaché.

Une seule pourra suffire, par *commune*, pour les divers établissements. Il est juste qu'elle soit achetée et entretenue aux frais de tous les exploitants, en raison du nombre des ouvriers employés.

Le titre IV ne mérite pas moins de fixer toute votre attention, puisqu'il s'agit de la police du personnel : si les dispositions qu'il renferme sont bien exécutées, elles pourront contribuer à diminuer le nombre des accidents, qui n'arrivent le plus souvent que par la négligence ou l'imprévoyance des ouvriers.

Les moyens de répression contre les délits sont indiqués dans le titre V ; leur application peut seule garantir l'efficacité des mesures qui sont prescrites par ce règlement.

MM. les ingénieurs des mines sont appelés à concourir, avec l'administration, à l'exécution de ces mesures; leur zèle doit vous répondre de leur empressement à vous seconder dans toutes les parties du service pour lequel ils pourront être requis.

Instruction rédigée par M. Salmade, et approuvée par le ministre de l'intérieur (M. Montalivet), le 9 février 1813.

Observations préliminaires. — Les nombreux accidents auxquels les mineurs et les ouvriers des usines métallurgiques sont exposés, rendent nécessaire la publication d'une instruction courte et claire sur la nature de ces accidents et sur les remèdes qu'ils réclament.

C'est pour remplir, à cet égard, les intentions bienfaisantes et les vues éclairées de son excellence le ministre de l'intérieur, que M. le comte Laumond, directeur général des mines, nous a chargé de rédiger cet abrégé.

Nous y avons indiqué les dangers auxquels les ouvriers sont exposés par l'aspiration des divers gaz méphitiques formés dans les mines, et nous avons décrit les remèdes qu'il faut sur-le-champ administrer aux individus asphyxiés par ces exhalaisons, pour les rappeler à la vie.

Le traitement que nous prescrivons est le plus généralement employé, et celui qui réussit le plus souvent.

Nous avons détaillé les secours qu'il faut donner aux personnes submergées, et nous avons rappelé, à l'égard des asphyxiés et des noyés, le seul signe qui distingue la mort réelle de celle qui n'est qu'apparente.

Enfin, nous avons successivement traité des accidents produits par les inflammations souterraines, par les vapeurs de l'arsenic, du plomb et du mercure, et nous avons dit quelques mots des fractures.

Nous avons soigneusement détaillé les symptômes à l'aide desquels on reconnaît exactement la nature, le degré et les effets de chacun de ces accidents, connaissance à laquelle on ne peut trop s'attacher pour pouvoir donner sur-le-champ les remèdes nécessaires.

Nous avons toujours choisi pour les traitements que nous conseillons, les méthodes les plus sûres, et en même temps les plus commodes et les plus faciles à suivre à l'égard des ouvriers.

Nous espérons qu'on retirera de grands avantages de l'emploi de ces remèdes, dont la vertu est constatée par une longue expérience.

Nous avons surtout, dans ce précis, recherché la concision et la clarté, pour que les directeurs des mines ou leurs préposés pussent, au besoin, donner eux-mêmes les premiers secours, qui doivent être d'autant plus prompts que les accidents deviennent quelquefois mortels avant l'arrivée du chirurgien.

Cette instruction sera, pour les directeurs des mines, un guide sûr et invariable, d'après lequel ils reconnaîtront le besoin d'appeler l'officier de santé, pour qu'il achève ce traitement, après l'emploi de ces premiers moyens, dont l'effet est depuis longtemps éprouvé.

Les méthodes que nous adoptons sont, sans doute, susceptibles de perfectionnement, et l'on ne pourrait trop désirer que les médecins à portée, par la nature et l'étendue de leur pratique, de bien connaître cette matière et de bien juger les écrits dont elle est le sujet, adressassent à M. le directeur général des mines leurs observations sur le traitement que nous conseillons, avec les changements propres à rectifier ou à perfectionner nos préceptes.

C'est avec le plus vif et le plus sincère empressement que nous profiterons des lumières de leur expérience, et de tous les conseils qui, tournant au profit de l'humanité, hâteraient dans cette partie les progrès de l'art.

Asphyxie. — Les mineurs sont exposés à être asphyxiés : lorsque la circulation de l'air ne se fait pas avec assez d'activité, lorsque la substance qu'ils extrayent exhale une grande quantité de gaz délétères, lorsqu'il pénètrent imprudemment dans les travaux anciens et abandonnés, enfin lorsque la combustion du gaz hydrogène se fait trop rapidement.

Les signes de l'asphyxie, toujours faciles à reconnaître, sont la cessation subite de la respiration, des battements du cœur, du mouvement et de toutes les fonctions sensitives; le visage se gonfle et se marque de taches rougeâtres, les yeux deviennent saillants, les traits se décomposent, et la face est souvent livide.

La plupart des asphyxies auxquelles les ouvriers mineurs sont exposés ont pour cause le défaut d'air respirable; elles exigent, en conséquence, le même traitement, surtout dans l'administration des premiers secours; et ce n'est qu'après le retour des asphyxiés à la vie que l'on peut faire cesser, par un traitement approprié à leur situation, l'état d'infirmité où ils se trouvent encore.

C'est de l'ouvrage de M. Portal que nous emprunterons la description du traitement de l'asphyxie. Pendant plus de vingt ans nous avons suivi cette méthode sous la direction de ce célèbre praticien, et les résultats d'une longue expérience peuvent maintenant la faire regarder comme la meilleure.

Il faut secourir un asphyxié avec la plus grande promptitude, et lui continuer les secours avec persévérance, tant qu'on n'a pas la certitude que la vie est complétement éteinte.

Le meilleur et le premier remède à employer, celui dans lequel on doit mettre la plus grande confiance, est le renouvellement de l'air si nécessaire à la respiration : souvent il suffit pour tirer de l'asphyxie les malades qui ne sont pas depuis trop longtemps privés du mouvement.

En conséquence, 1° on retirera promptement du lieu méphitisé l'individu asphyxié; on l'exposera au grand air;

2° On le déshabillera, et il lui sera fait sur le corps des aspersions d'eau froide;

3° On essayera de faire avaler, s'il est possible, de l'eau froide légèrement acidulée avec du vinaigre;

4° On lui donnera des lavements avec deux tiers d'eau froide et un tiers de vinaigre; on pourra ensuite en administrer d'autres avec une forte dissolution de sel marin (sel ordinaire) dans l'eau, ou avec le séné et le sel d'epsom;

5° On tâchera d'irriter la membrane pituitaire, avec la barbe d'une plume qu'on remuera doucement dans les narines de l'asphyxié, ou avec un flacon d'alcali volatil fluor mis sous le nez;

6° On introduira de l'air dans les poumons, en soufflant avec un tuyau dans l'une des narines, et en comprimant l'autre avec les doigts : on se servira à cet effet de la canule qui existe dans la boîte-entrepôt;

7° Si ces secours ne produisaient pas assez promptement l'effet qu'on doit en attendre, le corps de l'asphyxié conservant de la chaleur, comme cela a lieu ordinairement pendant longtemps, il faudra recourir à la saignée, dont la nécessité sera suffisamment indiquée si le visage est rouge, si les lèvres sont gonflées et les yeux saillants.

La saignée jugulaire produirait un effet plus prompt : à défaut de cette saignée, on ferait celle du pied.

8° On pourrait, pour dernier moyen, pratiquer une ouverture dans la tranchée-artère, et y introduire un petit tuyau, dans lequel on pousserait l'air à l'aide d'un petit soufflet.

Il faut mettre la plus grande activité dans l'administration de ces divers secours : plus on tarde à les employer, plus on doit craindre qu'ils ne soient infructueux; et comme la mort peut n'être qu'apparente pendant longtemps, il ne faut renoncer à les continuer que lorsqu'elle est bien confirmée.

L'absence des battements du pouls n'est point un signe certain de la mort.

Le défaut de respiration n'est pas suffisant pour la constater.

On ne doit pas non plus regarder comme morts les individus dont l'haleine ou la transpiration pulmonaire ne ternirait pas le poli d'une glace, ni ceux dont les membres sont roides et qui paraissent insensibles.

La putréfaction est le seul vrai signe de la mort : c'est donc un devoir sacré d'attendre, avant d'ensevelir un corps asphyxié, qu'il soit réduit à cet état où la mort ne puisse plus être douteuse.

Mais souvent, après avoir continué quelque temps avec persévérance à administrer les secours à un asphyxié, on entend un léger soupir qui se renouvelle au bout de quelques minutes.

Ces soupirs sont bientôt suivis de petits hoquets. Aussitôt que le malade donne un premier signe de vie, on fait des frictions avec des serviettes sur toutes les parties du corps, on le place dans un lit, on lui fait avaler quelques cuillerées d'eau toujours acidulée avec du vinaigre; ou bien quelques cuillerées d'eau et de vin; enfin on a soin d'entretenir dans la chambre un courant d'air frais sans lequel il risquerait de retomber dans son premier état.

Noyés. — La submersion dans l'eau ou dans tout autre fluide produit, lorsqu'elle est prolongée pendant un certain temps, une suffocation ou espèce d'asphyxie telle, qu'en retirant les corps, on les croirait privés de la vie : cependant elle n'est pas totalement éteinte, et elle peut encore se ranimer lorsque la submersion n'a pas été trop longue.

Un noyé se reconnaît à l'absence de la respiration, des battements du cœur, du mouvement, des fonctions sensitives; le corps est pâle et froid, le visage bleuâtre et gonflé; une écume rougeâtre s'écoule de la bouche; enfin, le ventre se météorise, et la peau prend une teinte plombée, lorsque le corps a longtemps demeuré sous l'eau.

L'irritabilité du cœur survit encore longtemps à la suspension des fonctions dans les autres organes. Il est donc possible de rappeler à la vie ceux dont les propriétés vitales ne sont pas éteintes : mais les moments sont précieux; il faut que les secours soient prompts, continués longtemps et sans interruption, afin qu'ils réussissent; et, loin d'abandonner les noyés par découragement, il faut se persuader que la putréfaction est à leur égard, comme pour les asphyxiés, le seul signe d'une mort certaine.

Les secours doivent être administrés le plus promptement possible, dans l'endroit qu'on jugera le plus convenable.

Il faut y transporter le noyé sur un brancard ou une civière, dans une voiture, ou même sur une charrette, dans laquelle on aura mis de la paille ou un matelas, ayant soin de tenir le corps du noyé couché sur le côté, la tête élevée, et en dehors d'une bonne couverture de laine qui lui enveloppera tout le corps.

Deux ou plusieurs personnes peuvent aussi le porter sur leurs bras ou sur leurs mains jointes; on évitera surtout que, dans le transport, il éprouve de violentes secousses : tous les mouvements rudes ou brusques peuvent éteindre facilement le peu de vie qui lui reste.

Le noyé étant arrivé au lieu où les secours doivent lui être administrés, on lui enlèvera le plus vite possible ses vêtements, en les fendant d'un bout à l'autre avec un couteau ou des ciseaux.

Après avoir déshabillé le noyé, on l'enveloppera largement dans la couverture de laine, et on le couchera sur un ou deux matelas à terre, ou sur un lit peu élevé, près d'un grand feu, en observant de le maintenir aussi sur le côté, la tête élevée avec un ou deux oreillers un peu durs, et couverte d'un bonnet de laine.

Sous cette large couverture, on fera aussitôt à la surface du corps, et principalement sur le bas-ventre, des frictions avec des étoffes de laine, d'abord sèches et bien chaudes, ensuite imbibées de quelques liqueurs spiritueuses, telles que l'eau de mélisse, l'esprit-de-vin, l'eau-de-vie camphrée, l'ammoniac, le vinaigre des quatre voleurs.

Pour parvenir à réchauffer le noyé, on remplira d'eau chaude, aux deux tiers, les vessies contenues dans la boîte-entrepôt, et on les appliquera sur la poitrine, vers la région du cœur et sur le ventre : on fera bien aussi de placer sous la plante des pieds une brique chaude recouverte d'un linge.

On lui poussera de l'air dans les poumons ; et la meilleure manière d'y parvenir, c'est d'introduire le tuyau d'un soufflet dans l'une des narines et de comprimer l'autre avec les doigts : on peut, au défaut d'un soufflet, se servir d'un tuyau quelconque qu'on introduira par la même voie.

Il est plus avantageux de pousser l'air dans les narines que dans la bouche, parce qu'il parvient ainsi plus facilement dans la trachée-artère. L'insufflation d'un air pur, faite immédiatement par les voies aériennes dans la poitrine d'un noyé, devant toujours être plus efficace que celle de l'air sortant d'une autre poitrine, ce dernier moyen ne doit être employé que dans le cas où il est impossible de faire autrement.

On fera en outre respirer au noyé de l'alkali fluor (esprit volatil de sel ammoniac) ; on lui chatouillera fréquemment le dedans des narines avec la barbe d'une plume, ou avec des rouleaux de papier tortillé en forme de mèches, légèrement trempés dans l'alcali volatil.

On versera en même temps dans sa bouche, si on le peut, une cuillerée à café d'eau de mélisse, ou d'eau-de-vie camphrée, ou de vin chaud.

Dès que le noyé commencera à jouir du mouvement de la déglutition, on en profitera pour lui faire avaler successivement quelques autres petites cuillerées des mêmes substances spiritueuses. Le noyé peut les garder dans sa bouche plus ou moins de temps avant de les avaler, aussi faut-il observer de ne pas trop la lui remplir, jusqu'à ce que la déglutition puisse s'opérer facilement : sans cette précaution, le liquide pourrait se précipiter dans la trachée-artère et apporter un nouvel obstacle au rétablissement de la respiration.

Pour hâter le moment où le noyé doit reprendre ses sens, il faut encore lui donner des lavements irritants.

Prenez : feuilles sèches de tabac, demi-once ; sel ordinaire, trois gros ; faites bouillir dans une suffisante quantité d'eau, pendant un quart d'heure, et, pendant qu'on administrera les autres secours, cette eau sera ensuite passée à travers un linge : on réitérera deux ou trois fois le même lavement, ou un autre plus irritant, avec la décoction de feuilles de séné, à la dose d'une demi-once, une once de sel d'epsom et trois onces de vin émétique trouble, surtout si le noyé tarde à reprendre l'usage de ses sens.

La saignée ne doit pas être négligée dans les sujets dont le visage est rouge, violet, noir, et dont les membres sont flexibles et ont encore de la chaleur. La saignée à la jugulaire est la plus efficace : au défaut de cette saignée, on ferait celle du pied ; mais il faut éviter toute espèce de saignée sur des corps froids et dont les membres commencent à se roidir : on doit, au contraire, s'occuper à réchauffer les noyés qui se trouvent en pareil cas.

Il faut presser doucement avec la main, et à diverses reprises, le bas-ventre du noyé, et enfin, pour dernier secours, lui souffler dans les poumons, à la faveur d'une ouverture faite à la trachée-artère.

On a conseillé d'introduire de la fumée de tabac dans le fondement des noyés, à l'aide d'une machine fumigatoire; mais ce moyen opère un effet à peu près nul, en comparaison du lavement le moins irritant : je dirai même, d'après des expériences multipliées, qu'il offre plus d'inconvénients que d'avantages.

On ne doit exciter le vomissement, à l'aide de l'eau émétisée, que lorsqu'il y a indication de quelque embarras dans l'estomac, et qu'on n'a pas à craindre de congestion vers l'organe cérébral, le vomitif pouvant y occasionner des engorgements ultérieurs.

Nous ne saurions trop le répéter, quelque utiles que soient les secours indiqués, il faut bien se persuader qu'ils ne réussiront qu'autant qu'ils seront administrés avec ordre, pendant plusieurs heures, et sans interruption : leurs effets sont lents et presque insensibles.

Il y a des noyés qu'on n'a rappelés à la vie que sept à huit heures après qu'ils avaient été retirés de l'eau.

En général, la putréfaction est le seul vrai signe de la mort.

Brûlures. — La combustion rapide du gaz hydrogène ou inflammable, les métaux rougis ou fondus, les liquides bouillants, etc., produisent une brûlure, accompagnée d'une douleur vive et d'une phlyctène ou d'une escarre, selon la profondeur. Les mineurs, dans les exploitations de houille, et les ouvriers des usines, sont particulièrement exposés à cet accident.

On doit distinguer plusieurs degrés dans les effets de la brûlure, suivant qu'il y a phlyctène, destruction du corps muqueux, altération partielle ou totale de la peau; mais la base du traitement ne change point, il faut seulement y apporter des modifications relatives à l'intensité du mal.

La première indication est d'affaiblir l'action du feu sur les téguments. Pour y parvenir, faites, sans perdre un seul moment, des fomentations d'eau fraîche sur la partie brûlée; plongez même cette partie dans l'eau froide souvent renouvelée, et mieux encore dans *l'eau de Goulard*, autrement dite *eau végéto-minérale* (acétate de plomb étendu d'eau), dont l'activité est plus prompte. Si la brûlure a beaucoup d'étendue, placez le malade dans un bain d'eau fraîche, qu'on renouvellera tous les quarts d'heure; il y restera jusqu'à ce que l'inflammation soit tombée, et les brûlures seront ensuite pansées avec du cérat simple ou du cérat de Saturne, étendu sur du linge vieux ou sur du papier joseph.

Les brûlures sont souvent accompagnées de phlyctènes, qu'il ne faut pas ouvrir lorsqu'elles sont peu volumineuses, parce qu'elles peuvent, dans ce cas, se terminer par résolution; mais lorsqu'elles ont une certaine étendue, la suppuration est inévitable. Alors on donnera issue à la sérosité, en faisant une très-petite ouverture : l'épiderme ainsi laissé sur la plaie la préserve du contact de l'air, qui produit une très-vive douleur, et fait prendre au pus un mauvais caractère.

Si la brûlure est très-étendue, profonde, avec des escarres ou des croûtes, il faut joindre à l'application des corps gras des fomentations d'eau de guimauve; par ce moyen on favorise la suppuration, et le pus détache peu à peu les croûtes et les escarres.

Les pansements seront renouvelés deux fois par jour, si la suppuration est abondante. Si la gangrène se montre et s'étend, on se hâtera de la borner par l'emploi des antiseptiques, et surtout des spiritueux camphrés et du quinquina. S'il survient du dévoiement, il sera combattu par la décoction de riz : on fera prendre aussi au malade un gros de diascordium tous les soirs, et des lavements avec la décoction de graine de lin et de têtes de pavot.

Les brûlures du visage, des paupières, exigent en outre une attention particulière, pour qu'il n'en résulte point de difformité. Il est surtout nécessaire d'employer des bandages convenables, pour empêcher que les parties qui sont naturellement séparées ne se collent et ne se cicatrisent ensemble. En général, la guérison des brûlures est longue, difficile, et la cicatrisation s'en fait avec peine.

Le régime doit être humectant et calmant : le malade prendra pour boisson une décoction d'orge; il sera mis à la diète, lorsque les symptômes fébriles sont violents et que l'inflammation est considérable : en général sa nourriture doit être légère, et le repos lui est de toute nécessité.

Fractures. — Parmi les accidents qui surviennent aux ouvriers chargés de l'exploitation des mines, il faut compter les fractures ou solutions de continuité des os.

Elles sont simples, composées ou compliquées, suivant qu'il y a un ou plusieurs os fracturés, que la fracture est accompagnée de plaies, d'esquilles, etc.; on les reconnaît à la douleur, au gonflement, à l'impossibilité des mouvements, à la configuration contre nature de la partie fracturée; enfin, à sa crépitation.

Le traitement des fractures varie suivant leur état simple ou leurs diverses complications. Il faut réduire les fractures et les maintenir réduites, au moyen de bandages et d'appareils propres à chacune d'elles; corriger les accidents, et prévenir ceux qui peuvent survenir, par des remèdes généraux ou locaux; mais, pour remplir ces deux indications, il n'y a pas de méthode applicable à tous les sujets indistinctement, et les remèdes doivent, suivant les règles de l'art, varier relativement aux circonstances et à la nature des accidents.

Empoisonnements par l'arsenic. — De tous les poisons à l'action desquels sont exposés les mineurs, l'arsenic est un des plus violents.

Si l'on a avalé une certaine quantité d'arsenic, soit par accident, soit par l'aspiration des vapeurs en forme de poussière de ce métal extrêmement volatil, on éprouve, suivant la dose de cette substance métallique, un froid qui se répand par tout le corps, et auquel succède une chaleur insupportable au gosier, à l'œsophage, des douleurs vives à l'estomac et aux intestins, une soif inextinguible, l'abattement des forces et les vomissements. Il survient des anxiétés, des angoisses; le ventre s'affaisse et se durcit, le pouls est petit et concentré; la fièvre s'allume souvent avec des convulsions et de violentes tranchées, accompagnées de déjections fétides, de défaillance, et enfin de sueurs froides, signes avant-coureurs de la mort.

Si le malade survit à ces accidents, il lui reste une grande irritation du système musculaire, des palpitations, un tremblement de tous les membres ; ce qui a lieu également lorsque l'arsenic a été pris en très-petite dose, ou lorsqu'il n'a pas produit de symptômes aigus; et cet état est souvent suivi, soit d'inflammations chroniques de la membrane muqueuse de l'estomac ou des intestins, soit de phthisie pulmonaire, de marasme et de fièvre hectique, qui font traîner une vie languissante et finissent par faire périr.

On aidera le vomissement, en faisant boire abondamment de l'eau tiède : s'il n'y a point de vomissement et qu'il y ait déjà quelque temps que l'arsenic ait été avalé, on fera prendre un verre de lait tous les quarts d'heure, et, au défaut de lait, on donnera une décoction de racine de guimauve ou de graine de lin, ou une dissolution de gomme arabique à la dose d'une demi-once dans une pinte d'eau.

Si la fièvre qui survient est vive, que le malade soit sanguin, jeune et fort, enfin s'il y a des signes d'inflammation, on aura recours à la saignée du bras, qui préviendra cette inflammation. La saignée sera toujours proportionnée à l'intensité des accidents et aux forces du malade. On donnera des lavements avec la décoction de mauve, de pariétaire, de bouillon blanc, de graine de lin, de têtes de pavot; on mettra le malade dans un bain tiède à plusieurs reprises, et on l'y tiendra des heures entières.

Dans l'intervalle des bains, on lui fera des fomentations sur le ventre, avec des flanelles trempées dans la décoction des plantes émollientes que nous venons d'indiquer.

Quant aux accidents chroniques auxquels l'arsenic donne lieu, on les combattra en faisant prendre du lait pour toute nourriture, plus ou moins de temps, suivant la gravité du danger. Ce n'est que par un régime lacté et sévère, ce n'est que par un long usage de bouillons de grenouilles, ou de limaçons, ou de mou de veau, enfin par un emploi bien ordonné de tous ces moyens, qu'on pourra remédier aux désordres que les parcelles arsenicales ont produits dans l'économie animale.

Le succès de ce traitement dépend encore du peu de temps qui s'est écoulé entre l'accident et l'administration des secours.

M. Navier a proposé de recourir au sulfure de potasse, à la dose d'un gros, dissous dans une pinte d'eau chaude, qu'il fait boire au malade à plusieurs reprises; et lorsque les premiers symptômes sont dissipés, il conseille les eaux minérales sulfureuses, qui remédient en effet, comme le prouve l'expérience, aux suites de l'empoisonnement, affermissent la guérison, dissipent la faiblesse, la langueur, et ramènent la santé.

Colique de plomb. — Les individus que le contact habituel des oxydes de plomb et des préparations de ce métal expose au danger d'en aspirer les molécules, sous forme de poussière ou vapeur, par la bouche et par les narines, comme les peintres, les vernisseurs, et surtout les ouvriers des usines où l'on traite les minerais de plomb, sont tous sujets à une maladie connue sous le nom de *colique des peintres, colique métallique* ou *colique de plomb,* causée par l'irritation inflammatoire que les molécules de ce métal excitent sur la membrane interne de l'estomac et des intestins.

La maladie se reconnaît à une langueur et à un abattement qui se manifestent tout à coup. Il survient des douleurs violentes à l'estomac, puis dans les autres parties du ventre, mais principalement autour du nombril; l'ombilic s'enfonce, les muscles de l'abdomen se contractent fortement : il y a constipation opiniâtre, tournoiement de tête, nausées fréquentes, vomissements d'une bile verte et poracée, soif excessive, petitesse et inégalité du pouls, pâleur du visage, diminution ou même suppression des urines : les douleurs deviennent insupportables; elles sont mêlées d'anxiétés, de convulsions, qui forcent les malades à se tortiller et à se rouler sur le sol; quelquefois les extrémités supérieures sont frappées d'engourdissement, de stupeur, et enfin d'une paralysie plus ou moins complète.

La première indication est d'expulser des voies digestives les molécules métalliques; et nous adoptons, pour la remplir, comme la mieux éprouvée et celle qui nous a toujours réussi, la méthode mise depuis longtemps en usage à Paris, dans l'hôpital de la Charité.

On donnera, dès le premier jour, au malade un lavement avec une quantité suffisante de gros vin et d'huile de noix battus ensemble; une ou deux heures après on en administrera un autre, composé comme il suit :

> Séné mondé. . . . . 2 gros.
> Electuaire diaphénix. . . . 1 once.
> Bénédicte laxatif. . . . 4 gros.
> Miel mercuriel. . . . . 2 onces.
> La pulpe d'une coloquinte.

Faites bouillir toutes ces substances dans une chopine d'eau, et passez.

Après l'effet de ce lavement, on répétera celui d'huile et de gros vin. Le jour suivant, on fera vomir le malade avec trois ou quatre grains d'émétique en lavage, et aussitôt après l'action du vomitif, on fera prendre un gros de thériaque, avec un grain de *laudanum opiatum.*

Le troisième jour, on purgera avec la médecine suivante :

> Séné mondé. . . . . .
> Tamarin. . . . . . . } de chaque 1 once.
> Sel d'epsom. . . . .
> Sel de tartre. . . . . . 2 onces.

Faites bouillir le tout dans une pinte d'eau, passez et faites dissoudre dans la colature,

> Electuaire diaphénix. . . . 4 gros.
> Sirop de nerprun. . . . . 4 gros.

On partage cette potion purgative en plusieurs verres, que l'on donnera à trois quarts d'heure de distance l'un de l'autre, dans la matinée.

On soutiendra les remèdes ci-dessus indiqués, avec un demi-gros de thériaque et un grain de *laudanum opiatum* donnés tous les soirs, et par la tisane sudorifique suivante :

> Bois de gaïac. . . . . .
> ——— de sassafras. . . . . } de chaque 4 gros.
> Racine de squine. . . . .
> ——— de salsepareille. . . . } de chaque 3 onces.
> ——— de bardane. . . . .

On fera macérer le tout, pendant douze heures, dans un vase de terre vernissé, et dans trois chopines d'eau qu'on laissera réduire à deux par ébullition : le malade en boira plusieurs verres par jour.

Enfin, si le malade ressent des engourdissements dans les articulations

tions, quelques menaces de paralysie, ou si ses forces étaient trop abattues, on finirait par mettre en usage la potion cordiale suivante :

Eau de mélisse simple. . . . } de chaque 1 once.
———de chardon béni. . . . }
———des trois noix. . . . . . 2 onces.
Confection d'hyacinthe . . . . 3 gros.
Sirop d'œillet. . . . . 1 once.

Mêlez, pour une potion à prendre à la dose d'une cuillerée ordinaire par heure.

Lorsque la colique métallique a été attaquée dès les premiers jours de son existence, on parvient le plus souvent à en obtenir la guérison au bout d'une semaine : si les douleurs ne sont pas alors totalement calmées, il faut continuer la marche que nous venons d'indiquer, et placer les purgatifs aussi près les uns des autres que les forces du malade le permettront. Dans les jours d'intervalle des purgations, on pourra donner les bols composés comme il suit :

Aloès succotrin. . . . . } de chaque 10 grains.
Extrait de rhubarbe . . . . }
Extrait d'ellébore. . . . . }
———de diagrède. . . . } de chaque 14 grains.
———de jalap. . . . . }

Sirop de nerprun, suffisante quantité pour faire cinq ou six bols que le malade prendra la veille du purgatif.

L'emploi de tous ces moyens sera varié et modifié suivant les forces et l'âge du sujet, et selon l'intensité de la maladie.

Du mercure. — Le mercure altère l'économie animale par son accumulation dans le corps, au moyen de l'absorption cutanée, et par l'introduction dans la bouche et les narines, de la vapeur qu'il forme en se volatilisant.

L'introduction dans notre corps, par la bouche et les narines, des vapeurs de mercure volatilisé, cause des maux bien plus terribles que son accumulation sous toute autre forme. Ceux qui exploitent les mines de mercure sont continuellement au milieu de ces vapeurs, et en éprouvent quelquefois malheureusement d'horribles effets. On rapporte en avoir vu quelques-uns, après un séjour longtemps prolongé dans les mines, être tellement pénétrés de mercure, que le cuivre appliqué sur leurs lèvres ou frotté dans leurs mains blanchissait aussitôt.

Voici le tableau des accidents successifs auxquels sont exposés les mineurs et les différents ouvriers habituellement en contact avec les vapeurs du mercure :

Teint jaune et cuivreux, ophthalmie, démangeaison et ulcération des paupières, mouvement involontaire et plus ou moins rapide des extrémités, douleurs de tête, douleurs à la région lombaire, coliques, constipation, quelquefois dévoiement, difficulté de respirer, chute de dents, paralysie, enfin asthme rebelle : en général, les malades tombent dans un état de marasme et meurent au milieu des convulsions.

Des observations ont démontré que le mercure peut fixer son action sur la tunique fibreuse des artères, et les disposer, en les affaiblissant, aux anévrismes.

Le genre d'occupation des malades renouvelle souvent leurs infirmités. Quoi qu'il en soit, voici les remèdes qu'il faut opposer aux accidents causés par la vapeur du mercure.

Eloignez d'abord les mineurs du lieu de leurs travaux, et qu'ils ne les reprennent qu'après entière guérison ; placez-les dans un air pur et tempéré.

Donnez pour boisson la tisane de scorsonère, de chardon béni, de scordium, de fleurs d'arnica, coupée avec le vin, ou mieux encore, la tisane sudorifique suivante :

Prenez : bois de gaïac réduit en poudre, racine de squine, de chaque une once, celles de salsepareille et de bardane, de chaque une once et demie ; faites macérer le tout très-chaudement dans un vase de terre, dans six livres d'eau, l'espace de douze heures ; ensuite faites bouillir, à la réduction de quatre livres ; ajoutez à la fin, dans le vase qu'on aura soin de tenir bien fermé, de la raclure de bois de sassafras, une demi-once ; réglisse ratissée, deux gros ; semence d'anis et de coriandre, de chaque une pincée ; coulez. Le malade en boira quatre verres par jour.

Il sera purgé avec deux gros de séné, une demi-once de sel d'epsom, et deux onces de manne qu'on fera infuser dans un verre d'eau de chicorée amère, et qu'on passera pour une potion purgative : en général, on tiendra au malade le ventre libre au moyen de lavements.

Si le mineur est atteint de l'ophthalmie, on la combattra par des fomentations et des bains continuels des yeux dans l'eau fraîche, par des bains de jambes soir et matin, et par une décoction d'orge nitré pour boisson.

Si ces moyens ne réussissaient pas, et s'il restait de la rougeur et des ulcérations aux paupières, il faudrait se servir d'une pommade faite avec demi-once de beurre frais et six grains de précipité rouge bien porphyrisé. On prend de cette pommade la grosseur d'un petit pois, qu'on étend le long des cils et des paupières le soir en se couchant.

Lorsque les symptômes que nous avons décrits auront disparu, les malades seront mis à la diète lactée, à l'usage des bouillons de poulets ou de grenouilles, et en général d'aliments adoucissants. C'est à l'aide de ces moyens et du séjour plus ou moins long qu'ils feront au milieu d'un bon air, qu'ils pourront parvenir à la guérison.

On fortifiera, à la suite, par l'usage des amers et des antiscorbutiques, la constitution énervée. Le chirurgien d'ailleurs suppléera à ce qui serait omis sur ces conseils diététiques, et il apportera au traitement les modifications que les circonstances pourraient exiger.

État des médicaments qui doivent se trouver près des mines et usines,
selon la nature des accidents auxquels les ouvriers sont exposés.

1° Dans les *mines de houille*, ainsi que dans toutes les *usines*, comme remèdes propres aux brûlures :

Acétate de plomb liquide.
Cérat jaune solide.
Alcool camphré.
Quinquina.
Diascordium.
Charpie, bandes et compresses.

2° Dans les *mines de plomb*, surtout dans les usines où l'on traite ce métal, comme remèdes contre la maladie dite *colique de plomb :*

Séné.
Electuaire diaphénix.
———————— bénédicte laxatif.
Miel mercuriel.
Coloquinte.
Huile de noix.
Emétique en poudre.
Thériaque.
Laudanum opiatum.
Tamarin.
Sel d'epsom.
Sel de tartre.
Sirop de nerprun.
Squine.
Salsepareille.
Bardane.
Eau de mélisse simple.
—— de chardon béni.
—— des trois noix.
Confection d'hyacinthe.
Sirop d'œillet.
Masse de bols composés.

3° Dans les *mines ou usines d'où il s'exhale des vapeurs arsenicales :*

Gomme arabique.
Sulfure de potasse liquide, huit petits flacons hermétiquement bouchés.
On emploiera cette préparation à dose triple du sulfure sec, lequel s'altère en peu de temps.

4° Dans les *mines de mercure* et les usines où l'on traite ce métal :

Bois de gaïac en poudre grossière.
Racine de squine coupée.
Salsepareille,
Racine de bardane sèche.
Sassafras râpé.
Semences d'anis.
———————— de coriandre.
Séné,
Sel d'epsom.
Manne en sorte.
Précipité rouge.
Amers et   { Teinture de raifort.
Antiscorbutiques. . { ———————— de gentiane.

Composition de la boîte de secours.

Une paire de ciseaux à pointes mousses.
Un double levier.

Deux vessies.

Deux frottoirs de laine.

Deux chemises de laine à cordons.

Un bonnet de laine.

Une couverture.

Une bouteille d'eau-de-vie camphrée.

Une bouteille d'eau-de-vie camphrée et ammoniacée.

Trois petits flacons, dont un d'alkali fluor, un d'eau de mélisse ou d'eau de Cologne, un de vinaigre antiseptique ou des quatre voleurs.

Une cuiller de fer étamée.

Un gobelet d'étain.

Une canule munie d'un petit soufflet, propre à être introduite dans les narines.

Une canule de gomme élastique.

Un soufflet.

Un petit miroir.

Des plumes pour chatouiller le dedans du nez et de la gorge.

Une seringue ordinaire avec ses tuyaux.

Deux bandes à saigner.

Une petite boîte renfermant plusieurs paquets d'émétique de trois grains chacun.

Charpie mollette.

Une boîte à briquet garnie de ses ustensiles, avec amadou et allumettes.

Nouet de soufre et de camphre pour la conservation des ustensiles de laine.

Séné, une livre.

Sel d'epsom, deux livres.

Vin émétique trouble, une bouteille de pinte.

Vinaigre fort, une bouteille.

Décret du 22 février 1813, contenant règlement pour la police et la conservation des canaux d'Orléans et de Loing.

Vu l'édit du roi, donné à Saint-Germain au mois de mars 1679, enregistré au parlement le 26 mars 1680 ; les lettres-patentes du mois de novembre 1719, enregistrées le 13 avril 1720 ; les ordonnances de la juridiction des canaux de Loing et d'Orléans, sur la police et discipline desdits canaux, des 19 mars 1723, 1er octobre 1732, 10 décembre 1739, 11 septembre 1776, 15 février 1781 ; les arrêtés du directoire exécutif, du 23 frimaire an v ; de l'administration centrale du département du Loiret, du 12 vendémiaire an vii ; du préfet du même département, du 21 frimaire an ix ; du ministre de l'intérieur, du 3e jour complémentaire an x ; du préfet du Loiret, des 30 frimaire an xi et 3 messidor an xiii ;

Vu la loi du 29 floréal an x, relative aux contraventions en matière de grande voirie ; notre décret du 12 août 1807, portant règlement relatif au canal des Deux-Mers, et notre décret du 16 mars 1810, concernant la propriété et l'administration des canaux d'Orléans et de Loing;

Vu enfin nos décrets des 16 décembre 1811 et 10 avril 1812, prescrivant des mesures répressives des délits de grande voirie ;

Le conseil d'Etat entendu, il a été décrété ce qui suit :

TITRE Ier. Police. — *Police sous le rapport de la manutention des eaux.* — Art. 1er. Toutes les eaux qui tombent naturellement, ou par l'effet des ouvrages d'art, soit dans les canaux, soit dans leurs rigoles nourricières, soit enfin dans leurs réservoirs ou étangs, seront en entier à la disposition des canaux, et ce, nonobstant toutes jouissances ou usages contraires.

En cas qu'il y ait lieu à prendre ou à rejeter des eaux, la décision appartiendra à l'administration supérieure, sauf le recours à notre conseil d'Etat.

En cas qu'il y ait lieu à expropriation de terrains, maisons ou usines, il sera procédé conformément à la loi du 8 mars 1810.

2. Il est expressément défendu de détourner les eaux des canaux, des rigoles et des étangs, non plus que de la rivière de Loing aux endroits où elle sert de canal, soit en levant les vannes ou ventelles ou bondes, soit en pratiquant des coupures dans les levées de chaussées.

3. Il ne pourra être fait aucune concession d'eau à des particuliers que par décision de notre ministre de l'intérieur, sur le rapport du directeur général des ponts et chaussées, prise sur l'avis de l'ingénieur des canaux et la proposition de l'administrateur général (1).

4. Toute concession d'eau sera toujours révocable ; et l'usage qu'on en pourra faire sera, dans tous les temps, subordonné au besoin du canal.

5. Nul ne pourra, sans une concession rendue en la forme prescrite ci-dessus, pratiquer aucune prise d'eau sur les canaux ou leurs dépendances, à peine de la démolition des travaux, du rétablissement des lieux aux frais des délinquants, et de tous dépens, dommages et intérêts, réglés sur les dommages et troubles qu'aura éprouvés la navigation.

6. L'usage des moulins sur ou attenant la ligne navigable sera réglé par des repères apparents, et, au besoin, par les ordres exprès de l'ingénieur, qui sera autorisé provisoirement, et sauf le recours à l'autorité supérieure, à modifier ou étendre cet usage, suivant les besoins du service, à peine de dépens, dommages et intérêts.

7. Toute prise d'eau autorisée pour moulin ou autre usine sera construite en pierres de taille : il n'y sera adapté que des pelles, vannes ou bondes, fermant à double clef ; une restera entre les mains du propriétaire, et l'autre sera déposée chez l'ingénieur, ou chez l'un des préposés des canaux délégué par lui.

8. Toute prise d'eau existant en vertu d'anciennes concessions sera, aux frais des propriétaires, établie de manière qu'il n'y ait aucune déperdition d'eau qui puisse nuire au canal.

9. Le passage des bateaux à une écluse quelconque ne sera accordé qu'autant que les eaux du biez supérieur et du biez inférieur seront entre les limites des repères établis pour déterminer l'état de navigation, et que les ordres des ingénieurs ne s'y opposeront pas.

---

(1) La nouvelle marche tracée par la décision de S. Exc. le ministre de l'intérieur, du 16 octobre 1811, pour l'instruction des affaires relatives à des concessions de prise d'eau sur le canal du Midi, doit s'appliquer également aux canaux d'Orléans et de Loing. (Décision de M. le directeur général des ponts et chaussées, du 29 novembre 1824.)

10. Aucun marinier ou autre ne pourra manœuvrer les vannes ou les portes des écluses, si ce n'est du consentement de l'éclusier ou sur sa réquisition, à peine de dommages et d'être poursuivi en police correctionnelle.

Police sous le rapport de la liberté de la navigation, et de l'ordre à y maintenir. — 11. Aucun bateau chargé, ou susceptible de l'être, ne sera admis dans les canaux, s'il ne porte écrits, en caractères bien lisibles, le nom et le lieu du domicile du propriétaire. Il en sera tenu registre par les contrôleurs aux embouchures, suivant leur ordre d'admission.

12. Tout conducteur de trains et bateaux chargés devra être porteur d'une lettre de voiture en bonne forme ; à défaut de quoi le passage des écluses pourra lui être refusé.

13. Les bateaux entrant dans les canaux ne pourront traîner après eux des nacelles ou batelets.

14. La tenue ou le tirant d'eau pour les bateaux naviguant sur les canaux reste fixé, pour l'établissement du droit de navigation, à six cent cinquante-neuf millimètres ou vingt-quatre pouces, fond compris; de manière que la charge sera complète, et passible du droit fixe, dès que le tirant d'eau sera de six cent cinquante-neuf millimètres.

15. Suivant le volume d'eau qui se trouvera dans les réservoirs des canaux, la tenue ou le tirant d'eau pour la navigation sera fixé chaque mois par l'ingénieur, et affiché, au moins huit jours à l'avance, aux embouchures et aux principaux lieux d'embarcation. Tout bateau qui excédera le tirant d'eau ou la tenue fixée par l'affiche sera tenu de s'alléger.

16. Les conducteurs des bateaux, à leur arrivée à l'embouchure en Loire, s'amarreront suivant l'ordre de leur arrivée, de manière à laisser libre l'entrée du chenal, dont le bassin est indiqué des deux côtés par des poteaux placés à cet effet.

17. Les conducteurs de ces bateaux se feront inscrire au bureau du contrôleur, à Combleux, qui leur délivrera un numéro d'ordre d'arrivée et d'entrée dans le canal, sans lequel ils ne seront pas admis dans l'écluse. En cas d'infraction aux dispositions ci-dessus, les conducteurs de bateaux perdront leur rang d'entrée : ils ne le reprendront qu'après l'entrée dans le canal de tous les bateaux inscrits.

18. Tous les bateaux et trains iront de file sur les canaux, en suivant l'ordre de leur entrée ; et le marinier qui, le premier, entrera dans une grande écluse du canal de Loing, ne pourra s'opposer à ce que les suivants entrent jusqu'à ce que l'écluse soit complète.

19. Le halage des bateaux ou trains se fera avec des hommes, et non avec des bêtes de trait. Chaque bateau ou train sera conduit au moins par deux hommes, dont le plus jeune aura plus de quinze ans, et l'autre au moins vingt-cinq.

20. Tout marinier sera tenu, aux avenues des écluses, de ralentir le mouvement de son bateau, pour prévenir tout choc aux portes des écluses.

21. On ne pourra tirer ou attacher deux trains ou bateaux accouplés, ou les haler à la suite l'un de l'autre.

22. Les bascules à poisson, les bateaux chargés de fruits, les vins, les liquides et autres denrées susceptibles d'avaries auront toujours

priorité de passage sur les bois, charbons et autres marchandises non avariables, sauf les exceptions momentanées qui pourront être prescrites par notre ministre de l'intérieur, à raison du service public ou des besoins de la capitale. Les ordres donnés à cet égard seront transmis à la compagnie propriétaire des canaux, en la personne de l'administrateur général, qui sera tenu de veiller à leur exécution, et de les faire afficher dans les bureaux de contrôle et aux principaux lieux d'embarcation.

23. Lorsque, par ordre du gouvernement ou de l'administration supérieure, pour des munitions de guerre, ou pour un cas forcé par avaries, un péril imminent exigeant le transport prompt des matériaux et outils pour le service des canaux, le passage des coches ou voitures publiques, celui de la cabane en tournée administrative, l'ordre de la marche des bateaux annoncée par des affiches pourra être interverti ; les cabanes, coches, flettes, bateaux ou trains à ce destinés prendront le pas sur les autres : dans ce cas, ils seront accompagnés d'un garde du canal, portant sa bandoulière, ou d'un gendarme ; l'un et l'autre seront porteurs d'ordres.

24. Tout bateau devant céder le passage à un autre, ainsi que tout bateau en vidange en marche vis-à-vis d'un bateau chargé, laissera libre le côté de halage en se rangeant du côté opposé.

25. Tout bateau ou train qui, à cause d'ordres affichés, ou à cause d'un ordre particulier du gouvernement, ou d'administration supérieure, ou des ingénieurs, à cause d'avaries ou de périls imminents, sera obligé de céder le pas, reculera au besoin à l'approche des écluses et des ponts, afin d'en laisser l'entrée libre, hors le cas où il serait engagé dans les éclusés, les portes étant ouvertes.

26. La navigation des canaux, depuis l'époque de son ouverture jusqu'à celle de sa fermeture, aura lieu tous les jours depuis le soleil levé jusqu'au soleil couché, à l'exception des dimanches et des quatre fêtes chômées rappelées au concordat ; pendant lesquels jours fériés, il ne sera pas livré passage aux écluses, depuis neuf heures du matin jusqu'à midi. Le passage des écluses est expressément défendu la nuit.

27. On affichera, dans tous les bureaux de recette, la liste nominative des patrons qui auraient été trouvés en fraude des droits de navigation, ou qui auraient été convaincus juridiquement d'infidélité envers les négociants, ou enfin qui auraient commis des voies de fait et des actes d'insubordination contre la police de la navigation : il sera fait mention, sur cette liste, des amendes qui auront été prononcées contre lesdits patrons.

28. Les bateaux et trains non en marche seront de file et non en double ; ils laisseront en tout temps libre le côté du halage, et seront attachés au côté opposé par deux amarres, une à chaque extrémité.

29. Tout bateau en vidange dans les canaux aura, pour jeter l'eau, un gardien que le propriétaire indiquera à l'éclusier ou au contrôleur le plus voisin : faute de le faire, il en sera établi un à ses frais et dépens sur le procès-verbal qui en sera dressé. Le bateau sera retenu pour garantie.

30. Tout bateau coulé à fond ou naufragé sera relevé ou tiré de l'eau, par le propriétaire ou conducteur, dans les vingt-quatre heures ; et, à défaut, il le sera, à ses frais et dépens, à la diligence de l'éclusier le plus voisin, qui en rendra compte au contrôleur, ou par les ordres des

ingénieurs ou conducteurs des travaux. L'éclusier ou le conducteur en dressera procès-verbal, dans lequel il constatera la cause du naufrage, le retard qui en sera résulté pour la navigation au delà des vingt-quatre heures, la nature du chargement, les marchandises qui auront été retirées de l'eau, et les frais auxquels aura donné lieu le travail exécuté pour retirer le bateau; ces frais seront payés sans déplacement, ou les marchandises seront gardées en cautionnement.

31. Aucun bateau en vidange, ou autre, ne pourra séjourner dans les canaux qu'à quarante mètres de distance au-dessus ou au-dessous des écluses; ceux à mettre en gare le seront dans les lieux désignés par les ingénieurs, et indiqués par l'éclusier le plus voisin.

32. Les propriétaires de bateaux, les facteurs ou maîtres mariniers seront tenus de faire connaître et de déclarer, à l'éclusier le plus proche, le nom et la demeure du gardien de son ou de ses bateaux en gare, afin d'y avoir recours au besoin.

33. Les conducteurs d'équipages ne pourront alléger ou dénaturer en aucune manière les chargements contenus en leurs bateaux, et indiqués dans leurs lettres de voiture et passavants, qu'après en avoir prévenu un contrôleur, qui sera tenu de faire mention de ce changement sur lesdites lettres de voiture ou passavants dont les mariniers sont porteurs.

34. Faute par les maîtres mariniers ou propriétaires de bateaux de conduire au delà de quarante mètres au-dessus ou au-dessous des écluses les bateaux-vidanges non en marche, ainsi que d'indiquer les gardiens de ces bateaux, il y sera pourvu de suite et à leurs frais par les éclusiers, qui en dresseront procès-verbal, pour lesdits bateaux rester en réserve jusqu'au payement des frais faits par les éclusiers.

35. Aucun bateau ou train ne pourra s'arrêter ou s'amarrer à l'entrée des écluses, ou dans les écluses, ni y charger et décharger des marchandises ou autres effets.

36. Il est défendu de battre des piquets d'amarrage pour arrêter les bateaux plus près qu'à un mètre de la crête ou tête du talus.

37. Il est aussi défendu d'amarrer les bateaux ou trains à des arbres ou plantations le long des canaux, ou de tenir l'amarre élevée au-dessus de la terre, de manière à empêcher le passage sur les levées.

38. Il est défendu de jeter des eaux de vidange des bateaux sur les talus des levées ou contre les maçonneries des écluses, et aussi de jeter dans les canaux et les écluses des terres, pierres et autres immondices.

39. Les bois et autres matières tombant des bateaux, flottant sur l'eau ou coulant à fond, seront retirés par les propriétaires dans le plus bref délai: faute par eux de le faire, sur le procès-verbal qui en sera dressé, il y sera pourvu à leurs frais et dépens; et les matières retirées seront gardées pour en répondre, indépendamment de toute poursuite ultérieure pour dommages et intérêts.

40. La voie d'eau du côté du halage, non plus que le chemin de halage, ne seront jamais embarrassés, pas même occupés, ni pour stationner, ni pour aucun radoub ou travail quelconque, ni pour aucun dépôt de matériaux ou de marchandises; sauf le cas de danger imminent, d'avaries, ou d'un reversement autorisé d'un bateau dans un autre, pour le temps seulement nécessaire à l'effectuer, sous la surveil-

lance des éclusiers, qui veilleront à ce que les marchandises ainsi déposées soient enlevées et rembarquées sans délai.

41. Il est défendu d'établir des chantiers pour radouber et réparer les bateaux ailleurs qu'aux lieux qui seront indiqués par les ingénieurs : cependant on pourra continuer leur réparation au bout du pont du Pâtis à Montargis, sous la condition expresse de n'en placer jamais deux à côté l'un de l'autre, suivant le cours de l'eau, de manière que le halage et la navigation ne puissent éprouver aucun obstacle.

42. Il est défendu de faire des chargements de bateaux ou former des trains ailleurs que dans les ports et lieux d'embarcation indiqués à cet effet comme tels par les affiches.

43. Tout dépôt de marchandises ou autres effets est expressément défendu hors des ports, ou sur les levées, chemins de halage et francs-bords des canaux, excepté dans le cas d'une indication particulière requise par l'inspecteur de la navigation, et autorisée par l'ingénieur.

44. Tout dépôt de marchandises ou autres effets qui se trouveront à trente mètres de distance des bajoyers des écluses, sera enlevé sur-le-champ, à la diligence des éclusiers, après en avoir dressé procès-verbal; les frais qui en résulteront seront à la charge du propriétaire, et les effets ou marchandises retenus en garantie.

45. Lorsqu'un bateau dans un port aura complété son chargement, il laissera la place vide en se retirant dans un large.

46. Les bateaux-vidanges feront place dans les ports à ceux en chargement. L'emplacement du port sera partagé, proportionnellement au nombre des bateaux, entre chaque maître marinier ou facteur.

47. Il est défendu à tout maître ou compagnon marinier, conducteur de barque ou voyageur, d'insulter ou maltraiter aucun employé, et de s'opposer par violence ou par menace à l'exercice de ses fonctions, à peine d'être poursuivi conformément aux lois.

48. Toutes les contraventions aux dispositions ci-dessus seront constatées par des procès-verbaux des gardes du canal, lesquels seront affirmés devant le juge de paix ou les maires et adjoints de la commune où le délit aura été commis : elles seront punies par les tribunaux, conformément aux anciens règlements concernant la police et discipline des canaux, et notamment l'arrêt du conseil, du 19 mars 1715; les ordonnances de la juridiction des canaux, des 20 septembre 1704, 19 mars 1723, 1er octobre 1732, 10 décembre 1739, 11 septembre 1776, 15 février 1781; les arrêtés du directoire exécutif, du 23 frimaire an v; de l'administration centrale du département du Loiret, du 12 vendémiaire an vii; du préfet du même département, du 21 frimaire an ix; du ministre de l'intérieur, du troisième jour complémentaire an x; du préfet du Loiret, des 30 frimaire an xi et 3 messidor an xiii.

Police sous le rapport de la propriété des canaux. — 49. Toute usurpation ou anticipation du domaine des canaux d'Orléans et de Loing sera poursuivie en dommages et intérêts, sans préjudice de la restitution du fonds ou des fruits perçus sur icelui; et si l'usurpation a eu lieu avec déplacement de bornes, ce délit sera poursuivi devant les tribunaux de police correctionnelle.

50. Quiconque sera convaincu d'avoir détérioré, soit les ouvrages d'art des canaux, leurs levées ou digues, d'avoir enlevé, même à titre d'emprunt, les terres, pierres, bois et autres approvisionnements, d'a-

voir endommagé les plantations, coupé, déraciné ou déterré les troncs ou racines des vieux arbres morts ou coupés, sera poursuivi en dommages et intérêts.

51. La faculté de déposer sur les fonds riverains les terres, vases, tasses, graviers et sables provenant des curages et autres déblais quelconques du canal, est expressément conservée, sauf indemnité s'il y a lieu.

52. Il est défendu de faire paître les bestiaux sur les chemins de halage, les levées et chaussées des étangs et autres dépendances, en quelque temps que ce soit ;

De parcourir avec des voitures, charrettes, ou bêtes de somme, les chaussées ou levées des canaux ou rigoles, dans les parties qui ne sont pas chemins publics ;

D'abreuver les bestiaux où les abreuvoirs ne sont pas dûs ; de pratiquer des lavoirs, ou de traverser à gué les canaux et les rigoles ;

De faire rouir du chanvre dans les canaux, rigoles, étangs, fossés ou contre-fossés en dépendants ;

De faucher les herbes, labourer ou piocher sur les levées et leurs francs-bords ;

De jeter dans les canaux ou sur les levées aucune immondice, d'y faire aucun dépôt ni diriger aucun égout ;

De faire aucune ouverture sur les francs-bords du canal, sous quelque prétexte que ce puisse être.

53. Il est également défendu de pêcher dans les canaux, rigoles et étangs, à l'exception de ceux qui en sont fermiers, et aux fermiers de se servir d'engins prohibés, nuisibles à la navigation.

54. Il est défendu à tout marinier, conducteur de bateau ou de train, d'avoir dans son bateau des éperviers ou autres engins de pêche : ceux qui s'y trouveront seront saisis par les gardes-éclusiers, qui en feront dépôt chez les contrôleurs les plus voisins, et en dresseront procès-verbal dans les formes voulues, pour la confiscation en être prononcée.

55. Il est défendu d'avoir sur les canaux, étangs ou rigoles en dépendants, des batelets ou nacelles, sans une permission de l'administrateur général, sur le rapport de l'ingénieur ; et il est enjoint à ceux qui ont permission d'avoir des batelets ou nacelles, d'y inscrire bien lisiblement leur nom et le numéro qu'ils recevront de l'ingénieur, pour y avoir recours au besoin. Ils les enchaîneront et fermeront d'un cadenas, dans le temps où ils ne s'en serviront pas, dans le lieu qui leur sera indiqué par l'ingénieur.

56. Il est défendu à tous ouvriers charpentiers, charrons, scieurs de long, cordiers et autres, de travailler sur les levées ou francs-bords des canaux, ou de les embarrasser de dépôts quelconques.

57. Toutes les contraventions aux dispositions du présent paragraphe, autres que l'usurpation de terrain avec déplacement de bornes, mentionnée en l'article 49, seront constatées, poursuivies et jugées conformément à la loi du 29 floréal an x, et à nos décrets des 16 décembre 1811 et 10 avril 1812, relatifs aux contraventions en matière de grande voirie, et punies des peines portées dans les règlements mentionnés en l'article 48.

TITRE II. *Contentieux et compétence.* — 58. Les procès-verbaux pour tous les délits prévus au titre précédent, feront foi jusqu'à inscription de faux, toutes les fois qu'ils seront rédigés pour les cas et dans les formes prescrites par l'administration forestière.

59. Si des délits commis par des mariniers étaient de nature à entraîner des pertes ou dépenses considérables pour les canaux, le conservateur ou le contrôleur le plus voisin est alors autorisé à exiger une caution suffisante; à défaut de laquelle, le passage pourra être refusé à la première écluse, à moins que les marchandises ne soient de nature à ne pouvoir être arrêtées.

60. Dans ce cas seulement, le conservateur fera suivre le bateau jusqu'au lieu de sa destination, aux frais des propriétaires, afin de faire, relativement audit bateau et à ses agrès, tous les actes nécessaires pour garantir le payement des dommages et intérêts résultant des délits.

61. Dans le cas de tout délit commis contre la sûreté et la tranquillité publique, contre le maintien de l'ordre et la liberté de la navigation, et dont la répression sera urgente, ainsi que dans le cas de désobéissance aux ordres des agents du canal, tout employé sera autorisé à requérir main-forte, pour ensuite, et sur le procès-verbal, le délinquant être poursuivi dans les formes devant le juge compétent, et condamné aux peines de droit.

62. En cas d'abus de la part de tout garde, contrôleur ou agent des canaux dans l'autorisation donnée par l'article précédent, il en sera personnellement responsable, et la compagnie garante vis-à-vis la partie lésée.

63. Les affaires des canaux, dont la connaissance pourra appartenir à l'autorité judiciaire, seront portées devant elle sans conciliation préalable, comme le sont toutes celles dans lesquelles l'Etat est partie.

64. Les contestations civiles qui pourront s'élever, soit pour droits de propriété, soit sur l'application du tarif, soit sur la quotité des droits de navigation, seront portées devant les tribunaux de l'arrondissement dans lequel sera située la propriété en litige ou le bureau de recette où les droits devront être payés, pour y être jugées en dernier ressort, ou à la charge de l'appel ou du recours en cassation, suivant la nature de la contestation ou la quotité du droit; et néanmoins le droit exigé devra être provisoirement acquitté.

65. Les contraventions qui devront être punies en vertu des anciens règlements rappelés en l'article 48, et qui pourront entraîner la peine de confiscation, amende ou triple droit, seront poursuivies devant les tribunaux de police correctionnelle de la situation du bureau de recette où le délit aura été constaté.

66. La connaissance des autres délits et contestations y relatives, tant en demandant qu'en défendant, appartiendra, en première instance, au sous-préfet de l'arrondissement, et, par recours, au préfet du département où les lieux sont situés, pour y être statué définitivement, en conformité des dispositions de la loi du 29 floréal an x, et de nos décrets des 16 décembre 1811 et 10 avril 1812, sur les contraventions à la grande voirie; sans préjudice du renvoi au tribunal compétent, dans le cas où il y aurait lieu d'ailleurs à quelque peine afflictive ou infamante.

67. Toute affaire contentieuse sera poursuivie et défendue par l'administrateur général; en son nom, sous ses ordres et direction, par le

conservateur des canaux, ou les receveurs particuliers, dans chacun de leurs arrondissements.

Les citations et les significations des jugements ou arrêtés prononcés en faveur des canaux, pourront, lorsqu'il en aura été ainsi ordonné, être faites par les gardes des canaux, qui exerceront, dans ce cas, les fonctions d'huissier.

68. Tout jugement, tout arrêté de préfecture, rendu en matière de délits commis sur les canaux, sera imprimé et affiché à la diligence du conservateur, aux frais du délinquant.

Titre III. *Service des gardes des écluses, des étangs, rigoles et autres propriétés.* — 69. Les gardes des écluses, ceux des étangs et rigoles et des autres parties des canaux d'Orléans et de Loing, sont spécialement chargés de veiller à la conservation des canaux, rigoles et francs-bords des étangs, chaussées, ponts, pertuis, et en général de toutes les propriétés dépendantes des canaux.

Ils rapporteront procès-verbaux des délits ou empiétements qu'ils reconnaîtront.

Ils porteront, dans l'exercice de leurs fonctions, la bandoulière aux armes de l'empire.

Ils seront sous les ordres immédiats des ingénieurs et des conducteurs principaux des travaux, dans toutes les parties de leur service, relativement aux travaux et à la conservation des canaux en général.

70. Ils recevront également les ordres des agents de la navigation et de l'approvisionnement de Paris, pour le service du mouvement de la navigation, en tout ce qui n'est pas contraire aux dispositions du présent décret; ils exécuteront aussi les ordres du conservateur des canaux et des contrôleurs, quant à la perception des droits, à la police et à la conservation des propriétés.

71. Ils ne pourront, sous aucun prétexte, vendre vin ou eau-de-vie, ni faire le commerce de bois et de charbon.

72. Ils n'exigeront, dans aucun cas, ni ne recevront argent ou marchandises des voituriers, leurs facteurs ou mariniers, même à titre de payement, sous peine d'être poursuivis comme concussionnaires, conformément aux lois.

73. La négligence des gardes ou éclusiers dans leur service, l'insubordination ou désobéissance aux ordres qui leur seront donnés, l'intempérance ou le défaut de surveillance, seront punis de la suspension ou de la destitution, suivant l'exigence du cas.

74. La compagnie exerce, sur les employés sous ses ordres, toute l'autorité nécessaire pour le bien de son service.

75. Tous les anciens arrêts, ordonnances et règlements, ainsi que les arrêtés des diverses administrations départementales dont le canal traverse le territoire, seront annulés en tout ce qu'ils contiennent de contraire aux dispositions du présent décret.

Décret du 16 mars 1813, qui affecte aux travaux du Rhin les bois de fascines provenant des oseraies domaniales, situées dans les départements traversés par ce fleuve (1).

ART. 1er. Les bois de fascines provenant des oseraies domaniales dans les départements du Haut-Rhin, du Bas-Rhin, du Mont-Tonnerre, de Rhin-et-Moselle et de la Roër, conserveront une destination de préférence pour les travaux du Rhin, exécutés au compte direct de l'État.

2. L'administration forestière en fera la délivrance gratuite, sur la réquisition de notre directeur général des ponts et chaussées, qui lui adressera chaque année l'état approximatif des besoins de la campagne.

3. Les comptes de l'administration forestière feront mention, pour mémoire seulement, des quantités qui auront été délivrées chaque année pour ces travaux.

4. Les directeurs généraux des forêts et des ponts et chaussées se concerteront également pour le repeuplement et la multiplication des oseraies du Rhin, en commençant par les points où les plantations de cette nature présentent la plus grande urgence; les fonds seront faits par l'administration forestière.

5. Il ne pourra être arraché aucune oseraie déjà établie, soit qu'elle appartienne au domaine, soit qu'elle appartienne à des particuliers, sans le concours de l'administration des ponts et chaussées, qui s'assurera, d'après le témoignage des gens de l'art, s'il n'en peut résulter d'inconvénients pour la conservation des rives et la sûreté de la navigation.

Décret du 22 mars 1813, contenant règlement général sur l'exploitation des carrières, plâtrières, glaisières, sablonnières, marnières et crayères dans les départements de la Seine et de Seine-et-Oise.

ART. 1er. Le règlement général concernant l'exploitation, dans les départements de la Seine et de Seine-et-Oise, des carrières, plâtrières, glaisières, sablonnières, marnières et crayères, lequel demeure annexé au présent décret, est approuvé.

2. Les dispositions dudit règlement pourront être rendues applicables dans toutes les localités où le nombre et l'importance des carrières exploitées en rendront l'exécution nécessaire; et ce, en vertu d'une décision spéciale de notre ministre de l'intérieur, sur la demande des préfets et le rapport du directeur général des mines.

3. Les fonctions attribuées dans le règlement à l'inspecteur général des carrières de Paris, pour le département de la Seine, seront remplies, dans le département de Seine-et-Oise, par l'ingénieur en chef des mines en mission dans ce département, à l'exception néanmoins des carrières situées dans les communes de Saint-Cloud, Sèvres et Meudon, lesquelles sont placées sous la surveillance de l'inspecteur

---

(1) Voir le Code forestier du 21 mai 1827, qui modifie les dispositions de ce décret.

général des carrières du département de la Seine, à cause des maisons impériales.

Règlement.

Titre Iᵉʳ. *Des obligations et formalités à remplir par les exploitants.* — **Section Iʳᵉ.** *Formalités préliminaires à l'exploitation.* — Art. 1ᵉʳ. Nul ne pourra, à peine d'amende, ouvrir de carrières, plâtrières, glaisières, sablonnières, marnières ou crayères, pour les exploiter, ni dans son propre terrain, ni dans un terrain par lui tenu à titre précaire, sans en avoir demandé et obtenu la permission.

2. Tout exploitant qui se proposera d'entreprendre une extraction quelconque sera tenu d'adresser, au sous-préfet de l'arrondissement dans lequel se trouvera situé le terrain à exploiter, sa demande en double expédition, dont une sur papier timbré.

Il devra énoncer, dans sa pétition, ses nom, prénoms et demeure, la commune et la désignation particulière du lieu où il se propose de fouiller, l'étendue du terrain à exploiter, la nature de la masse, son épaisseur, et la profondeur à laquelle elle se trouve ; enfin, le mode d'exploitation qu'il entendra suivre et employer.

3. A sa pétition, le demandeur joindra, aussi en double expédition, un plan du terrain à exploiter, fait sur l'échelle d'un deux-cent-seizième des dimensions linéaires (1), et maillé de dix en dix millimètres ; le titre ou extrait du titre de la propriété du terrain, ou le traité par lequel il aura acquis le droit d'exploitation ; enfin, pour faire connaître ses facultés pécuniaires, une copie certifiée des articles le concernant, dans les matrices de rôles des diverses contributions directes auxquelles il se trouve imposé.

4. Le sous-préfet, après avoir consulté le maire de la commune du demandeur et celui de la commune où doit être établie l'exploitation, donnera son avis sur la personne et sur les avantages ou les inconvénients de l'exploitation projetée. Cet avis sera adressé au préfet du département, avec la pétition et les titres du demandeur, dans le délai d'un mois au plus tard, à dater du jour de l'enregistrement à la sous-préfecture.

5. La pétition, les plans, les titres, déclarations et avis des autorités locales, après avoir été enregistrés à la préfecture, seront envoyés à l'inspecteur général des carrières, lequel reconnaîtra ou fera reconnaître par l'un des inspecteurs particuliers :

1° L'existence, la nature et la manière d'être de la masse à exploiter ;

2° Si le mode d'exploitation proposé est convenable à l'état de la masse ou aux dispositions locales, ou s'il y a lieu d'en prescrire un autre plus avantageux ;

3° Si l'étendue du terrain est suffisante pour y asseoir une exploitation utile, sans nuire aux propriétés ou aux exploitations voisines ;

4° Enfin, les lieux où doivent être faites les ouvertures, en conser-

---

(1) Cette échelle répond à celle de quatre lignes pour toise, prescrite depuis longtemps pour les plans des carrières. Il est nécessaire de la conserver pour pouvoir accorder les nouveaux plans avec ceux qui existent déjà, au nombre d'environ quinze cents.

tant la distance des chemins, aqueducs, tuyaux de conduite et habitations, prescrite par les règlements.

6. Sur le vu des autorités locales et du rapport de l'inspecteur général des carrières, le préfet statuera. Les permissions accordées seront publiées et affichées dans les communes respectives.

Ces affiches et publications seront faites à la diligence des maires et adjoints des communes intéressées.

7. A cet effet, des ampliations des autorisations accordées seront adressées au sous-préfet de l'arrondissement dans lequel devra se faire l'exploitation, ainsi qu'à l'inspecteur général des carrières.

8. Il sera tenu, tant à la préfecture que dans le bureau de l'inspecteur général, un registre desdites autorisations, par ordre de dates et de nombres : il sera formé une série générale de ces numéros, qui seront indiqués dans les autorisations.

9. Les droits de timbre des expéditions et ampliations, et le droit d'enregistrement, seront à la charge de l'impétrant.

10. Les droits résultant des permissions accordées en conformité des articles précédents ne pourront être cédés ni transportés, soit par celui à qui lesdites permissions auront été accordées, soit par ses ayants cause, sans une autorisation spéciale du préfet. Les héritiers seront tenus à faire, devant le préfet, la déclaration de l'intention où ils sont de continuer ou de cesser l'exploitation.

11. A défaut de s'être mis en règle à cet égard, en observant les formalités prescrites ci-dessus, les héritiers ou cessionnaires seront regardés comme exploitant sans permission, et, en conséquence, traités comme étant en contravention.

SECTION II. *Règles à suivre pendant l'exploitation.* — 12. Avant de commencer ses travaux, l'exploitant autorisé devra, à peine d'amende, placer dans un lieu apparent, à l'ouverture de l'exploitation projetée, une plaque en tôle, attachée sur un poteau, portant le nom de la commune d'où dépend le terrain à exploiter, le sien propre, et le numéro sous lequel est enregistrée sa permission.

13. L'exploitant sera tenu de se conformer aux instructions concernant la sûreté publique, qui lui seront transmises, soit par l'inspecteur général, soit par les inspecteurs particuliers des carrières : ces instructions seront visées par le préfet du département.

14. Il ne pourra aussi, à peine d'amende, changer le mode d'exploitation qui lui aura été prescrit, sans en avoir préalablement demandé et obtenu l'autorisation dans les formes indiquées, section Ire, pour les permissions d'exploiter.

15. Il sera tenu de faire connaître, au commencement de chaque année, par un plan de ses travaux dressé sur la même échelle que le plan de surface mentionné dans l'article 3, les augmentations de sa carrière pendant l'année précédente.

16. L'exploitant sera tenu de faciliter auxdits inspecteurs tous les moyens de visiter et de reconnaître ses travaux : il devra même les accompagner toutes les fois qu'il en sera requis. Lesdits inspecteurs pourront, au surplus, en cas de besoin, requérir main-forte auprès des autorités constituées, pour qu'il leur soit prêté assistance dans l'exercice de leurs fonctions, pour l'exécution et le maintien des règlements.

17. L'inspecteur général et les inspecteurs particuliers veilleront

dans leurs tournées à ce que les exploitants n'aient ou n'emploient que
des ouvriers porteurs de livrets, conformément à la loi du 22 germinal
an XI et à l'arrêté du gouvernement, du 22 frimaire an XIII.

18. L'exploitant est personnellement responsable du fait de ses employés et ouvriers.

SECTION III. *Formalités à remplir en cas de suspension ou cessation
de l'exploitation.* — 19. Nul exploitant ne pourra, à peine d'amende et
de responsabité de tous accidents, interrompre ou suspendre son exploitation sans en avoir donné avis à l'inspecteur général des carrières
et obtenu l'agrément du préfet.

20. Durant l'interruption ou la suspension d'une exploitation, et
jusqu'à ce qu'il ait été statué sur sa reprise, l'entrée en sera muraillée
et fermée par des portes garnies de ferrures ou de cadenas; les puits
seront couverts de madriers et barricades suffisants, et arrêtés de manière à garantir de tous accidents; et ce, sous les peines portées par
l'art. 19.

21. Nul exploitant ne pourra, de même sous peine d'amende et de
responsabilité, abandonner définitivement ses travaux, en combler les
trous ou puits, en enlever les échelles, ni en fermer les galeries de cavage, sans en avoir au préalable demandé et obtenu la permission.

22. La demande d'abandon ou de comblement devra être adressée
au préfet du département, pour être ensuite par lui renvoyée à l'inspecteur général des carrières, qui constatera ou fera constater par un
procès-verbal :

1° L'état des travaux avant l'abandon;

2° Si l'exploitation a été bien faite;

3° Si quelques parties ne périclitent pas; cas auquel il ordonnerait
les travaux nécessaires, aux frais de l'exploitant;

4° Enfin, si la fermeture de la carrière ne présente aucun danger.

23. L'inspecteur général se fera remettre un plan de l'état de la carrière, et enverra le tout, avec son rapport, au préfet, qui statuera.

24. Il sera adressé au sous-préfet de l'arrondissement, ainsi qu'à
l'inspecteur général des carrières, des ampliations de l'arrêté qui sera
intervenu : une expédition en sera aussi délivrée à l'impétrant.

25. Dans le cas où l'exploitation interrompue ou abandonnée sans
permission serait au compte d'un exploitant à titre précaire, le propriétaire deviendra responsable des événements, comme si l'interruption
ou abandon était son propre fait : il sera, en conséquence, tenu de faire
sauter par les mines, et sous les ordres des préposés de l'inspection, les
parties menaçantes.

26. A défaut par le propriétaire de se conformer aux ordres donnés à cet égard, le préfet, sur l'avis de l'inspecteur général, ordonnera
le comblement de la carrière; et les frais de cette opération, du montant desquels il sera décerné une ordonnance exécutoire contre le propriétaire, seront payés, en cas de refus, comme les contributions publiques (1).

SECTION IV. *Cas d'interdiction des exploitations.* — 27. Toute exploitation, d'après quelque mode qu'elle s'opère, dont l'état actuel

(1) Ces dispositions, ainsi que la plupart de celles prescrites dans ce titre, existent
dans les anciens règlements sur le fait des carrières.

présenterait des dangers auxquels on ne pourrait opposer des précautions suffisantes, sera interdite et condamnée, alors muraillée et abattue, s'il est nécessaire.

28. L'affaissement ou le comblement des carrières condamnées sera exécuté, au refus des propriétaires, par les préposés de l'inspection, aux frais des exploitants, indépendamment des indemnités de droit, s'ils ont excavé sous la propriété d'autrui, ou à des distances défendues par les règlements.

Section V. *Des expertises.* — 29. Les dispositions du titre IX de la loi du 21 avril 1810, et particulièrement celles relatives au choix des experts et aux plans à produire pour les expertises, seront toujours appliquées dans les expertises relatives aux carrières des départements de la Seine et de Seine-et-Oise.

Titre II. *Des peines à encourir en cas de contravention.* — Section Ire. *Des amendes.* — 30. Les amendes à prononcer dans les cas prévus par le présent règlement ne pourront excéder cent cinquante francs : elles seront doublées en cas de récidive.

31. Lesdites amendes seront prononcées en conseil de préfecture, sur le rapport de l'inspecteur général des carrières, sans préjudice des dommages-intérêts envers qui de droit.

32. Le produit net de ces amendes sera versé par la régie des domaines dans la caisse du receveur général du département, pour être employé, dans l'étendue dudit département, aux travaux extraordinaires que nécessiteront les exploitations, soit pour les améliorations, les recherches, les sondages, etc., soit pour la cuisson de la chaux et du plâtre par les nouveaux procédés, soit pour la construction des fourneaux d'essai et l'achat des combustibles.

Section II. *De l'annulation des permissions.* — 33. Lorsqu'un exploitant, après trois contraventions, sera convaincu d'un nouveau délit, la permission lui sera retirée.

34. Il y aura également lieu à retirer la permission pour cessation de travaux pendant un an, sans autorisation ou force majeure.

35. La permission sera retirée par arrêté du préfet, sur le rapport de l'inspecteur général des carrières : cet arrêté sera exécuté de suite, à la diligence des maires et adjoints et de la gendarmerie, aux frais des permissionnaires.

36. Dans le cas de permission retirée, il sera procédé à la visite de l'exploitation, ainsi qu'il est déterminé aux articles 22, 27 et 28, afin qu'une nouvelle permission soit donnée s'il y a lieu.

Titre III. *Dispositions générales.* — 37. Toutes les permissions accordées antérieurement au présent règlement seront, par les impétrants, représentées à l'inspecteur général des carrières, qui les visera et les fera inscrire dans leur ordre de série, au fur et à mesure du *visa,* sur le registre général dont il est parlé art. 8. Celui-ci les adressera au préfet du département, pour être revêtues des mêmes formalités.

38. Cette vérification se fera dans le délai de trois mois.

39. Le délai expiré, toute exploitation dont le propriétaire n'aura pas fait viser sa permission ou ne justifiera pas avoir fait les demandes nécessaires pour obtenir ce *visa,* sera suspendue.

40. A cet effet, une visite générale des exploitations sera faite après ce délai, pour constater l'exécution des mesures ci-dessus prescrites.

41. Les procès-verbaux de visite seront adressés au préfet du département, avec un état indicatif des exploitations dont les permissions anciennes n'auront pas subi la formalité de la révision.

42. Tout propriétaire de carrière anciennement exploitée et présentement abandonnée sera tenu de déclarer au secrétariat de la préfecture, dans le délai de deux mois, la situation de ses travaux, et depuis quel temps ils sont abandonnés, afin que, sur sa déclaration, il puisse être pris telle mesure qu'il appartiendra.

43. Toute contravention à l'article précédent, par négligence ou retard dans la déclaration, qui sera constatée par un inspecteur des carrières, sera punie par une amende, conformément aux dispositions de la section Iʳᵉ ci-dessus.

44. Les dispositions contenues au présent règlement général de l'administration sont applicables à toute nature de matière exploitable, soit pierre, plâtre, glaise, sable, marne et craie, dont les divers modes d'exploitation seront l'objet d'autant de règlements particuliers, et ne s'appliqueront pas aux carrières qui sont à ciel ouvert.

Décret du 15 mai 1813, relatif à la conservation des chaussées du Rhône, dans le département des Bouches-du-Rhône.

Vu notre décret du 4 prairial an XIII, contenant organisation pour toutes les associations territoriales des communes d'Arles et Notre-Dame-de-la-Mer, département des Bouches-du-Rhône;

Le conseil d'Etat entendu, il a été décrété ce qui suit :

Art. 1ᵉʳ. Les propriétaires riverains des chaussées du Rhône, intéressés à leur conservation, mais qui ne font partie d'aucune association, seront réunis en association, ou incorporés à l'association la plus voisine, par le préfet, sur l'avis de la commission centrale : dans ce dernier cas, ils contribueront, en proportion de leur intérêt, aux charges de l'association, excepté aux dettes contractées avant leur incorporation.

2. Les propriétaires non riverains des chaussées, qui profitent de leur établissement et qui ne contribuent point à leur entretien, seront également incorporés à l'association la plus voisine, et aux mêmes conditions.

3. Les projets et devis de renouvellement, d'établissement et d'entretien des chaussées du Rhône, seront faits par l'un des ingénieurs des ponts et chaussées employés dans le département. Il fera, chaque année, la visite et la vérification des chaussées, en présence des commissaires nommés par la commission centrale, conformément à l'article 56 du décret du 4 prairial an XIII, et des syndics de chaque association pour ce qui la concerne. Il sera dressé procès-verbal de l'état des chaussées, et un devis et détail estimatif des travaux à faire par chaque association pour entretenir les chaussées à la hauteur et dans les dimensions qui auront été déterminées.

4. Les terres et matériaux nécessaires à l'entretien, à la réparation et à la confection des chaussées, seront pris, moyennant une indemnité, sur les propriétés voisines, en dedans ou en dehors, suivant que

cela sera jugé le plus convenable à leur solidité, et réglé par le procès-verbal de visite.

5. Le procès-verbal de la visite, le devis et le détail estimatif, seront communiqués à la commission centrale, qui les enverra au préfet, avec son avis, pour être approuvés.

6. La commission centrale enverra aux syndics de chaque association la partie du détail estimatif des travaux qui sera à sa charge; les syndics en feront immédiatement l'adjudication : elle sera soumise à l'approbation de la commission centrale.

7. Les syndics convoqueront, en même temps, l'association pour délibérer la cote nécessaire au payement du montant de l'adjudication des rentes et autres charges, conformément à l'article 21 du décret du 4 prairial an XIII.

8. Les syndics surveilleront ou feront surveiller par les bayles ou gardes-chaussées l'exécution des travaux : ils ne seront entièrement soldés qu'après que la réception en aura été faite dans une visite générale qui aura lieu à cet effet, ainsi qu'il est prescrit par l'article 3.

9. A défaut par les syndics de faire les adjudications et convocations, de délivrer des mandats, ou, par les associations, de délivrer les fonds nécessaires, il y sera pourvu par la commission centrale, qui pourra faire lesdites adjudications, convocations et impositions, et même délivrer les mandats de payement, avec l'approbation du préfet.

10. Si les syndics négligent de faire fermer une rupture survenue aux chaussées, la commission centrale y fera faire les travaux nécessaires, conformément à l'article précédent, à la charge d'en rendre compte au préfet.

11. Nul ne pourra être nommé syndic, s'il ne réside dans l'une des communes d'Arles, Tarascon ou Sainte-Marie. On ne pourra être à la fois syndic ou bayle de deux associations.

12. Dans les associations où il y a trois syndics, un d'entre eux devra être habitant dans la ville de laquelle dépend l'association.

13. Lorsque le plan cadastral de la commune d'Arles sera terminé, les associations des chaussées pourront être réduites à trois, savoir : une pour la rive gauche du grand Rhône, et deux pour la Camargue. Il sera fait, d'après ledit plan cadastral, de nouveaux rôles de cotisation à la dépense des chaussées, suivant le degré d'intérêt de chaque classe de propriétés, et un nouveau règlement pour déterminer le mode de représentation et de délibération des intéressés.

14. Les particuliers qui se permettraient de faire des fouilles ou des trous dans le corps d'une chaussée, seront punis d'une amende de vingt-cinq francs ; l'amende sera double si ces dégradations ont eu lieu la nuit, sans préjudice des dommages et intérêts.

Ils seront, en outre, punis d'une détention qui ne pourra être moindre de trois jours ni de plus d'un mois, en raison des dégradations commises.

15. Il ne pourra y avoir de haies, buissons et broussailles sous les chaussées; ils seront arrachés, ainsi que les arbres qui, lors de la visite annuelle, seraient jugés nuisibles à la solidité des chaussées.

Il pourra, lors de la première visite, être accordé un délai aux propriétaires pour arracher tout ce qui s'y trouvera de semblable. En cas de retard, la commission centrale le fera arracher aux frais des propriétaires ou fermiers, qui payeront une amende équivalente au double des frais de cette main-d'œuvre, dont l'état sera réglé et rendu exécutoire par le préfet.

16. Toute plantation ultérieure d'arbres, haies et broussailles, donnera lieu à une amende d'un franc par arbre ou par mètre courant de haies ou broussailles, outre les frais d'arrachement et ceux de réparation des parties plantées.

17. Les terrains attenant aux chaussées ne pourront être cultivés qu'à deux mètres de la base des chaussées. Il ne pourra être creusé de fossés qu'à la même distance, et le talus des fossés sera conforme à celui de la chaussée.

Les abords des abreuvoirs établis au Rhône, à l'extrémité des chemins publics, seront entretenus par les associations.

On ne pourra établir des abreuvoirs ni aucun autre ouvrage au pied des chaussées, sans la permission de la commission centrale, donnée sur l'avis des syndics de l'association intéressée; le tout à peine d'une amende de vingt francs, outre les frais de réparation.

18. Le préfet déterminera, d'après le rapport de la commission centrale et l'avis des ingénieurs des ponts et chaussées, quelles sont les chaussées sur lesquelles les besoins des communications exigeront le passage des voitures et chevaux : elles seront appropriées à cet usage.

19. Sur les autres chaussées, le passage de voitures, chevaux et bestiaux, donnera lieu à une amende de six francs pour une voiture, de deux francs pour un cheval, et d'un franc pour une bête à cornes.

20. Les propriétaires de terrains dits *ségonaux*, situés entre le Rhône et les chaussées des associations, ne pourront à l'avenir établir des plantations, des chaussées, levadons ou autres ouvrages, qu'avec l'autorisation du préfet, sur le rapport de l'ingénieur des ponts et chaussées et l'avis de la commission centrale.

21. Nul ne pourra faire des prises d'eau au Rhône, ni changer celles existantes, sans la même autorisation.

22. Les ouvrages mentionnés aux articles précédents ne pourront, dans aucun cas, intercepter la berge du fleuve ni le chemin de halage.

23. Toutes les chaussées, levadons ou autres ouvrages existants dans les *ségonaux*, seront vérifiés et inspectés par l'ingénieur des ponts et chaussées et la commission centrale dans leurs tournées : ceux desdits ouvrages qui seront jugés offensifs pour les chaussées des associations, ou destructifs de la berge du fleuve et du chemin de halage, seront détruits ou rectifiés par les propriétaires, après toutefois que les procès-verbaux des ingénieurs auront été communiqués aux propriétaires, dont les défenses seront pareillement produites devant la commission centrale, et le tout renvoyé au conseil de préfecture, qui statuera, sauf le recours en notre conseil d'Etat.

24. Les bayles ou préposés commis par les associations, conformément à l'article 20 du décret du 4 prairial, pour la surveillance des chaussées et la direction des travaux, seront en outre gardes-chaussées: leur nomination sera confirmée par le préfet. Ils seront spécialement chargés de constater par procès-verbaux les empiétements, enlèvements de terres ou matériaux, et dégradations de tout genre qui pourraient être commis sur les chaussées.

25. Un conducteur des travaux, ou inspecteur des chaussées, sera en

outre chargé de faire les visites, vérifications et rapports qui lui seront prescrits par la commission centrale, de surveiller les bayles, et de constater aussi les délits énoncés dans l'article précédent : il sera nommé par le préfet, sur la présentation de la commission centrale.

26. Les gardes-chaussées et inspecteurs seront assermentés en justice ; ils affirmeront leurs procès-verbaux devant les juges de paix, et en remettront copie à la commission centrale.

27. L'inspecteur et les gardes-chaussées seront sous les ordres de l'ingénieur des ponts et chaussées pour ce qui concerne le service des chaussées. Outre leur traitement, ils recevront une remise sur les amendes prononcées par suite de leurs procès-verbaux : cette remise est fixée à la moitié pour les amendes de vingt francs et au-dessous, et à dix francs pour les amendes au-dessus de vingt francs.

28. En cas d'insolvabilité des délinquants condamnés, l'association sur les chaussées de laquelle aura été commis le délit payera, au garde-chaussée qui l'aura constaté, l'équivalent de la part de l'amende à laquelle il aura droit.

29. Il est alloué à la commission centrale pour frais de bureau, y compris le traitement de l'inspecteur des chaussées, conformément à l'article 54 du décret du 4 prairial an XIII, la somme de deux mille francs, laquelle sera répartie entre les associations et imposée additionnellement aux rôles de leurs cotisations annuelles.

30. Les indemnités que pourrait réclamer l'ingénieur des ponts et chaussées, pour les travaux des chaussées du Rhône dont il aura rédigé les projets et dirigé l'exécution, seront supportées par les associations et arrêtées par notre directeur général des ponts et chaussées, sur l'avis du préfet.

31. Les chaussées seront divisées en arrondissements de surveillance pour leur conservation pendant les crues du Rhône.

Il y aura un surveillant pour une longueur de quatre mille cent mètres de chaussée.

32. Les surveillants seront nommés par chaque association parmi les propriétaires, ou, à leur défaut, parmi les fermiers qui la composent. Ils seront en fonctions pendant quatre ans : ils ne seront renouvelés que par moitié, et pourront être réélus.

33. Nul ne pourra refuser les fonctions de surveillant sans excuses légitimes : elles seront jugées par l'association, sauf le recours à la commission centrale. Les surveillants qui auront été réélus deux fois, pourront refuser d'en exercer ensuite les fonctions.

34. En cas d'absence et d'empêchement d'un surveillant, les syndics nommeront un surveillant provisoire, qui ne pourra refuser d'en remplir les fonctions ; et jusqu'au remplacement d'un surveillant absent ou empêché, les surveillants des deux arrondissements les plus voisins surveilleront l'arrondissement vacant.

35. Les surveillants seront sous les ordres des syndics, et les remplaceront en cas d'absence. Les fonctions des surveillants cesseront avec le danger.

36. Il sera établi pour chaque arrondissement, et aux frais des associations, un magasin ou dépôt de secours, lequel contiendra un approvisionnement en outils et objets nécessaires aux travaux des chaussées.

37. Lorsqu'une crue du Rhône menacera les chaussées d'une rup-

ture ou d'un débordement, tous les habitants des communes d'Arles, Tarascon et Sainte-Marie, depuis seize ans jusqu'à soixante, seront tenus de se rendre, à la réquisition des maires, sur les points des chaussées qui leur seront indiqués, pour y travailler pendant tout le temps qui sera jugé nécessaire, sous la direction des syndics ou des surveillants de l'arrondissement.

38. Le refus d'obéir à la réquisition du maire, faite par voie d'avertissement, publication, ou au son du tocsin, sera puni d'une amende égale au prix de trois journées de travaux, et de trois jours de prison en sus de l'amende.

39. Les maires classeront en outre en compagnies ou sections les marins, travailleurs de terre, maçons, charpentiers et autres ouvriers dont le secours sera nécessaire aux chaussées dans les crues du Rhône.

40. Un ouvrier ou travailleur qui refusera d'obéir à la réquisition du maire encourra une amende de six francs et quatre jours de prison, et sera en outre puni conformément aux articles 415 et suivants du Code des délits et des peines, dans les cas prévus par ledit Code.

41. Les maires requerront les voitures et bateaux nécessaires pour les transports de matériaux, secours, hommes et bestiaux.

42. Chaque heure de retard, pour fournir un bateau ou une voiture, donnera lieu à une amende de six francs par voiture, et de douze francs par bateau.

43. La peine de l'amende de trois journées de travaux et de trois jours de prison sera encourue par le surveillant, le bayle ou sous-bayle qui refusera de servir ou qui abandonnera son poste.

44. Chaque association acquittera les dépenses faites pour elle pendant le danger : à cet effet, les associations s'imposeront annuellement le dixième de leur cote ordinaire. Ce fonds sera spécialement et uniquement affecté au payement de ces dépenses ; et, en cas d'insuffisance, l'excédant sera imposé par l'association.

Les dépenses générales faites pendant le danger seront supportées par toutes les associations, et acquittées sur les mandats de la commission centrale : le montant en sera recouvré par le percepteur général sur un état de répartition dressé par la commission centrale, et rendu exécutoire par le préfet.

45. Le vol des matériaux et des outils dans ces moments sera puni comme le vol d'instruments d'agriculture, ainsi qu'il est dit à l'article 388 du Code des délits et des peines.

46. Tout individu qui, dans les crues du Rhône, percera les chaussées par une tranchée ou autrement, sera traduit devant la cour d'assises, pour lui être, s'il y a lieu, fait l'application des peines portées l'article 437 du même Code.

47. Le mode d'organisation des ouvriers, de leur emploi, de surveillance des travaux, de fixation de leurs salaires dans le cas où il y aura lieu de les payer, et les rapports à établir entre les syndics, surveillants et bayles des associations, et les maires et la commission centrale, seront déterminés par des règlements locaux, approuvés par notre ministre de l'intérieur.

48. Dans tous les cas prévus par le présent règlement, les parents seront civilement responsables pour leurs enfants, et les maîtres pour leurs domestiques.

49. Les délits prévus par le présent règlement seront constatés, et les délinquants arrêtés, s'il y a lieu, par les gardes champêtres, concurremment avec les bayles et gardes-chaussées, ainsi que par tous officiers de police judiciaire et administrative ; et celui qui aura constaté un délit aura droit à la part d'amende accordée aux gardes-chaussées.

50. Les délits de voirie seront portés devant le conseil de préfecture, conformément à la loi du 29 floréal an x, et les autres délits devant les tribunaux.

51. Toutes les dispositions du décret du 4 prairial an XIII, auxquelles il n'a pas été dérogé par le présent, sont maintenues.

52. Notre présent décret et celui du 4 prairial an XIII sont déclarés communs aux associations des chaussées et vidanges de Tarascon, qui auront en conséquence un représentant membre de la commission centrale.

53. Il n'est point statué par le présent règlement relativement aux marais d'Arles, lesquels demeurent exceptés des dispositions prévues par les articles précédents, et ne pourront être assujettis à un régime particulier que par des règlements ultérieurs.

Circulaire du directeur général des ponts et chaussées (M. Molé), à MM. les préfets, relative à la direction des travaux civils dépendant du ministère de l'intérieur et à laquelle les ingénieurs peuvent être appelés.

Paris, le 15 mai 1813.

Monsieur le préfet, la difficulté de trouver dans beaucoup de départements de l'empire des architectes en état de projeter et d'exécuter les constructions civiles, a porté plusieurs fois Son Exc. le ministre de l'intérieur à en charger MM. les ingénieurs des ponts et chaussées.

Désirant connaître les travaux que chaque ingénieur dirige, je vous prie de m'adresser, le plus promptement possible, le tableau de ceux qui ne dépendent pas de mon administration, et pour l'exécution desquels les ingénieurs de votre département prêtent leur ministère. Vous aurez soin de mettre, en regard de chaque entreprise, le nom de l'ingénieur qui en a la direction. Ce tableau fera connaître : 1° la nature des travaux ; 2° les lieux où ils s'exécutent ; 3° leur degré d'avancement ; 4° et l'époque à laquelle ils pourront être terminés.

Il sera nécessaire que vous me transmettiez un pareil tableau dans le courant du mois de janvier de chaque année.

Vous voudrez bien aussi, monsieur le préfet, ne charger désormais MM. les ingénieurs, ni les conducteurs sous leurs ordres, d'aucun travail étranger à leurs fonctions habituelles, sans une autorisation spéciale de Son Exc. le ministre de l'intérieur ou de moi, conformément à l'article 13 du décret impérial du 7 fructidor an XII.

Circulaire du directeur général des mines (M. Laumond), à MM. les préfets, sur la compétence des conseils de préfecture relativement aux demandes en modération et dégrévement des redevances de mines.

Paris, le 19 mai 1813.

J'AI l'honneur de vous prévenir que quelques conseils de préfecture se sont crus fondés à prononcer, soit une modération, soit un dégrévement de la redevance fixe établie par l'article 34 de la loi du 21 avril 1810 sur l'étendue des concessions.

Le gouvernement s'est fait rendre compte de cet excès de compétence, et, vu les articles 44 et 46 du décret du 6 mai 1811, relatif à l'assiette des redevances ; considérant que l'étendue d'une concession déterminée par le décret qui l'a conférée, ne peut être changée que par un décret ultérieur qui détermine de nouvelles limites, a annulé, après avoir entendu le conseil d'Etat, l'arrêté des conseils de préfecture, et tout ce qui s'en est suivi.

Le ministre de l'intérieur m'a chargé de vous donner connaissance de cette décision de l'autorité suprême, afin qu'elle puisse servir de règle au conseil de préfecture de votre département, dans les cas semblables ou analogues.

Circulaire du directeur général des ponts et chaussées (M. Molé), à MM. les préfets, indiquant le mode de régie à suivre, lorsqu'à défaut d'adjudicataires, les travaux sont exécutés par économie pour le compte du gouvernement.

Paris, le 11 juin 1813.

MONSIEUR le préfet, le défaut d'entrepreneurs met quelquefois dans la nécessité de faire exécuter les travaux par voie de régie, et j'ai remarqué que lorsque ce cas se présente, MM. les ingénieurs proposent généralement de nommer des régisseurs ou gérants comptables, moyennant un vingtième de bénéfice. Ces régisseurs sont de véritables entrepreneurs, à cela près qu'ils ne sont jamais responsables de leurs fausses manœuvres, de leur négligence, et que, recueillant presque tous les avantages des entreprises, ils n'en courent pas les risques, et que leur destitution est la seule peine à laquelle les expose une mauvaise gestion.

Pour remédier aux abus que présentent de semblables régies, j'ai jugé nécessaire, monsieur le préfet, d'adopter un nouveau mode, applicable dans tous les cas, et plus particulièrement aux travaux d'entretien des routes, lorsque l'on n'a pu parvenir à adjuger la fourniture des matériaux et leur emploi, conformément à l'article 28 du décret du 16 décembre 1811 : déjà l'expérience m'en a fait connaître la convenance, et il a réussi dans tous les départements où j'ai cru devoir en prescrire l'usage.

D'après ce mode, les ingénieurs organisent eux-mêmes les ateliers d'ouvriers et les transports, fixent les conditions des traités qui doivent être passés pour les fournitures des matériaux, et passent les traités sous l'autorité du préfet.

Ils désignent, parmi les conducteurs ou piqueurs, les agents au nom desquels vos mandats doivent être délivrés, et qui sont chargés d'effectuer les payements : les mandats ne doivent jamais être délivrés au nom des ingénieurs, qui ne peuvent être à la fois certificateurs et mandataires.

Les piqueurs et les conducteurs chargés de la direction et surveillance des ateliers, tiennent les rôles de journées des ouvriers, et, après l'appel à la fin de chaque journée, marquent le temps fait par chacun d'eux.

Les maires des communes traversées par les routes, étant appelés par le décret du 16 décembre 1811 à inspecter les travaux d'entretien des routes toutes les fois qu'ils le jugent convenable, les conducteurs ou piqueurs sont tenus, à l'arrivée d'un atelier dans une commune, de se rendre chez le maire, pour lui en faire part, et le mettre à portée d'exercer sa surveillance.

Le modèle de rôle de journées, n° 1, joint à cette circulaire, fait connaître que ces rôles doivent être certifiés par les maires, aux différentes époques auxquelles ils leur sont présentés par les agents chargés de les tenir. Après que cette formalité a été remplie, ces agents doivent les arrêter, en établir le montant, et rédiger un état conforme aux modèles imprimés n° 7 et 8 (suivant le cas), joints à mon instruction générale du 13 septembre 1811. Ces états et les rôles sur lesquels ils ont été rédigés doivent être remis aux ingénieurs ordinaires, pour être visés par eux et adressés ensuite aux ingénieurs en chef, qui délivrent leurs certificats de payement au nom des agents qui ont suivi les ouvrages. Ces agents touchent le montant des mandats des préfets, et, munis de leurs rôles de journées, doivent se présenter chez les maires des communes où travaillent les ouvriers : là, ils remettent l'argent aux chefs d'atelier, qui en font la distribution en présence des maires, et les parties prenantes signent les rôles dans la colonne qui y est indiquée, au fur et à mesure des payements qui leur sont faits. Ceux qui ne savent pas signer font une croix, et les maires remplissent ensuite le certificat qui se trouve au bas du modèle des rôles. Après les payements, les rôles de journées doivent être renvoyés aux ingénieurs en chef, pour rester dans leurs bureaux jusqu'à l'expédition des états généraux de situation, auxquels ils doivent être joints comme pièces justificatives.

Quant aux fournitures et transports des matériaux par régie, la paye des ouvriers et voituriers doit s'effectuer de la même manière, soit qu'ils travaillent à la journée, soit qu'ils travaillent à la tâche. Il est à remarquer cependant que lorsque les ouvriers et voituriers sont à la tâche, les conducteurs ou piqueurs chargés de surveiller les approvisionnements des matériaux, doivent porter sur leurs rôles les quantités de matériaux reçues et transportées, les prix d'extraction et de transport, enfin les sommes dues à chacun des ouvriers et voituriers, d'après les prix convenus, ainsi que l'indique le modèle de rôle ci-joint, n° 2. Veuillez observer que, lorsque les ouvrages à la tâche faits par un même homme sont assez importants pour lui faire un compte séparé, le mandat de payement doit être délivré en son nom ; dans le cas contraire, le mandat se fait comme pour les travaux à la journée, au nom d'un conducteur ou d'un piqueur. Je dois vous faire remarquer encore qu'à moins d'un trop grand éloignement, les fournitures et les transports faits à la tâche doivent être réglés d'après les réceptions effectuées sur la route, et non sur celles faites aux carrières. Les conducteurs ou piqueurs doivent néanmoins aller sur les carrières, vérifier, compter et prendre une avant-livraison des matériaux, marquer le pavé, en donner note au carrier et à l'ingénieur ordinaire, pour qu'à la fin de chaque mois ce dernier présente un état de dépense conforme au modèle n° 7 de l'instruction. Ce n'est qu'à la fin de la campagne, et après avoir successivement réduit les fournitures d'après les rebuts faits sur la route lors des réceptions, qu'on dresse le compte définitif des tâches sur le modèle n° 8.

Ce mode, qui est le véritable mode d'exécution des travaux par économie, n'a rien qui ne soit facile à saisir : il exige, à la vérité, le concours des maires; mais je dois croire que ces magistrats se porteront avec zèle à tout ce que l'intérêt du gouvernement exigera d'eux, lorsqu'il y aura lieu d'appliquer le mode de régie aux travaux d'entretien des routes de votre département. Je vous prie cependant, monsieur le préfet, de ne pas négliger de réclamer bien particulièrement leur surveillance et leurs bons offices, toutes les fois que la mise en régie des travaux les rendra nécessaires, en leur faisant remarquer qu'ils sont une conséquence des dispositions du décret du 16 décembre 1811. Si quelquefois des maires refusaient de viser les rôles, de faire faire les payements en leur présence et de les certifier, on prendrait acte de leur refus, et les conducteurs ou piqueurs chargés de la distribution des fonds attesteraient au bas des rôles qu'elle a été faite selon l'usage entre les ouvriers signataires : dans des cas semblables, il sera nécessaire, monsieur le préfet, que vous me fassiez connaître ces refus, afin que je puisse les signaler à Son Exc. le ministre de l'intérieur, qui en jugera les motifs.

Les dispositions qui précèdent dispensent de créer des régisseurs, et épargnent en cela même des frais considérables; elles font dépendre le succès des régies, de l'intelligence, du zèle, de l'activité, de la bonne conduite de MM. les ingénieurs, et m'offrent ainsi une garantie d'autant plus satisfaisante, qu'elles font ressortir les qualités et le dévouement qui peuvent le plus les recommander.

Néanmoins je ne saurais trop vous inviter à ne négliger aucun moyen de mettre les travaux des routes en adjudication; ce n'est que lorsque toutes les tentatives à cet égard auront été infructueuses que vous devez recourir au mode de régie développé dans cette lettre, et qui sera le seul autorisé à l'avenir. Je vous prie de tenir sévèrement la main à son exécution, lorsqu'il y aura lieu à l'appliquer à votre département. Je vous adresse ici un modèle imprimé des rôles de journées et d'attachement à tenir par les conducteurs ou piqueurs.

Décret du 21 juin 1813, qui annule un arrêté du conseil de préfecture du Bas-Rhin.

Sur le rapport de notre commission du contentieux;
Vu la requête à nous présentée par le sieur Michel Urban, cultiva-

teur à Berstest, département du Bas-Rhin, dans laquelle il conclut à ce qu'il nous plaise le recevoir appelant de l'arrêté du conseil de préfecture de ce département, du 2 décembre 1811, comme contenant un excès de pouvoir ; faisant droit sur ledit appel, ordonner que ledit arrêté sera déclaré nul et comme non avenu, et que ceux des 16 et 31 juillet 1810, rendus par le même conseil, continueront de recevoir leur pleine et entière exécution ;

Vu le premier arrêté, du 16 juillet 1810, qui décide que les cinq ares de verger qui sont en litige entre le sieur Urban et le sieur Wick, font partie de l'adjudication du 11 avril 1791, et doivent appartenir au sieur Urban, comme étant aux droits des acquéreurs primitifs ;

Vu le second arrêté, du 31 du même mois de juillet, qui rejette l'opposition formée au précédent par le sieur Wick, et déclare qu'il n'y a pas lieu à délibérer sur sa réclamation ;

Vu le troisième arrêté, du 2 décembre 1811, qui, sur une nouvelle opposition formée par le sieur Wick aux deux arrêtés des 16 et 31 juillet 1810, rapporte lesdits arrêtés, et décide que le terrain en litige n'a pas fait partie de la vente du 11 avril 1791 ; qu'en conséquence, le terrain n'appartient pas au sieur Urban, mais bien au sieur Wick ;

Vu l'acte d'adjudication, du 11 avril 1791 ;

Vu l'ordonnance de *soit communiqué*, rendue par notre grand juge ministre de la justice, et la requête en réplique du sieur Wick, dans laquelle il conclut au maintien de l'arrêté du conseil de préfecture, du 2 décembre 1811 ;

Vu toutes les pièces jointes au dossier ;

Considérant que, dans les affaires de leur compétence, les conseils de préfecture sont de véritables juges dont les actes doivent produire les mêmes effets et obtenir la même exécution que ceux des tribunaux ordinaires ; que ce principe a déjà été consacré par plusieurs de nos décrets, et notamment par celui du 16 thermidor an XII (1) ; qu'il en

---

(1) *Avis du conseil d'Etat, du 16 thermidor an XII, approuvé le 25 du même mois, (13 août 1804).*

Le conseil d'Etat, après avoir entendu le rapport des sections de législation et de finances, sur le renvoi qui leur a été fait de celui du ministre du trésor public, présentant la question de savoir si le paragraphe II de l'article 3 de la loi du 11 brumaire an VII, sur le régime hypothécaire, et l'article 2123 du Code civil des Français, qui accordent l'hypothèque aux *condamnations judiciaires*, à la charge d'inscription, s'appliquent aux actes émanés de l'*autorité administrative* ;

Considérant que les administrateurs auxquels les lois ont attribué, pour les matières qui y sont désignées, le droit de prononcer des condamnations ou de décerner des contraintes, sont de véritables juges, dont les actes doivent produire les mêmes effets, et obtenir la même exécution que ceux des tribunaux ordinaires ;

Et que ces actes ne peuvent être l'objet d'aucun litige devant les tribunaux ordinaires, sans troubler l'indépendance de l'autorité administrative, garantie par les constitutions de l'empire français ;

Est d'avis, 1° que les condamnations et les contraintes émanées des administrateurs, dans les cas et pour les matières de leur compétence, emportent hypothèque de la même manière et aux mêmes conditions que celles de l'autorité judiciaire;

2° Que conformément aux articles 2157 et 2159 du Code civil des Français, la radiation non consentie des inscriptions hypothécaires faites en vertu de condamnations prononcées ou de contraintes décernées par l'autorité administrative, doit être poursuivie devant les tribunaux ordinaires; mais que si le fond du droit y est contesté, les parties doivent être renvoyées devant l'autorité administrative.

résulte que les conseils de préfecture, comme les tribunaux, n'ont pas le droit de réformer leurs décisions, et que ce droit n'appartient qu'à l'autorité supérieure;

Considérant que, dans l'espèce, le conseil de préfecture du département du Bas-Rhin, ayant rendu dans la même affaire un premier arrêté par défaut, et un second contradictoire, avait épuisé toute sa juridiction; que cependant il a pris un troisième arrêté pour révoquer les deux autres, et qu'il ne pouvait, sans excéder ses pouvoirs, revenir ainsi sur ses décisions;

Considérant, au fond, que les cinq ares de verger réclamés par le sieur Urban sont nommément compris dans l'adjudication du 11 avril 1791;

Le conseil d'Etat entendu, il a été décrété ce qui suit:

Art. 1er. L'arrêté du conseil de préfecture du département du Bas-Rhin, du 2 décembre 1811, est annulé comme contenant un excès de pouvoir.

2. Les cinq ares de verger en litige entre les sieurs Urban et Wick sont déclarés faire partie de l'adjudication du 11 avril 1791 : en conséquence, les deux arrêtés du conseil de préfecture du département du Bas-Rhin, des 16 et 31 juillet 1810, recevront leur pleine et entière exécution.

Décision du ministre de l'intérieur (M. Montalivet), du 29 juin 1813, contenant règlement du service de flottage sur les ruisseaux de Vendy et de Sainte-Clotilde.

Art. 1er. Le service réglé et ordinaire des flots sur les ruisseaux de Sainte-Clotilde et de Vendy aura lieu, suivant l'usage, depuis le 15 septembre jusqu'au 15 mai.

2. Néanmoins, dans le cas où des pluies abondantes auraient fourni suffisamment d'eau, on pourra flotter, s'il en est besoin, entre le 15 mai et le 15 septembre; mais le flot ne s'effectuera qu'avec le consentement de l'inspecteur général de la navigation résidant à Compiègne, et lorsqu'il se sera assuré de la possibilité de flotter, sans nuire aux récoltes des propriétés riveraines.

3. Conformément à la décision ministérielle du 26 prairial an XIII (15 juin 1805), portant application du système de l'approvisionnement sur le ruisseau de Vendy, le garde général établi sur ce ruisseau est exclusivement chargé de la direction du service des flottages, tant sur ce ruisseau que sur celui de Sainte-Clotilde.

4. Il sera toujours loisible aux marchands de flotter par eux-mêmes, ou par leurs gardes-ventes, les bois de leurs exploitations, ou de confier leurs flots au garde général des ruisseaux de Vendy et de Sainte-Clotilde, comme ils ont accoutumé jusqu'à ce jour.

5. Mais, afin de prévenir les abus et de procurer aux marchands, aux propriétaires riverains et meuniers, et au gouvernement, un recours certain en garantie, dans les cas d'inondations, de retards, ou de dégradations des étangs et des ouvrages d'art, etc., nul autre que les marchands et leurs gardes-ventes, ou le garde général des ruisseaux, ne pourra entreprendre les flottages, sans avoir obtenu l'assentiment de

l'administration, sur le vœu général du commerce et le rapport de l'inspecteur d'arrondissement.

6. La manœuvre et le remplissage des étangs de Longue-Avoine, de Thimet et de Roy-Saint-Nicolas, qui fournissent l'eau nécessaire aux flottages, la retenue et la manutention de leurs eaux, pour ce qui concerne le flottage seulement, appartiennent exclusivement au garde général des ruisseaux de Sainte-Clotilde et de Vendy.

7. Les clefs des vannes de ces étangs, et celles de toutes les vannes de flottage établies sur le ruisseau, lui sont exclusivement confiées, à la charge par lui de veiller à ce que les eaux ne soient pas retenues au point de dégrader les étangs ou d'inonder les propriétés riveraines.

8. Il préviendra, au moins deux jours à l'avance, de chaque flot, les maires des communes riveraines, et les meuniers établis sur les ruisseaux, afin que le service ne puisse éprouver de retards.

9. Il sera tenu de suivre et diriger tous les flots qui s'exécuteront sur les deux ruisseaux, soit qu'il en ait l'entreprise ou non.

Il veillera : 1° à ce que ceux des meuniers établis sur le ruisseau de Vendy, qui ont droit à l'indemnité ordinaire de chômage de leurs usines, soient régulièrement payés à chaque flot;

2° A ce que les bûches qui restent dans le ruisseau, après les flots, soient ramassées et conservées aux marchands;

3° A ce que les ouvriers ne commettent aucun dégât à l'égard des marchandises, ou sur les propriétés riveraines;

4° A ce qu'il soit laissé, dans toute la longueur des ruisseaux, un passage aux ouvriers pour la conduite des flots.

10. Il constatera les oppositions et les retards préjudiciables au commerce, les accidents et les inondations qui pourraient arriver, les dégradations qui en résulteraient pour les étangs, vannes et ouvrages construits sur les ruisseaux, ainsi que les causes de ces événements; il remettra ces procès-verbaux en bonne forme à l'inspecteur résidant à Compiègne.

11. Il ne souffrira point que l'on dépose de bois sur les ports, à moins d'un mètre et demi de distance du bord, afin d'empêcher les éboulements et la dégradation des berges.

12. Il s'opposera à ce que l'on fasse paître les bestiaux sur les chaussées des étangs, qui s'affaissent et se dégradent par suite de cet usage abusif. Il veillera, en général, à la conservation des ruisseaux et des ouvrages qui y sont ou qui y seront établis.

13. Le garde général des ruisseaux de Sainte-Clotilde et de Vendy est seul chargé de surveiller l'arrivage des bois, sur tous les ports de ces ruisseaux, d'en faire faire le cordage, d'en fournir le compte aux marchands, et de veiller à leur conservation.

14. Il ne peut lui être attribué, en cette qualité, d'autre salaire que la rétribution de 50 centimes par décastère, à la perception de laquelle il est autorisé, d'après le tarif de 1704, par décision ministérielle du 26 prairial an XIII : cette rétribution lui est due sur chaque décastère de bois déposé sur les ports des ruisseaux de Sainte-Clotilde et de Vendy.

15. Il maintiendra constamment l'usage de flotter les bois de chaque marchand, par tour, selon l'ordre de leur arrivée sur les ports, et sans aucune préférence.

16. Si cependant le marchand, dûment averti, ou son garde-vente,

II.

en cas d'absence, ne se mettait point en état de profiter de son tour, ou jugeait devoir attendre, pour flotter, une plus grande quantité de bois à la fois, le garde général cessera de retenir les eaux des étangs; le flot aura lieu au profit de celui dont le tour viendra immédiatement après le sien, et ainsi de suite, jusqu'à ce que le marchand en retard soit en état de reprendre son tour.

17. Le garde général aura soin de maintenir dans les étangs de Longue-Avoine, de Thimet et de Roy-Saint-Nicolas, en toute saison, le volume d'eau nécessaire à l'existence du poisson.

18. Il rendra compte à l'inspecteur général de la navigation, résidant à Compiègne, de toutes les difficultés qu'il éprouverait dans l'exécution du présent règlement, et de tout ce qui pourrait contrarier le bien du service.

Décret du 4 juillet 1813, qui approuve un règlement spécial concernant l'exploitation des carrières de pierres calcaires, dites pierres à bâtir, dans le département de la Seine, et qui déclare ce règlement applicable aux carrières de même espèce situées dans le département de Seine-et-Oise.

ART. 1er. Le règlement spécial concernant l'exploitation des carrières de pierres calcaires, dites *pierres à bâtir*, dans le département de la Seine, lequel demeure annexé au présent décret, est approuvé.

2. Ce règlement est rendu applicable aux carrières de pierres calcaires, dites *pierres à bâtir*, situées dans le département de Seine-et-Oise.

3. Les fonctions attribuées dans le règlement à l'inspecteur général des carrières de Paris, pour le département de la Seine, seront remplies, dans le département de Seine-et-Oise, par l'ingénieur des mines en mission dans ce département, à l'exception néanmoins des carrières situées sous le territoire des communes de Saint-Cloud, Sèvres et Meudon, lesquelles sont placées sous la surveillance de l'inspecteur des carrières du département de la Seine.

4. Les dispositions du même règlement pourront être rendues applicables à toutes les localités où le nombre et l'importance des carrières de pierre à bâtir en rendront l'exécution nécessaire; et ce en vertu d'une décision spéciale qui sera prise par notre ministre de l'intérieur, sur la demande des préfets et le rapport du directeur général des mines.

Règlement.

TITRE Ier. *Classement de la pierre et mode d'exploitation.* — Art. 1er. Les carrières de pierres à bâtir se distinguent et se classent en carrières supérieures ou de haute masse, et en carrières inférieures ou moellonnières, dites doubles carrières.

L'ordre de ce classement est déterminé par le plus ou le moins d'épaisseur de la masse, abstraction faite de la hauteur des terres qui la recouvrent.

L'épaisseur totale de la masse varie depuis huit et dix mètres jusqu'à quinze, et quelquefois au delà :

1° La carrière supérieure en comprend sept à huit mètres, soit qu'on l'exploite par un seul atelier de toute cette hauteur, soit que ce soit par deux étages de galeries, qu'on fait ensuite communiquer l'une avec l'autre, en abattant après coup les bancs qui les séparent.

2° La double carrière ouverte dans les bancs inférieurs comprend deux mètres à deux mètres vingt-cinq centimètres de hauteur.

2. L'exploitation de ces masses peut se faire de trois manières, savoir :

1° A ciel ouvert ou par tranchées, à découvert, en déblayant la superficie ;

2° Par cavage à bouches, en pratiquant dans un front de masse mise à découvert des ouvertures au moyen desquelles on pénètre dans son intérieur par des galeries plus ou moins larges ;

3° Par puits, en creusant des ouvertures qui descendent perpendiculairement sur la masse dans laquelle l'extraction progressive de la pierre forme des excavations plus ou moins étendues et recoupées, se communiquant ensuite par des galeries.

TITRE II. *De l'exploitation à découvert.* — SECTION Ire. *Cas où ce mode d'exploitation est prescrit.* — 3. Doivent être exploitées à découvert ou par tranchées ouvertes :

1° Toute haute masse dont l'épaisseur aura plus de huit mètres, quand le recouvrement des terres de la superficie sera moindre que cette épaisseur, ou lorsque la masse, soit à cause du manque de solidité des bancs du ciel, soit à cause de leur trop grande quantité de filets ou filières, ne pourra être exploitée qu'à découvert ;

2° Toute basse masse dont le recouvrement sera moindre que son épaisseur, et lorsque les bancs du ciel n'auront point de solidité.

SECTION II. *Règle de cette exploitation.* — 4. Les terres seront coupées en retraite par banquettes et talus suffisants pour empêcher l'éboulement des masses supérieures : la pente ou l'angle à donner au talus sera déterminé par la reconnaissance des lieux à raison de la nature et du plus ou moins de consistance du banc de recouvrement.

5. Il sera ouvert un fossé d'un à deux mètres de profondeur et d'autant de largeur au-dessus de l'exploitation, en rejetant le déblai sur le bord du terrain du côté des travaux, pour y former une berge ou rempart destiné à prévenir les accidents et détourner les eaux.

6. L'exploitation ne pourra être poursuivie qu'à la distance de dix mètres des deux côtés des chemins à voiture, édifices et constructions quelconques.

7. Il sera laissé, outre la distance de dix mètres prescrite par l'article précédent, un mètre d'épaisseur des terres au-dessus de la masse exploitée aux bords desdits chemins, édifices et constructions.

8. Aux approches des aqueducs construits en maçonnerie pour la conduite des eaux des communes, tels que ceux de Rungis et d'Arcueil, les fouilles ne pourront être poussées qu'à dix mètres de chaque côté de la clef de la voûte ; et aux approches de simples conduits en plomb, en fer, en grès ou en pierres, les fouilles ne pourront être poussées qu'à quatre mètres de chaque côté, laissant, en outre de dix mètres pour le premier cas et de quatre mètres pour le second, une retraite ou talus dans la masse, d'un mètre par mètre. Les distances fixées par ces deux articles pourront, en outre, être augmentées, sur le rapport des inspecteurs des carrières, ensuite d'une inspection des lieux, d'après la nature

du terrain et la profondeur à laquelle se trouveront respectivement les aqueducs ou tuyaux et les exploitations.

9. La distance à observer aux approches des terrains libres sera déterminée d'après la nature et l'épaisseur des terres recouvrant la masse à exploiter, en se conformant à l'article 4.

TITRE III. *De l'exploitation par cavage à bouches.* — SECTION Iʳᵉ. *Cas où ce mode d'exploitation est autorisé.* — 10. Pourront être exploitées par cavage à bouches :

1° Les masses de sept à huit mètres de puissance, quand l'épaisseur de leur recouvrement excédera six mètres, ou lorsqu'il aura été reconnu que le décombrement, pour en suivre l'exploitation à découvert, présentera trop de difficultés ou que les bancs supérieurs auront assez de solidité pour servir de ciel ;

2° Les masses qui ont moins de sept mètres de hauteur, lorsqu'il sera reconnu que le recouvrement est trop considérable pour qu'on puisse exploiter à découvert.

SECTION II. *Règles de l'exploitation par cavage à bouches.* — 11. L'exploitation par cavage à bouches sera divisée en trois classes, savoir :

1° Le cavage supérieur ou grand cavage ;

2° Le moyen cavage ;

3° Le petit cavage ;

Cette division étant fondée sur les facultés des exploitants, l'étendue de la surface de leur terrain et les circonstances locales.

12. Le cavage supérieur, qui convient aux hautes masses, se fera sur un front de dix-huit à vingt mètres ;

Le moyen cavage, pour les masses inférieures, aura douze à quinze mètres ;

Et le petit cavage enfin, un front de dix à douze mètres dans les dernières masses.

13. Sur la longueur du front des cavages, on enlèvera, en tout ou en partie, les terres du recouvrement de la masse, de manière à y former une retraite ou banquette de deux mètres de largeur, dont les terres seront coupées en talus, conformément aux dimensions qui seront déterminées dans l'autorisation d'exploiter.

14. Un fossé d'un mètre de largeur et autant de profondeur sera ouvert parallèlement au front de masse et au-dessus de l'entrée de la carrière, comme il est prescrit article 5.

15. Vers les deux extrémités du front de masse, on percera, en ligne droite, deux entrées de galeries de service pour le grand et le moyen cavage, ou une seule au milieu du front pour le petit cavage : leur largeur sera subordonnée à l'état du ciel.

16. On ouvrira, de l'un et l'autre côté, des galeries, des tranchées ou tailles de traverses, dirigées, autant que possible, perpendiculairement aux fissures dites filières. Ces tranchées, qui auront un mètre de largeur, serviront à distribuer la masse en ateliers ou volées dont le devant sera parallèle aux filières. Ces volées, dont la profondeur sera de trois à quatre mètres, et prise sur la direction des tranchées, auront douze à vingt mètres de largeur sur leur devant, suivant la solidité du ciel : elles seront souchevées et retenues par des tasseaux conservés dans la pierre et éloignés les uns des autres de deux mètres en deux mètres.

17. Après l'enlèvement des pierres du premier alignement des volées, il sera établi une ou plusieurs rangées de piliers à bras suivant les besoins et l'état du ciel : ils ne pourront être éloignés de plus de deux mètres les uns des autres.

18. Entre chacun des piliers à bras, on élèvera des hagues ou murs en pierre sèche pour retenir les terres et recoupes de la carrière qui doivent servir à remblayer les vides des premières volées, avant d'en entreprendre de nouvelles, en se ménageant le long du front de masse, en bout, et sur son plat, une transversale aboutissant aux rues ou galeries de service, afin de suivre le même mode d'extraction par de nouvelles volées qui seront successivement remblayées.

19. La hauteur de l'excavation des cavages supérieurs sera celle de la haute masse, moins les bancs servant de ciel; mais, dans les cavages inférieurs, elle ne pourra excéder trois mètres, à moins que le banc du ciel ne soit parfaitement entier et sans aucune filière.

20. Lorsque le cavage aura été suivi jusqu'aux limites de la propriété ou jusqu'à la distance de cent cinquante mètres de l'entrée de la carrière, on commencera un front de masse, suivant les dispositions ci-dessus (art. 4 et suiv.), pour ouvrir ensuite de nouvelles entrées de cavage, à moins qu'il n'ait été constaté par les inspecteurs que les premières galeries, par leur solidité, leur muraillement ou leur manière d'être, soient dans le cas d'être conservées pour continuer le même cavage.

21. Les exploitations par cavage, de quelque classe qu'elles soient, ne pourront être poussées qu'à la distance de dix mètres des deux côtés des chemins à voiture, des édifices et constructions quelconques, en laissant en outre une retraite ou talus dans la masse, d'un mètre pour mètre de hauteur et largeur du cavage.

SECTION III. *Des cavages provisoires.* — § Ier. *Cas où les cavages provisoires sont permis.* — 22. Sous le nom de cavages provisoires, on entend les exploitations des basses masses ou moellonnières faites par des ateliers soutenus sur piliers conservés dans la masse, et appelés *piliers tournés.* Ces travaux ne sont permis que pour faciliter l'extraction pendant l'hiver, le cavage provisoire devant cesser, et l'exploitation devant être reprise à découvert, aussitôt le retour de la belle saison. Ce mode d'extraction ne peut être suivi qu'autant que les inspecteurs ont constaté qu'il peut être toléré, et qu'ils ont donné les instructions nécessaires.

§ II. *Règles de cette exploitation.* — 23. L'exploitation par cavage provisoire, à piliers tournés, ne pourra jamais s'étendre en profondeur au delà de trois rangées de piliers. Lorsque ceux de la quatrième rangée seront isolés et tournés sur toutes leurs faces, l'exploitant sera tenu d'enlever le recouvrement des terres des piliers de la première rangée, à l'effet de les exploiter à découvert, en suivant le même mode pour les piliers de la seconde rangée quand ceux de la cinquième seront dégagés et isolés : chaque rangée ne pourra avoir plus de six piliers de longueur.

24. Les piliers tournés seront espacés les uns des autres de trois ou quatre mètres, suivant les instructions des inspecteurs. Chaque pilier devra avoir au moins deux mètres de côté à sa base, et trois mètres dans le haut à sa portée vers le ciel de la carrière.

Titre IV. *De l'exploitation par puits.* — Section 1re. *Cas où cette exploitation peut avoir lieu.* — 25. Pourront être exploitées par puits les hautes masses recouvertes d'une grande épaisseur de terre, comme celles des communes de Montrouge, Gentilly, Châtillon, Bagneux, Arcueil, Ivry, Vanves, Passy, Saint-Maur, Maison-Alfort, Créteil, etc., ainsi que les parties inférieures ou basses masses, lorsqu'elles sont recouvertes d'une trop grande épaisseur de terre pour qu'on puisse les attaquer sur aucun front.

Section II. *Construction des puits.* — 26. Les carriers, en ouvrant un puits d'exploitation, seront obligés d'en établir la maçonnerie sur un rouet de charpente, lequel sera descendu jusque sur le terrain solide, ou mieux, suivant les localités et la manière d'être du recouvrement et celle de la masse; ils établiront leur première assise de maçonnerie en carreaux de pierres taillées en queue d'aronde. La maçonnerie des puits régnera dans toute la hauteur, si les bancs ne sont pas reconnus solides.

27. Les puits d'extraction auront au moins deux mètres cinquante centimètres de diamètre. A l'ouverture, on établira une forme ou terre-plein de deux mètres de hauteur sur sept à huit mètres de côté, pour y établir l'équipage d'une manière solide, et ne pas engorger la place d'enlèvement des pierres.

28. Les ouvertures des puits ne se pourront faire qu'à vingt mètres des chemins à voiture, édifices et constructions quelconques, sauf les exceptions qu'exigeront les localités.

Section III. *Règles de cette exploitation.* — 29. Les puits étant percés suivant les formes prescrites, on ouvrira, en coupant les filières de la masse à angle droit, une galerie ou ligne droite de cinquante mètres de longueur environ, et plus ou moins, suivant l'état de la masse et l'étendue de la propriété.

30. Sur le prolongement de cette première galerie, on ouvrira, de gauche et de droite, des ateliers par volées, tranchées, souchevées et retenues avec des tasseaux. Ces volées auront deux mètres au plus de profondeur sur une longueur proportionnée, qui ne pourra jamais excéder vingt mètres. Les tasseaux devront être répartis et conservés de deux mètres en deux mètres au moins, ou de trois en trois, si la masse annonce plus de solidité; ils pourront même être plus espacés si la masse est entièrement sans filières ou filets.

31. Lorsque les masses abattues de la première volée auront été enlevées, on établira une rangée de piliers à bras, avec des hagues entre chaque, pour retenir les terres de remblai et bourrages, en se ménageant : 1° au pourtour de la masse, en bout, et sur son plat, une galerie qui cernera l'exploitation; et 2° une galerie transversale venant au puits perpendiculairement sur la grande voie, et la traversant à angle droit au pied du puits.

32. La seconde volée et les suivantes se feront suivant le même principe, et en élevant successivement après leur chute une seconde, une troisième, une quatrième rangée de piliers, avec des hagues entre chaque, pour soutenir les terres de remblai; on ménagera toujours les deux galeries principales, les transversales et celles qui doivent longer le front de masse, tant contre son bout que contre son plat.

33. Si la carrière ne donne pas assez de terres, bousins, recoupes, pour remblayer les vides entièrement, on pourra, de dix mètres en dix

mètres, laisser entre les rangées de piliers des cachots ou retraites de la hauteur du vide; mais, dans ce cas, les hagues devront être faites en moellons choisis par assises régulières.

34. Lorsque l'exploitation aura été portée aux extrémités de la propriété, ou qu'elle aura atteint la distance de cinquante mètres à soixante environ, à partir de chaque côté du pied du puits jusqu'aux extrémités de la carrière, l'exploitant sera tenu d'en donner avis à l'inspecteur général des carrières, qui jugera si on peut continuer l'exploitation par le même puits, ou s'il n'est pas nécessaire d'en percer un autre.

35. Si l'état des travaux fait craindre des tassements ou des éboulements, l'inspecteur général en donnera avis; et il sera ordonné de faire sauter ou combler toutes les parties qui pourraient donner quelque inquiétude, en commençant par les plus éloignées du puits et s'en rapprochant successivement.

Titre V. *Des doubles carrières.* — Section Ire. *Cas où les doubles carrières seront autorisées.* — 36. Les carrières doubles ou inférieures pourront être permises quand, après une exploitation totale des masses supérieures, il sera reconnu que les bancs inférieurs ou de basses masses sont de bonne qualité, et peuvent être extraits sans qu'il en résulte aucun inconvénient.

Section II. *Conditions et règles pour le mode d'exploitation des doubles carrières.* — 37. Nulle double carrière ne pourra être entreprise que, préalablement, l'inspecteur général, sur la demande de l'exploitant, n'ait fait constater la manière d'être de la masse, sa qualité, son épaisseur, le mode ou projet d'extraction, et surtout l'état de la carrière supérieure dont l'exploitant sera tenu de joindre le plan et la coupe à sa demande de permission de double carrière.

38. On se servira du puits d'extraction de la carrière supérieure s'il est reconnu en bon état : il sera prolongé jusqu'au sol de l'inférieure, en le muraillant dans les parties de sable, terre ou bousins qui pourraient se trouver entre les bancs.

39. Entre les deux carrières, on laissera deux, trois ou quatre bancs de pierre pour ciel, suivant leur épaisseur, leur manière d'être et les instructions données à cet égard par l'inspecteur général.

40. L'exploitation ne pourra se faire que sur deux mètres de hauteur au plus.

41. De deux en deux mètres, on élèvera des piliers à bras ; ils devront être à l'aplomb de ceux de la carrière supérieure, et d'un mètre de côté au moins. Entre ces piliers, on construira des hagues pour retenir les bourrages ou remblais, en ne laissant exactement de vides que les galeries reconnues nécessaires pour le service.

42. Les volées ou ateliers ne pourront jamais avoir plus de vingt mètres de longueur sur deux à trois de profondeur, de manière que les tasseaux soient répartis de deux en deux mètres.

43. Nul étançonnage en bois ne sera toléré dans les doubles carrières, les exploitants ne devant soutenir le ciel qu'avec des piliers à bras.

Titre VI. *Dispositions communes à toutes les exploitations par puits.* — 44. Nulle exploitation par cavage à bouche ou par puits ne pourra être entreprise qu'en vertu d'une autorisation du préfet, qui sera donnée sur le rapport de l'inspecteur général des carrières. L'entrepreneur joindra à la demande qu'il formera pour obtenir cette autorisation, un plan présentant l'abornement exact de la propriété sous laquelle est située la carrière à exploiter.

L'arrêté du préfet fixera les distances auxquelles l'exploitation pourra être conduite sur toutes les directions, à partir du pied du puits d'exploitation ou de l'entrée de la carrière pour celles qui sont exploitées par cavage à bouche, de manière que l'exploitation ne puisse jamais s'étendre sous les propriétés voisines sans le consentement des propriétaires.

Une expédition de l'arrêté du préfet sera remise à chacun des propriétaires limitrophes, avec une copie du plan, faite aux frais de l'entrepreneur qui a demandé l'autorisation d'exploiter.

45. Les exploitants seront tenus d'avoir toujours deux puits par carrière (exploitée par puits), l'un pour l'extraction des matières, et l'autre pour le service des échelles.

46. Le puits des échelles aura au plus un mètre de diamètre ; il sera muraillé avec soin jusqu'à la masse de pierre, et recouvert à la surface du sol par une tourelle ou cahute en maçonnerie, d'environ deux mètres et demi de hauteur, avec porte en chêne fermant à clef.

47. Les échelles seront à deux montants en bois de chêne sain et nerveux ; les échelons seront disposés de la manière qui sera indiquée par l'inspecteur général ; les échelles seront fixées de quatre en quatre mètres, avec des happes ou tenons de fer scellés dans le muraillement du puits et dans la masse de pierre.

48. Il sera fait une visite générale des échelles servant à descendre dans les carrières. Les inspecteurs feront percer les puits destinés à la descente, et établir les nouvelles échelles partout où besoin sera.

49. Dans les carrières où les inspecteurs croiraient devoir laisser subsister encore quelque temps le mode établi, ils feront substituer aux ranches ou échelons de bois, des échelons de fer nerveux, de trois centimètres de diamètre et de quatre décimètres de longueur, carrés au milieu de la longueur, dans la partie qui s'emboîtera dans le ranchet : ces échelles devront être attachées comme il est prescrit en l'article 47.

50. Les piliers tournés sont interdits dans toutes les exploitations par puits.

51. Les inspecteurs dénonceront au préfet toutes contraventions aux articles précédents. Ces contraventions seront punies de la manière indiquée au titre II du règlement général, en date du 22 mars 1813.

TITRE VII. *Règles générales pour toutes les exploitations par cavage ou par puits.* — 52. Lorsqu'une exploitation par puits ou par cavage, de quelque espèce qu'elle soit, sera entièrement terminée, l'exploitant en donnera avis à l'inspecteur général, qui en fera constater l'état et s'en fera remettre les plans que doivent fournir les exploitants, pour déterminer si on doit en ordonner le comblement, ou faire sauter et affaisser, au moyen de la poudre, des parties menaçantes, ou enfin s'il est nécessaire d'y faire quelques constructions avant de la fermer.

53. Nul exploitant ne pourra faire affaisser, de son chef, aucune carrière ou partie de carrière au moyen de la poudre, avant d'en avoir demandé la permission, afin que les inspecteurs des carrières reconnaissent préalablement si toutes les mesures ont été prises pour qu'il n'arrive aucun accident.

TITRE VIII. *Dispositions générales.* — 54. Toute exploitation de carrières à pierres à bâtir, moellons, pierre à chaux, etc., est interdite dans Paris.

Décret du 29 août 1813, concernant le recouvrement et le versement des amendes en matière de grande voirie.

ART. 1er. Le recouvrement des amendes en matière de grande voirie, dont les receveurs généraux étaient chargés par l'article 116 de notre décret impérial du 16 décembre 1811, sera fait, comme par le passé, par les préposés de l'enregistrement et des domaines.

2. Le montant du recouvrement de ces amendes, sous la déduction de la remise des receveurs et des frais tombés en non-valeur, sera versé d'une manière distincte dans la caisse du receveur général, qui en comptera ainsi et de la manière prescrite par notre décret du 16 décembre 1811.

Décret du 6 septembre 1813, portant annulation d'un arrêté du conseil de préfecture du département des Landes.

Vu l'arrêté du conseil de préfecture du département des Landes, du 6 janvier 1813, par lequel il est accordé au sieur Lassalle, propriétaire des carrières de Rudé, commune de Poydessaux, une indemnité, à raison, 1° de la valeur des matériaux extraits par le sieur Labbé, entrepreneur d'une partie de la route impériale n° 11, de Paris en Espagne; 2° des dommages résultant de l'extraction;

Vu la loi du 16 septembre 1807, portant, article 55 :

« Les terrains occupés pour prendre les matériaux nécessaires aux » constructions publiques, pourront être payés aux propriétaires comme » s'ils eussent été pris pour la route même.

» Il n'y aura lieu à faire entrer dans l'estimation la valeur des maté» riaux à extraire, que dans le cas où l'on s'emparerait d'une carrière » déjà en exploitation. »

Considérant que l'on ne peut réputer carrière en exploitation que celle qui offre au propriétaire un revenu assuré, soit qu'il l'exploite régulièrement par lui-même et pour ses besoins, soit qu'il en fasse un objet de commerce, en exploitant régulièrement par lui-même ou par autrui;

Que les carrières de Rudé n'étaient point en exploitation lors de l'extraction faite par l'entrepreneur Labbé;

Que le conseil de préfecture, en accordant au sieur Lassalle une indemnité à laquelle il ne pouvait prétendre, aux termes de la loi précitée, que dans le cas où ses carrières eussent été en exploitation régulière à l'époque de l'extraction faite par l'entrepreneur de la route d'Espagne, a évidemment contrevenu à l'esprit et à la lettre de cette loi, et que l'interprétation qu'il lui donne tendrait à consacrer une violation manifeste de tous les principes;

Le conseil d'État entendu, il a été décrété ce qui suit :

Art. 1er. L'arrêté du conseil de préfecture du département des Landes, du 6 janvier 1813, est annulé.

2. Il sera procédé à une nouvelle expertise de l'indemnité due au sieur Lassalle : cette indemnité n'aura pour objet que les dommages causés à ses propriétés par l'extraction et le transport des matériaux provenant des carrières dudit sieur Lassalle.

Circulaire du directeur général des mines (M. Laumond), aux ingénieurs des mines, contenant de nouvelles instructions sur les cahiers de charges des concessions de mines.

Paris, le 14 octobre 1813.

Je crois devoir vous rappeler mes deux instructions des 17 août et 18 décembre 1812, relatives aux projets de cahiers de charges que vous devez rédiger pour chaque demande en concession. L'expérience me porte à insister auprès de vous sur la stricte exécution de toutes les dispositions prescrites dans ces deux lettres. J'y ajouterai même les observations suivantes :

1° Il est nécessaire, ainsi que je vous l'ai déjà fait connaître, que, sur les plans joints aux projets de cahiers de charges, la forme extérieure et la structure géologique du terrain soient indiquées au moins d'une manière approximative, ainsi que les hauteurs relatives des principaux points d'exploitation et des moyens d'émargement. Il faut aussi que, sur ces plans, soient tracées la direction et l'inclinaison des gîtes de minerais connus dans l'étendue de la concession demandée.

2° Les travaux d'art principaux, tels que les galeries d'écoulement et les puits d'extraction, doivent être prescrits avec détail. Les points où leurs orifices devront être placés doivent être fixés avec précision. Les cahiers de charges doivent déterminer les dimensions de ces ouvrages et les dispositions nécessaires à leur conservation, telles que l'épaisseur des massifs qu'il faut laisser intacte pour assurer leur solidité.

3° Le mode d'exploitation doit, ainsi que je vous l'ai déjà mandé, être prescrit par le cahier de charges. Lorsqu'on ne peut pas le prescrire, il n'y a pas lieu à accorder de concession, parce que la concession donnant la propriété incommutable de la mine, il faut que les mesures nécessaires à la conservation de la chose concédée soient ordonnées dans l'acte même qui en confère la propriété.

4° Il faut, en général, exiger des demandeurs en concession de mines en exploitation, les plans et coupes des travaux déjà exécutés sur l'échelle voulue par la loi; mais lorsque les travaux sont trop irréguliers et trop peu considérables pour que ces plans et coupes puissent être confectionnés et devenir utiles, les cahiers de charges doivent au moins spécifier l'époque à laquelle le concessionnaire devra fournir les premiers plans et coupes de ses travaux, désigner l'échelle de ces plans (un millimètre pour mètre) indiquer qu'ils seront divisés en carreaux de dix en dix millimètres, et ordonner que, chaque année, on fournira de la même manière, dans le courant de janvier, les portions de plans correspondant aux travaux exécutés dans le cours de l'année précédente.

5° Il faut détailler aussi les différents registres que les exploitants sont obligés de tenir en ordre, d'après le décret du 3 janvier 1813, sur la police des mines, et les différents états qu'ils doivent fournir aux préfets d'après l'article 36 du décret du 18 novembre 1810.

6° Il faut, enfin, tâcher d'insérer dans les cahiers de charges toutes les dispositions tendant à assurer la conservation des mines et la bonté de l'exploitation, que vous pouvez déduire, soit spécialement du décret précité du 3 janvier 1813 sur la police des mines, soit, par analogie, des derniers décrets de concession rendus par le gouvernement et publiés. Je vous citerai pour exemple, à cet égard, l'article suivant, extrait à peu près littéralement du décret de concession du 3 janvier dernier, relatif aux mines de Fins, département de l'Allier, qui me semble propre à former, dans le plus grand nombre de cas, le dernier article des cahiers de charges.

Le concessionnaire devra exploiter de manière à ne pas compromettre la sûreté publique, celle des ouvriers, la conservation des mines et les besoins des consommateurs. Il se conformera, en conséquence, aux instructions qui lui seront données par l'administration des mines et par les ingénieurs du département, d'après les observations auxquelles la visite et la surveillance des mines pourront donner lieu.

Je vous invite à ne point perdre de vue que la rédaction des cahiers de charges pour les concessions est, dans les circonstances actuelles, un des objets les plus importants des fonctions de l'ingénieur des mines.

Décret du 16 octobre 1813, qui annule un arrêté du conseil de préfecture de l'Isère.

Sur le rapport de notre commission du contentieux;

Vu la requête à nous présentée par le sieur Bonnet-Dumolard, tendant à ce qu'il nous plaise annuler:

1° Un arrêté du conseil de préfecture du département de l'Isère, du 2 décembre 1811, qui a fixé la largeur d'un chemin que le suppliant prétend lui appartenir ainsi qu'aux autres propriétaires riverains;

2° Un arrêté précédemment rendu par le préfet du département de l'Isère, en date du 27 prairial an XI, qui déclare vicinal le chemin dont il s'agit;

Vu lesdits arrêtés;

L'ordonnance de *soit communiqué*, rendue par notre grand juge ministre de la justice, le 21 juillet 1812, à laquelle il n'a pas été répondu dans les délais du règlement;

Considérant, sur la demande dirigée contre l'arrêté du préfet, qui déclare vicinal le chemin dont il s'agit, que cette décision, ayant été rendue compétemment, et n'ayant pas été attaquée devant notre ministre de l'intérieur, ne peut, quant à présent, être soumise à notre examen;

Sur la demande dirigée contre l'arrêté du conseil de préfecture;

Considérant: 1° qu'aux termes de l'article 6 de la loi du 9 ventôse an XIII, le droit de fixer la largeur des chemins vicinaux n'appartient qu'à l'administration publique, c'est-à-dire aux préfets, sauf le recours à notre ministre de l'intérieur, et ensuite à notre conseil d'Etat;

Que, sous ce premier rapport, le conseil de préfecture du département de l'Isère a excédé les bornes de sa compétence en fixant lui-même la largeur du chemin qui fait l'objet de la contestation;

2° Que la question de savoir si le terrain sur lequel un chemin vicinal est établi appartient à une commune ou à de simples particuliers, est une question de propriété qui, comme toutes celles de ce genre, est du ressort exclusif des tribunaux;

Que, sous ce second rapport, le conseil de préfecture a encore excédé les bornes de sa compétence, puisqu'il a décidé, au moins implicitement, que le terrain sur lequel le chemin contentieux est actuellement ouvert n'appartient pas au suppliant, bien que celui-ci s'en prétende propriétaire et demande son renvoi devant les tribunaux;

3° Que l'arrêté d'un préfet, qui déclare un chemin vicinal, ne fait pas obstacle à ce que la question concernant la propriété du terrain soit soumise aux tribunaux; car tout ce qui résulte de l'arrêté, c'est que le chemin est reconnu nécessaire et doit être maintenu, sauf à indemniser le tiers qui serait judiciairement reconnu propriétaire du terrain.

Le conseil d'État entendu, il a été décrété ce qui suit:

Art. 1er. L'arrêté du conseil de préfecture du département de l'Isère, du 2 décembre 1811, est annulé.

2. Les parties sont renvoyées devant les tribunaux sur la question de propriété élevée par le suppliant.

3. La demande en annulation de l'arrêté du préfet, qui déclare vicinal le chemin dont il s'agit, est rejetée: cet arrêté sera exécuté provisoirement, sauf aux parties intéressées à l'attaquer devant notre ministre de l'intérieur, si elles s'y croient fondées.

Décret qui autorise le flottage sur les rivières de Vergenette, Vouise et Tarde.

Au palais des Tuileries, le 14 janvier 1814.

NAPOLÉON, etc.; sur le rapport de notre ministre de l'intérieur;

Vu la demande du sieur Antoine Dupuychant, tendant à obtenir l'autorisation d'exécuter sur les trois rivières de Vergenette, Vouise et Tarde, les travaux nécessaires pour les rendre flottables à bûches perdues, et favoriser l'exploitation des bois de la forêt de Favaud;

Vu les rapports des ingénieurs et l'avis du conseil des ponts et chaussées favorables à cette demande;

Vu l'arrêté du préfet du département de la Creuse, en date du 22 mai 1812;

Notre conseil d'État entendu,

Nous avons décrété et décrétons ce qui suit:

Art. 1er. Les rivières de Vergenette, Vouise et Tarde, depuis Venège jusqu'au confluent du Tarn dans le Cher, sont déclarées flottables à bûches perdues, en réduisant chaque bûche à la longueur de 25 décimètres, et seulement depuis le 1er novembre jusqu'au 31 mars de chaque année.

En conséquence, le sieur Antoine Dupuychant est autorisé à se servir du cours desdites rivières pour le transport des bois qu'il fait exploiter dans la forêt de Favaud, à la charge par lui d'indemniser les propriétaires riverains des préjudices et dommages qu'ils pourraient éprouver, soit par l'encombrement et le flottage de ses bois, soit par l'établissement du marche-pied de halage, soit enfin par tout autre motif provenant du fait du sieur Dupuychant.

2. Les propriétaires ou fermiers des moulins établis sur le cours desdites rivières seront tenus de favoriser le flottage des bois confiés à leurs courants, en laissant chômer leurs moulins pendant tout le temps que le flottage aura lieu, à la charge par le siéur Dupuychant, ou autres qui pourraient causer le chômage, d'en indemniser les meuniers.

Instruction du directeur général des mines (M. Laumond), pour les ingénieurs en chef des mines.

Paris, le 1er septembre 1814.

Le service de l'administration des mines, dans les départements, est susceptible de plusieurs améliorations importantes. A présent que les ingénieurs de tout grade se trouvent plus également répartis, et qu'il existe moins de disproportion entre leur nombre et la masse des attributions qu'ils ont à remplir, leur zèle et leur activité n'éprouveront plus aucun obstacle. Je suis donc persuadé qu'ils feront tous leurs efforts pour seconder mes vues et me mettre à même d'achever, le plus promptement possible, l'organisation du système administratif de la direction générale des mines.

Ce but important se rattache à la restauration de l'administration générale du royaume, et rentre, par conséquent, dans les vues du roi pour la prospérité de la France; en concourant à les remplir, les membres du corps des mines justifieront la haute protection que Sa Majesté a daigné leur promettre solennellement.

Formation des bureaux. — La formation des bureaux, dans chaque nouvel arrondissement et dans chaque nouvelle station, est le premier objet que je recommande aux ingénieurs en chef. Je vais entrer dans quelques détails à ce sujet.

Dans le mouvement général que va occasionner la nouvelle répartition des membres du corps des mines, il y aura lieu à des remises réciproques des pièces et papiers concernant le service de chaque département. Elles auront lieu sur inventaires dressés par département, dont le double me sera envoyé. On fera également l'état double des instruments appartenant, soit à la direction générale, soit aux établissements domaniaux et communaux, qui sont déposés dans les bureaux dont la dislocation va s'opérer. Ceux des ingénieurs qui conserveront des départements dont ils avaient précédemment la surveillance, m'adresseront aussi les inventaires des papiers et instruments qui concernent ces départements; par ce moyen, il sera complétement satisfait à l'article 90 du décret du 18 novembre 1810, dont l'exécution a été retardée jusqu'à présent.

Par l'expression de *papiers appartenant à l'Etat*, employée dans cet article 90, il faut entendre les exemplaires des lois, décrets, règlements, circulaires et instructions, les titres de concession et permission, les cahiers de charges, les plans, les procès-verbaux de toute espèce, les états d'exploitation et matrices des redevances, les projets de toute espèce, les minutes des avis, des rapports et pièces de correspondance, enfin les registres; ainsi, en quittant le service d'un département, les ingénieurs de tout grade ne peuvent retenir par-devers eux que les papiers qui leur sont strictement personnels, tels que les notes, journaux de voyage et les pièces de correspondance relatives au mouvement, au traitement, aux frais de voyage ou de bureau, et aux indemnités accordées pour travaux spéciaux dans les exploitations dominales, communales ou particulières.

Je sais que les matériaux contenus dans plusieurs des bureaux anciens sont très-insuffisants à beaucoup d'égards; mais une grande partie des lacunes peut être remplie en très-peu de temps. Les ingénieurs trouveront des éléments supplémentaires dans les préfectures. Ils pourront s'adresser à moi pour obtenir les secours que les bureaux de la direction peuvent leur offrir. Je leur indique, en outre, un moyen prompt de compléter l'état général des objets de leur ressort, dans chaque département : c'est de consulter les rôles des patentes chez les directeurs des contributions; ils acquerront ainsi la connaissance des moindres minières, usines, verreries, tourbières et carrières qui auraient pu échapper aux recherches de l'administration. Ces éléments suffiront aux ingénieurs pour poser les fondements des nouveaux bureaux.

Je désire, à l'avenir, que les bureaux soient tenus d'une manière uniforme, et ainsi qu'il suit :

Les pièces seront classées par département, et sous-divisées par nature d'exploitation, dans l'ordre suivi par la loi du 21 avril 1810. Chaque mine proprement dite, chaque minière concessible, chaque minière fouillée à ciel ouvert, chaque usine, saline ou verrerie, chaque carrière et chaque tourbière aura son dossier séparé, en tête duquel seront placés : 1° le titre de l'exploitant, accompagné du cahier des charges et des plans pour les exploitations qui en sont susceptibles; 2° les états de produits annuels, dressés approximativement, en attendant qu'on puisse les obtenir régulièrement, en conformité de l'art. 36 du décret du 18 novembre 1810, du moins pour les exploitations auxquelles cet article est applicable.

Les minutes des avis, rapports, projets et lettres de l'ingénieur, relatifs à chaque exploitation, seront soigneusement datées et signées avant d'être jointes aux dossiers.

Il en sera de même des copies des procès-verbaux de vérification de plans, expertises ou contraventions, et des copies d'états d'exploitation.

Le même soin doit avoir lieu à l'égard des copies des pièces et plans qui composent le titre de chaque exploitant en mine, minière, usine, carrière et tourbière. J'ajouterai que c'est aux ingénieurs de tout grade à se procurer ces copies et à satisfaire à l'exécution de l'art. 21 du décret précité.

Les objets généraux concernant, soit un arrondissement, soit une station, soit un même département, soit une même espèce d'exploitation, dans chaque département, seront classés à part et sous-divisés en dossiers particuliers.

On classera également à part et on sous-divisera les pièces et papiers relatifs au mouvement et au personnel des ingénieurs.

Il sera établi, dans chaque bureau, deux registres d'ordre, ou mémoriaux, destinés à constater, l'un l'entrée et l'autre la sortie des plans, papiers quelconques et pièces de correspondance. L'inscription d'entrée ou de sortie sera divisée en plusieurs colonnes, portant : 1° un numéro d'ordre ; 2° la date de l'arrivée ou de la sortie de la pièce ; 3° la date de la pièce ; 4° son auteur ; 5° une courte analyse de son objet ; 6° le nombre et la désignation sommaire des papiers ou plans joints à la pièce. Le numéro d'inscription sera porté sur chaque pièce entrante ou sortante.

En général, il est nécessaire que le service de chaque département soit bien distinctement séparé dans chaque bureau. Ceux des ingénieurs en chef qui feront le service particulier de la station dans laquelle ils résideront, devront isoler les objets concernant ce service d'avec ceux relatifs à la surveillance supérieure qu'ils exerceront sur les autres stations : ainsi, par exemple, ils devront établir de doubles registres d'ordre.

Chaque ingénieur doit indispensablement avoir dans son bureau les principaux instruments de son état, notamment :

Une poche de mine,
Un graphomètre,
Une planchette,
Un niveau d'eau,
Deux mires à coulisse et talon de métal,
Une grande chaîne.

Dans le cas où un ingénieur serait chargé de quelques opérations graphiques exigeant des instruments plus parfaits, tels que le grand niveau à bulle d'air ou le cercle répétiteur, il y sera pourvu sur sa demande.

Le choix des commis à employer dans les bureaux n'est point indifférent : il est à souhaiter que les ingénieurs prennent des sujets capables de se former à la levée des plans de surface et de travaux souterrains.

Il serait également bon que, dans les localités où cela est praticable, les conducteurs des mines, minières, carrières et tourbières déjà institués, fussent employés dans les bureaux des ingénieurs, lorsqu'ils ne sont pas en exercice sur le terrain.

Moyens d'activer la surveillance. — Depuis longtemps on a senti la nécessité de multiplier les conducteurs ; mais jusqu'ici le gouvernement n'a pu faire aucun fonds pour cet objet. C'est aux ingénieurs en chef à profiter des ressources locales qui pourraient fournir les moyens d'établir des conducteurs partout où il est nécessaire, et à présenter à cet égard des projets motivés aux préfets. Dans certains pays, les conducteurs ont été demandés et sont payés par des concessionnaires dont les mines étaient exposées aux invasions des extracteurs illicites. Dans d'autres contrées, les conducteurs sont payés sur le produit des mines et minières communales ou domaniales. Dans les pays à tourbes, le traitement des conducteurs et géomètres est affecté sur le produit des tourbières communales. Enfin, dans les pays à grandes exploitations de carrières, on prend le traitement des conducteurs sur différents fonds publics affectés à l'entretien des carrières délaissées.

Dans de certaines localités, indépendamment des conducteurs, on emploie les gardes champêtres au même usage, du moins pour surveiller les délits extérieurs, et on leur accorde annuellement une légère gratification sur les mêmes fonds. Ce moyen, très-économique, peut être employé utilement dans plusieurs circonstances : c'est aux ingénieurs en chef à en solliciter l'emploi, partout où il existe des fonds susceptibles de recevoir cette application.

C'est également aux ingénieurs en chef qu'il appartient de provoquer les rapports des maires sur les événements concernant la police dans l'intérieur des mines : d'après le décret du 3 janvier 1813, ces fonctionnaires sont chargés du soin d'instruire l'autorité supérieure, dans toutes les localités où il n'existe point d'agent de l'administration des mines.

Des mines exploitées par des particuliers. — L'organisation du service des mines proprement dites, soit concédées, soit exploitées sauf concession, a été l'objet de plusieurs règlements et instructions qui laissent très-peu de chose à désirer pour le moment. Je recommande seulement aux ingénieurs en chef d'accélérer l'expédition des affaires de concession en instance, qui concernent des mines dont l'exploitation pourrait péricliter, faute de décision prompte de la part de l'autorité supérieure. Je leur recommande, en outre, de constater si tous les exploitants sans concessions, de chaque arrondissement, ont formé des demandes régulières, et de m'adresser la liste de ceux qui auraient négligé de se mettre en règle.

Des minières concessibles exploitées par des particuliers. — La distinction des minières concessibles d'avec les minières non concessibles est d'une grande importance, surtout à l'égard de celles qui renferment des minerais de fer. Les ingénieurs doivent rechercher avec soin toute considération technique dont on pourrait s'appuyer pour donner lieu à l'application des articles 69 et 70 de la loi du 21 avril 1810 : ils dresseront, dans chaque département, l'état des minières qui seront reconnues susceptibles de cette application ; ils me transmettront cet état, ainsi qu'aux préfets, afin que ces magistrats puissent avertir les exploitants qu'ils aient à se mettre en demande pour obtenir des concessions.

Des minières fouillées à ciel ouvert, exploitées par des particuliers. — La direction générale ne possédant que des états très-incomplets des minières fouillées à ciel ouvert, j'ai lieu de croire que beaucoup n'ont point été visitées par les ingénieurs. Il paraît, en outre, que l'exploitation de ces minières se fait en contravention à l'article 57 de la loi du 21 avril, c'est-à-dire sans permission. J'invite les ingénieurs à prendre les mesures nécessaires pour que, dans les prochaines tournées, il soit fait une reconnaissance de toutes les minières fouillées à ciel ouvert ; à en dresser l'état, avec désignation bien précise des exploitants ; à soumettre ces états aux préfets, afin que ces magistrats puissent notifier aux exploitants non permissionnés qu'ils aient à se mettre en mesure ; enfin, à m'envoyer le double de ces états, ainsi que les expéditions des permissions qui ont été ou qui seront accordées par les préfets.

Ils n'oublieront pas qu'en vertu de l'art. 58 de la loi, les cahiers des charges des permissions doivent spécifier les précautions de sûreté et de salubrité que la disposition des lieux peut comporter, relativement aux excavations, soit pendant le temps de l'exploitation, soit lorsqu'on les abandonne.

Des usines appartenant à des particuliers. — Un assez grand nombre de propriétaires d'usines ne se sont point encore mis en devoir de satisfaire aux articles 73 et 78 de la loi du 21 avril 1810 : l'existence de plusieurs usines est même jusqu'ici restée inconnue à l'administration. J'invite donc les ingénieurs en chef à dresser, le plus tôt possible, l'état des usines de chaque département; à faire, à ce sujet, les recherches les plus exactes sur l'existence des petites usines à cuivre, des petites usines à fer et des patouillets, comme aussi des établissemets sujets à permission, existant dans les villes; à transmettre ces états aux préfets, pour qu'il soit notifié aux exploitants de se mettre en règle s'ils ne l'ont pas fait; enfin, à m'adresser le double de ces états.

Les ingénieurs en chef ne doivent pas perdre de vue l'exécution de l'article 24 du décret du 18 novembre 1810, relativement aux permissions d'usines. Les projets des cahiers des charges doivent être soumis à mon approbation, avant d'être souscrits par les impétrants.

Des verreries appartenant à des particuliers. — La loi du 21 avril 1810 n'a point mentionné nominativement les verreries, en statuant sur les permissions; mais les lois et règlements antérieurs, non abrogés, les classent positivement parmi les usines. L'arrêt très-sévère du 9 août 1723 les assimile, pour les permissions, contraventions et amendes, aux fourneaux, forges et martinets. En conséquence, les ingénieurs en chef dresseront les états des verreries de chaque département, soumettront ces états aux préfets, afin que ces magistrats puissent notifier aux exploitants qu'ils aient à se mettre en règle, soit en produisant leurs titres, soit en formant une demande légale, en exécution de l'article 78 : les doubles de ces états seront adressés à la direction générale.

Carrières appartenant à des particuliers. — La surveillance des carrières, soit exploitées, soit délaissées, n'est exercée que dans un très-petit nombre de départements. Je sais que, jusqu'à ce que les ingénieurs aient des conducteurs à leur disposition, il leur sera très-difficile d'obtenir une influence salutaire sur les exploitations de cette espèce; tout ce que j'exige d'eux, pour le moment, c'est qu'ils jettent les bases de cette partie du service; qu'à cet effet, ils dressent un état exact de toutes les carrières de chaque département, distinguant, ainsi que la loi l'a fait, articles 81 et 82, les carrières souterraines d'avec les carrières fouillées à ciel ouvert et portant le nom des exploitants; qu'ils prient les préfets de se faire informer exactement par les maires, des accidents qui arrivent dans les carrières de chaque arrondissement; qu'ils veillent à l'exécution de l'article 82 de la loi, et à l'application, par assimilation, des dispositions de sûreté prescrites par le décret du 3 janvier 1813, pour celles des carrières souterraines dans lesquelles il sera arrivé des accidents, ou qui pourraient présenter des dangers imminents; enfin, qu'ils provoquent, s'il y a lieu, l'exécution des articles 2 et 4 des décrets du 22 mars 1813, et celle du décret du 4 juillet suivant.

Des tourbières appartenant à des particuliers. — J'appelle particulièrement l'attention des ingénieurs en chef sur les exploitations des tourbières, soit en activité, soit délaissées. Les articles 83, 84, 85 et 86 de la loi du 21 avril prescrivent, ainsi que l'article 39 du décret du 18 novembre 1810, des obligations essentielles qui n'ont été remplies que dans un petit nombre de localités. Dès qu'il sera possible, les ingénieurs en chef feront une reconnaissance des tourbières de chaque

II.   15

département; ils en dresseront l'état, avec la désignation des exploitants permissionnés ou non permissionnés; ils soumettront ces états (après m'en avoir envoyé des doubles) aux préfets, et proposeront à ces magistrats de notifier aux différents exploitants non permissionnés, qu'ils aient à se mettre en règle, dans le nouveau délai qu'il paraîtra convenable de fixer; passé lequel délai, ils seront dans le cas d'être poursuivis pour le payement de l'amende de 100 fr., fixée par l'art. 84 de ladite loi. Les ingénieurs feront les diligences nécessaires pour que les préfets puissent aviser à l'application des amendes.

Lorsque les tourbières seront placées à une grande distance les unes des autres, chaque permission exprimera, en détail, les conditions à remplir par l'exploitant, sous le point de vue de salubrité et de sûreté, ainsi que la désignation du mode d'asséchement ou d'atterrissement.

Lorsque les tourbières feront partie du même système de gisement, et qu'il ne pourra être pourvu à la sûreté et à la salubrité publiques que par un mode général et combiné d'exploitation, d'asséchement et d'atterrissement, les ingénieurs veilleront à l'exécution des articles 85 et 86 ci-dessus cités. A cet effet, ils inséreront, dans les permissions à accorder, les conditions provisoires qui seront jugées nécessaires jusqu'à la fixation du mode général, et ils rédigeront le projet de règlement d'administration publique approprié à la disposition des tourbières de chaque département.

J'invite les ingénieurs en chef à s'environner de tous les éléments et renseignements nécessaires, lorsqu'ils procéderont à la confection de ces projets; ainsi, par exemple, à se procurer les arrêts des 8 mai et 21 août 1717, 18 juillet 1719 et 3 avril 1753; à me demander communication des projets, arrêtés, modèles annuels de distribution et d'embarquement auxquels l'organisation générale des tourbières de la Somme et du Pas-de-Calais a déjà donné lieu.

L'exécution de ces projets devant exiger quelques dépenses, les ingénieurs détermineront ces dépenses avec la plus stricte économie, et aviseront, dans leurs projets, aux moyens d'y pourvoir. Les principaux moyens sont: 1° le produit des amendes; 2° le produit des exploitations communales; 3° les cotisations volontaires des exploitants.

Ces cotisations peuvent être assises sur le millier de tourbes. Mais je dois faire remarquer qu'elles doivent être établies avec beaucoup de circonspection, et dans une juste proportion avec les besoins. En conséquence, les ingénieurs devront s'attacher principalement à motiver, dans leurs rapports, l'impossibilité où chaque exploitant se trouve de satisfaire, par ses propres moyens, aux précautions de salubrité, et de démontrer que les travaux d'écoulement doivent procurer un avantage direct à l'exploitant pour l'extraction de sa tourbe.

Les projets de règlement d'administration publique, pour les tourbières de chaque département, seront adressés aux préfets, pour être soumis au ministre de l'intérieur, et les ingénieurs en chef m'en donneront avis.

Si les ingénieurs doivent exercer une surveillance active sur les mines, minières, usines, tourbières et carrières exploitées par des particuliers, ils doivent des soins plus immédiats aux exploitations domaniales et communales. Je crois devoir leur rappeler l'étendue de leurs attributions à ce sujet; car l'expérience m'a prouvé qu'elle n'avait pas été généralement bien sentie. Je vais parler d'abord des établissements domaniaux.

Service des mines domaniales. — L'article 58 du décret du 18 novembre 1810 ordonne positivement que les établissements des mines exploitées au compte du gouvernement seront dirigés par les ingénieurs. J'invite les ingénieurs en chef à prendre les ordres des préfets, pour l'exécution de cet article, partout où il n'aura pas encore reçu son application, et à faire à ces magistrats les propositions convenables dans l'intérêt de ces établissements, soit que leur exploitation ait lieu par des agents de la régie, soit qu'elle ait été confiée à des fermiers. Quant aux exploitations affermées, les ingénieurs doivent saisir l'occasion du renouvellement des baux, pour obtenir les changements et améliorations nécessaires dans les travaux. A cet effet, ils doivent, en temps opportun, soumettre leurs vues aux préfets. Les exploitations domaniales doivent être limitées de la même manière que les concessions faites à des particuliers : en conséquence, les ingénieurs ne doivent pas négliger de faire les diligences convenables à l'égard des mines du domaine qui n'ont point reçu de circonscription légale.

Service des usines domaniales. — Il y a beaucoup à faire pour établir la surveillance spéciale que les ingénieurs des mines doivent exercer à l'égard des usines domaniales, autres que celles qui font partie des exploitations des mines et minières concessibles dont je viens de parler ; telles sont, par exemple, les fonderies confiées à des entrepreneurs, et les salines.

Les usines de cette classe sont toutes affermées à des entrepreneurs, et relèvent de divers ministères. A l'époque où la plupart des baux ou traités ont été faits ou prorogés, la surveillance des articles du cahier des charges relatifs aux inventaires et états de lieux, améliorations, réparations et reconstructions, n'a pu être attribuée aux ingénieurs des mines. A leur défaut, cette surveillance a été donnée aux ingénieurs des ponts et chaussées. J'invite les ingénieurs en chef à prendre les renseignements nécessaires ; à prévenir les renouvellements des baux pour revendiquer leurs attributions ; et à faire, en temps convenable, et avec prudence, toutes les propositions qu'ils jugeront nécessaires, pour que l'administration des mines soit rétablie dans ses droits. Quant aux usines domaniales affermées, et que le corps des ponts et chaussées ne surveille point, les ingénieurs des mines en sont les surveillants naturels, pour la partie technique ; ils doivent rendre compte aux préfets de leurs observations sur ces établissements, et concourir à la formation des cahiers des charges lors du renouvellement des baux.

Service des minières, carrières et tourbières domaniales. — Les mêmes considérations sont applicables aux minières fouillées à ciel ouvert, aux carrières et aux tourbières domaniales.

Je désire, en général, que les ingénieurs des mines marchent de concert avec les agents de la régie des domaines, la bonne harmonie des deux administrations étant nécessaire pour la prospérité des établissements qui leur sont soumis en commun.

Service des minières et mines communales. — Les exploitations communales exigent, de la part des ingénieurs des mines, une participation encore plus spéciale, s'il est possible, que les exploitations domaniales ; en effet, elles sont placées sous la tutelle immédiate des maires et des préfets, et leur direction ne saurait appartenir à d'autres agents que ceux de l'administration des mines. Les ingénieurs doivent s'empresser de remplir leurs devoirs à l'égard de ces exploitations, et intervenir partout où il en existe.

Les ingénieurs ayant toute latitude pour la conduite des mines et minières communales, et celle des établissements qui en dépendent, je n'ai, pour le moment, aucune disposition de détail à leur prescrire, si ce n'est de marcher de concert avec les maires des communes, et de ne jamais omettre de faire approuver leurs opérations par les préfets. S'il se trouvait des mines ou minières communales dont le service n'eût point encore été régularisé, les ingénieurs, après s'être transportés sur les lieux, où j'avais envoyé les ingénieurs ordinaires, feront les projets et propositions nécessaires, et les adresseront aux préfets.

Ils feront, en outre, les diligences nécessaires pour que celles des mines communales qui n'ont pas été circonscrites, reçoivent des limites légales.

Quant à l'influence à exercer sur les mines, minières et usines communales affermées, ils se régleront, par assimilation, sur ce qui a été dit ci-dessus, relativement aux établissements domaniaux du même genre qui sont livrés à des fermiers.

Service des salines communales. — Je réclame l'attention particulière des ingénieurs à l'égard des sources salées communales et des usines qui en dépendent. Il règne, dans ces établissements, de grands abus, soit relativement à l'exploitation des eaux salées, soit concernant l'emploi du combustible; aucune usine n'est pourvue de permission : ainsi, à tous égards, l'intervention de l'administration des mines est indispensable. Les ingénieurs, que cet objet peut concerner, doivent incessamment se transporter sur les lieux, ou y envoyer les ingénieurs ordinaires; recueillir tous les renseignements nécessaires; présenter aux préfets les projets de régularisation et d'administration qu'ils jugeront convenables; et, en attendant toute décision sur ces projets, se faire autoriser, par les magistrats, à entrer dans la composition des commissions municipales qui administrent les sources salées. Je désire, du reste, que les habitudes locales soient prises en considération dans les projets présentés, et qu'on ne propose l'abolition d'aucun usage sans un avantage bien démontré.

Service des carrières communales. — La surveillance des carrières communales ne présente aucune difficulté : je passe à celle des tourbières communales, qui est beaucoup plus importante.

Service des tourbières communales. — Si les ingénieurs des mines sont tenus, en vertu de l'article 39 du décret du 18 novembre 1810, de diriger et surveiller les tourbières exploitées par des particuliers, à plus forte raison doivent-ils s'occuper de celles exploitées par les communes, ou à leur compte. Les unes et les autres étant presque toujours rapprochées ou confondues, elles peuvent être régies par les mêmes systèmes généraux d'assèchement et d'atterrissement; mais les ingénieurs doivent intervenir, de plus, dans les détails du mode d'exploitation des tourbières communales. C'est à eux qu'il appartient de présenter les projets annuels d'emparcation, de réparation, de constructions nouvelles, de plantations, de vente, de perception et de répartition de fonds; c'est à eux de faire les travaux préparatoires pour ces projets;

et à exécuter les arpentages, nivellements et plans nécessaires, soit par eux-mêmes, soit par l'intermédiaire des géomètres ou conducteurs payés sur les produits des exploitations. Ce service, qu'il est urgent d'organiser dans plusieurs parties de la France, a eu les plus heureux résultats dans l'intérêt des communes et de la bonne exploitation, partout où il est complétement monté. Les ingénieurs trouveront dans les sources que j'ai indiquées précédemment les renseignements dont ils pourront avoir besoin pour leurs projets d'organisation et de régularisation.

De la vente des exploitations communales. — En développant ici les obligations que les ingénieurs ont à remplir à l'égard des exploitations communales, en général, je ne dois pas omettre de les prévenir que le sort d'une grande partie de ces exploitations pourrait bien changer, par suite de la loi du 20 mars 1813, qui a ordonné l'aliénation de plusieurs espèces de propriétés appartenant aux communes. Il est fâcheux que cette loi n'ait prononcé aucune réserve à l'égard des mines, minières et carrières, dont les habitants ne jouissent point en commun.

On se rappelle que les lois antérieures, et notamment celle du 18 juin 1793 (article 3), avaient expressément soustrait ces propriétés au partage des biens communaux. J'engage les ingénieurs à examiner quelles sont les localités dans lesquelles il pourrait résulter des inconvénients du genre de ceux prévus par les articles 49 et 50 de la loi du 21 avril 1810, lors de la vente des exploitations appartenant aux communes, et à communiquer, dans le plus bref délai, leurs observations aux préfets.

Je les engage encore à intervenir dans la formation des cahiers des charges sur lesquels se feront les adjudications, et à proposer aux préfets les conditions qu'ils jugeront convenables pour la conservation des choses, la sûreté et la salubrité.

L'article 2 de la loi du 20 mars 1813, sur l'aliénation des biens communaux, a formellement excepté les tourbières et autres exploitations dont les habitants jouissent en commun, et a ordonné qu'en cas de difficultés entre les municipalités et la régie, il serait sursis à la vente. Les ingénieurs en chef veilleront à ce que ces dispositions conservatrices soient exécutées partout où leur application pourra avoir lieu; ils se concerteront avec les maires, dans leurs tournées, et adresseront les rapports et propositions convenables aux préfets. Cet objet est d'une haute importance dans certains départements.

De la vente des forêts domaniales qui renferment des mines et minières. — Les ingénieurs suivront la même marche à l'égard des exploitations domaniales de mines et minières comprises dans l'étendue des forêts domaniales, dans le cas où ces forêts viendraient à être aliénées.

Des indemnités extraordinaires à allouer aux ingénieurs, sur les produits communaux et domaniaux. — J'ai indiqué précédemment les produits des exploitations domaniales et communales, en général, comme pouvant fournir aux dépenses des conducteurs et géomètres, partout où la nécessité d'en établir aura été reconnue. J'autorise, en outre, les ingénieurs à former, pour eux-mêmes et sur les mêmes fonds, la demande des indemnités et frais de bureau extraordinaires qu'ils seraient obligés de faire pour suffire à cette partie de leur service. Ces demandes seront adressées aux préfets, pour m'être renvoyées et pour être ensuite soumises à la décision du ministre de l'intérieur.

Etats de dénombrement raisonnés des minières, usines, carrières et tourbières en général. — Je désire que les états indicatifs des minières, usines, salines et verreries, carrières et tourbières de chaque département dont j'ai parlé ci-dessus, me soient transmis, au commencement du prochain exercice. Les ingénieurs en chef y joindront une évaluation approximative de la quantité et de la valeur du produit brut de chaque exploitation. Ils auront soin d'indiquer les exploitations communales et domaniales. A l'égard des usines, ils distingueront le nombre des feux, ainsi que les produits bruts de chaque nature de fabrication. Enfin, ils ajouteront, par aperçu, le nombre des ouvriers employés directement dans les exploitations ou fabrications de tout genre.

Je saurai gré aux ingénieurs en chef de la diligence qu'ils mettront à m'adresser ces états. C'est pour leur en faciliter les moyens, que je me contente de leur demander, pour le moment, de faire les approximations sur les produits et le nombre des ouvriers. Il est inutile de dire qu'on devra employer tous les renseignements exacts qu'il sera possible d'obtenir, et les indiquer par un signe particulier, en confectionnant ces états.

Etat des mines en recherche et mines délaissées. — Par le moyen des états d'exploitation pour les redevances, l'administration possède déjà un dénombrement raisonné des mines et minières concessibles en royaume; il lui manque un état détaillé, non-seulement des mines en recherche, mais encore des mines délaissées, soit récemment, soit anciennement, qui pourraient être reprises avec apparence de succès. J'invite les ingénieurs en chef à remplir, dès qu'ils le pourront, ces deux lacunes pour chaque département de leur arrondissement.

Etats relatifs à la surveillance de police. — Enfin, j'invite les ingénieurs en chef à me fournir, à la même époque, les états sommaires suivants, relatifs à la police des mines, minières et usines de toute espèce, carrières et tourbières de leur arrondissement :

1° Un état des procès-verbaux dressés sur accidents ou contraventions;

2° Un état des blessés, estropiés, ou morts par suite d'accidents;

3° Un état des affaires en instance devant les tribunaux;

4° Un état des jugements rendus par les tribunaux;

5° Un état des affaires en instance devant les conseils de préfecture, en exécution de l'article 85 de la loi du 21 avril 1810, sur les tourbières;

6° Un état des jugements et amendes prononcés par les conseils de préfecture, en matière de tourbières.

Tels sont les objets sur lesquels je désire que les ingénieurs en chef des mines portent une attention particulière, et les bases d'après lesquelles ils doivent monter les différentes parties du service qui y sont relatives.

Chacun des ingénieurs en chef distinguera, parmi les instructions, celles qui peuvent recevoir des applications dans son arrondissement; il les transmettra aux ingénieurs ordinaires placés sous ses ordres, en y donnant tous les développements convenables, sous le point de vue d'exécution, et en y ajoutant toutes les autres instructions qu'il croira nécessaires, relativement aux parties du service dont je n'ai point fait mention.

Ordonnance du roi, du 21 octobre 1814, qui approuve un règlement spécial concernant l'exploitation des crayères et des marnières dans les départements de la Seine et de Seine-et-Oise.

Art. 1er. Le règlement spécial proposé par le directeur général des mines, concernant l'exploitation des crayères et des marnières dans le département de la Seine et dans celui de Seine-et-Oise, lequel règlement demeure annexé à la présente ordonnance, est approuvé.

2. Les dispositions dudit règlement pourront être rendues applicables dans toutes les localités où le nombre et l'importance des carrières de cette espèce en rendront l'exécution nécessaire; et ce, en vertu d'une décision spéciale de notre ministre de l'intérieur, sur la demande des préfets, et le rapport du directeur général des mines.

Règlement.

Titre Ier. *Définition et classement de la matière exploitable, et du mode d'exploitation.* — Art. 1er. L'exploitation des couches ou masses de craie, et celle des couches ou masses de marne, ont lieu de trois manières :

1° A découvert, en déblayant la superficie;

2° Par cavage à bouche, en pratiquant, soit au pied, soit dans le flanc d'une montagne, des ouvertures, au moyen desquelles on pénètre dans son sein par des galeries plus ou moins larges;

3° Par puits, en creusant, à la superficie d'un terrain, des ouvertures qui descendent, soit perpendiculairement, soit sous différentes inclinaisons, au sein de la masse dans laquelle l'extraction progressive de la matière forme des galeries.

Titre II. *De l'exploitation à découvert.* — **Section Ire.** *Cas où ce mode d'exploitation est prescrit.* — 2. Doit être exploitée à découvert, ou par tranchées ouvertes, toute masse de craie ou de marne qui ne sera pas recouverte de plus de trois mètres de terre ou d'autre matière inutile à l'exploitant, comme aussi toute masse qui aura été reconnue, par l'ingénieur des mines, ne pouvoir être exploitée par cavage, à cause du manque de solidité.

Section II. *Règles de cette exploitation.* — 3. Les terres seront coupées en retraite par banquettes, avec talus suffisant pour empêcher l'éboulement des masses supérieures : la pente ou l'angle à donner au talus sera déterminé, après la reconnaissance des lieux, à raison de la nature du terrain, et du plus ou moins de consistance des bancs de recouvrement.

4. Il sera ouvert un fossé d'un mètre de profondeur et d'autant de largeur au-dessus de l'exploitation, en rejetant le déblai sur le bord du terrain, du côté des travaux, pour y former une berge ou rempart destiné à prévenir les accidents et à détourner les eaux.

5. L'exploitation ne pourra être poussée qu'à la distance de dix mètres des deux côtés des chemins, édifices et constructions quelconques.

6. Il sera laissé, outre la distance de dix mètres prescrite par l'article précédent, un mètre par mètre d'épaisseur des terres au-dessus de la masse exploitée, aux abords desdits chemins, édifices et constructions.

7. Aux approches des aqueducs construits en maçonnerie pour la conduite des eaux, les fouilles ne pourront être poussées qu'à dix mètres de chaque côté de la clef de la voûte; et aux approches des simples conduits en plomb, en fer ou en pierre, les fouilles ne pourront être poussées qu'à quatre mètres de chaque côté. Les distances fixées par cet article pourront être augmentées sur le rapport des ingénieurs des mines, en suite d'une inspection des lieux, d'après la nature du terrain, et la profondeur à laquelle se trouveront respectivement les aqueducs et les exploitations.

8. La distance à observer aux approches des terrains libres, sera déterminée d'après la nature et l'épaisseur des terres recouvrant la masse à exploiter, en se conformant d'ailleurs à l'article 3.

TITRE III. *De l'exploitation par cavage à bouche.* — SECTION Iʳᵉ. *Cas où ce mode d'exploitation est autorisé.* — 9. Pourront être exploitées par cavage les masses de craie et de marne qui seront recouvertes de plus de trois mètres de terre, lorsqu'il aura été reconnu par les ingénieurs des mines que le décombrement, pour en suivre l'exploitation à ciel ouvert, opposerait trop d'obstacles et de difficultés, ou que la masse présente un ciel solide, ou enfin que la manière d'être de la masse permet d'y entrer par galeries de cavage.

SECTION II. *Règles de cette exploitation.* — 10. L'exploitation par cavage à bouche se fera par galeries percées en ligne droite. Les galeries d'entrée, soit horizontales, soit inclinées, auront, suivant la solidité de la masse, de deux à trois mètres de hauteur sur autant de largeur. L'entrée des galeries sera voûtée en maçonnerie, toutes les fois que les ingénieurs le jugeront nécessaire, d'après la nature et la disposition du terrain.

11. Les rampes ou galeries inclinées auront une pente d'un demi-décimètre par mètre, si elles servent pour l'extraction par le moyen des voitures; et de deux décimètres par mètre, si elle ne se fait qu'à dos de bêtes de somme. De distance en distance on pratiquera quelques repos, pour éviter aux ouvriers la rencontre des chevaux et voitures.

12. De l'un et de l'autre côté des galeries d'entrée, on ouvrira des tranchées ou tailles de traverse, dirigées, autant que possible, en angle droit, et perpendiculairement à leur longueur : ces tranchées, qui auront de cinq à six mètres de largeur, serviront à distribuer la masse en ateliers.

13. Les piliers tournés ou isolés par le fait du croisement des galeries de traverse devront avoir au moins quatre mètres en tout sens : ils devront être répartis de manière que le plan de la carrière présente un ensemble régulier de pleins et de vides.

TITRE IV. *De l'exploitation par puits.* — SECTION Iʳᵉ. *Cas où ce mode d'exploitation est autorisé.* — 14. Pourront être exploitées par puits les masses de craie et de marne, recouvertes d'une trop grande épaisseur de terre pour qu'on puisse, en aucun endroit, se préparer un escarpement, et un front suffisant pour y établir une ouverture de cavage.

SECTION II. *Construction des puits.* — 15. Les exploitants, en ouvrant un puits de crayère ou de marnière, seront tenus de le boiser ou murailler, s'il traverse des terres meubles ou des sables coulants.

16. Si le puits est boisé, on ne pourra employer, pour les cadres de boisage, que du bois de chêne, ou, à son défaut, un bois dont la solidité

aura été reconnue suffisante par l'ingénieur des mines. Les pièces des cadres auront au moins seize centimètres d'épaisseur ; l'écartement des cadres devra être réglé par l'ingénieur, d'après le degré de solidité du terrain.

Derrière les cadres, les plateaux ou palplanches seront rapprochés et réunis le plus possible.

Le boisage descendra jusqu'à la masse solide.

17. Si les puits sont muraillés, leur maçonnerie sera descendue jusqu'à la masse solide.

18. A défaut de solidité suffisante dans les parois, le boisage ou le muraillement devra être continué dans la masse elle-même : les cas où cette précaution sera nécessaire seront déterminés par l'ingénieur en chef des mines.

19. Les puits d'extraction auront au moins un mètre de diamètre : leur ouverture ne pourra se faire qu'à vingt mètres des chemins à voiture, édifices et constructions quelconques, sauf les exceptions qu'exigeront les localités, et qui seront reconnues par l'administration.

Section III. *Règles de cette exploitation.* — 20. Toute autorisation d'exploitation par puits comportera l'obligation d'ouvrir deux puits à la fois, afin de pouvoir toujours se ménager une seconde sortie, en cas d'événements imprévus, ou pour faciliter la circulation de l'air.

21. Les puits étant percés suivant les formes prescrites, on ouvrira dans la masse, à angle droit l'une de l'autre, deux galeries en ligne droite, de cinquante mètres environ de longueur, et plus ou moins, suivant l'état de la masse et l'étendue de la propriété.

22. Sur le prolongement de ces premières galeries, et également à angle droit, on ouvrira, de gauche et de droite, des traverses ou tailles d'atelier, de cinq à six mètres de largeur au plus, séparées et soutenues par des rangées de piliers de masse tournés et isolés.

23. Les piliers auront au moins quatre mètres en tous sens : ils seront répartis, comme dans les cavages, de manière que leur plan présente un ensemble régulier de pleins et de vides.

Titre V. *Dispositions communes aux cavages et aux puits.* — 24. La hauteur des ateliers d'extraction, dans les exploitations par cavage ou par puits, ne pourra jamais excéder six mètres ; et ce *maximum* ne sera même toléré qu'autant qu'il aura été reconnu sans inconvénient par les ingénieurs.

25. Dans aucun cas les exploitants ne pourront, de leur chef, supprimer ou affaiblir les piliers, sous quelque prétexte que ce soit.

26. La disposition du ciel ou du toit des galeries et chambres ou ateliers d'exploitation sera demi-circulaire ou en forme de berceau ; le nez ou la courbure du haut des piliers commencera aux deux tiers de leur hauteur.

27. Pendant la suspension momentanée des ouvrages, telle que les dimanches et fêtes, ou pendant une plus longue interruption, quel qu'en soit le motif, les ouvertures des puits seront couvertes de fortes grilles en bois, formées de petits chevrons croisés et maillés, autant pleins que vides, et celles des cavages fermées par une porte.

Titre VI. *Des exploitations à plusieurs étages dites* doubles exploitations. — Section Ire. *Cas où les doubles exploitations sont autorisées.* — 28. Les doubles exploitations pourront être autorisées quand, après une exploitation totale de la masse supérieure, il sera reconnu que les bancs inférieurs sont de bonne qualité, et peuvent être extraits sans qu'il en résulte aucun inconvénient.

SECTION II. *Conditions et règles de ces exploitations.* — 29. Nulle double exploitation ne pourra être entreprise que, préalablement, l'ingénieur en chef des mines, sur la demande de l'exploitant, n'ait fait constater la manière d'être de la masse, sa qualité, son épaisseur, le mode ou projet d'extraction, et surtout l'état des travaux supérieurs, dont l'exploitant sera tenu de joindre le plan et la coupe à sa demande de permission de double exploitation.

30. On pourra se servir des bouches d'entrée et ouvertures des travaux supérieurs, si elles sont reconnues en bon état.

31. Entre chaque étage de travaux on laissera au moins trois mètres de masse : on pourra être obligé d'en laisser une épaisseur plus considérable, suivant sa solidité et sa manière d'être, et d'après les instructions données à cet égard par les ingénieurs.

32. La hauteur du premier étage ayant été fixée à six mètres au plus par l'article 24, celle du second étage sera de quatre mètres au plus, et celle du troisième étage, en descendant, sera au plus de trois mètres.

33. Les piliers des exploitations inférieures devront être répartis de manière à se trouver toujours en parfaite correspondance avec ceux des travaux supérieurs : ils auront au moins cinq mètres en tout sens dans le second étage, et six mètres dans le troisième étage.

34. Les ateliers des étages inférieurs ne pourront jamais avoir plus de quatre à cinq mètres de largeur.

35. Nul étançonnage en bois ne sera toléré dans les doubles exploitations; et, lorsqu'il y aura lieu, les extracteurs devront soutenir le ciel avec des piliers en pierre, ou par des remblais ou des bourrages en terre.

TITRE VII. *Dispositions communes à toute exploitation par cavage et par puits.* — 36. Nulle exploitation par cavage ou par puits ne pourra être entreprise qu'en vertu d'une autorisation du préfet, qui sera donnée sur le rapport des ingénieurs des mines. L'entrepreneur joindra à la demande qu'il formera pour obtenir cette autorisation, un plan présentant le bornement exact de la propriété sous laquelle est située la masse à exploiter.

37. L'arrêté du préfet fixera les distances auxquelles l'exploitation pourra être conduite sur toutes les directions, à partir du pied du puits ou de l'entrée du cavage, de manière que l'exploitation ne puisse jamais s'étendre sous les propriétés voisines sans le consentement des propriétaires.

38. Lorsque l'exploitation aura été portée aux extrémités de la propriété, ou qu'elle aura atteint la longueur de cent mètres environ, depuis l'ouverture jusqu'aux extrémités de la crayère ou marnière, l'exploitant sera tenu d'en donner avis à l'ingénieur des mines, qui jugera, d'après l'état des travaux, si l'on peut continuer l'exploitation par les mêmes ouvertures, ou s'il n'est pas préférable d'en percer de nouvelles.

39. Si l'état des travaux d'une exploitation fait craindre des tassements ou éboulements, l'ingénieur des mines en donnera avis, et il sera ordonné de faire affaisser et combler toutes les parties qui pourraient

donner quelque inquiétude, en commençant par les plus éloignées, et se rapprochant successivement de l'entrée.

40. Toute extraction ne pourra être poussée qu'à la distance de deux mètres au moins des limites des propriétés ou terrains vagues non enclos, afin que, dans le cas où deux exploitations seraient contiguës, il reste entre elles, sous les limites des surfaces des propriétés, une bande de masse intacte, de l'épaisseur des piliers.

41. L'extraction ne pourra également être poussée qu'à la distance de dix mètres des deux côtés des chemins à voiture, de quelque classe qu'ils soient, ainsi que des édifices et constructions quelconques.

42. Lorsqu'une exploitation par puits ou par cavage, de quelque espèce qu'elle soit, sera entièrement terminée, l'exploitant en donnera avis à l'ingénieur des mines, qui en fera constater l'état, et se fera remettre les plans que doivent fournir les exploitants, pour déterminer s'il convient d'en ordonner le comblement, ou de faire affaisser, au moyen de la poudre, les parties menaçantes, ou enfin, s'il est nécessaire d'y faire quelques constructions avant de fermer la carrière.

43. Nul exploitant ne pourra, de son chef, faire affaisser, au moyen de la poudre, aucune ancienne exploitation, avant d'en avoir demandé la permission, afin que les ingénieurs des mines s'assurent si toutes les mesures ont été prises pour qu'il n'arrive aucun accident.

Ordonnance du Roi, du 20 novembre 1814, relative à la surveillance à exercer par le ministre de l'intérieur sur l'administration des canaux du Midi, d'Orléans et de Loing.

Louis, etc.; considérant qu'il est contraire à l'intérêt général, et qu'il peut être nuisible à beaucoup d'intérêts privés que l'administration particulière des canaux du Midi, d'Orléans et de Loing, ne soit pas assujettie, comme celle de tous les autres canaux de France, à la surveillance et à l'action de l'administration publique;

Nous avons ordonné et ordonnons ce qui suit :

Art. 1er. Notre ministre de l'intérieur exercera sur l'administration des canaux du Midi, d'Orléans et de Loing, la même surveillance et la même action que celle qu'il exerce tant sur les canaux que sur toute la navigation du royaume.

2. Toutes dispositions de décrets et d'ordonnances contraires à la présente sont rapportées en tant que de besoin.

Ordonnance du Roi, du 10 janvier 1815, qui affranchit de tous droits d'octroi les matériaux destinés aux réparations des ponts, routes et chaussées rompus par suite des derniers événements militaires.

Louis, etc.; à tous ceux qui ces présentes verront, salut ;

Il nous a été rendu compte par notre ministre et secrétaire d'État des finances, que l'assujettissement aux droits d'octroi des matériaux employés aux réparations des ponts rompus par suite des derniers événements militaires, imposait au trésor public une charge qui tournait entièrement au profit des villes, pour le plus grand intérêt desquelles l'État s'empresse de rétablir, à ses frais, ces moyens de communication.

Attendu qu'il n'est pas juste que cet effet d'un malheur public devienne pour quelques localités une source de revenus :

Vu l'avis de notre ministre secrétaire d'État de l'intérieur, et celui de notre conseiller d'État, directeur général de l'administration des ponts et chaussées ;

Vu aussi l'avis de notre directeur général de la régie des impositions indirectes ;

Notre conseil d'État entendu, mandons et ordonnons ce qui suit :

Art. 1er. Les matériaux employés aux réparations des ponts, routes, chaussées et autres moyens de communication, rompus par suite des derniers événements militaires, et à établir aux frais du trésor public, seront affranchis de tous droits d'octroi.

2. Cette exemption ne sera accordée qu'après qu'il aura été statué par notre ministre des finances, d'après l'avis de notre directeur général des ponts et chaussées, et sur le rapport de notre directeur général des impositions indirectes, que les constructions pour lesquelles elle sera réclamée sont dans le cas prévu par l'article précédent.

3. Les mesures nécessaires pour prévenir toute extension abusive de cette franchise, seront prescrites par notre directeur général des impositions indirectes, suivant les localités et la nature des travaux.

Circulaire du directeur général des mines (M. Laumond), aux ingénieurs en chef, concernant les plans à fournir à l'appui des demandes en concession.

Paris, le 26 janvier 1815.

J'ai eu, ainsi que les membres du conseil général des mines, occasion de remarquer que les plans qui sont fournis à l'appui des demandes en concession, n'offrent, le plus souvent, aucune indication des opérations de triangulation qui ont dû servir à les lever : une semblable omission doit rendre la vérification de ces plans difficile, et elle expose les ingénieurs à recevoir, comme plans exactement levés, ceux qui ne seraient qu'une copie, sur une échelle plus grande, de la carte de l'académie, ou de toute autre carte peu exacte dans les détails.

Pour obvier à cet inconvénient, je vous engage à ne recevoir à l'avenir, de plans à l'appui des demandes en concession, que lorsque ces plans porteront l'indication des opérations de triangulation qui auront servi à déterminer, d'une manière exacte, le périmètre de la concession demandée.

Je vous prie de faire part de cette disposition aux ingénieurs de votre arrondissement.

Ordonnance du Roi, du 17 juillet 1815, qui réunit la direction générale des mines à celle des ponts et chaussées.

ART. 1er. La direction générale des mines est et demeure supprimée.

2. Les fonctions attribuées au directeur général, par décret du 18 novembre 1810, seront remplies par notre directeur des ponts et chaussées.

3. Toutes les dispositions dudit décret, portant organisation du corps royal des ingénieurs des mines, sont maintenues en ce qui n'est pas contraire à la présente ordonnance.

Ordonnance du Roi du 2 septembre 1815, qui réduit le nombre des ingénieurs de tout grade.

LOUIS, etc.; ayant reconnu que le nombre des ingénieurs de notre corps royal des ponts et chaussées était hors de proportion avec l'étendue et les revenus de notre royaume, et trouvant juste de faire porter les réformes indispensables sur ceux qui, par leur âge, leurs infirmités ou leur ancienneté, sont moins capables d'un service actif; Désirant toutefois adoucir l'effet de ces réformes à l'égard des ingénieurs sur lesquels elles porteront avant qu'ils aient atteint le degré d'ancienneté qui leur donnerait droit au maximum de la retraite : Sur le rapport de notre garde des sceaux, ministre secrétaire d'État de la justice, ayant par intérim le portefeuille de l'intérieur; Nous avons ordonné et ordonnons ce qui suit :

Art. 1er. A dater du 1er octobre prochain, le nombre des ingénieurs de tous grades, composant notre corps royal des ponts et chaussées, est provisoirement réduit ainsi qu'il suit :

Inspecteurs généraux, y compris les deux attachés à la marine.
. . . . 6
Inspecteurs divisionnaires. 15
Ingénieurs en chef. 105
Ingénieurs ordinaires et aspirants. 300

2. Seront admis à la retraite,

1° Les trois inspecteurs généraux et les trois inspecteurs divisionnaires les plus anciens de grade;

2° Les vingt-six ingénieurs en chef qui se trouveront à la fois les plus anciens, d'après l'ordre du contrôle, et avoir plus de soixante années d'âge;

3° Les quarante et un ingénieurs ordinaires qui se trouveront à la fois les plus anciens selon l'ordre du contrôle, et avoir vingt années de service ou cinquante années d'âge.

3. La retraite des inspecteurs généraux, inspecteurs divisionnaires, ingénieurs en chef et ingénieurs ordinaires, qui auront au moins trente années de service et plus de soixante ans d'âge, sera portée au maximum fixé par l'article 36 du décret du 25 août 1804.

4. La retraite des ingénieurs ordinaires qui compteront moins de

trente, mais plus de vingt années de service, ou cinquante ans d'âge, sera du maximum alloué pour trente ans d'activité par l'article 36 du même décret.

5. Le montant des retraites qui seront accordées en vertu de la présente ordonnance sera imputé sur le fonds des charges administratives de l'administration des ponts et chaussées.

6. Toutes les dispositions du décret du 25 août 1804, portant organisation du corps des ingénieurs des ponts et chaussées, sont maintenues et confirmées en tout ce qui n'est pas contraire à la présente ordonnance.

Circulaire du directeur général des ponts et chaussées et des mines (M. Molé), à MM. les directeurs des contributions et receveurs généraux des départements, sur les redevances des mines.

Paris, le 16 septembre 1815.

Monsieur, la loi du 21 avril 1810, en créant les redevances fixes et proportionnelles sur les mines, en avait déterminé l'application exclusive aux dépenses de la direction générale, sous le titre de *fonds spécial au trésor*. Par l'effet de cette disposition, il devenait intéressant pour l'administration d'en connaître l'encaisse, afin de pouvoir coordonner ses dépenses avec les recettes. Il fut, en conséquence, arrêté en 1811 (1re année d'assiette et de perception), par les ministres des finances et du trésor, que MM. les directeurs des contributions et receveurs généraux des départements enverraient mensuellement au directeur général des mines un bordereau de leurs recouvrements de redevances et de leurs versements au trésor.

Cette mesure d'ordre, essentielle alors, est aujourd'hui sans objet par suite du nouveau système introduit dans les finances, qui a détruit les fonds spéciaux et confondu les redevances et revenus des mines dans les produits généraux de l'Etat.

Je vous invite en conséquence, monsieur, à réduire vos communications avec moi à un simple envoi, chaque année, d'un état indicatif et détaillé du montant des rôles des redevances fixes et proportionnelles sur les mines, suivant le modèle que vous trouverez ci-joint.

DÉPARTEMENT D   . REDEVANCES SUR LES MINES. EXERCICE 18

État du montant des redevances fixes et proportionnelles, assises sur les mines du département d   , pour l'exercice 18

Montant des rôles rendus exécutoires le   . . .

DÉTAIL.

Redevances fixes, principal. . . . .
Redevance proportionnelle, *idem*. . . . . . .

10 CENT. ADDITIONNELS.

Redevances fixes. . . . .
Redevance proportionnelle. . . . .

FRAIS DE PERCEPTION.

Redevances fixes. . . . . }
Redevance proportionnelle. . . . . }

Somme égale au montant des rôles. . . . .

Certifié par le   du département d
A   le   18 .

Ordonnance du Roi, du 23 décembre 1815, qui statue sur un arrêté du conseil de préfecture du département du Gard.

Louis, etc. Sur le rapport du comité du contentieux;

Vu la requête présentée le 30 novembre 1814, par les sieurs Louis-Félix Chalas, Louis Gaidon, Louis Sayerle et autres habitants non désignés de la commune de Saint-Chapte, département du Gard, tendant : 1° à l'annulation de deux arrêtés du conseil de préfecture de ce département, en date des 13 et 27 janvier 1814, par lesquels, sans avoir entendu les requérants, ce conseil a déclaré que des biens communaux de la commune de Saint-Chapte, réclamés par les requérants au nom de la commune, ont fait partie de la vente de divers communaux de la même commune adjugés au profit des sieurs Rheile et Mathieu, en exécution de la loi du 20 mars 1813; 2° à l'annulation d'un arrêté du même conseil de préfecture, en date du 1er septembre 1814, qui rejette leur opposition aux susdits arrêtés, en se fondant sur ce qu'une autorité n'a pas le droit de se réformer elle-même;

Vu lesdits arrêtés des 13 et 27 janvier, et 1er septembre 1814;

Vu les mémoires en défense des sieurs Rheile et Mathieu, présentés les 2 mai et 6 septembre 1815;

Vu les décrets et arrêts qui décident que les arrêtés des conseils de préfecture qui ne sont pas contradictoires, sont susceptibles d'opposition jusqu'à exécution;

Notre conseil d'état entendu,

Nous avons ordonné et ordonnons ce qui suit :

Art. 1er. L'arrêté du conseil de préfecture du département du Gard, en date du 1er septembre 1814, est annulé.

2. Les habitants de la commune de Saint-Chapte sont renvoyés devant ledit conseil de préfecture, pour faire valoir leur opposition aux arrêtés des 13 et 27 janvier 1814.

3. Les sieurs Rheile et Mathieu sont condamnés aux dépens.

Extrait de la loi du 28 avril 1816, sur les finances.

TITRE VII. *Dispositions générales.* — 231. Les dispositions des lois, décrets et règlements, auxquelles il n'est pas dérogé par la présente, et qui autorisent et régissent actuellement la perception des droits sur la navigation, les bacs, les bateaux, les péages, les passages de ponts et écluses, les canaux, la pêche, les francs-bords, les matières d'or et d'argent, les voitures publiques, la régie des poudres et salpêtres, sont et demeurent maintenues.

232. Le décime par franc pour contribution de guerre est maintenu sur ceux des droits désignés, établis ou conservés par la présente loi, qui en sont passibles ; il sera également perçu en sus des droits établis par les titres I, III et IV de la présente loi (1).

Circulaire du directeur général des ponts et chaussées et des mines (M. Molé), à MM. les préfets, contenant fixation de nouveaux chargements et de nouvelles largeurs de jantes pour les messageries.

Paris, le 16 mai 1816.

Monsieur le préfet, le décret du 23 juin 1806, art. 6, a fixé à 11 centimètres le *maximum* de la largeur des jantes des voitures publiques, messageries, fourgons, allant en poste ou avec relais, berlines ; et réglé les chargements de ces voitures en raison des différentes largeurs de leurs roues.

L'administration des messageries a représenté que les chargements qui lui sont accordés par ce décret n'étaient point assez considérables, et elle a demandé la faculté de les augmenter, à la charge par elle, toutefois, de porter à 14 et 17 centimètres la largeur des jantes de ses voitures. J'ai examiné ses observations en conseil des ponts et chaussées, et j'ai reconnu que, s'il n'était pas temps encore de s'occuper de la révision du décret du 23 juin 1806, en ce qui concerne les chargements des voitures de roulage, rien ne s'opposait du moins à ce qu'il fût statué provisoirement sur la demande des messageries. J'ai en conséquence, et de l'avis du conseil, fixé ainsi qu'il suit les chargements de leurs voitures :

Avec bandes de 8 centimètres. . . . . . 2,560 kil.
——————— de 11. 3,520
——————— de 14. 4,480
——————— de 17. 5,440

Ces chargements, qui doivent être substitués à ceux fixés par le décret du 23 juin 1806, comprennent le poids des voyageurs et du conducteur, mais non la tolérance, qui reste fixée à 100 kilogrammes, conformément à l'article 7 de ce décret et à l'ordonnance du roi du 24 décembre 1814.

Les dispositions qui précèdent ne peuvent recevoir d'exécution qu'à dater de ce jour.

---

(1)   *Extrait de la loi du 25 mars 1817, sur les finances.*

Titre VII. *Contributions indirectes.* — § V. *Dispositions diverses.* — 123. Les droits créés ou maintenus par la loi du 28 avril 1816 et par la présente, seront passibles du décime par franc établi par l'article 232 de ladite loi.

Continueront seulement à être exemptes du décime, les perceptions qui sont faites sur les canaux affermés, la pêche, les francs-bords, les ponts, les bacs et les passages d'eau.

Je vous invite, monsieur le préfet, à faire connaître ces dispositions à tous les agents chargés de faire observer les lois sur la police du roulage. Vous rappellerez en même temps aux préposés des ponts à bascule, qu'aux termes de l'article 44 du décret du 23 juin 1806, aucune voiture prise en contravention ne peut continuer sa route qu'après le déchargement de l'excédant du poids toléré ; vous les préviendrez aussi qu'en cas de déchargement, il ne doit jamais s'étendre aux fonds du trésor ; que les marchandises et autres objets appartenant aux particuliers doivent seuls être déchargés. Je ne saurais trop appeler votre attention sur la nécessité de faire décharger les voitures en contravention : cette disposition a été très-négligée jusqu'ici ; et il importe d'en assurer l'exécution. Si les préposés transigent sur ce point avec leurs devoirs, vous devez me proposer leur remplacement.

Ce même article 44 veut que les contrevenants payent l'amende, ou fournissent caution avant de continuer leur route. Cette faculté de fournir caution n'a que trop souvent dégénéré en tolérance indéfinie, et les règlements sont ainsi demeurés sans effet. Pour faire cesser un tel état de choses, vous exigerez à l'avenir le payement de l'amende dans les dix jours qui suivront la rédaction du procès-verbal, en poursuivant la caution dont la solvabilité doit avoir été reconnue, aux termes de l'instruction de mon prédécesseur, du 15 juillet 1807.

Arrêté du ministre de l'intérieur (M. Lainé), du 28 mai 1816, concernant les bois de faix accordés aux ouvriers employés aux travaux de flottage.

Du 28 mai 1816.

Le ministre de l'intérieur ;

Considérant que l'emport de faix par les ouvriers travaillant à la construction des trains et autres travaux relatifs aux flottages des bois, sur les différents ports des rivières d'Yonne, Cure, Armançon et rivières affluentes, a cessé d'être uniforme, par suite d'abus et de contraventions aux règlements sur le fait de la marchandise de l'eau ;

Que sur les ports de l'Yonne supérieure, le faix se compose de sept bûches, dans tous les temps et pour tous les travaux ; tandis que sur la Cure il est de huit, et que même le compagnon de rivière, pendant les flottages en trains, emporte, à son choix, et en échange de son faix, les deux plus belles bûches qu'il peut trouver, ou bien seize bûches de menuise ;

Que sur l'Armançon et les ports de l'Yonne inférieure, le faix se compose de sept bûches, pendant le tirage et la mise en état des flots ; tandis que, pendant le flottage en trains, les flotteurs, approcheurs, et compagnons de rivière emportent chacun onze bûches, et les tordeurs et garnisseurs, chacun neuf ; que cependant le travail étant partout le même, le faix de l'ouvrier doit être aussi le même, puisqu'il a pris sa source dans la même cause ;

Considérant que, dans le principe et en conformité des règlements, les ouvriers ne pouvaient, dans aucun cas et sous aucun prétexte, emporter leur faix, qu'à la fin de la journée ; que ce faix ne devait être composé que de bois au-dessous de six pouces de grosseur, en bois blanc,

II.   16

menuise et rebut ; qu'il leur était interdit d'emporter aucun bois de chêne, hêtre et charme, de vendre et façonner en échalas lesdits faix ; que la différence existant aujourd'hui dans l'emport des faix, tant sous le rapport de la quantité de bûches, que de leur espèce et de leur grosseur, ne provient que des abus qui se sont successivement introduits sur les ports, et de l'oubli des règlements ;

Considérant enfin que, s'il est juste de ne pas priver l'ouvrier des moyens de se chauffer et sécher, en lui accordant son faix, il ne l'est pas moins de le ramener aux principes et aux règles consacrés par les ordonnances, arrêts, règlements et sentences concernant la marchandise de bois flotté, notamment par la sentence du bureau de la ville de Paris, du 13 février 1753, et de rétablir le mode uniforme sur tous les ports de flottage ;

Vu la sentence du bureau de la ville de Paris, dudit jour 13 février 1753 ;

Arrête ce qui suit :

Art. 1er. Les anciennes ordonnances, arrêts et règlements sur le fait du flottage seront exécutés ; en conséquence, le faix accordé, par tolérance, à l'ouvrier travaillant aux flottages, sur les ports des rivières d'Yonne, Cure, Armançon et y affluentes, tant pendant le tirage, l'empilage et la mise en état des bois, que pendant le flottage en trains, ne pourra être composé que de six bûches en bois blanc, menuise, et d'une bûche de surfaix, d'une grosseur au-dessous de six pouces, ce qui fera, en totalité, sept bûches ; sans pouvoir, sur aucun port, prétendre à une plus grande quantité, sous quelque prétexte que ce soit.

2. Conformément à la sentence susdatée, il est défendu aux ouvriers d'introduire dans leurs faix aucun bois de chêne, hêtre et charme, et de composer le faix de bûches dont la circonférence excéderait six pouces, de vendre à qui que ce soit et de façonner en échalas aucun bois provenant des faix.

3. Le faix ne sera accordé qu'aux ouvriers qui auront atteint l'âge de quinze ans ; cependant, il sera accordé quatre bûches des qualité et dimension ci-dessus prescrites aux enfants de dix à quinze ans, lorsqu'ils auront travaillé la journée entière.

4. Le faix ne sera acquis à l'ouvrier qu'autant qu'il aura travaillé depuis le matin jusqu'au soir ; il sera tenu de l'enlever à l'épaule, et par lui-même, à peine d'en être privé.

5. L'ouvrier qui emporterait, dans son faix, une ou plusieurs bûches qui excéderaient six pouces de tour, ou qui seraient d'une essence autre que celles déterminées, sera, pour la première fois, privé de la totalité de son faix ; pour la seconde, il en sera privé pendant trois jours ; en cas de récidive, il sera exclu de tout travail sur les ports.

6. Sur les ports servant aux dépôts des bois neufs, et dont la gestion et la surveillance sont confiées à des gardes spéciaux, il ne pourra être prétendu aucun faix ni emporté aucun bois par les ouvriers employés à leur empilage et à leur chargement en bateaux. Il est défendu aux gardes-ports de leur en accorder, sous quelque prétexte que ce soit, à peine de révocation, et des dommages et intérêts des marchands.

7. Il est expressément défendu aux marchands, leurs facteurs et entrepreneurs de flottages, et autres, de composer avec l'ouvrier, d'accorder l'échange de bois de faix contre d'autres bois, ni de le rempla-

cer par des bois d'un port où l'ouvrier n'aurait pas travaillé, sous les peines portées par la sentence susdatée du 13 février 1753.

8. Il est fait défense à tous particuliers, aubergistes, cabaretiers, logeurs, et à tous autres, de quelque qualité et condition qu'ils soient, de prendre, emporter ni acheter aucuns bois destinés à l'approvisionnement de Paris, d'en recevoir chez eux, ni d'en prendre des ouvriers, en payement, sous prétexte de nourriture, gîte ou autrement, sous les peines de droit.

9. Le bois de faix sorti du port ne pourra plus y être rapporté, sous aucun prétexte et pour quelque cause que ce soit ; il ne peut être employé qu'à l'usage pour lequel il est destiné.

10. Le présent arrêté sera imprimé ; il sera affiché sur tous les ports des rivières d'Yonne, Cure, Armançon et rivières y affluentes ; les préfets, le commissaire général de la navigation d'approvisionnement de Paris et les inspecteurs d'arrondissement pour le même service sont chargés d'en surveiller et assurer l'exécution.

Circulaire du directeur général des ponts et chaussées et des mines (M. Molé), à MM. les préfets, portant envoi de modèles de procès-verbal et d'état de délits de grande voirie.

Paris, le 8 août 1816.

MONSIEUR le préfet, une des causes de la dégradation des routes est le défaut d'exécution des règlements de grande voirie ; j'ai eu lieu de reconnaître par moi-même, dans mes différentes tournées, que cette partie du service était très-négligée, et que les agents appelés à faire exécuter les règlements n'apportaient pas toujours la surveillance et le zèle qu'on devait attendre d'eux. Tantôt les routes sont encombrées par des dépôts de matériaux ou d'immondices ; les arbres qui les bordent sont détruits et enlevés : tantôt les propriétaires riverains comblent les fossés et envahissent le terrain même des routes ; enfin, les rouliers et les voituriers chargent presque toujours leurs voitures au delà des limites fixées. Toutes ces contraventions sont, dans certains départements, rarement constatées, ou s'il arrive qu'elles le soient, on ne les réprime point, et l'administration supérieure se voit souvent réduite à les signaler elle-même à l'autorité locale.

Un tel état de choses peut d'autant moins s'excuser, que tous les règlements de grande voirie s'expliquent positivement sur la répression des délits, et qu'ils mettent à la disposition de l'administration tous les moyens nécessaires pour l'assurer.

La loi du 29 floréal an x, relative aux contraventions en matière de grande voirie, porte que les anticipations sur la voie publique, dépôts de fumiers ou autres objets, les détériorations de toute espèce commises sur les grandes routes, sur les arbres qui les bordent, sur les fossés, ouvrages d'art et les matériaux destinés à leur entretien, doivent être réprimés par voie administrative ; que les procès-verbaux de ces contraventions doivent être adressés aux sous-préfets, qui ordonneront, par provision et sauf le recours au préfet, ce que de droit pour faire cesser le dommage; qu'enfin il sera statué définitivement en conseil de préfecture; que les arrêtés de ces conseils seront exécutés sans visa ni mandements des tribunaux, nonobstant et sauf tout recours, que les individus condamnés seront contraints par l'envoi de garnisaires et saisie de meubles, en vertu desdits arrêtés, qui seront exécutoires et emporteront hypothèque.

Le décret du 23 juin 1806 détermine les chargements que peuvent avoir les voitures de roulage et des messageries, eu égard à la largeur de leurs jantes; il fait connaître la manière dont les contraventions relatives aux chargements, à la longueur des essieux, à la forme des cloux des bandes des roues doivent être constatées et réprimées.

Si les dispositions de cette loi et de ce décret étaient suivies avec ponctualité, les délits en matière de grande voirie seraient moins communs, et les routes éprouveraient moins de détériorations.

Je crois donc devoir, monsieur le préfet, appeler particulièrement votre attention sur la nécessité de les faire exécuter. Les agents chargés de constater les contraventions doivent redoubler de zèle et de surveillance, aujourd'hui surtout que les fonds mis à ma disposition pour l'entretien des routes sont si fort au-dessous de leurs besoins. Les conseils de préfecture, chargés par la loi de statuer en dernier ressort sur les procès-verbaux, ne doivent plus, comme cela n'a que trop souvent eu lieu, laisser impunies des contraventions qui, en se multipliant chaque jour, accusent l'administration de négligence ou de faiblesse.

Afin de faciliter et de rendre uniforme la manière de constater les contraventions en matière de grande voirie, j'avais arrêté précédemment un modèle d'après lequel les procès-verbaux de ces contraventions devaient être dressés. Ce modèle m'a paru susceptible de quelques modifications; j'ai l'honneur de vous adresser, monsieur le préfet, celui qui doit lui être substitué. Je me réfère, du reste, aux dispositions de ma circulaire du 14 août 1812.

J'ai également reconnu qu'il était nécessaire que l'administration fût informée de la suite donnée aux procès-verbaux de contraventions par les conseils de préfecture, et j'ai, en conséquence, décidé qu'il me serait transmis, tous les trois mois, un état indicatif de ces procès-verbaux et des décisions auxquelles ils auront donné lieu. Vous trouverez ci-joint le modèle de cet état, que je vous invite à m'adresser exactement dans les cinq premiers jours qui suivront l'expiration de chaque trimestre. M. l'ingénieur en chef, à qui j'écris à cet effet, m'adressera de son côté un état des procès-verbaux dressés pendant le même laps de temps : le rapprochement de ces deux états me fera connaître la nature des délits portés à la connaissance des conseils de préfecture, et l'exactitude mise à les réprimer.

Je ne puis trop recommander, monsieur le préfet, à votre sollicitude l'exécution des dispositions qui précèdent; je suis persuadé d'avance que vous concourrez de tous vos moyens à assurer la répression de tous les délits de grande voirie : mais il est bien important que les conseils de préfecture fassent une juste application des lois et règlements aux contraventions sur lesquelles ils sont appelés à prononcer; et vous devez, en qualité de président de celui de votre département, tenir la main à ce que les délits portés à sa connaissance ne restent point impunis ; vous devez enfin diriger sa marche et son zèle vers le but que nous devons tous nous proposer, l'amélioration des routes.

DÉPARTEMENT d

Procès-verbal de délit de grande voirie.

Le (1)   mil huit cent
                 heures du   nous   (*prénoms, noms et qualités du saisissant et des autres personnes qui pourraient agir concurremment avec lui*)   étant à   (*désigner clairement et exactement la commune et l'endroit, la route, le chemin de halage, la digue, le quai, la rue, le pont à bascule, etc.*)   avons
           (*préciser avec une scrupuleuse vérité toutes les particularités propres à faire parfaitement connaître le délit*)   après avoir reconnu par $\Big\{$ *informations,*
du fait de $\Big\{$ *la plaque de la voiture, etc., etc.* $\Big\}$ que ce délit est
                 (*désigner les noms et qualités*)   demeurant à
      lequel étant $\Big\{$ (*présent*) a   (*insérer les moyens de défense*) $\Big\}$
                 $\Big\{$ (*absent*) n'a pu être entendu $\Big\}$
À quoi nous devons faire observer   (*discuter les moyens de défense du délinquant, afin de ne rien laisser à désirer sur leur validité*).

En conséquence avons dressé le présent procès-verbal, à l'effet de

faire prononcer par $\left\{ \begin{array}{l} \textit{M. le maire} \\ \textit{M. le sous-préfet} \\ \textit{le conseil de préfecture} \\ \textit{le tribunal de} \end{array} \right\}$ contre ledit

, conformément aux lois et règlements (2).

A   le   18

Vu et affirmé par serment devant moi $\left\{ \begin{array}{l} \textit{Maire} \\ \textit{Adjoint} \\ \textit{Juge de paix} \end{array} \right\}$ du lieu, *les mêmes jour, mois et an que dessus.*

---

(1) L'affirmation est de rigueur dans les vingt-quatre heures.
L'enregistrement en débet est de rigueur dans les trois jours.
Le papier doit être visé pour valoir timbre.
Voir l'ordonnance du 18 janvier 1826, de laquelle il résulte que les procès-verbaux dont il s'agit ne sont pas assujettis au droit de timbre ni d'enregistrement.
(2) Lorsque, par la nature du délit, le fonctionnaire devant lequel l'affirmation aura lieu sera compétent pour prononcer, il ne sera pas laissé de copie du procès-verbal, puisque dans ce cas l'agent remet l'original. Dans tout autre cas, une copie doit être laissée pour être notifiée au délinquant.

PONTS ET CHAUSSÉES.

DÉLITS JUGÉS.

TRIMESTRE D

Année 18

DÉPARTEMENT D

ÉTAT des délits de voirie et contraventions à la police du roulage, jugés par les fonctionnaires compétents, dans l'étendue du { département port etc. } d

pendant le trimestre d

NOMS ET GRADES des saisissants.	DATE des procès-verbaux.	NOMS et profession des délinquants.	NATURE des délits.	AUTORITÉS qui ont jugé.	DATE des jugements.	PRÉCIS des jugements.	AMENDES prononcées.	OBSERVATIONS sur les jugements et leur mise à exécution.

Le présent état dressé et certifié par le préfet du département d

le   18

Circulaire du directeur général des ponts et chaussées et des mines (M. Molé), à MM. les ingénieurs en chef des ponts et chaussées, portant envoi d'un modèle d'état de contraventions de grande voirie.

Paris, le 8 août 1816.

Monsieur, ma circulaire de ce jour à **MM.** les préfets, dont je vous adresse une ampliation, vous fait connaître le prix que j'attache à ce que les règlements de grande voirie soient sévèrement exécutés, et à ce que tous les agents appelés à y concourir apportent la surveillance et le zèle nécessaire pour assurer le succès de cette partie importante du service. Vous y verrez que vous devez me transmettre, au commencement de chaque trimestre, un état des procès-verbaux des contraventions constatées dans les trois mois précédents. J'ai l'honneur de vous envoyer un modèle de cet état; je vous recommande la plus grande exactitude dans l'envoi que vous devez m'en faire.

Une partie des renseignements nécessaires pour remplir l'état ci-joint pourra vous être fournie par ceux des agents des ponts et chaussées qui auront constaté les délits, et vous devez, à cet effet, les obliger à vous informer exactement de chaque contravention, et de la remise qu'ils ont faite du procès-verbal qui la constate. Le surplus de ces renseignements vous sera donné par M. le préfet, à qui tous les procès-verbaux sont adressés pour être mis sous les yeux du conseil de préfecture, lorsqu'il y a lieu, ou pour poursuivre la rentrée des amendes.

PONTS ET CHAUSSÉES.

DÉPARTEMENT D

DÉLITS CONSTATÉS.

TRIMESTRE D

Année 18

ÉTAT des délits de voirie et contraventions à la police du roulage, constatés dans le $\left\{\begin{array}{l}\text{département} \\ \text{port} \\ \text{etc.}\end{array}\right.$ pendant le trimestre d

NOMS ET GRADES des saisissants.	DATES des procès-verbaux.	NOMS et profession des délinquants.	NATURE et lieu des délits.	INDICATION des fonctionnaires auxquels ont été remis les procès-verbaux.	DATES de la remise des procès-verbaux.	OBSERVATIONS sur les condamnations et sur leurs résultats connus.

Le présent état certifié par l'ingénieur en chef soussigné,

le   18

Circulaire du directeur général des ponts et chaussées et des mines (M. Molé), à MM. les préfets, indiquant les formalités à remplir pour la signification des arrêtés des conseils de préfecture et des décisions ministérielles.

Paris, le 12 septembre 1816.

Monsieur le préfet, un avis du conseil d'Etat, du 16 thermidor an xii, approuvé le 25 (*Bulletin des lois*, 1er semestre 1812, n° 429), et un décret du 21 juin 1813 (*Bulletin n° 509*), consacrent en principe que les conseils de préfecture sont, dans les affaires de leur compétence, de véritables juges dont les actes doivent produire les mêmes effets et obtenir la même exécution que ceux des tribunaux ordinaires; qu'ils n'ont pas plus que les tribunaux le droit de réformer leurs décisions, et que ce droit n'appartient qu'à l'autorité supérieure.

Ainsi, lorsque des pourvois sont formés contre des arrêtés de ces conseils, il n'appartient qu'au Roi de les maintenir ou de les annuler. Le décret du 22 juillet 1806 détermine la manière de procéder dans les affaires contentieuses portées au conseil d'Etat; l'article 11 de ce décret porte que le recours au conseil contre la décision d'une autorité qui y ressortit ne sera plus recevable après trois mois du jour où cette décision aura été notifiée; passé ce terme, les pourvois peuvent être rejetés par une fin de non recevoir; mais, ainsi que l'indique le décret du 17 avril 1812 (*inséré au Bulletin des lois, n° 432*), « la prescription ou » la force de chose jugée ne peut être utilement opposée, qu'autant » que la partie qui oppose cette exception a régulièrement signifié les » arrêtés contre lesquels on réclame; » ce même décret ajoute que de tels arrêtés *sont des jugements*, et que si l'envoi par les autorités supérieures aux autorités inférieures suffit pour rendre exécutoires les actes purement administratifs, il n'en est pas de même quand il s'agit d'arrêtés d'un conseil de préfecture statuant sur la propriété.

J'ai eu occasion de remarquer que, dans quelques départements, MM. les préfets notifiaient les arrêtés des conseils de préfecture comme les leurs propres; que souvent même ils les faisaient notifier par MM. les ingénieurs. Les notifications de ce genre n'ont point, en cas de pourvoi, un caractère légal, et l'on ne peut dès lors opposer aux réclamants la fin de non-recevoir indiquée par l'article 11 du décret du 22 juillet 1806.

Les arrêtés des conseils de préfecture devant, d'après le principe consacré par l'avis du conseil d'Etat, du 16 thermidor an xii, et le décret du 21 juin 1813, *produire les mêmes effets et obtenir la même exécution que les jugements des tribunaux ordinaires*, il est manifeste que, pour être signifiés régulièrement, il faut qu'ils le soient par huissier.

Je vous invite, en conséquence, monsieur le préfet, à faire signifier à l'avenir les décisions du conseil de préfecture de votre département, relatives à la grande voirie ou à tout ce qui ressort de l'administration des ponts et chaussées, aux parties intéressées, par le ministère d'huissier. Les frais de signification resteront à la charge de qui de droit, selon que l'aura établi la décision du conseil de préfecture.

Quant aux décisions ministérielles, elles doivent être notifiées au domicile de la partie, par le maire, qui doit s'en faire délivrer un reçu.

Ordonnance du roi, du 30 octobre 1816, portant règlement d'administration publique pour la réparation et l'entretien des bords de la Durance dans la commune d'Avignon.

Louis, etc. Vu la loi du 16 septembre 1807;

Vu la délibération du conseil municipal d'Avignon, qui déclare que la sûreté de la ville dépend des réparations constantes aux abords de la Durance;

Considérant que les coutumes anciennes sont devenues insuffisantes pour assurer une bonne administration à la communauté des bords de la Durance dans la commune d'Avignon, qu'il convient de mettre en harmonie avec les nouvelles dispositions législatives;

Notre conseil d'Etat entendu, nous avons ordonné et ordonnons ce qui suit :

TITRE Ier. *Formation de la commission syndicale.* — Art. 1er. Les propriétaires intéressés aux réparations des bords de la Durance dans la commune d'Avignon, formeront une société appelée communauté des bords de la Durance.

2. Les fonds situés soit à l'extérieur, soit dans l'intérieur des digues de ceinture, et qui seront reconnus par la commission spéciale comme intéressés à la conservation des travaux existants ou à venir, seront compris dans la nouvelle communauté instituée par l'article précédent, et payeront une part contributive à raison de leur intérêt, conformément aux articles 33 et suivants de la loi du 16 septembre 1807, à moins que leurs propriétaires ne justifient, par titres, des droits qu'ils auraient à être exempts de cette contribution.

3. Cette communauté sera administrée par un syndicat composé du maire, président, représentant les intérêts de la ville, et de huit membres nommés par le préfet, et parmi les propriétaires les plus intéressés aux susdites réparations.

4. Chacun des quatre clos qui, dans l'ancienne division, comprenaient toutes les propriétés sises sur les bords de la Durance, et à chacun desquels seront ajoutées, par la commission spéciale, les terres qui devront en faire partie, fournira nécessairement deux membres du syndicat.

5. Les membres du syndicat resteront quatre ans au plus en place, de manière à ce que, chaque année, il en sorte deux de deux différents clos.

Ils seront rééligibles.

6. Pour l'exécution de l'article précédent, à la fin de la première année, il sera décidé, par la voie du sort, quels seront les deux clos dont un des membres sortira; ensuite on déterminera, toujours par la même voie, laquelle des deux séries fournira les deux premiers sortants; enfin, quels seront, dans la première série, ceux qui doivent sortir les premiers.

La seconde série opérera de même pour la seconde année, la première fournira les sortants de la troisième, et ainsi de suite, d'année en année.

7. Un des membres sera nommé, par le préfet, directeur du syndicat; ses fonctions ne dureront qu'un an, et dans ce cas, il sera pris alternativement dans l'un des quatre clos; mais il pourra être réélu jusqu'à cessation de ses fonctions syndicales.

8. Le directeur sera chargé de la surveillance générale des intérêts de la communauté, du dépôt des plans, registres et autres papiers appartenant à l'administration.

9. Les membres du syndicat ne pourront se faire représenter aux assemblées; il y aura quatre suppléants aussi nommés par le préfet, un de chaque clos, et qui, en cas d'absence ou autre cause, prendra la place du membre appartenant à son clos.

10. Le maire et le directeur auront le droit de convoquer le syndicat; il le sera nécessairement sur la demande de deux membres adressée au directeur. En l'absence du maire, le directeur présidera.

11. Le syndicat est spécialement chargé :

1° De déterminer la somme nécessaire tant aux travaux et réparations pour l'année, et les sommes extraordinaires pour les travaux imprévus, que pour la caisse de prévoyance dont il sera parlé ci-après;

2° D'examiner, modifier ou adopter les projets de travaux d'entretien; de faire exécuter tous les travaux d'urgence et réparations journalières;

3° D'en proposer le mode d'exécution;

4° De passer les marchés et adjudications;

5° D'examiner et vérifier les états de contrôle des travaux qui auront été exécutés par régie ;

6° De vérifier les comptes du percepteur;

7° De donner son avis sur tous les intérêts de la communauté, lorsqu'elle sera consultée par le préfet;

8° De nommer tous les experts et conducteurs de travaux d'entretien et d'urgence.

12. Le syndicat ne pourra délibérer qu'au nombre de six membres; en cas de partage, le président de l'assemblée aura voix prépondérante.

13. Les délibérations du syndicat seront soumises au préfet.

14. Le syndicat présentera un plan de révision des règlements de la communauté dans le sens et d'après les bases de la présente ordonnance.

Tout règlement nouveau ne poura être mis à exécution que revêtu de l'approbation du ministre de l'intérieur, d'après l'avis du préfet et la proposition de notre directeur général des ponts et chaussées.

TITRE II. *Des travaux d'entretien et d'urgence, de leur exécution et de leur mode de payement.* — 15. Le syndicat fera dresser les projets des travaux d'entretien, et il proposera le mode d'exécution par une délibération qui sera soumise au préfet.

16. L'exécution de ces travaux aura lieu sous la surveillance du président et du directeur, à qui le syndicat adjoindra un commissaire pour l'aider dans cette surveillance.

17. Tous les travaux d'urgence pourront être exécutés sur-le-champ par l'ordre du président ou du directeur; mais ils en rendront immédiatement compte au préfet et au syndicat.

Le préfet pourra suspendre l'exécution de ces travaux, s'il le juge convenable, après avoir pris l'avis de l'ingénieur en chef et du syndicat.

18. Les travaux d'urgence, exécutés conformément aux dispositions précédentes, de même que les travaux d'entretien qui auront été exécutés par régie, seront payés sur des mandats du directeur, auxquels devront être jointes les feuilles d'attachement constatant l'état de la dépense résultant desdits travaux.

Les payements d'à-compte, pour les travaux d'entretien qui auront été exécutés par entreprise, seront faits en vertu des mandats du directeur, délivrés d'après les métrages faits contradictoirement avec l'entrepreneur, et sur les certificats du commissaire qui lui aura été adjoint pour en surveiller l'exécution.

Les payements définitifs s'effectueront sur les mandats du directeur, délivrés sur les pièces ci-dessus exigées, auxquelles sera en outre joint le procès-verbal de réception définitive, dressé par un homme de l'art en présence du directeur et du commissaire adjoint.

TITRE III. *Des travaux extraordinaires, de leur mode d'exécution et de leur payement.* — 19. Les projets des travaux extraordinaires seront rédigés par des hommes de l'art, choisis par le syndicat et acceptés par le préfet, sur l'avis de l'ingénieur en chef.

Ces travaux seront soumis à l'approbation de notre directeur général des ponts et chaussées, lorsqu'il s'agira d'ouvrages neufs.

Leur exécution aura lieu sous la surveillance du directeur et d'un membre du syndicat qu'il nommera à cet effet. Elle sera dirigée par un conducteur spécial, choisi par le préfet sur une liste double présentée par le syndicat. Les travaux seront, autant que possible, adjugés d'après le mode adopté pour ceux des ponts et chaussées en présence du directeur ; ils pourront cependant être exécutés de toute autre manière, sur la demande du syndicat, l'avis de l'ingénieur en chef et l'approbation du préfet.

Les payements d'à-compte auront lieu en vertu des mandats du directeur, délivrés d'après les métrages provisionnels faits contradictoirement par le conducteur des travaux et par l'entrepreneur, et sur les certificats du commissaire chargé de la surveillance des travaux.

Les payements définitifs seront aussi effectués en vertu des mandats du directeur, délivrés d'après les pièces ci-dessus exigées pour les mandats d'à-compte, auxquelles sera en outre joint le procès-verbal de réception définitive, dressé par un ingénieur des ponts et chaussées, après avoir procédé à la vérification des ouvrages en présence du directeur, du commissaire adjoint et de l'entrepreneur, constatant qu'ils ont tous été exécutés conformément aux règles de l'art et aux projets approuvés.

20. Au 15 janvier de l'année suivante, il sera tenu une assemblée générale des propriétaires intéressés, à laquelle le syndicat rendra compte de ses opérations dans le cours de l'année, ainsi que de l'état des travaux, soit d'entretien, soit de construction, enfin de la situation générale des rives de la Durance, sur toute l'étendue du territoire de la commune.

Ce compte sera présenté au préfet, qui fera faire les vérifications et reconnaissances nécessaires par un ingénieur des ponts et chaussées, aux frais des intéressés, et ordonnera, s'il y a lieu, les dispositions convenables pour assurer la conservation des travaux, après avoir entendu le syndicat.

TITRE IV. *De la comptabilité et de ce qui s'y rapporte.* — 21. Il sera formé une caisse de prévoyance alimentée tant par les taxes prélevées sur les propriétaires que par les fonds alloués par le conseil municipal ; elle sera uniquement destinée à acquitter les dépenses pour réparations urgentes et pour tous les autres ouvrages imprévus, d'après les règles ci-dessus établies.

Le syndicat déterminera la somme qui devra la former. La délibération qui sera prise à ce sujet sera soumise à l'approbation du préfet.

22. Le syndicat fournira chaque année au préfet le compte détaillé de la recette et dépense avec les pièces à l'appui. Ce compte sera réglé par le préfet et communiqué à l'assemblée générale des propriétaires intéressés.

23. Le syndicat, après avoir délibéré sur les fonds nécessaires à la dépense des travaux prévus et imprévus à faire pendant la première année, et après avoir obtenu du préfet l'approbation de sa délibération, s'entendra, pour cette fois seulement, avec la commission spéciale créée par l'ordonnance du 22 juin 1814, pour que celle-ci détermine, d'après les bases qu'elle aura adoptées, la quotité pour laquelle, indépendamment des fonds qui seront fournis par la commune, chaque propriété intéressée devra être imposée pour satisfaire à la demande de fonds qui aura été faite par le syndicat, soit pour la caisse de prévoyance, soit pour fournir à la dépense des travaux d'entretien, réparation, et ouvrages neufs qui auront été proposés et approuvés.

24. Le recouvrement des taxes, d'après le tableau qui en aura été dressé par la commission spéciale, sera fait nonobstant toute réclamation, et sauf appel au conseil d'Etat, par le percepteur de la commune, s'il est nommé par le syndicat ou par tout autre percepteur choisi par lui, et dont la nomination aura été approuvée par le préfet.

Le percepteur prêtera le serment voulu par la loi.

Le percepteur fournira un cautionnement en immeubles proportionné au montant du rôle. Il lui sera alloué une remise proposée par le syndicat et déterminée par le préfet.

Le percepteur, au moyen de cette remise, dressera les rôles sur les documents qui lui seront fournis, la première année, par la commission spéciale, et ensuite par le syndicat. Ces rôles, après avoir été visés par le syndicat, seront rendus exécutoires par le préfet. La perception en sera faite dans l'année, savoir, le premier tiers dans les quatre mois de la mise en recouvrement des rôles, et ainsi de suite.

Le percepteur est responsable du défaut de payement des taxes dans les délais fixés, à moins qu'il ne justifie des poursuites qu'il aura faites contre les contribuables en retard.

Les rôles seront recouvrables de la manière et avec les priviléges établis pour les contributions directes.

Le percepteur acquittera les mandats délivrés conformément aux articles 18 et 19 de la présente ordonnance; il rendra compte annuellement, avant le 1er avril, des recettes et dépenses qu'il aura faites pendant l'année précédente. Il ne lui sera pas tenu compte des payements irrégulièrement faits.

Le syndicat vérifiera les comptes annuels du percepteur, les arrêtera provisoirement, et les soumettra au préfet pour être définitivement approuvés par lui, s'il y a lieu.

Le directeur vérifiera, lorsqu'il le jugera nécessaire, la situation de la caisse du percepteur, qui sera tenu de lui communiquer toutes les pièces de sa comptabilité.

TITRE V. *Dispositions générales.* 25. Toute réclamation relative à la quotité pour laquelle chaque propriétaire intéressé aura été imposé par la commission spéciale, sera adressée au préfet, pour être par lui transmise avec son avis au conseil d'Etat, à qui seul appartient le droit de ratifier ou d'annuler les opérations de cette commission.

26. Les contestations relatives aux indemnités à accorder d'après les expertises qui auront été ordonnées, soit pour prise de terrains ou seulement pour cause de dépréciation, de même que celles relatives à l'exécution des travaux, seront portées devant le conseil de préfecture qui les jugera, sauf l'appel au conseil d'Etat.

27. Les honoraires, frais de voyage et autres dépenses qui seront dus aux ingénieurs et aux hommes de l'art chargés, conformément aux dispositions de l'art. 19 de la présente ordonnance, de la rédaction des projets, seront payés par la communauté, d'après le règlement qui en sera fait, conformément aux dispositions de l'art. 75 du décret du 7 fructidor an XII.

28. Les fonctions de la commission spéciale cesseront aussitôt l'organisation définitive de la communauté et la fixation du présent rôle de répartition.

Pour les années suivantes, les taxes seront faites par les soins du syndicat, d'après les bases et les principes consacrés, sauf recours au conseil de préfecture, conformément aux dispositions des lois des 28 pluviôse an VIII et 14 floréal an XI.

Ordonnance du roi, du 23 décembre 1816, relative à l'établissement de barrières de dégel sur les routes.

LOUIS, etc.; vu l'article 6 de la loi du 29 floréal an X, relative au poids des voitures employées aux roulage et messageries;

Considérant qu'il importe de fixer définitivement le chargement avec lequel ces voitures pourront circuler en temps de dégel, dans les départements du nord de notre royaume;

Notre conseil d'Etat entendu,

Nous avons ordonné et ordonnons ce qui suit :

Art. 1er. Dans les départements où il existe des routes pavées, il pourra être établi des barrières de dégel sous l'autorisation de notre directeur général des ponts et chaussées, et de la manière qui sera expliquée ci-après.

2. Aussitôt que le dégel sera déclaré, et que la nécessité d'interrompre la circulation se fera sentir, les ingénieurs en préviendront les sous-préfets, qui ordonneront sur-le-champ la fermeture des barrières.

Les arrêtés que prendront à cet effet les sous-préfets seront adressés, sans délai, aux maires des communes riveraines, ou traversées par la route, pour être publiés et affichés au lieu le plus apparent.

3. Dès que les arrêtés ordonnant la fermeture des barrières auront été publiés, aucune voiture ne pourra plus sortir de la ville, bourg ou village dans lequel elle se trouvera ; les voitures qui seraient en marche pourront toutefois continuer leur route jusqu'à la plus prochaine ville ou au plus prochain village, et seront tenues d'y rester jusqu'à l'ouverture des barrières : dans le cas néanmoins où il ne se trouverait point d'auberges dans les bourgs et villages propres à les recevoir avec leurs attelages, elles pourront poursuivre leur marche jusqu'à la couchée ordinaire, ou tout autre lieu plus voisin, qui leur sera désigné par le maire de la commune : pour n'être point inquiétées dans leur trajet, les propriétaires ou conducteurs de ces voitures prendront un laissez-passer du maire ; et ce laissez-passer fera mention du motif qui aura porté à le délivrer, et ne vaudra que pour le jour même.

4. Toute voiture prise en contravention aux dispositions de la présente ordonnance sera arrêtée et les chevaux mis en fourrière dans l'auberge la plus prochaine ; le tout sans préjudice de l'amende qui pourra être prononcée conformément à l'art. 7.

5. Pourront circuler sur les routes pendant la fermeture des barrières de dégel,

1° Les courriers de malle et toutes les voitures qui en font le service ;

2° Les voitures de toutes espèces, non chargées ;

3° Les voitures de voyage suspendues, étrangères à toute entreprise publique de messageries ;

4° Les voitures publiques destinées au transport des voyageurs, toutes les fois que leur poids n'excède pas la quotité fixée par l'article 6 ;

5° Toutes voitures attelées d'un ou de plusieurs chevaux, pourvu que leur poids n'excède pas celui qui sera fixé ci-après.

6. Le poids des voitures publiques destinées au transport des voyageurs ne pourra être, pendant tout le cours de la fermeture des barrières de dégel, et dans la circonscription marquée par ces barrières, si les voitures sont à deux roues, que de . . . . . . 800 kil.

Pour les voitures à quatre roues, chargement compris . 1,800

Le poids des voitures de roulage et autres, non suspendues, allant au pas, pourra être, pour les charrettes, de. 900

Pour chariots et voitures à quatre roues, y compris le chargement. 1,500

Les seules voitures chargées seront assujetties à la vérification et au pesage.

Il n'est dérogé en rien, par la présente, aux lois et règlements sur la largeur des jantes, qui continuera d'être fixée dans les proportions relatives au poids des voitures, conformément au décret du 23 juin 1806.

7. Les contraventions pour excès de chargement en temps de dégel, dans la circonscription marquée par les barrières, entraînant la dégradation des routes, donneront lieu à l'amende à titre de dommage, en vertu des art. 4 et 5 de la loi du 29 floréal an x.

Conformément à ladite loi, elle sera prononcée administrativement par le conseil de préfecture.

8. Indépendamment de ladite amende infligée à titre de dommage, le contrevenant sera traduit devant le tribunal de simple police, pour y être puni, s'il y a lieu, conformément à l'art. 476 du Code pénal.

9. La violence exercée contre tout agent de la force publique ou autre, appelé à constater les contraventions à la police du roulage, sera poursuivie et punie selon qu'il est établi par le Code pénal, articles 230, 231, 232 et 233.

10. L'ordre de rouvrir les barrières sera délivré par le préfet, sur l'attestation de l'ingénieur en chef des ponts et chaussées, constatant que les routes sont suffisamment raffermies pour ne plus souffrir de la pression des voitures lourdement chargées.

Le jour déterminé pour cette ouverture, et le lendemain, les voitures ne pourront partir des lieux où elles étaient retenues que deux à la fois, et à une heure d'intervalle. L'ordre à suivre pour le départ sera fixé d'après celui de l'arrivée de chaque voiture, de manière à ce que les premières rendues partent aussi les premières. A cet effet, les propriétaires ou conducteurs de ces voitures devront se transporter à la mairie, pour y faire prendre note de l'heure de leur arrivée dans la commune : le maire ou son adjoint présidera au départ.

En conséquence, les préposés aux barrières de dégel ne laisseront passer, le jour de l'ouverture des barrières et le lendemain, que deux voitures à la fois, et à une heure d'intervalle.

11. Le service des barrières de dégel sera fait par ceux des piqueurs des ponts et chaussées qui restent sans emploi pendant l'hiver, ou, à leur défaut, par des agents spéciaux désignés par l'ingénieur en chef.

Ordonnance du roi, du 23 décembre 1816, portant règlement d'administration publique pour l'entretien des digues de Saint-Vaast et de Réville.

Louis, etc., vu l'arrêt du conseil d'Etat, du 11 mai 1779, la loi du 14 floréal an XI, et la loi du 16 septembre 1807;

Notre conseil d'Etat entendu,

Nous avons ordonné et ordonnons ce qui suit :

TITRE Ier. *Formation de la commission syndicale.* — Art. 1er. La direction des travaux nécessaires pour l'entretien des digues de Saint-Vaast et de Réville, département de la Manche, est confiée à un syndicat composé de sept membres nommés par le préfet et pris dans les propriétaires assujettis à cette dépense, et, autant que possible, parmi les plus imposés.

2. Les syndics resteront sept ans en place et seront renouvelés par septième tous les ans; le sort déterminera, pendant les six premières années, les membres sortants; ils seront rééligibles.

3. L'un des syndics sera, par le préfet, nommé directeur, et aura, en cette qualité, la surveillance générale des intérêts de cette administration, et du dépôt des plans, registres et autres papiers.

4. Le directeur convoquera et présidera le syndicat; ses fonctions dureront quatre ans : il pourra être continué. Il aura un adjoint également nommé par le préfet et pris parmi les syndics; ses fonctions se

ront de deux ans; il remplacera le directeur en cas d'empêchement ou d'absence, et pourra être également continué.

5. La commission syndicale est spécialement chargée : 1° de déterminer le montant des taxes; 2° d'examiner, modifier ou adopter les projets des travaux d'entretien; 3° de proposer le mode d'exécution, soit par régie, soit par adjudication; 4° de donner son avis sur tous les objets relatifs au service qui lui est confié; 5° de présenter au préfet une liste sur laquelle sera nommé le conducteur spécial des travaux, lorsqu'il y aura lieu : elle ne pourra délibérer qu'étant au moins au nombre de quatre membres, y compris le directeur, qui, en cas de partage, aura voix prépondérante.

Ses délibérations seront soumises à l'approbation du préfet par l'intervention du sous-préfet, qui donnera son avis.

TITRE II. *Des travaux d'entretien, de leur exécution et de leur mode de payement.* — 6. La commission syndicale dressera ou fera dresser les projets des travaux d'entretien, et proposera le mode de leur exécution.

7. Cette exécution aura lieu sous la surveillance du directeur : le syndicat lui adjoindra un commissaire spécial pour l'aider dans cette surveillance.

La commission syndicale pourra aussi, lorsqu'elle le jugera nécessaire, proposer au préfet la nomination d'un conducteur des travaux d'entretien.

8. Les travaux d'urgence pourront être exécutés sur-le-champ par l'ordre du directeur, qui sera tenu d'en rendre compte immédiatement au préfet et à la commission syndicale. Le préfet pourra suspendre l'exécution des travaux s'il le juge nécessaire, après avoir pris l'avis de l'ingénieur en chef et celui de la commission syndicale. Les travaux d'urgence, exécutés conformément aux dispositions précédentes, seront payés sur les mandats du directeur, auxquels devront être jointes les feuilles d'attachement constatant l'état de la dépense.

9. Les payements d'à-compte pour les travaux d'entretion, seront faits en vertu des mandats du directeur, délivrés sur le certificat du commissaire adjoint.

Les payements définitifs s'effectueront sur les mandats du directeur, délivrés sur un certificat du même commissaire et le procès-verbal de la réception des travaux, laquelle sera faite par un homme de l'art, en présence du directeur et du commissaire adjoint.

10. Les dépenses nécessaires pour l'entretien et la conservation des digues de Saint-Vaast et de Réville, continueront à être réparties d'après la proportion établie par l'arrêté du préfet de la Manche, du 5 ventôse an XII, approuvé par décret du 22 messidor suivant.

11. On se conformera également à l'article 8 du même arrêté, lequel porte : « La répartition aura lieu au centime le franc du principal de » la contribution foncière; néanmoins, dans les communes de première » classe et dans celles de deuxième, où il y a des fonds qui seraient » sujets à l'inondation, au cas où la mer franchirait les digues, la ré- » partition sera faite de manière que lesdits fonds payent le double » de ceux de même valeur, qui, par leur situation, sont à l'abri de » toute inondation. »

12. Le directeur, assisté du conducteur, ou, à son défaut, d'un homme

II.   17

de l'art désigné à cet effet par le syndicat, aura soin de faire, dans le courant des mois d'octobre, novembre et décembre, l'achat des matériaux nécessaires à l'entretien des digues pendant l'année suivante; il en justifiera à la commission dans sa première séance de ladite année, et lui présentera ses comptes.

13. Le conducteur visitera fréquemment les digues, et au moins deux fois par mois, immédiatement après les grandes marées des nouvelles et pleines lunes; il pourra faire exécuter de suite les réparations d'entretien dont l'urgence ne permettrait pas d'attendre les ordres du syndicat ou du directeur; il tiendra registre des journées, des différents ouvrages et de leur prix.

14. Son traitement sera fixé chaque année par une délibération du syndicat, et soumis à l'approbation du préfet; il sera payé sur les fonds des travaux et sur le mandat du directeur.

15. Lorsque, par des circonstances extraordinaires comme celles provenant d'une tempête, les avaries survenues se trouveront de nature à surpasser la somme répartie annuellement et les sommes réservées en caisse pour les réparations accidentelles, il sera dressé, par le directeur et par le commissaire adjoint, un procès-verbal qui contiendra, par aperçu, la quantité d'ouvrages à faire et la somme répartie extraordinairement. Le syndicat dressera ou fera dresser immédiatement les devis et détails estimatifs de ces travaux, et l'adjudication en sera passée au rabais devant le directeur. Cette adjudication, ainsi que le devis, devront être approuvés par le préfet, sur l'avis du sous-préfet; les rôles extraordinaires pour couvrir cette dépense seront rendus exécutoires par le préfet, et mis de suite en recouvrement.

16. Le local dit la Béjute sera mis à la disposition du conducteur, spécial, pour y déposer les matériaux nécessaires aux réparations; si l'entrepreneur actuel justifie que ce magasin lui appartient, le loyer lui en sera payé à dire d'experts, ou, s'il le préfère, l'acquisition en sera faite de la même manière, et acquittée au moyen d'un fonds extraordinaire.

17. Le préfet se fera rendre compte tous les ans de l'état d'entretien de ces digues. Il fera faire les vérifications et reconnaissances nécessaires par un ingénieur des ponts et chaussées, aux frais des intéressés. Il pourra ordonner les dispositions qui lui paraîtront indispensables pour la conservation des travaux, après avoir entendu la commission syndicale.

Titre III. *Des travaux extraordinaires, de leur mode d'exécution et de leur payement.* — 18. Les projets des travaux extraordinaires seront rédigés par des hommes de l'art, choisis par la commission, et agréés par le préfet, sur l'avis de l'ingénieur en chef.

Ces travaux seront soumis à l'approbation du directeur général des ponts et chaussées, lorsqu'il s'agira de travaux neufs, autres que ceux de simple entretien et de conservation.

19. L'exécution des travaux extraordinaires aura lieu sous la surveillance du directeur et d'un commissaire adjoint : elle sera dirigée par un conducteur spécial nommé conformément aux dispositions de l'art. 5 de la présente ordonnance.

Lorsqu'il aura été nommé un conducteur pour les travaux d'entretien, il sera aussi chargé de la conduite des travaux extraordinaires,

Ces travaux seront, autant que possible, adjugés devant le sous-préfet, et en présence du directeur, d'après le mode adopté pour ceux des ponts et chaussées ; ils pourront cependant être exécutés de toute autre manière ou adjugés au rabais public, sur l'avis de la commission et celui de l'ingénieur en chef, approuvé par le préfet.

20. Les payements d'à-compte seront faits en vertu des mandats du directeur de la commission, sur les certificats du conducteur, visés par le commissaire adjoint.

21. Les payements définitifs auront lieu sur un pareil mandat, auquel sera joint : 1° un procès-verbal de réception, dressé par un ingénieur des ponts et chaussées, constatant que les travaux ont été exécutés d'après les règles de l'art et conformément aux projets approuvés ; 2° le certificat du conducteur, visé par le commissaire surveillant et par le directeur.

Titre IV. *De la rédaction des rôles et de leur recouvrement.* — 22. Le recouvrement des taxes délibérées par le syndicat et approuvées par le préfet sera fait par les percepteurs des communes ; ils verseront le montant entre les mains du caissier nommé par la commission ; ce caissier fournira un cautionnement en immeubles, proportionné à sa recette ; il lui sera alloué une remise qui, ainsi que la quotité de son cautionnement, sera déterminée par le préfet, sur la proposition du syndicat.

Les percepteurs auront droit à la même remise que pour la contribution foncière ; ils seront soumis aux mêmes conditions et à la même responsabilité.

Il ne leur sera point demandé de cautionnement pour recette spéciale.

23. Les rôles rendus exécutoires par le préfet seront recouvrables de la même manière et avec les priviléges établis pour les contributions directes.

24. Le caissier sera tenu d'acquitter les mandats, conformément aux dispositions du présent règlement. Il rendra compte annuellement, ayant le 1er avril, des recettes et dépenses qu'il aura faites pendant l'année précédente ; il ne lui sera pas tenu compte des payements irrégulièrement faits.

25. Le syndicat vérifiera les comptes du caissier, les arrêtera provisoirement, et les soumettra au préfet, pour être définitivement arrêtés par lui, sur l'avis du sous-préfet.

26. Le directeur vérifiera, lorsqu'il le jugera nécessaire, la situation de la caisse du caissier, qui sera tenu de lui communiquer toutes les pièces de sa comptabilité.

Titre V. *Dispositions générales.* — 27. Les contestations relatives à la confection des rôles, à leur recouvrement, aux réclamations des intéressés, seront portées devant le conseil de préfecture, conformément aux dispositions des lois des 28 pluviôse an VIII et 14 floréal an XI.

28. Les délits et les contraventions seront constatés par des procès-verbaux dressés, soit par le conducteur spécial, soit par tous agents de police, en conformité des lois, et seront jugés par les cours et tribunaux. Le conducteur spécial prêtera, à cet effet, le serment prescrit par la loi, devant le tribunal de première instance.

29. La moitié des amendes appartiendra à celui qui aura constaté la contravention ou le délit.

3o. Les honoraires, frais de voyage et autres dépenses, qui seront dus aux ingénieurs et aux hommes de l'art employés en exécution de la présente ordonnance, seront payés sur les fonds des travaux, d'après le règlement qui en sera fait, conformément aux dispositions de l'article 75 du décret du 7 fructidor an XII.

Ordonnance du roi, du 5 février 1817, relative aux dunes de la Gironde et des Landes.

Louis, etc.; vu les arrêtés du gouvernement, en date des 2 juillet et 20 septembre 1801, sur l'ensemencement des dunes de Gascogne, dans les deux départements de la Gironde et des Landes;

Voulant rendre à cette belle et utile entreprise, commencée sous le règne du roi, notre très-honoré seigneur et frère, l'activité que permet l'état actuel des finances, et établir dans le mode d'administration l'ordre et l'unité qui peuvent seuls en assurer le succès;

Sur les rapports de nos ministres secrétaires d'Etat aux départements de l'intérieur et des finances;

Notre conseil d'Etat entendu,

Nous avons ordonné et ordonnons ce qui suit:

Art. 1er. Les travaux de fixation et d'ensemencement des dunes, dans les départements de la Gironde et des Landes, seront repris en 1817.

Ces travaux seront, à compter de cet exercice, dirigés par notre directeur général des ponts et chaussées, sous l'autorité de notre ministre de l'intérieur.

2. Les fonds nécessaires à cette opération seront imputés sur le budget des ponts et chaussées. Le crédit annuel ne pourra être au-dessous de 90,000 fr. pour les deux départements.

3. Les travaux seront exécutés, les dépenses faites et les comptes rendus d'après le mode adopté pour le service de l'administration des ponts et chaussées.

4. A mesure que les semis atteindront un âge qui sera ultérieurement fixé, ils cesseront d'être confiés à la garde de la direction des ponts et chaussées, qui en fera la remise à l'administration générale des forêts.

5. L'administration générale des forêts fournira gratuitement à la direction des ponts et chaussées, les graines, jeunes arbres et branchages provenant des forêts qu'elle administre, qui seront nécessaires pour la fixation et l'ensemencement des dunes.

6. Les ingénieurs des ponts et chaussées sont autorisés à requérir l'assistance des agents et gardes forestiers dans les tournées qu'ils auront à faire sur toute l'étendue des dunes.

7. Il sera ultérieurement statué sur les mesures spéciales à prendre pour prévenir et réprimer les délits qui tendraient à détruire ou à détériorer les travaux d'ensemencement des dunes.

8. Un règlement de notre directeur général des ponts et chaussées, approuvé par notre ministre secrétaire d'Etat de l'intérieur, déterminera la marche des travaux, leur police et leur surveillance.

9. Les arrêtés des 2 juillet et 20 septembre 1801, ainsi que toutes autres dispositions contraires à la présente, sont abrogés.

Circulaire du directeur général des ponts et chaussées (M. Molé), à MM. les préfets, portant envoi de l'ordonnance du 18 septembre 1816.

Paris, le 24 février 1817.

Monsieur le préfet, Son Excellence le ministre de l'intérieur vient de me transmettre un exemplaire de la carte de France, sur laquelle Son Excellence le ministre de la guerre a fait tracer la ligne de démarcation de la zone militaire, où tous les projets d'ouvrages de construction ou démolition nouvelles devront être concertés, sur les lieux, entre les directeurs des fortifications et les ingénieurs en chef des divers services, conformément à l'ordonnance du roi, du 18 septembre 1816.

Je m'empresse de vous adresser un extrait de cette carte, sur lequel j'ai fait indiquer par une teinte verte la portion de votre ressort qui est comprise dans la zone de défense. J'y joins un exemplaire de l'ordonnance précitée, et vous invite à vous conformer exactement, en ce qui vous concerne, aux règles qu'elle prescrit.

Je vous prie, monsieur le préfet, de m'accuser réception de la présente circulaire, dont j'adresse à M. l'ingénieur en chef une ampliation, avec un extrait de la même carte et un nombre suffisant d'exemplaires de l'ordonnance, pour lui et MM. les ingénieurs ordinaires de votre département.

Ordonnance du roi, du 18 septembre 1816, relative à la composition de la commission mixte des travaux publics (1).

Louis, etc. ; sur le compte qui nous a été rendu que la suppression des emplois de premier inspecteur général du génie et du conseiller d'Etat chargé des travaux maritimes, ainsi que la réduction du nombre des inspecteurs généraux membres du comité des fortifications, opérées par

---

(1) Une modification bien importante, et depuis longtemps désirée, a été apportée à l'organisation de la commission mixte, par une ordonnance royale du 28 décembre 1828, dont le texte suit :

Art. 1er. La commission mixte des travaux publics, créée par l'ordonnance du 18 septembre 1816, sera chargée de délibérer et de donner son avis sur chacun des objets renvoyés à son examen.

2. Cette commission sera composée ainsi qu'il suit :

Un ministre d'Etat, président ; trois conseillers d'Etat ; deux inspecteurs généraux du génie militaire ; un inspecteur général des ponts et chaussées, un inspecteur général, membre du conseil des travaux maritimes ; un secrétaire archiviste.

Le président et les membres seront nommés par nous, sur la présentation de nos ministres secrétaires d'Etat de la guerre, de l'intérieur et de la marine.

Les deux secrétaires du comité du génie et du conseil général des ponts et chaussées assisteront aux séances de la commission, mais n'auront pas voix délibérative.

3. La présence de quatre membres, indépendamment du président et des secrétaires desdits comité et conseil, sera nécessaire pour délibérer. En cas de partage de voix, celle du président sera prépondérante.

En cas d'absence du président, la présidence sera dévolue momentanément au plus ancien des conseillers d'Etat, membre de la commission.

4. Le comité des fortifications, le conseil général des ponts et chaussées et l'inspection générale des travaux maritimes, pourront nommer, lorsqu'ils le jugeront nécessaire, un

nos ordonnances des 21 mai 1814, 17 juillet et 22 septembre 1815, exigent qu'il soit apporté des modifications à la composition de la commission mixte des travaux publics, dont ces fonctionnaires étaient, les uns membres permanents, et les autres désignés par nos ministres respectifs,

Nous nous sommes convaincu que le but de l'institution de cette commission a été de faire concourir à l'examen et à la discussion de tous les projets de travaux publics qui peuvent intéresser à la fois les services militaire, civil et maritime, les divers ingénieurs attachés à ces trois départements, afin que ce concert pût amener des moyens de conciliation dans les cas d'opposition de vues et d'intérêts publics entre les divers services, ou présenter de part et d'autre tous les motifs qui pourraient éclairer les décisions à provoquer par nos ministres dans le cas de contestation, et enfin de donner dans l'admission de tout projet quelconque de travaux publics mixtes la garantie qu'ils sont adoptés dans les considérations les plus déterminantes des vrais intérêts de l'État.

Nous avons considéré, en outre, que les discussions de cette commission ne peuvent, par leur nature, emporter aucune décision, et qu'elles n'ont pour résultat que de présenter à nos ministres l'opinion mûrie et débattue des membres qui la composent, sur des projets qui intéressent à la fois divers services et qui ont déjà subi un examen préliminaire dans le comité des fortifications et dans le conseil des ponts et chaussées.

Nous étant fait représenter le décret du 22 décembre 1812 et notre ordonnance du 27 février 1815, qu'il nous a paru convenable de réunir en une seule et même ordonnance, avec les modifications devenues nécessaires,

Nous avons ordonné et ordonnons ce qui suit :

Art. 1er. La commission mixte des travaux publics sera composée :

1° D'un officier général du corps royal du génie, membre du comité des fortifications, désigné par notre ministre secrétaire d'État de la guerre ;

2° D'un inspecteur général membre du conseil des ponts et chaussées, désigné par notre ministre secrétaire d'État de l'intérieur ;

3° D'un inspecteur général des ponts et chaussées, attaché au département de la marine, et qui sera désigné par notre ministre secrétaire d'État de ce département ;

4° Des deux secrétaires du conseil des ponts et chaussées et du comité des fortifications.

---

de leurs membres comme rapporteur chargé de soutenir leur opinion devant la commission, et d'indiquer, s'il y a lieu, des moyens de conciliation.

5. Le président convoquera la commission, ainsi que les rapporteurs des conseil et comité, et fera mettre sous ses yeux toutes les pièces envoyées. Les rapporteurs du comité et du conseil seront entendus et pourront assister à la discussion ; mais ils se retireront au moment de la délibération.

6. Le président transmettra au ministre de chacun des départements dont le concours aura été réclamé, un extrait de la délibération.

7. Si l'un des ministres ne croit pas devoir adhérer à la délibération de la commission, il portera l'affaire devant nous, en notre conseil des ministres, pour qu'il y soit statué définitivement.

8. Les dispositions de l'ordonnance du 18 septembre 1816 seront maintenues en tout ce qu'elles n'ont pas de contraire à la présente ordonnance.

2. La commission mixte se réunira d'après la demande de celui des conseil ou comité qui aura des projets à présenter à son examen, et sur l'avis qui en sera donné par leurs présidents respectifs.

Les discussions pourront avoir lieu, soit par les membres composant la commission, soit, concurremment avec eux, par des rapporteurs envoyés *ad hoc* par les comité et conseil respectifs.

3. Un secrétaire archiviste, choisi par la commission mixte, sera chargé de la réception et du renvoi des dossiers, de la rédaction des procès-verbaux de ses séances, de la tenue des registres, de l'expédition du travail et de la conservation des minutes et papiers.

Il sera pris parmi les officiers du corps royal du génie ou parmi les ingénieurs des ponts et chaussées.

Notre ministre de la guerre désignera un local pour la tenue des séances de la commission mixte et le dépôt de ses papiers.

4. Les travaux mixtes du génie, des ponts et chaussées et de la marine, seront concertés sur les lieux entre les directeurs ou ingénieurs en chef des divers services.

Ce concert s'établira dès l'époque de la rédaction primitive des projets; et les ingénieurs n'attendront point, pour entrer en conférence, qu'ils en aient reçu l'ordre ou l'invitation : l'initiative à cet égard leur appartient de droit et par devoir.

Ils rédigeront et signeront conjointement les procès-verbaux de leurs conférences, contenant, avec les développements convenables, leur avis commun ou leurs opinions respectives.

Ils annexeront les plans nécessaires, arrêtés et signés de la même manière que le procès-verbal.

Ces procès-verbaux et plans seront faits et signés au nombre d'exemplaires suffisant pour qu'il en soit adressé un par chaque chef de service au ministère du département auquel il ressortit.

5. Ces procès-verbaux et plans, avec les pièces à l'appui, seront renvoyés au comité des fortifications, au conseil général des ponts et chaussées, à l'inspection générale des travaux maritimes.

Les délibérations de ces conseil et comité seront ensuite portées, avec les pièces, à la discussion de la commission mixte, par l'un des membres de cette commission, ainsi qu'il est prescrit à l'article 2.

6. Le résultat des discussions de la commission mixte sera adressé par elle à nos ministres respectifs; et dans le cas où cette commission n'aurait pu concilier les intérêts des divers services, les projets seront mis sous nos yeux, pour qu'il y soit pourvu par une décision spéciale.

7. Chaque année, nos ministres de l'intérieur et de la marine donneront connaissance à notre ministre de la guerre, de tous les projets de construction ou démolition nouvelles dépendant de leurs départements, qu'ils se proposeraient de faire exécuter dans les limites militaires fixées sur une carte qui leur sera adressée à cet effet par notre ministre secrétaire d'État au département de la guerre ; et aucuns travaux, excepté ceux de réparation et entretien, ne pourront être exécutés dans l'étendue de ces limites, qu'autant qu'ils auront été jugés sans inconvénient pour la défense du territoire.

8. De même notre ministre de la guerre donnera connaissance au département de l'intérieur et à celui de la marine, des travaux militaires qui pourraient intéresser l'un ou l'autre de ces départements.

9. Aucun plan ni mémoire relatif aux travaux publics du ressort de la commission mixte ne pourra être publié ni imprimé sans l'autorisation de notre ministre de la guerre.

10. Toutes les dispositions prescrites par les décrets, ordonnances et règlements rendus sur cette matière, sont abrogées et cesseront de recevoir leur exécution.

Ordonnance du roi, du 2 avril 1817, relatif à l'administration du canal Neuf-Brisach.

Louis, etc.; sur le rapport concerté de nos ministres secrétaires d'Etat aux départements de l'intérieur et de la guerre, par suite des avis donnés, tant par le directeur général et le conseil des ponts et chaussées que par le comité des fortifications et la commission mixte des travaux publics,

Nous avons reconnu qu'il importait d'assurer par un règlement la conservation et la police du canal de Neuf-Brisach, connu sous le nom de *canal de Vauban*; et nous avons, à cette fin, ordonné et ordonnons ce qui suit :

Art. 1er. Le canal de Neuf-Brisach, dit *de Vauban*, depuis sa prise d'eau dans la rivière d'Ill sous Mulhausen, jusqu'à la distance d'un kilomètre des glacis de la place, dont l'administration a été remise aux ingénieurs des ponts et chaussées par le département de la guerre, conformément aux articles 1er et 2 du décret du 13 fructidor an XIII, sera considéré tout à la fois comme dépendance du grand canal de jonction du Rhône au Rhin, et comme canal défensif, susceptible, par ses améliorations, de couvrir une position entre les Vosges et le Rhin.

2. Les limites de cette propriété seront fixées conformément à un abornement authentique fait en 1766, d'après l'ancien arpentage des terrains primitivement achetés pour la confection de ce canal. Des copies régulières du plan d'arpentage seront adressées à nos ministres secrétaires d'état de l'intérieur et de la guerre par l'inspecteur général du canal de jonction du Rhône au Rhin, et par le directeur des fortifications de Béfort, qui désigneront des ingénieurs des deux services pour suivre de concert les opérations de l'abornement.

3. Les communes ou les particuliers qui auraient pu former des empiétements sur aucune des parties dépendantes de ce canal, déterminées par le susdit abornement, seront tenus de les abandonner ou de les restituer, quelles que soient les époques auxquelles ils auront eu lieu.

4. Les propriétaires des moulins construits sur ce canal en vertu d'autorisation, qui auront élevé leurs radiers au-dessus des repères qui leur ont été fixés, seront tenus de les abaisser pour réparer les pentes primitives. Ceux qui seront dans le cas de reconstruire ces radiers ne pourront le faire qu'après en avoir obtenu la permission régulière, conformément aux lois.

5. Les propriétaires des écluses et prises d'eau existant en vertu d'autorisation ne pourront à l'avenir prendre des eaux dans le canal, que lorsqu'elles ne seront pas nécessaires au service de la navigation et au

besoin de la place de Neuf-Brisach : dans le cas où ils perdraient partie ou la totalité de leurs droits, ils devront être indemnisés.

6. Il est expressément défendu de former de nouvelles prises d'eau, de construire des rampes, ponts, abreuvoirs ou autres **ouvrages**, sous quelque prétexte que ce soit, sans une autorisation spéciale, dont il sera donné préalablement communication à notre ministre secrétaire d'Etat de la guerre, à l'effet d'empêcher qu'il ne se forme aucun établissement qui pût, par la suite, devenir contraire aux dispositions défensives qu'on serait dans le cas d'appliquer au canal.

7. Nul particulier ne pourra suivre avec voiture et chevaux d'autres parties de digues que celles expressément réservées comme moyen de communication, et qui seront fixées de concert avec les agents du département de la guerre, pour concilier les vues d'utilité publique avec les intérêts de la défense du territoire.

8. Il est défendu à tous riverains ou autres particuliers de conduire ou de faire pâturer leurs bestiaux sur les levées, talus, francs-bords et autres dépendances, d'en faucher et récolter les herbes, de couper ou détériorer les arbres ou autres plantations.

9. Il est défendu de faire aucun dépôt quelconque sur les digues et leurs dépendances, de jeter des pierres, terres ou immondices dans le canal et les contre-fossés, de dégrader en aucune manière les écluses, ponts, aqueducs et autres ouvrages d'art.

10. Nuls particuliers, autres que les fermiers de la pêche, ne pourront pêcher dans ce canal et ses contre-fossés, y tendre ni filets ni engins.

11. La police de la partie du canal comprise entre son origine et le rayon kilométrique de la place de Neuf-Brisach sera exercée par deux gardes conservateurs, l'un placé à Ensisheim, l'autre à Oberheirgeim, et celle de la partie comprise dans le rayon kilométrique de la place de Neuf-Brisach sera exercée par un garde du génie militaire.

Les gardes conservateurs seront sous les ordres immédiats des ingénieurs civils chargés de la direction des travaux du canal de jonction du Rhône au Rhin, et le garde du génie militaire sous les ordres du chef du génie de la place de Neuf-Brisach. Ces deux premiers seront payés sur les fonds faits pour le service du canal de jonction du Rhône au Rhin, et leur traitement sera de trois cents francs.

12. Les délits seront constatés et poursuivis dans les formes prescrites par les lois et les arrêtés du gouvernement.

Un tiers des amendes prononcées contre les délinquants appartiendra à l'agent qui aura dénoncé le délit.

13. Tous les travaux à exécuter pour la conservation et l'entretien de la partie du canal remise à l'administration des ponts et chaussées seront sous la surveillance des ingénieurs des ponts et chaussées, et imputés sur les fonds faits pour ce service ; mais aucune construction ou démolition nouvelle ne pourra avoir lieu qu'elle n'ait été communiquée à notre ministre secrétaire d'Etat de la guerre, qui jugera si elle n'est pas nuisible au rôle défensif dont le canal peut devenir susceptible.

14. L'administration des eaux de ce canal sera sous la surveillance des ingénieurs civils chargés de la direction des travaux du canal de jonction du Rhône au Rhin ; mais ils concerteront avec le directeur des fortifications le moyen d'assurer en tout temps le volume d'eau nécessaire au service de la place de Neuf-Brisach, soit pour alimenter ses

fontaines, soit pour donner des chasses dans les cunettes de ses fossés, soit pour toute autre utilité militaire.

Ordonnance du roi, du 2 avril 1817, relative aux travaux des digues et épis du Rhin.

ART. 1er. Les travaux des digues et épis du Rhin, utiles à la conservation des places de guerre et de tous les points militaires établis ou à établir pour la défense de la frontière, seront exécutés sous les ordres immédiats des officiers du génie, toutes les fois que la totalité ou la majeure partie des dépenses à faire sera imputée sur les fonds du ministère de la guerre; les autres ouvrages du même genre continueront à être dirigés par les ingénieurs des ponts et chaussées.

2. D'après les bases qui viennent d'être posées, les directeurs des fortifications et les ingénieurs en chef des ponts et chaussées procéderont sur-le-champ à la reconnaissance et à la classification de ceux desdits ouvrages qui devront désormais être entretenus par chacun des deux corps; l'état en sera dressé de concert ou contradictoirement, et du tout il sera rédigé un procès-verbal en double expédition, dont les conclusions seront soumises à la discussion des comité et conseil respectifs, et examinées par la commission mixte des travaux publics.

3. Pour assurer la fourniture des bois nécessaires à ces travaux, le conservateur des forêts, lorsqu'il y aura été autorisé par son administration, affectera pour ce service les bois nationaux les plus voisins, et de préférence ceux qui se trouvent situés à l'amont du lieu des travaux. Cette opération se fera de concert, soit avec le directeur des fortifications, soit avec l'ingénieur en chef des ponts et chaussées, après toutefois que ces chefs auront communiqué au conservateur les ordres d'exécution donnés par notre ministre secrétaire d'État de la guerre, ou par le directeur des ponts et chaussées, et qu'ils lui auront fait connaître les quantités de bois nécessaires pour les travaux ordonnés (1).

4. Lorsque les cantons auront été désignés dans les bois nationaux par le conservateur des forêts, l'ingénieur chargé de l'exécution fera exploiter les fascines, piquets et clayons; s'il était nécessaire de recourir aux propriétés communales ou particulières, les bois qui devront en provenir seront préalablement estimés par expertise légale et payés par qui de droit.

Il sera pris les plus grandes précautions pour qu'il ne résulte aucun abus des abatis dans les forêts nationales. A cet effet, les bois ne pourront être enlevés des coupes avant que le recensement partiel ou total ait été fait contradictoirement entre les agents forestiers et les agents des travaux, à ce autorisés par leurs chefs respectifs, et constaté par procès-verbal en double expédition. On procédera de même pour les bois des communes ou des particuliers; et, dans ce cas, les agents forestiers seront remplacés par les maires ou par les propriétaires.

5. Dans le cas où il serait nécessaire de prendre du gravier sur des

---

(1) Voir le Code forestier, du 21 mai 1827, qui modifie les dispositions de cet article et du suivant.

propriétés particulières, les propriétaires seront préalablement indemnisés, s'il y a lieu, du dommage qu'ils auront éprouvé et qui aura été légalement constaté.

6. Lorsque notre ministre de la guerre ou celui de l'intérieur, chacun respectivement, aura reconnu que les travaux ne sont utiles qu'au service de son ministère, les bois autres que ceux appartenant à l'État seront payés, et toutes les autres dépenses seront faites et acquittées sur les fonds du ministère qui aura ordonné les travaux.

7. Si les ouvrages sont dans l'intérêt des deux services, les ministres concerteront entre eux la portion de dépenses qui devra être à la charge de chaque ministère ; mais si les ouvrages sont en même temps utiles à l'État, au département, aux communes ou aux particuliers, on procédera par la voie d'expertise et de commission, conformément à la loi du 16 septembre 1807, pour déterminer d'avance la proportion suivant laquelle chaque partie intéressée devra contribuer aux frais des travaux.

8. Aucun ouvrage neuf, relatif aux digues et épis du Rhin, ne pourra être entrepris, soit par les officiers du génie, soit par les ingénieurs des ponts et chaussées, qu'après avoir rempli toutes les formalités prescrites par l'ordonnance en date du 18 septembre 1816, sur la recomposition de la commission mixte des travaux publics.

9. Quant aux ouvrages d'entretien et de conservation, pour éviter les grandes dépenses qu'entraînent les retards dans la réparation successive ou spontanée des digues et épis, les chefs de service du corps du génie et du corps des ponts et chaussées, lorsque le cas l'exigera, pourront faire exécuter, sans se concerter préalablement, tous les travaux indispensables qui seraient estimés ne pas devoir s'élever à plus de 3,000 francs, à la charge par eux de s'en informer réciproquement et d'en rendre compte, sans délai, à l'autorité supérieure.

10. La comptabilité des travaux des digues et épis du Rhin sera tenue suivant les formes adoptées dans chaque ministère ; et dans le cas où le département de la guerre en aurait exécuté les travaux et qu'une partie des fonds serait fournie par le ministère de l'intérieur, les administrations départementales, communales ou quelque particulier, il sera délivré au préfet, à la fin de chaque campagne, une ampliation de toutes les pièces relatives à la comptabilité de ces travaux, et réciproquement lorsque le département de la guerre aura concouru à la dépense des travaux exécutés par les ingénieurs des ponts et chaussées, une ampliation de toutes les pièces relatives à la comptabilité desdits travaux sera remise par ces ingénieurs aux officiers du génie de la place voisine.

Circulaire du directeur général des ponts et chaussées et des mines (M. Molé), à MM les préfets, indiquant les mesures à prendre pour l'abatage des arbres dépérissant le long des routes, et pour leur remplacement.

Paris, le 6 mai 1817.

MONSIEUR le préfet, d'après l'art. 99 du décret du 16 décembre 1811, l'abatage des arbres le long des routes ne peut être autorisé que lorsque leur dépérissement est constaté.

Il était devenu nécessaire d'établir une règle fixe pour juger de ce dépérissement ; et, après avoir consulté à cet égard le conseil général des ponts et chaussées, j'ai reconnu qu'on ne doit, en général, considérer comme dépérissants que les arbres dont les branches sont mortes sur deux mètres de hauteur à partir de la cime. Je vous prie de remarquer, monsieur le préfet, que lorsque des propriétaires demandent l'autorisation d'abattre plusieurs arbres, chacun d'eux doit faire l'objet d'une reconnaissance particulière, et que le dépérissement des uns ne doit pas déterminer l'abatage de ceux qui sont en meilleur état ; qu'en ce qui concerne le remplacement des arbres, on doit préférer les espèces qui présentent le plus de chances de succès, sans s'attacher à vouloir perpétuer celles qui ont déjà appauvri ou épuisé le sol.

Je ne puis trop vous inviter, monsieur le préfet, à veiller à ce que MM. les ingénieurs se conforment aux dispositions de cette circulaire dans les reconnaissances qu'ils seront dans le cas de faire de l'état des arbres que les propriétaires riverains des routes demandent l'autorisation d'abattre.

J'adresse une ampliation de cette circulaire à MM. les ingénieurs en chef.

Ordonnance du roi, du 25 juin 1817, portant établissement d'une caisse de prévoyance en faveur des ouvriers mineurs de Rive-de-Gier.

LOUIS, etc. ; d'après le compte qui nous a été rendu de l'état des mines de houille des environs de Rive-de-Gier, dans le département de la Loire, nous avons vu avec regret qu'il n'a point encore été pourvu d'une manière assurée au soulagement des ouvriers mineurs blessés dans les travaux souterrains, et des veuves et enfants de ceux qui ont eu le malheur de succomber à leurs blessures.

Nous avons reconnu combien il serait avantageux de fonder dans cette contrée un établissement de bienfaisance, dans lequel les moyens de secours employés jusqu'à présent pourraient être réunis à des moyens nouveaux qui n'attendent qu'une occasion favorable pour se développer.

Dans ces circonstances, désirant déterminer et régulariser le concours de volontés et d'efforts qui seul peut amener la fondation d'un établissement aussi nécessaire, nous avons jugé convenable d'y affecter une portion du produit des redevances que notre trésor perçoit sur les mines des environs de Rive-de-Gier, bien convaincu que les concessionnaires et entrepreneurs d'exploitation, les propriétaires de la surface des terrains exploités et les ouvriers mineurs, s'empresseront de seconder nos vues bienfaisantes, en formant une association qui est dans l'intérêt de tous, que réclament à la fois la justice et l'humanité, et qui aura la plus grande influence sur la prospérité des mines de l'arrondissement.

A ces causes, sur la proposition de notre directeur général des ponts et chaussées et des mines, et sur le rapport de notre ministre secrétaire d'Etat de l'intérieur,

Nous avons ordonné et ordonnons ce qui suit :

Art. 1er. Il sera établi à Rive-de-Gier une caisse de prévoyance en faveur des ouvriers qui travaillent à l'exploitation des mines des environs de cette ville. Cette caisse est destinée à secourir les malades, blessés, invalides et infirmes, ainsi que les veuves et orphelins en bas âge.

2. Chaque année, notre ministre de l'intérieur fera verser dans cette caisse ce qui restera disponible des sommes perçues pour fonds de non-valeur, en sus des redevances fixes et proportionnelles imposées sur les mines des environs de Rive-de-Gier; il y fera également verser les fonds de bienfaisance dont il pourra autoriser l'emploi d'après la proposition du préfet, et sur le rapport du directeur général des ponts et chaussées et des mines.

3. Tout concessionnaire ou exploitant, tout propriétaire de surface percevant une rente en nature sur le produit de l'extraction, et tout ouvrier employé aux travaux des mines, est admis à concourir à former le revenu de la caisse, et pourra, en conséquence, participer à son administration.

4. Il sera, à cet effet, à la diligence du préfet du département de la Loire, ouvert à la mairie de Rive-de-Gier un registre où seront inscrits les concessionnaires exploitants, propriétaires de surface, et les ouvriers qui voudront faire partie de l'établissement.

5. L'administration de la caisse sera confiée à un comité composé du préfet de la Loire, président, et, en son absence, du sous-préfet de Saint-Étienne, de l'ingénieur en chef des mines de l'arrondissement, et, en son absence, de l'ingénieur ordinaire, du maire et du plus ancien curé de Rive-de-Gier, d'un officier de santé ou pharmacien nommé par le préfet, de membres amovibles pris parmi les concessionnaires ou exploitants, les propriétaires de surface et les anciens mineurs.

Pour la première fois seulement, et sur les premières listes qui lui seront adressées, le préfet désignera les personnes qui devront provisoirement compléter le comité d'administration.

6. Ce comité s'occupera sans délai de la rédaction d'un projet de règlement général, développant les conditions les plus convenables pour organiser l'établissement; il fixera la forme et la quotité des différentes cotisations, le mode de versement et de comptabilité, l'ordre à suivre dans la distribution des secours et l'emploi des fonds, le nombre des membres amovibles du comité d'administration, le mode de leur remplacement; enfin, la manière dont les comptes seront annuellement apurés et rendus à l'assemblée générale des membres de l'établissement.

7. Le règlement à intervenir sera soumis, par notre directeur général des ponts et chaussées et des mines, à l'approbation de notre ministre secrétaire d'État de l'intérieur.

Règlement arrêté d'après le projet présenté par le comité provisoire, conformément à l'article 6 de l'ordonnance qui précède.

Art. 1er. Sont admis à faire partie de la société, conformément à l'article 3 de l'ordonnance du 25 juin 1817, tout concessionnaire ou exploitant, tant pour lui que pour les ouvriers qu'il emploie, et tout propriétaire de surface percevant une rente en nature sur le produit de l'extraction, qui aura souscrit l'engagement de se conformer aux obligations ci-après énoncées.

2. Les fonds de la société se composent : 1° de ceux obtenus de la munificence royale, en vertu de l'article 2 de l'ordonnance précitée;

2° D'un versement fait par les extracteurs d'un centime par hectolitre de houille extraite dans leur exploitation, déduction faite du nombre des hectolitres livrés à titre de redevance aux propriétaires de la surface;

3° Du versement, fait par les propriétaires de la surface, de deux centimes par hectolitre de houille à eux livré à titre de redevance;

4° Des dons volontaires inférieurs à cette quotité qui pourront être offerts par les propriétaires ou tout autre, sans néanmoins leur donner le droit de faire partie de la société.

3. L'administration de la caisse de prévoyance est gratuite; elle est confiée à un comité général et à une commission permanente.

4. Le comité général est composé de M. le préfet, président, et, en son absence, de M. le sous-préfet, de l'ingénieur en chef des mines de l'arrondissement, et, en son absence, de l'ingénieur ordinaire, du maire, du curé de Rive-de-Gier, de l'officier de santé désigné par M. le préfet, et de cinq membres amovibles pris parmi les concessionnaires ou exploitants et les propriétaires de surface faisant partie de l'association.

5. La commission permanente est composée des membres amovibles du comité général, qui, au besoin, appelleront auprès d'eux l'officier de santé, membre du comité général; le président de la commission permanente sera toujours le plus âgé de ses membres; en cas de partage, la voix du président sera prépondérante.

6. Les ouvriers prendront part à l'administration ainsi qu'il suit :

Ils ne feront point nominativement partie du comité; mais chaque fois qu'il y aura lieu à distribuer des secours, le gouverneur, un piqueur et un traîneur de l'exploitation où l'accident aura eu lieu seront appelés à la séance de la commission; ils n'auront pas voix délibérative, mais ils auront le droit de faire consigner leur avis sur le procès-verbal; le choix des ouvriers, piqueur ou traîneur, se fera en prenant les plus anciens de l'atelier.

7. Les membres seront renouvelés tous les ans de la manière suivante :

Dans chaque exploitation la compagnie désignera un syndic et son suppléant; les syndics seront divisés par série par la voie du sort, et fourniront chaque année, en suivant l'ordre des numéros, les quatre premiers membres amovibles, de manière que tous les syndics soient successivement, d'année en année, appelés à participer à l'administration.

Les suppléants sont destinés à remplacer, en cas d'absence, le syndic de la compagnie exploitante à laquelle ils appartiennent; le cinquième membre amovible sera élu par les propriétaires de surface sociétaires, qui le prendront dans leur sein; ils lui désigneront aussi un suppléant.

8. Il sera nommé un caissier, lequel sera désigné à la pluralité des voix dans une assemblée composée de tous les syndics de chaque compagnie d'exploitants sociétaires, et de trois syndics élus par les propriétaires ou les suppléants de ces syndics.

Il fournira un cautionnement de 10,000 fr. en immeubles libres; son traitement ne pourra excéder 1,000 fr., sans préjudice des frais de location du bureau de la commission, fixés au maximum à la somme de 150 fr., et des frais et fournitures de bureau dont il justifiera.

Il réunira les fonctions de secrétaire, poursuivra le recouvrement des fonds, et justifiera des diligences qu'il aura faites à cet égard; effectuera les dépenses sur les mandats délivrés par l'un des membres du comité général comme ordonnateur, lesquels mandats lui serviront de pièces comptables.

9. La commission permanente prononcera sur les demandes en admission dans la société; elle déterminera la quotité des secours à accorder, vérifiera et arrêtera, tous les trois mois, l'état de la caisse; elle rédigera ses comptes, et le rapport de ses opérations dans le courant du premier trimestre de chaque année, de manière à les présenter au comité général qui s'assemblera annuellement au 1er du mois de mai, terme assigné à l'exercice annuel et époque du renouvellement des membres de la commission permanente.

10. Toute compagnie d'exploitants qui n'aurait point fait partie de la société dès le principe, et qui désirerait y être admise, pourra y entrer d'ici au 1er janvier 1819, sans être tenue à aucune mise de fonds autre que la cotisation telle qu'elle a été fixée par l'article 2 du présent; passé ce délai, elle ne pourra y être admise qu'en versant une somme qui sera ultérieurement fixée par la commission permanente, en rapport composé de l'importance de l'exploitation de la compagnie demanderesse et de la quotité de fonds existante en caisse à cette époque. Moyennant cette condition, les nouveaux sociétaires jouiront de tous les avantages que la société pourra offrir au moment de leur admission.

11. Il ne sera accordé, sous aucun prétexte, des secours aux ouvriers, veuves ou enfants d'ouvriers appartenant à des exploitations qui ne font point partie de la société; ils seront exclusivement réservés aux ouvriers de tous genres, tant à l'intérieur qu'à l'extérieur, des exploitations soumissionnaires, sans distinction d'âge ni de quotité de salaire.

Les ouvriers employés au creusement de nouveaux puits auront également part aux secours, même avant l'extraction de la houille, si les entrepreneurs se sont soumis à faire partie de la société.

12. Aucun secours ne pourra être accordé à un ouvrier, à sa veuve ou à ses enfants, s'il n'a été, pendant la durée de son travail, muni d'un livret, conformément à la loi du 3 janvier 1813.

13. L'ouvrier blessé ou malade par suite de travaux dans les mines, recevra chaque jour cinquante centimes jusqu'à parfaite guérison, constatée par le médecin ou chirurgien qui lui aura donné des soins.

Il pourra lui être alloué, selon les besoins de sa famille, pendant ce même temps, vingt-cinq centimes pour sa femme, et pareille somme pour chacun de ses enfants incapables de travailler.

14. Tout vieillard de soixante ans et au-dessus, qui sera reconnu hors d'état de pouvoir travailler, et qui justifiera de trente ans de travaux dans les mines, jouira d'une retraite ou pension viagère de soixante-quinze centimes par jour; néanmoins, ces pensions ne commenceront à avoir lieu et à être payées que dans cinq ans, à partir de l'époque de

l'approbation du présent par Son Excellence le ministre de l'intérieur.

15. Il sera accordé aux veuves et enfants des ouvriers tués dans les travaux ou morts à la suite des travaux, une pension qui se composera, savoir :

Pour une veuve, de cinquante centimes par jour;

Pour chacun de ses enfants au-dessous de dix ans, de vingt-cinq cent.;

Pour chaque orphelin, aussi au-dessous de dix ans, de cinquante cent.

16. Les veuves des ouvriers morts dans l'indigence et sans accidents extraordinaires, pourront, ainsi que leurs enfants, recevoir de la commission des secours qu'elle modifiera d'après leur position.

17. Indépendamment du secours accordé dans l'article 13 à l'ouvrier blessé, la commission entrera, jusqu'à la concurrence de quinze francs, dans les frais occasionnés par le traitement et pansement d'un membre fracturé, ou d'une brûlure causée par le gaz hydrogène.

Elle entrera pour une somme de cinq francs dans les frais de traitement d'une luxation.

Ces sommes seront payées aux médecins et chirurgiens que les ouvriers choisiront à leur gré, et pourront être augmentées, en cas de complication d'accidents extraordinaires, dûment constatés.

18. L'ouvrier qui perdra entièrement l'usage d'un bras ou d'une jambe, jouira de suite d'une pension égale à celle assignée aux vieillards par l'article 14, et ses enfants seront traités comme ceux des veuves.

19. Tous les cas non prévus par le présent règlement seront réglés, sur la proposition de la commission permanente, par le comité général, qui sera chargé en même temps d'interpréter les articles qui en seront susceptibles.

20. Le comité général recevra et arrêtera les comptes de la commission permanente, vérifiera les recettes et dépenses effectuées dans l'année, et s'assurera que les règlements ont été observés dans la répartition des fonds; mais il ne pourra délibérer ni sur la quotité des secours accordés par la commission permanente ni sur la quotité d'aucune dépense autorisée par les règlements.

21. Le comité général pourra, si l'augmentation progressive des fonds et les circonstances le permettent, proposer une diminution sur le montant de la cotisation des sociétaires, laquelle dans aucun cas ne sera augmentée.

22. Toute délibération du comité général qui tendrait à modifier les dispositions du présent règlement, sera soumise à l'approbation du ministre secrétaire d'Etat de l'intérieur.

Ordonnance du roi, du 2 juillet 1817, qui autorise le desséchement des marais de Dongès.

Louis, etc.; vu les lois des 5 janvier 1791 et 16 septembre 1807, relatives aux desséchements;

Vu le procès-verbal d'enquête dressé en exécution d'un arrêt du conseil de 1774;

Vu le plan des marais de Dongès, dressé en exécution du même arrêt;

Vu l'arrêt du conseil de 1779, qui autorisa la compagnie de Bray à dessécher ces marais, et confirme les traités faits entre cette compagnie et les ayants droit des diverses paroisses riveraines;

Vu l'arrêt du conseil de 1780, qui évoque par-devant l'intendant de Bretagne, sauf appel au conseil, toutes les difficultés qui pourraient s'élever au sujet du desséchement des marais de Donges;

Considérant qu'il résulte des renseignements donnés par l'ingénieur des ponts et chaussées de l'arrondissement de Savenay, dans lequel sont situés les marais de Donges, et par notre directeur général des ponts et chaussées, que le desséchement de ces marais sera avantageux sous le double rapport de la salubrité et de l'agriculture, et qu'il est possible de l'opérer;

Sur le rapport de notre ministre secrétaire d'Etat de l'intérieur,

Notre conseil d'Etat entendu,

Nous avons ordonné et ordonnons ce qui suit :

Art. 1er. La compagnie de Bray est autorisée à dessécher les marais connus génériquement sous le nom de *marais de Donges*, et qui lui ont été afféagés, en 1771, par les seigneurs de Donges et de Besné, aux charges, clauses et conditions qui lui avaient été imposées par l'arrêt du conseil de 1779, portant concession du desséchement de ces marais, et qui ne sont point abrogées par la présente ordonnance.

2. S'il s'élève des contestations de propriété entre les concessionnaires et des communes ou particuliers prétendant à des droits de propriété sur des terrains faisant partie desdits marais, elles seront portées devant les tribunaux.

3. Les actes d'opposition au desséchement, soit de la part des communes, soit de la part des particuliers, seront jugés administrativement et sans délai, d'après les règles tracées par la loi du 16 septembre 1807, sans que les travaux puissent être interrompus.

4. Le terrain tourbeux connu sous le nom de *la bruyère*, lequel comprend toute la partie occidentale de l'étier de Méan jusqu'à la chaussée d'Aignac, et dudit Aignac jusqu'à la chaussée qui conduit aux grandes îles où est l'église de Saint-Joachim à Clairfeuil, et de là et des autres parts les paroisses limitrophes et adjacentes à ladite bruyère, ne sera pas compris dans la concession du desséchement, et restera à l'usage de tous les habitants et bientenants de l'ancienne vicomté de Donges.

Les marais appelés *gardis*, qui sont ceux qui sont entourés, de temps immémorial, de douves capables de les défendre des bestiaux, et qui sont, en conséquence, possédés privativement, ne seront pas compris dans les marais qui seront desséchés en vertu de la concession.

6. Les prés, les marais dits *gardis*, et autres propriétés de la même nature de tous les intéressés qui ont traité ou traiteront avec la compagnie de Bray, ne seront tenus à aucune contribution audit desséchement, ni à payer aucune indemnité à ladite compagnie, à raison des améliorations qu'éprouveront leurs propriétés par suite du desséchement.

7. Avant de commencer le desséchement, et dans le délai d'un an au plus tard à dater de la présente ordonnance, la compagnie de Bray sera tenue de faire reconnaître, à ses frais, par les ingénieurs des ponts et chaussées du département, et approuver par le conseil général des ponts et chaussées, le plan des marais qui a été dressé en exécution des arrêts du conseil ci-dessus énoncés, ainsi que les plans, devis des

travaux, nivellements, sondes et autres opérations nécessaires pour le desséchement.

Les ingénieurs ou géomètres chargés de reconnaître le plan général des marais borneront la circonscription de la concession d'après les règles tracées par la présente ordonnance. Ils distingueront chaque propriété, et son étendue sera exactement circonscrite.

8. Les communes ou particuliers reconnus avoir des droits de propriété sur des terrains compris dans le desséchement, qui n'ont pas traité avec la compagnie de Bray, payeront à cette compagnie, à titre d'indemnité pour ses dépenses, les quatre cinquièmes de la plus-value que leurs propriétés obtiendront par suite du desséchement, à moins qu'ils ne préfèrent accepter l'offre faite par la compagnie de leur délaisser la moitié des terrains desséchés, et de leur accorder tous les autres avantages stipulés dans les anciens traités.

9. Cette plus-value sera établie suivant les règles prescrites par le titre II de la loi du 16 septembre 1807.

Elle pourra être payée par les propriétaires intéressés, d'après le mode indiqué par les articles 21 et 22 de la même loi.

10. Il sera formé un syndicat composé de neuf membres, dont trois seront pris parmi les propriétaires les plus imposés à raison des marais qu'ils possèdent, hors ceux qui ont été afféagés à la compagnie de Bray, et les six autres seront pris parmi les propriétaires les plus imposés, inféodés de droits d'usage dans les marais afféagés à ladite compagnie : ces derniers seront choisis dans les principales communes de l'ancienne vicomté de Donges, où se trouve le plus grand nombre d'usagers dans les marais.

11. Les plans dressés conformément aux règles tracées par le titre II de la loi du 16 septembre 1807, et les procès-verbaux d'estimation par classe, seront déposés à la préfecture. Les intéressés seront invités, par voie d'affiches placées dans les communes voisines des marais, à en prendre connaissance sans déplacement, et à former leurs observations, tant sur l'exactitude des plans que sur l'étendue des limites données à la concession et le classement des terrains.

12. Il sera formé, conformément aux dispositions du titre X de la loi du 16 septembre 1807, une commission spéciale de sept membres, chargée d'exercer, relativement au desséchement, toutes les attributions déterminées par l'article 46 de cette loi.

13. Les moulins et autres usines dont l'existence serait reconnue incompatible avec le plan du desséchement, ou devoir y préjudicier, pourront être supprimés ou modifiés.

Notre directeur général des ponts et chaussées fera constater la nécessité de ces suppressions ou modifications.

Les résultats de cette vérification seront mis sous nos yeux, et nous statuerons définitivement sur les suppressions ou modifications desdites usines, selon qu'il y aura lieu, et toujours à la charge par la compagnie d'en payer préalablement le prix d'estimation aux propriétaires, à dire d'experts, conformément aux articles 48, 49 et 56 de la loi du 16 septembre 1807, et à l'article 545 du Code civil.

14. Toutes les indemnités pour suppression d'usines, et autres dépenses pour construction de ponts communaux ou vicinaux, aqueducs et autres ouvrages d'art qui seront désignés au plan de desséchement et

reconnus nécessaires pour l'opérer, demeureront à la charge de la compagnie, sans le concours des communes et des particuliers.

15. La compagnie indemnisera, conformément aux dispositions de la loi du 16 septembre 1807, les propriétaires des terrains sur lesquels passeront les canaux de desséchement.

16. Tous les canaux de desséchement, tous ceux même qui seraient reconnus nécessaires par la suite pour l'entretien à perpétuité du desséchement, seront faits et entretenus par la compagnie de Bray et à ses frais exclusivement, pour toutes les parties de marais pour lesquelles il y aura eu des traités faits entre les intéressés et la compagnie.

17. Il sera laissé, avant partage, vingt-quatre pieds de francs-bords, de chaque côté des canaux de desséchement, pour leur curage et leur entretien. Ces francs-bords seront plantés d'arbres par la compagnie de Bray, et lui appartiendront dans toutes les parties de marais dont l'entretien des travaux sera à sa charge exclusivement.

Dans les parties où cet entretien sera supporté par la compagnie et par les propriétaires, les francs-bords seront plantés à frais communs, et la propriété en sera commune aux uns et aux autres.

18. La compagnie laissera un espace suffisant entre les douves de ceinture de ses terrains et les terres voisines, pour l'usage des chemins, soit de la servitude desdites terres, soit de celle des marais.

19. Tous les chemins qu'il sera nécessaire d'ouvrir, tant sur la portion de terrain de la compagnie que sur celle des habitants, seront faits et entretenus aux frais de tous les intéressés, et l'usage leur en sera commun à tous : seulement la partie dans l'intérêt de laquelle seront ouverts ces chemins compensera à l'autre partie le terrain qui sera pris sur sa portion pour lesdits chemins, soit en argent, d'après une estimation faite par experts, soit en lui délaissant une portion équivalente de son propre terrain.

20. La compagnie de Bray sera tenue d'opérer le desséchement des marais de Donges dans l'espace de cinq ans, à dater du moment où le projet des travaux de desséchement aura reçu l'approbation de notre directeur général des ponts et chaussées, sous peine de déchéance. Elle sera également déchue de sa concession, si, pendant le cours de l'entreprise, les travaux étaient abandonnés par vice d'exécution, défaut de moyens, ou autres causes provenant de son fait, sauf le remboursement des travaux reconnus utiles, si le gouvernement juge convenable de continuer le desséchement, ou de le concéder de nouveau.

21. Dès qu'il y aura des portions de terrain desséchées par les premiers travaux sur des parties de marais pour lesquelles des traités auront été faits, il sera procédé à des partages provisoires, sur la demande d'une des parties et de l'ingénieur en chef.

Il sera également, pendant le cours de l'opération, attribué à la compagnie de Bray une portion en deniers sur la plus-value des terrains pour lesquels il n'aurait point été fait de traités, et qui auront les premiers profité du desséchement : cette portion sera fixée annuellement par la commission.

22. Jusqu'à la réception du desséchement, les habitants pourront continuer à user des marais pour le pacage de leurs bestiaux et pour y couper des roseaux, de manière toutefois à ne préjudicier en rien aux travaux du desséchement.

23. Lorsque le desséchement sera achevé et qu'il aura été reçu, la compagnie de Bray fera elle-même, et à ses frais, le partage des marais dans les proportions convenues, et les habitants choisiront le lot qu'ils voudront.

La compagnie ne pourra prétendre à aucune indemnité pour les parties de marais dont le desséchement n'aurait pas été opéré.

24. Si des communes ou particuliers justifient avoir des droits d'usage ou autres de la même nature sur des portions de marais autres que celles qui ont été afféagées à la compagnie, le prix de ces droits leur sera acquitté en terrains desséchés, qui seront pris sur la portion revenant à ceux qui en posséderaient la nue propriété.

25. Dès que les partages auront été définitivement faits, le syndicat, auquel on joindra quatre des nouveaux propriétaires, proposera un règlement pour assurer la conservation et l'entretien des travaux de desséchement.

Ce projet sera transmis à notre ministre secrétaire d'Etat de l'intérieur avec l'avis du préfet et de la commission spéciale, conformément aux dispositions de la loi du 16 septembre 1807, et il y sera statué par nous en notre conseil d'Etat.

26. La compagnie sera responsable, envers les propriétaires riverains, de tous les dommages que leurs propriétés pourraient éprouver par suite du desséchement, en raison de la mauvaise exécution des travaux, ou pour toute autre cause provenant du fait de la compagnie.

27. Toutes les dispositions contraires à la présente ordonnance sont abrogées.

Circulaire du ministre de l'intérieur (M. Lainé), aux préfets, sur les indemnités à accorder aux ingénieurs pour les travaux des routes départementales.

Paris, le 12 juillet 1817.

En exécution de la loi du 28 avril 1816, que celle du 25 mars dernier a confirmée, les dépenses relatives aux routes départementales ont été retirées du budget des ponts et chaussées. La circulaire de mon prédécesseur, du 30 avril 1816 (1), relative à la formation du budget des dépenses variables départementales, vous a indiqué les changements que cette disposition devait apporter dans la comptabilité. Quoique cette circulaire énonce positivement que les travaux des routes continueraient d'être dirigés et surveillés par l'ingénieur en chef du département, quelques préfets ont demandé s'il ne résultait pas de la loi du 28 avril 1816, que le corps des ponts et chaussées n'avait plus à s'occuper des routes départementales; et si, à raison du travail qu'ils auraient fait pour ces routes, les ingénieurs n'avaient pas droit à une indemnité, conformément à l'article 75 du décret du 7 fructidor an XII (25 août 1804) relatif à l'organisation du corps des ponts et chaussées.

La première question se trouve résolue par le décret cité et par celui

---

(1) Voir la circulaire du 15 juin 1822.

du 16 décembre 1811, portant classification de toutes les routes de France. Il résulte de ces deux décrets que les ingénieurs sont chargés du service de toutes les routes, tant royales que départementales. A la vérité, le décret du 7 fructidor an XII ne parle pas de cette distinction, établie postérieurement ; mais l'article 24 du décret du 16 décembre 1811 ne laisse aucun doute à cet égard.

La seconde question se trouve résolue par la première ; car si les obligations des ingénieurs comprennent positivement les routes départementales, ils n'ont aucune prétention à élever par suite du service de ces routes.

Cependant plusieurs préfets, soit en émettant leur opinion personnelle, soit en s'appuyant de celle des conseils généraux, m'ont proposé d'accorder une indemnité aux ingénieurs des ponts et chaussées, motivée sur les dépenses que leur occasionnent les tournées qu'ils font sur les routes, et les divers frais de bureau, et sur ce que les traitements et les sommes qui sont accordés par l'État aux ingénieurs, pour leurs frais de bureau et de voyage, leur paraissaient généralement insuffisants. Ce vœu favorable m'a paru susceptible d'être accueilli, et j'ai considéré, en outre, que le supplément qu'ils recevraient sur les fonds départementaux serait pour eux un motif de plus d'apporter tout le soin possible à cette partie de leur service. J'ai déjà répondu dans ce sens à plusieurs préfets, en me réservant de prononcer sur la manière de régler ce supplément. Plusieurs modes m'ont été proposés pour y parvenir. J'ai dû rejeter d'abord celui qui se fondait sur l'article 75 du décret du 7 fructidor an XII; car cet article ayant pour objet les *travaux étrangers* aux ponts et chaussées, il est évident qu'il ne peut s'appliquer aux routes départementales. Une fixation arbitraire m'a paru susceptible d'entraîner de graves inconvénients, dont les principaux sont les nombreuses disparates qui seraient résultées de département à département, et les réclamations qui en auraient été la suite. J'ai cru convenable d'indiquer un calcul proportionnel, d'après le montant des dépenses faites pour les travaux des routes départementales.

Ce calcul s'établira à raison de 4 pour 100 jusqu'à 40,000 francs, et de 1 pour 100 sur tout ce qui excédera cette somme. Par exemple, pour une dépense de 80,000 fr., on fera le calcul suivant :

4 p. 100 sur les premiers 40,000 fr. . . . . 1,600 fr.
1 p. sur les 40,000 francs en sus. 400

Total. 2,000

Après que cette somme aura été ainsi déterminée, d'après les fonds employés dans l'année aux réparations des routes et les dépenses de toute nature qui y auront été faites, elle sera distribuée par vous entre l'ingénieur en chef, les ingénieurs ordinaires, et même les conducteurs, si vous jugez qu'ils y aient des droits, dans la proportion que vous croirez la plus juste, et de manière à avoir égard aux diverses circonstances qui devront vous diriger dans cette distribution. On ne peut, en effet, apprécier convenablement les services rendus par les ingénieurs qu'en tenant compte de ces circonstances. Les difficultés du terrain, l'étendue plus ou moins grande des routes, l'éloignement ou la dispersion des ateliers, l'élévation du prix des objets de première nécessité dans plusieurs villes, le nombre plus ou moins considérable des plans à lever et à produire, et en général la manière plus ou moins satisfaisante dont les ingénieurs auront rempli leurs fonctions, offrent autant d'éléments qui doivent entrer dans le calcul que vous aurez à faire pour régler les indemnités que vous accorderez.

J'ai mis la distribution de ces fonds à votre entière disposition, parce que j'ai pensé que, chargé de diriger les ingénieurs, de distribuer leurs travaux et d'en surveiller l'exécution, vous aviez toutes les données nécessaires pour faire le meilleur emploi possible de ces fonds. Si, par des circonstances que je ne prévois pas, vous aviez des motifs pour réduire, ou même pour supprimer tout à fait les indemnités qui font l'objet de ma lettre, vous voudriez bien alors m'en prévenir, et je prendrais une détermination sur l'avis que vous m'adresseriez. Si vous jugez, au contraire, qu'il y a lieu d'accorder une indemnité extraordinaire, je ne m'y refuserai pas, si vous me présentez des motifs valables tirés de diverses circonstances, ou lorsqu'il s'agira de récompenser un zèle extraordinaire ou des travaux très-importants. Hors ces cas d'exception, je vous autorise à prendre, sur les fonds affectés, dans votre budget, aux travaux des routes départementales, et comme frais accessoires de ces routes, les indemnités qui seront payées aux ingénieurs et conducteurs des ponts et chaussées, après les avoir réglées ainsi que je viens de l'indiquer. Vous n'aurez besoin de m'entretenir que des indemnités extraordinaires.

Je crois inutile d'ajouter ici que, pour les travaux prévus par l'article 75 du décret du 7 fructidor an XII, c'est-à-dire ceux qui sont étrangers au service des ponts et chaussées, on continuera de suivre le mode établi par cet article.

Circulaire du directeur général des ponts et chaussées et des mines (M. Molé), à MM. les préfets, relative à l'établissement d'une école de mineurs à Saint-Etienne.

Paris, le 20 juillet 1817.

Monsieur le préfet, une ordonnance du roi, en date du 2 août 1816, établit dans le département de la Loire, à Saint-Etienne, une école de mineurs pour l'enseignement des jeunes gens qui se destinent à l'exploitation des mines. C'est par des établissements semblables que plusieurs Etats de l'Allemagne ont rendu leurs exploitations florissantes; et Sa Majesté a pensé qu'une institution de ce genre aurait en France une heureuse influence sur le développement et le perfectionnement de cette branche de l'industrie nationale. Le but de l'institution est de former des conducteurs de travaux souterrains, des maîtres mineurs habiles, et des chefs d'ateliers en état de suivre, dans les détails d'exécution, les avis ou les ordres émanés de l'administration supérieure. Sans cette classe d'hommes qui dirigent immédiatement les travaux, l'action des ingénieurs du corps royal des mines, dont les fonctions se bornent à une surveillance générale, ne peut jamais être telle, qu'elle prévienne toutes les fautes d'un directeur local inhabile.

J'ai l'honneur, monsieur le préfet, de vous adresser ci-joint un exemplaire de l'ordonnance du 2 août 1816 et un exemplaire de l'arrêté de Son Excellence le ministre secrétaire d'Etat de l'intérieur, en date du 3 de ce mois, portant organisation de l'école de mineurs de Saint-Etienne.

Vous remarquerez, en lisant l'ordonnance, qu'on a eu soin de dépouiller la nouvelle institution de tout l'appareil de science qui aurait pu en écarter ceux qu'il importe le plus d'y attirer. L'enseignement n'est point hors de la portée de ceux auxquels il est offert (art. 3), et il leur est donné gratuitement (art. 4). Les élèves ne peuvent toutefois être admis avant l'âge de quinze ans ni après l'âge de vingt-cinq ans ; et, pour obtenir leur admission, ils doivent faire preuve de bonne conduite, de capacité et d'une instruction telle, au moins, que celle qui s'acquiert dans les écoles primaires (même art. 4).

J'appelle particulièrement votre attention sur le titre II de l'arrêté de Son Excellence, qui n'est que le développement de l'article 4 précité.

Comme c'est devant vous, monsieur le préfet, que les prétendants à l'admission doivent former leur demande, je vous prie de veiller à ce qu'ils fournissent à l'appui, selon le mode indiqué, les pièces constatant qu'ils ne sont ni au-dessus ni au-dessous de l'âge prescrit, qu'ils sont d'une bonne constitution, qu'ils ont été vaccinés, ou qu'ils ont eu la petite vérole; qu'ils sont de bonnes vie et mœurs, et enfin qu'ils sont fils ou neveux de mineurs, chefs-ouvriers d'usines, maîtres mineurs, directeurs ou exploitants de mines et usines (art. 12 de l'arrêté du ministre) ; car c'est dans cette classe d'hommes que les élèves doivent être pris de préférence (art. 11).

Vous ferez ensuite examiner les candidats par l'ingénieur chargé de la surveillance des mines de votre département, ou, à son défaut, par telle personne que vous jugerez convenable, afin de vous assurer s'ils possèdent les connaissances exigées (art. 13).

Si le certificat d'instruction et de capacité vous paraît de nature à motiver l'admission des candidats, je vous serai obligé de m'adresser leurs demandes appuyées de ce certificat et des autres pièces qui doivent être produites (art. 14) ; je m'empresserai de vous faire connaître ma décision définitive. J'aurai également soin, si l'admission est prononcée, de vous indiquer l'époque à laquelle l'élève devra se rendre à Saint-Etienne.

Selon l'article 20, le cours complet des études est de deux années; et cependant les élèves pourront être autorisés à y rester une troisième année, pour perfectionner les connaissances sur lesquelles ils désireraient se fortifier.

Le règlement a prévu le cas où les élèves auraient des facultés pécuniaires bornées; et, pour leur donner les moyens de suivre les cours, il permet au directeur de l'école de les autoriser à travailler avec salaire dans les mines des environs de Saint-Etienne (art. 47).

Enfin, monsieur le préfet, comme il serait possible que les conseils généraux des départements dans lesquels il existe un grand nombre d'exploitations, consentissent à faire quelques sacrifices en faveur de fils ou neveux des maîtres mineurs qui se seraient rendus recommandables par leur courage et leur dévouement, l'art. 48 de l'arrêté du ministre porte qu'il vous sera adressé, dans ce cas, des notes particulières sur la conduite de ces jeunes gens et sur les progrès qu'ils feront.

Je vous prie de recommander aux élèves de se pourvoir des livres et autres objets nécessaires à leur instruction, et de les engager à se procurer l'uniforme simple dont il est parlé à l'article 29.

Tout sera disposé pour que l'école de Saint-Etienne ouvre ses cours le 15 octobre prochain. Je vous invite, d'ici à cette époque, à donner, par tous les moyens que vous jugerez convenables, et notamment par la voie du journal de votre département, la plus grande publicité aux dispositions de l'ordonnance du 2 août et à celles de l'arrêté de Son Exc. le ministre de l'intérieur. Le nombre d'exemplaires que je vous transmets est destiné à MM. les sous-préfets et aux propriétaires et directeurs des exploitations les plus importantes de votre département. Je ne doute pas que vous ne vous empressiez, dans l'intérêt des établissements d'industrie minérale qu'il renferme, de concourir à l'exécution des dispositions dont je viens de vous donner connaissance.

Veuillez m'accuser réception de la présente circulaire, dont j'adresse une ampliation à MM. les ingénieurs du corps royal des mines.

Ordonnance du roi, du 2 août 1816, portant création d'une école de mineurs à Saint-Etienne.

Louis, etc.; ayant reconnu l'urgence de remplacer les écoles pratiques des mines établies à Pesey et Geislautern, et voulant donner à l'exploitation des mines de France tout le développement et le perfectionnement dont cette branche de l'industrie nationale est susceptible, et accorder à ceux de nos sujets qui la cultivent une marque de notre protection spéciale;

Vu l'avis du conseil général des mines, et la proposition de notre directeur général des ponts et chaussées et des mines;

Sur le rapport de notre ministre secrétaire d'Etat au département de l'intérieur;

Notre conseil d'Etat entendu,

Nous avons ordonné et ordonnons ce qui suit:

Art. 1er. Il sera établi à Saint-Etienne, département de la Loire, une école de mineurs pour l'enseignement des jeunes gens qui se destinent à l'exploitation et aux travaux des mines.

2. L'école sera composée d'un ingénieur en chef des mines, directeur, et de trois professeurs qui seront choisis parmi les ingénieurs attachés à l'arrondissement de mines dont Saint-Etienne est chef-lieu.

3. L'enseignement aura pour objet: 1° l'exploitation proprement dite; 2° la connaissance des principales substances minérales et de leur gisement, ainsi que l'art de les essayer et de les traiter; 3° les éléments de mathématiques, la levée des plans et le dessin.

4. L'instruction de l'école sera gratuite. Les élèves ne pourront être admis avant l'âge de quinze ans accomplis ni après l'âge de vingt-cinq ans; et, pour obtenir leur admission, ils devront faire preuve de bonne conduite, de capacité, et d'une instruction telle au moins que celle qui s'acquiert dans les écoles primaires.

5. Tous les objets généraux de service, tels que la division, les époques et les programmes des cours, la discipline des élèves, la comp-

tabilité, etc., seront délibérés dans un conseil d'administration, composé du directeur de l'école, président, et des professeurs.

Ces délibérations, et en général toutes celles relatives à l'enseignement, seront soumises à l'approbation de notre ministre secrétaire d'État au département de l'intérieur, sur le rapport du directeur général des ponts et chaussées et des mines.

Règlement arrêté par le ministre de l'intérieur (M. Lainé), le 3 juin 1817, pour l'organisation de l'école de mineurs de Saint-Etienne.

LE ministre secrétaire d'État au département de l'intérieur ;

Vu l'ordonnance du 2 août 1816, portant établissement d'une école de mineurs à Saint-Etienne, département de la Loire ;

Sur le rapprt du pair de France, conseiller d'État, directeur général des ponts et chaussées et des mines ;

Arrête ce qui suit :

TITRE Ier. *De l'administration de l'école.* — Art. 1er. L'administration de l'école de mineurs de Saint-Etienne, sous le rapport tant du personnel que du matériel, est, aux termes de l'article 2 de l'ordonnance du 2 août 1816, confiée à un ingénieur en chef des mines, directeur.

2. Il est chargé de la conservation des différentes collections et du mobilier de l'école ; il peut en confier la surveillance aux professeurs, sans toutefois que cela puisse nuire aux fonctions de ces derniers ou au service dont ils sont chargés comme ingénieurs.

3. Chaque année il sera dressé des inventaires des collections et du mobilier. Ils seront arrêtés par le conseil d'administration, en double expédition ; l'une restera entre les mains du directeur de l'école, et l'autre sera transmise à l'administration générale des ponts et chaussées et des mines.

4. Le conseil d'administration, composé, conformément à l'article 5 de l'ordonnance du 2 août 1816, du directeur de l'école, président, et des professeurs, s'assemblera au moins une fois par mois, et en outre toutes les fois que le directeur le jugera convenable.

En cas de partage, le président aura voix prépondérante.

5. Les fonctions de secrétaire seront remplies par le plus jeune des professeurs.

6. Toutes les délibérations du conseil d'administration seront inscrites sur un registre particulier, par le secrétaire, et signées des membres délibérants.

7. Ces délibérations, toutes les fois qu'elles emporteront décision, seront soumises à l'approbation du directeur général des ponts et chaussées et des mines par le directeur de l'école.

8. En cas de maladie ou d'absence, le directeur de l'école sera remplacé par le professeur du grade le plus élevé, ou, à égalité de grade, par le plus ancien. Dans les mêmes cas, les professeurs seront suppléés les uns par les autres ou par le directeur.

9. Il sera alloué à titre de frais fixes, savoir : au directeur de l'école, une somme annuelle de 1,500 francs, et à chacun des professeurs une somme annuelle de 800 francs.

TITRE II. *De l'admission des élèves.* — 10. Les élèves sont admis par le directeur général des ponts et chaussées et des mines, sur la présentation des préfets des départements.

11. Ces élèves seront pris de préférence parmi les fils ou neveux des mineurs, chefs d'ouvriers d'usines, maîtres mineurs, directeurs ou exploitants de mines ou usines.

12. Tout prétendant à l'admission adressera sa demande au préfet de son département, en produisant à l'appui : 1° un extrait de son acte de naissance prouvant qu'il a l'âge prescrit par l'article 4 de l'ordonnance du 2 août 1816 (15 à 25 ans); 2° un certificat d'un officier de santé, attestant qu'il est d'une bonne constitution, et qu'il a été vacciné ou qu'il a eu la petite vérole; 3° un certificat du maire de sa commune, constatant qu'il est de bonnes vie et mœurs, et indiquant en outre s'il est fils ou neveu de mineur, chef-ouvrier d'usine, maître mineur, directeur ou exploitant de mines ou usines.

13. Le préfet fera examiner le candidat par l'ingénieur des mines du département, ou, à son défaut, par telle personne qu'il jugera convenable, afin de s'assurer de son degré d'instruction, ou, au moins, s'il possède celle qu'on acquiert dans les écoles primaires, ainsi que cela est exigé par l'article 4 de l'ordonnance royale du 2 août 1816.

14. La demande, appuyée des pièces exigées par l'article 12 ci-dessus et d'un certificat d'instruction et de capacité délivré par l'examinateur sera adressée par le préfet, au directeur général des ponts et chaussées et des mines, qui statuera définitivement.

15. En cas d'admission, l'élève sera tenu de se rendre à Saint-Etienne pour l'époque qui lui sera indiquée, et les pièces qui le concernent seront transmises au directeur de l'école. En cas de non-admission, elles seront renvoyées à la partie intéressée, par l'intermédiaire du préfet.

16. Le nom des élèves admis sera porté sur un registre particulier tenu à cet effet. Chaque inscription formera un article distinct, où seront consignés : 1° l'extrait des pièces produites pour l'admission; 2° les résultats des examens subis par l'élève pendant le cours de l'enseignement; 3° une notice sur son exactitude et sa conduite; 4° une copie du certificat qui lui sera délivré à sa sortie de l'école.

17. Les élèves seront tenus de se procurer les livres et autres objets nécessaires à leur instruction.

TITRE III. *De l'enseignement.* — 18. D'après les bases posées à l'article 3 de l'ordonnance du 2 août 1816, l'enseignement de l'école de Saint-Etienne a pour objet :

1° Les éléments de mathématiques, dont la connaissance est indispensable pour dresser les plans et mesurer les surfaces et les solides; la levée des plans superficiels et souterrains; le nivellement; les éléments du dessin appliqués au tracé et au lavis des plans, des machines et des constructions;

2° Les éléments de l'exploitation proprement dite, comprenant la disposition générale des travaux d'une mine; les divers moyens d'entailler et d'abattre la roche et les minerais; l'art d'étayer les excavations souterraines; les méthodes d'aérage; l'art de contenir les eaux, de les faire écouler et de les épuiser; les usages de la sonde; les divers moyens employés pour transporter et extraire les matières, et la connaissance des principales machines en usage dans toutes ces opérations;

3° La connaissance élémentaire des principales substances minérales et de leur gisement; l'art d'essayer les minerais, surtout par la voie sèche; les éléments de l'art de traiter en grand et d'obtenir économiquement les matières minérales les plus utiles.

19. Indépendamment des études ci-dessus et des exercices auxquels elles donneront lieu, soit à l'école, soit sur le terrain, les élèves suivront les travaux qui se font dans les mines des environs de Saint-Étienne; et le directeur avisera aux moyens de leur faire remplir successivement les emplois de charioteur, trieur, mineur, boiseur, sondeur, pompier et machiniste.

20. Le cours complet des études est divisé en deux années, et les élèves sont partagés en deux divisions. Ils pourront être autorisés à rester une troisième année.

21. L'année scolaire se compose de dix mois d'étude et de deux mois de vacances. Les cours et exercices commencent le 15 octobre et finissent le 15 août.

22. Dans le mois qui précédera l'ouverture des études, le directeur de l'école soumettra au directeur général des ponts et chaussées et des mines, le programme des cours qui aura été déterminé par le conseil d'administration. Le programme réglera l'ordre et la durée, soit des leçons, soit des exercices et applications sur le terrain et dans l'intérieur des mines, sans préjudice des travaux manuels dont il est parlé à l'article 19.

Les professeurs devront, avant l'ouverture, soumettre au conseil le précis de chacune de leurs leçons.

TITRE IV. *De la discipline de l'école.* — 23. Tous les jours (les dimanches et fêtes exceptés), les élèves suivront les leçons et exercices aux heures assignées et pendant le temps prescrit. Ils ne pourront s'en dispenser ou s'éloigner que pour des raisons majeures et seulement avec l'autorisation du directeur.

24. Les élèves de chaque classe prendront place selon l'ordre de mérite assigné par les concours de chaque mois.

25. L'appel des élèves sera fait à l'ouverture des divers exercices et des leçons de l'école; et les absents sans cause légitime seront pointés.

26. Toute faute, négligence ou indocilité, sera punie, suivant la gravité du cas, 1° par un avertissement ou une réprimande du professeur; 2° par une remontrance particulière du directeur; 3° par une réprimande donnée à l'élève par le conseil d'administration, soit en séance particulière, soit en présence de tous les élèves.

27. En cas d'inaptitude reconnue aux études, d'insubordination répétée ou de fautes graves, le conseil d'administration pourra provisoirement interdire à l'élève l'entrée de l'école; mais son renvoi définitif ne pourra avoir lieu qu'en vertu d'une décision du directeur général des ponts et chaussées et des mines.

28. Les élèves sont soumis à la surveillance du directeur ou des professeurs, même hors des leçons et exercices.

29. Ils sont autorisés à porter un frac bleu de roi, croisé sur la poitrine avec des boutons de métal jaune, ayant pour légende : *Ecole de mineurs de Saint-Etienne*, et au centre une fleur de lis.

30. Tous les mois il y aura un concours dans chaque classe pour en-

tretenir l'émulation des élèves, déterminer leur ordre de mérite et donner la mesure de leurs progrès.

31. Tous les ans, à la fin des études, un concours général aura lieu dans chaque classe, non-seulement sur toutes les parties de l'enseignement, mais encore sur l'écriture courante et la connaissance de la langue française. Les résultats de ces concours, combinés avec ceux des examens mensuels, serviront à déterminer le degré de mérite des élèves.

L'habitude acquise dans les opérations manuelles de la profession d'ouvrier mineur sera également prise en considération.

32. Les cours de chaque année seront terminés par une distribution de prix consistant en livres ou instruments propres à la conduite des travaux de mines.

Titre V. *De la sortie des élèves lorsque leurs études sont terminées.*

33. Il sera délivré à chaque élève, à la sortie de l'école, par le conseil d'administration, un certificat constatant le temps pendant lequel il aura suivi les cours et exercices, et le genre et l'étendue des connaissances qu'il aura acquises.

34. Ceux des élèves dont la conduite aura été irréprochable, et qui se seront distingués par leur intelligence et les progrès qu'ils auront faits dans les connaissances qu'un bon maître mineur doit posséder, recevront, indépendamment du certificat ci-dessus, le titre d'*élève breveté* de l'école des mineurs de Saint-Etienne.

Le brevet leur en sera délivré par le directeur général des ponts et chaussées et des mines, sur la proposition du conseil d'administration.

35. Les élèves brevetés de l'école de mineurs de Saint-Etienne pourront seuls, après leur sortie de l'école, continuer à en porter l'uniforme.

Titre VI. *De la comptabilité.* — 36. Le budget de l'école de mineurs de Saint-Etienne, préparé en conseil d'administration, sera soumis, du 1er au 15 novembre de chaque année, pour l'année suivante, au directeur général des ponts et chaussées et des mines, par l'intermédiaire du préfet de la Loire.

37. Les dépenses seront distinguées en dépenses fixes et dépenses variables.

38. Sont réputées dépenses fixes :

1° Le prix de location des bâtiments de l'école, y compris les impositions ;

2° Les frais fixes alloués aux directeurs et aux professeurs ;

3° Les traitements et gages des différentes personnes étrangères au corps des mines qui peuvent être employées à l'année.

39. Pour la première année et pour les suivantes, s'il y a lieu, on ajoutera au budget un chapitre particulier, comprenant toutes les dépenses de premier établissement. La proposition de ces dépenses sera appuyée de plans, de mémoires et de devis estimatifs.

40. La somme allouée par le budget annuel de l'école sera mise à la disposition du préfet du département de la Loire, au moyen de crédits ouverts sur le receveur général de ce département.

41. Toutes les pièces de dépenses arrêtées par le directeur de l'école seront visées par le préfet, qui délivrera des mandats de payement aux parties prenantes.

42. Pour subvenir aux dépenses courantes, il sera délivré à titre d'avance, par le préfet au directeur de l'école, lorsque ce dernier en fera

la demande, un ou plusieurs mandats sur le receveur général du département, jusqu'à concurrence de 2,000 francs, à valoir sur les dépenses variables.

43. Tous les trois mois, le directeur de l'école formera une liasse des dépenses courantes qu'il aura soldées : cette liasse, accompagnée d'un bordereau récapitulatif et certifié, sera adressée au préfet, qui, après avoir visé chaque pièce, délivrera au directeur de l'école un mandat égal au montant de la dépense faite par ses mains, et à valoir sur les fonds à lui avancés par le receveur général du département.

44. A l'expiration de chaque trimestre, le directeur de l'école adressera au préfet, pour être visé et transmis à l'administration générale des ponts et chaussées et des mines, un état sommaire de situation, tant en recette qu'en dépense : cet état fera connaître, par aperçu, les besoins du service pour le trimestre suivant.

45. A la fin de chaque année, le directeur de l'école remettra également au préfet, qui le visera et le transmettra à l'administration, un état général de situation, présentant en détail le compte des opérations de l'année expirée : cet état devra être certifié par le receveur général du département, quant aux payements effectués.

46. Indépendamment de cet état de situation, le préfet demandera au receveur général un compte particulier des recettes et dépenses faites pour le service de l'école. Ce dernier compte, visé par le préfet, sera transmis par lui, en double expédition, avec les pièces à l'appui, à la direction des ponts et chaussées et des mines. L'une des deux expéditions, approuvée, sera renvoyée au receveur général pour sa décharge, et l'autre restera dans les archives de l'administration des ponts et chaussées et des mines.

Titre VII. *Dispositions générales.* — 47. Les élèves mineurs dont les moyens d'existence n'auraient pas été suffisamment assurés pour le cours de leurs études, soit par leurs parents, soit par la libéralité des conseils généraux des départements dans lesquels il existe un grand nombre d'établissements d'industrie minérale, seront autorisés à travailler avec salaire dans les mines des environs de Saint-Etienne, un certain nombre d'heures du jour, ou certains jours de la semaine.

48. Chaque année, à la fin des cours, il sera fait par le conseil d'administration, au directeur général des ponts et chaussées et des mines, un rapport sommaire sur les progrès de chaque élève en particulier. Il sera donné connaissance de l'article relatif à chacun d'eux, aux préfets des départements par lesquels les élèves auront été envoyés.

Circulaire du directeur général des ponts et chaussées et des mines (M. Molé), à MM. les préfets, relative au rétablissement de l'école des mines à Paris.

Paris, le 25 juillet 1817.

Monsieur le préfet, une ordonnance du roi, en date du 5 décembre 1816, rétablit à Paris l'école théorique des mines, qui avait été instituée par l'arrêt du conseil d'Etat du 19 mars 1783.

L'article 14 porte qu'outre les neuf élèves ingénieurs, lesquels doivent toujours être choisis parmi les sujets admis à l'école polytechnique, il pourra y avoir à l'école des *élèves externes* dont le nombre sera de neuf au plus, et qui seront envoyés, soit par les préfets, soit par les concessionnaires ou les propriétaires d'établissements métallurgiques.

Aux termes de l'article 25, les candidats qui veulent prétendre à ces neuf places sont soumis, avant leur admission, à des examens, et les connaissances exigées d'eux sont déterminées par le conseil de l'école des mines.

Le but principal de l'institution des élèves externes (même article 25) est de former des directeurs d'exploitations et d'usines. Les cours de l'école mettront ceux qui se destinent à cette carrière à portée d'acquérir l'instruction sans laquelle ils ne pourraient diriger avec succès les établissements qui seraient confiés à leurs soins. Un juste encouragement est accordé aux chefs de ces établissements par la disposition qui, à égalité de mérite, assure à leurs enfants la préférence sur les candidats qui aspireraient aux mêmes places. (Article 13 du règlement du ministre.)

J'ai l'honneur de vous adresser ci-joints, monsieur le préfet, exemplaires de l'ordonnance du 5 décembre, et   exemplaires de l'arrêté de Son Exc. le ministre de l'intérieur, portant règlement pour l'admission des élèves externes.

Les jeunes gens qui prétendront à ces places devront être âgés de dix-huit au moins et de vingt-cinq ans au plus, et prouver qu'ils sont de bonnes vie et mœurs, et qu'ils ont eu la petite vérole ou qu'ils ont été vaccinés. (Art. 4, 5 et 6 du règlement.)

Les connaissances exigées d'eux sont détaillées dans les articles 1er, 2 et 3 du même règlement; mais celles indiquées sous les nos 5, 7 et 8 de l'article 1er, et dans l'article 3, ne sont pas absolument indispensables, si les candidats satisfont, d'ailleurs, aux autres conditions prescrites.

Ils sont assujettis à deux examens. Le premier aura lieu dans le département qu'ils habitent, afin de ne pas leur occasionner de frais de déplacement inutiles. Il sera fait par l'ingénieur des mines que je désignerai à cet effet (Article 7). Ceux qui répondront d'une manière satisfaisante aux questions qui leur seront posées seront déclarés admissibles et concourront aux places d'élèves externes. (Articles 8 et 9.)

La même faveur est accordée, mais sans examen préalable, aux jeunes gens qui auraient fait ou qui feraient partie d'une liste d'admissibles à l'école polytechnique, l'instruction dont ils ont fait preuve devant les dispenser de cette première formalité. (Article 10.)

Le second examen sera soutenu à Paris devant le conseil de l'école des mines. Tous les admissibles y seront interrogés de nouveau; et c'est d'après le résultat qu'il offrira que les neuf places d'élèves externes seront données, sur ma proposition, par Son Exc. le ministre secrétaire d'État de l'intérieur, aux neuf premiers candidats classés selon l'ordre de leur mérite. (Art. 12.)

Les admissibles qui ne seront pas reçus élèves externes ne seront point pour cela privés du bienfait de l'instruction. Ils auront la faculté d'assister aux cours de l'école; seulement ils ne pourront prendre part aux exercices réservés aux élèves ingénieurs et aux élèves externes. (Article 11.)

En conséquence, monsieur le préfet, je vous prie de recommander aux candidats qui seront reconnus admissibles de se procurer les livres et autres objets nécessaires à leur instruction, dont il est parlé aux articles 19 et 20 du règlement.

Il n'est alloué aucun traitement aux élèves externes, et, conformément à l'article 26 de l'ordonnance du 5 décembre, ils ne peuvent jamais prétendre à faire partie du corps royal des mines; mais l'instruction à laquelle ils sont appelés à participer leur est donnée gratuitement, et il sera pris des mesures pour qu'à leur sortie de l'école ils soient convenablement placés dans les grandes exploitations ou établissements de mines.

Les cours de l'école royale des mines commencent le 15 novembre de chaque année. Veuillez, monsieur le préfet, d'ici au 15 novembre prochain, donner, par tous les moyens que vous jugerez convenables, et notamment par la voie du journal de votre département, la plus grande publicité aux dispositions de l'ordonnance et du règlement ci-joints. Le nombre d'exemplaires que je vous transmets est destiné à MM. les sous-préfets et aux propriétaires et directeurs des exploitations les plus importantes de votre département.

Je vous prie de m'accuser réception de cette circulaire, dont j'adresse une ampliation à MM. les ingénieurs du corps royal des mines.

Ordonnance du roi, du 5 décembre 1816, qui rétablit à Paris l'école royale des mines, et qui crée à cette école neuf places d'élèves externes.

TITRE Iᵉʳ. *Organisation et administration.* — Art. 1ᵉʳ. L'école des mines, créée par l'arrêt du conseil d'Etat du roi, du 19 mars 1783, est rétablie à Paris, et elle aura dans les départements une ou plusieurs succursales, sous le titre d'*écoles pratiques de mineurs.* Ces écoles pratiques, dont le régime et les relations avec l'école des mines à Paris seront déterminés par un règlement ultérieur, seront particulièrement consacrées à l'exploitation de la houille et au traitement du fer, et, s'il est possible, à l'exploitation et au traitement de l'étain, de l'argent, du plomb et du cuivre.

2. L'école des mines est placée sous la surveillance du ministre secrétaire d'Etat au département de l'intérieur, et sous l'administration du conseiller d'Etat directeur général des mines, assisté du conseil de l'école.

3. Le conseil sera présidé par le conseiller d'Etat directeur général, et composé de trois inspecteurs généraux, des professeurs et de l'inspecteur des études.

4. Il y aura près de cette école et dans le même local : 1° une collection minéralogique et géologique; 2° une collection des produits des arts qui ont pour objet le travail ou le traitement des substances minérales ; 3° une bibliothèque ; 4° un dépôt de plans, dessins et modèles relatifs à l'art des mines ; 5° un laboratoire de chimie et un dépôt des produits des essais et des analyses.

5. La garde des collections minéralogiques et des produits des arts sera confiée, ainsi que le dépôt des plans et la bibliothèque, à l'inspec-

teur des études, et le dépôt des produits chimiques susceptibles d'emploi, au professeur chef du laboratoire : toutefois le conservateur actuel de la collection des minéraux conservera son traitement et ses fonctions.

Les produits chimiques non susceptibles d'emploi seront annuellement réunis aux collections.

6. Les professeurs de l'école seront au nombre de quatre, savoir :

Un professeur de minéralogie et de géologie ;

Un professeur de docimasie ;

Un professeur d'exploitation des mines ;

Un professeur de minéralurgie ;

Les chaires de docimasie et de minéralurgie pourront être réunies.

7. Il y aura un maître de dessin qui enseignera aux élèves le dessin des machines, des constructions et des plans souterrains, le lavis de la carte et la stéréotomie pratique.

Il pourra être donné des maîtres de langue allemande et anglaise à ceux des élèves qui se feront distinguer par leur travail et leur bonne conduite.

8. Le professeur de docimasie est en même temps chef du laboratoire, et chargé, à ce titre, de faire tous les essais et toutes les analyses qui lui seront ordonnés par le directeur général et le conseil de l'école, et d'en tenir un registre exact.

9. Les professeurs et l'inspecteur des études seront nécessairement pris parmi les ingénieurs des mines, et nommés par le ministre, sur la proposition du directeur général.

10. Le conseil se réunira au moins une fois par mois ; il délibérera sur toutes les affaires relatives à la discipline et à l'administration de l'école, à l'instruction et au personnel des élèves, et sur toutes les mesures propres à coordonner toutes les parties de l'enseignement tant théorique que pratique.

11. En l'absence du directeur général, le conseil sera présidé par le plus ancien des inspecteurs généraux ; mais alors les délibérations du conseil devront être soumises à son approbation.

12. Le conseil est chargé de recueillir et de rassembler tous les matériaux nécessaires pour compléter la description minéralogique de la France :

1° En augmentant la collection qui est commencée pour cet objet ;

2° En réunissant le plus grand nombre possible de descriptions particulières et les coordonnant entre elles ;

3° En dirigeant la confection des différentes cartes sur lesquelles seront tracées les différentes formations et natures de terrains,

Les gîtes des minerais, les mines abandonnées et les mines exploitées,

Les fonderies et les usines minéralurgiques,

Les limites de concessions de mines.

A la fin de chaque année, le conseil rendra un compte détaillé du travail de chacun de ses membres et des résultats obtenus : il y joindra un inventaire partiel des accroissements des collections et dépôts.

13. Le nombre des élèves ingénieurs des mines est fixé à neuf, savoir :

Cinq de première classe,

Quatre de seconde classe.

Ils seront pris parmi les élèves de l'école polytechnique qui, ayant complété leurs études et rempli les conditions exigées par les règlements, auront été choisis par l'administration de l'école polytechnique.

Chaque élève recevra un traitement réglé ainsi qu'il suit :

Ceux de première classe, 900 francs ;

Ceux de seconde classe, 800 francs.

14. Outre les neuf élèves ingénieurs, il pourra y avoir à l'école des mines des élèves externes, dont le nombre sera de neuf au plus, et qui seront envoyés, soit par les préfets, soit par les concessionnaires ou les propriétaires d'établissements métallurgiques.

15. Les élèves ingénieurs et les élèves externes seront tenus de se fournir de livres et autres objets nécessaires à leur instruction.

16. Il sera pris chaque année, sur les fonds de l'administration des mines, la somme nécessaire pour les dépenses de l'école, consistant en traitements des élèves ingénieurs, d'un maître de dessin, du garde des collections, etc., salaires des gardes-salles et du portier, prix à distribuer à la fin des cours, frais de chauffage, lumière..... frais particuliers du laboratoire..... achats de livres d'art, d'instruments, et confection de modèles.

TITRE II. — 17. Les cours de l'école des mines commenceront, chaque année, le 15 novembre et finiront le 15 avril.

18. Tous les jours (les dimanches et fêtes exceptés), les élèves se réuniront à l'école depuis huit heures du matin jusqu'à quatre heures après midi.

19. Chaque année, dans le mois qui précédera l'ouverture des cours, le conseil déterminera les objets d'étude dont on devra s'occuper dans l'année scolaire, et fixera les jours et les heures des leçons et des exercices.

Les professeurs sont tenus, avant l'ouverture des cours, de soumettre au conseil le précis développé de chacune de leurs leçons.

20. Le conseil proposera des sujets de concours, et désignera les élèves qui seront tenus de s'y appliquer.

21. Les examens des élèves des mines sur toutes les parties de science et d'art qui leur sont enseignées auront lieu dans la deuxième quinzaine d'avril, et tous les ouvrages qu'ils auront produits au concours seront jugés à la même époque.

22. Au 1er mai, ceux des élèves qui en auront été jugés capables seront envoyés dans les écoles pratiques et dans les grandes exploitations des mines.

Ils s'y occuperont, sous les ordres du directeur particulier de ces écoles, ou des ingénieurs auprès de qui ils auront été placés, de tous les travaux de mines ou de fonderie qui s'y exécutent, et de la description minéralogique de la contrée.

Ils rentreront à l'école au 15 novembre au plus tard.

Ils recevront, pendant leur mission, le même traitement que les aspirants, et une indemnité de campagne de 100 francs.

23. Lorsqu'il vaquera une place d'aspirant, elle sera donnée par le ministre de l'intérieur à l'élève de première classe qui sera le plus avancé dans ses études.

24. L'élève qui, après le temps fixé, ne sera pas jugé admissible au grade d'aspirant, cessera d'être compris sur le tableau des élèves ;

II.   19

il en sera de même de ceux qui ne suivront pas avec exactitude les cours ou les exercices, ou qui tiendront une conduite répréhensible. Ces exclusions auront lieu sur la décision du ministre de l'intérieur, la proposition du directeur général et la délibération du conseil de l'école.

TITRE III. — 25. L'institution des élèves externes ayant pour but principal de former des directeurs d'exploitations et d'usines, ils seront soumis, avant leur admission, à un examen où ils devront faire preuve qu'ils sont en état de suivre les cours de l'école.

Les connaissances exigées de ces élèves sont déterminées chaque année par le conseil de l'école.

26. Les élèves externes ne pourront, en aucun cas, prétendre aux places d'ingénieurs qui viendraient à vaquer dans le corps royal des mines; mais il sera pris des mesures pour qu'à leur sortie de l'école théorique ou de l'école pratique de Saint-Etienne, ils soient convenablement placés dans les grandes exploitations ou établissements des mines.

27. Les élèves externes admis (sur certificats donnés par les examinateurs) suivront à l'école des mines, à Paris, les mêmes cours et les mêmes exercices que les élèves ingénieurs.

28. Ils pourront aussi être envoyés aux écoles pratiques ou dans de grandes exploitations de mines.

29. Ils subiront tous les ans, dans la deuxième quinzaine d'avril, des examens, et seront classés entre eux suivant les résultats de ces examens.

30. Après trois ans au moins et six ans au plus de séjour dans l'école théorique et dans les écoles pratiques, ceux d'entre eux qui seraient reconnus suffisamment instruits, recevront un diplôme délivré par le directeur général, sur la proposition du conseil de l'école : ce diplôme constatera le temps pendant lequel ils auront suivi les cours et les exercices de l'école à Paris ; le séjour qu'ils auront fait, soit dans les écoles pratiques, soit sur des exploitations de mines; le genre et l'étendue des connaissances qu'ils auront acquises.

31. Si l'élève externe, après trois ans de séjour à l'école théorique, n'est pas suffisamment instruit, le conseil de l'école décidera s'il doit rester une quatrième année.

32. Aucun élève ne peut rester plus de quatre ans à l'école de théorie, et plus de six ans aux écoles théorique et pratique.

33. Les règlements d'ordre intérieur de l'école seront arrêtés par notre ministre de l'intérieur, sur la proposition du directeur général.

Arrêté du ministre de l'intérieur (M. Lainé), portant règlement pour l'école royale des mines.

Paris, le 6 décembre 1816.

ART. 1er. Les concours ouverts conformément à l'ordonnance du 5 décembre 1816 auront pour objet :

A. Le style ;

B. L'écriture courante ;

C. L'écriture moulée et le lavis de la carte;

D. La description minéralogique d'une contrée;

E. L'analyse des substances minérales;

F. La coupe des pierres et des bois;

G. Des projets (avec plans, détails, devis et mémoires) d'exploitation souterraine ou à ciel ouvert, de galeries d'écoulement, de laveries, de bocards, de fonderies, d'usines, de traitements de minerais et de fourneaux propres à ce traitement, etc. ;

H. Des projets de machines d'épuisement, marchines d'extraction, machines soufflantes, et de toute autre machine applicable à quelque partie de l'art et de la science de l'ingénieur des mines.

Mais il ne pourra être proposé que trois sujets de concours au plus par année, non compris ceux de style et d'écriture courante.

2. Les élèves qui auront été envoyés dans les départements seront tenus de soumettre au conseil de l'école, à la rentrée des classes, un journal détaillé de l'emploi de leur temps et de leurs observations personnelles. Le conseil, au vu de ce journal, pourra leur accorder, s'il le juge convenable, un certain nombre de points qui ne pourra excéder soixante.

3. Les élèves qui resteront à Paris s'exerceront, pendant l'intervalle des cours d'une année à l'autre, aux opérations docimastiques, à la levée des plans superficiels et souterrains et aux nivellements; conduits par l'inspecteur des études ou les professeurs, ils feront des courses minéralogiques dans les environs de Paris. Ils visiteront les usines et les ateliers minéralurgiques et les machines les plus importantes; ils suivront les travaux d'entretien et de soutènement des carrières sous Paris, et les travaux d'exploitation des carrières situées au dehors de la capitale. Enfin, ils apprendront à faire des devis et des projets d'exploitation et de construction qui y seront relatives, à rédiger des cahiers de charges pour les concessions de mines et les permissions, et ils étudieront les lois et les règlements sur les mines.

4. Les examens qui ont lieu à la fin des cours se font devant les membres du conseil de l'école et sur les réponses verbales et écrites des élèves aux questions qui leur sont proposées, lesquelles sont les mêmes pour tous; enfin sur leurs analyses chimiques et leurs dessins.

5. Le conseil de l'école, d'après l'avis et les notes des examinateurs, attribue à chaque élève, pour chaque partie de science qui est l'objet de l'examen, un nombre de points qui représente les degrés de connaissance dont il a fait preuve par ses réponses verbales et écrites, et par ses analyses et dessins.

Ce nombre ne peut jamais excéder un *maximum* fixé pour chaque partie de l'enseignement (voir le tableau n° 1, annexé au présent règlement), et il est égal à la moitié de ce *maximum*, quand les réponses de l'élève font présumer qu'il a les connaissances et l'aptitude qui peuvent être strictement exigées pour passer au grade d'aspirant.

6. Outre les points acquis par les élèves dans les examens, il peut leur en être attribué d'autres :

1° Pour les ouvrages qu'ils produisent au concours;

2° Pour leur assiduité et leur application aux exercices de l'école à Paris, ou dans les écoles pratiques, ou auprès des ingénieurs dans les départements;

3° Pour leur expérience acquise, pendant une ou plusieurs années, à faire des analyses, à lever des plans et niveler, à conduire des travaux, etc. ;

4° Pour chaque langue vivante étrangère qu'ils prouveront être en état de traduire et de parler, soit en entrant à l'école, soit après leur admission.

Mais, dans ces différents cas, ces points ne peuvent excéder les *maximum* fixés dans les tableaux n°s 2 et 3 annexés au présent règlement.

7. Les sommes des points obtenus par chaque élève dans les différents examens, et dans tous les cas qui sont désignés dans l'article précédent, servent d'échelle de comparaison pour apprécier le mérite des élèves et assigner leur rang dans chaque classe.

8. A l'égalité de degrés, on préférera, pour les grades des classes, ceux des élèves qui auront tenu la meilleure conduite et dont le nombre de degrés aura été mérité par des connaissances plus variées; et s'il y avait en même temps, entre un ou plusieurs élèves, égalité de degrés et égalité de mérite sous le rapport de la conduite et de la variété des connaissances, on aurait égard à la date de leur entrée à l'école pour déterminer leur rang entre eux.

9. S'il vient à vaquer une place de la première classe, elle est donnée à l'élève qui se trouve le premier sur la liste de la seconde classe.

10. S'il vient à vaquer une place d'aspirant, elle sera donnée à l'élève de première classe qui aura obtenu les meilleures notes dans le cours de ses études, et qui réunira, en outre, les deux conditions suivantes :

La première, qu'il a acquis ses *medium* dans tous les examens, c'est-à-dire la moitié du *maximum* des points fixés pour chacun d'eux;

La seconde, qu'il a passé trois campagnes, ou séjourné douze mois consécutifs dans une école pratique ou sur un établissement des mines, et qu'il a été reconnu, par le conseil de l'école, avoir l'expérience ou les connaissances pratiques nécessaires.

Le directeur général déterminera sa destination, et lui donnera une commission sous l'approbation du ministre de l'intérieur.

11. L'inspecteur des études et, en son absence, la personne qu'il aura désignée, fera l'appel des élèves à l'heure où ils doivent arriver. Il tiendra note des absents, et la transmettra au directeur général.

L'inspecteur veillera très-attentivement à ce que les cours des professeurs aient lieu aux jours et heures indiqués.

12. Les élèves ne pourront sortir de l'école qu'à l'heure prescrite, ou qu'avec la permission de l'inspecteur des études à toute autre heure.

13. Aucun élève ne pourra s'absenter pour un ou plusieurs jours, pour des affaires urgentes ou autres causes légitimes, que sur une autorisation de l'inspecteur des études.

Il ne pourra être accordé aucun congé portant permission de quitter Paris sans l'autorisation du directeur général.

14. Il sera tenu un registre du personnel des élèves; il en sera fait tous les trois mois un extrait contenant :

L'état des élèves qui composeront l'école, avec l'indication de leur rang dans chaque classe, celle des progrès de chacun dans les différentes parties d'enseignement, et des observations sur leur moralité, leur zèle, leur assiduité et leur capacité.

Cet extrait du registre sera remis par le conseil de l'école au directeur général.

15. Les élèves pourront être punis :

1° Par des réprimandes faites par les professeurs et l'inspecteur des études ;

2° Par des réprimandes faites par le conseil de l'école, quand les plaintes sont de nature à y parvenir ;

3° Par les arrêts ordonnés par le directeur général, sur les rapports qui lui parviendront ;

4° Enfin par l'expulsion prononcée par le ministre, sur le rapport du directeur général.

16. Les élèves qui se seront le plus distingués, ou dans les examens ou par des ouvrages produits au concours, ou par leurs travaux pratiques, recevront, à titre de récompenses ou d'encouragements, ou des livres, ou des instruments propres au service des mines. La somme totale qui sera employée chaque année à cet objet ne pourra excéder 500 francs. On gravera sur les instruments et l'on écrira sur les livres le nom de l'élève, l'espèce de prix qu'il aura remporté et l'année du concours.

17. Dans le cas où un élève se serait distingué extraordinairement, le directeur général pourra proposer au ministre de lui accorder, pour récompense, des frais suffisants pour un voyage de deux ans en Allemagne, en Suède et en Angleterre, pour y visiter les mines.

Tableaux annexés à l'arrêté portant règlement intérieur de l'école des mines.

TABLEAU N° 1.

Nombres principaux des points à attribuer aux élèves dans les différents examens.

EXAMEN.	MAXIMUM.	MEDIUM.
Exploitation.	1,500.	750
Minéralurgie.	1,350.	675
Minéralogie.	1,050.	525
Géologie.	1,050.	525
Docimasie.	1,050.	525
Dessin.	1,050.	525

TABLEAU N° 2.

Nombres à attribuer aux élèves pour leur assiduité, leur expérience, et la connaissance des langues étrangères.	NOMBRE DE POINTS.
1° Pour l'élève qui se sera le plus distingué par son assiduité et son application.	50
2° Pour l'élève qui aura acquis une expérience suffisante pour faire des essais et des analyses, pour lever des plans, faire des nivellements, conduire des travaux.	60
3° Pour l'élève qui prouvera qu'il sait écrire et parler une langue étrangère.	100

TABLEAU N° 3.

OBJETS DES CONCOURS.	NOMBRES à attribuer aux ouvrages qui ont mérité		
	le 1er prix.	le 2e prix	l'admission au concours.
Ecriture courante.	20	15	zéro.
Style, mémoire sur un sujet donné.	50	40	zéro.
Ecriture moulée et lavis de carte.	60	50	zéro.
Description d'une mine et des travaux d'exploitation	60	50	20
Description d'une usine et des travaux métallurgiques de cette usine.	60	50	20 40
Description minéralogique d'une contrée. . .	100	80	40
Analyse des minéraux.	100	80	40
Coupe des pierres ou des bois.	100	80	40
Projet d'une machine, etc.	100	80	
Projet d'exploitation de galerie d'écoulement, de laveries ou de bocards.	120	100	60
Projet de fourneaux, d'usines, de fonderies et de traitements de minerais.	120	100	60

Règlement arrêté par le ministre de l'intérieur (M. Lainé), le 3 juin 1817, pour l'admission des élèves externes à l'école des mines.

LE ministre secrétaire d'État au département de l'intérieur ;
Vu les articles 14 et 25 de l'ordonnance du 5 décembre 1816, relative à l'organisation et à l'administration de l'école royale des mines, lesquels portent qu'il pourra y avoir à cette école neuf élèves externes ; et que ces élèves seront, avant leur admission, soumis à un examen, et que les connaissances exigées d'eux seront déterminées par le conseil de l'école ;
Vu le projet de règlement rédigé par le conseil ;

D'après la proposition de M. le directeur général des ponts et chaussées et des mines;

Arrête ce qui suit :

Connaissances exigées pour l'admission. — Art. 1er. Les connaissances exigées pour l'admission des élèves externes à l'école royale des mines sont :

1° L'arithmétique et l'exposé du nouveau système métrique;

2° L'algèbre comprenant la résolution des équations des deux premiers degrés, la démonstration de la formule du binome de Newton (dans le cas seulement des exposants entiers et positifs);

3° La théorie des proportions et progressions, celle des logarithmes et l'usage des tables;

4° La géométrie élémentaire, la trigonométrie rectiligne et l'usage des tables des sinus;

5° La discussion des lignes représentées par les équations du 1er et du 2e degré à deux inconnues, les propriétés principales des sections coniques;

6° Les éléments de statique;

7° Les éléments d'hydrostatique;

8° Les connaissances élémentaires de physique et de chimie, comprenant les propriétés générales et particulières des corps, la classification des substances et leur nomenclature.

2. Les candidats seront tenus d'écrire, sous la dictée de l'examinateur, plusieurs phrases françaises, afin de constater qu'ils savent écrire lisiblement et qu'ils possèdent les principes de leur langue.

3. Ils seront tenus de copier une tête d'après l'un des dessins qui leur seront présentés.

Conditions d'admission. — 4. Les candidats seront âgés de dix-huit ans au moins et de vingt-cinq ans au plus.

5. Ils devront prouver, par un certificat des autorités du lieu de leur domicile, qu'ils sont de bonnes vie et mœurs.

6. Ils devront aussi prouver qu'ils ont eu la petite vérole ou qu'ils ont été vaccinés.

Mode d'admission. — 7. Les candidats aux places d'élèves externes seront examinés dans les départements, soit par les inspecteurs divisionnaires, soit par tout autre membre du corps royal des mines, qui sera désigné à cet effet par le directeur général des ponts et chaussées et des mines, sur la proposition du conseil de l'école.

8. Seront déclarés admissibles ceux qui, dans cet examen, auront prouvé qu'ils possèdent toutes les connaissances exigées ci-dessus, dans les articles 1er, 2 et 3.

9. Seront aussi admissibles ceux qui ne posséderaient pas les connaissances exigées sous les nos 5, 7 et 8 de l'article 1er, et par l'article 3, s'ils répondent d'une manière distinguée aux questions relatives aux connaissances prescrites sous les nos 1, 2, 3, 4 et 6 de l'article 1er, et s'ils satisfont en outre à l'article 2.

10. Seront enfin réputés admissibles les candidats qui auraient fait ou feraient encore partie d'une liste d'admissibles à l'école royale polytechnique; et, en conséquence, ils seront dispensés de subir l'examen prescrit par l'article 7.

11. Tous les candidats déclarés admissibles suivant les articles 8 et 9,

ou réputés admissibles suivant l'article 10, auront le droit de suivre à Paris tous les cours de l'école royale; mais ils ne pourront prendre part aux exercices, qui sont réservés aux seuls élèves externes.

12. Pour être reçu définitivement élève externe, les admissibles subiront un examen à Paris devant le conseil de l'école.

Ce conseil déterminera l'ordre de mérite des candidats, et en présentera la liste au directeur général, qui statuera sous l'approbation de Son Excellce le ministre secrétaire d'Etat de l'intérieur.

13. Cette liste sera accompagnée d'une colonne d'observations, contenant les notes qui pourraient tendre à faire donner la préférence, à égalité de mérite, à tel ou tel candidat, comme, par exemple, aux fils de directeurs, ou de concessionnaires de mines, de chefs ou de propriétaires d'usines minéralurgiques.

14. Les élèves qui seraient admis sans avoir les connaissances relatées dans les nos 5, 7 et 8 de l'article 1er, seront tenus, pendant la première année, de suivre des cours pour les acquérir. Ils subiront, à la fin de la même année, des examens sur ces diverses parties d'enseignement.

Ceux qui, avant leur admission, n'auraient pas satisfait à la condition prescrite par l'article 3, devront étudier le dessin de la tête sous le professeur de l'école.

15. Les examens, dans les départements, auront lieu lorsqu'il se présentera des candidats. Ces candidats devront s'adresser au directeur général, qui leur indiquera l'époque de l'examen.

16. L'examen définitif sera fait, à Paris, dans la seconde quinzaine d'octobre, lorsqu'il y aura des places vacantes.

17. Cette année, il y aura extraordinairement un examen définitif dans la seconde quinzaine de juin.

Dispositions générales. — 18. Les élèves admis indiqueront, à leur entrée à l'école, l'espèce de mine ou d'usine à la conduite de laquelle ils se destinent plus particulièrement, afin que les études de chacun puissent être dirigées vers la partie qu'il aura préférée.

19. Ils sont tenus de se pourvoir des objets suivants :

Un étui de mathématiques, semblable à celui qui est exigé à l'école polytechnique;

Trois règles et une équerre;

Un grand carton;

Une boîte de crayons assortis et un porte-crayon;

Une boîte de couleurs, avec godets et soucoupes;

Un tablier de laboratoire.

20. Ils sont invités à se procurer les livres ci-après :

Le *Traité d'exploitation des mines*, par Delius;

Les *Voyages métallurgiques*, de Jars et Duhamel;

La *Fonte des mines*, par Schlutter;

La *Sidérotechnie*, par M. Hassenfratz;

Un *Traité de minéralogie*, récemment publié;

Un *Traité élémentaire de chimie*, idem.

Arrêté du préfet des Bouches-du-Rhône, du 30 avril 1817, contenant règlement pour la police du port de Marseille, et approuvé par le sous-secrétaire d'Etat au département de l'intérieur (M. Becquey), le 9 septembre 1817.

Nous, comte de Villeneuve, préfet du département des Bouches-du-Rhône, etc.;

Considérant que l'état de langueur et de nullité du commerce maritime de Marseille, durant les troubles, les guerres et les désordres qui ont fait, pendant l'absence du souverain légitime, le malheur des Français, a entraîné l'inexécution des lois et règlements sur la police du port de Marseille, dont il est nécessaire de rechercher la cause et de prévenir les dangereux effets;

Que l'inexécution des anciennes ordonnances procède de l'insuffisance des articles du dernier règlement sur la police du port, délibéré, le 24 avril 1792, par le conseil municipal de cette ville;

Que l'augmentation progressive qui se fait remarquer tous les jours dans nos relations commerciales et maritimes amène, dans le port de Marseille, un plus grand nombre de navires de toutes les nations;

Que les mouvements journaliers qui en sont la suite exigent qu'il soit pris, sans aucun délai, des mesures de police, à l'effet de déterminer d'une manière positive les droits et les devoirs des ouvriers, des gens de mer, des capitaines, des armateurs et des officiers de port, et ce qui concerne l'entrée et la sortie des navires;

L'amarrage, les chargements et déchargements;

La garde des bâtiments;

Les précautions contre les incendies;

Le calfatage, radoubage, lestage et délestage des bâtiments;

L'entretien et la conservation des quais;

Les débris des vieux bâtiments;

Les bouées, balises et signaux;

La police et sûreté des bâtiments;

Les officiers de port;

La compétence et application des amendes;

Arrêtons :

Entrée et sortie du port.

Art. 1er. Tout capitaine, patron, maître ou marin, sortant du port avec son bâtiment, sera tenu de venir en faire la déclaration au bureau du capitaine de port, d'y présenter sa patente de santé, et d'en retirer la permission par écrit, qu'il présentera à la patache, à peine d'être arrêté à la passe et même condamné aux peines de police par le tribunal compétent, s'il tâchait de sortir sans ladite permission.

2. Le commandant de la patache tiendra note du jour et de l'heure du départ de chaque bâtiment, et la remettra tous les jours, conjointement avec le billet de sortie, au capitaine de port, qui tiendra registre, pour le remettre ensuite au maire.

3. Tout capitaine, patron, maître ou marin, commandant un navire arrivant dans le port de Marseille, après avoir rempli les formalités ordonnées par l'administration sanitaire, se présentera au bureau de

port, où il recevra par écrit l'indication de la place qu'il devra prendre le long des quais, pour y opérer son chargement ou son déchargement : la désignation des places sera faite par le capitaine de port, par ordre d'arrivée des bâtiments, la nature de leurs cargaisons et leurs portées, conformément aux usages.

Amarrage, police de chargement et déchargement.

4. Tout capitaine, patron, maître ou marin, qui s'amarrerait ailleurs sans ladite permission, pour effectuer son chargement ou déchargement en tout ou en partie, sera condamné à 20 francs d'amende, et sera, en outre, obligé de reprendre, à ses frais, la place indiquée ; ce qui aura lieu de même s'il quittait sa place. (*Ordonn. du 10 juillet 1759.*)

5. Les bâtiments ne pourront être placés à quais autrement que la poupe à terre, soit pour embarquer ou débarquer les marchandises ; ils ne pourront jamais se mettre en flanc ou par l'étrave, sous peine de 10 francs d'amende et de se retourner à leurs frais. (*Ordonn. des 17 décembre 1681 et 15 mai 1692.*)

6. Il est expressément ordonné à tous capitaines et patrons d'avoir à leurs bâtiments deux amarres sur le quai, et au moins un câble et une ancre mouillée à l'avant, et signalée par une bouée, à peine de 50 francs d'amende. (*Même ordonn.*)

7. Les capitaines et patrons de bâtiments, qui les auront abordés à quais pour charger ou décharger des marchandises, ne pourront y rester plus de huit jours, après lesquels ils seront obligés de quitter le poste qui leur avait été donné, et d'aller à celui qui leur sera indiqué par le capitaine de port, à peine de 24 francs d'amende. (*Ordonn. du 16 février 1753.*)

8. Tous capitaines ou patrons dont les navires seront mouillés dans le port, ou qui chargeront, le long des quais, de la laine, du coton et autres matières combustibles, se retireront aussitôt que la cale sera pleine, et qu'ils voudront en mettre sur le pont ; les vaisseaux iront en rade, et les tartanes vis-à-vis la terre des prud'hommes, à peine de 50 francs d'amende contre le délinquant. (*Ordonn. du 22 mai 1758.*)

9. Tous capitaines ou patrons qui arriveront dans le port, chargés de brai, goudron, soufre et autres matières combustibles, ne pourront se placer que près de la terre des prud'hommes, à peine de 50 francs d'amende. (*Ordonn. de la marine de 1681.*)

10. Tous les capitaines qui seront chargés de bois de construction ne pourront le débarquer qu'après en avoir obtenu la permission du capitaine de port, qui leur indiquera l'endroit où le débarquement pourra se faire, à peine de 12 francs d'amende. (*Ordonn. du 22 mai 1759.*)

11. Ceux qui auraient à la mer des bois du Nord, propres à la mâture des bâtiments, s'adresseront au capitaine de port, qui leur indiquera le lieu où ils pourront être entreposés ; et quant aux bois du Nord et autres destinés aux bâtiments civils, ils seront tirés à terre dans l'espace de huit jours, pour être transportés dans les lieux où les propriétaires jugeront à propos de les faire entreposer, ailleurs que sur les quais, à peine de confiscation et 50 francs d'amende. (*Même ordonn.*)

12. Il est défendu à tous capitaines de bâtiments de charger ou faire

décharger du foin et autres fourrages sur les bâtiments le long des quais; ils ne pourront le faire que lorsqu'ils seront en rade, la veille de leur départ, à peine de 5o francs d'amende. (*Ordonn. du 22 octobre* 1752.)

Garde des bâtiments mouillés dans le port, précautions contre les incendies, dispositions relatives, etc.

13. Il y aura jour et nuit, dans chaque vaisseau ou navire marchand mouillé dans le port, au moins un gardien, qui ne pourra être âgé de moins de vingt ans ni de plus de soixante, à peine de 6oo francs d'amende contre le propriétaire. (*Ordonn. du 14 août* 1719.)

14. Les gardiens seront pourvus par les propriétaires d'une hache et six sceaux qu'ils auront soin de tenir pleins d'eau, deux hansières et deux grelins, avec deux livres de chandelles et deux fanaux, pour s'en servir dans l'occasion, à peine de 25 francs d'amende, payables, conformément à l'ordonnance du 14 août 1719, par les propriétaires. (*Ordonn. du 13 décembre* 1755.)

15. En cas d'incendie dans le port, lorsque le bâtiment portant pavillon amiral tirera deux coups de canon, soit de jour, soit de nuit, tous les gardiens des bâtiments marchands se tiendront prêts à exécuter les ordres qui leur seront donnés par l'officier de port; ils les exécuteront sans délai, sous les peines portées par l'article 475 du Code pénal.

Les officiers de port se porteront sur les lieux; ils feront écarter les bâtiments de celui où le feu aura pris, et sur lequel, après l'avoir fait avancer au milieu du port, ou dehors s'il est possible, ils dirigeront tous les secours disponibles. (*Même ordonn.*)

16. Les officiers de port préviendront de suite de l'événement le maire et le commandant militaire, ainsi que le chef du service de la marine royale.

17. Lorsque les prud'hommes pêcheurs entendront les signaux d'incendie, soit de jour ou de nuit, ils seront tenus de faire équiper le plus grand nombre de bateaux pêcheurs qu'ils pourront, pour se rendre près de la patache, où ils recevront les ordres du capitaine de port, à peine de 2oo francs d'amende; les charpentiers et calfats en feront de même. (*Ordonn. du 13 décembre* 1755.)

18. Les capitaines, officiers et matelots, dont les navires sont mouillés dans le port, seront obligés, au même signal, de se rendre chacun dans leur bord; ils y resteront jusqu'à ce que le feu soit éteint, à peine, contre les officiers et capitaines contrevenants, de trois mois de prison et 4oo francs d'amende. (*Même ordonn.*)

19. Tous les patrons, bateliers, passeurs du port, seront obligés de se rendre, au signal de l'incendie, chacun dans leur bateau, et d'y passer, soit de jour, soit de nuit, tous ceux qui se présenteront pour aller donner du secours, à peine de 10 francs d'amende et trois jours d'emprisonnement à la patache. (*Règlement du 24 avril* 1792.)

20. Dans tous les cas d'incendie, les charpentiers, calfats et autres personnes qui auront donné des secours efficaces, seront payés, conformément à l'ordonnance du 14 août 1719.

21. Il est expressément défendu à tous capitaines, patrons et autres,

de faire du feu sur les quais (permis seulement sur celui de Rive-Neuve, pour le carénage), à peine de 25 francs d'amende.

Il est également défendu de fumer sur les quais, à peine de 3 francs d'amende.

Il est également défendu de faire du feu au carénage, après le soleil couché, sous peine de 50 francs d'amende. (*Ordonn. de la marine de* 1681.)

22. Il est expressément défendu d'avoir ni feu ni lumière sur les navires mouillés ou stationnés dans le port, sous quelque prétexte que ce soit, même d'y fumer, sous peine de 300 francs d'amende, au payement de laquelle seront contraints solidairement les propriétaires et capitaines. (*Ordonn. du* 13 *décembre* 1755.)

23. Tous capitaines ou patrons qui arriveront dans le port de Marseille seront tenus, avant d'y entrer, de débarquer les poudres et artifices qu'ils auront à bord, qu'ils ne pourront rembarquer qu'après qu'ils en seront sortis, à peine de 50 francs d'amende; et, dans le cas où le mauvais temps les forcerait d'entrer dans le port avant de les avoir débarqués, ils mouilleront vis-à-vis la consigne, et les débarqueront dans des bateaux, aussitôt qu'ils seront arrivés, déchargeront l'artillerie, ou les porteront par terre à la poudrière. (*Ordonn. de la marine de* 1681.)

Calfatage, radoubage, etc., des bâtiments mouillés dans le port.

24. Les bâtiments qui seront amarrés du côté des quais de vieille ville ne pourront y être calfatés ni radoubés, sous peine de 30 francs d'amende contre les capitaines et patrons, et, contre les ouvriers qui y travailleront, d'être mis huit jours à la patache.

Les bâtiments qui seront dans le cas d'être abattus, radoubés et calfatés, iront au poste qui leur sera indiqué par le capitaine de port. (*Ordonn. du* 10 *juillet* 1759.)

25. Il est défendu à tous capitaines, patrons, calfats et autres, d'allumer du feu dans les chaloupes, bateaux ou pégoulières, pour y fondre de la rase, brai, goudron, suif ou autres choses, qu'ils ne soient éloignés au moins de 20 toises (quarante mètres) des bâtiments, et ne soient amarrés sur une bouée, et qu'il n'y ait au moins deux hommes, deux sceaux et une pince dans chaque chaloupe, à peine de 50 fr. d'amende. (*Ordonn. de la marine de* 1681.)

Lestage et délestage.

26. Il est défendu à tous capitaines et patrons d'embarquer du lest dans leurs bâtiments, bateaux, chaloupes, etc., à aucun endroit du port, excepté à la pierre de marbre, lieu destiné à cet effet, en se conformant à ce qui est prescrit par l'ordonnance, à peine de 50 francs d'amende contre les capitaines, et de pareille somme contre les lesteurs. (*Même ordonn.*)

27. Nul ne pourra embarquer ni débarquer du lest sans avoir prévenu d'avance le capitaine de port, à peine de 50 francs d'amende. (*Même ordonn.*)

28. Il est expressément défendu d'en embarquer ni débarquer pen-

dant la nuit, et de le jeter à la mer, à peine de 500 francs d'amende.

29. Il est permis à tous capitaines, patrons ou marins, de transborder entre eux du lest, moyennant la permission de l'officier de port, pourvu que leurs bâtiments soient tout à fait approchés l'un de l'autre, et qu'on interpose une voile, natte ou tente entre eux, afin d'empêcher qu'il ne tombe du lest dans le port; et le transbordement ne pourra être effectué que durant le jour et non durant la nuit, à peine de 10 francs d'amende pour chaque contrevenant. (*Même ordonn.*)

Police et conservation des quais.

30. Il est défendu à tous marchands de bois, constructeurs et autres, d'entreposer et laisser sur les quais les bois qu'ils feront débarquer, qu'ils seront tenus de faire enlever au moment du débarquement, à peine de confiscation et de 50 francs d'amende. (*Ordonn. du 22 mai 1759.*)

31. Il est pareillement défendu à tous marchands, propriétaires et autres, de laisser sur lesdits quais, ni de placer le long des maisons, des ancres, bois, pierres, matériaux et autres choses qui obstruent le passage, sous les peines portées au précédent article. (*Même ordonn.*)

32. Il est défendu à tous maçons, bourgeois et autres, d'entreposer des débris de maisons, terres et autres décombres, le long des quais; ils pourront les faire porter sur le quai de Rive-Neuve, vis-à-vis la fabrique de Fouquier, d'où on les embarquera dans les bâtiments, lacons et bateaux, avec les précautions ordinaires, à condition qu'on n'y en transportera qu'autant qu'il pourra en être embarqué le même jour, ne devant point en rester pendant la nuit, à peine de 50 francs d'amende. (*Ordonn. des 17 décembre 1681 et 24 février 1720.*)

33. Il est défendu à tous marchands établis sur les quais de Rive-Neuve de tenir, dans leurs magasins et boutiques, aucune marchandise inflammable, à peine de 50 francs d'amende; ils pourront néanmoins y tenir un baril de brai, un baril de goudron et un baril de soufre, pour fournir aux bâtiments en carène. (*Ordonn. du 27 mai 1755.*)

34. Il est expressément ordonné aux marchands ayant boutique ou table à donner à boire, établis sur le port et aux quais de Rive-Neuve, de n'avoir de lumières que dans des lanternes ou fanaux fermés, à peine de confiscation et de 10 francs d'amende. (*Même ordonn.*)

35. Il est défendu à tous particuliers, marchands et autres personnes, d'emballer sur les quais les caisses et ballots, et d'y entreposer aucune sorte de marchandises qui obstrue la voie publique, et ce, sous la même peine, les palissades n'étant pas comprises dans la présente disposition. (*Même ordonn.*)

36. Il est défendu à toutes sortes de personnes de passer sur les quais du port pavés en briques, avec mulets, chevaux et voitures; et à tous portefaix, rabeirols et autres, d'y passer avec leurs charges, ainsi qu'aux poissonnières : ils seront tenus de passer dans la rue la plus voisine du lieu où ils auront pris leurs charges, à peine de 6 fr. d'amende. (*Ordonn. du 22 décembre 1753.*)

37. Il est défendu à tous charretiers de faire passer leurs charettes, chargées de décombres et cendres de savonneries, sur le quai de Rive-Neuve, depuis le quai Monsieur jusqu'à la pierre de marbre, à peine de 50 francs d'amende. (*Ordonn. de la marine de 1681.*)

38. Il est ordonné à tous maçons, bourgeois et autres, pour qui on débarquera sur le quai de Rive-Neuve des pierres et sable, de n'en mettre sur le quai qu'autant qu'il pourra en être enlevé dans la journée, et après en avoir obtenu la permission du capitaine de port, sous peine de 12 francs d'amende. (*Règlement du 24 avril 1792.*)

Débris des vieux bâtiments.

39. Il est ordonné à tous propriétaires, capitaines ou patrons de bâtiments coulés à fond, soit dans le port, soit dans la passe, de les relever dans l'espace de huit jours, sous peine de confiscation au profit de ceux qui seront chargés, par le capitaine de port, de les relever, et de 100 francs d'amende. (*Ordonn. du 22 octobre 1752.*)

40. Il est défendu de faire démolir aucun bâtiment dans le port, si ce n'est d'après l'autorisation par écrit du capitaine de port, qui ne pourra l'accorder que dans les lieux indiqués par l'ingénieur en chef, et qu'avec les précautions que cet ingénieur trouvera convenables pour prévenir l'encombrement du port.

Dans tous les cas, cette démolition ne pourra être effectuée dans le port que jusqu'à un mètre au-dessus de l'eau; après quoi, le navire sortira du port pour être déchiré sur la plage des Vieilles-Infirmeries; le tout à peine de 50 fr. d'amende et de confiscation. (*Même ordonn.*)

Bouées, balises, signaux.

41. Tout matelot ou autre qui ôtera les bouées, balises ou autres signaux des ancres mouillées dans le port, sera arrêté sur l'ordre des officiers de port, traduit de suite au tribunal compétent, pour y être poursuivi suivant la rigueur des lois de police, sans préjudice des dommages-intérêts des parties.

Police et sûreté des bâtiments.

42. Tous ceux qui causeront des dommages, de quelque manière que ce soit, aux vaisseaux et autres bâtiments mouillés dans le port, tant pour ce qui regarde les câbles, cordages, grapins et autres effets leur appartenant, que pour ce qui peut regarder leur cargaison, seront responsables et traduits, s'il y a lieu, au tribunal compétent, sur l'ordre du capitaine ou autre officier de port, pour être punis selon la rigueur des lois, sans préjudice des intérêts civils.

43. Il est défendu d'acheter de qui que ce soit, si ce n'est du propriétaire, capitaine, patron ou subrécargue des bâtiments marchands, des cordages, câbles, bois, biscuit et autres effets appartenant aux vaisseaux, sous les peines de droit.

44. Il est défendu à toute personne de rôder, une heure après le coup de canon de retraite, jusqu'au coup de canon de diane, avec des bateaux ou chaloupes, autour des bâtiments mouillés dans le port, sous les peines portées par les lois et règlements de police.

Les dispositions du présent article ne sont point applicables aux bateaux de la douane employés au service public, non plus qu'aux bateaux de la marine royale.

Officiers de port.

45. Les officiers de port, dans l'exercice de leurs fonctions, doivent être constamment en uniforme, de même que leurs agents subalternes.

46. Les officiers de port pourront, dans le cas où ils seraient injuriés, menacés ou maltraités, revêtus de leur costume, dans l'exercice de leurs fonctions, requérir la force publique et ordonner l'arrestation des coupables, qui seront traduits devant le tribunal compétent, indépendamment de la destitution, si c'était un subordonné.

Les officiers de port sont tenus de rapporter leurs procès-verbaux dans les délais prescrits par les articles 16, 17 et 18, titre III, de la loi du 13 août 1791.

47. Toutes les permissions accordées par les officiers de port seront délivrées gratuitement, sous peine de destitution.

48. Le capitaine de port sera tenu d'envoyer journellement au commissaire préposé à l'inscription maritime la note des bâtiments qui entreront dans le port.

49. Les officiers de port et leurs agents subalternes feront observer exactement tous les articles du présent règlement de police, et se conformeront, en outre, dans l'exercice de leurs fonctions, à celui du 21 janvier 1808, arrêté par M. le préfet du département, et approuvé par M. le conseiller d'État, directeur général des ponts et chaussées.

De la compétence et application des amendes.

50. Les contraventions au présent arrêté seront déférées aux tribunaux compétents, pour être poursuivies et jugées conformément aux lois et règlements.

51. Sur le produit des amendes destinées au payement des travaux d'entretien du port, une portion pourra être employée par M. le préfet, après en avoir obtenu l'autorisation de son excellence le ministre de l'intérieur, à gratifier les officiers de port, leurs agents et les conducteurs des ponts et chaussées, qui auront mis du zèle dans la surveillance de ce service, et qui auront signalé et fait connaître les contraventions. (*Décret contenant règlement et police pour le port de Gênes, rendu à Bayonne le 17 juillet 1808, et applicable aux ports de Nantes et de Bordeaux, qui, conformément à un autre décret du 30 mai 1808, sont organisés comme celui de Gênes.*)

Ordonnance du roi, du 1er octobre 1817, relative au curage des rivières de l'Essonne et de la Juine, département de Seine-et-Oise.

Louis, etc.; vu la loi du 20 août 1790, qui charge les autorités administratives de rechercher et d'indiquer les moyens de procurer le libre cours des eaux, et d'empêcher que les prairies ne soient submergées par la trop grande élévation des écluses, moulins et autres ouvrages d'art établis sur les rivières;

La loi du 6 octobre 1791, qui attribue aux autorités administratives le droit de fixer la hauteur des eaux;

La loi du 4 mai 1803 (14 floréal an XI), sur le curage des canaux et rivières non navigables;

L'arrêté du préfet du département de Seine-et-Oise, du 30 décembre 1816;

Vu les rapports de l'inspecteur de l'approvisionnement de réserve de la ville de Paris et de l'ingénieur en chef du département de Seine-et-Oise, lesquels exposent que la diminution des eaux d'Essonne, de la Juine et de leurs affluents doit être particulièrement attribuée à l'établissement illicite des hausses sur les déversoirs ou sur les vannes et portereaux des moulins et usines, aux ouvertures pratiquées sans autorisation dans les berges, aux exploitations de tourbe qui, trop rapprochées du canal, ne laissent pas aux rives une épaisseur suffisante pour prévenir les filtrations; enfin, à l'inexécution des anciens règlements locaux sur le curage de ces rivières et des rigoles qui doivent y conduire les eaux des sources voisines;

A quoi voulant pourvoir dans l'intérêt des nombreuses usines que ces rivières mettent en jeu, et qui souffrent de la diminution des eaux, comme aussi dans l'intérêt de l'approvisionnement de Paris, compromis par le chômage des usines, et de la salubrité publique, compromise par le défaut d'écoulement des eaux répandues dans la vallée;

Notre conseil d'Etat entendu,

Nous avons ordonné et ordonnons ce qui qui suit :

Art. 1er. Tous les propriétaires et exploitants d'usines sur le cours de l'Essonne, de la Juine et de leurs affluents dans le département de Seine-et-Oise, seront tenus d'enlever sans délai, sur la sommation qui leur en sera faite, toutes les hausses, de quelque nature qu'elles soient, placées sur les déversoirs des moulins réglés, ou sur les vannes et portereaux de ceux qui ne le sont pas, et particulièrement celles qui sont désignées à la neuvième colonne des quatre tableaux annexés à la présente ordonnance.

Toutefois, si l'exécution de cette mesure occasionnait le chômage de quelques usines, le préfet ferait de suite, sur l'avis de l'ingénieur en chef, les règlements d'eau provisoires qui paraîtraient nécessaires pour remettre ces établissements en activité.

2. Toute réclamation à ce sujet sera adressée au préfet, qui, toutefois, ne pourra statuer qu'après que le réclamant aura, par une déclaration du maire de sa commune, prouvé qu'il s'est conformé à l'article 1er.

3. Il sera établi à l'amont de chaque moulin ou usine un déversoir dont le sommet sera au niveau d'un repère préalablement placé dans le bief supérieur; ces déversoirs devront être construits dans un délai qui sera déterminé par le préfet, et les vannes de décharge dérasées provisoirement à la hauteur des repères susmentionnés.

4. Conformément à l'article 3 du titre II du règlement du 15 mai 1801 (25 floréal an IX), approuvé le 22 juin 1802 (3 messidor an X) par le ministre de l'intérieur, les riverains seront tenus d'arracher, de couper et d'enlever, dans le délai de quinze jours, à partir de la signification qui leur en sera faite, tous les arbres, buissons, branches et barrages quelconques (autres que ceux établis à l'amont des moulins pour arrêter les herbes), désignés dans les tableaux ci-annexés, et qui leur seront indiqués par les préposés dont il va être parlé ci-après.

5. Les propriétaires ou exploitants des moulins et usines seront tenus de faire chaque jour l'entier enlèvement des herbes et corps flottants arrêtés à leurs barrages de précaution.

6. Tout barrage de précaution, à l'usage des usines, qui ne sera pas à claire voie, et qui formera, par sa construction, un obstacle au cours d'eau, sera démoli et reconstruit de manière à éviter cet inconvénient, dans le délai de vingt jours après la signification qui lui en sera faite par le préposé.

7. Conformément à l'ordonnance spéciale de la maîtrise des eaux et forêts, du 13 juillet 1719, les propriétaires ou exploitants des moulins et usines situés sur le cours de l'Essonne et de ses affluents, seront tenus de faucher, curer et éberger les biefs situés au-dessus de leurs moulins sur deux cents mètres de longueur en amont de leurs vannes.

8. Conformément au titre III du règlement du 15 mai 1801 (25 floréal an IX), les propriétaires riverains des rivières d'Essonne, de la Juine et de leurs affluents, seront tenus de faire exécuter, dans le délai de quinze jours après la signification de la présente ordonnance, les curages, ébergements, fauchages d'herbes et roseaux, indiqués aux 3e, 4e et 7e colonnes des tableaux, sur la longueur bordée par leurs propriétés.

Ces travaux devront être faits sur la largeur entière du canal par les propriétaires des deux rives, et sur la moitié de la largeur par les propriétaires riverains d'un côté seulement.

9. Tous les propriétaires sur les terrains desquels il se trouve des sources affluentes à l'Essonne, à la Juine ou aux cours d'eau qui aboutissent à ces deux rivières, seront tenus de curer et faucher, dans le délai de quinze jours, les sources, les rigoles et les fossés qui servent à l'écoulement des eaux.

10. Conformément à l'article 2 du règlement du 25 floréal an IX (15 mai 1801), toutes coupures et ouvertures quelconques pratiquées dans les berges, et pour lesquelles les propriétaires ne pourront justifier d'un titre légitime, et particulièrement celles désignées à la 5e colonne des tableaux généraux joints à la présente ordonnance, seront fermées et bouchées solidement, de manière à intercepter toute filtration, dans le délai de quinze jours après la notification qui en sera faite.

En cas de nouvelle ouverture pratiquée, il en sera dressé procès-verbal par le préposé, si, à la simple réquisition, elle n'est pas bouchée sur-le-champ.

A l'avenir, nul ne pourra pratiquer d'ouvertures dans les berges, sans avoir satisfait à toutes les dispositions prescrites par les lois et règlements.

11. Les renfoncements et rechargements des berges trop basses ou trop faibles, indiqués à la 6e colonne des tableaux, seront exécutés par les riverains, qui seront invités à y procéder sans retard; mais ils ne pourront y être contraints que passé le délai qui sera fixé par le préfet pour l'opération des curages et ébergements généraux prescrits par le règlement de l'an IX (1801).

12. Notre ministre secrétaire d'Etat de l'intérieur fera préparer par le conseil des mines et nous soumettra un règlement spécial pour régulariser l'exploitation de la tourbe dans les vallées de l'Essonne et de la Juine, et pour faire cesser les inconvénients qui résultent pour le

commerce de ce combustible, pour la salubrité, pour la conservation des eaux, et pour l'intérêt de l'agriculture, du mode suivi jusqu'à ce jour.

Provisoirement et jusqu'à la publication de ce règlement, aucune fosse, rigole et tourbière ne pourra être ouverte à une distance des berges moindre de cent mètres.

13. Deux piqueurs des ponts et chaussées seront placés sous les ordres de l'ingénieur chargé du service des moulins et usines dans le département de Seine-et-Oise ; l'un sera chargé de surveiller le cours de l'Essonne depuis son entrée dans le département jusqu'à son embouchure dans la Seine, à Corbeil ; il résidera à Essonne : l'autre surveillera le cours de la Juine depuis son entrée dans le département jusqu'à son embouchure dans l'Essonne ; sa surveillance s'étendra également sur tous les affluents de la Juine ; il résidera à Etampes.

14. Ces deux préposés seront assermentés, ils recevront des ampliations certifiées du règlement du 15 mai 1801, (25 floréal an IX) ; de la présente ordonnance, et des tableaux qui indiquent les contraventions à réprimer et les travaux indispensables à exécuter ; ils signifieront à chaque propriétaire d'usine, ou à chaque riverain, les obligations qui lui sont imposées ; ils dresseront contre les contrevenants des procès-verbaux qu'ils adresseront à l'ingénieur chargé du service des usines ; celui-ci les soumettra au sous-préfet de l'arrondissement ; lequel, conformément au règlement du 15 mai 1801 (25 floréal an IX) et à la présente ordonnance, ordonnera, sans délai et à la diligence du maire de la commune, la répression provisoire du délit ou l'exécution d'office des travaux.

15. Les préposés auront droit aux amendes encourues par les contrevenants ; ils recevront en outre, pour indemnité de frais de tournée et de déboursés, vingt-cinq francs par mois. Cette somme ainsi que leurs traitements seront imputés sur le fonds de la navigation, jusqu'à ce qu'il y ait été pourvu autrement.

16. A défaut, de la part des propriétaires ou exploitants d'usines, et des propriétaires riverains ou des exploitants de tourbières, d'exécuter dans un délai de quinze jours les travaux qui leur seront prescrits en vertu des articles précédents, il y sera pourvu d'office et à leurs frais sur l'ordre du maire, à la réquisition et sous la surveillance du préposé, lequel tiendra note du nombre et du nom des ouvriers employés, du prix et de la durée des travaux.

Ces feuilles d'attachement, certifiées par le maire, visées par l'ingénieur chargé du service des usines et par l'ingénieur en chef, seront arrêtées par le préfet, après que le conseil de préfecture aura condamné les contrevenants aux frais, et, s'il y avait lieu, à l'amende qu'ils auraient encourue ; le montant de ces frais sera rendu exécutoire par le préfet, recouvré de la même manière que les contributions publiques, et délivré aux ouvriers sur les mandats du préfet.

17. Pour solder les frais des opérations déjà faites, et pour assurer le remboursement des frais de reconnaissance et d'opération encore nécessaires pour établir le règlement définitif des rivières d'Essonne et de la Juine, il sera fait un fonds spécial au moyen d'une contribution volontaire des propriétaires d'usines et de moulins.

A cet effet, les propriétaires susdits seront convoqués en assemblée par le sous-préfet, chacun dans l'arrondissement auquel il appartient; ils seront invités à donner leur assentiment à l'établissement de la contribution proposée dans le but d'assurer la répression des abus multipliés qui nuisent aux intérêts publics, la garantie des droits de chacun, et le rétablissement de l'ordre.

Le classement des contribuables sera établi d'après le tableau annexé à la présente ordonnance : ce classement et les propositions de quotes-parts ne seront que provisoires, en attendant que l'on puisse déterminer d'une manière définitive et précise la part contributive de chaque usine en proportion de son intérêt réel.

A défaut de concert entre les contribuables sur le vote et la répartition des cotisations volontaires, il nous en sera référé pour être statué ce qu'il appartiendra.

18. Les dépenses à imputer sur les fonds provenants de ces contributions, seront payées sur des mandats particuliers du préfet, délivrés sur les pièces de dépenses fournies et certifiées par l'ingénieur chargé du service des usines, et visées par l'ingénieur en chef.

19. Toutes les contestations relatives au recouvrement des rôles de la contribution dont il vient d'être parlé, ou des travaux exécutés d'office dans les cas prévus par la présente ordonnance, ou à la confection des travaux, ainsi que les réclamations des individus imposés, seront portées devant le conseil de préfecture, qui prononcera, sauf le recours au conseil d'Etat.

Ordonnance du roi, du 15 octobre 1817, réglant la police du halage de la Seine, entre le port de la Bouille et Rouen.

ART. 1er. Nul navire français ou étranger ne pourra, sans nécessité, mouiller dans la rivière de Seine, vis-à-vis la partie du port où stationnent les bateaux de transport de la Bouille à Rouen.

2. Les navires ou toutes autres embarcations ayant un ou plusieurs mâts, et qui chargent ou déchargent des marchandises le long des rives où le halage a lieu, ne pourront accoster terre que les jours de travail depuis le lever jusqu'au coucher du soleil, et seulement lorsqu'ils seront prêts à effectuer leur chargement ou déchargement.

3. Tous navires ou bâtiments obligés de stationner aux ports qui se trouvent sur la ligne du halage de la Seine, seront tenus d'apiquer leurs basses vergues et celles de hune pour que les bâtiments et voitures d'eau n'en puissent être endommagés.

4. Les petits bateaux stationnant le long de la rivière et dont les mâts auront plus de 2m.60 (8 pieds) seront tenus de les avoir à charnière, afin qu'ils puissent être abattus lors du passage d'un bâtiment servi par le trait du halage.

5. Seront tenus les bâtiments ayant un ou plusieurs mâts, de se retirer tous les jours au coucher du soleil et de mouiller au large pendant la nuit, de manière à laisser entre eux et les rives de la Seine une distance telle que le passage des navires et des bateaux qui se font haler soient entièrement libre et à l'abri de tout accident.

6. Dans tous les bateaux et navires qui seront ancrés dans la rivière

pendant la nuit, il y aura toujours un homme de l'équipage qui fera le quart, ou il y aura un falot aux mâts desdits bateaux et navires pour qu'en cas de rencontre des bateaux de la Bouille et autres, il soit possible de s'éviter.

7. Les maires des communes sur les rives desquelles le halage est établi, les ingénieurs et agents des ponts et chaussées, le capitaine du port, le commissaire, les syndics et autres officiers de marine, les directeurs et employés tant des douanes que de la régie des contributions indirectes, sont spécialement chargés de surveiller l'exécution de la présente ordonnance et de constater les contraventions par des procès-verbaux. Les délinquants seront traduits devant les tribunaux compétents, suivant la nature du délit, pour leur être appliqué les peines et amendes prononcées par les anciennes ordonnances et règlements de police non abrogés.

8. Le commissaire général de la marine de l'arrondissement du Havre transmettra des ordres tant aux officiers et administrateurs de la marine qu'aux préposés, syndics et pilotes lamaneurs sous ses ordres, pour les cas où il y aurait lieu à étendre à nos bâtiments les dispositions ci-dessus.

Ordonnance qui concède la construction de l'écluse de Fresnes (canal de Mons à Condé) (1).

Au château des Tuileries, le 22 octobre 1817.

Louis, etc.; sur le rapport de notre ministre secrétaire d'Etat au département de l'intérieur;

Vu la demande du sieur Honnorez, ancien entrepreneur du canal de Mons à Condé, tendant à être autorisé à construire à ses frais une écluse sur l'Escaut, près le village de Fresnes, au-dessus de Condé, moyennant la concession d'un droit à percevoir sur les bateaux qui passent à cette écluse;

Vu la loi du 25 mars 1817, titre VII, article 124;

Notre conseil d'Etat entendu,

Nous avons ordonné et ordonnons ce qui suit :

Art. 1er. A dater du jour où l'écluse de Fresnes sera livrée à la navigation, et pendant neuf ans, le sieur Honnorez est autorisé à percevoir un droit de vingt-quatre centimes par tonneau sur chaque bateau chargé, et de douze centimes par tonneau sur chaque bateau vide passant à ladite écluse.

2. Pour prix de la concession portée en l'article 1er, le sieur Honnorez sera tenu :

1° De construire à ses frais l'écluse projetée sur l'Escaut près le village de Fresnes, au-dessus de Condé, ainsi que la maison éclusière;

2° D'exécuter, également à ses frais, les barrages, coupures, abaissement de digues, approfondissement du canal et autres ouvrages à faire aux abords de cette écluse, en se conformant pour le tout aux plans et projets approuvés par le directeur général des ponts et chaussées.

---

(1) Voir l'ordonnance royale du 3 septembre 1823.

L'exécution de cette écluse ne sera entreprise que lorsqu'il aura été constaté par un procès-verbal dressé par les ingénieurs militaires et civils, qu'elle n'a aucun inconvénient pour la défense de la place de Condé.

3. Pendant toute la durée de la concession, le sieur Honnorez acquittera le salaire de l'éclusier ; il sera tenu, en outre, de maintenir en bon état toutes les parties de l'écluse.

4. Le sieur Honnorez pourra employer la chute de l'écluse de Fresnes au mouvement d'un moulin, à la charge par lui de payer toutes les indemnités que le propriétaire de l'usine supérieure pourra être en droit de réclamer par suite de l'établissement de l'écluse.

Ces indemnités seront réglées d'après une expertise contradictoire, suivant les formes prescrites par les lois.

5. Le concessionnaire ne pourra, sous aucun prétexte, prétendre à une indemnité à raison des interruptions que la navigation pourra éprouver pendant le temps de sa concession.

Avis du comité de l'intérieur et du commerce, du 31 octobre 1817, relatif à l'établissement des moulins et usines sur les cours d'eau non navigables ni flottables.

Les membres du conseil du roi composant le comité de l'intérieur et du commerce, consultés par son excellence le ministre secrétaire d'Etat au département de l'intérieur sur la question de savoir :

S'il ne serait pas convenable d'assujettir à la formalité d'une ordonnance royale l'établissement des moulins et autres usines sur les cours d'eau non navigables ni flottables, bien que depuis quelque temps il se soit introduit l'usage de les autoriser par de simples arrêtés de préfets, approuvés par le ministre, et que des ordonnances n'aient été exigées que pour les moulins et usines placés sur des rivières navigables et flottables ;

Considérant qu'au roi appartient le droit de faire des règlements d'administration publique ;

Que ce principe a toujours été reconnu ;

Qu'un acte du gouvernement, non rapporté jusqu'à ce jour, l'a appliqué à tous les moulins et usines établis sur des cours d'eau quelconques ;

Que des lois encore subsistantes l'ont appliqué à des matières analogues, nommément la loi du 4 mai 1803 (14 floréal an xi), au curage des cours d'eau non navigables ni flottables ; la loi du 21 avril 1810, aux usines qui emploient le feu ; celle du 15 octobre même année, aux fabriques insalubres de première classe ;

Que pendant longtemps on n'a point hésité à accorder aux usines placées sur des cours d'eau non navigables ni flottables la même importance qu'aux établissements ci-dessus, et qu'il se trouve dans le Bulletin des lois plusieurs décrets qui en autorisent, notamment un du 30 frimaire an xi et un autre du 12 novembre 1811 ;

Considérant en outre :

Que l'établissement d'un nouveau moulin peut influer sur la marche de ceux qui ont été construits au-dessus et au-dessous, et que cette influence peut s'étendre même hors des limites d'un département;

Qu'en général les dispositions relatives à la hauteur des eaux, aux barrages, etc., ne sont pas moins importantes que celles qui se rapportent au curage;

Que des règlements faits à cet égard il peut résulter non-seulement des *obligations* pour un grand nombre d'individus, mais encore pour certains particuliers des *titres* que le Code civil oblige les tribunaux de respecter, qui deviennent, par conséquent, des *propriétés transmissibles*, auxquelles on ne peut donner trop d'authenticité et de fixité;

Sont d'avis qu'il est à propos de consacrer par des ordonnances l'établissement des nouveaux moulins et autres usines, ainsi que tout règlement général concernant un cours d'eau dans son ensemble.

Ordonnance du roi qui autorise les sieurs Pineau frères à établir des bains publics sur une partie de la cale du quai de Saumur.

Au château des Tuileries, le 10 janvier 1818.

ART. 1er. Les sieurs Pineau frères sont autorisés à établir des bains publics sur une partie de la cale du quai de Saumur, département de Maine-et-Loire, au pied du grand mur de ce quai, en amont du pont Neuf et en face de l'hôtel de ville, conformément au plan annexé à la présente ordonnance; seulement l'axe du bâtiment des bains, A. B., sera transporté sur le prolongement de l'axe de l'hôtel de ville, A. B.

2. Le terrain nécessaire à cet établissement est concédé aux sieurs Pineau frères, à la charge par eux de fournir annuellement à l'administration des ponts et chaussées, et pour la valeur de 36 fr., des matériaux propres aux entretiens de la cale.

3. La présente concession est faite sous la condition expresse que les sieurs Pineau frères démoliront à la première réquisition qui leur en sera faite, les bâtiments qu'ils auront élevés, et qu'ils rétabliront les lieux dans leur état primitif, dans le cas où le gouvernement réclamerait, pour l'exécution de quelque projet d'utilité publique, le terrain occupé par l'établissement ci-dessus, et sans que, pour cela, ils puissent prétendre à aucune espèce d'indemnité.

Ordonnance du roi, du 21 janvier 1818, faisant concession à M. de Gardanne des mines de houille de Saint-Martin-de-Renacas.

LOUIS, etc.; vu la pétition présentée au préfet du département des Hautes-Alpes, le 13 novembre 1816, par le maréchal de camp Claude Mathieu, comte de Gardanne, à l'effet d'obtenir la concession des mines de houilles existantes dans le domaine qu'il possède en la commune de Saint-Martin-de-Renacas, canton de Reillane, arrondissement de Forcalquier;

Le plan en triple expédition de l'étendue et des limites de la concession demandée;

Extraits du rôle des contributions payées en divers lieux par le comte de Gardanne, desquels il résulte qu'il a été imposé pour l'année 1816 à une somme totale de quatre mille cinq cent cinquante francs trente-neuf centimes;

Le projet de cahier des charges rédigé par l'ingénieur des mines, le 1er février 1817, accepté par le pétitionnaire le 7 juillet suivant;

Les certificats de publication, affiches et de non-opposition à sa demande, délivrés par les maires de Limel, Saint-Martin-de-Renacas, Digne et Forcalquier, les 31 mars, 7 et 9 juillet;

L'avis du sous-préfet de Forcalquier, en date du 20 avril 1817;

Le rapport de l'ingénieur des mines, du 2 juillet 1817;

L'arrêté du 18 du même mois, par lequel le préfet des Basses-Alpes déclare qu'il y a lieu à faire droit à la demande, sauf les clauses et conditions énoncées audit arrêté;

La délibération du conseil général des mines, présidé par notre directeur général des ponts et chaussées et des mines, et adopté par lui, le 16 septembre suivant;

Notre conseil d'Etat entendu,

Nous avons ordonné et ordonnons ce qui suit :

Art. 1er. Il est fait concession au maréchal de camp Claude Mathieu, comte de Gardanne, des mines de houille de Saint-Martin-de-Renacas, canton de Reillane, arrondissement de Forcalquier, département des Basses-Alpes, dans une étendue d'un kilomètre soixante hectomètres carrés, limitée conformément au plan joint à la présente ordonnance, comme suit, savoir :

Au levant, par le chemin de Dauphin à Malcor, jusqu'au point de rencontre avec le ruisseau des Charbonnieres, et par ledit ruisseau jusqu'à sa jonction avec celui de l'Osselet;

Au midi, par le ruisseau de l'Osselet jusqu'à l'embouchure du ravin de Ferrandy; par ledit ravin jusqu'à sa jonction avec celui du Rampaud; par celui-ci jusqu'aux Patagonis, et du chemin des Patagonis jusqu'à sa rencontre avec celui de Manosque;

Au couchant, par le chemin de Manosque jusqu'à sa rencontre avec le sentier du Rampaud; par ce sentier jusqu'à sa rencontre avec celui des Charbonnières;

Au nord, par une ligne droite tirée de ce dernier point à la source du ruisseau des Charbonnières; de là par le chemin de Dauphin à Saint-Martin, jusqu'au point de rencontre avec le chemin de Dauphin à Malcor.

2. L'impétrant payera annuellement, entre les mains du receveur de l'arrondissement, les redevances fixes et proportionnelles établies par la loi du 21 avril 1810, et le décret du 6 mai de la même année.

3. Conformément aux articles 6 et 42 de ladite loi, il payera aux propriétaires de la surface une rente annuelle de 25 centimes par hectare de terrain compris dans l'étendue de sa concession.

4. L'impétrant payera en outre aux propriétaires de la surface les indemnités voulues par les articles 43 et 44 de la même loi, relativement aux dégâts et non-jouissances de terrains occasionnés par l'exploitation.

5. Il se conformera exactement au mode d'exploitation et aux clauses et conditions prescrites par le cahier des charges par lui souscrit le 7 juillet 1817, dont copie demeurera annexée à la présente ordonnance.

6. Il sera soumis aux lois, instructions et règlements intervenus ou à intervenir sur le fait des mines.

Ordonnance du roi, du 11 mars 1818, relative à la fixation et hauteur des eaux, ainsi qu'au faucardement et curage des rivières du département de l'Aisne, sur lesquelles il existe des usines, des déversoirs et des vannes.

Louis, etc.; vu les lois des 20 août 1790, 6 octobre 1791 et 4 mai 1803 (14 floréal an xi) ; vu le projet de règlement présenté par le préfet du département de l'Aisne ;

Notre conseil d'Etat entendu,

Nous avons ordonné et ordonnons ce qui suit :

Titre Ier. *Fixation de la hauteur des eaux.* — Art. 1er. La hauteur des eaux des rivières et ruisseaux du département de l'Aisne, sur lesquels il existe des usines, des déversoirs ou des vannes, ne pourra, à l'amont de chaque bassin et dans toute l'étendue du reflux, être maintenue à moins de seize centimètres au-dessous des terrains naturels les plus bas.

Néanmoins, il n'y aura lieu à prescrire l'exécution du présent article, que là où elle sera réclamée et jugée nécessaire ; et, dans tous les cas, cette exécution devra être subordonnée aux droits précédemment acquis en vertu de titres authentiques.

2. La hauteur à laquelle les eaux pourront être retenues dans chaque bassin sera fixée par un repère invariable et contre-repère sur une maçonnerie permanente.

Toute fixation ainsi faite donnera lieu à un procès-verbal, lequel sera dressé en présence du maire et des parties intéressées, et rédigé en triple expédition, pour être déposé à la préfecture, au tribunal de l'arrondissement et à la mairie.

3. Partout où les opérations réglées par les articles précédents auront été exécutées, les vannes et déversoirs seront immédiatement coupés ou baissés de manière à ne pouvoir retenir les eaux au-dessus de la hauteur déterminée.

4. Les propriétaires ou fermiers des usines seront responsables de la conservation des repères. Toutes les fois que les eaux en excéderont la hauteur, ils seront tenus de lever leurs vannes de décharge, afin de procurer un débouché suffisant. Faute par eux de remplir cette obligation, ils deviendront garants des dommages, et passibles des peines prononcées par les lois, sans préjudice des mesures de police que des circonstances urgentes pourraient commander.

5. En cas d'inexécution de l'article précédent, les vannes pourront être, d'office et à la diligence du maire, levées et cadenassées aux frais de qui de droit.

6. Lorsque les eaux seront à la hauteur déterminée, il ne pourra leur être donné d'écoulement que celui destiné au service des usines, sauf les droits d'irrigation consacrés par les lois.

7. L'ingénieur en chef, après toute reconnaissance que de besoin, proposera au préfet les dispositions qu'il croira nécessaires pour assu-

rer, relativement à chaque usine et au libre cours des eaux, l'exécution de la présente ordonnance. Ces propositions, lorsqu'elles auront en vue des mesures nouvelles et qui ne seront pas de simple exécution, devront être soumises par le préfet, et avec son avis, à l'approbation de notre directeur général des ponts et chaussées.

Les ingénieurs seront chargés de la surveillance et de la réception des ouvrages, ainsi que du placement et de la reconnaissance des repères. Les frais seront supportés par les propriétaires des usines, et concurremment par les propriétaires riverains, si les travaux intéressent en même temps ces derniers.

TITRE II. *Faucardement et curage.* — 8. Les ordres nécessaires seront donnés par le préfet du département de l'Aisne pour le faucardement et le curage des rivières et ruisseaux, ainsi que des fossés servant à des desséchements communs ou à l'écoulement des eaux pluviales.

Le faucardement aura lieu deux fois par an, du 1er au 10 juin, et du 20 au 30 août.

Les curages seront prescrits et les époques en seront fixées sur les demandes des maires et les propositions de l'ingénieur en chef.

9. Les travaux ordonnés par l'article précédent seront faits sur les rivières non navigables, savoir :

Par les propriétaires ou fermiers des moulins et usines, dans toute l'étendue du remont et en aval jusqu'au point où le cours d'eau reprend son régime ordinaire (si mieux n'aiment les propriétaires riverains les faire eux-mêmes) ;

Et par chaque propriétaire riverain le long de sa propriété, pour toutes les autres parties du cours d'eau.

La tâche imposée à chacun sera déterminée d'avance afin d'éviter les contestations. Celles-ci, s'il s'en élève, seront jugées administrativement.

10. A l'expiration des délais, les maires s'assureront si les travaux prescrits et réglés en vertu des articles 8 et 9 ont été exécutés.

Dans le cas de non-exécution, et après avoir entendu, sur les causes de retard, de négligence ou de refus, les personnes tenues à ces dépenses, ils rendront compte au préfet, qui pourra ou accorder un nouveau délai, ou ordonner, aux frais de ces derniers, la confection desdits travaux.

L'état de ces frais, ainsi que de tous autres frais à répéter, ou de dépenses à répartir en vertu de la présente ordonnance, sera arrêté et rendu exécutoire par le préfet, pour être recouvré de la même manière que les contributions directes.

11. Les travaux de faucardement et de curage pourront, sur la demande des personnes intéressées et l'autorisation du préfet, être exécutés par adjudication, sauf à n'y pas comprendre la portion de travaux concernant des coïntéressés qui, n'ayant pas pris part à la demande dont il vient d'être parlé, voudraient remplir eux-mêmes et séparément leur tâche.

Dans ce dernier cas, les travaux ainsi séparés devront être exécutés et terminés en même temps que les travaux adjugés, faute de quoi il y aura lieu d'appliquer les dispositions de l'article 10.

12. Les contraventions au présent règlement seront constatées concurremment par les maires ou adjoints, les commissaires de police, les

ingénieurs et conducteurs des ponts et chaussées, les agents de la navigation, la gendarmerie et les gardes champêtres.

Ordonnance du roi, du 25 mars 1818, portant acceptation des offres faites pour la construction d'un pont à Milhaud.

Louis, etc.; vu la soumission souscrite par quatre-vingt-trois actionnaires qui offrent d'exécuter à leurs frais un pont en pierre, à Milhaud, sur la rivière du Tarn, moyennant la concession d'un droit de péage sur ce pont pendant cinquante-cinq ans ;

Vu les plans, devis et détails estimatifs des travaux dressés par l'ingénieur des ponts et chaussées de l'arrondissement de Milhaud;

Vu les avis du préfet du département de l'Aveyron, de l'ingénieur en chef des ponts et chaussées du même département, de l'inspecteur divisionnaire et de notre conseil général des ponts et chaussées ;

Vu l'article 11 de la loi du 14 floréal an x et l'art. 124 de la loi sur les finances, du 25 mars 1817;

Notre conseil d'Etat entendu,

Nous avons ordonné et ordonnons ce qui suit :

Art. 1er. Les offres faites, le 22 août 1817, par quatre-vingt-trois actionnaires pour la construction d'un pont à Milhaud, sur la rivière du Tarn, sont acceptées aux conditions suivantes :

1° Lesdits actionnaires sont autorisés à construire à leurs frais, sur le Tarn, à Milhaud, un pont en pierre, conformément aux plans, devis et détails estimatifs approuvés par notre directeur général des ponts et chaussées, et sous la direction et surveillance de l'ingénieur qu'il désignera à cet effet.

2° La construction du pont devra être terminée dans l'espace de trois années à partir de la présente ordonnance; en conséquence, les actionnaires seront tenus de fournir à la dépense à raison d'un tiers chaque année.

3° Pour se rembourser de leurs avances, en capital et intérêts, les actionnaires percevront sur le pont, à partir du jour où il sera rendu viable, et pendant cinquante-cinq années, un droit de péage conformément au tarif ci-après.

4° Les réparations nécessaires pour l'entretien du pont, suivant les devis qui en seront dressés par l'ingénieur des ponts et chaussées, ainsi que les frais de perception et accessoires, seront à la charge des actionnaires pendant toute la durée de leur jouissance du péage; les abords seront faits par les actionnaires, mais ensuite ils seront entretenus aux frais du gouvernement.

5° Si, pendant la durée de la construction, la totalité ou une partie des travaux faits étaient détruits par une cause de force majeure, et s'il en résultait que la dépense totale de la construction excédât la somme de 150,000 francs, les actionnaires seront tenus d'y pourvoir; et, dans ce cas, la durée du péage à leur profit sera prolongée d'un nombre d'années égal à chaque somme de 3,000 francs, qu'ils seront obligés de fournir.

6° Si, pendant la durée du péage au profit des actionnaires, le pont éprouvait quelque dégradation extraordinaire, par cause de force majeure, et que les frais de la réparation n'excédassent pas 33,000 fr., les actionnaires pourront être tenus de pourvoir à cette dépense, et la durée de la perception à leur profit sera prolongée dans la proportion ci-dessus exprimée.

7° Dans le cas où, par suite de dégradations, le passage du pont serait interrompu, les actionnaires devront pourvoir au passage au moyen de bacs; les produits du péage des bacs leur appartiendront, et il leur sera accordé une prolongation de jouissance du péage proportionnée aux dépenses qu'ils auront faites pour se procurer les bacs, et à la différence qui se trouverait entre les produits du péage des bacs et celui du pont.

8° Dans le cas où ce pont serait mis entièrement hors d'état de servir, et où il serait nécessaire d'avoir recours de nouveau à l'établissement des bacs, la concession gratuite en sera accordée à des entrepreneurs pour un nombre d'années double de celui qui resterait à courir pour le péage du pont.

9° Les actionnaires nommeront leurs commissaires et leur trésorier; les employés à la perception seront également nommés et révocables par eux; mais ils devront être agréés par le maire.

2. Il sera perçu au passage du pont les droits ci-après; savoir :

	fr	c.
Par personne.	»	05
Par cheval, mulet ou âne chargé ou non chargé, non compris le conducteur.	»	05
Par voyageur avec son cheval.	»	15
Par bœuf, vache ou taureau.	»	07 ½
Par veau ou porc.	»	05
Par mouton, brebis ou chèvre.	»	01 ¼
Pour une voiture suspendue, attelée d'un cheval ou mulet, avec son conducteur.	»	60
Pour idem à deux chevaux ou mulets.	»	75
Pour idem à quatre roues et un cheval ou mulet.	»	75

Non compris les voyageurs qui sont dans la voiture et qui payeront comme les personnes à pied.

Chaque cheval attelé de plus payera 25 centimes.

Pour une voiture à quatre roues, à deux chevaux ou mulets.	1	»
Pour idem à trois chevaux ou mulets.	1	25
Pour une charrette ou char à un collier, traîné par cheval ou bœuf, y compris le conducteur.	»	40
Pour idem à deux colliers.	»	60
Pour idem à trois colliers.	1	»
Pour idem à quatre colliers.	1	25

Chaque collier de plus payera 25 centimes.

3. Sont exempts des droits de péage :

1° Le préfet, le sous-préfet en tournées, le maire de Milhaud, le juge de paix du canton, les ingénieurs et conducteurs des ponts et chaussées, les employés des contributions indirectes et les gendarmes, lorsqu'ils se transporteront pour l'exercice de leurs fonctions;

2° Les généraux, officiers, employés militaires, sous-officiers et soldats voyageant en troupe ou séparément, à charge de représenter une feuille de route ou ordre de service;

3° Les trains d'artillerie, caissons militaires, ainsi que les conducteurs;

4° Les habitants de la commune de Milhaud jouiront, pour le passage du pont, de toutes les exemptions dont ils jouissent actuellement pour le passage des bacs.

4. Les contestations relatives à l'application et à la quotité des droits seront jugées sommairement et sans frais, suivant les règles établies pour la perception des droits d'octroi.

Il y aura constamment jour et nuit, sur le pont, un employé pour que le passage ne soit pas interrompu.

Loi du 10 avril 1818, qui autorise l'acceptation de l'offre faite pour l'achèvement du pont de Bordeaux (1).

ART. 1er. L'offre faite par les sieurs Balguerie, Sarget et compagnie, et autres négociants et capitalistes de Bordeaux, de prêter deux millions de francs pour concourir à l'achèvement du pont actuellement en construction à Bordeaux, est acceptée.

2. Toutes les clauses et conditions stipulées, soit à la charge de l'État, soit à la charge des soumissionnaires, dans les actes souscrits les 17 novembre 1817, 9 janvier et 28 février 1818, recevront leur pleine et entière exécution. Lesdits actes, ainsi que le tarif du droit de péage à percevoir sur le pont de Bordeaux pour rembourser les soumissionnaires de la somme prêtée et leur assurer l'indemnité de leurs avances, demeureront annexés à la présente loi.

Soumission de deux millions de francs, pour l'achèvement du pont de Bordeaux.

Nous soussignés, stipulant et nous obligeant chacun en notre nom et jusqu'à concurrence des sommes pour lesquelles nous souscrivons la présente soumission;

Animés du désir d'accélérer l'achèvement du pont de Bordeaux et de concourir ainsi à la réalisation des vues paternelles de Sa Majesté pour la prospérité de notre patrie,

Contractons, moyennant la pleine et entière exécution de toutes les conditions ci-après exprimées, l'engagement de verser dans la caisse du receveur général du département une somme de deux millions de francs, en seize payements égaux, dont le premier aura lieu le 1er janvier 1818, et les autres de trimestre en trimestre.

Cette somme sera employée à la construction du pont de Bordeaux, et le versement en sera par nous effectué aux clauses et conditions suivantes :

1° Pour tenir lieu aux soumissionnaires du capital qu'ils auront

_____

(1) Une ordonnance royale du 22 avril 1818 a autorisé la société anonyme formée sous le titre de *Compagnie du pont de Bordeaux*, pour l'exploitation de cette entreprise.

versé, et pour leur assurer une juste indemnité de cette avance, il leur sera concédé, spécialement et par privilége, un droit de péage à percevoir au passage du pont de Bordeaux, d'après le tarif annexé à ces présentes (1), et signé, pour ne varier, par les soumissionnaires.

Ce droit sera perçu au profit de la société anonyme qu'ils ont l'intention de former sous le titre de *Compagnie du pont de Bordeaux*, après en avoir sollicité et obtenu l'autorisation de Sa Majesté. La durée de cette perception sera de quatre-vingt-dix-neuf années, à commencer du jour où la société aura été mise en jouissance.

Le tarif de ce droit de péage ne pourra être modifié, changé ou modéré pour quelque cause que ce soit. Si toutefois il arrivait pendant le cours desdites quatre-vingt-dix-neuf années quelque changement dans le titre actuel des monnaies ou dans leur nature, s'il survenait une augmentation dans la valeur du marc d'argent, la compagnie pourra réclamer que le tarif soit proportionnellement augmenté : elle aura aussi la faculté de diminuer le taux des articles dudit tarif qui lui en paraîtraient susceptibles.

2° Le gouvernement sera obligé de faire parachever le pont et tous ses accessoires dans le courant de l'année 1821, et ce, conformément aux plans et projets approuvés, le 21 septembre 1815, par M. le directeur général des ponts et chaussées, et d'en livrer le passage libre, entier et sans obstacle pour les piétons, chevaux et voitures de toute espèce, au plus tard le 1er janvier 1822; d'en rendre, pendant toute la durée de la concession, les abords, la chaussée et les trottoirs faciles et commodes aux voyageurs, de construire et entretenir les corps de garde, bureaux, loges et autres accessoires nécessaires pour la perception; d'établir les lanternes, lampes et réverbères pour l'éclairage; et enfin de mettre, à cette époque, la compagnie en possession parfaite du droit de péage, et de l'en faire jouir sans trouble ni empêchement quelconque.

3° Dans le cas où la compagnie ne serait pas mise en jouissance du péage au 1er janvier 1822, le gouvernement sera obligé de lui payer une indemnité calculée, pour chaque jour de retard, sur un produit annuel du péage supputé sur le pied de deux cent vingt mille francs bruts, et sous la retenue d'un dixième ou vingt-deux mille francs par année; plus, des frais de perception, estimés à dix mille francs : en sorte que cette indemnité serait de cent quatre-vingt-huit mille francs pour chaque année de retard de mise en jouissance, et de cinq cent quinze francs six centimes cinq sixièmes pour chaque jour de la durée dudit retard.

Ladite indemnité sera payée, au cas prévu, semestre par semestre, et par la caisse du receveur général du département de la Gironde.

Si, par un événement ou par une cause quelconque, le retard de la mise en jouissance se prolongeait jusqu'à trois ans, la compagnie aura la faculté de faire inscrire en rentes sur le grand-livre, et au cours du jour: 1° la somme qui lui sera due pour indemnité des trois ans écoulés, et dont elle n'aurait pas été payée; 2° cent quatre-vingt-huit mille francs de rente pour le remboursement du capital représentant le produit du péage.

(1) Voir le tarif au Bulletin des lois.

4° Tous les ouvrages nécessaires pour l'entretien et les réparations ordinaires du pont seront, ainsi que les réparations grosses et extra-ordinaires, à la charge du gouvernement, pendant lesdites quatre-vingt-dix-neuf années, la compagnie ne demeurant chargée que d'entretenir la propreté sur le pont, de l'éclairer pendant la nuit, et de faire à ses frais la perception du droit de péage, sans qu'aucune autre obligation quelconque lui puisse être imposée pour quelque cause que ce soit.

5° L'administration des ponts et chaussées tiendra constamment en magasin, en bon et parfait état, tous les objets nécessaires pour l'entretien du pont, et pour pourvoir aux réparations que les circonstances pourraient exiger.

6° Pendant les quatre-vingt-dix-neuf années, il sera prélevé chaque année, pour le gouvernement, un dixième du produit brut du péage; lequel dixième sera versé, chaque semestre, dans une caisse à deux clefs, dont l'une demeurera entre les mains de M. le préfet du département, et l'autre dans celles des directeurs de la compagnie.

Les sommes qui proviendront de ce prélèvement seront exclusivement destinées à l'entretien du pont, sans que, par quelque motif que ce soit, elles puissent être appliquées à aucune autre dépense; et dans le cas où lesdites sommes seraient insuffisantes, le gouvernement sera tenu d'y pourvoir de manière que le service du pont et la perception du péage n'en puissent être gênés ni interrompus.

Les dépenses à acquitter par cette caisse le seront sur de simples mandats de M. le préfet, sans aucune autre formalité.

Les sommes qui excéderaient chaque année les besoins seront tenues en réserve dans ladite caisse pour fournir aux dépenses extraordinaires d'entretien ou de réparations utiles ou nécessaires pendant les années subséquentes.

7° Après que la compagnie aura été mise en jouissance du droit de péage, les interruptions que sa perception pourrait éprouver par quelque cause que ce soit, donneront lieu au payement de l'indemnité fixée par l'article 3 ci-dessus, dans les mêmes proportions et dans la même forme qui y sont spécifiées.

Si cette interruption durait plus de trois ans, la compagnie jouirait de la faculté qui lui est assurée par le même article 3 ci-dessus.

8° La compagnie pourra charger les directeurs qu'elle aura nommés de se former en commission sous la présidence de M. le préfet du département, pour prendre connaissance de l'emploi des fonds destinés à l'entretien du pont, demander toutes communications et faire toutes représentations et réclamations utiles à ses intérêts.

9° Les contestations qui pourraient s'élever relativement à l'exécution des clauses et conditions ci-dessus, seront jugées administrativement par le conseil de préfecture du département, sauf le recours au conseil du roi.

Les soussignés s'engagent et se soumettent à exécuter dans leur intégrité toutes les obligations par eux ci-dessus contractées, à compter du jour où Sa Majesté aura sanctionné et promulgué la loi qui consacrera les stipulations portées en la présente soumission, laquelle ne forme dans toutes ses conditions qu'un tout indivisible, et ne sera obligatoire pour les soussignés qu'à compter de ladite promulgation.

Dans le cas où leurs offres seraient accueillies, les soussignés supplient Sa Majesté de daigner ordonner la construction d'un pont sur la Dordogne, et de faire donner à la compagnie, antérieurement à tout autre, connaissance des conditions auxquelles il plairait à Sa Majesté de traiter de cette construction.

Bordeaux, le 17 novembre 1817.   (*Suivent les signatures.*)

Nous soussignés, ayant pris connaissance des observations faites par M. le préfet de la Gironde, comte de Tournon, et exprimées dans sa lettre du 8 de ce mois à MM. les commissaires délégués par nous pour faire agréer les offres contenues dans notre soumission du 17 novembre dernier qui précède, sommes convenus d'y ajouter ce qui suit :

1° Lorsque les produits bruts du péage du pont de Bordeaux n'atteindront pas cent quatre-vingt-dix mille francs par an, le gouvernement versera, pour chacune de ces années, dans la caisse des actionnaires, la moitié de la différence entre la somme perçue et celle de cent quatre-vingt-dix mille francs, laquelle aura été déterminée par le règlement du compte rendu aux actionnaires pour lesdites années.

Lorsqu'au contraire les produits bruts du péage, réglés par le même mode, dépasseront la somme de deux cent cinquante mille francs par an, le gouvernement recevra du caissier du pont, pour chacune de ces années, et au moment du payement du dividende, la moitié de la somme qui excédera celle ci-dessus de deux cent cinquante mille francs.

Cet article n'apporte aucun changement au prélèvement du dixième accordé au gouvernement, ainsi qu'il est stipulé au premier paragraphe de l'art. 6 de notre soumission.

2° Il est bien entendu que la rente demandée par les art. 3 et 7 de notre soumission du 17 novembre dernier, en indemnité de la non-jouissance du pont pendant plus de trois années, n'aura pas une durée plus longue que les quatre-vingt-dix-neuf années de jouissance du péage, et qu'elle cesserait entièrement et serait éteinte à l'expiration desdites quatre-vingt-dix-neuf années.

Nous entendons, du reste, laisser dans toute leur force et teneur les articles de notre soumission du 17 novembre dernier auxquels il n'est point dérogé par ces présentes.

Fait et signé en double, à Bordeaux, en l'hôtel de la Bourse, le 9 janvier de l'an 1818.   (*Suivent les signatures.*)

Je soussigné, stipulant pour la maison Balguerie, Sarget et compagnie de Bordeaux, et me portant fort en son nom, pour les autres négociants et capitalistes qui ont souscrit au prêt de deux millions trois cent mille francs, à l'effet de concourir à l'achèvement du pont de Bordeaux, et à servir les intérêts du capital de deux millions jusqu'à l'époque de la mise en jouissance du péage du pont, ainsi qu'il résulte des soumissions souscrites les 17 novembre 1817 et 9 janvier 1818, et de l'acte de société anonyme des mêmes dates,

Déclare, au nom des soumissionnaires, consentir :

1° Que le troisième paragraphe de l'art. 3 de la soumission du 17 novembre 1817 soit modifié et rédigé ainsi qu'il suit :

« Si, par un événement ou par une cause quelconque, le retard de la mise en jouissance se prolongeait jusqu'à trois ans, la compagnie

» aura la faculté d'exiger du trésor le remboursement du capital de
» deux millions prêté, ainsi que des trois cent mille francs versés en
» sus pour servir les intérêts jusqu'à la mise en jouissance du péage;
» et l'indemnité, en cas de non-jouissance, lui sera payée, comme il
» est dit ci-dessus, jusqu'au jour du remboursement, à raison de cent
» quatre-vingt-huit mille francs par an; »

2° Que le deuxième paragraphe de l'art. 7, portant que, si après que
la compagnie aura été mise en jouissance, l'interruption durait plus
de trois ans, la compagnie jouirait de la faculté qui lui est assurée par
l'art. 3, sera considéré comme non écrit;

3° Que l'art. 2 de la soumission additionnelle du 9 janvier 1816 sera
également considéré comme non écrit.

Fait à Paris, le 28 février 1818.   *Signé* PIERRE BALGUERIE.

---

*Propositions d'une commission sur les formalités à remplir pour autoriser
les établissements d'usines sur tous les cours d'eau sans exception.*

Paris, le 15 avril 1818 (1).

TITRE 1er. *Dispositions préliminaires.* — 1° Une ordonnance royale
est nécessaire pour autoriser un nouvel établissement de moulins et
usines sur toute espèce de cours d'eau, qu'ils soient ou non navigables
ou flottables, et quels que soient les propriétaires ou entrepreneurs de
l'établissement projeté.

Cette ordonnance est rendue dans la forme d'un règlement d'administration publique, qui sera toujours précédé d'une enquête *de commodo et incommodo.*

2° Une ordonnance royale dans la même forme est également nécessaire lorsqu'il s'agit de faire des changements aux anciennes usines, en
ce qui concerne l'usage des eaux ou la nature de l'exploitation.

3° Lorsqu'il y a concurrence dans la demande, la préférence est due
à celui qui a le plus de droits acquis sur l'usage du cours d'eau ou sur
la propriété de ses rives. A égalité de droits, l'antériorité de date doit
l'emporter, sauf le cas où les usines projetées étant d'une nature
différente, l'une d'elles offrirait aux besoins de la localité et aux progrès de l'industrie des avantages désirés et reconnus supérieurs.

4° Si l'usine projetée est de nature à inspirer une rivalité de profession, toute opposition qui ne serait basée que sur les prétendus inconvénients de ce genre de concurrence sera rejetée. Cependant, pour les
usines qui emploient le feu indépendamment de l'eau motrice, la concurrence sera prise en considération, dans le cas où la rareté du combustible ne permettrait pas d'alimenter plusieurs usines à la fois.

5° Une autorisation accordée ne confère aucune garantie de succès;
l'ingénieur et l'administrateur ne préjugent ni les qualités ni les défauts

---

(1) Ces propositions étaient destinées à devenir la base d'une instruction ministérielle; M. le directeur général des ponts et chaussées n'a pas cru devoir les adopter, et en
conséquence elles ne peuvent être considérées que comme des conseils sur la conduite à
suivre dans les affaires de ce genre.
Voir la circulaire intervenue sur cet objet, le 16 novembre 1834.

de la machine projetée : toute entreprise de ce genre est aux risques et périls du concessionnaire.

6° Tout individu qui fait une demande est averti de prendre une communication préalable de la présente instruction dans les bureaux de la préfecture.

7° En cas de contestation sur l'emploi des eaux, soit entre les propriétaires d'anciennes usines, soit entre eux et les riverains, pour prises d'eau et irrigation; généralement dans tous les cas qui détermineront l'administration à recourir au ministère des ingénieurs pour informer sur les cours d'eau, il sera procédé par eux d'après les règles posées dans la présente instruction, et, lorsque le texte ne sera pas littéralement applicable à l'espèce, ils opéreront par analogie.

TITRE II. *Formalités à remplir par le requérant, par le préfet, par le sous-préfet et par le maire, pour l'enquête* de commodo et incommodo. — 8° Celui qui veut ériger un nouveau moulin, ou modifier l'usage des eaux et la nature de l'exploitation d'une ancienne usine, adresse sa pétition au préfet.

9° Dans cette pétition, il indique l'objet de sa demande et la durée présumée de l'exécution du projet; il fait connaître la largeur qu'il se propose de donner à la vanne du coursier de la roue motrice; il déclare de combien il entend faire gonfler les eaux au-dessus de leur hauteur naturelle en amont de ladite vanne, et de combien il veut les abaisser en aval.

10° Il joint à sa pétition un certificat du maire, qui constate que le pétitionnaire est propriétaire, ou qu'il a obtenu le consentement écrit du propriétaire du sol sur lequel il veut bâtir son usine, et des deux rives sur lesquelles il a le projet d'asseoir les extrémités des digues, barrages ou déversoirs, les culées de pont, les bajoyers d'écluse, et tous autres ouvrages que nul n'a le droit d'entreprendre sur la propriété d'autrui.

11° Faute d'avoir produit ces pièces bien et dûment légalisées, il ne sera pas donné de suite à sa pétition.

12° Le préfet, après avoir reconnu que la pétition est en bonne forme, en fait le renvoi au sous-préfet avec ordre de la faire afficher dans toutes les communes intéressées, et de charger le maire du lieu de l'établissement projeté de faire sur l'objet de la demande une enquête *de commodo et incommodo.*

13° Chaque maire fait afficher la pétition à la porte principale de la maison commune; cette affiche demeure posée pendant l'espace de vingt jours; elle contient l'invitation à ceux qui auraient des observations à présenter de les faire au secrétariat de la municipalité du lieu de l'établissement, verbalement, et de préférence par écrit, dans lesdits vingt jours, et au plus tard dens les trois jours qui suivent l'expiration du délai de l'affiche.

14° Après ce délai de trois jours, le maire du lieu constate s'il a été fait ou non des oppositions à la demande; dans le premier cas, il relate les observations qui ont été faites verbalement et par écrit; il ne néglige aucun moyen d'éclairer la discussion; il fait une visite particulière des lieux; il appelle les pétitionnaires, les propriétaires des héritages riverains et ceux des usines inférieures et supérieures; il consigne les dires respectifs des parties; il y joint son avis dans l'intérêt commu-

II.   21

nal; et, après avoir clos et signé le procès-verbal d'enquête, il l'adresse au sous-préfet de l'arrondissement, qui le transmet au préfet avec ses observations sur le tout.

15° Le préfet communique ensuite toutes les pièces à l'ingénieur en chef pour avoir son avis.

TITRE III. *Opérations à faire par MM les ingénieurs.* — 16° Un ingénieur ordinaire est nécessairement commis par l'ingénieur en chef pour faire l'instruction de l'affaire sous le rapport de l'art; il visite les lieux et examine les avantages et les inconvénients de l'établissement. S'il a été fait des oppositions et observations de la part des riverains, ou des anciens usiniers, ou des autorités locales, il pèse la valeur des objections.

17° A cet effet, il prévient le maire du lieu par écrit cinq jours au moins avant son arrivée; il l'invite à notifier d'avance, aux parties intéressées et aux opposants, le jour et l'heure où ils devront être réunis sur les lieux contentieux, en présence du pétitionnaire, pour renouveler et motiver contradictoirement leurs oppositions ou tous autres dires.

18° Il fait faire aux frais du pétitionnaire un barrage provisoire pour tendre les eaux à la hauteur demandée, et si le barrage est impossible ou trop dispendieux, il fait placer, à l'aide du nivellement, sur le bord de chaque propriété, des piquets indiquant la hauteur à laquelle les eaux seront soutenues. Si le pétitionnaire veut abaisser le niveau des eaux en aval de l'usine projetée, l'ingénieur fait également connaître aux riverains les quantités d'abaissement qui auront lieu devant chaque propriété.

Il exprime aux opposants son opinion sur les résultats du changement à apporter à l'état des eaux; et, s'il croit devoir proposer de réduire ou modifier les hauteurs d'eau demandées, il fait de nouvelles expériences ou indications pour que l'effet de ces changements soit rendu sensible aux parties intéressées.

19° Dans tous les cas, il pose ou désigne, en présence du maire, un repère solide, invariable, visible et facilement accessible, auquel toutes ses opérations devront être rattachées.

20° Sur les cours d'eau navigables ou flottables, l'ingénieur ordinaire recueille les observations des principaux mariniers et flotteurs.

21° S'il se trouve dans l'arrondissement un inspecteur de la navigation, il est nécessairement consulté par le préfet, et son rapport est adressé à ce magistrat directement ou par l'intermédiaire de l'ingénieur en chef.

22° L'ingénieur ordinaire dresse, conjointement avec le maire, un procès-verbal qui constate si les opposants persistent ou non dans leurs premières oppositions, s'ils y apportent quelques modifications, ou s'il a été fait des oppositions nouvelles. Ce procès-verbal contient l'indication du repère et l'exposé des opérations faites sur les lieux pour éclairer les parties intéressées.

Il contient, en outre, la réserve faite par l'ingénieur de procéder ensuite séparément à la confection définitive du plan, des nivellements et autres opérations à faire sur le terrain, ainsi qu'à la rédaction des rapports, mémoires, dessins, calculs, écritures et autres travaux de cabinet.

23° Après lecture faite, le procès-verbal est signé du maire, de l'ingénieur et de toutes les personnes appelées; il est fait mention de celles qui ne se seraient pas présentées ou qui auraient refusé de signer.

24° L'ingénieur ordinaire dresse un plan des lieux sur une échelle d'un millimètre par mètre; ce plan embrasse tout l'espace compris entre l'emplacement de l'usine et le point où devra cesser le remou ou regord de la retenue, et de plus 50 mètres au moins tant en amont dudit remou qu'en aval de l'établissement projeté.

25° Si cependant il a été fait, de la part du propriétaire de l'usine inférieure et de l'usine supérieure, des oppositions motivées sur l'état des lieux et des eaux, ou si l'ingénieur prévoit que l'établissement projeté puisse influer sur les mouvements desdites usines, elles doivent être comprises dans le plan; de même que si, par la nature du projet, il devait y avoir lieu à statuer sur des observations relatives à l'abaissement des eaux en aval de l'usine, ou à des chemins, digues, quais, ponts, etc., tous ces objets litigieux seraient rapportés sur ledit plan.

26° On ne peut se dispenser d'inscrire au plan les noms de tous les propriétaires des deux rives et des îles du cours d'eau, en indiquant les séparations des propriétés respectives et les différents genres de culture ou d'exploitation.

27° L'ingénieur ordinaire fait un nivellement sur toute la longueur de la partie du cours d'eau rapportée au plan; il en trace le profil sur une échelle d'un millimètre pour mètre pour les longueurs, et d'un centimètre pour mètre pour les hauteurs. Il y joint plusieurs profils en travers, pris de préférence sur les points en litige; ces profils sont tracés sur l'échelle d'un centimètre pour mètre, tant pour les longueurs que pour les hauteurs. Lorsqu'il y a lieu de dessiner des vannes, déversoirs et autres ouvrages d'art, on les rapporte sur la même échelle que les profils en travers. Cependant, lorsque les profils en travers devront occuper une grande étendue de plaine ou de vallée, ils pourront être rapportés sur les mêmes échelles que les profils en longueur.

28° Les profils du terrain et du cours d'eau, en longueur et en travers, sont cotés. L'ingénieur ordinaire y trace en bleu les hauteurs d'eau qu'il a observées, et de plus celles d'étiage et d'inondation, suivant l'état actuel des lieux; il trace en rouge sur les mêmes profils les changements de pente et de hauteur d'eau qui résulteront de l'exécution de l'établissement demandé.

29° Les feuilles de plans et de nivellements ne sont valables qu'autant qu'elles sont signées de l'ingénieur ordinaire et de l'ingénieur en chef, et visées par le préfet.

30° S'il s'agit d'une usine projetée sur une retenue où il doit y avoir partage d'eau, et qu'il y ait lieu d'assigner les parts de chacun, l'ingénieur fait en outre le jaugeage des eaux à l'étiage, afin de pouvoir proposer la quantité qu'il jugera convenable de concéder au pétitionnaire, prélèvement fait de ce qui aura été reconnu appartenir, soit par titre, soit par prescription, aux anciens usagers des eaux.

31° Indépendamment du procès-verbal, du plan et du nivellement, l'ingénieur ordinaire fournit un *rapport* dont les conclusions tendent, soit à rejeter la pétition dans le cas où le projet ne pourrait être exécuté sans porter préjudice à autrui, soit à l'admettre avec ou sans modifications dans le cas où les oppositions ne lui sembleraient pas fondées.

32° Dans le cas de l'admission, l'ingénieur ordinaire indique, comparativement au repère, la hauteur d'eau de la retenue, la hauteur du seuil de la vanne du coursier de la roue motrice, celle du seuil des vannes de fond ou de décharge, et celle du dessus du déversoir qui ne pourra excéder la hauteur d'eau de la retenue; le dessus des vannes de fond et de décharge sera arrasé à cette même hauteur. Il n'y a d'exception que pour le dessus de la vanne du coursier de la roue motrice que l'on pourra mettre hors d'atteinte des grandes eaux.

33° L'ingénieur ordinaire indique le *maximum* de largeur de la vanne du coursier de la roue motrice, la largeur absolue des vannes de fond et de décharge, et le débouché total du déversoir. Dans les cas extrêmement rares où il croit pouvoir se dispenser de proposer des vannes de fond, des vannes de décharge ou un déversoir, il doit motiver ses exceptions à la règle générale.

34° Si la nature du projet exige d'autres ouvrages, tels que biefs ou rigoles, prises d'eau, pont, écluses ou pertuis pour la navigation ou le flottage, il en indique les principales dimensions.

35° L'ingénieur ne doit pas s'immiscer dans le calcul des effets de l'usine projetée, n'étant pas appelé à donner son avis sur les qualités bonnes ou mauvaises de cette usine; il ne fixe pas les dimensions de la roue motrice, ni celle d'aucune partie du mécanisme ou de l'édifice destiné à le recevoir.

36° Il ne donne au pétitionnaire aucune opinion sur le mérite ou les défauts du projet; il ne s'occupe que des conséquences de l'exécution relativement à l'ordre public et à l'intérêt des tiers.

37° Dans aucun cas, et lors même que l'ingénieur ordinaire croirait pouvoir le faire sans inconvénient ou pour le mieux, il ne doit proposer d'accorder au pétitionnaire *ultrà petita*, c'est-à-dire des conditions meilleures que celles qui ont fait l'objet de sa demande et de l'enquête municipale *de commodo et incommodo*.

Mais il peut proposer de les restreindre, et, dans ce cas, il ne doit jamais présenter un autre projet plus onéreux aux opposants que celui sur lequel il les a entendus, et qui a donné lieu aux discussions consignées dans son procès-verbal; autrement il doit recommencer l'enquête.

38° L'ingénieur ordinaire termine son rapport par l'énoncé des charges et clauses particulières qui devront être imposées au concessionnaire, en sus des conditions générales dont il sera parlé ci-après.

39° Le travail de l'ingénieur ordinaire est par lui adressé à l'ingénieur en chef, qui, s'il ne se trouve pas suffisamment éclairé, peut demander de nouveaux renseignements, ou même se transporter sur les lieux. Dans tous les cas, celui-ci doit transmettre au préfet le rapport original de l'ingénieur ordinaire et les pièces y annexées; il donne son avis sur ce rapport, et, s'il y a lieu, sur celui de l'inspecteur de la navigation, après s'être assuré que les formalités ci-dessus prescrites ont été observées, ou après avoir fait remplir celles qui auraient été omises.

TITRE IV. *Arrêté du préfet.* — 40° Lorsque l'affaire a été suffisamment instruite dans le département, le préfet prend un arrêté portant rejet ou admission de la demande, lequel arrêté ne peut, sous aucun prétexte, recevoir *d'exécution provisoire*; dans cet arrêté toutes les pièces produites sont visées.

Les motifs d'opposition sont discutés dans les *considérants*; en cas d'admission de la demande, le dispositif contient les conditions à imposer au concessionnaire.

41° Cet arrêté est signifié aux frais du requérant et par voie d'huissier à tous ceux des opposants dont l'opposition n'aurait pas été admise. Il leur est accordé un délai d'un mois, à dater de la signification, pour adresser leurs réclamations au ministre de l'intérieur.

42° Aussitôt après la signification qui en a été faite, le préfet soumet son arrêté à l'approbation du directeur général des ponts et chaussées, qui, s'il y a lieu, transmet toutes les pièces à l'inspecteur divisionnaire pour avoir son avis.

Titre V. *Ordonnances royales.* — 43° Les réclamations adressées au ministre sont communiquées par lui au directeur général des ponts et chaussées, qui consulte le conseil général, tant sur lesdites réclamations que sur le rapport de l'inspecteur divisionnaire, et qui ordonne ensuite de nouvelles informations s'il le juge nécessaire.

44° Sur la proposition du directeur général, le conseil général des ponts et chaussées entendu, le ministre fait un rapport au roi.

45° En cas d'admission, le ministre soumet à l'approbation de Sa Majesté un projet d'ordonnance qui, s'il est adopté, devient le titre du concessionnaire en même temps qu'il est la loi des parties.

Titre VI. *Conditions générales.* — 46° A la suite des conditions particulières qui seront prescrites dans chaque ordonnance royale, on insérera les conditions générales qui sont communes à toutes les concessions et dont la teneur suit :

47° Le concessionnaire sera tenu, sous peine de déchéance, d'exécuter les travaux nécessaires pour mettre en jeu le tournant de son usine dans le délai fixé par l'ordonnance, à dater du jour où elle lui aura été notifiée par le préfet.

48° A l'expiration de ce délai, l'ingénieur ordinaire constatera, par un rapport, si les travaux ont été exécutés conformément aux dimensions et proportions prescrites par l'ordonnance, et si toutes les autres conditions ont été observées.

49° Du rapport de l'ingénieur ordinaire il sera fait quatre expéditions, lesquelles seront visées par l'ingénieur en chef et par le préfet. La première sera déposée, par ordre du préfet, aux archives municipales du lieu de l'établissement ; la deuxième sera remise par ce magistrat au concessionnaire ; la troisième demeurera aux archives de la préfecture ; la quatrième sera adressée au ministre de l'intérieur.

50° Faute par le requérant de s'être conformé exactement aux dispositions de l'ordonnance de concession, l'autorisation sera révoquée, et le régime des eaux sera remis au même état où il était auparavant, et à ses frais. Il en sera usé de même dans le cas où le concessionnaire, après avoir exécuté fidèlement les conditions qui lui auront été imposées, viendrait par la suite à former quelques entreprises sur le cours d'eau, ou à changer l'état des eaux sans s'y être fait autoriser.

51° Dans aucun cas, et sous aucun prétexte, il ne pourra être prétendu indemnité, chômage ni dédommagement par le concessionnaire du nouvel établissement ou ceux qui le représenteront, par suite des dispositions que le gouvernement jugerait convenable de faire pour l'avantage de la navigation, du commerce, de l'industrie, de l'agricul‑

ture ou de la salubrité, sur le cours d'eau où sera situé l'établissement projeté. Néanmoins, en ce qui concerne les perfectionnements ou augmentations d'usines dont les titres seraient antérieurs au 19 ventôse an VI (9 mars 1798), la présente renonciation ne portera que sur la plus-value résultant de l'innovation autorisée.

52° Les dépenses relatives à la demande en autorisation seront réglées et visées par le préfet.

Elles seront supportées par le requérant, lors même que sa requête devrait être rejetée ou qu'il renoncerait à jouir de la concession demandée et obtenue.

53° Aussitôt qu'il aura été définitivement statué sur la demande, le préfet délivrera contre qui de droit un mandat exécutoire des sommes dues pour frais de voyage et honoraires, lequel mandat sera adressé au percepteur de la commune pour en faire le recouvrement.

En cas de refus de payement, il sera procédé audit recouvrement, d'après l'ordre du préfet, par voie de contrainte et à la diligence dudit percepteur, comme en matière d'administration; les frais de contrainte seront supportés par la partie en retard de payer.

La somme due aux ingénieurs et conducteurs, déduction faite des frais ordinaires de perception, qui, dans tous les cas, seront à leur charge, leur sera remise par le percepteur; il lui en sera donné quittance.

TITRE VII. *Taxation des dépenses et honoraires pour les affaires d'usines et cours d'eau.* — 54° Les frais d'huissier et de contrainte, ceux pour coût et expédition des actes de l'administration, seront taxés par le préfet comme en toute autre affaire administrative; il ne sera question ci-après que du payement et des honoraires, et autres dépenses relatives aux opérations des ingénieurs.

55° Pour éviter de faire consigner désormais par les parties les fonds présumés nécessaires pour l'instruction de l'affaire, il sera dressé par l'ingénieur ordinaire un état des frais de journées de piqueurs, porte-chaînes, bateliers, ouvriers, manœuvres et aides qui auront concouru à la levée du plan, au nivellement et autres opérations faites sur le terrain. Cet état comprendra les mémoires pour achat ou fournitures d'ustensiles et matériaux, pour loyer de bateau et pour toute dépense étrangère au service personnel ou au bureau de l'ingénieur.

Les sommes qui y auront été portées seront payées immédiatement, et à la diligence du maire, par le requérant, aux parties prenantes, qui donneront leur acquit en marge dudit état, sans qu'il soit nécessaire de le faire approuver d'avance par le préfet. Cette pièce, visée par le maire, restera entre les mains de la partie payante; mais une expédition signée par l'ingénieur ordinaire, et également visée par le maire, avec mention des payements effectués, sera jointe aux pièces du dossier.

56° Les frais de déplacement des ingénieurs et conducteurs seront payés comme il suit, en raison des grades et de la distance parcourue, tant pour aller que pour revenir.

	par myriam.	par poste.
	fr. c.	fr. c.
Savoir : à l'ingénieur en chef.	12 »	10 »
à l'ingénieur ordinaire.	6 »	5 »
au conducteur.	2 »	1 60

57° Les honoraires pour le temps exclusivement employé par les ingénieurs et conducteurs à l'instruction de l'affaire sur le terrain et dans le cabinet, seront fixés d'après le nombre des vacations; chaque vacation représente une durée de travail de trois heures consécutives; il y aura au plus quatre vacations par jour.

58° Chaque vacation pour opération sur le terrain, ou pour travail fait dans le cabinet, sera évaluée uniformément comme il suit :

Savoir : pour l'ingénieur en chef.	6 fr.	
pour l'ingénieur ordinaire.	4	
pour le conducteur.	2	

59° Il ne sera rien alloué en sus pour visites ou examen des lieux, séjours dans les auberges, expéditions ou mise au net des procès-verbaux et rapports, visa et envoi des pièces, dessins ou copie du plan et du nivellement, et autres faux frais quelconques, attendu que tous les faux frais sans exception sont nécessairement compris dans les tarifs ci-dessus.

60° L'ingénieur en chef rédigera en double expédition l'état général des honoraires et frais de déplacement; les vacations pour opérations faites sur le terrain seront distinguées de celles qui auront été relatives au travail du cabinet. Il y joindra, comme pièces à l'appui, les états d'honoraires, frais de déplacement fournis par l'ingénieur ordinaire et le conducteur. Il soumettra ses propositions à l'approbation du préfet.

61° Le préfet fixera le montant des sommes séparément dues à chacun; les parties qui se croiront lésées par cette fixation pourront réclamer devant le conseil de préfecture.

Dans tous les cas, et après la fixation, le préfet adressera une des expéditions à M. le directeur général des ponts et chaussées, pour être jointe au dossier.

62° Le présent tarif des honoraires et frais de déplacement n'est applicable aux ingénieurs et conducteurs qu'autant qu'ils procéderont dans la hiérarchie de leurs grades respectifs, et comme fonctionnaires déjà salariés et non comme experts.

63° Dans le cas où ils seraient appelés en qualité d'experts contradictoires, ils auront droit à la taxe portée au tarif des frais et dépens de la cour royale dans le ressort de laquelle ils opéreront.

Loi du 13 mai 1818, relative à l'établissement d'un pont sur la Dordogne, etc. (1).

Art. 1er. L'offre faite par les sieurs Balguerie, Sarget et compagnie, de prêter une somme de quinze cent mille francs pour concourir à l'établissement d'un pont sur la Dordogne, à l'ouverture d'une route, et à la substitution d'un pont de bateaux au bac de l'Isle, près le confluent de cette rivière, est accepté.

2. Toutes les clauses et conditions stipulées soit à la charge de l'Etat, soit à la charge des soumissionnaires, dans l'acte souscrit le 18 avril 1818, recevront leur pleine et entière exécution. Ledit acte, ainsi que les tarifs des droits de péage à percevoir sur le pont de la Dordogne et au passage de l'Isle, près le confluent de cette rivière, pour rembourser les soumissionnaires de la somme prêtée, et leur assurer l'indemnité de leurs avances, demeureront annexés à la présente loi (2).

Loi du 13 mai 1818, relative au canal de la Sensée, etc. (3).

Art. 1er. La soumission présentée par le sieur Honnorez, sous la date du 21 avril 1818, et par laquelle il offre de se charger de l'exécution du canal de la Sensée et des réparations à faire aux parties adjacentes des rivières de l'Escaut et de la Scarpe, est acceptée.

2. Toutes les conditions et clauses stipulées soit à la charge de l'Etat, soit à la charge du soumissionnaire dans ladite soumission, recevront leur pleine et entière exécution.

3. Ladite soumission, comprenant lesdites clauses et conditions et le tarif des droits à percevoir sur le canal et sur les parties adjacentes de l'Escaut et de la Scarpe, demeurera annexée à la présente loi.

4. Les propriétaires de terrains voisins de la Sensée et de ses affluents dans les vallons de la Gâche et de l'Hirondelle, qui profiteront du desséchement résultant de l'ouverture du canal et des travaux secondaires qui auront le desséchement pour objet, payeront au concessionnaire, pour toute indemnité, trois cinquièmes de la plus-value qui sera constatée suivant les formalités prescrites par la loi du 16 septembre 1807. Les desséchements seront achevés dans le terme de six ans à dater du jour de l'adoption du projet des travaux, qui doit être présenté à l'administration avant le 1er janvier 1819.

Soumission.

Le soussigné Augustin Honnorez, ancien entrepreneur du canal de

---

(1) Une ordonnance royale du 9 septembre 1818 a autorisé la société anonyme constituée à Bordeaux sous le nom de *Compagnie du pont de la Dordogne*, pour l'exploitation de cette entreprise.

(2) L'acte et les tarifs sont insérés au Bulletin des lois.

(3) Une ordonnance royale du 18 mai 1820 a autorisé la société anonyme formée à Douai, sous le nom de *Société du canal de la Sensée*, pour l'exploitation de cette entreprise.

Mons à Condé, s'engage à faire exécuter à ses frais et aux conditions stipulées plus bas :

1° Le canal de navigation qui fera communiquer la Scarpe à l'Escaut par la Sensée, évalué à un million cinq cent quinze mille francs suivant les projets, devis, détails et profils rédigés par M. l'ingénieur en chef du département du Nord, et en se conformant aux modifications et changements à opérer, soit pour la direction du canal, soit pour la construction des deux écluses simples et trois écluses à sas, des ponts, buscs et déversoirs à établir sur ledit canal, ainsi que le tout a été définitivement approuvé en conseil des ponts et chaussées, par M. le directeur général, le 28 mars dernier ;

2° L'écluse d'Iwuy et autres travaux accessoires sur l'Escaut, évalués à cent cinquante-cinq mille francs, conformément au projet approuvé en conseil des ponts et chaussées par M. le directeur général, duquel projet, ainsi que de ceux du canal de la Sensée, il lui a été donné communication ;

3° La réparation des écluses de Courchelettes et de Lambres, et le redressement d'une partie du lit de la Scarpe entre Douai et le débouché du canal de la Sensée, travaux évalués à quatre-vingt mille francs, et dont les projets seront ultérieurement rédigés : les réparations de ces deux écluses ont pour but de leur donner quarante mètres de longueur entre les buscs, et cinq mètres vingt centimètres de largeur entre les bajoyers, dimensions généralement adoptées pour toutes les écluses comprises dans la présente soumission.

Le soussigné ne pourra se prévaloir des estimations ci-dessus pour réclamer aucune espèce d'indemnité, dans le cas où, par suite de l'exécution des travaux, la dépense excéderait le montant desdites estimations.

Il s'engage à exécuter dans un délai d'un an et demi tous les ouvrages d'art et terrasses à construire sur la Scarpe et l'Escaut, et, dans le délai de quatre ans après que la concession lui aura été accordée, tous les ouvrages du canal de la Sensée, se réservant, en cas de guerre, un plus long délai, qui sera calculé d'après la durée de la guerre ; à maintenir constamment en bon état tous les ouvrages d'art et de terrasses pendant la durée de la concession.

Il demande qu'en considération des dépenses qu'il sera tenu de faire, il lui soit accordé les avantages suivants :

1° La concession, pour le terme de quatre-vingt-dix-neuf ans, à dater du jour où les bateaux passeront sur le canal de la Sensée, du droit d'un franc par tonneau sur chaque bateau chargé de charbon de terre ou de bois, de pierres, chaux, briques, bois, paille, foin et engrais ; de deux francs par tonneau sur chaque bateau chargé de toutes autres marchandises, et de cinquante centimes par tonneau sur chaque bateau vide qui traversera le canal de la Sensée ;

2° La concession, pour le terme de douze ans, à dater du jour où les bateaux passeront à l'écluse neuve d'Iwuy sur l'Escaut, d'un droit de vingt-quatre centimes par tonneau sur chaque bateau chargé, et de douze centimes par tonneau sur chaque bateau vide passant par cette écluse ;

3° La concession, pour le terme de dix-neuf ans, à dater du jour où les bateaux passeront aux deux écluses de Courchelettes et de Lambres sur la Scarpe, d'un droit de vingt-quatre centimes par tonneau sur chaque bateau chargé , et de douze centimes par tonneau sur chaque bateau vide passant par lesdites deux écluses;

4° L'autorisation d'employer pour le canal tous les terrains nécessaires à son exécution, conformément aux plans, sur une largeur de cinquante mètres : les indemnités seront réglées conformément à la loi et acquittées par l'Etat, la concession étant limitée;

5° L'autorisation de faire chômer les moulins établis sur la Sensée pendant l'exécution des travaux, et de continuer les ouvrages nonobstant toutes contestations de la part des propriétaires de ces usines, qui tendraient à ralentir la marche des ateliers : toutes indemnités, soit pour chômage, soit pour diminution de valeur, devront être réglées par experts et payées par l'Etat, la concession étant limitée;

6° L'affranchissement de tous droits de navigation sur les canaux du département du Nord, en faveur des bateaux chargés de pierres, bois, charbon et autres matériaux et outils destinés aux ouvrages du canal et des écluses, seulement pendant l'exécution des travaux.

7° L'Etat ne pourra pas établir de péages ni de droits nouveaux sur le canal de la Sensée, ni sur l'Escaut, de Valenciennes à Cambrai, ou sur la Scarpe, de Douai à Arras, pendant toute la durée de la concession.

8° Pendant la durée de la concession, le droit de pêche dans le canal sera abandonné au concessionnaire, ainsi que la jouissance des digues et arbres qui seront plantés sus les francs-bords, et la faculté d'établir le nombre de gardes et préposés qu'il jugera à propos pour la perception des droits et la conservation des ouvrages.

9° Il sera permis au soumissionnaire, pendant les six premières années de la concession, de former, soit pour l'exécution de ses travaux, soit pour se procurer les fonds nécessaires, toutes les associations qu'il jugera convenables, en se conformant aux lois.

Les actes auxquels ces associations donneront lieu, ne seront assujettis pour enregistrement qu'au droit fixe d'un franc.

10° Le canal et ses dépendances seront exempts de toute espèce d'impôts pendant la durée de la concession.

11° Il ne sera accordé de permission de construire aucun autre canal au préjudice du canal de la Sensée, soit dans le vallon de la Sensée, soit à dix lieues en tous sens de ce canal.

12° Les marais de la Gâche, de l'Hirondelle, de la Sensée et de tous les affluents de cette rivière, entre le bassin de l'Escaut et de la Scarpe, devant être en grande partie desséchés par l'exécution des travaux du canal de la Sensée et de ses appendices, le concessionnaire se soumet à présenter, avant le 1er janvier 1819, le projet des ouvrages complémentaires à exécuter par lui, pour en perfectionner et achever le desséchement.

13° Le concessionnaire recevra, pour indemnités de ses dépenses, les trois cinquièmes de la plus-value des terrains qui auront été desséchés, soit par l'ouverture du canal, soit par les ouvrages secondaires.

14° Cette plus-value sera réglée conformément aux dispositions de la loi du 16 septembre 1807; elle sera payée en terrain par les communes. Les propriétaires auront le choix de l'acquitter, soit en terrain, soit en argent, soit en rente, suivant la faculté que la loi leur accorde.

15° Le gouvernement s'engage à faire exécuter les travaux projetés dans la traversée de Douai, suivant le projet adopté sous la date du 15 juillet 1817, et à les faire terminer avant la fin de 1821. Dans le cas où l'exécution de ces travaux serait différée pour une cause quelconque, il sera accordé au concessionnaire une indemnité équivalente à la perte dont il justifiera sur sa recette présumée de cent cinquante-trois mille trois cent soixante-trois francs.

16° Le soumissionnaire s'engage à fournir un cautionnement de quatre cent mille francs, dont il sera libéré après l'exécution des travaux.

17° Les contestations qui pourraient s'élever relativement à l'exécution des clauses et conditions ci-dessus, seront jugées administrativement par le conseil de préfecture du département, sauf le recours au conseil du roi.

Paris, le 21 avril 1810.   *Signé* HONNOREZ.

Extrait de la loi des finances du 15 mai 1818.

ART. 73. Ne seront sujets qu'au droit fixe d'un franc d'enregistrement (1) :

1° Les adjudications au rabais et marchés pour constructions, réparations, entretiens, approvisionnements et fournitures dont le prix doit être payé directement ou indirectement par le trésor royal ;

2° Les cautionnements relatifs à ces adjudications et marchés.

78. Demeurent assujettis au timbre et à l'enregistrement sur la minute, dans le délai de vingt jours, conformément aux lois existantes :

1° Les actes des autorités administratives et des établissements publics portant transmission de propriété, d'usufruit et de jouissance ; les adjudications ou marchés de toute nature, aux enchères, au rabais, ou sur soumission ;

2° Les cautionnements relatifs à ces actes.

80. Tous les actes, arrêtés et décisions des autorités administratives, non dénommés dans l'article 78, sont exempts du timbre sur la minute, et de l'enregistrement, tant sur la minute que sur l'expédition. Toutefois, aucune expédition ne pourra être délivrée aux parties que sur papier timbré, si ce n'est à des individus indigents, et à la charge d'en faire mention dans l'expédition.

82. Les seuls actes dont il devra être tenu répertoire sur papier timbré dans les préfectures, sous-préfectures et mairies, et dont les préposés pourront demander communication, sont ceux dénommés dans l'article 78 de la présente loi.

---

(1) Cet article fait cesser la perception du droit proportionnel d'un pour cent dont la loi du 28 avril 1816 avait frappé les marchés énoncés audit article. La présente disposition ne fait au surplus que rétablir ce qui avait lieu avant la loi de 1816. Un arrêté du gouvernement, du 15 brumaire an XII (7 novembre 1803), et un décret du 25 germinal an XIII (15 avril 1805), avaient fixé à un droit fixe d'un franc l'enregistrement des actes d'adjudications et de cautionnements relatifs au service des ponts et chaussées.

Loi du 20 mai 1818, relative à l'achèvement des canaux de l'Ourcq et de Saint-Denis.

ART. 1ᵉʳ. La ville de Paris est autorisée à emprunter une somme de sept millions pour l'achèvement du canal de l'Ourcq.

En conséquence, elle pourra créer pour sept millions de bons de la ville de Paris, à l'effet d'acquitter, par l'émission de ces bons et par une somme de cinq cent mille francs en argent, le prix desdits travaux, conformément à l'article 16 du traité conclu, le 19 avril 1818, entre le préfet de la Seine, agissant au nom de la ville de Paris, d'une part, et les sieurs comte de Saint-Didier et Vassal, d'autre part.

Le droit additionnel d'un franc vingt-cinq centimes par hectolitre de vin continuera d'être perçu aux entrées de Paris, jusqu'à l'entier amortissement des sept millions de bons de la ville, dont la création est autorisée par la présente disposition.

2. Est pareillement autorisée la perception:

1° Des droits de navigation concédés, par l'article 15 du traité, auxdits sieurs comte de Saint-Didier et Vassal, sur le canal de l'Ourcq, pour en jouir pendant quatre-vingt-dix-neuf ans à dater du 1ᵉʳ janvier 1823;

2° Les droits de navigation et de stationnement aussi à eux concédés, par l'article 3 du même traité, pour quatre-vingt-dix-neuf ans, à partir de la même époque, sur le canal de Saint-Denis et le bassin de la Villette.

3. Il ne sera perçu qu'un droit fixe d'un franc pour l'enregistrement, soit du traité, soit de l'acte de cautionnement à fournir par les sieurs comte de Saint-Didier et Vassal, en exécution de l'article 21.

4. Le traité ci-dessus mentionné, et les tarifs des droits de navigation et de stationnement, demeureront annexés à la présente loi.

Traité du 19 avril 1818.

Entre M. Gilbert-Joseph-Gaspard, comte Chabrol de Volvic, conseiller d'Etat, préfet du département de la Seine, agissant pour la ville de Paris, d'une part;

Et MM. Antoine, comte de Saint-Didier, demeurant à Paris, rue du Faubourg-Saint-Honoré, n° 114,

Et Jacques-Claude-Roman Vassal, banquier à Paris, y demeurant, faubourg Poissonnière, n° 2,

Agissant tant en leurs noms personnels que pour la compagnie qu'ils se proposent de former pour raison du traité ci-après,

Tous deux, d'autre part;

Il a été convenu ce qui suit:

Art. 1ᵉʳ. La compagnie s'engage à exécuter à ses frais, risques et périls, et au profit de la ville de Paris, d'ici au 1ᵉʳ janvier 1823, tous les travaux et ouvrages d'art nécessaires pour la confection du canal de Saint-Denis, ordonné par la loi du 29 floréal an x.

Elle sera tenue de se conformer, dans l'exécution de ces ouvrages, aux plans et projets généraux qui ont été approuvés.

Elle exécutera tous les travaux d'art qui sont indiqués dans le tableau n° 1er, extrait du rapport fait, le 1er mars 1816, par une commission spéciale d'ingénieurs des ponts et chaussées.

2. Tous les terrains compris sur les plans approuvés pour être occupés par le canal de Saint-Denis et ses chemins de halage seront mis à la disposition de la compagnie par la ville et à ses frais ; savoir : ceux déjà acquis sur la première réquisition de la compagnie, et ceux restant à acquérir à mesure des besoins de ses travaux.

Les indemnités à payer pour occupation temporaire ou détérioration de terrains et pour tous dommages causés par l'effet des travaux seront à la charge de la compagnie.

3. Pour indemniser la compagnie des dépenses qu'elle s'engage à faire par les deux articles précédents, et sous la condition qu'elle en remplira toutes les obligations, la ville de Paris lui concède la jouissance dudit canal pendant l'espace de quatre-vingt-dix-neuf ans, à partir du 1er janvier 1823.

La compagnie jouira exclusivement des droits de navigation et de stationnement qui seront établis sur le canal de Saint-Denis et le bassin de la Villette, depuis le port de la Briche à Saint-Denis, jusques et compris ledit bassin.

La compagnie percevra ces droits de navigation et de stationnement à son profit, conformément au tarif ci-annexé n° 2 (1).

Elle jouira également du coûrs d'eau de ce canal, et en disposera à son profit pour l'entretien des usines qu'elle pourra établir, aux conditions stipulées dans les articles suivants.

La compagnie sera tenue d'entretenir à ses frais, pendant tout le temps de sa concession, ledit canal de Saint-Denis, et d'y faire toutes les réparations et améliorations de quelque nature qu'elles soient.

4. Sur le volume d'eau qui sera amené au bassin de la Villette, la ville de Paris se réserve en jouissance jusqu'à concurrence de quatre mille pouces, qu'elle pourra prendre au fur et à mesure de ses besoins et dans toutes les saisons de l'année, pour les employer au service des fontaines publiques et de toute autre espèce de distributions dans l'intérieur de Paris.

Tout le surplus de ces eaux restera à la disposition de la compagnie pour alimenter la navigation et les usines du canal de Saint-Denis ; et ce, jusqu'à la confection du canal de Saint-Martin, pour lequel il est réservé par la ville de Paris moitié de ce surplus.

Cependant, si, à cette dernière époque, le volume d'eau qui restera après le prélèvement des quatre mille pouces réservés par la ville ne s'élevait pas à quinze cents pouces d'eau pour chacun des deux canaux, celui de Saint-Denis aura droit au quart du volume total des eaux amenées audit bassin.

L'effet de cette dernière disposition ne pourra être réclamé par la compagnie, lorsqu'il aura été prouvé que le canal aura fourni sept mille pouces en temps d'étiage d'une année commune.

5. La compagnie devra affecter au moins six cents pouces desdites eaux qui resteront à sa disposition, pour la navigation du canal de

(1) Voir ce tarif dans le Dictionnaire hydrographique que j'ai publié en 1824, vol. II, p. 447.

Saint-Denis : l'excédant de ces six cents pouces d'eau pourra seul être employé au cours d'eau des usines.

6. L'administration s'engage à continuer, après l'expiration de la concession, le service des cours d'eau qui auront été établis pour l'entretien des usines, à la condition que les propriétaires de ces usines payeront à la ville de Paris, pour la jouissance desdits cours d'eau, un prix de location qui sera fixé alors à l'amiable ou par une expertise contradictoire, expertise qui sera renouvelée à chaque période de vingt-cinq ans.

7. Il est entendu que les bâtiments des usines, les magasins et toutes dépendances établis sur des terrains autres que ceux qui seront achetés par la ville de Paris, resteront à perpétuité la propriété de la compagnie ou de ses ayants droits.

8. La compagnie aura seule le droit d'établir, sur les rives dudit canal, des gares et ports de décharge pour l'entrepôt des marchandises de toute nature.

9. La compagnie exploitera à son profit les plantations du canal de Saint-Denis, conformément aux règlements qui régissent la coupe des arbres du domaine public ; elle remplacera tous ceux qui auront péri ou qu'elle aura coupés ; et elle ne pourra plus en abattre après la quatre-vingtième année de sa concession.

10. En considération des conditions qui précèdent, et pour en assurer l'exécution, la compagnie s'engage à terminer, à ses risques et périls, tous les ouvrages restant à faire pour l'achèvement du canal de dérivation de l'Ourcq, depuis la prise d'eau à Mareuil jusques et compris le bassin de la Villette, moyennant la somme de sept millions cinq cent mille francs à titre de forfait ; laquelle somme sera payée dans les termes et de la manière indiqués dans les articles 13, 16 et 17 du présent traité.

La compagnie sera tenue d'exécuter tous les travaux et ouvrages d'art indiqués dans le tableau n° 5, extrait du rapport de la commission des ponts et chaussées.

Elle devra se conformer, dans l'exécution des travaux, au plan qui a été approuvé n° 5.

11. Les terrains à acquérir pour l'achèvement du canal de l'Ourcq et les indemnités de dépossession seulement, seront payés par la ville de Paris.

Les indemnités pour occupation temporaire ou détérioration de terrains et pour tous dommages causés par l'effet des travaux, seront à la charge de la compagnie.

12. Les travaux à faire pour l'achèvement du canal de l'Ourcq seront commencés, au plus tard, au 1er janvier 1819, et devront être exécutés d'ici au 1er janvier 1823.

Ces travaux seront divisés en quatre sections, savoir :
La première comprendra les travaux à faire depuis Claye jusqu'à Paris, et depuis la prise d'eau de la Thérouenne jusqu'aux carrières de Poincy ;

La deuxième, depuis les carrières de Poincy jusqu'à Charmentré ;

La troisième, depuis Charmentré jusqu'à Claye, et depuis la Thérouenne jusqu'au village de Vernelle ;

La quatrième, depuis Vernelle jusqu'à la prise de la rivière d'Ourcq.

13. La somme de sept millions cinq cent mille francs, convenue pour le prix de ces travaux, sera aussi divisée en quatre portions égales, qui seront respectivement et successivement applicables d'année en année à chacune des sections ci-dessus.

Ces portions seront elles-mêmes subdivisées chacune en quatre payements égaux, exigibles de trois mois en trois mois, et dont le premier sera effectué à l'époque où le quart des travaux de la première section sera exécuté.

Les trois premiers payements de chaque section auront lieu, à titre de délivrance à compte, dans le cours de l'année correspondante à l'exécution des travaux, après qu'il aura été constaté que l'avancement de ces travaux est dans une proportion suffisante.

Quant au dernier payement pour solde d'une section, il ne sera fait qu'après la réception des travaux de cette section et lorsque les eaux y auront été introduites.

Néanmoins, si les travaux compris dans l'une des sections n'étaient pas entièrement achevés à l'époque de la réception, on admettra, en compensation des ouvrages restant à y faire, les travaux équivalents qui auraient été exécutés par anticipation sur l'une des autres sections.

14. La compagnie s'engage à entretenir, à ses frais, le canal de l'Ourcq, depuis Mareuil jusques et y compris le bassin de la Villette, à compter du jour où elle commencera ses travaux et jusqu'à l'expiration de la concession ci-après.

Cet entretien comprend toutes les réparations et les améliorations de quelque nature qu'elles soient.

15. Pour raison des obligations que contracte la compagnie par l'article précédent, la ville de Paris lui cède la jouissance pendant quatre-vingt-dix-neuf ans, à dater du 1er janvier 1823, des droits de navigation à établir sur le canal de l'Ourcq et de tous autres produits en dépendants.

La compagnie se conformera, pour l'exploitation et l'entretien des arbres, à ce qui a été prescrit, relativement à ceux du canal de Saint-Denis, par l'article 9 du présent traité.

Les droits de navigation du canal de l'Ourcq seront perçus au profit de la compagnie, conformément au tarif ci-joint n° 4 (1).

16. Le sept millions cinq cent mille francs, prix convenu pour les travaux du canal de l'Ourcq, seront payés, savoir :

Cinq cent mille francs en argent,

Et sept millions en bons de la ville, qui, à cet effet, seront déposés à la caisse municipale, pour être mis successivement en émission au fur et à mesure de l'exigibilité des payements.

Ces bons ne pourront, sous aucun prétexte, être appliqués à un autre emploi, et porteront la mention de leur affectation spéciale, conformément à l'article suivant; ils produiront des intérêts sur le pied de sept et demi pour cent, payables de trimestre en trimestre, mais à partir seulement des époques successives de leur émission.

17. L'amortissement de ces bons commencera à dater de l'année 1823,

---

(1) Voir ce tarif dans le Dictionnaire hydrographique que j'ai publié en 1824, vol. II, p. 448.

et s'opérera, conformément au tableau n° 6, au moyen d'un fonds annuel qui sera pris, par privilége, sur les produits spéciaux du droit additionnel à l'octroi, destiné pour la confection du canal de l'Ourcq, lequel droit sera exclusivement affecté à cet objet, jusqu'à l'acquittement total desdits bons en capital et intérêts.

Conditions générales. — 18. Après l'achèvement du canal de l'Ourcq et du canal Saint-Denis, il sera dressé un état descriptif des ponts, aqueducs, écluses et autres ouvrages d'art établis actuellement ou qui devront l'être, conformément aux conditions du présent traité et aux tableaux n°s 1 et 3.

Cet état, dûment arrêté, en double expédition, sera ajouté aux annexes du présent traité, pour servir au récolement qui sera fait, conformément à l'article suivant, lorsque la ville de Paris rentrera en jouissance desdits canaux.

19. A l'époque de l'expiration de sa concession, la compagnie sera obligée de remettre à la ville de Paris, en bon état d'entretien, les canaux de Saint-Denis, de l'Ourcq, et le bassin de la Villette, les ouvrages d'art qui seront indiqués dans l'état descriptif dont il est parlé dans l'article précédent, les quais, chemins de halage, ports, gares, talus, plantations et toutes dépendances de ces canaux.

La ville de Paris rentrera immédiatement dans la jouissance des droits de navigation, de stationnement, de location des cours d'eau employés aux usines, enfin de tous les droits quelconques qui se trouveront alors établis et dont la perception lui sera rendue.

20. Faute par la compagnie d'exécuter les travaux et les diverses obligations par elle contractées dans le présent traité, elle encourra la déchéance; et, dans ce cas, tous les ouvrages construits ou en exécution, les approvisionnements, matériaux et équipages, ainsi que le cautionnement ci-après stipulé, ou la portion qui resterait encore en dépôt, deviendront la propriété de la ville de Paris, sans qu'il y ait lieu à aucun recours de la part de la compagnie, ni de celle des intéressés, privilégiés et autres ayants droit.

La présente stipulation n'est pas applicable au cas où la cause de l'interruption ou de la non-confection des travaux proviendrait de force majeure.

21. La compagnie s'oblige à fournir un cautionnement de la valeur d'un million en immeubles, ou de cinquante mille francs de rente de la ville, pour garantie de l'exécution des travaux qui font l'objet du présent traité.

Le dépôt de ce cautionnement devra être effectué avant la confection des coupons de l'emprunt.

Il ne pourra être rendu qu'après que la compagnie aura exécuté, sur le canal de Saint-Denis, des travaux qui s'élèveront à une somme égale, et progressivement.

22. Il y aura, auprès de l'administration de la préfecture de la Seine, un commissaire spécial pris parmi les inspecteurs généraux des ponts et chaussées.

Ce commissaire sera chargé de donner son avis à M. le préfet sur toutes les demandes et propositions de la compagnie tendant à l'exécution la plus prompte de toutes les dispositions du présent traité, comme aussi de suivre et de surveiller l'exécution des travaux des deux canaux, et particulièrement de constater l'avancement de ceux du canal de l'Ourcq aux époques des payements.

La compagnie ne pourra faire aucune modification aux projets approuvés, tant en ce qui concerne le tracé des canaux que l'exécution des travaux et ouvrages d'art, sans en avoir référé au préfet du département de la Seine, et sans en avoir obtenu préalablement l'autorisation formelle.

23. La compagnie s'engage à présenter, dans le délai d'une année à partir de ce jour, une soumission accompagnée d'un projet pour la confection du canal Saint-Martin, à l'effet de passer, après examen, et s'il y a lieu, un nouveau traité pour cet objet.

24. Attendu la nature du présent traité, il ne pourra recevoir d'exécution qu'après qu'il aura été soumis à la délibération du conseil municipal de la ville de Paris, et à la sanction législative dans la session actuelle des chambres.

Articles supplémentaires au traité qui précède.

Art. 1er. La ville de Paris aura la faculté d'interdire et de supprimer la navigation du canal de l'Ourcq, dans le cas où elle le jugera convenable.

2. Cette suppression n'aura lieu qu'à la condition expresse que la navigation du canal de l'Ourcq sera interdite absolument, et ne pourra être exploitée pendant la durée de la jouissance accordée à la compagnie, ni par l'administration ni par d'autres intéressés quelconques.

3. Pour indemniser la compagnie, dans le cas où la suppression de ladite navigation serait ordonnée, la ville de Paris s'engage à lui payer une somme de soixante mille francs par année (montant du produit présumé de cette navigation, d'après l'évaluation de la commission des ponts et chaussées), pendant toute la durée de la concession, à partir du 1er janvier 1823; à la condition que la compagnie restera chargée de l'entretien du canal, ainsi qu'il est stipulé par le traité.

4. L'administration se réserve aussi la faculté de prendre les eaux destinées à la distribution dans Paris, au-dessus du point de l'embranchement du canal de Saint-Denis.

Fait double à Paris, le 13 mai 1818.

Ordonnance du roi, du 10 juin 1818, relative à l'exécution du traité passé pour la confection des canaux de l'Ourcq et de Saint-Denis.

Louis, etc.; vu le traité conclu le 19 avril 1818, entre le préfet de la Seine, agissant au nom de la ville de Paris, d'une part, et les sieurs comte de Saint-Didier et Vassal, d'autre part, ledit traité portant concession pour quatre-vingt-dix-neuf ans du canal de Saint-Denis et du canal de l'Ourcq, aux charges, clauses et conditions qui y sont énoncées;

La délibération en date du 24 du même mois, par laquelle le conseil municipal de Paris approuve ledit traité;

Les articles supplémentaires au traité, par lesquels la ville de Paris

II.   22

se réserve la faculté : 1° d'interdire toute navigation sur le canal de l'Ourcq, sauf à elle à payer à la compagnie une somme de soixante mille francs par année, et à la condition que la compagnie restera chargée de l'entretien du canal; 2° d'y prendre les eaux destinées à la distribution dans Paris, au-dessus du point de l'embranchement du canal de Saint-Denis;

Vu aussi la loi du 20 mai dernier, qui autorise la ville de Paris à emprunter une somme de sept millions pour concourir à l'achèvement du canal de l'Ourcq, conformément à l'article 16 dudit traité ci-dessus mentionné;

Sur le rapport de notre ministre secrétaire d'Etat au département de l'intérieur, nous avons ordonné et ordonnons ce qui suit :

Art. 1er. Le traité passé le 19 avril 1818, entre le préfet de la Seine, agissant au nom de la ville de Paris, d'une part, et les sieurs comte de Saint-Didier et Vassal, d'autre part, et les articles supplémentaires souscrits le 13 mai même année, sont approuvés; en conséquence, toutes les clauses et conditions portées audit traité et aux articles supplémentaires ci-dessus énoncés, recevront leur pleine et entière exécution.

2. Un inspecteur général des ponts et chaussées, nommé par notre ministre secrétaire d'Etat de l'intérieur, sur la proposition de notre directeur général des ponts et chaussées et des mines, sera chargé de surveiller l'exécution des travaux du canal de l'Ourcq et du canal de Saint-Denis. Il vérifiera si, dans l'exécution des ouvrages, la compagnie se conforme exactement aux plans et projets approuvés, ainsi qu'elle y est obligée par les articles premier et dixième du traité.

3. L'inspecteur général adressera au moins deux fois par mois, au préfet de la Seine, un rapport sur les progrès et sur l'exécution des travaux, et fera connaître si les diverses conditions du traité sont observées. Il avertira de tous les vices de construction que sa surveillance lui fera découvrir, fera les propositions qu'il croira les plus utiles pour y remédier. Le préfet adressera à notre directeur général des ponts et chaussées et des mines, le double des rapports de l'inspecteur général, et l'informera des mesures qu'il aura prises dans l'intérêt de la ville de Paris, pour assurer l'entière exécution du traité.

4. L'inspecteur général constatera spécialement l'avancement des travaux du canal de l'Ourcq, avant la délivrance de chacun des trois payements d'à-compte qui seront faits à la compagnie, ainsi qu'il est dit à l'article 13 du traité. Le préfet n'autorisera aucun payement qu'après s'être assuré par le certificat de l'inspecteur général que les travaux sont avancés dans une proportion suffisante.

5. La réception des travaux de chaque section, qui doit avoir lieu annuellement, conformément au quatrième paragraphe de l'article 13, se fera par le préfet et par le président du conseil municipal que nous commettons à cet effet, en présence de l'inspecteur général et d'un délégué de la compagnie, qui pourront insérer au procès-verbal de réception tels dires et observations qu'ils jugeront convenables. Le procès-verbal sera adressé par le préfet à notre directeur général des ponts et chaussées et des mines; le payement pour solde des travaux de chaque section ne pourra avoir lieu qu'en vertu de son autorisation.

6. Dans le cas où la compagnie formerait, comme elle y est autorisée

par l'article 22 du traité, des demandes tendantes à faire modifier les projets approuvés, soit relativement au tracé et aux dimensions des canaux, soit relativement aux travaux et ouvrages d'art, au choix et à l'emploi des matériaux; ces demandes seront communiquées par le préfet à l'inspecteur général qui fera son rapport : elles seront ensuite soumises à la délibération du conseil municipal, et adressées avec l'avis du préfet à notre directeur général, qui consultera le conseil des ponts et chaussées, et proposera à notre ministre secrétaire d'Etat de l'intérieur d'autoriser, s'il y a lieu, les modifications demandées.

7. Un ingénieur ordinaire sera placé par notre directeur général sous les ordres de l'inspecteur général, pour le seconder dans sa mission.

Outre les appointements et frais fixes de l'inspecteur général et de l'ingénieur ordinaire, qui continueront à être payés sur les fonds du personnel des ponts et chaussées, il leur sera alloué sur le budget de la ville de Paris un supplément pour frais extraordinaires de bureau et de voyage, dont le montant sera fixé par notre ministre secrétaire d'Etat de l'intérieur, sur la proposition du directeur général des ponts et chaussées, qui prendra l'avis du préfet de la Seine.

Ordonnance du roi, du 24 juin 1818, relative au desséchement des marais situés dans les communes de Saint-Etienne-de-Montluc et de Couézon.

Louis, etc. ; vu la demande formée par la compagnie des propriétaires des marais situés dans les communes de Saint-Etienne-de-Montluc et de Couézon, constituée sous le nom de *compagnie Morille-Babin*, tendant à obtenir la concession du desséchement desdits marais;

Vu les plans, mémoires et projets des ouvrages à exécuter pour opérer ce desséchement, présentés par la compagnie Duchesne, par la compagnie Morille-Babin, et ceux rédigés par nos ingénieurs des ponts et chaussées;

Vu l'acte notarié du 29 janvier 1818, par lequel les propriétaires des marais de Saint-Etienne-de-Montluc et de Couézon se constituent en société pour le desséchement de ces marais, et se soumettent à l'exécuter suivant les plans dressés par nos ingénieurs des ponts et chaussées;

Vu l'acte notarié du 11 décembre 1817, par lequel les propriétaires du marais de la Mulle consentent à en céder le tiers à la compagnie Morille-Babin, pour l'indemnité des travaux de desséchement;

Vu la loi du 16 septembre 1807, relative aux desséchements;|

Considérant que, d'après les art. 3 et 4 de cette loi, lorsque tous les propriétaires d'un marais, ou un certain nombre de propriétaires, se réunissent pour demander la concession du desséchement, et se soumettent à l'exécuter conformément aux plans adoptés par le gouvernement, la préférence doit leur être accordée;

Considérant qu'il résulte de renseignements transmis par le préfet et les ingénieurs du département de la Loire-Inférieure et par notre directeur général des ponts et chaussées, que le desséchement des marais de Saint-Etienne-de-Montluc et de Couézon sera avantageux sous le double rapport de la salubrité et de l'agriculture, et qu'il est possible de l'opérer;

Notre conseil d'Etat entendu,

Nous avons ordonné et ordonnons ce qui suit :

Art. 1er. La compagnie des propriétaires des marais situés dans les communes de Saint-Étienne-de-Montluc et de Couézon (Loire-Inférieure), et formée sous le nom de *compagnie Morille-Babin*, est autorisée à dessécher lesdits marais, conformément aux plans et projets dressés par nos ingénieurs des ponts et chaussées, sous la date des 14 janvier 1812 et 2 décembre 1814, et modifiés suivant l'avis du conseil général des ponts et chaussées, du 5 septembre 1816.

2. Les travaux seront exécutés dans le délai de trois ans, à partir de la présente ordonnance; si, pendant leur exécution, il est reconnu nécessaire et utile de faire quelques changements ou modifications à ces travaux, les concessionnaires seront tenus de les faire autoriser par notre directeur général des ponts et chaussées.

3. Les frais des plans et devis des travaux seront supportés par les concessionnaires, qui seront également tenus, conformément à l'art. 6 de la loi du 16 septembre 1807, de rembourser à la compagnie Duchesne tous les frais qu'elle a faits pour le même objet.

4. Il sera formé un syndicat de cinq membres nommés par le préfet, qui seront choisis parmi les propriétaires les plus imposés, à raison des marais à dessécher.

Le syndicat aura toutes les attributions déterminées par le titre II de la loi du 16 septembre 1807.

5. Conformément aux dispositions du même titre de la même loi, le plan qui a été dressé du desséchement sera déposé au secrétariat de la préfecture, et les parties intéressées seront invitées par voie d'affiches à en prendre connaissance et à fournir leurs observations sur l'étendue donnée à la concession et le classement des terres.

6. Il sera formé, conformément aux dispositions du titre X de la loi du 16 septembre 1807, une commission spéciale de sept membres qui aura au desséchement toutes les attributions déterminées par l'art. 46 de cette même loi.

7. La compagnie Morille-Babin recevra, à titre d'indemnité pour les dépenses, le tiers des marais de la Mulle, suivant les conventions qu'elle a faites avec lesdits propriétaires.

8. Conformément aux dispositions du titre V de la loi du 16 septembre 1807, la même compagnie recevra également, pour indemnité de ses dépenses, le tiers de la plus-value qu'obtiendront tous les autres terrains qui bénéficieront du desséchement, suivant la délimitation définitive de la concession.

9. Cette plus-value sera établie suivant les règles prescrites par les titres II et IV de la loi du 16 septembre 1807; elle sera payée par les propriétaires intéressés d'après le mode indiqué par le titre V de la même loi.

10. Les concessionnaires jouiront des exemptions accordées par les lois, pour la contribution des terrains desséchés, à la charge par eux de remplir les formalités prescrites.

11. Durant le cours des travaux de desséchement, les canaux, fossés, rigoles, digues et autres ouvrages seront entretenus et gardés aux frais des concessionnaires.

Lorsque le desséchement sera entièrement opéré, et après la réception des travaux, il nous sera proposé un projet de règlement d'administration publique pour la conservation et l'entretien du desséchement desdits marais, d'après les bases établies par l'art. 26 de la loi du 16 septembre 1807.

12. La compagnie indemnisera, conformément aux dispositions de la même loi, les propriétaires des terrains par lesquels passeront les canaux de desséchement.

13. La compagnie sera responsable envers les propriétaires riverains de tous les dommages que leurs propriétés pourraient éprouver par suite du desséchement, et en raison de la mauvaise exécution des travaux, et par toute autre cause provenant du fait de la compagnie.

Ordonnance du roi, en date du 8 juillet 1818, autorisant les propriétaires des marais de la Bretonnière à se former en commission syndicale.

Louis, etc. ; vu la délibération prise le 5 septembre 1816, par les propriétaires des marais de la Bretonnière ;

Vu la loi du 16 septembre 1807 ;

Considérant qu'il importe d'assurer à l'avenir l'entretien et la conservation des travaux de desséchement, opérés depuis longtemps, du marais de la Bretonnière, situé dans la commune de ce nom, arrondissement de Fontenay-le-Comte, département de la Vendée ;

Notre conseil d'État entendu,

Nous avons ordonné et ordonnons ce qui suit :

TITRE Ier. *Formation de la commission syndicale.* — Art. 1er. Les propriétaires des marais de la Bretonnière, situés dans la commune de ce nom, département de la Vendée, sont autorisés à se réunir à l'effet de concourir à l'entretien commun des ouvrages établis ou à établir pour la conservation de leur desséchement.

2. Les fonds situés dans l'intérieur des deux digues de Mauteville et de la Claye seront compris dans la société et payeront une rétribution pour leur entretien, à moins que leurs propriétaires ne justifient, par des titres, des droits qu'ils ont d'être exemptés de cette contribution.

3. Cette société sera administrée par une commission composée de cinq membres, nommés par le préfet, et pris parmi les plus imposés dans cette dite société, à raison dudit marais.

4. Les membres de cette commission resteront cinq ans en place et seront renouvelés par cinquième ; cependant, pour la première fois, il en sortira un la première année, et ainsi de suite jusqu'au renouvellement total de la commission. Ils seront rééligibles.

5. Un des cinq commissaires sera désigné par le préfet pour remplir les fonctions de secrétaire de la commission. Il sera, en cette qualité, chargé de la surveillance générale des intérêts de la communauté, du dépôt des plans, registres et autres papiers relatifs à l'administration des marais.

Les membres de la commission ne pourront se faire représenter aux assemblées. Il sera nommé par le préfet deux suppléants qui les remplaceront en cas d'empêchement légitime.

6. Le directeur convoquera et présidera l'assemblée de la commission; ses fonctions dureront trois ans. Il pourra être indéfiniment réélu.

7. La commission sera spécialement chargée, 1° de répartir entre les intéressés le montant des taxes reconnues nécessaires pour l'achèvement et l'entretien des travaux de desséchement;

2° D'examiner, modifier ou adopter les projets des travaux d'entretien;

3° De proposer le mode d'exécution;

4° De passer les marchés ou les adjudications;

5° De vérifier les comptes du directeur qui sera chargé des recouvrements;

6° De donner son avis sur tous les objets relatifs aux intérêts de la communauté, lorsqu'elle sera consultée par l'administration.

8. La commission syndicale ne pourra délibérer qu'au nombre de quatre membres, y compris le directeur, qui, en cas de partage, aura voix prépondérante.

Les délibérations de la commission seront soumises à l'approbation du préfet par l'intermédiaire du sous-préfet, qui donnera son avis.

Titre II. *Des travaux d'entretien, de leur exécution et de leur mode de payement.* — 9. Les projets seront rédigés par des hommes de l'art choisis par la commission, et approuvés par le préfet sur l'avis de l'ingénieur en chef.

Les travaux seront soumis à l'approbation de notre directeur général des ponts et chaussées, lorsqu'il s'agira de travaux neufs et autres que ceux d. simple entretien et de conservation.

En cas d'urgence, les travaux pourront être exécutés sur-le-champ par l'ordre du directeur, qui sera tenu d'en rendre compte immédiatement à la commission syndicale et au préfet.

10. Les payements d'à-compte et définitifs seront payés en vertu des mandats du directeur sur le certificat de son adjoint, qui sera préposé pour surveiller l'exécution des travaux.

Titre III. *De la rédaction des rôles et de leur recouvrement.* — 11. Le recouvrement des taxes délibérées par la commission et approuvées par le préfet sera fait par le percepteur de la commune, ou tout autre choisi par la commission et accepté par le préfet. Le percepteur sera chargé de la confection des rôles, qui seront visés par la commission et rendus exécutoires par le préfet, qui fixera l'époque de leur perception.

12. Les rôles seront recouvrables de la même manière que pour les contribution directes.

13. La commission syndicale vérifiera les comptes annuels du percepteur, les arrêtera provisoirement et les soumettra au préfet.

Titre IV. *Dispositions générales.* — 14. Les intéressés seront tenus, en cas de danger imminent, et à la première sommation du directeur ou de l'un des syndics, de se transporter aux lieux qui leur seront indiqués pour travailler et prêter les secours nécessaires, faire de jour et de nuit le travail qui leur sera ordonné. En cas de refus, le directeur ou syndic pourra prendre d'autres hommes à leurs dépens sans préjudice des dommages et intérêts.

15. Défenses sont faites à toutes personnes de couper les digues pour quelques causes que ce soit. Défense à tout propriétaire et tous autres de pêcher dans les fossés et canaux servant d'écoulement aux eaux des-

dits marais, ni d'y tendre aucun engin ni autres instruments de piége.

16. Les contestations relatives au recouvrement des taxes, aux réclamations des individus imposés, et à la confection des travaux, seront portées devant le conseil de préfecture.

17. Toutes réparations et dommages seront poursuivis par voie administrative, les délits seront constatés par des procès-verbaux dressés par le garde de la commune de la Bretonnière, et poursuivis devant les tribunaux qui en doivent connaître, à la requête du directeur.

18. La moité des amendes appartiendra au garde qui aura constaté les contraventions.

———————

Ordonnance du roi, du 29 juillet 1818, portant que les hospices civils de Lyon sont mis aux lieu et place de l'Etat pour l'achèvement du pont d'Ainay, sur la Saône.

Louis, etc. ; vu la délibération du conseil municipal de la ville de Lyon, du 30 décembre 1816;

Vu les délibérations du conseil général d'administration des hospices civils de cette ville, des 7 mai et 11 juin 1817, ainsi que sa lettre du 15 février 1818;

Vu les avis du préfet du département du Rhône, de l'ingénieur en chef du même département, et de l'inspecteur divisionnaire des ponts et chaussées;

Vu l'article 11 de la loi du 14 floréal an x et l'article 91 de la loi sur les finances, du 15 mai 1818;

Notre conseil d'Etat entendu,

Nous avons ordonné et ordonnons ce qui suit :

Art. 1er. Les hospices civils de Lyon, département du Rhône, sont mis aux lieu et place de l'Etat pour l'achèvement du pont d'Ainay, sur la Saône, dans ladite ville : ils termineront en conséquence le pont à leurs frais, et ils satisferont à tous les engagements pris par le gouvernement envers l'entrepreneur des travaux, ainsi que l'administration des hospices de Lyon s'y est obligée par sa délibération du 11 juin 1817.

2. L'administration générale des hospices est autorisée à appliquer à l'acquit des dépenses ci-dessus et jusqu'à concurrence, le montant des legs, dons et autres libéralités qui pourront être faits auxdits hospices, sans distinction spéciale pendant les années 1818, 1819, 1820 et 1821.

3. Pour rembourser les hospices de Lyon, en capital et intérêts, des avances qu'ils auront faites pour terminer et solder cette entreprise, il leur est fait concession pendant quatre-vingt-dix-neuf années, à compter du jour où le pont sera terminé et le passage livré au public, d'un droit de péage à y percevoir, conformément au tarif ci-après, à la charge par eux de pourvoir à l'entretien et aux réparations pendant la durée de leur jouissance.

4. Il sera perçu au passage du pont les droits suivants, savoir :

Pour chaque personne. . . . . 05 c.
Pour chaque cheval ou mulet non attelé. 10
Pour chaque cheval ou mulet attelé 15

Pour chaque bœuf, vache ou âne. . . . . o5 c.
Pour chaque veau, mouton et chèvre. . . . . . . o2 ½

5. L'administration des hospices pourra néanmoins modérer le tarif ci-dessus, si elle le juge convenable aux intérêts desdits hospices, après en avoir obtenu l'autorisation.

6. Les exemptions du droit de péage et les contestations relatives à l'application et à la quotité des droits auront lieu et seront jugées selon qu'il est établi pour les autres ponts de Lyon où il se perçoit des péages.

Ordonnance du roi, du 26 août 1818, portant concession des dunes d'Escoublac à M. de Sesmaisons.

Louis, etc. ; vu la demande formée par le sieur comte Donatien de Sesmaisons, pour obtenir la concession des dunes d'Escoublac, à la charge par lui de les fixer par des plantations, et de les faire garder à ses frais ;

Vu les délibérations des conseils municipaux des communes d'Escoublac, Guerrande et Batz ;

Vu l'avis du préfet de la Loire-Inférieure, ceux de l'ingénieur des ponts et chaussées du même département, et de notre conseil général des ponts et chaussés ;

Vu la loi du 16 septembre 1807, et le décret du 14 septembre 1810 ;

Considérant que la plantation des dunes d'Escoublac présente le double avantage de livrer à l'agriculture des terrains inutiles, et de préserver les propriétés voisines de l'envahissement des sables dont elles sont menacées ;

Notre conseil d'Etat entendu,

Nous avons ordonné et ordonnons ce qui suit :

Art. 1er. La concession des dunes d'Escoublac, département de la Loire-Inférieure, est faite à perpétuité au sieur Donatien, comte de Sesmaisons, et à ses héritiers ou ayants cause, à la charge de les planter.

2. Les limites et le bornage de ladite concession seront définitivement fixés par les plans qui seront dressés par nos ingénieurs des ponts et chaussées, conformément aux règles prescrites par la loi du 16 septembre 1807.

3. Tous les droits que les communes ou propriétaires pourraient avoir sur lesdites dunes, en raison des portions de terrain qui leur appartiennent, et qui sont actuellement recouvertes par les sables, sont expressément réservés.

4. Sont également exceptées de ladite concession les portions dites pémans, qui continueront à servir de pacage pour les bestiaux des habitants des communes voisines.

5. Le concessionnaire indiquera trois portions de terrain à son choix, d'une superficie de 25 hectares environ chaque, qui lui seront départies à l'effet d'être plantées ; et au fur et à mesure qu'il aura justifié du succès de ces plantations sur l'une de ces portions, il lui en sera départi une nouvelle portion de la même étendue, également à son choix, et ainsi de suite jusqu'à ce que la plantation totale de la concession soit entièrement terminée.

6. Les portions successivement plantées seront défendues par des enclôtures, et le pacage des bestiaux y sera interdit.

7. Les habitants des communes voisines conserveront le droit de mener pacager leurs bestiaux sur toutes les portions qui ne seront pas encloses, et d'y déposer les varechs ou goémons destinés à l'engrais de leurs terres.

8. Le concessionnaire aura le droit de faire garder toute l'étendue de la concession et d'empêcher qu'il n'y soit fait aucune coupe d'oyats, roseaux de sable, épines maritimes, chiendents et autres plantes ou herbes maritimes quelconques propres à la fixation des dunes.

9. Les frais relatifs à la levée des plans, l'arpentage et le bornage de ladite concession, ainsi que ceux qui auront pour objet les semis et plantations et la surveillance, sont à la charge du concessionnaire. Il sera libre d'employer les procédés qui lui paraîtront les plus avantageux pour assurer le succès de ses plantations.

10. Dans le cas où, au bout de trente années révolues, le concessionnaire, ses héritiers ou ayants cause, n'auraient pas encore couvert de plantations en bon état de végétation et bien vivantes le cinquième des 75 hectares qui lui auront été départis conformément à l'article 5, ils seront déchus de la concession, et la propriété des dunes rentrera dans le domaine public, à l'exception des portions plantées, qui leur appartiendront définitivement.

11. Si, au bout de trente ans, le concessionnaire, ses héritiers ou ayants cause, n'ont pas encouru la déchéance prononcée par l'article précédent, ils deviendront définitivement propriétaires de toute l'étendue de la concession, à la charge d'en continuer les plantations d'après les bases fixées par la présente ordonnance, et sous la condition de n'interdire le pacage pour les bestiaux des habitants des communes voisines que sur les portions plantées, semées et encloses.

12. Si, au delà de trente ans, le concessionnaire, ses héritiers ou ayants cause, cessaient entièrement les travaux relatifs à la plantation, ils seront déchus de la concession; ils n'auront droit à la propriété que des portions plantées, et le reste de la concession rentrera dans le domaine de l'Etat.

13. Les portions plantées ne seront assujetties à aucun impôt pendant l'espace de trente ans.

Ordonnance du roi, du 26 août 1818, qui annule un arrêté du conseil de préfecture de l'Eure.

Louis, etc.; sur le rapport du comité du contentieux;

Vu la requête à nous présentée au nom du sieur Antoine de Périer, ancien capitaine d'infanterie, demeurant à Rouen, et tendant à ce qu'il nous plaise annuler, pour vice de compétence, l'arrêté du conseil de préfecture du département de l'Eure, du 25 octobre 1817, qui autorise le sieur Leclerc à attacher son bateau, sur le bord de la Seine, à une portion de rive dont le suppliant est propriétaire, renvoyer la cause et les parties devant les juges qui doivent en connaître;

Et dans le cas où nous déciderions que l'autorité administrative est compétente, annuler ledit arrêté, comme ayant violé l'article 7 du titre XXVIII de l'ordonnance de 1669, et les dispositions du Code civil; dire, en conséquence, que le sieur Leclerc n'est aucunement fondé dans l'exercice du droit qu'il s'est arrogé; lui ordonner d'enlever les pieux qu'il a fixés sur le terrain du sieur de Périer, et ce dans la huitaine qui suivra la notification de l'ordonnance à intervenir; faute de quoi, le suppliant sera autorisé à le faire aux frais dudit sieur Leclerc, qui sera en outre condamné aux dépens;

Vu l'ordonnance de *soit communiqué*, en date du 2 avril 1818, et la signification faite de ladite ordonnance et de la requête par exploit du 24 avril 1818, à laquelle signification il n'a pas été répondu;

Vu l'arrêté du conseil de préfecture du département de l'Eure, du 25 octobre 1817;

Vu l'article 7 du titre XXVIII de l'ordonnance de 1669;

Vu l'article 650 du Code civil;

Ensemble toutes les pièces jointes au dossier;

Considérant, sur la compétence, qu'aux termes de la loi du 29 floréal an x, les conseils de préfecture ont le droit de statuer sur les matières de grande voirie, et que, les parties n'ayant produit ou fait valoir aucun titre constitutif de propriété ou de servitude, il n'y avait pas lieu à renvoyer la cause devant les tribunaux ordinaires;

Considérant, au fond, que l'obligation consacrée par l'ordonnance de 1669 et par le Code civil, de laisser sur le bord des rivières navigables un chemin pour le halage des bateaux, impose une servitude et ne caractérise pas une expropriation;

Considérant que, si les bateliers peuvent s'arrêter dans leur marche partout où le besoin de la navigation l'exige, ce serait aggraver la servitude des riverains que de permettre arbitrairement, dans l'intérêt d'un tiers, la formation d'un port fixe d'abordage le long du chemin de halage dont la propriété n'aurait pas été acquise préalablement pour cause d'utilité publique;

Notre conseil d'Etat entendu,

Nous avons ordonné et ordonnons ce qui suit:

Art. 1er. L'arrêté du conseil de préfecture du département de l'Eure, du 25 octobre 1817, est annulé.

2. Tous les travaux faits par le sieur Leclerc sur la propriété du sieur de Périer seront supprimés dans le mois qui suivra la notification de la présente ordonnance; et, faute par lui de le faire, il y sera procédé à ses frais par le sieur de Périer, sous la surveillance du maire de la commune de Manoir, qui constatera les dépenses.

Ordonnance du roi, du 24 décembre 1818, qui rejette la requête du sieur Asselin, propriétaire riverain de la Seine, à Rouen.

Louis, etc.; vu la requête à nous présentée au nom du sieur Frédéric Asselin, propriétaire à Rouen, et tendant à ce qu'il nous plaise annuler un arrêté du conseil de préfecture du département de la Seine-Inférieure, du 26 mars 1817, qui le condamne à arracher trois rangs de peupliers, sous le prétexte que ces arbres, plantés sans autorisation préalable, interceptent la libre circulation sur le bord de la Seine, et déclarer que le suppliant sera affranchi de la servitude qu'on voudrait lui imposer ;

Vu l'arrêté attaqué du conseil de préfecture du département de la Seine-Inférieure, du 26 mars 1817 ;

Vu les observations adressées par ce conseil à notre garde des sceaux, ministre secrétaire d'Etat de la justice, le 14 septembre 1818 ;

Vu l'ordonnance des eaux et forêts de 1669 ;

Vu l'ordonnance de la marine du mois d'août 1681 ;

Vu les autres pièces produites :

Considérant qu'aux termes de l'article 7 du titre XXVIII de l'ordonnance de 1669, il est dû, le long du bord opposé au chemin de halage, un espace libre de dix pieds de largeur ;

Considérant qu'aux termes de l'article 1er du titre VII, livre IV de l'ordonnance de 1681, sont réputés bords et rivages de la mer tout ce qu'elle couvre et découvre pendant les nouvelles et pleines lunes, et jusqu'où le grand flot de mars peut s'étendre sur la grève ;

Considérant que les marées se font sentir dans cette partie de la Seine, et que les chemins et contre-chemins de halage doivent être praticables à toutes les époques de marées où la navigation est possible ;

Considérant que le conseil de préfecture, pour alléger la servitude qui pèse sur l'héritage du sieur Asselin, a choisi un terme moyen entre les eaux basses et l'élévation des hautes marées, et qu'ainsi il a su concilier les intérêts de la navigation avec le respect dû à la propriété ;

Notre conseil d'Etat entendu,

Nous avons ordonné et ordonnons ce qui suit :

Art. 1er. La requête du sieur Asselin est rejetée.

2. L'arrêté du conseil de préfecture du département de la Seine-Inférieure, du 26 mars 1817, est approuvé.

Ordonnance du roi, du 13 janvier 1819, *portant création d'une commission syndicale entre les propriétaires et intéressés des prés et marais de Buzay.*

Louis, etc. ; vu la délibération prise le 21 thermidor an VI, par les propriétaires des prés et marais de Buzay, département de la Loire-Inférieure, pour l'établissement des règles d'après lesquelles il doit être pourvu à l'entretien et à la conservation des ouvrages nécessaires à leur défense commune ;

Les nouveaux règlements proposés par lesdits sociétaires, sous la date du 18 novembre 1816 ;

Vu les lois des 14 floréal an XI et 16 septembre 1807 ;

Notre conseil d'Etat entendu,

Nous avons ordonné et ordonnons ce qui suit :

TITRE Ier. *Formation de la société.* — Art. 1er. Les intéressés à la propriété des prés et marais de Buzay, département de la Loire-Inférieure, sont divisés en vingt-sept tenues, et forment une société sous le nom de *propriétaires des prairies de Buzay.*

2. Les propriétaires sont dans la société à raison de la valeur des

tenues ; ils contribueront aux frais de toutes réparations en proportion des prix de ferme de 1790, base qui a été suivie entre les propriétaires et le directeur des domaines, dont il résulte que dans une dépense commune de 8,668 francs, la tenue de chacun contribuerait pour. . . . . 120 f. »

Le Cariolet, pour.	80 »
Les prés Rousseau, pour.	250 »
Le grand Verdet, pour.	225 »
Le petit Verdet, pour.	45 »
L'île Bernard, pour.	27 »
La Bomassousse, pour.	35 »
Le marais de Retz, pour.	100 »
La Cave, pour.	120 »
Belai et Bas-Suzains, pour.	230 »
Suzains-Jagneaux, pour.	290 »
Les Seules, pour.	520 »
Le Buzard, pour.	250 »
Le Planty, pour.	240 »
Le Douet, pour.	650 »
La Chernorde, pour.	600 »
Le Redefon, pour.	800 »
Le Plix, pour. , ...	500 »
Le bois de Bafric, pour.	500 »
La Suzaine-Bafric, pour.	640 »
Château et tenue, pour.	1,000 »
Les Gannes, pour.	450 »
Les Chapelles, pour.	240 »
Le marché Corbet, pour.	56 »
Les Hautes Angles, pour.	550 »
La Soue à porcs, pour.	150 »

TITRE II. *Passages et servitudes.* — 3. Les servitudes et passages sur les charraux et les tenues particulières s'exécuteront ainsi qu'il suit :

1° La tenue du marais de Retz a son passage avec bœufs et charrettes sur celles de la Cave.

2° La tenue de la Chenorde, Redefon et l'éclusier du pavillon, ont leur passage sur celle du Douet, par les prés des Champaux, Oies, et des Petites-Aubrais.

3° La tenue de Redefon et l'éclusier ont aussi leur passage sur la tenue de la Chenorde.

4° La tenue de Plix a son passage sur la Suzaine-Bafric, pour la charge de ses foins seulement.

5° La Bafric a son passage de terre par le pré du Bas-Princeau, dépendant de la Suzaine-Bafric, et la charge de ses foins par les six bouches de Rouzerolles ; les tenues du château ont leur passage de terre seulement sur celles de Gannes.

TITRE III. *Objets appartenants à tous les propriétaires, ou qui sont nécessaires à la conservation de toutes les tenues.* — 4. Ces objets sont :

1° La maison de l'éclusier nommée du Pavillon, ses dépendances, telles que ses écuries, cellier, four, jardin, et ses lisières de Versailles et du Pavillon ;

2° Le canal du Pavillon, les écluses, vannes et portes qui y sont établies;

3° Le droit de verser le curage et le fonçage dudit canal sur les bords des lisières et prés qui la bordent;

4° L'étier de la Bastille ou des Gats, avec le droit de verser sur les bords la terre provenant de son curage;

5° Les grandes et petites levées, les dalles, vannes, barrières, ponts, arches qui y sont établis;

6° Les douves de ceintures et contre-ceintures qui bordent lesdites levées et les charraux.

5. Chaque propriétaire jouira privativement des arbres qui bordent lesdites levées, et qui se trouvent vis-à-vis de ses propriétés particulières; mais il sera tenu de fournir, au prix réglé par experts, les émondes ou les troncs desdits arbres qui seront nécessaires pour la défense des levées; il ne pourra disposer des haies de saules rétablies pour la conservation des grandes levées, telles que celles de l'est, des Hautes-Angles et marais de Retz; lesquelles haies de saules seront plessées, replantées et entretenues aux frais de la généralité des propriétaires; il ne pourra couper les ronces et buailles qui croîtront dans ces parties.

6. Chaque propriétaire pourra aussi seul faucher les grandes levées, et ensemencer la levée vis-à-vis de ses propriétés particulières partant des cinq barrières à se rendre aux plantis, ainsi qu'on l'a pratiqué jusqu'à ce jour; mais il ne pourra les faire pacager ni y faire passer et entrer ses bestiaux.

TITRE IV. *Réparations à la charge de la généralité des propriétaires, et dans quel temps elles doivent être faites.* — 7. Les réparations à la charge de la généralité des propriétaires, et auxquelles ils contribueront chacun dans la proportion établie à l'article 2, sont celles des logements de l'éclusier;

Celles à faire aux écluses, bondes, levées, dalles, vannes, portes, barrières, ponts et arches.

Le crochetage de l'étier des Gats et du canal Pavillon sera fait à la faux deux fois l'an, aux mois d'avril et de septembre.

Le curage et fonçage du canal du Pavillon seront faits au mois d'août ou septembre, tous les ans, depuis la Loire jusqu'à l'arche du Pavillon; tous les deux ans, depuis ladite arche jusqu'aux trois portes près la lisière de la tenue des Seules; et, tous les trois ans, depuis les trois portes jusqu'aux terres fermes de la métairie de Chereau, s'il est jugé convenable pour cette dernière partie.

Tous les ans, au printemps, on fera enlever les hauts fonds qui se seraient formés dans le canal pendant l'hiver, et les affalements en seront enlevés aussitôt qu'il s'en formera.

L'étier des Gats sera foncé tous les trois ou cinq ans, dans le mois d'août, suivant l'urgence.

Les ceintures et contre-ceintures, ou douves qui bordent les grandes et petites levées, ainsi que les charraux, se crocheteront à la faux deux fois l'an, dans les mois d'avril et de septembre.

Le fonçage-bordage de ces douves aura lieu tous les quatre ans, dans le mois d'août pour les tenues basses, et dans les mois de mai ou juin pour les tenues hautes, et toutes les douves d'écours restent à la charge de chaque propriétaire qui les borde.

TITRE **V**. *Devoirs et obligations de chaque propriétaire.* — 8. Chaque propriétaire sera seul tenu du crochetage et fonçage des douves privatives, prés et douves d'écours, et le fera autant de fois et dans le même temps que pour les ceintures et contre-ceintures.

9. Nul ne pourra franger les levées pour le passage de ses foins, ni, sous aucun prétexte, ne pourra mettre de bestiaux à pacager dessus.

10. Nul ne pourra faire aucun pas chartier dans les ceintures et contre-ceintures; mais il pourra seulement y faire à ses fais particuliers des ponts volants pour charrettes, avec bois de charpente et de madriers.

11. Nul ne pourra faire de batardeau dans les ceintures et contre-ceintures; mais il pourra seulement y placer à ses frais des portes, en faisant ce qui sera nécessaire pour les assujettir.

12. Nul ne pourra faire sur ses prés aucun abreuvoir, à moins qu'il ne soit éloigné de huit mètres au moins, tant du canal que de l'étier, douves de ceintures et contre-ceintures; et, dans ce cas, il pourra faire une rigole pour conduire l'eau dans son abreuvoir.

13. Nul ne pourra, pour arroser ses prés, prendre des marées par le canal du Pavillon, à moins que l'éclusier ne juge qu'il ne pourra en résulter aucun préjudice; dans ce cas même, il sera tenu de donner à l'éclusier son billet de garantie sur le registre à ce destiné : toutes les dalles sont cadenassées, et ne pourront être ouvertes que par l'éclusier, qui en aura les clefs.

14. Aucun propriétaire ne pourra prendre de l'eau par les dalles, après le 6 septembre, et, à cette époque, toutes les portes des dalles seront masquées en terre.

TITRE **VI**. *De l'éclusier et de l'inspecteur des travaux.* — 15. Il y aura un éclusier âgé au moins de vingt-cinq ans. Il sera nommé par le syndicat, sur la proposition du directeur; il pourra être destitué de la même manière.

16. Il lui sera payé 500 francs par an, et il aura en outre la jouissance des maisons, logements, jardins du Pavillon, ainsi que des lisières en dépendant, parce qu'il s'occupera uniquement de cet état. Il sera tenu d'ouvrir et fermer les portes du canal à toutes les marées, ainsi que les trois portes près la lisière des Seules.

17. Il sera chargé d'ouvrir et de fermer les portes du Pomtrepied, de l'étier, de Redefon, de la levée des rivières, de celles du petit bedet, de la bonde, des hautes Angles, toutes les fois qu'il en sera soin, observant de ne faire l'ouverture de cette dernière que lorsqu'il est justifié que les eaux qu'elle apporte dans les tenues de l'intérieur ne peuvent leur porter préjudice, et, dans ce cas, ladite bonde est fermée sur-le-champ par l'éclusier.

18. S'il croit pouvoir donner des marées à quelques propriétaires ou fermiers, il ne le fera qu'aux conditions prescrites par l'article 13, et, en cas de préjudice résultant de son consentement, il sera personnellement responsable des dommages et intérêts, solidairement avec le propriétaire ou fermier; comme aussi, en cas de refus mal fondé de sa part, il deviendra responsable, envers le propriétaire ou le fermier, du préjudice que ce refus aura causé.

19. Il sera chargé de veiller à la conservation des tenues de Buzay; il remplira à cet égard toutes les fonctions attribuées par la loi aux

gardes champêtres, et il se fera recevoir en cette qualité par le juge de paix du canton de la situation des tenues : il ne laissera passer sur lesdites tenues aucun particulier non propriétaire ou fermier.

Il ne laissera pacager, passer, entrer aucun bétail sur les levées; il veillera à ce qu'il ne soit fait aucune dégradation ni aucune irrigation qui puisse causer quelques dommages, et à ce que le présent règlement soit bien et dûment exécuté.

20. Il dressera procès-verbal de tout ce qui sera fait de contraire audit règlement; il en affirmera la sincérité devant le juge de paix; il en fera le dépôt conformément à l'art. 6 de la section VII du titre Ier de la loi concernant les biens et usages ruraux, et en informera ensuite les commissaires, pour qu'ils puissent faire les poursuites nécessaires.

21. Il y aura un inspecteur ou conducteur des travaux, choisi par la commission syndicale instituée par les articles 23 et suivants de la présente ordonnance. Cet agent sera accepté par le préfet, sur l'avis de l'ingénieur en chef.

Il sera chargé de diriger les travaux d'entretien et de conservation ordonnés par la commission syndicale, ou ceux prévus par l'article 7 de la présente ordonnance.

Il accepte lesdits travaux, après avoir constaté qu'ils sont exécutés conformément aux devis, adjudications ou marchés; et, dans le cas contraire, il les rejette.

Il fait des toisés de toutes les douves du canal et étier, ainsi que de la maçonnerie; il donne son certificat sur la confection des ouvrages, d'après lequel le directeur délivre les mandats ou ordonnances de payement.

22. Il présente tous les ans, à la commission syndicale, le tableau de tous les travaux faits dans le cours de la campagne, et celui des travaux à faire dans la campagne suivante, observant d'établir, en tête de ce dernier tableau, les réparations les plus urgentes à faire, et il donne ses observations sur le tout.

TITRE VII. *De la formation de la commission syndicale et de ses fonctions.* — 23. L'association des propriétaires est administrée par une commission syndicale de cinq membres, nommés par le préfet, et pris parmi les propriétaires les plus imposés, à raison des tenues ou parties de tenues de Buzay.

24. Les membres de la commission syndicale sont élus pour cinq ans, et se renouvelleront annuellement par cinquième.

Il en sortira un à la fin de la première année, par la voie du sort, un autre à la fin de la seconde année, et ainsi de suite, de manière qu'ils soient annuellement renouvelés par cinquième : les membres sortants seront rééligibles.

25. Un des cinq membres sera désigné par le préfet pour remplir les fonctions de directeur; il sera, en cette qualité, chargé de la surveillance générale des intérêts de l'association, du dépôt des plans, registres et autres papiers relatifs à l'administration de l'association.

Ses fonctions dureront trois ans; il pourra être réélu; il aura un adjoint également nommé par le préfet, et pris parmi les autres syndics, pour remplacer le directeur en cas d'empêchement; les fonctions de cet adjoint dureront également trois ans, et il sera de même susceptible d'être réélu.

26. La commission syndicale se réunit sous la convocation du directeur, aussi souvent que les intérêts de la société l'exigent, et dans le lieu qui lui paraît le plus convenable, sauf, pour la désignation du local, l'approbation du préfet.

27. La commission syndicale est chargée :

1° De déterminer le montant des taxes ;

2° D'examiner, modifier ou adopter les projets de travaux ;

3° De proposer le mode d'exécution, soit par régie, soit par adjudication publique ;

4° De donner son avis sur tous les objets relatifs au service qui lui est confié ;

5° De présenter au préfet une liste sur laquelle sera nommé l'inspecteur ou conducteur spécial des travaux ;

6° De faire le rôle de recouvrement des sommes délibérées par elle et approuvées par le préfet.

Elle ne pourra délibérer qu'au nombre de quatre membres, au moins, y compris le directeur, qui, en cas de partage, aura voix prépondérante.

Les délibérations seront soumises à l'approbation du préfet par l'intermédiaire du sous-préfet, qui donnera son avis.

Titre VIII. *De la comptabilité.* — 28. Un trésorier chargé de recevoir les deniers des propriétaires, et d'acquitter les mandats délivrés et ordonnancés par le président, lesquels seront scellés d'un cachet sur lequel est empreint : *Société des tenues de Buzay.*

29. Le rôle de recouvrement est fait en double par la commission syndicale qui en garde un, et remet de suite l'autre au trésorier percepteur, après toutefois qu'il a été rendu exécutoire par le préfet.

30. La perception se fait dans le courant du mois qui suivra l'homologation du préfet ; elle se poursuit dans les formes prescrites pour le recouvrement des contributions publiques ; et, si le propriétaire est absent, contre les fermiers ou autres détenteurs de fonds imposés.

31. Le trésorier rend compte chaque année à la commission syndicale des recettes et dépenses faites pendant l'exercice précédent ; il ne lui est point tenu compte des payements irrégulièrement faits.

32. Le directeur peut, toutes les fois qu'il le jugera convenable, vérifier l'état de situation de la caisse du trésorier.

Titre IX. *Dispositions générales.* — 33. Toutes les contestations relatives au recouvrement des rôles, aux réclamations des propriétaires imposés et à la confection des travaux, seront jugées administrativement, et conformément à la loi du 14 floréal an XI.

34. Les délits et contraventions seront constatés par des procès-verbaux dressés, soit par le conducteur spécial, soit par tous agents de police, en conformité des lois et règlements, et seront jugés soit par nos cours et tribunaux, soit par le conseil de préfecture, suivant l'espèce, conformément à l'article 27 de la loi du 16 septembre 1807.

Le conducteur prêtera à cet effet le serment prescrit par la loi, devant le tribunal de première instance.

35. La moitié des amendes appartiendra à celui qui aura constaté la contravention ou le délit.

36. Lorsqu'il s'agira de construction de travaux neufs, autres que ceux d'entretien et de conservation, le projet en sera rédigé par des

hommes de l'art, choisis par la commission syndicale, et agréés par le préfet, et sur l'avis de l'ingénieur en chef: ce projet sera soumis à notre directeur général des ponts et chaussées.

37. Les honoraires, frais de voyage et autres dépenses qui pourront être dues aux ingénieurs et aux hommes de l'art, employés en exécution de la présente ordonnance, seront payés sur les fonds des travaux, d'après le règlement qui en sera fait, conformément aux dispositions de l'art. 75 du décret du 7 fructidor an XII.

Circulaire du directeur général des ponts et chaussées et des mines (M. Becquey), à MM. les préfets, relative à l'admission dans les écoles d'arts et métiers de Châlons et d'Angers, de quelques élèves choisis parmi les fils des conducteurs des ponts et chaussées.

Paris, le 22 janvier 1819.

MONSIEUR le préfet, Son Excellence le ministre de l'intérieur, d'après la demande que je lui en ai faite, et en considération de l'admission que j'ai autorisée cette année de plusieurs élèves des écoles des arts et métiers de Châlons et d'Angers, parmi les conducteurs des ponts et chaussées, s'est montrée disposée à accorder en échange, chaque année, quelques places gratuites d'élèves dans ces écoles, aux fils des conducteurs des ponts et chaussées qui seraient hors d'état de pourvoir aux frais de l'éducation de leurs enfants, et qui se seraient rendus dignes de cette faveur par leurs bons services.

Les candidats doivent être âgés de treize ans au moins et de seize ans au plus; ils doivent produire à l'appui de leurs demandes,

1° L'extrait de leur acte de naissance;

2° Un certificat des autorités du lieu de leur domicile, attestant leurs principes religieux, leur bonne conduite et celle de leurs parents;

3° Un certificat délivré par un officier de santé, constatant qu'ils ont été vaccinés ou qu'ils ont eu la petite vérole, et que leur constitution est saine et robuste;

4° Une attestation portant qu'ils possèdent la lecture, l'écriture, les quatre règles de l'arithmétique jusqu'aux fractions exclusivement, les premiers éléments de la langue française et les principes de l'orthographe;

5° Les pièces constatant que leurs parents ont rendu ou rendent des services, soit dans le civil, soit dans le militaire, ou qu'ils ont d'autres droits à la bienveillance du roi;

6° Une déclaration de fortune mentionnant tous les moyens d'existence, le nombre des enfants et les charges, reçue par l'autorité locale qui la certifie, et atteste en outre l'impossibilité de la part des déclarants, soit de payer aucune pension, soit d'en payer plus de la moitié ou du quart.

A égalité de droits et de mérite entre les candidats, ceux qui offrent de payer une demi-pension obtiennent la préférence sur ceux qui ne font offre que du quart, et ceux qui offrent de payer un quart sont préférés à ceux qui désirent des places entièrement gratuites.

7° Les parents ou tuteurs des candidats aux places d'élèves à demi-pension et à trois quarts de pension gratuite, sont tenus de s'engager

II.   23

à payer, de trois mois en trois mois et d'avance, soixante-deux francs cinquante centimes ou trente et un francs vingt-cinq centimes, suivant que la pension doit être à leur charge pour moitié ou pour un quart.

Les engagements imposés aux parents ou tuteurs des pensionnaires sont cautionnés, si une caution est jugée nécessaire pour en garantir l'exécution.

Il est d'autant plus indispensable de les remplir exactement, que tout élève en retard de payer, aux époques prescrites, soit le prix du trousseau, soit celui de la pension ou de la quote-part de pension qui a été mise à sa charge, est renvoyé à ses parents.

Les parents ou tuteurs des candidats aux places d'élèves sont tenus de prendre l'engagement de payer pour le sujet qu'ils présentent, au moment même de son entrée à l'école, une somme de 200 francs représentative de la valeur du trousseau qui lui sera fourni.

Ils doivent également s'engager à ne point retirer leur enfant ou pupille avant l'époque où ses études et son apprentissage auront été terminés complétement.

Toutes les pièces mentionnées ci-dessus doivent être légalisées par les autorités locales.

Comme le nombre des places accordées sur la proposition directe du ministre de l'intérieur est très-restreint, et que Son Excellence n'en pourra réserver que très-peu pour les ponts et chaussées, la faveur de l'admission ne doit être proposée que pour les enfants des conducteurs embrigadés qui se seront le plus distingués par leur zèle, leur bonne conduite, leur dévouement et leurs anciens services.

Il est nécessaire que les demandes, qui devront être accompagnées de l'avis motivé de M. l'ingénieur en chef, me parviennent avant la fin de chaque année, ou dans le premier mois de l'année courante.

Ordonnance du roi, du 17 février 1819, portant concession au sieur Fournier du marais Dubois.

LOUIS, etc.; vu les deux nouveaux procès-verbaux d'expertise, dressés les 5 juin 1817 et 14 août 1818, pour constater la valeur réelle du marais Dubois;

Les délibérations de la commission spéciale établie par notre ordonnance du 27 août 1818, l'une du 15 octobre 1817, l'autre du 16 août 1818;

Les avis du préfet du département du Pas-de-Calais, des 8 avril et 19 août 1818;

Notre conseil d'Etat entendu,

Nous avons ordonné et ordonnons ce qui suit:

Art. 1er. La concession du desséchement du marais Dubois, situé dans la commune de Billy-Berclau, département du Pas-de-Calais, est faite au sieur Pierre Fournier.

2. Le marais appartiendra en toute propriété au concessionnaire, à la charge par lui de verser préalablement, entre les mains de la commune de Billy-Berclau, la somme de 15,000 francs, à laquelle la valeur réelle de ce marais a été évaluée.

Cette somme sera placée en rentes sur l'Etat, au profit de ladite commune.

3. Le concessionnaire sera tenu de se conformer, pour la construction de la digue destinée à contenir les eaux du canal de la Bassée, ainsi que pour tous les autres travaux nécessaires au desséchement dudit marais, au plan dressé par les ingénieurs des ponts et chaussées, et approuvé par notre directeur général des ponts et chaussées.

4. Les travaux seront terminés dans l'espace de deux ans.

5. Le concessionnaire sera tenu d'entretenir à perpétuité les travaux du desséchement, et notamment la digue principale du canal de la Bassée.

6. Les propriétaires qui profiteront du desséchement ne sont assujettis à donner au concessionnaire aucune portion de la plus-value qu'obtiendront les terrains voisins du marais ; mais, après la confection des travaux, ils pourront être appelés à contribuer à la dépense annuelle d'entretien, à raison du degré d'intérêt qu'ils auront à la conservation des travaux de desséchement.

La proportion dans laquelle ils contribueront sera déterminée par nous, s'il y a lieu, par un règlement d'administration publique.

7. Les terrains desséchés jouiront de l'exemption de la contribution foncière, ainsi qu'il est déterminé par les règlements sur cette matière.

Circulaire du directeur général des ponts et chaussées et des mines (M. Becquey), à MM. les préfets, portant que les projets d'affiches des demandes en concession de mines et en permission d'usines doivent être dressés par les ingénieurs des mines.

Paris, le 28 février 1819.

Monsieur le préfet, d'après l'article 24 du décret du 18 novembre 1810, les ingénieurs en chef des mines doivent dresser les projets d'affiches des demandes en concession de mines et en permission d'usines. Cette disposition n'a pas toujours reçu son exécution, et il en est résulté, dans l'expédition des affaires, des retards qu'il est désirable de ne pas voir se renouveler. Je ne puis donc, en vous la rappelant, que vous prier, monsieur le préfet, de veiller à ce qu'à l'avenir toute demande en concession ou en permission soit communiquée à MM. les ingénieurs des mines, pour que ceux-ci rédigent les projets d'affiches conformément à l'article 24 du décret.

J'ai eu aussi occasion de remarquer plusieurs fois que des propriétaires d'usines se sont présentés comme opposants à des demandes, quoiqu'ils ne fussent point eux-mêmes pourvus de permissions. Cette contravention aux articles 74 et 78 de la loi du 21 avril 1810 doit être constatée ; elle peut servir à juger les motifs qui souvent ont déterminé les opposants, et à faire apprécier le mérite de leur opposition. Je vous prie, en conséquence, monsieur le préfet, d'avoir soin que, dans l'instruction des demandes en permission d'usines, on mentionne si les propriétaires qui se portent opposants sont eux-mêmes pourvus de permissions, ou s'ils sont en contravention, soit à l'article 74, soit à l'article 78 de cette loi.

Circulaire du directeur général de l'administration communale et départementale (M. Guizot), aux préfets, indiquant les attributions des maires et des conseils de préfecture en ce qui concerne la police du roulage.

Paris, le 17 mars 1819.

J'ai eu l'occasion de remarquer que, dans plusieurs départements, les maires jugeaient en premier ressort les contraventions aux règlements sur la police du roulage, et que le conseil de préfecture en connaissait seulement lorsque les contrevenants exerçaient leurs recours devant lui.

Dans d'autres départements, le conseil de préfecture prononce définitivement sur toutes les affaires de cette espèce.

Cette différence dans le mode de procéder a donné lieu d'examiner : 1° si les décisions des maires n'étaient que provisoires ; 2° si les conseils de préfecture devaient seuls rendre un jugement définitif ; et ces deux questions en ont fait naître une troisième, celle de savoir si, en vertu de l'article 475 du Code pénal, ces sortes de contraventions étaient actuellement dévolues aux tribunaux de simple police ; dans ce cas, si la peine était réduite à la simple amende de 6 à 10 francs, ou bien si cette amende devait être infligée par le juge compétent, en sus de la somme exigée pour dommages, par la loi du 29 floréal an x (19 mai 1802), relative au poids des voitures employées au roulage.

Les doutes sur cette dernière question provenaient de ce qu'on n'avait pas fait attention que le Code pénal statue seulement sur les contraventions attribuées, par le Code d'instruction criminelle, aux tribunaux de simple police ; que ces tribunaux ne sont compétents qu'en matière de petite voirie, tandis que les questions proposées étaient relatives à des objets de grande voirie.

Le Code pénal ne présente aucune disposition qui puisse faire supposer qu'il soit applicable aux contraventions de grande voirie.

Il porte, au contraire, art. 484, que « dans toutes les matières qu'il » n'a pas réglées et qui sont régies par des lois et règlements particu-» liers, les cours et tribunaux continueront de les observer. » Or, la loi du 28 pluviôse an viii (17 février 1800) attribue aux conseils de préfecture, exclusivement, le pouvoir de statuer sur les difficultés qui pourraient s'élever en matière de grande voirie : celle du 29 floréal an x (19 mai 1802) dit que ces conseils statuent définitivement sur toutes les contraventions de cette espèce ; enfin, celle du même jour 29 floréal, sur le poids des voitures, et celle du 7 ventôse an xii (27 février 1804) qui règle la largeur des jantes des roues des voitures de roulage, ordonnent que les condamnations pour contravention à ces lois seront prononcées administrativement, et que les sommes à payer par les contrevenants, à titre de dommages, seront fixées dans la proportion qu'elles ont déterminée.

Ainsi, l'autorité administrative, et non les tribunaux, réprime seule toute infraction à ces lois sur les grandes routes ; elle ne peut appliquer que la peine qu'elles ont indiquée, et non l'amende énoncée dans l'article 475 du Code pénal, parce que ce Code n'attribue pas de juridiction, et que l'article 475 ne punit que les contraventions en matière de simple police, dont l'administration ne peut connaître.

Il reste à décider si les maires jugent en premier ressort les contraventions par excès de chargement commis sur les grandes routes, ou si les conseils de préfecture doivent seuls rendre un jugement définitif.

La loi du 29 floréal an x, relative au poids des voitures de roulage, celle du 7 ventôse an xii, qui a déterminé la largeur des jantes pour les roues de ces voitures, ne font pas mention des maires ; elles portent seulement que les contraventions seront jugées par voie administrative. Le décret du 23 juin 1806 donne des règles pour l'exécution de ces lois ; mais il n'a pu altérer ou changer l'ordre des juridictions.

Le juge en matière de grande voirie est le conseil de préfecture. Aux termes de la loi du 28 pluviôse an viii et de celle du 29 floréal an x, il statue définitivement : ses arrêtés sont exécutés sans *visa* ni mandement des tribunaux ; ils sont exécutoires par contrainte, et ils emportent hypothèque. A la vérité, le décret du 23 juin 1806 dit, article 38, que les contestations qui pourraient s'élever sur le poids des voitures, sur l'amende et sur sa quotité, seront *jugées* sommairement, sans frais et sans formalités, sauf le recours au conseil de préfecture ; mais c'est improprement que le mot *jugé* a été employé dans ce décret, qui n'a voulu que procurer une exécution de la loi plus assurée et plus prompte.

Le maire n'est appelé, dans ces contestations, que comme officier public qui interpose son autorité pour arrêter la contravention et faire déposer l'amende qu'il croit encourue : il ne condamne pas, il ne juge pas le fond des contestations ; il assure seulement l'effet de la condamnation, et les droits du voiturier restent entiers. On ne pourrait donner au décret une autre interprétation, car ce serait admettre que les maires, qui n'ont pas de juridiction en matière d'administration, auraient le droit de rendre un jugement proprement dit ; ce serait, contre toutes les règles de l'ordre judiciaire, établir trois jugements : celui du maire, celui du conseil de préfecture, et celui du conseil d'Etat, juge d'appel des arrêtés des conseils de préfecture.

Il faut donc reconnaître que l'arrêté d'un maire, en pareil cas, n'ordonne qu'une consignation provisoire ; qu'il n'est pas un jugement ; que le conseil de préfecture peut seul prononcer, parce que nul ne peut être condamné que par une autorité compétente, et que le maire n'est ici qu'un agent d'exécution provisoire, dont le conseil de préfecture doit nécessairement confirmer ou infirmer l'acte, soit que le contrevenant exerce ou n'exerce pas son recours devant lui.

Tels sont les principes que le comité de législation du conseil d'Etat, consulté sur les questions dont il s'agit, a rappelé dans une délibération qu'il vient de prendre.

En résumé, le Code pénal n'est point attributif de juridiction ; il détermine seulement les peines que les tribunaux compétents peuvent appliquer.

Les peines prononcées par l'art. 475 de ce Code sont celles dont il punit les contraventions de simple police.

En statuant sur ces contraventions, dans lesquelles se classent celles de petite voirie, il n'a pas entendu abroger la loi du 29 floréal an x et celle du 7 ventôse an xii, sur le poids des voitures de roulage et sur la dimension des jantes de leurs roues, ni la distinction essentielle entre la petite et la grande voirie.

Celle-ci est restée dans la compétence administrative des conseils de préfecture, auxquels les lois des 28 pluviôse an VIII et 29 floréal an X l'ont attribuée.

L'art. 38 du décret du 23 juin 1806 n'a pu vouloir donner aux maires une juridiction administrative, en matière de grande voirie, qui ne saurait leur appartenir, et qui établirait trois degrés de juridiction.

En se servant du mot *jugé*, il a entendu une décision sommaire et sans frais, non sur la contravention elle-même, mais sur l'exécution *provisoire* du règlement, sauf les droits de la partie saisie et le jugement à rendre par le conseil de préfecture; jugement nécessaire pour acquérir l'amende au fisc, soit que le roulier se pourvoie ou qu'il n'exerce pas son recours.

Enfin le conseil de préfecture n'a point à prononcer à la fois, en cas de contravention reconnue, les dommages réglés par la loi du 29 floréal an X et celle du 7 ventôse an XII, ainsi que par le décret du 26 juin 1806, et l'art. 475 du Code pénal; car ce Code lui est tout à fait étranger.

Je vous prie de faire part de cette lettre au conseil de préfecture de votre département.

Veuillez aussi la faire connaître aux maires, et les avertir que, dans les décisions provisoires qu'ils auraient à rendre en matière de police de roulage sur les grandes routes, ils devront déclarer que le voiturier contrevenant pourra recourir au conseil de préfecture, auquel la décision serait transmise.

Circulaire du directeur général des ponts et chaussées et des mines (M. Becquey), à MM. les préfets, concernant l'instruction des affaires qui ressortissent à la commission mixte des travaux publics.

Paris, le 7 mai 1819.

MONSIEUR le préfet, la nature des affaires qui ressortissent à la commission mixte des travaux publics exige qu'elles n'éprouvent point des lenteurs qui deviendraient préjudiciables aux services qu'elles intéressent. Je désire donc que M. l'ingénieur en chef s'occupe *d'urgence*, de tous les projets qui peuvent donner lieu à des conférences avec MM. les officiers du génie. Conformément à l'art. 4 de l'ordonnance royale du 16 septembre 1816, relative à la réorganisation de la commission mixte, le concert entre les directeurs ou ingénieurs en chef des divers services s'établit dès l'époque de la rédaction primitive des projets; et les ingénieurs ne doivent pas attendre, pour entrer en conférence, qu'ils en aient reçu l'ordre ou l'invitation : *l'initiative, à cet égard, leur appartient de droit et par devoir.*

Aussitôt après la clôture de ces conférences, M. l'ingénieur en chef s'empressera de vous adresser *immédiatement* les procès-verbaux qui constatent l'unanimité ou le dissentiment des opinions, ainsi que des rapports, plans, devis, détails, etc., qui auront servi de base à la discussion : il est surtout indispensable, pour déterminer ma décision, que l'on joigne aux pièces un mémoire *spécial* qui développe les motifs des dispositions réclamées ou combattues sous les rapports civils, et qui fasse connaître, au moins par aperçu, l'appréciation des différents ouvrages, si l'on n'a pas eu le temps de rédiger une évaluation détaillée.

Il importe que la marche des affaires mixtes soit aussi prompte dans l'administration civile que dans l'administration militaire, et que, de part et d'autre, elles puissent parcourir en même temps les mêmes degrés d'instruction.

Lorsque les intérêts se compliquent, et quand cependant il est nécessaire d'arriver promptement à des solutions définitives, il faut que les deux administrations soient également éclairées pour que les mêmes objets ne soient pas remis plus d'une fois en question, ou qu'on ne s'expose pas à des concessions que des renseignements plus précis auraient empêché d'admettre, ou du moins auraient fait modifier.

Lorsque M. l'ingénieur en chef vous aura transmis les différentes pièces dont je viens de vous parler, je vous prie de les envoyer sans délai, avec votre avis particulier, à M. l'inspecteur divisionnaire qui me les adressera sur-le-champ, accompagnées de son rapport.

Ce mode d'instruction, prescrit par les règles qui régissent l'administration des ponts et chaussées, et dont on ne doit jamais s'écarter, occasionnera encore quelques délais inévitables; mais on les abrégera autant qu'il est possible, et nous nous rapprocherons davantage des formes plus expéditives de l'administration militaire, si MM. les ingénieurs des ponts et chaussées regardent toutes les affaires mixtes comme urgentes, et s'ils mettent à leur expédition l'exactitude et l'empressement que j'attends d'eux.

Circulaire du directeur général des ponts et chaussées et des mines (M. Becquey), à MM. les préfets, concernant la révision de la classification des minières de fer d'alluvion imposées aux redevances.

Paris, le 30 juin 1819.

Monsieur le préfet, l'époque à laquelle MM. les ingénieurs des mines doivent procéder à la visite annuelle des exploitations, et préparer l'assiette des redevances, étant arrivée, je dois appeler votre attention sur quelques parties du service qui n'ont point atteint la perfection dont elles sont susceptibles.

M'étant fait rendre compte de plusieurs réclamations présentées par des maîtres de forges exploitant des minières de fer d'alluvion imposées aux redevances, j'ai reconnu que ces réclamations n'étaient point motivées sur la surtaxe, auquel cas elles eussent été du ressort des conseils de préfecture, mais qu'elles dérivaient de l'irrégularité de la classification du gîte minéral, classification qui est du ressort purement administratif.

La discussion des réclamations fondées sur ce second motif a fait voir que les art. 68 et 69 de la loi du 21 avril 1810 sont susceptibles de deux interprétations différentes, suivant le sens que l'on attache aux expressions de puits, galeries, travaux d'art, travaux réguliers, qui s'y trouvent employées.

Comme ces deux interprétations sont presque également soutenables, il n'est pas étonnant que, dans les anciennes instructions de la direction générale des mines, on ait adopté celle qui classait parmi les minières concessibles tous les gîtes d'alluvion qui étaient exploités autrement qu'à ciel ouvert. Cette manière de procéder avait paru plus favorable aux intérêts des maîtres de forges ; elle permettait de leur concéder les minières en toute propriété, et elle les exemptait de la patente au moyen de redevances extrêmement modérées.

Mais, soit que ces avantages généraux n'aient point été sentis, soit qu'ils se trouvent balancés par quelques inconvénients particuliers, il paraît que la très-grande majorité des maîtres de forges, qui ne se sont point ouvertement mis en réclamation, forment des vœux pour que la seconde interprétation soit substituée à la première, et qu'il y ait une révision de la classification des minières de fer d'alluvion qui ont été déclarées concessibles en vertu des articles 68 et 69 de la loi du 21 avril 1810.

Son Excellence le ministre secrétaire d'État des finances, auquel j'ai soumis cette question, ne mettant aucun obstacle à ce que la révision soit opérée, je vous invite, monsieur, à vous faire rendre compte, par l'ingénieur des mines de votre département, des circonstances qui caractérisent le gisement des minières de fer d'alluvion qui ont été imposées jusqu'à présent, et de la nature des travaux d'exploitation qu'on y pratique. Vous voudrez bien ne maintenir dans la classe des minières concessibles et imposables que celles où l'extraction est poussée par travaux souterrains réguliers, ou dans lesquelles l'établissement de ces travaux est devenu indispensable pour assurer la durée de l'exploitation.

Par cette expression de travaux réguliers, il ne faut point entendre des fouilles de quelques mètres de profondeur pratiquées çà et là au moyen de petits puits de toute dimension, soutenues par un boisage provisoire, ou souvent même sans boisage, et destinées à être abandonnées au bout de quelques semaines ou de quelques mois. Cette expression ne s'applique pas non plus à des chambres sans suite, à des boyaux étayés par un boisage volant, et à de petites galeries non coordonnées entre elles, dont la direction se règle au hasard, suivant la rencontre des nids de minerai. A plus forte raison ne devez-vous point considérer comme travaux d'art de véritables excavations à ciel ouvert, parce qu'elles se combineraient avec quelque fouille souterraine momentanée, ou parce que les entailles auraient lieu par banquettes étagées, ou bien encore parce que l'extraction s'exécuterait au moyen de treuils ou de tout autre mécanisme.

Vous remarquerez, monsieur, que cette révision du classement des minières de fer d'alluvion ne saurait porter sur celles qui ont été concédées, soit avant soit après la loi de 1810, non plus que sur celles qui seraient actuellement l'objet de demandes en concession. Il est aisé de sentir qu'elles doivent continuer à payer les redevances comme par le passé.

Ordonnance du roi, du 28 juillet 1819, portant établissement d'un droit de péage sur le pont à construire au passage Saint-Christophe.

Louis, etc.; vu la délibération du conseil municipal de la ville de Lorient, du 1er mars 1819, relative à l'établissement d'un droit de péage sur le pont à construire sur la rivière de Scorff, au passage Saint-Christophe, département du Morbihan;

Vu l'article 5 de la loi de finances, du 17 juillet 1819;

Notre conseil d'Etat entendu,

Nous avons ordonné et ordonnons ce qui suit :

Art. 1er. Il sera fait un emprunt de 135,000 francs pour concourir, avec les fonds du trésor, au payement des travaux de construction d'un pont en charpente sur la rivière du Scorff, au passage Saint-Christophe, département du Morbihan, route royale n° 27, de Paris à Lorient.

2. Cet emprunt sera remboursé par annuités au moyen de la concession d'un péage qui sera établi sur ce pont aussitôt après son achèvement. L'adjudication de cette concession sera passée par le préfet en conseil de préfecture.

3. Le tarif des droits à percevoir par le concessionnaire pendant la durée de sa concession sera le même que celui du bac actuel de Saint-Christophe, qui est maintenu ainsi qu'il suit (1).

Ordonnance du roi, du 28 juillet 1819, portant établissement d'un droit de péage pour concourir aux frais de construction d'un nouveau pont à Epernay (2).

Louis, etc.; vu l'avis du conseil municipal d'Epernay, sur le projet d'établissement d'un péage sur le nouveau pont à construire en cette ville;

---

(1) Voir ce tarif au Bulletin des lois.

(2)   *Ordonnance du 23 décembre 1829.*

Charles, etc. ; sur le rapport de notre ministre secrétaire d'État de l'intérieur ;

Vu l'ordonnance royale du 28 juillet 1819, qui a autorisé l'établissement d'un péage sur le nouveau pont d'Epernay, et approuvé la concession faite de ce péage au sieur Moreau, entrepreneur des travaux;

Vu l'ordonnance du 23 mai 1820, qui autorisait ledit sieur Moreau à percevoir un péage sur le vieux pont d'Epernay, jusqu'à l'époque à laquelle le nouveau pont devait être achevé;

Vu la réclamation de cet entrepreneur, tendant à obtenir une indemnité pour la suppression de ce péage avant le temps où devait cesser la perception qu'il en faisait à son profit;

Vu l'avis du préfet du département de la Marne,

Celui du conseil général des ponts et chaussées;

Notre conseil d'Etat entendu, nous avons ordonné et ordonnons ce qui suit :

Art. 1er. Le péage établi sur le pont d'Epernay, département de la Marne, est prorogé d'une année en faveur du sieur Moreau, pour l'indemniser des dommages que lui a causés la suppression du péage qu'il percevait avec autorisation sur le vieux pont de cette ville. En conséquence, la concession faite pour vingt-six années, au sieur Moreau, des droits de ce péage, qui devait expirer le 1er novembre 1848, est portée à vingt-sept ans, et expirera le 31 octobre 1849.

Vu l'article 5 de la loi des finances, du 17 juillet 1819;

Notre conseil d'Etat entendu,

Nous avons ordonné et ordonnons ce qui suit :

Art. 1er. Il sera établi un péage pour concourir, avec les fonds du trésor, aux frais de construction d'un nouveau pont en pierre, en l'emplacement de l'ancien, sur la rivière de Marne, dans la ville d'Epernay, département de la Marne, route royale n° 44, de Mézières à Orléans.

2. Les droits de péage sont fixés conformément au tarif ci-après (1).

Ordonnance du roi, du 8 septembre 1819, relative au desséchement de la vallée de l'Authie.

Louis, etc.; sur le rapport du comité du contentieux;

Vu la requête à nous présentée au nom des propriétaires de la vallée d'Authie, département du Pas-de-Calais, représentés par les membres du syndicat formé en exécution du titre II de la loi du 16 septembre 1807, pour raison du desséchement de ladite vallée, concédé par décret du 25 mai 1811, à la marquise de l'Aubépin, née Scoraille, ladite requête tendant à ce qu'il nous plaise annuler les décisions de la commission spéciale établie pour ledit desséchement, séant à Montreil-sur-Mer, et notamment celle du 13 décembre 1817, et celle du 14 janvier 1818, homologatives du procès-verbal d'estimation du 5 janvier 1816; ensemble toutes autres décisions qui peuvent faire griefs, tant aux propriétaires des terrains qu'à ceux des moulins et usines, dont la destruction est nécessitée par ledit desséchement; ordonner que, par deux experts et un tiers expert, nommés conformément à l'article 8 de la loi du 16 septembre 1807, il sera de nouveau procédé auxdites opérations d'estimation, en présence des propriétaires, ou eux dûment appelés par l'intermédiaire des maires de chaque commune ou par la voie du syndicat;

Vu le mémoire ampliatif desdits propriétaires, tendant, après avoir repris et modifié leurs précédentes conclusions, à ce qu'il nous plaise déclarer nulles les décisions de la commission spéciale, des 13 décembre 1817 et 14 janvier 1818, tant à cause des contraventions qui leur sont propres que comme ayant homologué des procès-verbaux d'estimation informes, illégaux et erronés; déclarer pareillement nuls et de nul effet les procès-verbaux d'expertise des 2 mai 1815 et 5 janvier 1818, pour violation des formalités prescrites par la loi du 16 septembre 1807, et par le décret de concession du 25 mai 1811; et, au fond, pour vilité des estimations qu'ils contiennent; ordonner que, par d'autres experts, qui seront nommés conformément à l'article 8 de la loi du 16 septembre 1807, il sera de nouveau procédé auxdites opérations d'expertise et d'évaluation des classes, en présence des propriétaires, ou eux dûment appelés par l'intermédiaire des maires des communes ou du syndicat, et par voie d'interprétation et de supplément, en tant que

---

(1) Voir ce tarif dans le Bulletin des lois.

de besoin, du décret de concession du 25 mai 1811, et de l'ordonnance de prorogation de délai, du 25 juin 1817, ordonner que la concessionnaire devra tenir compte aux propriétaires des dommages et moins-values constatés qu'ils éprouveront par suite des travaux de desséchement, notamment dans les prés flottés, et leur payer, à dire d'experts, la valeur des tourbes dont elle privera lesdits propriétaires, en creusant des canaux; ordonner pareillement que les terrains tourbeux que lesdits propriétaires ont le choix de délaisser, en vertu de l'article 21 de la loi, seront estimés d'après la valeur de leur superficie, et aussi des tourbes qu'ils contiennent; imposer à la concessionnaire l'obligation de construire, à ses frais, tous les ponts qui seront reconnus nécessaires, tant pour la communication de commune à commune que pour l'exploitation des propriétés qui seraient isolées ou morcelées par suite des travaux;

Vu l'ordonnance de *soit communiqué*, en date du 6 novembre 1818, et le mémoire en défense de la dame marquise de l'Aubépin, concessionnaire du desséchement des marais de la vallée d'Authie, situés dans les départements du Pas-de-Calais et de la Somme; ledit mémoire tendant à ce qu'il nous plaise rejeter, par les fins de non-recevoir établies audit mémoire, le pourvoi des sieurs de France, de Lameth, et autres à eux joints sur ledit pourvoi; subsidiairement seulement, les y déclarer mal fondés; ordonner, en conséquence, que les décisions de la commission spéciale de desséchement des marais de l'Authie, de même que les procès-verbaux et actes sur lesquels ces décisions sont intervenues, sortiront leur plein et entier effet, et condamner les appelants aux dépens, sauf tous droits, actions et conclusions de l'exposante;

Vu les procès-verbaux des experts, des 12 novembre 1812 et 31 mai 1813, contenant l'ouverture et la clôture des opérations du classement; la décision de la commission spéciale, du 24 septembre 1814, qui, sur les réclamations de quelques propriétaires, ordonne une vérification; la décision de ladite commission qui, à raison de la discordance entre les experts, nomme un expert départiteur, et la décision de la même commission, du 10 janvier 1815, qui statue, d'après lesdites expertises, sur les réclamations des propriétaires et fixe définitivement le classement;

Vu le procès-verbal d'estimation des experts, du 2 mai 1815, le rapport desdits experts, du 22 novembre 1817. sur diverses réclamations, la décision attaquée de la commission, du 13 décembre 1817, portant nomination d'experts vérificateurs; le rapport des experts vérificateurs, du 5 janvier 1818, et la deuxième décision attaquée de la commission, du 14 janvier 1814, qui statue, d'après les vérifications, sur les réclamations dont elles ont été l'objet;

Vu la décision de la commission, du 13 août 1818, qui se déclare incompétente pour statuer sur une réclamation des syndics et les renvoie devant notre conseil d'Etat;

Vu divers certificats délivrés par le président et par le secrétaire de la commission et par les maires de plusieurs communes;

Vu les pouvoirs spéciaux donnés au syndicat par plusieurs maires et habitants de dix-huit communes de la vallée d'Authie;

Vu la loi du 16 septembre 1807, relative au desséchement des marais, le décret du 25 mai 1811, portant concession du desséchement des marais de la vallée d'Authie en faveur de la dame de l'Aubépin, née Scoraille, et le décret d'organisation de la commission spéciale, du 3 janvier 1813;

Vu les autres pièces respectivement produites;

Considérant, sur la compétence, que les commissions spéciales, instituées par le titre X de la loi du 16 septembre 1807, sur les dessèchements, exercent les mêmes fonctions que les conseils de préfecture, pour tout le contentieux relatif à ces entreprises, et qu'elles doivent se conformer au mode de procéder établi pour lesdits conseils;

Considérant que ce mode a été suivi dans l'espèce;

Considérant, sur la fin de non-recevoir relative au défaut de qualité de syndics, qu'aux termes des art. 7, 8 et 26 de la loi du 16 septembre 1807, le syndicat ne représente la masse des propriétaires que pour la nomination des experts et pour proposer un règlement sur le genre et l'étendue des contributions nécessaires pour subvenir aux dépenses d'entretien; que, d'après l'article 7 du décret de concession du 25 mai 1811, ce syndicat est, de plus, appelé à déterminer, conjointement avec les experts, l'emparquement des portions de marais qui devront être laissées aux communes pour le pacage de leurs bestiaux pendant la durée du desséchement, et que là se bornent ses fonctions;

Considérant qu'il résulte évidemment des art. 11, 12, 14 et 22 de la loi du 16 septembre 1807, que les propriétaires sont appelés à défendre individuellement leurs intérêts;

Considérant que, pour justifier leur qualité et obtenir des propriétaires un mandat qu'ils ne tenaient pas de la loi, les syndics ont joint à leurs répliques dix-neuf pouvoirs revêtus de diverses signatures de maires et habitants; mais que ces pouvoirs, n'ayant pas été légalement délivrés par les conseils municipaux, ne peuvent lier les communes ni ceux des habitants qui ne les ont pas signés; qu'ainsi les réclamants n'ont ni qualité ni pouvoir pour figurer comme syndics au nom de tous les propriétaires de la vallée;

Considérant, néanmoins, qu'ils ne peuvent être privés du droit d'exercer leurs pouvoirs comme individus stipulant pour eux et pour ceux qui les y ont autorisés;

Considérant, sur la fin de non-recevoir relative à l'expiration des délais, que les décisions de la commission n'ayant pas été signifiées et n'ayant pas reçu leur exécution, les parties ont conservé le droit de se pourvoir contre lesdites décisions;

Considérant, en la forme, que la loi du 16 septembre 1807, et le décret de concession du 25 mai 1811, n'ont pas imposé aux experts la formalité du serment préalable à leurs opérations;

Considérant que le sieur Degantès, tiers expert, a assisté les experts sur le terrain pour opérer le classement des propriétés; que ce classement n'a pu se faire qu'en raison des valeurs relatives qui ont été discutées et appréciées par lesdits experts, devant lui et sur les lieux; qu'après le décès dudit sieur Degantès, le sieur Garnier, son successeur en qualité de tiers expert, a assisté lesdits deux experts à l'estimation des classes, laquelle estimation a été faite et réglée par eux, en sa présence et par suite des documents recueillis sur les lieux, en présence du feu sieur Degantès; que le sieur Garnier n'aurait eu besoin de se transporter sur le terrain, et de faire recommencer lesdites opérations, que dans le cas de discordance entre lesdits deux experts;

Considérant que le 22 novembre 1817, sur le vu de plusieurs réclamations, les deux experts et le tiers expert Garnier ont persisté dans leur avis du 2 mai 1815;

Considérant qu'avant de statuer, la commission spéciale, a, par son arrêté du 13 décembre 1817, ordonné une contre-expertise, et que les experts vérificateurs n'ont donné leur avis qu'en pleine connaissance de cause;

Considérant, au fond, que le classement n'est pas attaqué devant le conseil d'Etat; que même l'estimation des classes n'a pas été attaquée en masse devant la commission spéciale; qu'il ne s'est élevé de réclamations que sur divers articles et de la part de plusieurs individus; que, pour apprécier le mérite de ces réclamations, la commission spéciale a ordonné les vérifications nécessaires pour motiver les décisions; que trois experts vérificateurs ont été nommés d'office et choisis dans le pays;

Considérant que les allégations maintenant reproduites par les réclamants ne peuvent être valablement opposées aux vérifications régulièrement faites par suite desdites réclamations, ni aux estimations justement homologuées par la commission spéciale;

Notre conseil d'Etat entendu,

Nous avons ordonné et ordonnons ce qui suit :

Art 1er. Les requêtes des sieurs Baron, de France et consorts sont rejetées.

2. Les décisions de la commission spéciale, des 13 décembre 1817 et 14 janvier 1818, sont confirmées.

3. Les sieurs Baron, de France et consorts sont condamnés aux dépens.

Ordonnance du roi, du 15 septembre 1819, relative à la formation d'une commission spéciale pour l'entretien des digues de Carentan.

Louis, etc.; vu l'arrêté du préfet du département de la Manche, du 26 novembre 1818, sur le nouveau mode d'après lequel il doit être procédé à l'entretien et à la conservation des digues de Carentan;

Vu la délibération prise à ce sujet par les propriétaires intéressés, et réunis en vertu de l'autorisation du préfet, du 14 février précédent;

Vu les lois des 14 floréal an XI et 16 septembre 1807;

Notre conseil d'Etat entendu,

Nous avons ordonné et ordonnons ce qui suit :

TITRE Ier. *Formation de la commission syndicale.* — Art. 1er. Les propriétaires des fonds situés dans l'intérieur des digues de la commune de Carentan, département de la Manche, formeront une association dont tous les membres concourront à la dépense annuelle, chacun en raison de son intérêt, à l'entretien et à la bonne conservation des ouvrages de défense commune.

2. La direction des travaux nécessaires pour l'entretien des digues de Carentan sera confiée à un syndicat composé de cinq membres nommés par le préfet, et pris parmi les propriétaires assujettis à cette dépense, et autant que possible parmi les plus imposés.

3. Les syndics resteront cinq ans en place; cependant, pour la première fois, il en sortira un à la fin de l'année, par voie du sort; un à

la fin de la seconde, et ainsi de suite, de manière qu'ils soient renouvelés annuellement par cinquième.

Ils seront rééligibles.

4. Un des syndics sera désigné par le préfet pour remplir les fonctions de directeur de la commission. Il sera, en cette qualité, chargé de la surveillance générale de cette administration, du dépôt des plans, registres et autres papiers.

Les membres de la commission ne pourront se faire représenter aux assemblées.

Il sera nommé par le préfet deux suppléants, qui les remplaceront en cas d'empêchement.

5. Le directeur convoquera et présidera la commission syndicale. Ses fonctions dureront trois ans; il pourra être réélu.

Il aura un adjoint nommé par le préfet. Il sera pris parmi les membres de la commission; il remplacera le directeur en cas d'empêchement, et sera rééligible.

6. La commission syndicale sera spécialement chargée :

1° De déterminer le montant des taxes ;

2° D'examiner, modifier ou adopter les projets des travaux d'entretien;

3° De proposer leur mode d'exécution, soit par régie, soit par adjudication ;

4° De passer les marchés ou les adjudications de cette nature;

5° De donner son avis sur tous les objets ralatifs aux services qui lui sont confiés ;

6° De présenter au préfet une liste double, sur laquelle sera nommé le conducteur spécial, lorsqu'il y aura lieu.

7. La commission syndicale ne pourra délibérer si elle n'est au nombre de quatre membres, y compris le directeur, qui, en cas de partage, aura voix prépondérante; ses délibérations seront soumises à l'approbation du préfet.

TITRE II. *Des travaux d'entretien, de leur exécution et de leur mode de payement.* — 8. La commission syndicale dressera ou fera dresser s'il y a lieu, les projets de travaux d'entretien, et proposera le mode de leur exécution.

9. L'exécution desdit travaux aura lieu sous la surveillance du directeur : la commission pourra lui adjoindre un commissaire, qui l'aidera dans cette surveillance.

La commission syndicale pourra aussi, lorsqu'elle le jugera convenable, proposer au préfet la nomination d'un conducteur des travaux d'entretien.

10. Les travaux d'urgence pourront être exécutés sur-le-champ par l'ordre du directeur, qui sera tenu d'en rendre compte immédiatement au préfet et à la commission syndicale.

Le préfet pourra suspendre l'exécution des travaux, s'il le juge convenable, après avoir pris l'avis de l'ingénieur en chef et de la commission syndicale.

11. Les travaux d'urgence, exécutés conformément aux dispositions précédentes, seront payés sur les mandats du directeur, auxquels devront être jointes les feuilles d'attachement constatant l'état de la dépense résultant desdits travaux.

12. Le directeur, assisté du conducteur, ou, à son défaut, d'un homme de l'art, désigné à cet effet par le syndicat, aura soin de faire, dans le courant des mois d'octobre, novembre et décembre, l'achat des matériaux nécessaires à l'entretien des digues pendant l'année suivante; il en justifiera à la commission dans la première séance de ladite année, et lui présentera ses comptes.

13. Le conducteur, et, s'il n'en est pas établi, le directeur ou le commissaire adjoint, vérifiera fréquemment les digues, au moins deux fois par mois, immédiatement après les grandes marées de novembre et les pleines lunes. Il pourra faire exécuter de suite les ordres du syndicat.

Il tiendra registre des journées des différents ouvrages et de leur prix.

14. Le traitement du conducteur, s'il en est établi, sera fixé, chaque année, par une délibération du syndicat, et soumis à l'approbation du préfet; il sera payé sur les fonds des travaux et sur les mandats du directeur.

15. Lorsque, par des circonstances extraordinaires, comme celles provenant d'une tempête, les avaries survenues se trouveront de nature à surpasser la somme répartie annuellement et les sommes réservées en caisse pour les réparations accidentelles, il sera dressé par le directeur et le commissaire adjoint un procès-verbal qui contiendra, par aperçu, la quantité d'ouvrages à faire, et la somme à répartir extraordinairement. Le syndicat dressera ou fera dresser immédiatement les devis et détails estimatifs de ces travaux, et l'adjudication en sera passée au rabais devant le directeur.

Cette adjudication, ainsi que les devis, devront être approuvés par le préfet. Les rôles extraordinaires pour couvrir cette dépense seront rendus exécutoires par le préfet, et mis de suite en recouvrement.

16. Les payements d'à-compte pour les travaux d'entretien seront faits en vertu des mandats du directeur, délivrés sur le certificat du commissaire qui lui aura été adjoint pour surveiller l'exécution des travaux.

Les payements définitifs s'effectueront sur les mandats du directeur, délivrés sur le certificat du même commissaire, et le procès-verbal de réception des travaux, laquelle sera faite par un homme de l'art, en présence du directeur et du commissaire adjoint.

17. Le préfet se fera rendre compte tous les ans de l'état d'entretien des digues.

Il fera faire les vérifications et reconnaissances nécessaires par un ingénieur des ponts et chaussées, aux frais des intéressés, et ordonnera, s'il y a lieu, les dispositions convenables pour assurer la conservation des travaux, après avoir entendu la commission syndicale.

TITRE III. *Des travaux extraordinaires, de leur mode d'exécution et de leur payement.* — 18. Les projets des travaux extraordinaires seront rédigés par des hommes de l'art choisis par la commission et acceptés par le préfet, sur l'avis de l'ingénieur en chef.

Ces travaux seront soumis à l'approbation du directeur général des ponts et chaussées lorsqu'il s'agira de travaux neufs et autres que ceux de simple entretien et de conservation.

19. L'exécution des travaux aura lieu sous la surveillance du directeur et d'un commissaire adjoint; elle sera dirigée par un conducteur

spécialement nommé, conformément aux dispositions de l'article 6.

Lorsqu'il aura été nommé un conducteur pour les travaux d'entretien, il sera aussi chargé de la conduite des travaux extraordinaires.

Les travaux seront autant que possible adjugés devant le préfet, en présence du directeur, d'après le mode adopté pour ceux des ponts et chaussées; ils pourront cependant être exécutés de toute autre manière, ou adjugés au rabais public, sur l'avis de la commission et sur celui de l'ingénieur en chef, et approuvé par le préfet.

20. Les payements d'à-compte seront faits en vertu de mandats du directeur de la commission, sur les certificats du conducteur, visés par le commissaire adjoint.

21. Les payements définitifs auront lieu sur un pareil mandat, auquel sera joint : 1° un procès-verbal de réception dressé par un ingénieur des ponts et chaussées, constatant que les travaux ont été exécutés d'après les règles de l'art, et conformément aux projets approuvés; 2° le certificat du conducteur, visé par le commissaire surveillant et le directeur.

TITRE IV. *Comptabilité.* — *De la rédaction des rôles et de leur recouvrement.* — 22. Le recouvrement des taxes délibérées par le syndicat, et approuvées par le préfet, sera fait par le percepteur de la commune de Carentan. Le montant de ces taxes sera versé entre les mains du caissier nommé par la commission. Ce caissier fournira un cautionnement en immeubles proportionné à la recette; il lui sera alloué une remise qui, ainsi que la quotité de son cautionnement, sera déterminée par le préfet sur la proposition du syndicat.

Le percepteur aura droit à la même remise que pour les contributions foncières; il sera soumis aux mêmes conditions et à la même responsabilité.

Il ne lui sera point demandé de cautionnement pour recette spéciale.

23. Les rôles seront confectionnés par le directeur des contributions directes, rendus exécutoires par le préfet, et recouvrables de la même manière, avec les priviléges établis pour les contributions directes.

24. Le caissier sera tenu d'acquitter les mandats conformément aux dispositions du présent règlement; il rendra compte annuellement, avant le 1er avril, des recettes et dépenses qu'il aura faites pendant l'année précédente; il ne lui sera pas tenu compte des payements irrégulièrement faits.

25. La commission vérifiera les comptes du caissier, les arrêtera provisoirement, et les soumettra au préfet pour être définitivement arrêtés par lui, s'il y a lieu.

26. Le directeur vérifiera tous les trois mois, et plus souvent s'il le juge nécessaire, la situation de la caisse du caissier, qui sera tenu de lui communiquer toutes les pièces de sa comptabilité.

TITRE V. *Dispositions générales.* — 27. Les contestations relatives au recouvrement des taxes, aux réclamations des individus imposés, et à la confection des travaux, seront portées devant le conseil de préfecture, conformément aux dispositions des lois des 28 pluviôse an VIII et 14 floréal an XI.

28. Tous les délits et toutes les contraventions seront constatés par des procès-verbaux dressés par le conducteur spécial et par tous les

agents de police, en conformité des lois, et jugés par les cours et tribunaux.

Le conducteur spécial prêtera à cet effet le serment prescrit par la loi, devant le tribunal de première instance.

29. La moitié des amendes appartiendra à celui qui aura constaté la contravention ou le délit.

30. Les honoraires, frais de voyage et autres dépenses, qui seront dus aux ingénieurs et aux hommes de l'art employés conformément aux dispositions de la présente ordonnance, seront payés sur les fonds des travaux, d'après le règlement qui en sera fait, conformément aux dispositions de l'article 75 du décret du 7 fructidor an XII.

Ordonnance du roi, du 29 septembre 1819, relative à l'ouverture du canal de Manicamp et à l'amélioration de la navigation de l'Oise jusqu'à Sempigny.

ART. 1er. A partir de l'écluse de Chauny, il sera creusé, sur une seule ligne droite, un canal de navigation qui aboutira dans l'Oise au-dessous de Manicamp; et à l'extrémité de ce canal, la différence de niveau entre les eaux de l'Oise retenues par le barrage de Sempigny et les eaux de ce canal fixées à un mètre soixante-cinq centimètres au-dessus du busc d'aval de l'écluse de Chauny, sera rachetée par un sas à écluse de six mètres cinquante centimètres de largeur, et de quarante mètres de longueur de busc en busc, le tout conformément au projet approuvé par la commission mixte des travaux publics, le 21 avril 1819.

2. Les redressements de la rivière d'Oise au droit du bois de Varennes et au droit du bois de l'Evêque, indiqués au même projet, seront ultérieurement exécutés d'après les ordres que donnera à cet égard notre directeur général des ponts et chaussées.

3. Les indemnités qui pourront être dues pour l'occupation des terrains nécessaires à l'exécution des ouvrages énoncés dans les deux articles précédents, seront réglées conformément à la loi du 8 mars 1810.

4. Aussitôt après l'exécution des travaux ordonnés par l'article 1er de la présente ordonnance, il sera perçu un droit de navigation pour l'espace compris entre Chauny et Sempigny, conformément au tarif arrêté pour le canal de Saint-Quentin par notre ordonnance du 31 décembre 1817 (1) : à cet effet, le receveur du canal établi à Chauny percevra les droits sur les bateaux descendant de Chauny à Sempigny, et sur ceux remontant de Sempigny à Chauny, indépendamment du droit qu'il perçoit déjà sur les bateaux remontant de Chauny à Saint-Quentin.

5. Les bornes nécessaires pour indiquer les distances du droit de navigation seront placées ainsi qu'il est prescrit par notre ordonnance du 31 décembre 1817.

---

(1) Voir cette ordonnance dans la collection des tarifs qui forme le 2e volume de mon Dictionnaire hydrographique, p. 451.

Ordonnance du roi, du 19 janvier 1820, portant autorisation de faire flotter des bois de chauffage sur le ruisseau de la Béhine.

Louis, etc. ; vu la pétition du sieur Jean-Nicolas Henry, tendant à obtenir l'autorisation de faire flotter les bois de chauffage provenant du département des Vosges, sur le cours d'eau de la vallée de Poutrois, qui, sous les noms de la Béhine et de la Weiss, prend sa source au territoire de Bonhomme, et se dirige sur Kaysersberg, département du Haut-Rhin ;

Les différentes oppositions formées à l'exécution de ce projet, l'avis du conseil de préfecture, du 26 avril 1819, tendant à accueillir ces oppositions et à rejeter la demande du sieur Henry ;

Les plans et nivellements du cours d'eau ;

Les rapports favorables des ingénieurs des ponts et chaussées ;

L'arrêté du préfet, du 16 septembre 1819, qui règle les conditions de la concession ;

Les consentements par écrit, en date du 9 septembre dernier, du sieur Henry et de ses coassociés qui se soumettent à l'exécution de ces conditions ;

Notre conseil d'Etat entendu,

Nous avons ordonné et ordonnons ce qui suit :

Art. 1er. Le cours d'eau formé du ruisseau de la Béhine, depuis son origine sur la hauteur de Bonhomme jusqu'à son embouchure dans le ruisseau de la Weiss, et de ce dernier ruisseau depuis l'embouchure de la Béhine jusqu'en avant du pont supérieur de la ville de Kaysersberg, est déclaré flottable.

2. Afin de faciliter le départ du bois lancé à l'eau, il sera construit des écluses de chasse, au nombre de trois ou de quatre, suivant le besoin, et de dimensions telles qu'aucune ne puisse retenir un volume d'eau excédant deux cent cinquante mètres cubes. Elles seront confectionnées en gros blocs de pierre formant une digue dont la face intérieure sera revêtue en poutrelles ou en madriers jointifs ; elles seront placées vers le haut de la Béhine, à une distance au moins de deux kilomètres de la première des usines situées sur le territoire de Bonhomme.

3. Il sera établi, pour l'arrivage sur les bords de la Béhine du bois à flotter, un chemin de traîneaux, de la largeur d'un mètre quarante centimètres, depuis la route vicinale de Bonhomme à Valtin, département des Vosges, jusqu'à la rencontre du chemin d'exploitation forestière, conduisant à la ferme du sieur Hurbey, au village de Bonhomme.

4. Les grosses pierres obstruant le lit du cours d'eau en seront extraites et rangées sur les bords de manière à former encaissement ; ce bordage sera renforcé d'autant plus que le torrent tendra à s'y porter avec plus de violence.

5. En avant du pont supérieur de Kaysersberg, où devront s'arrêter les flottes, il sera construit dans la Weiss un barrage à claire-voie. Cette construction sera faite avec des pieux accouplés et liés deux à deux par des chapeaux, dans le cas où il sera possible de leur donner au moins deux mètres et demi de fiche. Dans le cas contraire, on sub-

stituera aux pieux des piliers en pierre de taille élevés sur un radier général.

6. Les terrains qui devront être occupés : 1° sur le sol communal de Bonhomme pour l'exécution des ouvrages mentionnés dans les articles 2 et 3, ainsi que pour le dépôt du bois destiné à être mis à flot, et 2° sur le sol communal de Kaysersberg, pour le dépôt du bois retiré de l'eau, seront désignés par le préfet; il en sera payé aux communes propriétaires un prix de location qui sera réglé de gré ou d'office, suivant les formalités prescrites par la loi. Sera réglée de même l'indemnité à payer annuellement aux propriétaires des fonds riverains, à raison de la servitude du marche-pied.

Police du flottage. — 7. Le flottage ne pourra avoir lieu qu'une seule fois chaque année, et sa durée ne pourra excéder un intervalle de quinze jours consécutifs; l'époque où l'opération pourra être commencée sera prise après la rentrée des regains, et au plus tard au 15 avril.

8. Les maires des communes sur le territoire desquelles doit s'effectuer le flottage seront prévenus par le flotteur, au moins trois jours d'avance de celui où l'on commencera à lancer le bois à l'eau, afin qu'immédiatement après cet avertissement lesdits fonctionnaires puissent en donner connaissance aux habitants par voie de publication.

9. Avant de lancer le bois à l'eau, le flotteur fera placer à l'entrée de chaque canal de dérivation une claire-voie, une grille ou un radeau suffisamment serré pour empêcher que des bûches ne s'introduisent dans le canal, et assez solide pour résister à leur choc. Il fera accompagner ses flottes par un nombre d'ouvriers proportionné à la quantité de bois dont elles seront composées, afin d'éviter que les bûches ne se répandent sur les propriétés riveraines, ou n'y fassent refluer les eaux, en s'arrêtant et s'amoncelant dans le torrent.

10. Le flotteur sera responsable des dommages qui peuvent être occasionnés aux propriétés particulières par suite de sa négligence à remplir les dispositions de l'un ou de l'autre des trois articles précédents. Il sera, en outre, passible d'amende comme contrevenant aux règlements de police en matière de grande voirie.

11. Le flotteur sera tenu de faire, à ses frais, toutes les réparations qui pourront devenir nécessaires aux écluses et réservoirs des prises d'eau, par suite des accidents que le choc des bûches flottées y aura occasionnés, et il restera responsable des dommages qui pourraient provenir du retard apporté dans ses opérations. Toutefois, si, pour préserver de pareils accidents, les barrages et les déversoirs pratiqués, soit à travers le lit du cours d'eau, soit à l'entrée des canaux de dérivation, le flotteur voulait consolider ces différents ouvrages, les propriétaires ne pourront mettre obstacle aux travaux qui auront été indiqués par les ingénieurs et approuvés par le préfet; ces travaux seront entièrement exécutés aux frais du flotteur, et seront de nature à ne porter aucun préjudice aux droits et jouissances des propriétaires. Toutes les contestations auxquelles pourra donner lieu l'exécution des dispositions du présent article, seront jugées en conseil de préfecture.

12. Le chômage qu'un manque d'eau occasionné par l'alimentation des écluses de chasse pourra faire éprouver aux usines, sera payé par le flotteur aux propriétaires ou aux fermiers, à raison de quatre francs

par vingt-quatre heures, pour les usines autres que les scieries et les huileries, et à raison de trois francs par vingt-quatre heures pour les deux dernières espèces d'usines.

13. Le flotteur sera personnellement responsable des délits forestiers qui pourront être commis par ses ouvriers employés aux travaux du flottage.

14. Toute dégradation qui pourra être commise aux ouvrages dépendants de l'établissement du flottage, sera réprimée comme contravention aux règlements de police en matière de grande voirie.

Concession du flottage, et charges du concessionnaire. — 15. Le privilége de flotter du bois de chauffage sur le cours d'eau mentionné dans l'article 1er, est concédé pour trente années consécutives, à dater du 1er janvier 1820, sous les clauses et conditions énoncées ci-après, aux sieurs Jean-Nicolas Henry, Dominique-Auguste Gastard, et Pierre-Théodore Herr, associés pour l'entreprise de ce flottage.

16. Les concessionnaires rempliront toutes les obligations imposées au flotteur par le règlement de police ci-dessus.

17. Les concessionnaires seront tenus de faire exécuter à leurs frais tous les ouvrages ordonnés par les articles 2, 3, 4 et 5 du présent règlement, et de se conformer dans cette exécution aux plans et devis qui seront fournis à cet effet par l'ingénieur en chef, ainsi qu'aux clauses et conditions générales imposées aux entrepreneurs des travaux des ponts et chaussées.

Les concessionnaires ne pourront entreprendre la première flottation qu'après que lesdits ouvrages auront été reçus par les ingénieurs des ponts et chaussées.

18. Les concessionnaires seront également tenus d'entretenir à leurs frais, pendant toute la durée de la concession, les ouvrages mentionnés ci-dessus; en conséquence, l'état en sera constaté par l'ingénieur toutes les fois que le préfet le jugera convenable; et le flottage pourra être interdit jusqu'à ce qu'il soit justifié de l'exécution des travaux de réparation qui auront été jugés nécessaires.

19. Les vacations des ingénieurs pour direction des travaux et visite des localités, seront payées par les concessionnaires sur mémoires taxés par le préfet.

20. Les concessionnaires auront à leur charge le payement annuel des indemnités de terrains mentionnées dans l'article 6 du règlement.

21. A l'expiration du privilége, les ouvrages exécutés conformément à l'article 15 du règlement appartiendront à l'administration, sans que les concessionnaires puissent prétendre à cet égard à aucun remboursement ni à aucune indemnité, et ils seront en outre tenus d'y faire faire à leurs frais toutes les réparations qui seront reconnues nécessaires.

Si, au contraire, le gouvernement jugeait convenable de faire remettre dans leur état primitif les locaux occupés par les ouvrages dépendants du flottage, les concessionnaires seront chargés de faire démolir le tout à leurs frais.

22. Avant d'entrer en jouissance du privilége, les concessionnaires affecteront en hypothèque, pour garantie de l'exécution des clauses ci-dessus, des biens-fonds, francs de toute hypothèque, soit en terre, soit en bâtiments assurés contre l'incendie, de la valeur de trente mille francs.

23. Les contestations qui pourront s'élever entre l'administration et les concessionnaires, sur l'exécution ou l'interprétation de l'acte de concession, seront jugées en conseil de préfecture.

Ordonnance du roi, du 30 mars 1820, portant révocation de la concession du canal de l'Essonne (1).

Louis, etc.; vu le décret du 14 messidor an XII, qui subroge le sieur Guyenot de Châteaubourg aux droits des sieurs Gerdret, Grignet et Jars, dans la concession qui leur était accordée par la loi du 22 août 1791, pour établir la navigation sur la rivière de Juine, dite d'Etampe, sur la rivière d'Essonne et dans la forêt d'Orléans, à la charge par ledit sieur Guyenot de terminer les travaux entre Corbeil et la Ferté-Aleps, dans le terme de deux ans, à compter du 1er prairial an XII, sous peine de révocation de ladite concession;

Vu le décret du 13 novembre 1807, qui proroge jusqu'à la fin de 1811 le délai accordé au concessionnaire;

Considérant que, depuis le moment de sa concession, le sieur Guyenot n'a fait que le huitième des travaux qu'il avait à exécuter; que ces travaux ne sont qu'ébauchés, et qu'ils ont déjà souffert de grandes dégradations; considérant que le terme fixé pour l'achèvement de la première partie de l'entreprise, par le décret du 13 novembre 1807, est expiré depuis le 1er janvier 1812; considérant qu'aux termes de l'article 2 du décret du 14 messidor an XII, le sieur Guyenot de Châteaubourg ne peut rien répéter pour la valeur des travaux qu'il a exécutés;

Notre conseil d'Etat entendu,

Nous avons ordonné et ordonnons ce qui suit:

Art. 1er. La concession accordée au sieur Guyenot de Châteaubourg, par le décret du 14 messidor an XII, pour l'ouverture du canal d'Essonne, est révoquée.

2. Le gouvernement entrera en possession des travaux exécutés et des dépendances de la concession dont la conservation peut intéresser l'utilité ou la salubrité publique, et il sera fait abandon au sieur Guyenot de Châteaubourg ou aux créanciers de l'entreprise, des matériaux et approvisionnements non employés, ainsi que des portions de terrains inutiles.

3. L'ingénieur en chef du département de Seine-et-Oise dressera sans délai un procès-verbal qui constatera les objets qui devront être conservés par le gouvernement, et ceux qui, n'ayant pas été employés, devront rester en propriété au sieur Guyenot, ou aux créanciers de l'entreprise.

Ce procès-verbal, visé par le préfet, ne recevra d'exécution qu'après avoir été approuvé par notre ministre secrétaire d'Etat de l'intérieur, sur la proposition du directeur général des ponts et chaussées.

---

(1) Voir l'ordonnance du roi, du 19 mai 1825.

Circulaire du directeur général des ponts et chaussées et des mines (M. Bécquey), à MM. les préfets, relative à l'emploi des élèves de l'école des mineurs de Saint-Etienne.

Paris, le 13 avril 1820.

Monsieur le préfet, en exécution d'une ordonnance du roi, du 2 août 1816, il a été établi dans le département de la Loire, à Saint-Etienne, une école de mineurs pour l'enseignement gratuit des jeunes gens qui se destinent à l'exploitation des mines. L'objet de l'institution est de former des conducteurs de travaux souterrains, des maîtres mineurs habiles et des chefs d'atelier capables de suivre tous les détails d'exécution. Quelques Etats d'Allemagne qui ont formé de pareils établissements, leur doivent en partie l'état de prospérité où sont parvenues la plupart de leurs exploitations.

Cette école compte en ce moment vingt-six élèves. Déjà six d'entre eux ont achevé leurs études, et ont obtenu de l'administration le titre d'*élèves brevetés*. Quatre ont été demandés immédiatement par des établissements de mines. Plusieurs seront encore disponibles au mois d'août prochain, et, chaque année, un certain nombre de ces élèves pourront être attachés à des exploitations.

Si quelques établissements désirent s'attacher des élèves de l'école des mineurs, je vous prie, monsieur le préfet, de les inviter à m'adresser, ou à faire parvenir directement au conseil de l'école des mineurs, à Saint-Etienne, leur demande, où ils feront connaître la nature des travaux qu'ils se proposent de leur confier et les avantages qu'ils leur offriront.

Les sujets seront envoyés sur telle ou telle usine, selon les connaissances plus particulières qu'ils auront acquises, et en accordant aux premières demandes les élèves mineurs les premiers placés sur la liste.

Je vous invite, monsieur le préfet, à donner dans votre département la plus grande publicité aux détails contenus dans cette lettre. Je vous en adresse ci-joints plusieurs exemplaires qui sont destinés à MM. les sous-préfets et aux principaux propriétaires et concessionnaires des mines de votre département.

Je vous serai obligé de m'accuser réception de cette circulaire, dont j'adresse ampliation à MM. les ingénieurs du corps royal des mines, en les priant de la communiquer aux concessionnaires et exploitants de mines, et directeurs d'usines avec lesquels ils ont des rapports journaliers.

L'administration ne s'immiscera en rien dans la détermination des élèves de l'école des mineurs, ni dans la discussion des conditions qui pourraient leur être offertes, cette affaire devant se traiter absolument de gré à gré entre les concessionnaires ou propriétaires d'exploitations ou d'usines et les élèves.

Circulaire du directeur général des ponts et chaussées et des mines (M. Bec-quey), à MM. les préfets, relative à l'emploi des élèves externes de l'école des mines.

Paris, le 13 avril 1820.

Monsieur le préfet, depuis longtemps on avait senti en France la né-cessité de créer, à l'instar de plusieurs Etats d'Allemagne, des établis-sements gratuits et particuliers pour l'instruction des jeunes gens qui se destinent à l'exploitation des mines.

Le roi, dont la haute prévoyance assure toutes les améliorations, désirant procurer à cette branche importante de l'industrie française les développements et la prospérité dont elle est susceptible, et donner en même temps à ceux de ses sujets qui la cultivent un témoignage spécial de sa protection, a institué par l'article 14 de son ordonnance du 5 décembre 1816, relative à l'organisation de l'école royale des mines, neuf places d'élèves externes à cette école.

Ces places sont principalement données aux fils de directeurs et de concessionnaires de mines, de chefs ou de propriétaires d'usines mé-tallurgiques. Les élèves sont admis aux mêmes cours et aux mêmes exercices que les élèves ingénieurs, et ils sont particulièrement desti-nés à remplir les fonctions de directeurs d'exploitations et d'usines. Les connaissances variées et étendues que l'on a exigées d'eux lors de leur admission, et l'éducation qu'ils reçoivent à l'école pendant le cours de trois années, à l'expiration desquelles ils sont encore soumis à une der-nière épreuve, donnent toutes les garanties que l'on peut désirer de leur capacité et de leur aptitude au genre de travaux qu'ils sont appe-lés à diriger. Une fois sortis de l'école, ils sont entièrement étrangers à l'administration, qui s'est bornée à leur donner gratuitement une instruction forte et semblable à celle que reçoivent MM. les ingénieurs des mines.

Six élèves externes, qui étaient presque tous élèves de l'école poly-technique à l'époque du licenciement, auront complété leur instruction au mois de mai 1820. Ils ont été autorisés pendant l'intervalle des cours à visiter les plus importantes exploitations du royaume, afin qu'ils pussent se familiariser avec les divers procédés en usage et acquérir la pratique de l'art.

Un grand nombre d'établissements d'industrie minérale manquent de directeurs : ils pourront trouver leur accroissement et leur prospérité dans les connaissances et le zèle éclairé des sujets formés à l'école des mines ; et, dès aujourd'hui, ces jeunes gens sont en état de rendre des services aux établissements qui se les attacheraient.

Chaque année, plusieurs de ces élèves seront disponibles.

Lorsqu'un établissement désirera s'attacher un élève externe, je vous serai obligé de l'inviter à faire parvenir directement au conseil de l'école royale des mines, rue d'Enfer, hôtel Vendôme, n° 34, sa demande, dans laquelle il fera connaître les premiers avantages qu'il offrira à cet élève, ou à me l'adresser, s'il le juge convenable. Ces propositions se-ront portées à la connaissance de l'élève, et je m'empresserai d'infor-mer le demandeur de sa détermination, sur laquelle l'administration n'influe en aucune manière, cette affaire devant se traiter de gré à gré entre les parties contractantes.

Les sujets choisiront telle ou telle mine, selon la nature des connaissances plus particulières qu'ils auront acquises, et les premières demandes s'adresseront nécessairement aux élèves les premiers placés sur la liste, et par conséquent les plus instruits.

Je vous invite, monsieur le préfet, à donner, dans l'étendue du département qui vous est confié, la plus grande publicité aux détails contenus dans cette lettre.

Je vous en adresse ci-joints plusieurs exemplaires, qui sont destinés pour MM. les sous-préfets et les principaux propriétaires et concessionnaires des mines de votre département.

Je vous prie de m'accuser réception de cette circulaire, dont j'envoie une ampliation à MM. les ingénieurs du corps royal des mines, en les priant de la communiquer aux concessionnaires, exploitants et directeurs d'usines avec lesquels ils ont aussi des rapports journaliers.

Ordonnance du roi, du 28 avril 1820, relative à la construction d'un pont à Ebreuil.

Louis, etc.; vu l'acte de société souscrit, le 3 avril 1819, par vingt-quatre actionnaires qui offrent de se charger de la construction d'un pont à Ebreuil sur la Sioule, moyennant la concession d'un droit de péage sur ce pont pendant cinquante ans;

Vu les plans, devis et détails estimatifs des travaux, établissant que la dépense sera de soixante-douze mille francs;

Vu les modifications apportées au projet d'après l'avis du conseil des ponts et chaussées, et qui ont reçu l'assentiment de la société;

Vu l'avis du préfet du département de l'Allier;

L'article 11 de la loi du 4 floréal an x, et l'article 5 de la loi sur les finances, du 17 juillet 1819;

Notre conseil d'Etat entendu,

Nous avons ordonné et ordonnons ce qui suit:

Art. 1er. Les offres faites, le 3 avril 1819, par vingt-quatre souscripteurs, de remplacer le bac existant à Ebreuil sur la Sioule, département de l'Allier, par la construction d'un pont, sont acceptées aux conditions suivantes:

1º Lesdits actionnaires construiront à leurs frais sur la Sioule, à Ebreuil, un pont en charpente, avec des piles et culées en pierre, conformément aux plans, devis et détails estimatifs approuvés par notre directeur général de l'administration départementale, et sous la direction et surveillance des ingénieurs des ponts et chaussées du département.

2º La construction du pont devra être terminée dans l'espace de trois années au plus, à partir de la notification de la présente ordonnance. En conséquence, les actionnaires seront tenus de pourvoir à la dépense à raison d'un tiers au moins chaque année, et dans une proportion plus forte si les travaux sont conduits avec plus de célérité et peuvent être achevés en moins de temps.

3° **Pour** se rembourser de leurs avances en capital et intérêts, les souscripteurs sont autorisés à percevoir sur le pont, à partir du jour où il sera rendu viable, et pendant cinquante ans, un droit de péage, conformément au tarif ci-après.

4° Les réparations nécessaires pour l'entretien du pont, ainsi que les frais de perception et accessoires, seront à la charge des actionnaires pendant toute la durée de la jouissance du péage.

5° Si, pendant la durée de la construction, la totalité ou une partie des travaux faits était détruite par une cause de force majeure, et s'il en résultait que la dépense totale de la construction excédât la somme de soixante-douze mille francs, les actionnaires seront tenus d'y pourvoir; et, dans ce cas, la durée du péage à leur profit sera prolongée d'une année de plus pour chaque somme de trois mille francs qu'ils seront obligés de fournir en augmentation dûment constatée.

6° Si, pendant la durée du péage au profit des actionnaires, le pont éprouvait quelque dégradation extraordinaire par cause de force majeure, les actionnaires pourront être tenus de pourvoir à la dépense qu'elle nécessitera, et la durée de la perception à leur profit sera prolongée dans la proportion ci-dessus exprimée.

7° Dans le cas où, par suite de dégradations, le passage du pont serait interrompu, les actionnaires devront pourvoir au passage au moyen de bacs; les produits du péage leur appartiendraient, et il leur serait accordé une prolongation de la jouissance du péage, proportionnée aux dépenses qu'ils auront faites pour se procurer les bacs, et à la différence qui se trouverait entre les produits du péage et celui du pont.

8° Dans le cas où ce pont serait mis entièrement hors d'état de servir, et où il serait nécessaire d'avoir recours de nouveau à l'établissement des bacs, la concession gratuite en sera accordée aux entrepreneurs pour un nombre d'années double de celui qui resterait à courir pour le péage du pont.

9° Les actionnaires nommeront leurs commissaires et leur trésorier : les employés à la perception seront également nommés et révocables par eux; mais ils devront être agréés par le maire.

2. Le tarif des droits du passage du pont est fixé ainsi qu'il suit, savoir :

Par personne.	5 c.
Par cheval, mulet ou âne, chargé ou non chargé, et non compris le conducteur.	5
Par voyageur avec son cheval.	15
Par bœuf, vache ou taureau.	7 $\frac{1}{2}$
Par veau ou porc.	5
Par mouton, brebis ou chèvre.	2 $\frac{1}{4}$
Par voiture suspendue, attelée d'un cheval ou mulet, avec son conducteur.	60
Par voiture avec deux chevaux ou mulets.	75
Par voiture à quatre roues à un collier.	75
Par charrette à un collier traînée par un cheval, y compris le conducteur.	25
Par charrette par chaque collier en sus.	15
Par chaque collier en sus aux voitures à quatre roues. . .	25

Par char à quatre roues où par tombereau traîné par bœuf
où vache. . . . . 25 c.

3. Les fonctionnaires ou militaires à qui l'exemption du péage est
légalement accordée, jouiront également de cette exemption pour le
pont d'Ebreuil.

4. Les contestations relatives à l'application et la quotité des droits
seront jugées sommairement et sans frais, suivant les règles établies
pour la perception des droits d'octroi.

----

*Ordonnance du roi, du 4 mai 1820, relative à construction du pont
de la pointe Saint-Sulpice.*

Louis, etc. ; vu la délibération du conseil général du département du
Tarn, prise dans sa session de 1819, par laquelle il demande qu'un pont
soit construit à la pointe Saint-Sulpice, et que la dépense en soit remplie : 1° un tiers par le trésor, 2° un tiers par le département même ;
3° un tiers par une compagnie d'actionnaires, à laquelle on concéde-
rait le produit d'un péage à établir sur ce pont après son achèvement ;

Vu la soumission souscrite par cette compagnie, qui offre de fournir
cent mille francs pour concourir à la dépense qu'exige la construction
de ce pont, moyennant la concession d'un droit de péage ;

Vu l'art. 5 de la loi du 17 juillet 1819, qui autorise le gouvernement
à établir des droits de péage dans les cas où ils sont reconnus nécessaires
pour concourir à la construction ou à la réparation des ponts, etc., etc. ;

Notre conseil d'Etat entendu,

Nous avons ordonné et ordonnons ce qui suit :

Art. 1er. Les offres faites le 12 décembre 1819 par une compagnie
d'actionnaires, de fournir une somme de cent mille francs pour concourir, avec les fonds du trésor et du département, à la constrction du
pont de la pointe Saint-Sulpice, sur le Tarn, route n° 106, de Lyon à
Toulouse, sont acceptées.

2. Pour se rembourser de leurs avances en capital et intérêts, les actionnaires percevront au passage du pont, à compter du jour où il sera
livré au public, et pendant cinquante ans, un droit de péage conforme
au tarif ci-après (1), qui est le même que celui du bac de la pointe
Saint-Sulpice.

3. Ce péage cessera de plein droit à l'époque à laquelle le nouveau
pont devra être achevé, conformément aux clauses et conditions du
marché de l'entrepreneur concessionnaire.

----

(1) Voir ce tarif au Bulletin des lois.

Circulaire du directeur général des ponts et chaussées et des mines (M. Bec-quey), à MM. les préfets, indiquant les mesures arrêtées pour faci-liter le payement de la portion attribuée aux agents des ponts et chaussées, dans les amendes de grande voirie.

Paris, le 7 juin 1820.

Monsieur le préfet, j'ai eu l'honneur de vous informer, par ma lettre du 11 août 1818, des mesures arrêtées par son excellence le ministre des finances, pour faciliter aux agents des ponts et chaussées qui constatent les contraventions en matière de grande voirie, les moyens de toucher la portion qui leur est attribuée dans le produit des amendes encourues par les contrevenants.

Informé que l'exécution de ces mesures éprouvait des difficultés, que dans quelques départements même on ne voulait payer qu'au chef-lieu, ce qui obligeait les préposés saisissants à des frais de déplacement que la modique somme qu'il ont à recevoir est souvent loin de couvrir, j'ai dû prier son excellence le ministre des finances de remédier aux inconvénients qui m'étaient signalés. Son excellence, de concert avec M. le directeur général de l'administration de l'enregistrement et des domaines, vient d'arrêter de nouvelles mesures à l'effet de faire payer, comme je l'avais demandé, chez les receveurs de l'enregistrement les plus rapprochés du domicile des agents des ponts et chaussées, le tiers qui leur est attribué dans les amendes de grande voirie.

Par suite de ces nouvelles mesures, il faut, lorsqu'un délit aura été constaté par un agent des ponts et chaussées, que cet agent fasse connaître au receveur de l'enregistrement chargé de percevoir l'amende à payer par le contrevenant, quel est lieu où il désire que lui soit remis le tiers qui lui revient dans le produit de l'amende. Le receveur de l'enregistrement prendra note de cette indication, et la fera connaître au directeur des domaines du département, afin que celui-ci puisse, en formant l'état trimestriel de distribution à remettre au préfet, demander à cet administrateur de délivrer ses mandats sur la caisse du receveur de l'enregistrement de la résidence de l'ayant droit, ou sur la caisse du receveur le plus voisin.

Son excellence me fait connaître en même temps que ces nouvelles dispositions vont être notifiées aux préposés de l'enregistrement, par une circulaire spéciale de M. le directeur général de l'administration des domaines, et qu'elles seront mises à exécution à partir du trimestre de juillet prochain.

Je vous prie, monsieur le préfet, d'informer de ces dispositions M. l'ingénieur en chef, ainsi que tous les agents chargés de veiller à l'exécution des lois et règlements touchant la grande voirie. Vous savez combien il est nécessaire de soutenir leur zèle. J'ai lieu d'espérer que vous ne négligerez rien pour assurer la pleine et entière exécution des mesures qui ont été prises dans leur intérêt comme dans celui du service qui leur est confié.

Circulaire du directeur général des ponts et chaussées et des mines (M. Becquey), à MM. les ingénieurs en chef des ponts et chaussées, pour leur recommander de communiquer aux inspecteurs divisionnaires, pendant leurs tournées, les projets de travaux qu'ils sont chargés de rédiger.

Paris, le 8 juin 1820.

Monsieur, j'ai eu plus d'une fois occasion de remarquer que plusieurs ingénieurs en chef omettaient de communiquer à MM. les inspecteurs divisionnaires, pendant leurs tournées, les projets de travaux qu'ils sont chargés de rédiger.

Cependant l'article 12 du décret du 25 août 1804 contient à cet égard une disposition précise. Le second paragraphe est conçu en ces termes :
« Les inspecteurs divisionnaires discuteront, avec les ingénieurs en
» chef, les projets de dépenses de l'année, les bases de l'adjudication
» des travaux et les plans et devis des ouvrages projetés. »

Une circulaire de l'un de mes prédécesseurs, du 26 juin 1809, recommande particulièrement l'exécution de cet article.

Il est donc du devoir de MM. les ingénieurs en chef de communiquer leurs projets à MM. les inspecteurs divisionnaires.

Il est évident, en effet, que, lorsque ces derniers ont préalablement pris connaissance, dans les départements, des projets sur lesquels ils sont appelés à donner leur avis, soit en cette qualité, soit comme membres du conseil général, ils se trouvent alors plus à même d'en apprécier la régularité et le mérite, que s'ils n'en jugeaient que sur la seule vue des plans qui accompagnent ces projets. Ils sont, en outre, lors des discussions du conseil, plus en état de fournir des documents utiles et de résoudre beaucoup de difficultés, qui naissent souvent des l'insuffisance des pièces produites et du défaut de connaissance des localités.

Les avantages de cette disposition, qui est d'ailleurs conforme aux règles de la hiérarchie, sont depuis longtemps appréciés, et je n'ai pas besoin d'insister pour vous en faire sentir l'utilité. J'attache de l'importance à son exécution, et je ne puis, monsieur, que vous inviter à vous conformer entièrement à toutes les obligations que l'article 12 vous a imposées, dans vos relations de service avec MM. les inspecteurs divisionnaires.

Circulaire du directeur général des ponts et chaussées et des mines (M. Becquey), à MM. les ingénieurs des mines, relative aux objets qui doivent fixer leur attention dans leurs visites annuelles.

Paris, le 28 juin 1820.

Monsieur, l'époque à laquelle MM. les ingénieurs des mines doivent procéder à la visite annuelle des exploitations et au travail des redevances étant arrivée, je crois convenable d'appeler leur attention sur les objets suivants.

Les états d'exploitation ne sauraient contenir trop de détails sur les recettes et les dépenses, puisqu'ils sont principalement destinés à éclairer les comités d'évaluation : mais depuis longtemps ces états ont encore un autre objet, celui de faire connaître à l'administration la situation des établissements sous le rapport technique et statistique, le mouvement des exploitations depuis l'année précédente, les améliorations qui ont eu lieu et les obstacles qui ont été éprouvés. En prescrivant aux ingénieurs de porter sur ces états les renseignements divers qu'ils sont d'ailleurs dans l'obligation de recueillir annuellement, on a eu en vue de leur éviter de les transmettre à la direction générale sous la forme d'un travail particulier, et de prévenir d'ailleurs les doubles emplois sous plusieurs points de vue. Ces renseignements peuvent être inscrits, soit à la marge ou au revers des états, soit même sur des feuilles supplémentaires, dans le cas où l'ingénieur aurait quelques détails à faire connaître qui ne seraient point de nature à être soumis au comité.

Évaluation du revenu net. — En m'adressant copie des pièces du travail des redevances, il est essentiel que MM. les ingénieurs me communiquent leurs observations sur les appréciations du revenu net arrêtées par les comités d'évaluation. Il importe que je sois toujours en mesure d'éclairer son excellence le ministre des finances à cet égard, et que je puisse surtout lui soumettre mes propositions motivées, dans le cas où les intérêts du trésor n'auraient pas été convenablement pris en considération.

Réclamations de secours pour pertes et accidents. — Parmi les réclamations qui peuvent être formées par les exploitants, il ne faut pas confondre les demandes faites à l'effet d'obtenir des secours pour pertes considérables éprouvées par suite d'accidents majeurs, avec les réclamations en dégrèvement pour cause de surtaxe. Ces dernières doivent être jugées par les conseils de préfecture et instruites d'après les formes prescrites par les articles 44 à 53 du décret du 6 mai 1811. Les premières, au contraire, doivent être instruites conformément à l'article 54 du même décret, et elles peuvent donner lieu à trois espèces de décisions différentes, savoir :

1° Si la perte est peu considérable, il y a lieu seulement à accorder une remise ordinaire à prendre sur les cinq centimes départementaux dont le préfet peut disposer, et qui proviennent de la moitié des dix centimes imposés en sus des redevances pour fonds de non-valeurs. Le préfet prend à cet égard un arrêté qui m'est adressé, pour être, s'il y a lieu, proposé par moi à l'approbation de son excellence le ministre des finances.

2° Si la perte est considérable, il y a lieu à deux décisions distinctes : la première épuise, dans la forme qui vient d'être expliquée ci-dessus, les cinq centimes du préfet; la seconde a pour objet d'accorder une remise extraordinaire sur les cinq centimes généraux réservés par l'article 57 du décret cité ci-dessus à son excellence le ministre de l'intérieur. Le préfet donne son avis, en forme d'arrêté, sur les propositions des ingénieurs; et, après que les formalités prescrites par l'article 54 du même décret ont été remplies, son excellence, sur mon rapport, accorde le secours, s'il y a lieu.

3° Lorsque les deux modes précédents n'offrent pas des moyens de secours suffisamment proportionnés à l'énormité des pertes éprouvées, l'ingénieur peut présenter une troisième proposition distincte et séparée des premières ; savoir, de faire à l'exploitant l'application de la faveur spécifiée en l'article 38 de la loi du 21 avril 1810, c'est-à-dire d'une remise de la redevance proportionnelle pour un nombre d'années déterminé. Cette remise est accordée par sa majesté dans les formes ordinaires.

Rappel de l'instruction du 1er septembre 1814. — Relativement à tous les autres objets concernant le service de MM. les ingénieurs, je ne puis que les inviter à se pénétrer de nouveau des dispositions énoncées dans les précédentes circulaires, et surtout dans l'instruction générale du 1er septembre 1814.

Visite des mines. — J'insisterai seulement sur l'obligation où ils sont de veiller à l'exécution du décret du 3 janvier 1813, et je leur rappellerai qu'aucun motif ne peut les dispenser de laisser aux exploitants de mines et minières concessibles copie du procès-verbal de la visite des travaux, et des observations qui en ont été le résultat ; comme aussi d'y ajouter, lorsque cela est nécessaire, une instruction contenant les mesures à prendre pour la sûreté des hommes et des choses, le tout en conformité de l'article 6 du décret du 3 janvier 1813 : le procès-verbal ainsi que les observations et la copie des instructions sont ensuite adressés au préfet du département, et l'ingénieur m'en donne avis. Dans le cas où la reconnaissance des lieux ferait apercevoir la nécessité de prendre quelques-unes des mesures prescrites par le décret qui vient d'être cité, l'ingénieur doit en faire immédiatement la proposition au préfet, et m'en informer sur-le-champ.

Visite des minières, usines et tourbières. — Je recommande en outre à MM. les ingénieurs de se mettre en mesure de pouvoir me rendre compte, avant la fin de la présente année, de la situation : 1° des tourbières de chaque département ; 2° des minières non concessibles de lignite, d'alun, de couperose ou de fer ; 3° des usines qui dépendent de ces minières.

Vous voudrez bien, monsieur, vous conformer aux dispositions de la présente circulaire, et vous la communiquerez de suite aux ingénieurs placés sous vos ordres, en y ajoutant les développements que vous jugerez utiles au bien du service.

Je vous prie en outre de m'en accuser réception, ainsi que des imprimés qui y sont joints.

Extrait de la loi relative à la fixation du budget des recettes de 1820.

Du 23 juillet 1820.

ART. 20. La loi du 25 avril 1803 (5 floréal an XI) pour la contribution foncière des canaux navigables sera désormais applicable à tous les canaux de navigation existants, comme à ceux qui seraient construits par la suite.

Les communes, arrondissements et départements, que traversent les canaux existants, seront dégrevés de la contribution foncière jusqu'à concurrence de la somme dont cette opération diminuerait le contingent actuellement attribué à ces canaux.

Ordonnance du roi, du 2 août 1820, portant qu'à l'avenir aucun bateau de la Loire ne pourra passer sous les ponts de Decize, Nevers et la Charité, sans être billé ou dirigé par des mariniers.

LOUIS, etc. ; vu l'arrêté du préfet du département de la Nièvre, en date du 7 janvier dernier ;

Vu l'article 484 du Code pénal ;

Vu la loi du 30 floréal an x, relative à la navigation des rivières et canaux ;

Considérant que le passage des bateaux de la Loire sous les trois ponts de Decize, de Nevers et de la Charité, offre des dangers qui ne peuvent être évités qu'en donnant exclusivement la direction des bateaux à des mariniers expérimentés ;

Considérant que cette précaution est tellement utile qu'elle est mise en pratique depuis longtemps ;

Considérant qu'il importe de régulariser cette mesure, tant sous le rapport du service de la navigation que sous celui de la conservation des trois ponts ; qu'il importe également de déterminer un tarif du salaire à payer aux mariniers billeurs, afin de mettre un terme aux difficultés qui s'élèvent chaque jour à ce sujet ;

Notre conseil d'État entendu,

Nous avons ordonné et ordonnons ce qui suit :

Art. 1er A l'avenir, nul bateau de la Loire ne pourra passer sous les ponts de Nevers, Decize et la Charité, sans être billé ou dirigé par des mariniers désignés pour cette opération.

2. Il sera, à cet effet, nommé des mariniers pris parmi les plus expérimentés, qui prendront la dénomination de mariniers billeurs. Ces mariniers seront désignés par le commissaire des classes, sur la présentation du syndic des mariniers.

Ces mêmes mariniers seront tenus de prendre la conduite des bateaux mille mètres avant le pont, et de ne cesser le billage que deux cents mètres après le pont.

3. Les mariniers ne pourront exiger des passagers d'autres prix que ceux fixés par le tarif suivant :

PONT DE DECIZE.

Chaque billeur recevra pour le billage, sous le pont de pierre, deux francs, les batelets étant armés de deux hommes.

PONT DE NEVERS.

Tenue de vingt-cinq pouces et au-dessus. — Sous le pont de pierre, deux francs vingt-cinq centimes par chaque homme, le billage étant fait par un batelet armé de deux hommes.

Sous le pont de bois, deux francs cinquante centimes par homme, le billage étant fait par un batelet armé de trois hommes.

Tenue de dix-huit à vingt-quatre pouces. — Chaque billeur recevra deux francs, et les batelets seront armés de deux hommes.

Tenue de dix-sept pouces et au-dessous. — Chaque billeur recevra un franc cinquante centimes, et les batelets seront armés de deux hommes.

PONT DE LA CHARITÉ.

Grandes eaux. — Chaque billeur recevra deux francs, et les batelets seront armés de trois hommes.

Eaux moyennes. — Chaque billeur recevra un franc cinquante centimes, et les batelets seront armés de deux hommes.

Sortie de la Nièvre. — Les bateaux sortant de la Nièvre seront billés par des batelets armés de deux hommes; chaque homme recevra un franc cinquante centimes.

4. Les batelets destinés au billage seront remontés à mille mètres au-dessus des ponts, pour être prêts à diriger les bateaux arrivants.

Une fois à cette distance, les billeurs se placeront à leur rang, et ceux qui changeront celui qui leur sera assigné seront remis à la queue.

5. Pour éviter toute espèce de difficulté entre les conducteurs ou propriétaires de bateaux et les mariniers billeurs, les sommes allouées à ces derniers par les articles précédents seront payées par les maîtres de bateaux entre les mains de l'individu qui sera nommé à cet effet par l'autorité locale, et qui devra les répartir entre les mariniers billeurs.

Ordonnance du roi, du 30 août 1820, réglant les redevances que devra payer M. d'Osmond, propriétaire des mines de houille de la Roche-Molière et Firminy.

Louis, etc.; vu notre ordonnance du 19 octobre 1814, portant, art. 2, que le sieur marquis d'Osmond est déclaré propriétaire incommutable des mines de houille de la Roche-Molière et Firminy, département de la Loire;

L'art. 3, ensemble les art. 11 et 12 de cette ordonnance;

Le rapport et le règlement présentés les 24 décembre 1816 et 12 janvier 1817, par les ingénieurs des mines départis;

Les observations du sieur marquis d'Osmond, du 22 novembre 1816, relatives au mode d'exécution du second considérant et de l'art. 3 de ladite ordonnance;

Les nouvelles observations, sous la date du 14 avril 1817, présentées par les associés du titulaire, et, en son nom, sur le travail des ingénieurs des mines, et portant référé aux premières observations;

Celles des propriétaires de la surface, du 4 avril 1817, par lesquelles ils réclament contre la quotité des redevances proposées par les ingénieurs, invoquent les usages locaux, et demandent une redevance supérieure à celle proposée;

La lettre du préfet du département de la Loire, du 14 mars 1817, sur le travail des ingénieurs, pour l'exécution de l'art. 3;

Le rapport de l'inspecteur général des mines sur toutes les pièces de l'affaire, sous la date du 23 octobre 1817;

L'avis du 11 décembre 1817, délibéré en conseil général, les tableaux sous les nos 1, 2 et 3, ensemble les projets de règlements et tarifs y annexés, et l'avis de notre directeur général des ponts et chaussées et des mines;

Les dernières observations présentées à notre conseil d'Etat par le marquis d'Osmond, le 4 mai 1818;

Le marché passé entre les administrateurs des hospices de Saint-Etienne, et le sieur Barthélemy des Joyaux, le 23 août 1816, pour l'exploitation d'une houillère appartenante auxdits hospices;

La lettre du sieur Crozier, associé du marquis d'Osmond, en date du 23 juillet 1818;

Un mémoire du sieur Crozier, du 19 février 1819, et un nouveau rapport du directeur général des ponts et chaussées et des mines, du 14 mai 1819;

Notre conseil d'Etat entendu,

Nous avons ordonné et ordonnons ce qui suit :

Art. 1er. La redevance en nature que le concessionnaire des mines de la Roche-Molière et de Firminy payera, en exécution de l'ordonnance du 19 octobre 1814, aux propriétaires de terrains où il exploitera des mines, est et demeure déterminée ainsi qu'il suit :

Pour des couches de deux mètres de puissance et au-dessus, à ciel ouvert, la redevance sera le quart du produit brut; par puits, jusqu'à cinquante mètres inclusivement, le sixième; de cinquante à cent mètres, le huitième; de cent à cent cinquante mètres, le dixième; de cent cinquante à deux cents mètres, le douzième; de deux cents à deux cent cinquante mètres, le quatorzième; de deux cent cinquante à trois cents mètres, le seizième; et au-dessus de trois cents mètres, le vingtième.

Ces fractions diminueront d'un tiers pour les épaisseurs de couches de deux à un mètre, de moitié pour les couches d'un mètre à un demi-mètre, et de trois quarts pour les couches au-dessous d'un demi-mètre, le tout ainsi qu'il est expliqué au tableau ci-après.

Enfin, toutes ces fractions seront réduites d'un tiers dans le cas où le concessionnaire emploierait la méthode d'exploitation dite par remblai. Néanmoins, cette réduction n'aura lieu que dans le cas où il sera reconnu que l'application de cette méthode procure au moins l'enlèvement de cinq sixièmes de la houille contenue dans chaque tranche de couche en extraction.

Tableau des redevances.

	PUISSANCE DES COUCHES.			
PROFONDEURS.	2 mètres et au-dessus.	deux à un mètre.	un à demi-mètre.	au-dessous de demi-mètre.
À ciel ouvert.	1/4	1/6	1/8	1/16
Par puits, jusqu'à 50 mètres inclusivement.	1/6	1/9	1/12	1/24
Idem, de 50 à 100 mètres.	1/8	1/12	1/16	1/32
Idem, de 100 à 150 id.	1/10	1/15	1/20	1/40
Idem, de 150 à 200 id.	1/12	1/18	1/24	1/48
Idem, de 200 à 250 id.	1/14	1/21	1/28	1/56
Idem, de 250 à 300 id.	1/16	1/24	1/32	1/64
Idem, au-dessus de 300 mètres.	1/20	1/30	1/40	1/80

2. Les nombres portés au tarif ci-dessus, à la colonne intitulée profondeur des puits, expriment les distances verticales qui existent entre le sol de chaque *place d'accrochage* (ou recette de la houille, à l'intérieur de la mine), et le seuil bordant à l'extérieur l'orifice du puits, soit que l'extraction s'opère par des puits verticaux, soit qu'elle ait lieu par les puits inclinés, connus dans le département de la Loire sous le nom de *fendues*.

3. Les puissances des couches de houille portées au tarif expriment les épaisseurs réunies des différents lits (ou mises) de houille, dont se compose une même couche, distraction faite des bancs de rocher interposés entre ces lits.

4. La redevance sera délivrée jour par jour en nature, à moins que les propriétaires n'aiment mieux la recevoir en argent. Dans ce cas, elle sera payée chaque semaine par le concessionnaire, suivant les prix courants de la houille dans les marchés voisins.

5. Si le concessionnaire se propose de changer, en quoi que ce soit, la marche des travaux d'exploitation qui lui auront été prescrits par l'administration, en exécution de l'art. 12 de l'ordonnance du 19 octobre 1814, soit en transportant l'extraction de la houille sous des propriétés au-dessous desquelles elle ne devait s'étendre qu'à une certaine époque, d'après le plan d'exploitation qui aurait été arrêté, soit en faisant cesser l'extraction de la houille sous des propriétés au-dessous desquelles ledit plan l'aurait établie, soit enfin de toute autre manière, le concessionnaire ne pourra exécuter ces changements et modifications qu'en se conformant aux instructions qui lui seront données par l'administration, aux termes de ladite ordonnance.

6. Lorsqu'il aura été reconnu nécessaire d'ouvrir un nouveau champ général d'exploitation, l'ouverture en sera autorisée, et l'emplacement déterminé par notre ministre secrétaire d'Etat au département de l'intérieur, sur le rapport de notre directeur général des ponts et chaussées et des mines, et sur le vu du tracé général des puits et autres ouvrages nécessaires pour aménager la nouvelle exploitation.

7. Toutefois, une nouvelle ouverture de puits ou de galerie débouchant au jour, pourra avoir lieu avec la permission du préfet, et sur le rapport des ingénieurs des mines, lorsque ce travail aura pour objet d'établir de simples communications d'airage, ou de passage des ouvriers dans l'étendue d'un champ général d'exploitation, précédemment autorisé par notre ministre secrétaire d'Etat de l'intérieur.

8. Aussitôt que le concessionnaire portera les travaux d'extraction sous une nouvelle propriété superficielle, il en préviendra immédiatement le propriétaire, afin que celui-ci puisse, s'il ne juge pas convenable de s'en rapporter, soit aux registres, soit à la déclaration du concessionnaire, préposer un ouvrier ou un commis, à ses frais, pour vérifier le nombre de tonnes ou bennes de houille sorties de la mine, et s'assurer que sa redevance est acquittée avec exactitude.

9. Si un propriétaire, voisin d'une mine en exploitation, présume que le concessionnaire travaille sous sa propriété sans l'en avoir informé, il pourra s'adresser aux tribunaux, conformément aux art. 9 et 10 de la loi du 21 avril 1810.

10. En cas de contestations sur la quotité de l'extraction, le propriétaire pourra se pourvoir devant les tribunaux, à l'effet de faire ordonner une expertise.

11. Le concessionnaire ne pourra abandonner tout ou partie des ouvrages souterrains pratiqués dans l'étendue d'un champ général d'exploitation, qu'il n'ait préalablement rempli les formalités prescrites par les art. 8 et 9 du règlement du 3 janvier 1813, concernant la police souterraine, et qu'il n'y ait été autorisé par le préfet, sur l'avis de l'ingénieur des mines, et après que les propriétaires de surfaces correspondantes intéressés auront été entendus.

Le concessionnaire sera tenu de notifier aux propriétaires intéressés l'autorisation du préfet, dans les huit jours qui suivront sa déchéance.

12. Dans le cas où l'abandon aurait lieu avant la notification de l'autorisation mentionnée en l'article précédent, les propriétaires pourront se pourvoir devant les tribunaux, à l'effet d'obtenir, aux frais du concessionnaire, l'ouverture des travaux abandonnés jusqu'au *vif-tir* ou front des tailles, et en outre tels dommages et intérêts qu'il appartiendra.

Les propriétaires pourront aussi réclamer que l'exploitation des mines ainsi ouvertes soit, s'il y a lieu, continuée d'office aux frais du concessionnaire, d'après le mode prescrit par notre ministre secrétaire d'Etat de l'intérieur, conformément aux art. 49 et 50 de la loi du 21 avril 1810.

13. En cas de travaux d'exploitation ainsi exécutés d'office, les produits de l'extraction appartiendront au concessionnaire, déduction faite des frais et dépenses de la redevance en nature acquittée aux propriétaires de la surface.

Les plans de détail seront dressés en double expédition, dont une restera aux mains du concessionnaire, et l'autre sera déposée, aux époques prescrites, dans le bureau de l'ingénieur en chef.

Les propriétaires de surface pourront, en tout temps, prendre communication de ces plans au bureau de l'ingénieur en chef des mines, et, sur leur demande, il leur en sera délivré des expéditions certifiées, qu'ils payeront d'après le tarif qui sera déterminé par le préfet.

14. L'avancement des travaux des mines sera rapporté dans les trois mois sur les plans généraux et les plans de détail mentionnés en l'article précédent.

Ces plans seront certifiés par le concessionnaire, vérifiés par l'ingénieur ordinaire, et visés par l'ingénieur en chef. A la fin de chaque année, le concessionnaire fournira un nouveau plan général, sur lequel l'ingénieur en chef tracera les profils des travaux à exécuter pendant l'exercice suivant, en exécution du projet général d'exploitation, qui, aux termes de l'art. 11 de l'ordonnance du 19 octobre 1814, sera tracé par l'administration des mines, et approuvé par notre ministre secrétaire d'Etat de l'intérieur, sur le rapport de notre directeur général. Ces tracés annuels seront soumis à l'approbation du préfet.

15. Les propriétaires des terrains au-dessous desquels les travaux devront être établis, seront tenus de fournir au bureau de l'ingénieur en chef, en simple expédition et pour une fois seulement, les plans parcellaires de leurs propriétés. Ces plans seront dressés sur l'échelle adoptée par le cadastre, certifiés par un géomètre, vérifiés et visés par les ingénieurs des mines.

Le concessionnaire aura la faculté d'en obtenir des expéditions certifiées, qu'il payera d'après le tarif qui sera déterminé par le préfet.

16. Lorsque le concessionnaire n'aura point remis, dans les délais

prescrits par l'administration, les plans et expéditions qu'il est tenu de fournir en vertu des articles 14 et 15 ci-dessus, le préfet autorisera l'ingénieur en chef des mines à faire exécuter ces plans d'office aux frais du concessionnaire, et il en réglera le prix, dont le recouvrement s'effectuera par la voie admise en matière de contributions directes.

17. Le préfet pourra de même autoriser les levées d'office des plans des surfaces au-dessous desquelles se trouveront les travaux du concessionnaire, lorsque les propriétaires seront dans le cas d'exercer leur droit à la redevance en nature. Le prix de ces levées, réglé par le préfet, sera acquitté par les propriétaires proportionnellement à la superficie de leurs propriétés, et recouvré, s'il est nécessaire, par les voies admises en matière de contributions directes.

18. Conformément à l'art. 6 du règlement du 3 janvier 1813, relatif à la police souterraine, le concessionnaire tiendra, sur chaque exploitation en activité, un registre dans lequel seront inscrits, indépendamment de l'avancement journalier des travaux et des circonstances de l'exploitation dont il sera utile de conserver le souvenir, les noms, numéros et dimensions des galeries et tailles d'exploitation, le nombre des ouvriers de différentes classes qui y sont employés, la puissance des couches de houille, le cubage de la houille excavée et la quotité de l'extraction exprimée en hectolitres, le cubage des parties de la mine remblayées et des remblais descendus du jour, les noms des propriétaires sur les terrains desquels s'opère l'exploitation, avec l'indication de la redevance en nature qui leur revient, suivant le tarif ci-annexé, le tout conformément aux modèles et instructions qui leur seront transmis par la direction générale des mines.

19. Les contestations qui pourraient s'élever entre les propriétaires et les concessionnaires, à raison du payement de la redevance en nature ou en argent, seront, aux termes des art. 87, 88, 89, 90, 91 et 92 de la loi du 21 avril 1810, portées devant les tribunaux.

En cas de contravention à la présente ordonnance, il sera procédé conformément aux articles 95 et 96 de ladite loi.

Ordonnance du roi, du 13 septembre 1820, portant concession à M. de Royère des mines de houille de Saint-Lazare et de Beauregard.

Louis, etc.; vu l'arrêté du ministre de l'intérieur, du 13 avril 1813, portant permission provisoire d'une année en faveur du sieur Hoche, à l'effet de faire les travaux préparatoires propres à faire connaître l'état de la mine de houille de Lardin, commune de Saint-Lazare, département de la Dordogne;

Celui du 23 août 1814, qui proroge indéfiniment cette permission jusqu'à ce que le gîte de houille soit suffisamment connu;

Vu la demande en concession formée en octobre 1817, auprès du préfet de la Dordogne, par le sieur comte de Royère, après avoir fait, en vertu de l'article 12 de la loi du 21 avril 1810, des recherches fructueuses dans ses propriétés;

Les affiches et publications de cette demande qui ont eu lieu pendant les délais voulus par la loi dans les villes de Périgueux, Sarlat et Terrasson, et dans les communes de Beauregard, Coudac, Laville-Dieu et Saint-Lazare, sans qu'il soit survenu d'oppositions ;

L'insertion de la demande au bulletin du département de la Dordogne ;

L'extrait des rôles des contributions foncières, exercice 1817, faisant connaître que celles du sieur comte de Royère, dans les communes de Saint-Lazare et de Beauregard, s'élèvent à onze cent cinquante francs par an ;

Vu le rapport de l'ingénieur ordinaire des mines, du 12 mars 1818, approuvé par l'ingénieur en chef de l'arrondissement, le 6 avril suivant ; ensemble les plans levés sur l'échelle déterminée par la loi ;

Vu l'avis du préfet du département de la Dordogne, du 6 octobre 1818, duquel il résulte qu'il y a lieu de ne donner aucune suite à la permission provisoire accordée au sieur Hoche, et par lequel ce magistrat estime que la concession de ces mines doit être accordée au sieur comte de Royère et ses associés ;

Vu enfin l'avis conforme du conseil général des mines, présidé par notre conseiller d'Etat directeur général des ponts et chaussées et des mines ;

Notre conseil d'Etat entendu,

Nous avons ordonné et ordonnons ce qui suit :

Art. 1er. Il est fait concession au sieur comte de Royère (François) et à ses associés des mines de houille situées dans l'étendue des communes de Saint-Lazare et de Beauregard, canton de Terrasson, arrondissement de Sarlat, département de la Dordogne, sur une étendue de dix kilomètres trente-quatre hectomètres carrés, conformément aux plans ci-annexés.

2. Les limites sont déterminées ainsi qu'il suit, savoir : à l'est, par la rive droite du ruisseau de Lille, à partir du moulin de Marconel jusqu'à son embouchure dans la Vézère ; au sud, par la rive droite de la Vézère, à partir de l'embouchure du ruisseau de Lille jusqu'au point d'intersection de la rive avec une ligne droite tirée du clocher de Coudac à celui de Bersac ; à l'ouest, par la ligne droite tirée du clocher de Coudac à celui de Bersac, à partir de son point d'intersection avec la rive droite de la Vézère, et par une seconde ligne droite tirée du clocher de Bersac à celui de Beauregard ; enfin, au nord, par une ligne droite tirée dudit clocher de Beauregard au moulin de Marconel, point de départ.

3. Le cahier des charges, tel qu'il a été rédigé en conseil général des mines, présidé par notre conseiller d'Etat directeur général des ponts et chaussées et des mines, et consenti par le sieur de Royère, le 18 septembre 1818, est approuvé et demeurera annexé à la présente ordonnance comme condition essentielle de la concession, sauf la suppression de l'article 1er, lequel devient sans objet d'après l'article 7 de cette ordonnance.

4. Le concessionnaire acquittera annuellement, entre les mains du receveur des contributions de l'arrondissement, les redevances fixes et proportionnelles établies par la loi du 21 avril 1810 et le décret du 6 mai de la même année.

5. L'impétrant payera aux propriétaires de la surface, conformément aux articles 6 et 42 de la loi précitée, une rétribution annuelle de

trente centimes par hectare de terrain compris dans l'étendue de la concession.

6. Il payera en outre aux propriétaires de la surface les indemnités voulues par les articles 43 et 44 de la même loi, relativement aux dégâts et non jouissances de terrains occasionnés par l'exploitation.

7. Il sera procédé, par l'ingénieur des mines du département, à la visite de tous les travaux faits dans l'étendue de la concession, et il sera dressé par lui un procès-verbal qui constatera l'objet, l'époque, les effets et l'état actuel desdits travaux; ce procès-verbal sera dressé en présence du concessionnaire et du sieur Hoche, antérieurement permissionnaire, ou de leurs représentants, eux dûment appelés, le tout dans le délai d'un mois. Les dires et prétentions des parties sur les indemnités dues par le concessionnaire, seront consignés dans le procès-verbal, qui sera de suite adressé au préfet par l'ingénieur des mines, après quoi le concessionnaire sera mis en possession des mines désignées dans l'article 1er de la présente ordonnance.

Ce concessionnaire sera tenu d'indemniser qui de droit, pour raison de travaux dont l'utilité sera reconnue, et conformément à l'article 46 de la loi du 21 avril 1810. Toutes les questions d'indemnités à payer par lui à raison de recherches ou travaux antérieurs à l'acte de concession seront décidées en conseil de préfecture.

Dans l'examen de ces questions, seront considérés comme travaux utiles au concessionnaire, d'une part, tous les puits, galeries et ouvrages d'art quelconques qui seront reconnus applicables à la poursuite d'une bonne exploitation, et, d'autre part, tous les ouvrages d'art qui seront reconnus avoir contribué à faire connaître le gîte exploitable; le tout d'après le procès-verbal ci-dessus mentionné, ou d'après les expertises que le conseil de préfecture ordonnera, s'il y a lieu, conformément à l'article 88 de la loi du 21 avril 1810.

8. Le sieur comte de Royère est tenu, suivant son engagement du 14 janvier 1820, de remettre aux créanciers de la mine de Lardin la quantité de douze actions représentant chacune *un deux-centième* dans l'intérêt général de la société dite *des mines de houille de Lardin*, dont la valeur, à raison de deux mille francs par action, prix fixé par l'acte constitutif de la société, représente un capital de la somme de vingt-quatre mille francs.

9. Ces douze actions seront sujettes aux mêmes chances que toutes les autres composant la société : elles seront remises aux créanciers de la mine et partie au sieur Hoche, s'il prouve qu'il n'est pas débiteur de la valeur entière de l'indemnité accordée.

Cette remise aura lieu d'après l'exécution des formalités ci-après.

10. L'intérêt de la somme de vingt-quatre mille francs composant la valeur de ces douze actions, sera payé par le titulaire et ses associés à raison de cinq pour cent par an, à partir du jour de la mise en possession de la mine, et lorsque les ayants droit auront justifié de leurs titres, ainsi qu'il va être expliqué.

11. Pour l'exécution des dispositions ci-dessus, et s'assurer que les créances sont légitimes et que leur valeur a été employée aux travaux de la mine, le dépôt des douze actions sera fait par le titulaire chez un notaire que le préfet du département de la Dordogne désignera par un acte spécial.

12. La présente ordonnance sera publiée et affichée pendant quatre mois, dans tous les lieux qui sont marqués pour les demandes en concession par les articles 23 et 24 de la loi du 21 avril 1810.

Une déclaration du préfet appellera tous les créanciers de la mine de Lardin et tous les prétendants à indemnité à se retirer par-devant le conseil de préfecture du département de la Dordogne, dans un délai de trois mois, pour présenter leurs titres et faire valoir leurs droits. Après l'expiration de ce terme, les retardataires seront déclarés non recevables.

Le conseil de préfecture statuera sur la répartition des actions cédées aux créanciers de la mine et sur toutes les questions d'indemnité qui pourront s'y rapporter, le tout conformément à l'article 46 de la loi du 21 avril 1810.

Cahier des charges pour la concession des mines de houille de Lardin, département de la Dordogne. — Art. 1er. Immédiatement après l'émission de l'ordonnance de concession, il sera procédé, par l'ingénieur des mines du département, à la visite et à l'expertise de tous les travaux faits dans toute l'étendue de la concession : les concessionnaires seront tenus d'indemniser préalablement qui de droit, et avant toute prise de possession, des travaux existants, et dont l'utilité sera reconnue.

2. Les concessionnaires formeront un seul et même centre d'exploitation des travaux de recherches entrepris isolément par les sieurs Hoche et de Royère. Ils mettront, en conséquence, ces travaux en communication, et les prolongeront aussi loin dans la montagne qu'il sera possible, par des galeries d'allongement sur la direction de la veine.

3. Ces galeries d'allongement seront aussi multipliées que les besoins de l'exploitation l'exigeront. Elles seront mises en communication de distance en distance avec des galeries. ou voies ascendantes ou descendantes, de manière à assurer constamment la circulation de l'air. Il régnera, le long des parois des galeries principales d'exploitation et des voies, des massifs de houille de trois mètres d'épaisseur qui ne pourront être interrompus que pour les communications indispensables.

4. La partie de la couche à exploiter entre deux galeries d'allongement sera extraite au moyen de tailles parallèles entre elles ; la largeur de ces tailles et l'épaisseur des massifs à laisser entre elles seront proportionnées à la solidité du toit de la couche, et réglées par l'ingénieur départemental.

5. Il est expressément interdit aux concessionnaires d'enlever les massifs existants le long de toutes les galeries principales, ainsi que ceux compris entre les tailles, avant que le champ d'exploitation qui renferme ces massifs ne soit dans le cas d'être abandonné, comme étant épuisé.

6. Les concessionnaires disposeront de suite leurs travaux de manière à mettre en exploitation, au Lardin, la couche de houille inférieure qui y a été reconnue. L'exploitation de cette couche aura lieu de la même manière que celle de la couche supérieure, et sera toujours au moins aussi avancée dans l'intérieur de la montagne. Les travaux faits sur ces deux couches seront mis en communication à l'aide de puits

verticaux dans le rocher, toutes les fois que cela sera nécessaire. Il sera établi des pompes à bras, ou d'autres machines d'épuisement, dans toutes les parties de l'exploitation qui ne pourront pas jouir d'un moyen naturel d'écoulement; mais on laissera constamment au-dessous de ce niveau une tranche horizontale et continue de houille dont l'épaisseur, dans le sens du pendage, ne pourra être moindre de dix mètres.

7. L'entrée des galeries principales d'extraction et d'écoulement sera muraillée, les galeries destinées au roulage et à la circulation de l'air seront entretenues constamment en bon état et étrésillonnées en bois de brin rond ou refendu, si mieux n'aiment les concessionnaires les murailler à pierre sèche. Les tailles seront aussi solidement boisées que la nécessité l'exigera, à moins qu'ils n'introduisent dans leur exploitation le mode de remblais, souvent plus économique que celui du boisage.

8. Il ne sera pratiqué aucun puits, galerie ni autre travail quelconque au sud d'une ligne menée par le puits R parallèlement à la direction de la grande route. Cette disposition n'est applicable néanmoins qu'aux parties inférieures au niveau de la Vézère, et a pour but d'empêcher l'introduction des eaux de cette rivière.

9. Lorsque l'exploitation du Lardin ou de tout autre sera près d'être épuisée, ou si elle devenait insuffisante à la consommation, les concessionnaires seront tenus, selon l'exigence des cas, d'en ouvrir une ou plusieurs autres dans l'étendue de leur concession, aux points qui leur seront indiqués par l'administration. Celle-ci déterminera le mode d'exploitation à suivre dans ces nouvelles circonstances. L'ingénieur des mines du département sera spécialement chargé de la direction de tous les travaux d'art nécessaires pour y parvenir.

10. Lorsque, dans une mine, on sera forcé d'exploiter au-dessous des moyens naturels d'écoulement ou de ceux qui auraient été précédemment déterminés par l'administration, elle y pourvoira de nouveau, et déterminera l'épaisseur des massifs de houille à laisser au-dessous du niveau supérieur, ainsi que le mode d'exploitation auquel les concessionnaires seront tenus de se conformer.

11. Ils ne pourront abandonner aucun étage ou champ d'exploitation, avant d'en avoir prévenu le préfet du département, au moins trois mois d'avance, et d'avoir fait lever le plan de tous les travaux qu'ils jugeront utile de conserver.

12. Les concessionnaires acquitteront les redevances fixes et proportionnelles établies par la loi, au profit de l'état; ils acquitteront également la redevance due aux propriétaires de la surface, telle qu'elle sera fixée par l'acte de concession.

13. Les concessionnaires ne pourront, sous aucun prétexte, établir des dépôts ou ateliers, même provisoires, sur la grande route de Bordeaux, de manière à restreindre le passage. Il leur est défendu de conduire les eaux sur cette route.

Dans le cas où il leur serait utile de diriger une rigole d'écoulement vers la Vézère, ils s'adresseront au préfet du département. Le préfet fera constater l'importance ou l'urgence de la demande par l'ingénieur des mines, et chargera ensuite l'ingénieur en chef des ponts et chaussées de déterminer l'emplacement et les dimensions de l'aqueduc à établir, sous la surveillance et aux frais des concessionnaires.

14. Ils seront astreints, en vertu des décrets des 18 novembre 1810 et 3 janvier 1813 :

1° A tenir constamment au courant un registre et un plan des travaux constatant leur avancement journalier, ainsi que les circonstances de l'exploitation dont il sera utile de conserver le souvenir;

2° A tenir pareillement un registre ou contrôle journalier pour les mineurs, ouvriers ou employés, soit à l'extérieur, soit à l'intérieur des travaux;

3° A tenir un registre journalier d'extraction et de vente, et des dépenses de l'exploitation;

4° A donner communication desdits registres aux ingénieurs des mines, toutes les fois qu'ils en seront requis, et à adresser au préfet, tous les ans, et chaque fois que M. le directeur général des ponts et chaussées et des mines en fera la demande, l'état des ouvriers employés, et celui du produit brut de leur exploitation.

15. Les concessionnaires fourniront au préfet, un an après l'obtention de leur concession, et en triple expédition, un plan général de leurs travaux intérieurs, avec deux coupes, l'une sur le sens de la direction, et l'autre dans le sens de la pente; le tout dressé sur une échelle d'un millimètre pour mètre, et divisé en carreaux de dix en dix millimètres.

Chaque année, dans le courant de janvier, ils fourniront de la même manière les portions de plans correspondant aux travaux de l'année précédente, pour être rattachées au plan général, après vérification faite par l'ingénieur.

En cas d'inexécution de cette mesure ou d'inexactitude reconnue des plans, ils seront levés d'office aux frais des exploitants.

16. Conformément à l'article 14 de la loi du 21 avril 1810, les concessionnaires ne pourront confier la direction de leur exploitation qu'à un individu qui justifiera des facultés nécessaires pour bien conduire les travaux; conformément à l'article 25 de l'acte du gouvernement, du 3 janvier 1813, ils ne pourront employer en qualité de maîtres mineurs, ou chefs particuliers des travaux, que des individus qui auront travaillé dans les mines comme mineurs, boiseurs ou charpentiers, au moins pendant trois années consécutives.

17. Les concessionnaires soumettront toute mutation totale ou partielle de leur concession à l'approbation du gouvernement.

18. Les concessionnaires se soumettront aux lois et règlements intervenus ou à intervenir sur le fait des mines. Ils devront exploiter de manière à ne pas compromettre la sûreté publique, celle des ouvriers, la conservation des exploitations et les besoins des consommateurs. Ils se conformeront, en conséquence, aux instructions qui leur seront données par l'administration des mines et par les ingénieurs de l'arrondissement, d'après les observations auxquelles la visite et la surveillance des mines pourront donner lieu.

19. Dans le cas où les concessionnaires voudraient abandonner leurs mines, ou renoncer à leur concession, ils seront tenus d'en prévenir le préfet, au moins trois mois à l'avance, par pétition régulière, pour que l'administration fasse prendre les mesures nécessaires à la sûreté des hommes et à la conservation des choses.

Nous soussignés, demandeurs en concession de la mine de houille de

Lardin, après avoir pris connaissance du présent cahier des charges, nous nous soumettons à toutes les clauses et conditions qu'il renferme.

À Peyraux, le dix-huit septembre mil huit cent dix-huit.

Signé, le comte FRANÇOIS DE ROYÈRE, chevalier de l'ordre royal et militaire de Saint-Louis; P. BRARD et HOUY.

Ordonnance du roi, du 25 octobre 1820, portant autorisation de la société des mines de fer de Saint-Etienne.

LOUIS, etc.; vu l'acte d'association en forme de statuts, passé devant Pourret et Vinoy, notaires à Saint-Étienne (Loire), le 11 novembre 1818, et l'acte supplémentaire du 2 septembre 1820, entre les sieurs de Gallois, Boignes, Neyrand frères, Thiollière, Hochet et autres y dénommés, et ayant pour objet d'entreprendre l'exploitation de la houille dans une étendue déterminée par la demande de concession déjà présentée, la demande d'une autre concession pour y extraire les minerais de fer du territoire de Saint-Étienne, et celle de la construction de hauts fourneaux propres à affiner la fonte et à sa conversion en fer malléable d'après les procédés anglais;

La lettre du préfet de la Loire, du 15 avril 1819, relative à cette entreprise, adressée à notre ministre secrétaire d'Etat de l'intérieur;

L'avis du conseil général des mines, du 19 juin dernier, adopté par notre conseiller d'Etat directeur général des ponts et chaussées et des mines;

Notre conseil d'Etat entendu,

Nous avons ordonné et ordonnons ce qui suit:

Art. 1er. La société anonyme sous le nom de *Compagnie des mines de fer de Saint-Etienne* (Loire), formée pour affiner la fonte et sa conversion en fer malléable d'après les procédés anglais, à l'aide de la houille, dont elle a demandé une concession, et de la construction de fourneaux de fusion, machines, laminoirs, étuves, grues, modèles et accessoires, complétant une fonderie qui doit être alimentée par les minerais de fer dont la compagnie a aussi demandé la concession dans le territoire de Saint-Étienne, est autorisée conformément aux actes ci-dessus visés des 11 novembre 1818 et 2 septembre 1820: expéditions desdits actes resteront annexées à la présente ordonnance, et seront publiées et affichées avec elle.

2. L'existence de la société commencera à dater de notre ordonnance, et durera pendant quatre-vingt-dix-neuf ans.

3. Notre présente autorisation vaudra pour toute la durée de la société, à la charge d'exécuter fidèlement les statuts, nous réservant de révoquer la présente autorisation en cas de non-exécution ou de violation desdits statuts par nous approuvés; le tout, sauf les droits des tiers, et sans préjudice des dommages et intérêts qui seraient prononcés par les tribunaux contre les auteurs des contraventions.

4. L'administration de la société sera tenue de présenter, tous les six mois, le compte rendu de sa situation: des copies en seront remises au préfet de la Loire et au tribunal de commerce de Saint-Étienne.

5. Par l'effet de la présente homologation, il n'est rien statué ni pré-

juge sur les demandes en concession de mines de houille et de mines de fer que la compagnie a demandées, et pour lesquelles elle doit remplir toutes les formalités prescrites par les lois y relatives.

Statuts de la compagnie des mines de fer de Saint-Étienne.

Par-devant Me Pourret, notaire royal gradué, et Me Vinoy, son collègue, résidant à Saint-Étienne (Loire), soussignés,

Sont comparus les ci-après dénommés, sociétaires fondateurs d'une compagnie de mines de fer, sous la dénomination de *Compagnie des mines de fer de Saint-Étienne*, lesquels ont souscrit dans les proportions ci-après : (suivent les noms et le montant des souscriptions).

Lesquels, ayant considéré qu'il résulte des recherches et de la découverte faite par M. de Gallois, l'un des comparants, que les environs de Saint-Étienne offrent des minerais de fer qui donnent l'espérance de trouver des masses capables d'alimenter une grande exploitation et de fonder un établissement considérable;

Que l'avantage de trouver sur les mêmes lieux, d'exploiter par les mêmes travaux, la houille et le minerai, et de les traiter l'un par l'autre, donnerait une grande supériorité à cette entreprise;

Qu'il est d'un grand intérêt pour l'Etat en général, et pour la contrée surtout, qu'on tire parti de ces matières, qu'on en multiplie les produits et qu'on les perfectionne, de manière à nous rendre indépendants de l'industrie étrangère;

Enfin, qu'il est juste et utile de rendre l'entreprise projetée accessible à toutes les fortunes, et de faire partager, dans le pays, aux petits capitalistes les bénéfices qu'on peut en espérer;

Ont résolu de former une société anonyme, et de solliciter, en son nom, la concession des minerais de fer du territoire houillier de Saint-Étienne, ainsi que la concession des mines de houille du Janon, avec permission d'usines, conformément à leur pétition en date de ce jour.

En conséquence, les comparants ont arrêté les articles suivants, comme statuts fondamentaux de la société anonyme qu'ils créent, sauf l'approbation du gouvernement.

TITRE Ier. *Nom et durée de l'association.* — Art. 1er. La raison sociale de la compagnie aura le nom de *Compagnie des mines de fer de Saint-Étienne*.

2. La durée de la société sera de quatre-vingt-dix-neuf ans, sauf renouvellement.

TITRE II. *Objet de l'association.* — 3. L'objet de l'entreprise est déterminé par les demandes en concession. Elle s'exécutera progressivement et par cinq opérations distinctes, indépendamment de l'exploitation de la houille.

La première comprendra l'achat d'un terrain, l'achat d'une machine soufflante, et la construction d'un haut fourneau.

Si les produits donnent un bénéfice, on passera à la seconde opération, qui consistera dans la construction de deux hauts fourneaux animés par la même machine soufflante que le premier, de manière à avoir toujours deux fourneaux en activité, le troisième étant en réparation ou en attente.

Si les produits continuent à donner des bénéfices satisfaisants, on s'occupera de la troisième partie, comprenant des fourneaux de fusion, étuves, grues, modèles et accessoires complétant une fonderie pour les objets de moulage, tant à l'usage de l'établissement qu'à celui du commerce.

L'établissement comprendra essentiellement la construction des fourneaux et des machines d'après les procédés anglais les plus propres à affiner la fonte et à sa conversion en fer malléable.

Enfin, les quatre opérations ci-dessus en pleine activité, et les produits obtenant un écoulement facile et avantageux, la compagnie jugera s'il convient à ses intérêts de procéder à la cinquième opération, qui consistera dans l'établissement d'une nouvelle machine soufflante et dans la construction de deux autres hauts fourneaux, de telle sorte qu'il y ait au besoin quatre fourneaux en activité, afin d'avoir toujours assez de matières pour entretenir les laminoirs et satisfaire aux besoins de l'industrie et du commerce français, qui semblent, de jour en jour, prendre un plus grand essor.

4. La société jugera par la suite s'il convient de réunir toutes les constructions sur un même emplacement, ou s'il est plus avantageux de les répartir sur divers points, à raison des facilités locales qui résulteront tant de l'extraction que des transports des matériaux servant d'aliment à l'entreprise.

5. La société se réserve le droit de traiter avec d'autres entreprises du même genre, soit pour se procurer du minerai, de la fonte ou de la houille de qualité différente, hors des limites de sa concession, soit pour l'établissement des chemins et canaux, soit dans toutes autres vues reconnues utiles à ses usines.

TITRE III. *Moyens de l'association.* — 6. Le fonds capital de l'association se composera de mille actions de quinze cents francs chacune, formant un capital de quinze cent mille francs (1).

---

(1)   *Ordonnance du roi, du 11 avril 1826.*

Charles, etc.; vu l'ordonnance royale du 25 octobre 1820, portant autorisation de la société anonyme des mines de Saint-Étienne (Loire) et approbation de ses statuts, ladite compagnie fondée au capital de quinze cent mille francs, divisé en mille actions de quinze cents francs;

Vu la délibération de l'assemblée générale de ladite compagnie, tenue le 20 janvier 1826, portant, conformément aux articles 6 et 38 des statuts, confirmation unanime d'une délibération précédente du 17 octobre 1825, par laquelle a été votée la création de six cents actions nouvelles de quinze cents francs, pour porter le capital social à deux millions quatre cent mille francs;

Vu tant les certificats de publication et affiche au greffe du tribunal de commerce de Saint-Étienne, que l'inscription légale, dans le journal des annonces judiciaires du département de la Loire, de la délibération du 17 octobre;

Considérant que les formalités exigées par l'article 38 des statuts ont été remplies, sans qu'il conste d'aucune opposition survenue; et, au contraire, que, sur mille actions, la délibération définitive porte le consentement unanime des porteurs de huit cent trente-trois actions, et qu'il a été justifié de l'adhésion postérieure de trois porteurs d'autres cent trois actions;

Notre conseil d'état entendu, nous avons ordonné et ordonnons ce qui suit:

Art. 1er. La société anonyme des mines de Saint-Étienne (Loire), conformément aux articles 6 et 38 de ses statuts et aux délibérations de son assemblée générale des 17 octobre 1825 et 20 janvier 1826, est autorisée à émettre six cents nouvelles actions de quinze cents francs, dont trois cent trente-trois pourront être souscrites de préférence par les porteurs des mille actions primitives à raison du tiers de celles qu'ils possèdent : le surplus, ainsi que celles desdites trois cent trente-trois que les actionnaires actuels n'ac-

Les engagements des actionnaires s'étendent aux diverses opérations mentionnées au titre précédent; mais les payements seront réglés de manière à suivre les progrès et conditions y exprimés.

7. Le nombre d'actions soumissionnées s'élevant actuellement à plus des deux tiers de la mise capitale, la société se constitue.

8. Il sera fait immédiatement un fonds de vingt-cinq mille francs, que les actionnaires actuels fourniront au centime le franc, pour faire face aux frais relatifs à la demande en concession, et aux travaux de recherche du minerai, qu'il convient de continuer.

9. Les recherches seront, autant que possible, terminées dans les quatre mois pendant lesquels la demande en concession restera affichée. Le résultat en étant satisfaisant, et sur l'avis favorable ou l'autorisation de l'administration, les travaux subséquents, objet de la présente association, seront poursuivis d'après une délibération expresse de l'assemblée générale.

10. On commencera par la première partie de l'entreprise mentionnée à l'article 3.

A cet effet, la société fera une nouvelle mise de fonds de quatre cent mille francs, que ceux qui seront alors actionnaires fourniront au centime le franc, et à des échéances déterminées. Cette somme sera employée à l'acquisition d'un emplacement et d'une machine soufflante, à la construction d'un haut fourneau et accessoires nécessaires; le tout de conformité aux plans et devis détaillés, qui seront soumis à l'approbation définitive de l'assemblée générale par le directeur fondateur.

11. Quant à l'exploitation de la houille, il sera fourni pour cet objet, par les actionnaires, un nouveau dividende sur lequel on prélèvera le prix des travaux que la compagnie aurait encore à rembourser aux propriétaires de surfaces, sauf les déductions indiquées au titre V.

12. Les quatre autres opérations s'exécuteront, s'il y a lieu, aux termes de l'article 3; et l'assemblée générale fixera par autant de délibérations spéciales les nouvelles mises de fonds à fournir pour chacune d'elles, ainsi que le mode et les échéances des payements, d'après les plans et devis qu'elle aura adoptés.

13. Dans tous les cas, la mise générale devra être entièrement faite aussitôt que l'exécution de la troisième partie mentionnée à l'article 3 sera arrêtée.

14. Pour assurer l'exécution des articles 8, 10, 11 et 12, et celle du précédent, chaque fois que l'assemblée générale arrêtera un versement de fonds, les actionnaires seront tenus de fournir leurs dividendes en billets à ordre, souscrits ou endossés au profit de la compagnie, et payables aux échéances qui auront été déterminées.

15. Il est expressément convenu que, si l'un des actionnaires refuse de souscrire les effets pour son dividende, ou de les acquitter à leur échéance, ses actions, quinze jours après un simple acte de mise en demeure, qui lui sera signifié à ses frais, seront vendues par un agent de change et à ses périls et risques, sans qu'il soit besoin d'aucune autre formalité.

---

cepteraient pas, seront mis en réserve, pour en être disposé à mesure des besoins et par délibération de l'assemblée générale, à la charge néanmoins qu'aucune action ne pourra être émise pour une somme moindre que le capital de quinze cents francs.

Titre IV. *Organisation de l'association.* — 16. Les actions seront représentées par une inscription nominale sur les registres à ce destinés, et par un coupon ou certificat d'inscription transmissible et indivisible.

Leur transfert s'opérera sur les registres de la compagnie par la signature du propriétaire ou de son fondé de pouvoir; néanmoins aucun transfert ne pourra avoir lieu, sans la garantie solidaire du cédant, avant les premiers versements de la somme de quatre cent vingt-cinq mille francs.

17. Le bénéfice des actions sera acquitté tous les ans pendant les premières années, et au moins tous les six mois à l'avenir; une quotité du bénéfice, calculée en raison de la situation et des besoins de l'établissement, mais dont le *minimum* ne pourra être au-dessous du vingtième, sera prélevée chaque année, pour former un fonds de réserve, soit pour améliorer l'entreprise, soit pour parer aux événements imprévus.

18. L'assemblée générale des actionnaires, régulièrement formée, entend le compte résumé des opérations de l'année précédente, et arrête le budget de l'année courante. Elle fixe le dividende, ou le bénéfice des actions, ainsi que la quotité du fonds de réserve, dont elle règle l'emploi et les limites.

Elle détermine l'emplacement des usines et l'époque de leur construction, approuve, rejette ou modifie définitivement les plans, devis ou projets, ainsi que le montant des dépenses et des versements qui lui sont proposés pour les divers développements de son entreprise.

Elle prononce enfin sur tous les cas qui lui sont soumis et sur toutes les interpellations qu'elle juge à propos de faire.

19. Pour faire partie de l'assemblée générale, il faudra représenter au moins quarante actions : celui qui sera propriétaire de quatre-vingts actions ou au delà, aura deux voix, mais jamais plus.

Il sera permis de se faire représenter par un sociétaire, qui aura voix toutes les fois que ses actions, ajoutées à celles de ses mandants, s'élèveront au moins à quarante, sans néanmoins qu'il puisse, dans aucun cas, avoir plus de trois voix, quelque nombre d'actions qu'il réunisse par lui-même ou par procuration.

20. Pour que l'assemblée générale soit constituée, et que ses délibérations soient valables, il faut que les membres présents, comme propriétaires ou comme fondés de pouvoir, réunissent les deux tiers au moins des actions engagées.

21. Le président de l'assemblée générale est nommé pour l'année : il ne peut être pris parmi les administrateurs.

22. L'assemblée générale procède dans tous les cas par la voie du scrutin et à la majorité absolue, notamment pour les opérations spécifiées à l'article 3, pour le renouvellement des membres du comité et de leurs suppléants, et pour la nomination du directeur et du contrôleur.

23. Le mode de convocation de l'assemblée générale, le nombre et l'époque de ses réunions, la tenue des séances et la forme des délibérations, feront l'objet d'un règlement particulier.

Toutefois l'assemblée se réunira de droit au moins une fois par an : le lieu des séances est provisoirement fixé à Saint-Étienne; dans la suite elles se tiendront sur l'établissement même.

24. L'assemblée générale peut être convoquée extraordinairement par délibération du comité : elle pourra l'être également sur la demande des sociétaires représentant au moins la moitié des actions.

25. L'établissement est administré par un directeur, un contrôleur, et par un comité composé d'au moins trois membres, et qui, au besoin, pourra être porté jusqu'à cinq seulement.

En cas d'absence ou de maladie, les membres titulaires du comité seront remplacés par des suppléants nommés d'avance par l'assemblée générale.

Le nombre des suppléants sera toujours au moins de trois.

26. Le directeur aura seul la conduite des travaux journaliers ; il rend compte de leur exécution et de leurs résultats ; il propose au comité et à l'assemblée générale les projets de travaux et ses vues pour améliorer l'entreprise.

L'assemblée générale sera libre d'étendre ses attributions ; il n'aura de voix au comité qu'autant qu'il possédera personnellement le nombre d'actions nécessaires pour faire partie de l'assemblée générale. En cas d'absence ou de maladie du directeur, le comité nomme un président choisi dans son sein, faisant temporairement les fonctions de directeur.

27. Les membres du comité ou leurs suppléants devront être porteurs chacun au moins de quarante actions, ou en réunir cumulativement en propriété, ou par procuration, cent vingt s'ils sont trois, et deux cents s'ils sont cinq.

Le contrôleur sera tenu de fournir tel cautionnement qui sera ultérieurement déterminé par l'assemblée.

28. Le comité réuni au directeur administre l'établissement : il a la direction de l'ensemble et la surveillance des détails de toutes les opérations, sauf à rendre compte à l'assemblée générale ; il classe les emplois, nomme et destitue les employés, fixe leurs appointements ainsi que le nombre et le salaire des ouvriers, délibère sur les projets de travaux et sur les émissions de fonds, fixe le prix des matières fabriquées et les termes des payements, conclut les marchés, règle les dépenses, arrête et approuve les comptes, donne décharge aux divers comptables, fait des règlements qui sont provisoirement exécutés, jusqu'à ce qu'ils aient été soumis à la prochaine assemblée générale et approuvés par elle.

Le comité rend annuellement à l'assemblée générale un compte de recette et de dépense tant en deniers qu'en matières ; il propose le budget de la dépense de l'année courante, et règle provisoirement le dividende des actions ainsi que la quotité de la réserve.

29. Les opérations journalières de commerce relatives à la vente des produits de l'établissement sont exécutées par le directeur et le contrôleur, et enregistrées pour être visées à la prochaine réunion du comité.

Toute opération de commerce, étrangère soit à la fabrication, soit à la vente des produits de l'établissement, leur est formellement interdite.

30. Les délibérations du comité seront consignées par procès-verbaux sur un registre. Un secrétaire, choisi par le comité parmi les membres titulaires ou suppléants, est chargé de la rédaction. Les délibérations sont signées par les membres présents ; elles ne seront valables qu'à la majorité de trois voix.

En cas d'absence du directeur ou de l'un des membres titulaires du comité et de son suppléant, la majorité décidera. Cependant, si l'un des trois membres restants s'oppose à une opération, il sera, sur sa demande, sursis à l'opération jusqu'à l'arrivée ou l'avis par écrit des membres absents.

31. Le comité sera tenu de se réunir au moins une fois par quinzaine. Il pourra être convoqué extraordinairement, soit par le directeur, soit par le contrôleur.

32. Le contrôleur est spécialement chargé de surveiller l'exécution des statuts et des règlements de la société : il est le vérificateur de tous les comptes, soit en deniers, soit en matières. Il n'a pas voix délibérative dans le comité; mais il en fait partie de droit, et doit être entendu. Il a voix à l'assemblée générale, s'il est porteur de quarante actions.

Il propose au comité ses observations, qu'il pourra faire consigner sur les registres, et en retirer extrait.

Il peut en outre convoquer l'assemblée générale, pourvu qu'il en exprime les motifs, et qu'il les ait préalablement communiqués au comité.

Il prend connaissance de tous les détails de la comptabilité, vise les pièces de recettes et de dépenses, et vérifie les comptes annuels que le comité doit rendre à l'assemblée générale; il fait, à chaque réunion de l'assemblée générale, un rapport sur ses opérations.

Ses autres fonctions seront déterminées, s'il y a lieu, par l'assemblée générale.

En cas d'absence ou de maladie du contrôleur, le comité, sans la participation du directeur, pourvoit à son remplacement provisoire parmi les suppléants désignés par l'assemblée générale.

33. Le directeur et le contrôleur sont nommés pour cinq ans; les membres titulaires du comité seront renouvelés, chaque année, par tiers ou par cinquième, suivant leur nombre.

La sortie aura lieu les premières années par la voie du sort; dans la suite, par ordre de nomination. Les fonctions de la totalité des suppléants cessent chaque année.

Le directeur, le contrôleur, les membres du comité et les suppléants seront rééligibles.

34. Les actes judiciaires et extrajudiciaires concernant l'établissement, soit activement, soit passivement, seront délibérés par le conseil, et signifiés au nom de la société, poursuite et diligence du directeur.

35. Un caissier responsable sera nommé par l'assemblée générale, qui fixera la quotité de son cautionnement.

Il pourra être appelé au comité; mais il n'y aura que voix consultative.

36. La signature sociale de la compagnie des mines de fer de Saint-Etienne, en matière de comptabilité, sera donnée par le caissier, visée par le contrôleur, et approuvée par le directeur, ou, en son absence, par le président du comité.

37. Le directeur, le contrôleur et le caissier seront salariés.

Les membres du comité ou leurs suppléants n'auront qu'un droit de présence. Celui qui remplira les fonctions de secrétaire cumulera deux jetons.

L'assemblée générale réglera les appointements des agents principaux et le taux des jetons.

38. Les présents statuts ne pourront être modifiés ou annulés qu'avec l'assentiment par écrit des actionnaires réunissant les trois quarts du fonds capital de l'association.

La dissolution de la société ne pourra être opérée que dans les mêmes formes.

Ces statuts serviront de contrat d'union entre les actionnaires, et seront soumis, avec les demandes en concession, à l'approbation du gouvernement.

Toutes les contestations qui pourraient s'élever dans le sein de la société se jugeront par arbitres pris parmi des négociants, et en dernier ressort pour toutes les affaires qui n'excéderaient pas la valeur de six mille francs.

Les différends entre les actionnaires de la compagnie excédant cette somme seront jugés par les tribunaux de Saint-Étienne, où la compagnie fait élection de domicile.

TITRE V. *Dispositions particulières.* — 39. Le comité d'administration ne sera définitivement constitué qu'après l'obtention de la concession et l'approbation des présents statuts.

Jusque-là un comité provisoire agira au nom de l'association.

40. Un règlement spécial, arrêté en assemblée générale, sur la proposition du comité provisoire, déterminera l'ordre de l'administration intérieure et de la comptabilité, ainsi que le mode suivant lequel les principaux agents devront y coopérer.

41. Le comité provisoire est chargé de traiter avec les propriétaires de surface et extracteurs de houille dans l'étendue de la concession de houille sollicitée, le tout d'après les bases établies dans la pétition relative à cette concession et par les articles ci-après, 42, 43, 44, 45, 46 et 47.

Le comité provisoire est également chargé de poursuivre auprès du gouvernement les demandes en concession de mines et en permission d'usines, ainsi que la régularisation des présents statuts.

42. Il sera fait une réserve de deux cents actions, dont la société disposera dans le plus grand intérêt de l'entreprise, et notamment pour les cas prévus ci-après.

43. Soixante-dix actions sont spécialement réservées pour les propriétaires de surface exploitants dans le périmètre de la concession de houille demandée.

Ils seront libres, jusqu'à l'obtention de la concession, de les prendre par ordre d'inscription et par préférence à tous autres, au prix originaire ; ils auront la faculté d'en compenser la valeur jusqu'à due concurrence avec le montant des travaux et objets que la société aurait à leur rembourser, conformément à la demande en concession.

44. Les travaux et objets que la société aura à rembourser seront distingués en deux classes, savoir :

1° Les puits, les galeries d'écoulement, fendues, chemins, *plâtres*, et autres emplacements quelconques servant à l'exploitation lors de la prise de possession des mines ;

2° Les machines, constructions, outils, ustensiles et agrès qui seront de service à la même époque.

H.

26

45. L'estimation des travaux et objets spécifiés dans l'article précédent sera faite par des experts ou arbitres ; savoir : ceux de la première classe, selon ce qu'ils coûteraient pour les établir ; et ceux de la seconde classe, suivant leur valeur et état au temps de l'estimation.

Bien entendu toutefois que, dans le cas de réserve pour les enclos murés actuellement existants, et dans lesquels la compagnie ne pourra faire aucune recherche ni fouille sans le consentement formel du propriétaire de la surface, les indemnités ne seront allouées que dans l'hypothèse dudit consentement.

46. Cinquante actions seront affectées, au prix originaire, aux propriétaires de surface non exploitants dans le périmètre de la concession de houille sollicitée, qui n'ont point déjà souscrit, mais qui voudront encore faire partie de la compagnie.

Néanmoins cette faculté n'est réservée que pendant les quatre mois de la durée des affiches pour les demandes en concession.

Après ce délai, celles des actions qui n'auront point été soumissionnées resteront à la disposition de la société, ainsi qu'il est dit article 42.

47. Dans le cas où les demandes formées par les propriétaires de surface non exploitants excéderaient les cinquante actions qui leur sont offertes par l'article précédent, le comité provisoire en ferait la répartition proportionnellement à la superficie du territoire houiller dont chaque soumissionnaire sera propriétaire dans le périmètre précité, mais en ayant toutefois égard au plus ou moins de probabilité de l'existence de ce combustible, de son abondance ou de sa qualité, et à tous les autres motifs de préférence qu'il serait dans l'intérêt de l'entreprise d'accorder.

48. M. de Gallois est nommé directeur fondateur de l'établissement : il s'engage à diriger les diverses constructions, telles que hauts fourneaux de fusion et affinage, les machines et laminoirs mentionnés à l'article 3, jusqu'à leur achèvement, et les procédés métallurgiques jusqu'à ce qu'ils aient procuré de la fonte en gueuse et du fer en barre propres à livrer au commerce. A cette époque, ses engagements seront remplis, et il ne sera tenu à d'autres obligations qu'à celles résultant de ses fonctions de directeur ou de membre de l'administration, qu'il pourra résigner s'il le juge à propos.

49. M. de Gallois ayant découvert les minerais de fer servant de base à la présente entreprise, ayant par de longs voyages et à grands frais étudié et acquis des plans et des renseignements pour son exécution, recevra, indépendamment de son traitement fixe comme directeur, cinquante actions libres et gratuites, pour le rembourser de ses avances, lui tenir lieu de son droit d'inventeur et en même temps des frais d'architecte et d'ingénieur. Le montant de ces cinquante actions sera fourni par l'ensemble des sociétaires sur les mille actions de l'association, et passera en recettes et dépenses dans le compte de l'entreprise, à mesure du versement des actions, et dans la proportion du vingtième de chaque mise effective.

50. Dans le cas où un événement imprévu et de force majeure empêcherait M. de Gallois de remplir les engagements qu'il vient de prendre, la quotité qui lui demeurera acquise sur les cinquante actions gratuites sera déterminée par des arbitres, qui devront prendre en considération les déboursés faits dans son voyage en Angleterre, évalués

par lui une somme de vingt-cinq mille francs, le mérite de l'invention et les progrès de l'établissement, ainsi que les plans, modèles, projets et renseignements qu'il aura laissés pour donner à l'établissement tout son développement.

M. de Gallois ou ses ayants droit auront la faculté de conserver la totalité de ces actions, en soldant (d'après leur prix originaire) le complément qui serait jugé n'être point acquis encore.

51. En exécution de l'article 39, les actionnaires ont nommé membres du comité provisoire :

MM. Neyrand frères et Thiollière, Florimond Besqueut du Cluzel, Marcellin Boggio ;

Et pour suppléants :

MM. Jovin Deshayes, Brechignac, Eugène Besqueut du Cluzel, Gerin, Hippolyte Royet, Eustache Thiollière, Neyron.

Le comité nomme un contrôleur par intérim.

Ainsi convenu, accepté et promis être observé par toutes les parties.

Fait et passé à Saint-Etienne, dans le cabinet de Me Pourret, l'un des notaires, auquel la présente minute est demeurée, et lue auxdites parties, aujourd'hui 11 novembre 1818, avant et après midi, et ont les parties signé avec les notaires.

Par-devant Me Pourret, notaire royal gradué, et Me Vinoy, son collègue, résidant à Saint-Etienne (Loire), soussignés,

Sont comparus les ci-après nommés actionnaires, demandant à se former en société anonyme, sous le nom de *compagnie des mines de fer de Saint-Etienne*, en vertu de l'acte reçu desdits notaires le 11 novembre 1818, enregistré le 15 dudit, et, par souscriptions ou cessions postérieures, y concourant aujourd'hui dans les proportions suivantes, savoir : etc.

Lesquels susnommés, pour se conformer aux intentions du gouvernement exprimées dans l'avis du comité de l'intérieur du conseil d'Etat, en date du 7 septembre 1819, sont convenus de rectifier et modifier ainsi qu'il suit l'acte d'association susmentionné, sans entendre déroger néanmoins aux dispositions y énoncées qui ne seraient pas changées par le présent ; et réservant, par exprès, celles de l'article 52 ; ledit acte, auquel les nouveaux souscripteurs ont déclaré accéder, servant toujours de contrat d'union et de pacte social entre les actionnaires, et ne faisant qu'une seule et même chose avec le présent.

Premièrement. Les articles 3, 5, 6, 11, 12, 13 et 14 de l'acte du 11 novembre 1818 sont supprimés et remplacés par les articles suivants :

3. L'objet de l'entreprise est déterminé par les demandes en concession : elle s'exécutera progressivement et par quatre opérations distinctes, indépendamment de l'exploitation de la houille.

La première comprendra l'achat d'un terrain, l'achat d'une machine soufflante et la construction d'un haut fourneau : si les produits donnent un bénéfice, on passera à la seconde opération, qui consistera dans la construction de hauts fourneaux, animés par la même machine soufflante que le premier, de manière à avoir toujours deux fourneaux en activité, le troisième en réparation ou en attente.

Si les produits continuent à donner des bénéfices satisfaisants, on s'occupera de la troisième partie comprenant des fourneaux de fusion, étuves, grues, modèles et accessoires, complétant une fonderie pour les objets de moulage, tant à l'usage de l'établissement qu'à celui du commerce.

Cette troisième partie comprendra essentiellement la construction des fourneaux et des machines, d'après les procédés anglais les plus propres à affiner la fonte et à la convertir en fer malléable.

Enfin, les trois opérations ci-dessus en pleine activité, et les produits obtenant un écoulement facile et avantageux, la compagnie jugera s'il convient à ses intérêts de procéder à la quatrième opération, qui consistera dans l'établissement d'une nouvelle machine soufflante et dans la construction de deux hauts fourneaux, de telle sorte qu'il y ait au besoin quatre fourneaux en activité, afin d'avoir toujours assez de matières pour entretenir les laminoirs et satisfaire aux besoins de l'industrie et du commerce français, qui semblent de jour en jour prendre un plus grand essor.

5. La société se réserve la faculté de faire des achats de tréfonds, de fonds et d'usines, comme aussi de traiter avec d'autres entreprises du même genre, soit pour se procurer du minerai, de la fonte ou de la houille de qualité différente, hors des limites de sa concession, soit pour l'établissement de chemins de fer ou autres et de canaux, soit dans toutes autres vues reconnues utiles à ses établissements.

6. Le fonds capital de l'association se compose de mille actions de quinze cents francs chacune, formant un capital de quinze cent mille francs.

Les mises de fonds seront versées par les actionnaires aux époques et dans les proportions qui seront déterminées par les assemblées générales, au fur et à mesure des besoins de l'entreprise, pour l'exécution des opérations et des travaux, et ainsi qu'il est réglé aux articles 8, 10, 11, 12, 13 et 14 ci-après.

Tout appel de fonds au delà du capital total de quinze cent mille francs est interdit; et dans aucun cas les actionnaires ne seront passibles que de la perte du montant de leur intérêt dans la société.

Il ne pourra être créé de nouvelles actions qu'en vertu d'une délibération spéciale, et après l'autorisation du gouvernement, obtenue dans la forme réglée par l'article 38 des présents statuts.

11. Quant à l'exploitation de la houille et du minerai, il est fourni, pour cet objet, par les actionnaires, une nouvelle mise de fonds, sur laquelle on prélèvera le prix des travaux que la compagnie aurait encore à rembourser aux propriétaires de surfaces, sauf les déductions indiquées au titre V.

12. Les trois dernières opérations s'exécuteront, autant que faire se pourra, aux termes de l'article 3, dans les délais successifs et approximatifs, de deux ans en deux ans : la mise de fonds jugée applicable à la seconde opération peut être appréciée à au moins deux cent mille francs; la troisième partie, à quatre cent mille francs; et, dans tous les cas, la mise générale devra être entièrement fournie, aussitôt que l'exécution de la quatrième partie mentionnée à l'article 3 sera arrêtée.

13. Néanmoins l'assemblée générale fixera, par autant de délibérations spéciales, les nouvelles mises de fonds à fournir pour chaque opétion, ainsi que le mode et les échéances des payements, d'après les indications que lui fourniront l'expérience et les premiers résultats, et d'après les devis et plans qu'elle aura adoptés.

14. Pour assurer l'exécution des articles 8, 10, 11, 12, et celle du précédent, chaque fois que l'assemblée générale arrêtera un versement de fonds, les actionnaires seront tenus de fournir leurs mises de fonds en effets de commerce, souscrits ou endossés au profit de la compagnie, et payables aux échéances qui auront été déterminées.

Secondement. Les articles 16, 17, 19, 20, 23, 25, 26, 27, 29, 30, 33, 35, 36 et 38 sont supprimés et remplacés par les articles ci-après :

16. Les actions seront représentées par une inscription nominale sur les registres à ce destinés, et par un coupon ou certificat d'inscription, transmissible et indivisible.

Leur transfert s'opérera sur les registres de la compagnie par la signature du propriétaire ou de son fondé de pouvoir ; néanmoins aucun transfert ne pourra avoir lieu avant le versement intégral de la somme de quatre cent vingt-cinq mille francs, sans la garantie solidaire du cédant, jusqu'à ce que le fonds capital de l'association ait été versé en entier. Les transferts ne pourront avoir lieu qu'en faveur de concessionnaires jugés solvables par le comité.

Survenant le décès ou la faillite d'un souscripteur avant le versement intégral du montant de ses actions, ses héritiers ou créanciers devront verser exactement, aux échéances, les sommes restant à fournir ; en cas de retard de leur part ou de celle d'un actionnaire souscripteur, et après un laps de trois mois depuis l'échéance d'un versement, la compagnie, agissant par son comité, et par une simple déclaration de ses intentions, sera libre de reprendre les actions, en remboursant les à-compte versés, et dans des délais égaux à ceux accordés pour les versements.

Néanmoins, aucun actionnaire, ni ses héritiers ou créanciers, ne pourront forcer la compagnie à reprendre des actions ; mais la compagnie sera toujours libre, en cas de retard, soit de les reprendre, soit de poursuivre l'exécution des versements réglés et de ceux restant à régler, et par toutes les voies de droit.

17. Le bénéfice, constaté par les inventaires annuels, sera réparti et payé tous les ans.

Une quotité du bénéfice, calculée en raison de la situation et des besoins de l'établissement, mais dont le *minimum* ne pourra être au-dessous du quinzième, sera prélevée chaque année pour former un fonds de réserve, soit pour améliorer l'entreprise, soit pour parer aux événements imprévus.

19. Pour faire partie de l'assemblée générale, il faudra être sociétaire et sujet français, et représenter au moins vingt-cinq actions : celui qui sera propriétaire de cinquante ou au delà aura deux voix, mais jamais plus.

Il sera permis de se faire représenter par un sociétaire qui aura voix, toutes les fois que ses actions ajoutées à celles de son mandant s'élèveront au moins à vingt-cinq, sans néanmoins qu'il puisse, dans aucun cas, avoir plus de trois voix, quelque nombre d'actions qu'il réunisse par lui-même ou par procuration.

Les propriétaires de moins de vingt-cinq actions, jusqu'à dix au moins, qui ne se seront pas fait représenter, pourront assister aux assemblées générales, mais avec voix consultative seulement, si ce n'est dans le cas prévu par l'article ci-après.

20. Pour que l'assemblée générale soit régulièrement constituée, il

faudra le concours de ces deux conditions : 1° qu'il y ait au moins dix membres votans; 2° qu'il représentent entre eux les deux tiers des actions. Dans le cas où ces deux conditions ne seraient pas remplies, il y sera suppléé par l'appel d'actionnaires domiciliés dans la distance de deux myriamètres, appelant de préférence les plus forts. Les actionnaires ainsi appelés auront chacun une voix délibérative, quel que soit le nombre de leurs actions.

23. Le mode de convocation de l'assemblée générale, le nombre et l'époque de ses réunions, la tenue de ses séances et la forme des délibérations, font l'objet d'un règlement particulier, délibéré en assemblée générale.

25. L'établissement est administré par un directeur, un contrôleur et par un comité composé d'au moins trois membres, et qui, au besoin, pourra être porté à cinq seulement.

En cas d'absence ou de maladie, les membres du comité seront remplacés par des suppléants nommés d'avance par l'assemblée générale, et pris parmi les actionnaires résidant à Saint-Étienne.

Le nombre des suppléants sera toujours de six. Ils seront appelés en remplacement des membres titulaires, dans l'ordre déterminé par l'assemblée générale.

Les administrateurs ne contractent, à raison de leur gestion, aucune obligation personnelle ni solidaire relativement aux engagements de la société.

26. Le directeur aura seul la conduite des travaux journaliers : il rend compte de leur exécution et de leurs résultats; il propose au comité et à l'assemblée générale les projets de travaux, et ses vues pour améliorer l'entreprise.

L'assemblée générale sera libre d'étendre les attributions du directeur : il n'aura de voix au comité qu'autant qu'il possédera personnellement le nombre d'actions nécessaires pour faire partie de l'assemblée générale.

Le comité choisit dans son sein un président qui, en cas d'absence ou de maladie de la part du directeur, le suppléera temporairement dans ses fonctions, et, en cas de décès, jusqu'à son remplacement.

27. Les membres du comité devront être porteurs chacun au moins de vingt-cinq actions, ou en réunir cumulativement, en propriété ou par procuration, soixante-quinze s'ils sont trois, et cent vingt-cinq s'ils sont cinq.

Les suppléants seront tenus de présenter aussi cumulativement, par eux-mêmes ou par procuration, la moitié plus une des actions exigées pour être membre titulaire.

Le contrôleur sera tenu de fournir tel cautionnement qui sera ultérieurement déterminé par l'assemblée.

29. Les opérations ultérieures de commerce relatives à la vente des produits de l'établissement sont exécutées par le directeur et le contrôleur, et enregistrées pour être, à la prochaine réunion du comité, visées par le président.

Toute opération de commerce étrangère soit à la fabrication, soit à la vente des produits de l'établissement, leur est formellement interdite.

30. Les délibérations du comité seront consignées par procès-verbaux sur un registre. Un secrétaire, choisi par le comité parmi les ac-

tionnaires, est chargé de la rédaction. Les délibérations sont signées par les membres présents ; elles ne seront valables qu'à la majorité de trois voix, dont deux au moins autres que celles du directeur et du contrôleur.

En cas d'absence du directeur ou de l'un des membres titulaires du comité ou suppléants, la majorité décidera ; cependant, si l'un des trois membres restants s'oppose à une opération, il y sera, sur sa demande, sursis jusqu'à l'arrivée ou l'avis par écrit des membres absents.

33. Le directeur et le contrôleur sont nommés pour cinq ans : les membres titulaires du comité seront renouvelés chaque année par tiers ou par cinquième, suivant leur nombre.

La sortie aura lieu, les premières années, par la voie du sort ; dans la suite, par ordre de nomination. Les fonctions de la totalité des suppléants cessent chaque année.

Le directeur, le contrôleur, les membres du comité et les suppléants sont rééligibles, comme aussi révocables, même avant le terme fixé pour la durée de leurs fonctions ; mais, dans ce dernier cas, il faudra une décision de l'assemblée générale, adoptée par les trois quarts des voix qui la composent.

33 bis. Un directeur adjoint pourra être nommé par le comité, sur la présentation du directeur, pour l'aider ou le suppléer dans le tout ou partie de ses fonctions.

Le directeur adjoint agira sous la surveillance et la responsabilité du directeur ; il aura séance au comité, mais avec voix consultative seulement, s'il n'est membre du comité à un autre titre.

Le directeur adjoint entrera en fonctions immédiatement après sa nomination, qui sera néanmoins soumise à l'approbation de la plus prochaine assemblée générale.

Les pouvoirs du directeur adjoint cesseront avec ceux du directeur, quelles que soient les causes de vacance ou de cessation : cependant le directeur adjoint pourra être autorisé par le comité à continuer ses fonctions, en cas d'absence, d'empêchement ou de décès du directeur, et jusqu'à son retour ou son remplacement.

35. Un caissier responsable sera nommé par l'assemblée : la quotité de son cautionnement est fixée à vingt mille francs : l'assemblée générale se réserve d'augmenter ce cautionnement à mesure que l'entreprise prendra des développements.

Il pourra être appelé au comité, mais il n'y aura que voix consultative.

36. La signature sociale de la compagnie des mines de fer de Saint-Etienne se compose des signatures réunies du directeur, du contrôleur et du caissier ; ces trois signatures réunies engagent la compagnie envers les tiers.

38. Toute proposition de changement dans les statuts, ou de dissolution de société, avant le terme fixé, ne pourra être faite que par une délibération consentie et signée par un nombre d'actionnaires réunissant en somme les trois quarts du fonds capital de l'association.

Cette proposition sera publiée, aux termes des articles 42, 43 et 44 du Code de commerce, insérée dans les journaux du département ; et copie de la délibération sera légalement signifiée, dans le délai d'un mois, à chacun des actionnaires non adhérents, à son domicile réel.

Trois mois après la première délibération, l'assemblée générale des actionnaires sera convoquée pour soumettre la proposition à un nouvel examen, et il ne pourra être donné suite à cette proposition qu'autant qu'elle réunira, dans l'assemblée générale, l'assentiment de la majorité des actionnaires ayant droit de voter, en même temps que celui des actionnaires réunissant les trois quarts du fonds capital de l'association.

Après cette seconde délibération, le projet sera présenté à l'approbation du gouvernement, auprès duquel les actionnaires opposants pourront se pourvoir ; il y sera statué dans les formes déterminées par les règlements d'administration publique.

Si, par des circonstances imprévues, l'association venait à perdre les trois quarts de son capital, il sera procédé à la dissolution de la société et à sa liquidation.

Dispositions générales. — Toutes les contestations qui pourraient s'élever dans le sein de la société seront jugées par trois arbitres pris parmi des négociants.

Les deux arbitres choisis par les parties, ou, à défaut, par le tribunal de commerce, choisiront et s'adjoindront immédiatement un troisième arbitre, qui instruira, discutera et jugera la contestation avec eux.

Leurs sentences arbitrales seront en dernier ressort et sans appel, pour toutes condamnations de vingt-cinq mille francs et au-dessous.

Toutes les résolutions qui seront prises en assemblée générale des actionnaires représentants de la société, sur tous les intérêts en dépendants, seront obligatoires pour tous les associés, lesquels s'engagent formellement à y obtempérer comme à un jugement en dernier ressort, renonçant expressément à toutes voies judiciaires quelconques, appels ou recours, quels qu'ils soient.

Ainsi convenu et accepté respectivement.

Fait et passé et lu à Saint-Etienne, dans une des salles de ladite compagnie des mines de fer, aujourd'hui 2 septembre 1820, avant et après midi, et ont les parties signé avec les notaires, sur la minute, restée au pouvoir de Me Pourret, l'un desdits notaires.

Arrêté du préfet de la Mayenne, du 26 décembre 1820, relatif à la police de la navigation sur la rivière de Mayenne (1).

LE préfet du département de la Mayenne, vu la lettre de M. le directeur général des ponts et chaussées et des mines, du 4 du courant, et le projet de règlement annexé à sa lettre du 30 avril 1818 ;

Considérant qu'il se commet journellement sur la partie navigable de la rivière la Mayenne, en ce département, des abus graves, qui portent préjudice et à la navigation et aux intérêts des propriétaires riverains ;

---

(1) Un arrêté du préfet de Maine-et-Loire, en date du 6 février 1821, et un autre du préfet de la Sarthe, du 28 novembre de la même année, prescrivent des mesures semblables pour les rivières navigables de chacun de ces deux départements.
Ces divers arrêtés ont été approuvés par le ministre de l'intérieur.

que les anciens règlements de police, relatifs à la navigation, étant ou ignorés ou tombés en désuétude, les autorités locales sont sans moyens pour réprimer ces abus; qu'il est urgent de rappeler, par un règlement général, les obligations respectives des mariniers et des propriétaires de moulins ou de leurs fermiers, ainsi que les devoirs communs de ceux-ci, relativement au service de la navigation;

Arrête :

Art. 1er. Les propriétaires de moulins sur la Mayenne, et tous autres adjacents à ladite rivière, ne pourront, en aucun temps et sous aucun prétexte, entraver la navigation. Ils entretiendront la route de halage dans la largeur de huit mètres, conformément aux lois, sans pouvoir y faire de fossés; et si, pour l'assainement des terres, les propriétaires riverains étaient obligés de faire des rigoles ou fossés, ils y pratiqueront des ponts solides et commodes pour le passage des haleurs et mariniers.

2. Les bois taillables, plantés sur les bords de la rivière, seront coupés tous les quatre ans par les propriétaires; et, faute par eux de le faire, les mariniers sont autorisés à en requérir l'abatage auprès du maire, lequel retiendra, sur le produit de la vente, les frais de coupe ou d'abatage, sauf à remettre le surplus auxdits propriétaires.

3. Toute construction, soit sur le bord de la rivière, soit dans son lit, est interdite, si elle n'a été autorisée conformément aux lois existantes.

4. Défenses sont faites aux propriétaires d'exhausser les chaussées ou d'en diminuer l'élévation sans y être autorisés.

5. Il sera, à la diligence des maires et sous la direction de l'ingénieur en chef des ponts et chaussées, posé un repère à chacune des portes marinières de la rivière, afin de limiter la hauteur d'eau accordée pour la navigation.

Il sera placé un autre repère en aval de chaque porte, pour constater si le meunier inférieur ne retient point l'eau au-dessus de son repère, en amont, de manière à gêner la rotation du moulin supérieur.

6. Les eaux de la rivière ne pourront, sous aucun prétexte, être retenues en amont de chaque porte au delà de ce repère; en conséquence, toutes les fois qu'elles l'atteindront, il est expressément défendu aux mariniers, flotteurs et autres, de faire un nouvel afflot pour le passage des bateaux ou des trains.

7. Si les eaux, par une crue naturelle ou autrement, viennent à surmonter ou couvrir le repère, les meuniers voisins des portes marinières sont tenus de lever à l'instant tous les appareils des portes et portineaux, jusqu'à ce que les eaux soient baissées à leur point, sous peine de répondre des dommages et intérêts résultant de leur retenue, et d'encourir l'amende de cinquante francs, voulue par les anciens règlements.

8. Les réparations et l'entretien des portes et parties de chaussées y attenantes, au-dessous de Laval, jusques et compris celles des trois moulins au-dessus de Château-Gontier et l'écluse à sas de la Porte-Neuve, sont à la charge du gouvernement; celles au-dessous de Château-Gontier, jusques et compris celle de Formusson, à la limite du département, sont à la charge des propriétaires, qui demeurent res-

ponsables de toute négligence. (Décision de M. le directeur général, des 24 février et 5 avril 1818.)

9. L'ouverture des portes est interdite aux meuniers, hors les cas d'urgence prévus par les articles précédents, et ceux ordonnés par l'autorité pour cause d'écourue.

10. Défense leur est faite de faire tourner leurs moulins pendant le passage des trains de marine; ils sont tenus de fermer la porte immédiatement après la descente de ces trains ou celle des bateaux.

11. Dans le cas où les trains, ainsi que les bateaux, n'auraient point assez d'eau pour monter la porte, le meunier de la première porte, en amont, sera obligé de donner l'eau pendant deux heures; celui de la porte suivante, aussi en amont, la donnera pendant une heure. Le temps expiré, les meuniers pourront refermer leurs portes.

12. Le chargement des grandes gabares ne pourra excéder soixante-quinze tonneaux; elles ne pourront avoir moins de cinquante centimètres de bord au-dessus de l'eau.

Les petites gabares seront du port de quarante tonneaux; elles auront quarante centimètres de bord au-dessus de l'eau.

Le chargement des grands futereaux est fixé à trente tonneaux; les futereaux auront trente-trois centimètres de bord au-dessus de l'eau.

13. Les trains de marine ne pourront avoir plus de longueur que celle du sas de l'écluse de la Porte-Neuve, qui est de vingt-quatre mètres; et ils ne pourront descendre ladite écluse et les portes que séparément, les uns après les autres.

14. Pour indiquer la hauteur des bords des bateaux désignés dans l'article précédent, deux plaques seront placées dans un lieu apparent, à tribord et à bâbord des bateaux. Ces plaques auront une longueur égale à la hauteur du bord du bateau, qui sera au-dessus de l'eau; elles seront marquées des divisions métriques, numérotées et placées de manière que leur bord inférieur affleure le niveau de l'eau.

15. Les mariniers ne pourront naviguer ni ouvrir les portes avant le lever et après le coucher du soleil, sous les peines de droit.

16. Tout batelier qui tiendra la porte, c'est-à-dire dont le bateau touchera les pieux dits de rencontre, soit en aval, soit en amont, a le droit de l'ouvrir; mais il ne pourra la tenir ouverte pendant plus d'une heure et demie.

17. Si plusieurs bateaux arrivent ensemble à la porte pour monter, ils ne pourront, quel que soit leur nombre, la tenir ouverte plus de quatre heures; ce délai passé, la porte restera fermée pendant douze heures, avant que l'on puisse la rouvrir pour le passage d'autres bateaux.

18. Lorsque deux bateaux, l'un en aval, l'autre en amont, se présenteront en même temps pour passer la porte, celui d'aval passera le premier.

19. Les mariniers, soit en montant, soit en descendant, sont responsables, envers chaque meunier-éclusier, de la perte des aiguilles, des appareils et de la planche qui forment l'équipement de chaque porte. Ils seront condamnés à payer quatre francs par aiguille perdue ou brisée, soixante-quinze centimes par appareil, huit francs par échelle, et un franc cinquante centimes par planche.

20. Les dégradations commises par les mariniers, soit à la porte, soit à la chaussée, sont à leur charge.

21. Les mariniers ne pourront s'amarrer, en arrivant à la porte, qu'aux pieux dits de rencontre, placés en aval de la porte.

22. Les grandes et petites gabares ne pourront monter la porte et s'amarrer qu'aux pieux de liage, et les grands et petits futereaux qu'aux pieux d'attache, coiffés d'un chapeau, en amont de la porte.

Et, enfin, pour prévenir les échouements et les chocs des grandes et petites gabares, ainsi que des futereaux contre les seuils des portes, il est expressément défendu aux bateliers qui les conduisent de se haler de vitesse sur lesdites portes, comme aussi de les monter ou descendre à la voile, sous peine de demeurer responsables de toutes les avaries qu'ils pourront occasionner.

Le tirant d'eau des grandes gabares est désormais fixé, en hiver, à un mètre soixante-deux centimètres ; en été, à un mètre trente-deux centimètres : celui des autres bateaux n'excédera dans aucun temps un mètre.

23. Les bateaux, gabares et futereaux, des dimensions énoncées au décret du 1er floréal an XII, ne pourront naviguer sur la rivière la Mayenne, soit en remontant ou en descendant, sans être munis d'une roue d'encliquetage ou dite à rochers, en fer, placée à l'une des extrémités du treuil ou vindas, laquelle roue aura au moins soixante-cinq centimètres de diamètre et une épaisseur convenable, garnie, sur chaque côté de son carré, d'une oreille destinée à recevoir une forte vis à bois, afin qu'elle soit assujettie plus solidement, et ne puisse prendre aucun jeu sur le carré du treuil.

Son cliquet, placé de manière à tomber par son propre poids et à ne jamais la quitter, aura quarante et un centimètres au moins de largeur, et sera muni de deux joues. Il sera fixé sur l'arc-boutant en bois, découpé en forme d'escalier, par un boulon qui traverse ladite pièce, et, de plus, par un arc-boutant en fer, cloué sur cette même pièce de bois.

Il ne sera rien changé aux dimensions, ainsi qu'à la position des meules ou poteaux montants qui reçoivent les tourillons du treuil ; seulement on devra remplacer les arcs-boutants en bois dans les bateaux où ils n'auront pas la force convenable. Une bride en fer de soixante-seize centimètres de longueur embrassera à la fois ces meules ou poteaux du côté de la roue d'encliquetage, et l'arc-boutant en bois dont il est parlé plus haut ; elle sera traversée par le boulon qui sert de pivot au cliquet.

24. Les mariniers ne pourront, pour fermer les portes, se servir que des aiguilles ou des appareils. Défenses leur sont faites de les garnir, soit d'herbes ou de fascines, sous les peines de droit, sans préjudice de la valeur des objets enlevés et des dommages occasionnés.

25. Dans le cas où les bateaux, chargés conformément à ce qui est ordonné par l'article 12, se trouveraient engravés au-dessous de la porte, les mariniers ne pourront, pour se remettre à flot, s'attacher à d'autres pieux que ceux indiqués ci-dessus ; il leur sera permis d'ouvrir les portes supérieures, ainsi qu'il est prescrit par l'article 11.

26. Les mariniers doivent le plus grand respect aux propriétés riveraines ; et les maîtres de bateaux sont responsables de tous les délits et dégradations commis par les hommes de leurs équipages.

27. La gendarmerie, sur la réquisition des maîtres mariniers, leur prêtera main-forte pour maintenir la discipline parmi leurs compagnons, elle prêtera aussi son ministère aux ingénieurs, conducteurs, receveur du bureau de l'octroi de navigation, et à l'autorité municipale, qui, sur les procès-verbaux signés des propriétaires ou des témoins constatant un délit, feront arrêter les mariniers prévenus d'en être les auteurs, et requerront les poursuites de droit auprès de l'autorité judiciaire.

28. Chaque année, du 1er août au 1er octobre, la navigation demeure interdite, aux fins de pouvoir faire constater la situation des pertuis, vannes et écluses, par MM. les ingénieurs, et de faire exécuter les travaux jugés nécessaires, soit au compte du gouvernement, ou de tiers intéressés, qui ont été approuvés par M. le directeur général des ponts et chaussées dans l'année précédente, ou à lui soumettre pour l'année suivante.

Pendant cette suspension, et en attendant le moment de l'écourue générale, des écourues partielles pourront avoir lieu toutes les fois qu'elles seront jugées être utiles aux travaux de navigation, qui commencent à l'époque de juillet.

29. Au 1er et au 25 août de chaque année, il y aura une ouverture générale de toutes les portes marinières, pendant quatre-vingt-seize heures, pour l'inspection des écluses, des digues et atterrissements, et pour la réparation des moulins et usines.

L'ouverture des portes sera faite successivement, à un court intervalle, d'aval en amont, et la fermeture d'amont en aval; le tout aux heures précises fixées à l'avance par l'arrêté particulier du préfet.

30. Les propriétaires ou fermiers des moulins sont invités à profiter de cette écourue pour procéder aux réparations particulières qui sont à leur charge, et notamment ceux désignés dans l'arrêté du 15 octobre 1811, et à l'article 8 du présent, sous peine de voir la mise à exécution des articles 2 et 3 de ce premier arrêté, qui se trouve confirmé par la décision de M. le directeur général, en date du 5 avril 1818.

31. M. l'ingénieur en chef sera spécialement chargé de prendre les mesures nécessaires pour diriger les écourues générales précitées, sur la partie navigable de la rivière la Mayenne, et de s'entendre avec l'agent de l'administration forestière pour la partie non navigable de Belle-Poule à Bellayer.

32. Les agents des ponts et chaussées, ceux de l'administration des contributions indirectes, ainsi que les maires des communes riveraines de la rivière, constateront, par procès-verbal en double expédition, dûment timbré et enregistré en débet, les contraventions commises, pour qu'il soit dirigé, contre les contrevenants, les poursuites de droit.

33. Le présent sera imprimé, publié et affiché partout où besoin sera, à la diligence de MM. les sous-préfets et maires des communes riveraines, de manière à ce que personne n'en prétende cause d'ignorance.

Des exemplaires seront adressés à MM. les préfets de Maine-et-Loire et de la Sarthe, avec invitation de leur donner la plus grande publicité dans leurs départements respectifs.

Ordonnance du roi, du 3 janvier 1821, qui autorise la construction d'un pont sur la Lergue.

Art. 1er. Le projet des travaux à faire pour la construction d'un pont sur la rivière de Lergue, route départementale de l'Hérault, n° 14, de Montpellier à Clermont, est approuvé : les travaux seront exécutés sous la direction et surveillance des ingénieurs des ponts et chaussées.

2. La dépense de cette construction, évaluée par le devis à soixante mille neuf cents francs, sera payée ainsi qu'il suit : un quart par le département dans le budget des exercices 1819, 1820, 1821 et 1822, selon le vœu du conseil général ; un quart par la ville de Clermont, à porter, d'après le vœu du conseil municipal, aux budgets de la ville.

Les deux autres quarts seront avancés par l'adjudicataire, moyennant la concession qui lui sera faite, pour un temps qui ne pourra excéder quarante-six années, des produits du péage qui sera établi au passage de ce pont, après la réception définitive des ouvrages et à partir du jour où il sera livré au public.

3. Les droits du péage dont la perception est autorisée, et dont l'état demeurera annexé à la présente, seront fixés conformément au tarif relaté dans l'arrêté du préfet du département, en date du 12 octobre 1820. Seront compris dans les exemptions légales et d'usage, les corps de troupes et les militaires isolés porteurs de feuilles de route ou d'ordres de service.

4. L'adjudicataire sera tenu de terminer les travaux pour le 1er janvier 1825 au plus tard ; il demeurera chargé de l'entretien du pont pendant tout le temps de sa jouissance du péage, et d'y faire, à la première réquisition, les réparations qui seront reconnues nécessaires par le préfet.

5. Les travaux et le péage seront l'objet d'une même adjudication publique au rabais, qui n'aura d'effet qu'après l'approbation de notre ministre de l'intérieur.

———————

Ordonnance du roi, du 10 février 1821, relative à la perception d'une imposition extraordinaire dans la commune de Cénon-la-Bastide, pour le payement des frais de pavage des revers d'une route.

Louis, etc. ; vu la réclamation des dames de Calvimont et Duperrier contre notre ordonnance du 16 décembre 1819, qui a approuvé le rôle, montant à deux mille cent soixante-dix-huit francs, établi en 1808 sur les propriétaires riverains de la route de Paris à Bordeaux, par le maire de la commune de Cénon-la-Bastide, département de la Gironde, et destiné à payer les frais de pavage des revers de cette route ;

Vu les délibérations du conseil municipal et l'avis du préfet ;

Vu les lois des 6 décembre 1793 et 1er décembre 1798 ;

Considérant qu'aucune loi ne met le pavage des revers des routes à la charge des communes ou des particuliers ; que cependant l'administration municipale peut ordonner cette dépense dans l'intérêt général; mais qu'alors elle doit être acquittée suivant les règles établies pour le payement des autres dépenses des communes, et que les propriétaires riverains ne peuvent être contraints d'y pourvoir qu'en vertu d'usages locaux suivis depuis longtemps et sans réclamation;

Considérant que les revers de la grande route de Paris à Bordeaux, dans la traverse de Cénon-la-Bastide, ont été pavés en 1808, et qu'une partie du prix de ce pavage a été acquittée par quelques habitants, en vertu du rôle établi par le maire;

Considérant que, la dépense devant être supportée par la commune entière, il est juste de rembourser les avances faites par quelques-uns des riverains, si ces avances excèdent la quotité pour laquelle ils seront compris dans la répartition générale à faire du total de la dépense sur tous les habitants;

Notre conseil d'État entendu,

Nous avons ordonné et ordonnons ce qui suit:

Art. 1er. L'ordonnance du 16 décembre 1819 est rapportée.

2. Les deux mille cent soixante-dix-huit francs formant le montant du rôle établi en 1808 par le maire de Cénon-la-Bastide, seront perçus au moyen d'une imposition extraordinaire sur toute la commune.

Il sera tenu compte à chaque riverain de ce qu'il aura payé d'après le premier rôle; et chacun de ceux qui se trouveront dans ce cas sera remboursé de ce qu'il aura payé au delà de la quote-part pour laquelle il figurera sur le rôle général.

3. La somme provenant de cette imposition sera employée à solder l'entrepreneur qui a exécuté le pavage des revers de la route de Paris à Bordeaux, dans la traverse du bourg de Cénon-la-Bastide.

4. Cette imposition sera perçue en trois années, et sera portée par le directeur des contributions au rôle des contributions foncière, personnelle et mobilière de 1821 et des deux années suivantes.

Les frais de perception des rôles réglés aux simples déboursés, et les remises du percepteur, d'après le taux des remises des contributions ordinaires, seront ajoutés au montant des rôles.

Ordonnance du roi, du 20 février 1821, qui autorise l'étude d'un projet de canal de Saint-Denis à Pontoise.

Louis, etc.; sur le compte qui nous a été rendu des avantages qui résulteraient pour le commerce en général, et en particulier pour l'approvisionnement de Paris, de l'ouverture d'un canal de navigation de Saint-Denis à Pontoise, et des difficultés que le sieur Dastier, ingénieur en chef, chargé de l'étude du projet, éprouvait de la part de quelques propriétaires qui refusent de lui permettre l'entrée de leurs propriétés et de suspendre la marche de leurs usines situées sur des ruisseaux dont il doit opérer le jaugeage;

Vu la loi du 8 mars 1810, sur les expropriations pour cause d'utilité publique, portant entre autres dispositions:

Art. 1er. L'expropriation pour cause d'utilité publique s'opère par l'autorité de la justice;

2. Les tribunaux ne peuvent prononcer l'expropriation qu'autant que l'utilité en a été constatée dans les formes voulues par la loi;

5. Les ingénieurs ou autres gens de l'art, chargés de l'exécution des travaux ordonnés, devront, avant de les entreprendre, lever le plan figuré des terrains ou édifices dont la cession serait par eux reconnue nécessaire;

Vu l'article 10 de la Charte constitutionnelle, portant que l'État peut exiger le sacrifice d'une propriété pour cause d'intérêt public légalement constaté;

Considérant qu'un projet d'intérêt général ne saurait être adopté sans que des recherches et des études préalables aient démontré les avantages, la possibilité de l'exécution, et la nécessité de provoquer le sacrifice de quelques propriétés privées à l'utilité publique;

Qu'il est impossible, pour un projet de canal, de se livrer aux recherches et aux études préliminaires dont il s'agit, sans entrer dans les propriétés privées pour y reconnaître les points du terrain et le volume d'eaux affluentes sur lesquelles il sera permis de compter pour alimenter le canal;

Que, dans l'espèce, ces recherches sont même dans l'intérêt de la propriété privée, puisqu'elles peuvent conduire à reconnaître qu'il n'y a pas lieu à donner suite au projet;

Que, dans tous les cas, il importe de faire cesser une résistance qui aurait pour résultat d'entraver complétement l'exécution de la loi sur les expropriations pour cause d'utilité publique;

Qu'enfin l'indemnité qui peut être due à des propriétaires pour le chômage de leurs usines ou pour les dégradations commises à leurs propriétés, ne peut être réglée d'avance;

Notre conseil d'État entendu,

Nous avons ordonné et ordonnons ce qui suit:

Art. 1er. Le sieur Dastier, ingénieur en chef des ponts et chaussées, est chargé de faire sans délai les opérations préparatoires nécessaires pour l'étude d'un projet de canal de Saint-Denis à Pontoise; il est autorisé à pénétrer dans les propriétés privées, et à faire suspendre la marche des usines situées sur les divers ruisseaux dont il devra faire le jaugeage.

2. Les indemnités qui pourront être dues par suite du chômage des usines ou des dommages causés aux propriétés particulières dans lesquelles il aura été obligé de pénétrer, seront constatées et réglées dans les formes prescrites par la loi du 8 mars 1810, et payées sans retard sur les fonds affectés à l'étude du projet.

Circulaire du directeur général des ponts et chaussées et des mines (M. Becquey), à MM. les préfets, indiquant la marche à suivre pour les règlements de pente des rues qui, dans les villes, bourgs et villages, font partie des routes royales.

Paris, le 21 février 1821.

Monsieur le préfet, j'ai eu souvent occasion de remarquer que

MM. les ingénieurs comprennent dans les travaux d'entretien et de réparation des rues qui, dans les villes, bourgs et villages, font partie des routes royales, des règlements de pente dont l'exécution entraîne des changements dans le profil de ces rues, et exige des déblais ou remblais qu'on ne peut opérer sans donner lieu à des répétitions en indemnités de la part des propriétaires riverains dont les maisons éprouvent des dommages, soit parce que les remblais les enterrent en partie, soit parce que les déblais déchaussent leurs fondations. Ces règlements de pente s'exécutent ordinairement autant dans l'intérêt des communes que dans celui de la viabilité générale; et cependant c'est l'Etat seul qui supporte la dépense que ces travaux nécessitent, ainsi que le payement des indemnités qui en sont la suite : il arrive même quelquefois qu'on porte dans les projets de travaux les frais de raccommodement de la rue grande route avec les rues de petite voirie qui y prennent naissance et y aboutissent. Toutes ces dispositions grèvent les fonds affectés au service des ponts et chaussées de dépenses qui sont pour lui sans aucune utilité, et le privent de ressources précieuses qu'il est de mon devoir de lui réserver.

A l'avenir il conviendra, lorsque des règlements de pente qui porteraient dommage aux riverains des rues seront jugés nécessaires dans les traverses des villes, bourgs et villages qui font partie des routes royales, que MM. les ingénieurs en dressent les projets, séparément des travaux d'entretien et réparation; que ces projets soient ensuite mis sous les yeux des conseils municipaux pour qu'ils fassent connaître s'ils consentent à payer la portion de dépense à faire dans l'intérêt de leurs communes, y compris les indemnités. En cas de refus de leur part, je me réserve d'examiner en conseil des ponts et chaussées, lorsque les projets des travaux et les délibérations des conseils muncipaux me seront parvenus, si les travaux sont indispensables dans l'intérêt de la circulation, et s'il y a lieu de les faire exécuter aux frais de mon administration.

J'adresse à MM. les ingénieurs une ampliation de la présente, afin qu'ils se conforment exactement à ses dispositions, d'après lesquelles ils ne pourront désormais comprendre parmi d'autres travaux ceux qui auront pour objet de changer des pentes de traverses, et dont l'exécution donnerait lieu à des indemnités.

Je vous prie de vouloir bien veiller à l'exécution de cette circulaire, et d'avoir soin, toutes les fois que des projets de règlement de pente pour les traverses des villes, bourgs et villages susceptibles d'occasionner des dommages aux propriétés riveraines, vous seront remis, de les communiquer aux conseils municipaux des communes où l'on doit les exécuter, et de me les transmettre ensuite avec l'avis de ces conseils et le vôtre.

Ordonnance du roi, du 21 mars 1821, autorisant la maison Balguerie et compagnie à former une société sous le nom de compagnie des Dunes.

Louis, etc.; sur le compte qui nous a été rendu qu'une compagnie désirait entreprendre, dans les Landes, l'exécution des canaux indiqués

13

dans le tableau de la navigation intérieure de notre royaume, dont nous avons ordonné l'impression, le 16 août 1820; que cette compagnie, sous le nom de *Compagnie des Dunes*, se propose de combiner les travaux nécessaires aux canaux avec l'ensemencement des dunes, le desséchement des marais, et les communications à ouvrir des Landes à la mer; qu'elle ne peut s'y livrer sans des vérifications préparatoires, et sans avoir pu calculer approximativement les frais et le produit des entreprises; que tout avantageuses qu'elles puissent être à notre royaume, et particulièrement à la contrée malheureuse, formant partie des départements des Landes et de la Gironde, il est difficile de présumer que le produit seul des canaux à creuser, et des desséchements à faire puisse indemniser la compagnie dans un pays actuellement stérile, privé de communications, et à qui les dunes semblent fermer la mer; que la compagnie ne peut espérer de dédommagement que par le concours de notre gouvernement, soit en lui faisant des concessions de dunes et de landes appartenant à l'Etat, soit en encourageant les propriétaires et les communes qui possèdent de vastes terrains, à s'intéresser avec la compagnie, par des concessions de landes qui pourraient être rendues à l'agriculture; que la combinaison de tous ces moyens exige des recherches, des opérations considérables et l'assistance des autorités administratives et des ingénieurs des ponts et chaussées et des mines; que ladite compagnie se propose de rendre compte de ses recherches, et de faire ensuite des soumissions dont les conditions seront subordonnées à la probabilité des produits, au concours du gouvernement et au concours des communes et des propriétaires intéressés à d'aussi grandes améliorations; qu'après avoir fait toutes les vérifications désirables, la compagnie se soumet à la concurrence; qu'elle offre même de faire des avances pour ces opérations préparatoires, sous la condition qu'elle en obtiendra le remboursement dans le cas où les entreprises projetées ne lui seraient pas adjugées;

Vu les offres souscrites par la maison Balguerie et compagnie de Bordeaux;

Ouï le rapport de notre ministre de l'intérieur,

Nous avons ordonné et ordonnons ce qui suit:

Art. 1er. La maison Balguerie et compagnie de Bordeaux est autorisée à former une société sous le nom de *Compagnie des Dunes*, dont les règles nous seront soumises. Elle est autorisée à faire dans les archives et dans les dépôts du royaume, particulièrement dans les archives et dans les dépôts des départements de la Gironde et des Landes, toutes les recherches relatives aux titres, papiers, concessions, plans et projets concernant les landes, les canaux, les desséchements de marais, plantations de dunes proposées dans les départements de la Gironde et des Landes; à cet effet, il lui sera fait, sur sa demande, délivrance soit de la copie desdits titres et plans, soit sous récépissé, des pièces elles-mêmes, quand elles pourront être déplacées sans inconvénient, et à la charge de les rétablir.

2. Ladite compagnie est autorisée à faire toutes les vérifications qui auront pour objet le desséchement des marais, les communications à la mer, les canaux qui peuvent être exécutés dans les landes du département de la Gironde et du département des Landes, à l'aide des rivières, ruisseaux, affluents qui se jettent dans la Garonne, la Gironde,

ou dans la mer de Gascogne, et spécialement les canaux indiqués dans le tableau déjà mentionné sous les noms ci-après :

Canal de Leyre à l'Adour, par le gué de San et le Bèze; canal de la Garonne au bassin d'Arcachon, par le gué Mort, le ruisseau de Belliet et la rivière de Leyre; communications de la Gironde à Bayonne par les étangs du Littoral, de Valeyrac, jusqu'à l'embouchure de l'Adour sous Bayonne.

La compagnie pourra faire lever tous les plans nécessaires pour les diverses entreprises d'après les directions que les localités lui feront juger les plus convenables dans les canaux à ouvrir.

3. A cet effet, notre directeur général des ponts et chaussées et des mines fera assister ladite compagnie, sur sa demande, par des ingénieurs.

4. Les dépenses que fera la compagnie des dunes, pour les recherches, les vérifications et les travaux préalables à sa soumission, lui seront remboursées dans le cas où les entreprises qu'elle offrirait de faire ne lui seraient pas concédées.

5. Les autorités administratives, civiles et militaires, particulièrement les préfets de la Gironde et des Landes, et les maires des communes situées dans la contrée objet des recherches et des vérifications, prêteront aide et assistance à la compagnie des dunes pour les opérations autorisées par la présente ordonnance.

Arrêté du préfet du Bas-Rhin, du 3 avril 1821, approuvé le 23 du même mois par le directeur général des ponts et chaussées et des mines (M. Becquey), concernant l'extraction des graviers et sables dans le lit des rivières navigables et flottables de ce département.

Nous préfet du Bas-Rhin; vu les réclamations auxquelles a donné lieu l'extraction des graviers et sables déposés dans le lit des rivières navigables et flottables de ce département;

Vu la lettre de M. le conseiller d'Etat directeur général des ponts et chaussées, en date du 4 février 1821, qui indique les mesures à prendre tant pour assurer les droits de l'Etat que pour procurer aux individus qui en feront la demande, les facilités convenables pour l'extraction gratuite des graviers;

Vu les articles 538, 556, 557, 560 et 561 du Code civil;

Considérant que le lit des rivières flottables ou navigables est, conformément à l'article 538 du Code, une dépendance du domaine public; qu'aux termes de l'article 560, les îles, îlots, atterrissements qui se forment dans le lit de ces rivières, appartiennent à l'Etat, s'il n'y a titre ou prescription contraire;

Considérant qu'il suit de ces principes que l'enlèvement gratuit des sables et graviers ne peut avoir lieu qu'avec l'autorisation de l'administration; qu'il est nécessaire d'indiquer alors aux communes et aux particuliers les formalités à remplir pour obtenir cette permission;

Avons arrêté ce qui suit :

Art. 1er. Les rivières navigables ou flottables étant une propriété de l'Etat, l'extraction gratuite des graviers et sables dans le lit de ces rivières ne pourra être autorisée que par le préfet, sur le rapport de MM. les ingénieurs.

Ce qui constitue le lit de ces rivières et ce qui détermine par conséquent la limite de la propriété de l'Etat et des particuliers, est la trace des eaux sur chacune des rives, lorsque la rivière est à plein bord ou prête à déborder (1).

2. Les communes ou les individus qui voudront obtenir l'autorisation mentionnée dans l'article 1er, devront adresser une demande spéciale au préfet : cette demande indiquera la quantité de graviers et de sables à extraire et le lieu désigné pour l'extraction.

3. La pétition sera renvoyée à l'examen de MM. les ingénieurs, qui, en donnant leur avis, nous proposeront les moyens de faire concourir ces extractions au curage et à l'entretien du lit ordinaire de la rivière.

S'ils pensaient que l'extraction présentât des inconvénients dans le lieu indiqué par les pétitionnaires, ils en désigneraient un autre à proximité : ils choisiront toujours, de préférence, les îles, îlots et hauts fonds, afin d'assurer le libre cours des eaux.

4. Les atterrissements existant dans le lit des rivières sont, aux termes de l'article 560 du Code, considérés comme domaine de l'Etat : néanmoins les propriétaires riverains pourront être autorisés, d'après le rapport de MM. les ingénieurs, à conserver, consolider et utiliser certains de ces atterrissements toutes les fois qu'ils n'obstrueront pas le cours des eaux ou qu'ils tendront à opérer sa rectification. Cette autorisation sera accordée après l'accomplissement des formalités spécifiées aux articles 2 et 3.

5. Le présent arrêté sera inséré dans le recueil des actes de la préfecture : il en sera adressé une expédition à M. l'ingénieur en chef des ponts et chaussées qui demeure spécialement chargé de veiller à son exécution, ainsi que MM. les maires, qui sont invités à faire constater les contraventions, conformément à la loi du 29 floréal an x.

Ordonnance du roi, du 11 avril 1821, qui autorise, aux conditions y exprimées, les sieurs Durassié et Trocard à rendre navigable la rivière du Drot, depuis Eymet, département de la Dordogne, jusqu'à Gironde, département du même nom (2).

Louis, etc. ; vu le mémoire imprimé des sieurs Durassié et Trocard, tendant à obtenir l'autorisation de rendre la rivière du Drot navigable depuis Eymet, arrondissement de Bergerac, département de la Dordogne, jusqu'à Gironde, département de la Gironde, par l'établissement à leurs frais, d'une machine de leur invention, propre à enlever les bateaux et à franchir les barrages existant sur ladite rivière ;

Vu les avis favorables des maires des communes riveraines, des ingénieurs et des préfets ;

---

(1) Voir l'article 3 de l'ordonnance de 1520.
(2) Une ordonnance royale du 21 février 1827 a autorisé la société anonyme formée à Bordeaux, pour la navigation du Drot.

Vu l'avis, également favorable, du conseil et du directeur général des ponts et chaussées;

Vu l'article 16, titre 1er, de la loi des finances du 23 juillet 1820, qui autorise le gouvernement à établir des droits de péage, dans les cas où ils seront reconnus nécessaires;

Notre conseil d'Etat entendu,

Nous avons ordonné et ordonnons ce qui suit:

Art. 1er. Les sieurs Durassié et Trocard sont autorisés à rendre la rivière du Drot navigable depuis Eymet, département de la Dordogne, jusqu'à Gironde, dans l'arrondissement de la Réole, par le moyen de la machine pour laquelle nous avons accordé un brevet d'invention. Cette concession leur est faite à leurs risques, périls et fortune, sans que, pour quelque cause que ce soit, ils puissent prétendre à aucune espèce d'indemnité.

2. Les sieurs Durassié et Trocard seront tenus d'établir leur machine à tous les barrages des moulins existant sur le Drot dans l'étendue ci-dessus déterminée, de payer préalablement, soit aux propriétaires des moulins, soit aux propriétaires des fonds riverains, les indemnités auxquelles ils auraient droit pour l'établissement des machines et pour la cession des terrains nécessaires à la formation d'un chemin de halage, dont la largeur sera fixée conformément aux lois et règlements relatifs aux chemins de halage, laquelle indemnité sera réglée de gré à gré, ou à dire d'experts, ou par les tribunaux en cas de difficultés.

3. Les concessionnaires seront tenus, en outre, de se procurer à leurs frais, tous les bateaux dont ils auraient besoin pour la navigation; d'approfondir de même à leurs frais, sous la surveillance des ingénieurs des ponts et chaussées, le lit de la rivière partout où le creusement de ce lit serait indispensable, pourvu toutefois que cette opération ne puisse nuire aux moulins et changer le nivellement de leurs eaux.

4. La présente concession n'apportera aucune atteinte au droit des propriétaires ou locataires de moulins de posséder et faire usage de bateaux pour naviguer d'un bief à un autre.

5. Si, dans le délai de deux ans, à partir de la date de la présente ordonnance, les machines n'ont pas été établies aux points où elles doivent être placées, ou si ces machines ne sont pas toutes en activité et la navigation assurée, les concessionnaires seront mis en demeure et déclarés déchus des droits qui leur sont accordés par la présente ordonnance; il en sera de même si le service de la navigation chômait, par toute autre cause que par force majeure, pendant trois mois.

6. Si les concessionnaires établissent une digue à Bonneuil, ils seront obligés de réserver un pertuis éclusé de cinq mètres de largeur, qui sera ouvert pendant tout le temps que les eaux seront suffisamment hautes dans la rivière pour permettre aux grands bateaux de remonter librement au port de la Barthe.

7. Dans le cas où ils voudraient former une société, soit anonyme, soit en commandite, qui se chargerait de l'entreprise aux charges et clauses ci-dessus, il sera statué ultérieurement par nous sur la demande qu'ils formeraient à cet effet, en remplissant les conditions et les formalités voulues en pareil cas.

8. Pour indemniser les concessionnaires de leurs avances et des dépenses auxquelles ils seront obligés pour l'établissement et l'entretien

des machines, la construction des bateaux, pour les indemnités à qui
de droit, et pour maintenir le cours d'eau en état de navigation, nous
les autorisons à percevoir à leur profit, tant que durera leur établissement, un droit de navigation, suivant le tarif ci-après (1).

---

*Ordonnance du roi, du 16 mai 1821, portant autorisation de la société
anonyme des mines de Bouxwiller.*

Louis, etc.; vu notre ordonnance du 21 mars 1816, qui a concédé
l'exploitation des mines de Bouxwiller, département du Bas-Rhin;
Vu l'acte passé, le 6 décembre 1820, par-devant Triponé et son collègue, notaires à Strasbourg, par lequel les concessionnaires de ladite
exploitation en ont porté la jouissance dans une société anonyme constituée par ledit acte;
Vu les art. 29 à 37, 40 et 45 du Code de commerce;
Sur le rapport de notre ministre secrétaire d'Etat au département de
l'intérieur;
Notre conseil d'Etat entendu,
Nous avons ordonné et ordonnons ce qui suit:
Art. 1er. La société anonyme des mines de Bouxwiller, établie dans
ladite ville, est autorisée, et ses statuts sont approuvés tels qu'ils sont
contenus dans l'acte d'association passé à Strasbourg, le 9 décembre
1820, par-devant Triponé et son collègue, lequel acte restera annexé à
la présente ordonnance (2).
2. Cette autorisation étant accordée à la charge par la société de se
conformer aux lois et à ses statuts, nous nous réservons de la révoquer
dans le cas où ces conditions ne seraient pas accomplies, sans préjudice
des actions à exercer devant les tribunaux par les particuliers à raison
des infractions commises à leur préjudice.
3. La société sera tenue de remettre, tous les six mois, copie en
forme de son état de situation au préfet du département du Bas-Rhin,
au greffe du tribunal civil de Saverne, faisant fonctions de tribunal de
commerce, et à la chambre de commerce de Strasbourg.

---

*Ordonnance du roi, du 30 mai 1821, qui annule un arrêté du conseil
de préfecture de la Meurthe.*

Louis, etc.; vu le pourvoi élevé par notre ministre secrétaire d'Etat
de l'intérieur contre un arrêté pris en matière de police du roulage par
le conseil de préfecture du département de la Meurthe, au profit du
sieur Léonard Brunner, meunier au moulin de la Machine, canton de
Nancy; ledit pourvoi tendant à ce qu'il nous plaise annuler ledit arrêté:
Vu l'avertissement donné le 18 juillet 1820, par l'intermédiaire du
préfet du département de la Meurthe, audit Léonard Brunner, pour

(1) Voir ce tarif dans le 2e volume de mon Dictionnaire hydrographique, p. 109.
(2) Voir cet acte au Bulletin des lois.

qu'il ait à défendre contre ledit pourvoi, s'il s'y croit fondé; auquel avertissement il n'a pas été répondu;

Vu les procès-verbaux de contravention à la police du roulage, dressés les 14, 19 novembre et 1er décembre 1818 contre ledit Léonard Brunner, lesdit procès-verbaux affirmés par-devant l'adjoint au maire de Nancy;

Vu les condamnations prononcées par le maire de cette ville contre ledit Léonard Brunner, les 18, 28 novembre et 7 décembre 1818;

Vu la réclamation présentée au conseil de préfecture du département de la Meurthe, le 31 décembre 1818, par ledit Léonard Brunner, contre lesdites condamnations;

Vu l'arrêté attaqué du conseil de préfecture du département de la Meurthe, du 24 mars 1819, portant annulation des décisions du maire de Nancy, comme étant basées sur des procès-verbaux qui n'ont pas été affirmés devant le juge de paix, et statuant en outre que ledit Léonard Brunner est dispensé de payer les amendes auxquelles il a été condamné, et que l'argent lui sera rendu dans le cas où il aurait été consigné;

Vu l'arrêté du préfet de la Meurthe, du 6 avril 1819, qui estime qu'il y a lieu d'annuler l'arrêté susdit du conseil de préfecture;

Vu les décrets des 23 juin 1806, 18 août 1810 et 16 décembre 1811;

Considérant que, par l'article 58 du décret du 23 juin 1806, les maires ont été chargés de prononcer provisoirement, et sauf recours aux conseils de préfecture, sur le fait des contraventions à la police du roulage;

Considérant que, par le décret du 18 août 1810, les procès-verbaux en matière de police de roulage doivent être affirmés devant le juge de paix, mais que, d'après le décret du 16 décembre 1811, relatif aux routes en général, ces procès-verbaux peuvent être affirmés devant les maires ou leurs adjoints; qu'il convient surtout d'user de cette faculté, lorsqu'il s'agit de contraventions sur lesquelles les maires ont à prononcer provisoirement, et qu'ainsi, dans le cas particulier, ces procès-verbaux ont été valablement affirmés devant l'adjoint du maire de Nancy;

Notre conseil d'Etat entendu,

Nous avons ordonné et ordonnons ce qui suit :

Art. 1er. L'arrêté du conseil de préfecture du département de la Meurthe, du 24 mars 1819, est annulé.

2. L'affirmation faite des procès-verbaux de contravention devant l'adjoint au maire de Nancy est déclarée bonne et valable.

3. Le sieur Léonard Brunner est renvoyé à se pourvoir de nouveau, et s'il s'y croit fondé, devant ledit conseil de préfecture, contre les décisions du maire de Nancy, des 18 et 28 novembre et 7 décembre 1818.

Ordonnance du roi, du 30 mai 1821, relative aux réparations faites par M. de Lameth à son moulin.

Louis, etc; vu la requête sommaire en date du 15 septembre 1820 et le mémoire ampliatif à nous présentés au nom du sieur comte Charles de Lameth, ledit mémoire tendant à ce qu'il nous plaise annuler un arrêté du conseil de préfecture du département de Tarn-et-Garonne, du 29 mai 1820, ainsi que tous les procès-verbaux et décisions antérieures relatifs à la contestation ;

Vu l'arrêté attaqué du conseil de préfecture, du 29 mai 1820, portant que les réparations faites au moulin à nef, situé sur la Garonne, au lieu dit Las-Iles, dans la commune de Golfech, seront détruites dans le délai de dix jours, et condamnant le sieur Charles de Lameth, propriétaire dudit moulin, à une amende de trente francs et aux frais ;

Vu les observations contenues dans la lettre de notre directeur général des ponts et chaussées et des mines, du 15 mars 1821 ;

Vu l'ordonnance des eaux et forêts de 1669, et l'arrêté du gouvernement, du 19 ventôse an VI ;

Considérant que le sieur Charles de Lameth n'a exécuté aucun ouvrage dans le lit de la rivière, qu'il n'a opéré aucun déplacement de son moulin à nef, et qu'il n'a fait aucune innovation au système de cette usine ;

Considérant que l'ordonnance de 1669 prescrit la destruction de tous les moulins établis sans autorisation, mais qu'elle ne défend pas de réparer ceux qui existent légalement ;

Considérant qu'aux termes de l'arrêté de l'an VI, le sieur Charles de Lameth aurait dû demander l'autorisation de faire la réparation des avaries occasionnées par la débâcle des glaces de 1820 ; mais qu'il n'a pu remplir cette formalité, parce que le travail était commandé par la nécessité de conserver un établissement dont le moindre retard aurait pu compromettre l'existence ; qu'ainsi il n'y a pas lieu, dans l'espèce, de faire l'application des dispositions de l'ordonnance de 1669 et de l'arrêté de l'an VI ;

Notre conseil d'État entendu,

Nous avons ordonné et ordonnons ce qui suit :

Art. 1er. L'arrêté du conseil de préfecture du département de Tarn-et-Garonne, du 29 mai 1820, est annulé, et il sera fait restitution au sieur de Lameth des sommes qu'il aurait pu payer en exécution dudit arrêté.

Ordonnance du Roi, du 13 juin 1821, qui annule un arrêté de conflit du préfet d'Indre-et-Loire.

Louis, etc. Sur le rapport du comité du contentieux,

Vu le rapport de notre garde des sceaux relatif à un arrêté de conflit pris, le 6 avril 1821, par le préfet du département d'Indre-et-Loire, sur un jugement du tribunal de première instance de Chinon, du 24 janvier 1821, lequel, statuant sur la demande du sieur Guiet, fait défense aux sieurs Courtillier et Rocheron de passer sur une portion de pré appartenant au sieur Guiet, et dont les sieurs Courtillier et Rocheron prétendaient user comme faisant partie du chemin de halage ;

Vu la loi du 29 floréal an X et le décret du 22 janvier 1808 ;

Considérant qu'en admettant même, avec les sieurs Courtillier et Rocheron, que la portion de pré sur laquelle ils prétendent un droit de passage fasse partie du chemin de halage, ce droit n'étant réclamé que pour une exploitation particulière et non pour le service de la navigation, ne constitue, dans l'espèce, qu'une question de servitude qui est de la compétence des tribunaux;

Notre conseil d'État entendu,

Nous avons ordonné et ordonnons ce qui suit:

Art. 1er. L'arrêté de conflit pris par le préfet du département d'Indre-et-Loire, le 6 avril 1821, est annulé.

Ordonnance du roi, du 20 juin 1821, relative au chargement des voitures qui parcourent les routes sur des roues dont les jantes seraient de largeur inégale.

Vu la loi du 27 février 1804 (7 ventôse an XII), la loi du 19 mai 1802 (29 floréal an X), et le décret du 23 juin 1806, qui ont réglé tant la largeur des jantes de roue que le chargement des voitures de roulage et des voitures publiques parcourant les routes, et autorisent la circulation des voitures à quatre roues qui auraient des voies inégales, c'est-à-dire dont la longueur de l'essieu de derrière excéderait celle de l'essieu de devant;

Vu notre ordonnance du 4 février 1820, qui a déterminé ces voies;

Considérant que cette différence dans la largeur des voies a servi de prétexte pour en établir une entre la largeur des jantes des roues de devant et la largeur des roues de derrière, et éluder ainsi les dispositions des lois et règlements sur la police du roulage;

Voulant prévenir les difficultés qui s'élèveraient relativement aux moyens de constater les contraventions résultant de l'emploi des roues à jantes inégales, et à l'application des peines encourues à raison de ces contraventions;

Notre conseil d'État entendu,

Nous avons ordonné et ordonnons ce qui suit:

Art. 1er. Le chargement de toute voiture parcourant les routes sur des roues dont les jantes seraient de largeur inégale, ne pourra être au-dessus du poids déterminé sur la dimension des jantes les plus étroites par le tarif inséré dans le décret du 23 juin 1806.

En conséquence, l'excédant de ce poids sera réputé surcharge, et les contrevenants seront passibles des amendes prononcées, pour excès de chargement, par la loi du 19 mai 1802 (29 floréal an X) et par ledit décret.

Ordonnance du roi, du 20 juin 1821, relative à l'établissement d'un pont à Hangest.

Art. 1er. Il sera établi à Hangest sur la Somme, département de la Somme, en remplacement du bac actuel, un pont en charpente, dont la construction aura lieu sous la surveillance des ingénieurs des ponts et chaussées, d'après le projet qu'ils ont présenté et qui demeure approuvé.

2. A partir du jour où le passage sur le nouveau pont sera livré au public, il y sera perçu, pendant quarante-cinq années consécutives, au profit de la compagnie qui s'est chargée de pourvoir aux dépenses de première construction, aux frais de l'entretien annuel du pont, un droit de péage fixé, conformément au tarif proposé par le préfet du département, et dont extrait, en ce qui concerne ledit tarif, restera annexé à la présente ordonnance (1).

Ordonnance du roi, du 20 juin 1821, relative à l'établissement d'un pont dans la commune de Saint-Vigor.

ART. 1er. Le projet rédigé par les ingénieurs du département de l'Eure, et amélioré par le conseil des ponts et chaussées, pour la construction d'un pont sur la rivière d'Eure dans la commune de Saint-Vigor, en remplacement du bac à corde servant actuellement au passage, est approuvé.

2. A partir du jour où le passage du pont sera livré au public, il y sera perçu, pendant une durée de cinquante années, un droit de péage d'après le tarif relaté dans l'arrêté du préfet du département, en date du 12 avril 1821, lequel est approuvé dans toutes ses dispositions, et dont extrait demeurera annexé à la présente ordonnance, en ce qui concerne ledit tarif (2).

3. Le péage est concédé au sieur Bonvallet, pour tout le temps énoncé dans l'article précédent, à la charge par lui de construire le pont dans l'espace de dix-huit mois, sous la surveillance des ingénieurs des ponts et chaussées, et de se conformer en tout aux conditions qu'il a souscrites et qui sont relatées dans l'arrêté du préfet.

Ordonnance du roi, du 20 juin 1821, qui autorise le sieur Vesin à faire le desséchement des marais situés dans les communes de Lamure, etc.

LOUIS, etc.; vu la soumission faite par le sieur Jacques Vésin, le 30 juin 1820, pour le desséchement des marais situés sur le territoire des communes de Lamure, Pierre-Châtel, Saint-Honoré et Susville;

Vu les plans, devis et détails estimatifs des travaux à faire pour opérer ce desséchement, dressés par l'ingénieur en chef du département de l'Isère, sous la date des 6 juin et 1er octobre 1820, et les avis du conseil général des ponts et chaussées, des 12 août 1820 et 17 mars 1821;

Vu les délibérations des conseils municipaux des communes sus-dénommées, des 29 septembre et 4 octobre 1820;

Ensemble l'avis du préfet du département de l'Isère, en date du 26 décembre, même année.

Vu la loi du 16 septembre 1807, relative au desséchement des marais;

---

(1) Voir ce tarif au Bulletin des lois.
(2) *Idem.*

Notre conseil d'Etat entendu,

Nous avons ordonné et ordonnons ce qui suit :

Art. 1er. Le sieur Jacques Vésin est autorisé à faire le desséchement des marais situés sur le territoire des communes de Lamure, Pierre-Châtel, Saint-Honoré et Susville, département de l'Isère.

2. Le concessionnaire se conformera, pour l'exécution des travaux, aux plans, devis et détails estimatifs dressés, sous la date des 6 juin et 1er octobre 1820, par l'ingénieur en chef des ponts et chaussées du département de l'Isère, et adoptés par notre directeur général des ponts et chaussées, sur l'avis du conseil général, des 12 août 1820 et 17 mars 1821.

3. Le desséchement devra être opéré avant la fin de la campagne de 1822.

4. Le concessionnaire aura, après le desséchement opéré, la propriété des quatre cinquièmes des marais appartenant aux quatre communes sus-dénommées. Le cinquième réservé aux communes sera fixé suivant la valeur du fonds et non suivant la surface.

5. Le concessionnaire aura droit aux quatre cinquièmes de la plus-value que les terrains adjacents pourront acquérir par l'effet du desséchement.

Cette proportion sera réduite aux trois quarts de la plus-value, si ces propriétaires se libèrent en argent ou en terrains.

6. Les terrains qui ne sont point parcellés, jouiront de l'exemption de toute contribution pendant vingt-cinq ans, conformément aux lois, et ceux qui sont déjà imposés ne subiront, pendant le même espace, aucune augmentation.

7. Les canaux, fossés, banquettes et francs-bords seront distraits de la masse à partager, et appartiendront exclusivement au concessionnaire, à la charge par lui d'entretenir à perpétuité les travaux de desséchement sans le concours des communes ni des propriétaires. A cet effet, il sera pris hypothèque sur lesdits francs-bords, etc. Et chaque année les travaux nécessaires seront ordonnés par le préfet, qui, au besoin, pourra les faire exécuter lui-même et en ordonnancer le montant sur les possesseurs. En cas de retard de payement, l'administration pourra l'assurer par la location ou vente de ces mêmes francs-bords.

8. Conformément aux dispositions de la loi du 16 septembre 1807, il sera formé une commission spéciale de sept membres pour juger toutes les contestations qui pourraient s'élever entre le concessionnaire, d'une part, les quatre communes et les propriétaires intéressés, d'autre part, pendant tout le cours de l'opération.

9. L'exécution des travaux compris au projet de desséchement sera surveillée par un ingénieur des ponts et chaussées désigné à cet effet par le préfet du département, et qui en rendra compte.

Ordonnance du roi, du 15 juillet 1821, portant règlement des revenus de la chambre de commerce de Marseille.

Louis, etc. ; vu les articles 132 de la loi du 25 mars 1817, 90 de celle du 15 mai 1818, 10 de celle du 17 juillet 1819, et 11 de celle du 23 juilllet 1820, lesquelles autorisent, par continuation, la perception des contributions spéciales et revenus spéciaux attribués aux chambres de commerce;

Vu l'article 2 du décret du 25 septembre 1806, ainsi conçu : « Les » chambres de commerce auxquelles il a déjà été, d'après notre auto- » risation, alloué des revenus particuliers, continueront d'en jouir, » comme par le passé ; »

Considérant qu'à l'époque où, pendant la révolution, la chambre de commerce de Marseille fut temporairement supprimée, elle perce- vait deux droits, savoir : 1° celui dit de consulat ou de deux pour cent sur les marchandises qui arrivent du Levant; 2° celui de 10 sous tour- nois par millerolle d'huile correspondant aujourd'hui à 79 centimes par hectolitre;

Que la perception du droit de consulat servait alors à l'acquit des dé- penses d'administration et d'entretien des établissements communs de la nation française dans les échelles du Levant et de la Barbarie, lesquelles dépenses se payaient par les mains de la chambre de commerce.

Que la loi du 6 septembre 1792 ordonna que ces droits continueraient à être perçus pour s'appliquer aux mêmes emplois;

Qu'à cause de l'insuffisance des produits ou droits pendant la guerre, une portion de ces frais, notamment les traitements consulaires, étant retournés à la charge des dépenses publiques sur les fonds généraux, l'ancien gouvernement, par plusieurs actes, a consacré ou réservé une grande partie des fonds provenant du droit de deux pour cent aux répa- rations et constructions du port de Marseille dans l'intérêt du commerce et avec le concours de la chambre;

Que néanmoins il reste à pourvoir annuellement à plusieurs des dé- penses communes des échelles, et que, de plus, les interruptions sur- venues rendent urgent aujourd'hui de s'occuper de la restauration des établissements négligés; que le produit du droit de deux pour cent doit y contribuer, soit parce que telle fut sa destination originaire, soit parce qu'il semble juste que le même fonds fourni par le commerce commun de Marseille et des Français du Levant pourvoie à la fois aux dépenses des échelles et à celles du port de Marseille, qui est le but nécessaire et le centre des mouvements de ce commerce.

Nous avons ordonné et ordonnons ce qui suit :

Art. 1er. Conformément à l'acte du 25 septembre 1806 et aux dispo- sitions des lois annuelles des finances relatives aux revenus des chambres de commerce, ceux de la chambre de commerce de Marseille continue- ront à se composer de la perception : 1° de la contribution de deux pour cent, ci-devant nommée droit de consulat, levée sur les marchandises qui arrivent du Levant à Marseille; 2° de celle de 79 centimes par hec- tolitre sur les huiles qui entrent audit port; lesquelles perceptions se- ront maintenues dans la forme aujourd'hui usitée, sauf la réserve por- tée par l'article 4 ci-après.

2. La chambre de commerce rendra compte de ces perceptions et de leur emploi dans la forme réglée pour l'approbation des budgets et l'ap- probation des comptes des chambres de commerce.

3. Les dépenses nécessaires pour la restauration et pour l'entretien annuel des établissements des échelles du Levant et de la Barbarie se- ront portées tous les ans au budget de la chambre de commerce de Mar-

seille, d'après l'état arrêté par notre ministre des affaires étrangères. Cette dépense ne pourra excéder la moitié des sommes existantes provenant du droit de consulat, ou de celles qu'il continuera de produire à l'avenir. Nous nous réservons de régler ultérieurement les mesures relatives à l'approbation et au payement desdites dépenses.

4. En considération des charges dont sont grevées les maisons françaises cautionnées et légalement établies aux échelles, la chambre de commerce de Marseille s'abstiendra d'exiger le droit de deux pour cent sur les marchandises expédiées par lesdites maisons en leur nom, pour leur compte et sous pavillon français, non autrement.

5. Les objets ordinaires de dépense pour l'entretien du port et des fanaux, qui sont habituellement portés au budget de la chambre, continueront à y être compris comme par le passé.

6. Les sommes nécessaires pour les réparations extraordinaires du port de Marseille pourront être portées de même et à mesure des besoins, au budget de la chambre de commerce, avec l'approbation de notre ministre secrétaire d'Etat de l'intérieur, sur la demande du directeur général des ponts et chaussées et des mines, lequel en disposera sur ses mandats, et en rendra compte dans la forme ordinaire, comme ci-devant.

Il ne pourra être consacré à cet emploi au delà de la moitié des sommes existantes, produites par le droit de deux pour cent, ou de celles qu'il continuera de produire.

7. Pour fixer la quotité de la somme provenant dudit droit, susceptible d'être divisée par moitié entre les deux emplois ci-dessus, il sera tenu compte, soit dans la masse, soit par imputation et dans les proportions respectives, des deniers qui auraient été extraits de la caisse depuis le 1er janvier 1818, pour être dès lors employés à l'une ou à l'autre des deux susdites destinations.

Le préfet du département des Bouches-du-Rhône procédera à la vérification des sommes disponibles, conformément au présent article.

Ordonnance du roi, du 27 juillet 1821, portant qu'il sera ouvert un canal de communication de la Sambre au bief de partage du canal de Saint-Quentin (1).

ART. 1er. Il sera ouvert un canal de communication de la Sambre au bief de partage du canal de Saint-Quentin, conformément à la direction approuvée par le conseil des ponts et chaussées, le 24 mars 1821.

Les projets détaillés seront ultérieurement soumis à l'approbation de notre directeur général des ponts et chaussées.

2. La rigole nécessaire à l'écoulement des eaux qui s'opposeraient au percement du souterrain destiné à établir une communication entre la vallée de l'Oise et celle de la Somme sera ouverte sans délai, conformément au projet particulier, approuvé le 24 mars par le conseil des ponts et chaussées.

3. Les indemnités qui seront dues par suite de l'exécution tant du ca-

---

(1) Voir l'art. 18 du cahier des charges annexé à l'ordonnance du 8 février 1826.

nal que de la rigole mentionnés aux articles 1 et 2 seront réglées d'après la loi du 8 mars 1810.

Loi du 5 août 1821, relative à la construction ou à l'achèvement de plusieurs ponts.

ART. 1er. Les offres faites par les sieurs Balguerie et compagnie, de Bordeaux, de fournir deux millions neuf cent mille francs pour concourir à l'établissement ou à l'achèvement de plusieurs ponts, selon le détail qui suit (1) :

Ponts de Bergerac, département de la Dordogne. .	600,000 fr.
D'Aiguillon, département de Lot-et-Garonne. .	400,000
D'Agen, département de Lot-et-Garonne. . .	1,000,000
De Moissac, département de Tarn-et-Garonne. .	500,000
De Coëmont, département de la Sarthe. . . .	400,000
Total.	2,900,000

Par le sieur Urbain Sartoris, de Paris, de fournir dix-huit cent mille francs pour concourir également à la construction ou achèvement des ponts ci-après (2) :

Ponts de Montrejeau, département de la Haute-Garonne.	200,000 fr.
De la Roche-de-Glun, département de la Drôme. .	800,000
Du Petit-Vey, département du Calvados. . .	300,000
De Souillac, département du Lot.	500,000
Total.	1,800,000

Et par les sieurs Duboys-Fresney, Bidault et autres, de fournir deux cent mille francs pour l'achèvement du pont de Laval, département de la Mayenne (3) ;

Sont acceptées.

2. Toutes les clauses et conditions stipulées, soit à la charge de l'Etat, soit à la charge des soumissionnaires, dans les actes souscrits par eux les 15 mars, 14 et 24 avril 1821, recevront leur pleine et entière exécution. Lesdits actes, ainsi que les tarifs des droits de péage à percevoir sur les ponts désignés ci-dessus, pour rembourser les soumissionnaires de la somme prêtée, et leur assurer l'indemnité de leurs avances, demeureront annexés à la présente loi (4).

---

(1) Une ordonnance royale du 16 janvier 1822, a autorisé la formation d'une société anonyme sous le nom de *Société des cinq ponts*, pour l'exécution de cette entreprise.
(2) Une ordonnance royale du 20 février 1823, a autorisé l'émission d'actions pour les emprunts destinés à la confection de ces quatre ponts, et une seconde ordonnance du 25 février 1824, a approuvé quelques modifications dans ces actions.
(3) Une société anonyme formée à Laval sous le nom de *Compagnie du pont neuf de la ville de Laval*, a été approuvée par ordonnance royale du 4 décembre 1822.
(4) Ces actes et tarifs ont été insérés au Bulletin des lois. Une ordonnance royale, du 29 avril 1829, exempte du droit de péage établi au pont de Vey, les voitures chargées de l'engrais appelé *tangue* : d'après cette ordonnance, les voitures passant à vide, qui iront chercher cet engrais, continueront à payer le droit fixé par le tarif pour les voitures vides.

*Loi du 5 août 1821, portant autorisation de concéder les droits de péage
sur la ligne de navigation entre le canal de Beaucaire et celui des
Deux Mers.*

Art. 1ᵉʳ. Le gouvernement est autorisé à concéder le péage qui se
perçoit sur le canal des Étangs, et les droits à percevoir sur le canal latéral à l'étang de Maugnio et sur l'embranchement de ce canal avec
celui de Lunel, ainsi que la jouissance de tous les étangs salés du département de l'Hérault, appartenant à l'État, de leurs francs-bords et
de ceux des canaux, à la charge, par le concessionnaire, de fournir la
somme d'un million sept cent cinquante mille francs, tant pour les travaux mentionnés dans le cahier des charges, approuvé par le ministre
de l'intérieur, le 4 janvier 1821, et annexé à la présente loi (1), que
pour l'embranchement du canal latéral au canal de Lunel, ou de se
charger de l'exécution desdits travaux.

Le gouvernement pourra aussi traiter de la construction du canal dont
il s'agit, suivant le mode et aux mêmes conditions adoptés pour les
autres canaux.

2. La durée de la concession ne pourra excéder quarante-cinq années.

Loi du 5 août 1821, relative à l'achèvement du canal Monsieur (2).

Art. 1ᵉʳ. L'offre faite par les sieurs Jean-George Humann, Florent
Saglio, Renouard de Bussière, négociants à Strasbourg, membres de
la chambre des députés, et autres capitalistes, de fournir dix millions
de francs pour concourir à l'achèvement du canal Monsieur, est acceptée.

2. Toutes les clauses et conditions, soit à la charge de l'État, soit à la
charge des soumissionnaires, stipulées dans l'acte du 25 avril 1821, par
eux souscrit, recevront leur pleine et entière exécution. Ledit acte, ainsi
que le tarif des droits de péage à percevoir sur toute la ligne de navigation, demeureront annexés à la présente loi (3).

Il ne pourra être fait audit tarif aucune augmentation qu'en vertu
d'une loi.

Soumission.

Nous soussignés, stipulant et nous obligeant chacun en notre nom, et
jusqu'à concurrence des sommes pour lesquelles nous souscrivons la
présente soumission, animés du désir d'accélérer l'achèvement du canal
Monsieur, et de concourir ainsi à la réalisation des vues paternelles de
Sa Majesté pour la prospérité de notre patrie, contractons, moyennant
la pleine et entière exécution de toutes les conditions ci-après exprimées, l'engagement suivant :

---

(1) Voir le traité annexé à l'ordonnance royale du 30 janvier 1822, et qui remplace le
cahier des charges énoncé ici.

(2) Une ordonnance royale, du 19 octobre 1821, a autorisé la société anonyme formée
à Strasbourg, pour l'exploitation de cette entreprise.

(3) Voir le tarif dans mon Dictionnaire hydrographique, 2ᵉ volume, p. 411.

Art. 1er. Les soumissionnaires, qui se constitueront en société anonyme sous le titre de *Compagnie du canal Monsieur*, après en avoir obtenu l'autorisation de Sa Majesté, s'engagent à verser dans la caisse du receveur général du département du Bas-Rhin la somme de dix millions de francs, jugée nécessaire pour l'entier achèvement du canal dit Monsieur, faisant jonction du Rhône au Rhin.

L'avance se fera en soixante-quinze payements mensuels. Les soixante-dix premiers payements seront de cent trente mille francs chacun, et les cinq derniers de cent quatre-vingt mille francs chacun. Le premier versement se fera le 1er juillet prochain, le second le 1er août suivant, et ainsi de suite, de mois en mois.

La somme à fournir, invariablement fixée à dix millions de francs, sera employée aux travaux restant à faire pour le complément des projets approuvés, et ne pourra, en aucun cas, et sous aucun prétexte, être détournée de cet emploi spécial.

Si la somme de dix millions de francs est insuffisante, le gouvernement prend l'engagement de suppléer au déficit. Si au contraire la dépense effective n'atteint pas les estimations présumées, le prêt des soumissionnaires sera diminué de la différence.

2. Le gouvernement s'engage à faire terminer les travaux dans le délai de six années.

Le commencement en est fixé au 1er juillet 1821, et la fin au 1er juillet 1827.

Si, ce terme arrivé, l'exécution n'était pas encore parfaite, ou du moins si le commerce ne pouvait pas encore circuler librement et sans entraves d'une extrémité à l'autre de la ligne navigable, il serait accordé à la compagnie, à titre de dédommagement, un accroissement d'intérêts sur ses avances.

Ce dédommagement sera d'un pour cent pour la première année de retard, de deux pour cent pour chacune des années subséquentes; et, en aucun cas, le retard ne pourra excéder de trois années le terme fixé pour l'achèvement des travaux.

3. Le canal avec toutes ses dépendances et tous ses produits, tant ceux qui existent déjà que ceux qui seront créés par la suite, sont affectés en hypothèque, et par privilège spécial, à l'accomplissement des engagements contractés avec la compagnie.

4. Pendant la durée des travaux, la compagnie recevra un intérêt annuel de six pour cent, sauf les augmentations prévues par l'article 2, s'il y a lieu.

Les intérêts seront payés par semestre. Le premier semestre est fixé au 31 décembre 1821; le second, au 30 juin 1822, et ainsi de suite, de six mois en six mois. Le compte des intérêts sera arrêté au dernier jour de chaque semestre, et le payement s'en fera exactement dans le courant du mois qui suivra le semestre échu. Ainsi, dans le courant de janvier et de juillet, les payements se feront, soit au trésor, soit à la recette générale du département du Bas-Rhin, au choix des prêteurs.

5. A dater de l'époque où le canal sera complètement navigable de l'une de ses extrémités à l'autre, les recettes du péage, celles des fermages et des locations d'usines établies et à établir, le produit de la vente des arbres et des herbes, celui des concessions d'eau pour arrosements, et en général les revenus de toute nature du canal, de son

domaine et de ses dépendances, seront exclusivement consacrés à l'acquittement des intérêts et à l'amortissement du capital prêté par la compagnie.

Le taux de l'intérêt reste fixé, après l'achèvement des travaux comme avant, à six pour cent par an. Le compte du revenu net du canal et de ses dépendances sera arrêté annuellement entre l'administration et la compagnie.

Chaque fois que le revenu net de l'année ne sera pas au moins de huit cent mille francs, l'Etat fournira les suppléments nécessaires pour compléter cette somme, afin que la compagnie reçoive, outre les intérêts, un dividende d'amortissement, qui sera primitivement de deux pour cent, et s'accroîtra progressivement à mesure que, par l'extinction du capital, il y aura une moindre somme d'intérêts à payer.

Si le produit net est de plus de huit cent mille francs, l'amortissement s'accroîtra de tout l'excédant, et, sous aucun prétexte, il ne sera fait une distraction quelconque pour une autre destination.

Les comptes des produits nets, arrêtés d'année en année, exercice par exercice, ne pourront donner lieu à confusion ou compensation ; le gouvernement sera tenu, au contraire, de suppléer aux manquants des exercices qui ne donneront qu'un produit net de moins de huit cent mille francs, quels qu'aient été les excédants des années antérieures. Les recettes de chaque mois de tous les revenus du canal et de ses dépendances seront versées, dans les quinze jours qui suivront, à la caisse de la compagnie. Les dépenses seront acquittées par la même caisse, sur mandats.

6. Les sommes que le gouvernement a déjà dépensées pour les travaux faits, celles qu'il serait dans le cas de dépenser encore, si le prêt de dix millions ne suffisait pas pour l'achèvement des travaux, celles qu'il fournira pour le service des intérêts pendant la durée des travaux, de même que celles qu'il pourra être dans le cas de fournir, en conformité de l'article précédent, pour compléter les huit cent mille francs, *minimum* de l'annuité que la compagnie doit recevoir, sont et demeureront complétement à la charge de l'Etat ; il trouve la compensation de toutes ces dépenses, tant en capitaux qu'en intérêts, dans la propriété du canal, qui lui reviendra tout entière et sans partage après l'expiration du terme fixé pour la durée du présent traité.

7. Après que le prêt de dix millions sera remboursé intégralement en capital et intérêts, la totalité du produit net du canal, de son domaine et de ses dépendances, sera partagée par moitié. Une moitié sera versée au trésor ; l'autre moitié est irrévocablement allouée à la compagnie, à titre de prime. Ce partage égal aura lieu jusqu'à l'expiration de la quatre-vingt-dix-neuvième année qui suivra l'achèvement des travaux, ainsi jusqu'au 1er juillet de l'an 1926, si les travaux sont terminés dans le délai fixé par l'article 2.

Après l'expiration des quatre-vingt-dix-neuf années de jouissance, le gouvernement rentrera dans la propriété pleine, entière et sans partage du canal, de toutes ses dépendances et de tous ses produits.

8. Le tarif des droits de péage, annexé à ces présentes, et signé, *ne varietur*, par les soumissionnaires, ne pourra être modifié que du consentement mutuel du gouvernement et de la compagnie.

9. Tous les frais de perception, d'administration et de surveillance,

et tous ceux qu'exigent les travaux d'entretien et de réparation, soit ordinaires, soit extraordinaires, seront imputés sur le produit brut du canal.

Seront également imputés sur le produit brut du canal, les frais d'administration de la compagnie. Le montant en est fixé par abonnement à quinze mille francs par an, à dater du 1er juillet prochain, jusqu'à l'époque où la compagnie se trouvant complétement remboursée, elle commencera à jouir de la prime. Il lui sera tenu compte de cet abonnement de semestre en semestre, et en outre des intérêts, de l'amortissement et de la prime.

10. A l'appui et comme complément de la présente soumission, il sera fait, d'accord entre l'administration et la compagnie, un règlement qui déterminera le mode de l'administration du canal en général et de la perception de ses revenus;

Les formes de la comptabilité, tant en recettes qu'en dépenses;

La surveillance et le contrôle que la compagnie exercera sur les revenus, sur les dépenses et sur la comptabilité.

Le concours de la compagnie dans les nominations des percepteurs et des contrôleurs des revenus du canal;

Les rapports entre l'administration et la compagnie;

Et, en général, tout ce qui tient à l'exécution des engagements réciproques qui résulteront de la présente soumission, si elle est agréée.

11. Dans toutes les contestations qui pourraient s'élever, le présent traité, ainsi que le règlement à intervenir, seront toujours interprétés dans le sens le plus favorable à la compagnie. Les contestations seront jugées par le conseil de préfecture du département du Bas-Rhin, sauf pourvoi devant le conseil d'Etat, dans les formes et les délais d'usage.

Loi du 5 août 1821, *relative à l'achèvement du canal du duc d'Angoulême* (1).

Art. 1er. La convention provisoire passée, le 24 mai 1821, entre le ministre secrétaire d'Etat au département de l'intérieur et le sieur Urbain Sartoris, banquier à Paris, et par laquelle celui-ci s'oblige à fournir six millions six cent mille francs pour concourir à l'achèvement du canal du duc d'Angoulême et du canal de Manicamp, est approuvée.

---

(1) Une ordonnance royale du 20 février 1823, a autorisé l'émission d'actions pour les emprunts destinés à ce canal, à celui des Ardennes et aux quatre ponts de Montréjeau, de la Roche-de-Glun, de Petit-Vey et de Souillac; une seconde ordonnance, du 25 février 1824, a approuvé quelques modifications dans ces actions, et une troisième ordonnance y a introduit d'autres modifications, mais seulement pour les actions des deux canaux. Deux ordonnances du 27 avril 1825 ont approuvé la formation de sociétés anonymes : la première, pour le canal de la Somme, et la seconde, pour le canal des Ardennes. Enfin, une ordonnance royale du 3 mars 1835 a autorisé l'établissement d'une société anonyme nouvelle, sous la dénomination de *Compagnie des trois canaux*, pour le canal de la Somme, celui des Ardennes et le perfectionnement de la navigation de l'Oise, concédé postérieurement à M. Sartoris, et une dernière ordonnance du 14 janvier 1838, a autorisé quelques modifications dans les statuts de la société anonyme de la navigation de l'Oise, approuvée par une précédente ordonnance du 2 août 1826.

2. Toutes les clauses et conditions, soit à la charge de l'Etat, soit à la charge du sieur Sartoris, stipulées dans ladite convention, recevront leur pleine et entière exécution. Cet acte, ainsi que le tarif des droits de péage à percevoir sur les lignes de navigation qui y sont comprises, resteront annexés à la présente loi (1).

Il ne pourra être fait audit tarif aucune augmentation qu'en vertu d'une loi.

Convention provisoire entre Son Exc. le ministre secrétaire d'Etat de l'intérieur, au nom du gouvernement, et M. Urbain Sartoris, banquier à Paris, au nom de la compagnie qu'il représente.

Art. 1er. La compagnie s'oblige à verser dans la caisse du receveur général du département de la Somme jusqu'à concurrence du montant de six millions six cent mille francs, dans l'espace de six ans, pour l'exécution des travaux désignés ci-après. Les versements s'effectueront de trois mois en trois mois, et seront égaux entre eux. Le premier versement aura lieu le 10 octobre 1821; le second, le 10 janvier 1822, et ainsi de suite.

2. Ladite somme de six millions six cent mille francs sera consacrée exclusivement à la confection des ouvrages qui seront définitivement approuvés par M. le directeur général des ponts et chaussées,

1° Pour l'achèvement du canal du duc d'Angoulême, depuis le canal Crozat, jusques et y compris l'écluse de Saint-Valery;

2° Pour la construction du canal Manicamp près Chauny.

Dans le cas où la somme affectée aux travaux compris dans le présent article serait insuffisante, le gouvernement s'engage à fournir les suppléments nécessaires pour l'achèvement complet des susdits ouvrages; et si cette somme excède les besoins, les versements de la compagnie seront diminués de la différence.

3. Le gouvernement s'engage à terminer en totalité les ouvrages détaillés en l'article précédent dans le délai de six ans et trois mois, à dater du 10 octobre 1821, ou plus tôt si faire se peut.

4. Il sera tenu compte à la compagnie d'un intérêt de six pour cent de ses avances successives, à partir du jour de chaque versement.

5. Indépendamment de l'intérêt ci-dessus stipulé, la compagnie recevra, à dater du 10 octobre 1827, et plus tôt, si les travaux sont terminés avant cette époque, un demi pour cent annuellement, à titre de prime, jusqu'à l'époque où le prêt fait au gouvernement aura été éteint par l'amortissement.

6. L'amortissement s'effectuera par un payement annuel d'un pour cent sur le capital emprunté, en le calculant à l'intérêt composé, au taux fixé à l'article 4, et commencera à l'époque où les ouvrages auront été achevés.

7. Les revenus du canal et de ses dépendances, tous les droits de péage quelconques établis ou à établir sur les lignes de navigation comprises dans cette convention, les profits résultant des chutes d'eau par l'établissement d'usines, les bénéfices que procureront les des-

---

(1) Voir le tarif dans mon Dictionnaire hydrographique, 2e vol., p. 393.

séchements opérés par les ouvrages, seront spécialement affectés :

1° A l'acquittement des frais de perception, des gardes d'écluses, et d'administration du canal ;

2° A l'entretien des ouvrages et aux réparations tant ordinaires qu'extraordinaires ;

3° Au service des intérêts, de la prime et de l'amortissement stipulés dans les articles précédents.

Si ces revenus et produits ne suffisaient pas pour pourvoir à ces diverses dépenses, le gouvernement s'oblige à y suppléer par des sommes complémentaires, imputées annuellement sur les budgets du ministère de l'intérieur, chapitre des ponts et chaussées; et, à cet effet, des ordonnances du trésor seront émises en temps utile, pour que les payements puissent être effectués régulièrement et sans retard aux époques convenues.

8. Dans les années où l'ensemble des produits excédera tous les prélèvements stipulés dans l'article précédent, tout le surplus, dont il sera fait compte chaque année, appartiendra à la compagnie, et sera réparti aux porteurs d'actions ou effets de la société.

9. A partir de l'époque où la compagnie sera remboursée du capital par l'amortissement, il sera fait annuellement un partage du produit net entre le gouvernement et la compagnie. Ce partage aura lieu pendant cinquante ans, après lesquels le gouvernement entrera en pleine et entière jouissance de tous les produits de cette navigation.

10. Toutes les recettes quelconques seront versées dans la caisse du receveur général du département de la Somme. Il sera aussi chargé du payement de toutes les dépenses pour les travaux, les frais de perception et d'administration, etc., etc. Il tiendra, pour ces recettes et dépenses, des comptes et registres particuliers, dont la compagnie aura, en tout temps, droit de prendre connaissance.

Les payements des intérêts, de la prime, de l'amortissement et de la participation, dus à la compagnie, se feront à Paris, par semestre, au trésor royal ou à la banque de France.

11. Le tarif des droits de péage qui seront établis sur les lignes de navigation comprises dans cette convention, ne pourra, sous aucun prétexte quelconque, être modifié que du consentement mutuel du gouvernement et de la compagnie.

12. Le gouvernement s'engage à entretenir en bon état la navigation sur le canal Crozat, et à ne pas augmenter les droits de péage qui s'y perçoivent actuellement.

13. La compagnie formera une société anonyme, qui aura la faculté d'émettre à volonté des actions négociables, provisoires ou définitives, pour la totalité des sommes comprises dans la présente convention, et de les diviser en primes, intérêts et chances, comme elle l'entendra. Toutefois l'acte de société anonyme sera soumis à l'approbation du roi, conformément à la loi, et un commissaire du gouvernement sera chargé d'en surveiller les opérations. Il visera toutes les actions qui seront mises en circulation, en y apposant sa signature. Les actions ne seront soumises à aucun droit.

14. M. Sartoris s'oblige personnellement à faire acquitter, par la compagnie qu'il représente, les premiers payements jusqu'à concurrence d'un million de francs, laquelle somme servira de cautionnement

et de garantie pour l'exécution régulière des engagements stipulés dans la présente convention.

Il est pareillement convenu que les porteurs d'actions ou effets créés par la société seront tenus de faire les payements subséquents, et qu'ils perdront tout droit à l'action dont ils seront porteurs, s'ils n'ont pas versé aux termes fixés les sommes dont ils seront redevables : dans ce cas, l'action sera vendue pour leur compte, à la diligence du gouvernement, sans qu'il soit besoin de faire prononcer la déchéance par un jugement; le tout sans préjudice des droits de ceux qui auront exécuté ponctuellement leurs engagements, et sans qu'aucun recours puisse être exercé envers M. Sartoris, ou la compagnie, au-dessus du million de francs assuré en cautionnement.

15. Le canal et les ouvrages de navigation énoncés à l'article 2 ne seront soumis à aucun impôt.

16. Pour accélérer les opérations, M. le directeur général formera une commission de trois personnes prises dans le sein du conseil général des ponts et chaussées, qui sera spécialement chargée de l'examen des affaires relatives à l'entreprise, et d'en faire le rapport au conseil dans les cas déterminés par le titre IV du décret du 25 août 1804.

La compagnie sera autorisée à employer, à ses frais, un ingénieur en chef, dont le choix sera soumis à l'approbation de M. le directeur général, pour prendre par elle-même connaissance de tous les objets de l'entreprise; elle sera admise à faire toutes les réclamations et observations qu'elle jugera convenables.

17. Les travaux détaillés à l'article 2 de cette convention seront mis en adjudication par lots, suivant les formes ordinaires : mais si, à dater d'un mois de la première publication, il ne s'est présenté aucun soumissionnaire offrant un rabais d'un vingtième au moins sur l'estimation approuvée, la compagnie aura la faculté d'entreprendre, à ses risques et périls, l'exécution des ouvrages, aux clauses et conditions exprimées dans les devis et cahier de charges, et aux prix qui auront servi de base à l'adjudication.

Il est expressément stipulé que la compagnie sera soumise, pour l'exécution des travaux dont elle voudra se rendre adjudicataire, à toutes les conditions imposées aux entrepreneurs des ponts et chaussées, et que les cas d'éviction et de surenchère pourront trouver leur application dans les mêmes circonstances.

18. Des projets seront incessamment rédigés pour le perfectionnement de la navigation de l'Oise, depuis le canal Manicamp jusqu'à la Seine.

Lorsque les projets auront été définitivement approuvés par le gouvernement, et s'il est reconnu que la dépense est en rapport avec les avantages qu'elle doit créer, la compagnie sera admise à fournir les fonds nécessaires à l'exécution des travaux, aux clauses et conditions énoncées dans la présente convention pour les parties de navigation qui y sont comprises.

Toutefois, ces opérations nouvelles seront entièrement distinctes et séparées des travaux indiqués dans l'article 2 de la présente convention, et la compagnie devra, s'il y a lieu, former, pour les objets qui s'y rapporteront, une nouvelle société anonyme qui jouira de toutes les facilités stipulées dans l'article 13.

La comptabilité sera tenue par les receveurs généraux des départements dans lesquels les ouvrages se trouveront situés, aux mêmes conditions que celles de l'article 10.

19. La compagnie ou les porteurs d'actions auront la faculté d'anticiper leurs payements par des versements à la caisse des dépôts et consignations, pour compte de l'entreprise, en argent, ou en effets du trésor à échéances fixes, sous la condition, cependant, que les différences entre l'intérêt acquitté par la caisse des consignations et celui que le gouvernement s'engage à payer, seront à la charge de la compagnie, ou des porteurs d'actions, de manière qu'il n'en puisse résulter aucun sacrifice pour l'Etat. Il est en outre convenu que les sommes ainsi déposées ne pourront être retirées que pour acquitter les engagements de la compagnie.

20. Toutes les contestations qui pourraient s'élever, tant au sujet de l'interprétation de la présente convention, que du règlement à intervenir pour la perception des revenus et l'administration du canal et des autres parties de la navigation, seront jugées par le conseil de préfecture du département de la Somme, sauf pourvoi au conseil d'Etat, qui, dans les cas douteux, interprètera en faveur de la compagnie.

21. La présente convention est obligatoire de la part du gouvernement, sauf la ratification de la loi qu'il s'engage à présenter aux chambres. Cependant l'engagement de la compagnie ne durera que pendant le cours de la présente session.

22. Les péages à établir sur les canaux compris dans l'article 2 de la présente convention, seront perçus conformément au tarif ci-joint. Quant aux droits à percevoir sur les ouvrages qui pourront être construits sur la rivière d'Oise, en vertu de l'article 18, le tarif en sera réglé de concert entre le gouvernement et la compagnie, à l'époque où les projets pour leur exécution seront approuvés.

Fait double à Paris, le 24 mai 1821.

Loi du 5 août 1821, relative à la construction du canal des Ardennes (1).

Art. 1er. La convention provisoire passée, le 24 mai 1821, entre le ministre secrétaire d'Etat au département de l'intérieur et le sieur Urbain Sartoris, banquier à Paris, et par laquelle celui-ci s'oblige à fournir huit millions pour la construction du canal des Ardennes et le perfectionnement de la navigation de l'Aisne est approuvée.

2. Toutes les clauses et conditions, soit à la charge de l'Etat, soit à la charge du sieur Sartoris, stipulées dans ladite convention, recevront leur pleine et entière exécution. Cet acte, ainsi que le tarif des droits de péage à percevoir sur les lignes de navigation qui y sont comprises, resteront annexés à la présente loi (2).

Il ne pourra être fait audit tarif aucune augmentation qu'en vertu d'une loi.

(1) Voir la note (1) sur la loi qui précède, p. 433.
(2) Le tarif mentionné ici a été inséré dans mon Dictionnaire hydrographique, vol. 2°, p. 345.

Convention provisoire entre Son Excellence le ministre secrétaire d'Etat de l'intérieur, au nom du gouvernement, et M. Urbain Sartoris, banquier à Paris, au nom de la compagnie qu'il représente, pour assurer l'exécution du canal des Ardennes, destiné à joindre la Meuse à l'Aisne, et pour établir la navigation, s'il y a lieu, sur ces deux rivières et leurs affluents.

Art. 1er. La compagnie s'oblige à verser dans la caisse du receveur général du département des Ardennes, jusqu'à concurrence du montant de huit millions de francs, dans l'espace de six ans, pour l'exécution des travaux désignés ci-après. Les versements s'effectueront de trois mois en trois mois, et seront égaux entre eux. Le premier versement aura lieu le 10 octobre 1821; le second, le 10 janvier 1822, et ainsi de suite.

2. Ladite somme de huit millions sera consacrée exclusivement à la confection des ouvrages qui seront définitivement approuvés par M. le directeur général des ponts et chaussées :

1° Pour le perfectionnement de la navigation de l'Aisne, depuis Neuchâtel jusqu'à Semuy;

2° Pour la canalisation de la Bar, jusqu'à son embouchure dans la Meuse, et le desséchement de sa vallée supérieure;

3° Pour l'exécution du canal qui doit réunir la Meuse à l'Aisne par la vallée de la Bar;

4° Pour l'établissement de la navigation sur l'Aisne, depuis Semuy jusqu'à Senuc, et, s'il y a lieu, sur la rivière d'Aire. Toutefois, les travaux compris dans ce paragraphe ne seront entrepris qu'autant que, d'après les études qui seront faites, le gouvernement reconnaîtra que les dépenses ne surpassent pas les avantages qu'on doit s'en promettre, et ne peuvent pas excéder un million.

Si la somme affectée aux travaux compris dans les trois premiers paragraphes du présent article, lesquels sont évalués à sept millions, était insuffisante, le gouvernement s'engage à fournir les suppléments nécessaires pour l'achèvement complet des susdits ouvrages; et si cette somme excède les besoins, les versements de la compagnie seront diminués de la différence; et, dans le cas d'exécution des ouvrages énoncés au quatrième paragraphe, les mêmes conditions seront appliquées, en prenant pour base le prix des estimations.

3. Le gouvernement s'engage à terminer en totalité les ouvrages détaillés dans les trois premiers paragraphes de l'article précédent, dans le délai de six ans et trois mois, à dater du 10 octobre 1821; ou plus tôt, si faire se peut. Il prend le même engagement pour les ouvrages détaillés dans le dernier paragraphe dudit article, si on les met à exécution.

4. Il sera tenu compte à la compagnie d'un intérêt de six pour cent de ses avances successives, à partir du jour de chaque versement.

5. Indépendamment de l'intérêt ci-dessus stipulé, la compagnie recevra, à dater du 10 octobre 1827, et plus tôt, si les travaux sont terminés avant cette époque, un pour cent annuellement à titre de prime, jusqu'à l'époque où le prêt fait au gouvernement aura été éteint par l'amortissement.

6. L'amortissement s'effectuera par un payement annuel d'un pour cent sur le capital emprunté, en le calculant à l'intérêt composé, au taux fixé à l'article 4, et commencera à l'époque où les ouvrages auront été achevés.

7. Les revenus du canal et de ses dépendances, tous les droits de péages quelconque établis ou à établir sur les lignes de navigation comprises dans cette convention, les profits résultant des chutes d'eau par l'établissement d'usines, les bénéfices que procureront les desséchements opérés par les ouvrages, seront spécialement affectés,

1° A l'acquittement des frais de perception, des gardes d'écluses, et d'administration du canal;

2° A l'entretien des ouvrages et aux réparations tant ordinaires qu'extraordinaires;

3° Au service des intérêts, de la prime et de l'amortissement stipulés dans les articles précédents.

Si ces revenus et produits ne suffisaient pas pour pourvoir à ces diverses dépenses, le gouvernement s'oblige à y suppléer par des sommes complémentaires imputées annuellement sur les budgets du ministère de l'intérieur, chapitre des ponts et chaussées; et, à cet effet, des ordonnances du trésor seront émises en temps utile, pour que les payements puissent être effectués régulièrement et sans retard aux époques convenues.

8. Dans les années où l'ensemble des produits excédera tous les prélèvements stipulés dans l'article précédent, tout le surplus, dont il sera fait compte chaque année, appartiendra à la compagnie, et sera réparti aux porteurs d'actions ou effets de la société.

9. A partir de l'époque où la compagnie sera remboursée du capital par l'amortissement, il sera fait annuellement un partage du produit net entre le gouvernement et la compagnie. Ce partage aura lieu pendant cinquante ans, après lesquels le gouvernement entrera en pleine et entière jouissance de tous les produits de cette navigation.

10. Toutes les recettes quelconques seront versées dans la caisse du receveur général du département des Ardennes. Il sera aussi chargé du payement de toutes les dépenses pour les travaux, les frais de perception et d'administration, etc., etc. Il tiendra, pour ces recettes et dépenses, des comptes et registres particuliers, dont la compagnie aura, en tout temps, droit de prendre connaissance. Les payements des intérêts, de la prime, de l'amortissement et de la participation, dus à la compagnie, se feront à Paris, par semestre, au trésor royal ou à la banque de France.

11. Le tarif des droits de péage qui seront établis sur les lignes de navigation comprises dans cette convention, ne pourra, sous aucun prétexte quelconque, être modifié que du consentement mutuel du gouvernement et de la compagnie.

12. La compagnie formera une société anonyme, qui aura la faculté d'émettre à volonté des actions négociables, provisoires ou définitives, pour la totalité des sommes comprises dans la présente convention, et de les diviser en primes, intérêts et chances, comme elle l'entendra. Toutefois, l'acte de société anonyme sera soumis à l'approbation du roi, conformément à la loi, et un commissaire du gouvernement sera chargé d'en surveiller les opérations. Il visera toutes les actions qui seront

mises en circulation, en y apposant sa signature. Les actions ne seront soumises à aucun droit.

13. M. Sartoris s'oblige personnellement à faire acquitter, par la compagnie qu'il représente, les premiers payements jusqu'à concurrence d'un million cinq cent mille francs, laquelle somme servira de cautionnement et de garantie pour l'exécution régulière des engagements stipulés dans la présente convention. Il est pareillement convenu que les porteurs d'actions ou effets créés par la société anonyme seront tenus de faire les payements subséquents, et qu'ils perdront tout droit à l'action dont ils seront porteurs, s'ils n'ont pas versé aux termes fixés les sommes dont ils seront redevables : dans ce cas, l'action sera vendue pour leur compte, à la diligence du gouvernement, sans qu'il soit besoin de faire prononcer la déchéance par un jugement ; le tout sans préjudice des droits de ceux qui auront exécuté ponctuellement leurs engagements, et sans qu'aucun recours puisse être exercé envers M. Sartoris ou la compagnie, au-dessus des quinze cent mille francs assurés en cautionnement.

14. Le canal et les ouvrages de navigation énoncés à l'article 2 ne seront soumis à aucun impôt.

15. Pour accélérer les opérations, M. le directeur général formera une commission de trois personnes prises dans le sein du conseil général des ponts et chaussées, qui sera spécialement chargée de l'examen des affaires relatives à l'entreprise, et d'en faire le rapport au conseil dans les cas déterminés par le titre IV du décret du 25 août 1804.

La compagnie sera autorisée à employer, à ses frais, un ingénieur en chef, dont le choix sera soumis à l'approbation de M. le directeur général, pour prendre connaissance par elle-même de tous les objets de l'entreprise : elle sera admise à faire toutes les réclamations et observations qu'elle jugera convenables.

16. Les travaux détaillés à l'article 2 de cette convention seront mis en adjudication par lots, suivant les formes ordinaires ; mais si, à dater d'un mois de la première publication, il ne s'est présenté aucun soumissionnaire offrant un rabais d'un vingtième au moins sur l'estimation approuvée, la compagnie aura la faculté d'entreprendre, à ses risques et périls, l'exécution des ouvrages, aux clauses et conditions exprimées dans les devis et cahier de charge, et aux prix qui auront servi de base à l'adjudication.

Il est expressément stipulé que la compagnie sera soumise, pour l'exécution des travaux dont elle voudra se rendre adjudicataire, à toutes les conditions imposées aux entrepreneurs des ponts et chaussées, et que les cas d'éviction et de surenchère pourront trouver leur application dans les mêmes circonstances.

17. La compagnie est autorisée dès ce moment à faire rédiger, par des ingénieurs des ponts et chaussées, des projets :

1° Pour la réparation des chemins de halage, l'amélioration et le perfectionnement de la navigation sur le cours de la Meuse et de ses affluents jusqu'à la frontière des Pays-Bas ;

2° Pour les mêmes travaux sur la rivière de l'Aisne, depuis Neufchâtel jusqu'à son embouchure dans l'Oise, ainsi que sur ses affluents, y compris la rivière de la Vesle depuis son embouchure jusqu'à Reims.

Lorsque les projets auront été approuvés, et s'il est reconnu que la dépense est en rapport avec les avantages qu'elle doit créer, la compagnie formera sa demande dans le délai de deux ans, à dater de ce jour, et sera admise, comme elle l'est aujourd'hui, à fournir les fonds nécessaires à l'exécution des travaux, aux clauses et conditions énoncées dans la présente convention, pour les parties de navigation qui y sont comprises.

Toutefois, les opérations désignées au paragraphe Iᵉʳ et celles désignées au paragraphe II du présent article seront entièrement distinctes et séparées, comme elles le seront aussi des travaux stipulés à l'art. 2 ; et la compagnie devra, s'il y a lieu, former, pour les objets qui s'y rapporteront, deux nouvelles sociétés anonymes, qui jouiront de toutes les facilités stipulées dans l'article 12. La comptabilité, pour ces deux dernières entreprises, sera tenue par les receveurs généraux des départements dans lesquels les ouvrages se trouveront situés, aux mêmes conditions que celles de l'article 10 de cette convention.

18. La compagnie ou les porteurs d'actions auront la faculté d'anticiper leurs payements par des versements à la caisse des dépôts et consignations, pour compte de l'entreprise, en argent ou en effets du Trésor à échéances fixes, sous la condition, cependant, que les différences entre l'intérêt acquitté par la caisse des consignations et celui que le gouvernement s'engage à payer, seront à la charge de la compagnie ou des porteurs d'action, de manière qu'il n'en puisse résulter aucun sacrifice pour l'Etat. Il est en outre convenu que les sommes ainsi déposées ne pourront être retirées que pour acquitter les engagements de la compagnie.

19. Toutes les contestations qui pourraient s'élever, tant au sujet de l'interprétation de la présente convention que du règlement à intervenir pour la perception des revenus et l'administration du canal et des autres parties de la navigation, seront jugées par le conseil de préfecture du département des Ardennes, sauf pourvoi au conseil d'Etat qui, dans les cas douteux, interprétera en faveur de la compagnie.

20. La présente convention est obligatoire de la part du gouvernement, sauf la ratification de la loi qu'il s'engage de présenter aux chambres. Cependant l'engagement de la compagnie ne durera que pendant le cours de la présente session.

21. Les péages à établir sur les lignes de navigation comprises dans l'article 2 de cette convention seront perçus conformément au tarif ci-joint. Quant aux droits à percevoir sur les ouvrages qui pourront être construits sur les rivières de la Meuse, de l'Aisne et de leurs affluents, en vertu de l'article 17, le tarif en sera réglé de concert entre le gouvernement et la compagnie, à l'époque où les projets pour leur exécution seront approuvés.

Fait double, à Paris, le 24 mai 1821.

Loi du 5 août 1821, relative à l'établissement de la navigation sur la rivière d'Isle, depuis Périgueux jusqu'à Libourne (1);

Art. 1er. L'offre faite par le sieur Froidefond de Bellisle et autres propriétaires du département de la Dordogne, de fournir deux millions cinq cent mille francs pour l'établissement de la navigation sur la rivière d'Isle, depuis Périgueux jusqu'à Libourne, est acceptée.

2. Toutes les clauses et conditions, soit à la charge de l'Etat, soit à la charge des soumissionnaires, stipulées dans l'acte du 10 janvier 1821, recevront leur pleine et entière exécution. Ledit acte demeurera annexé à la présente loi.

Soumission.

Les soussignés, stipulant et s'obligeant chacun en leur nom et jusqu'à la concurrence des sommes pour lesquelles ils souscrivent la présente soumission, prennent l'engagement, sous la garantie de la pleine, entière et fidèle exécution de toutes les conditions ci-après exprimées, de verser dans la caisse du receveur général du département de la Dordogne ou dans celle du trésor royal à Paris, la somme ci-après spécifiée, pour être employée aux dépenses de tout genre nécessaires pour rendre la rivière d'Isle navigable depuis Libourne jusqu'à Périgueux.

N'étant nullement déterminés dans cette proposition par le désir de faire une spéculation particulière, mais seulement par celui de faciliter au gouvernement les moyens de réaliser un projet conçu par lui et si éminemment utile pour les départements de la Gironde et de la Dordogne, les soussignés n'entendent pas se charger de la confection des travaux, ni vouloir entrer dans aucun détail des dépenses qu'ils pourront occasionner. Ils basent leurs offres sur les évaluations que MM. les ingénieurs en chef des départements de la Gironde et de la Dordogne ont faites de ces mêmes travaux, qu'ils n'entendent en rien discuter, et dont le total s'élève, suivant lesdits rapports, à deux millions quatre cent quatre-vingt-neuf mille quatre cent vingt-neuf francs soixante-douze centimes : en conséquence, ils offrent de verser une somme de deux millions cinq cent mille francs, de la manière et aux conditions suivantes :

Art. 1er. Ce versement de deux millions cinq cent mille francs sera expressément affecté aux travaux de navigation de la rivière d'Isle, et aura lieu dans les caisses désignées ci-dessus, en dix payements égaux de deux cent cinquante mille francs chaque et de six mois en six mois, dont le premier aura lieu après que la loi à intervenir aura été rendue, et aux époques que M. le directeur général des ponts et chaussées jugera convenables, de telle manière que la somme totale soit versée cinq ans après le premier payement.

2. Dans le cas où ladite somme de deux millions cinq cent mille francs serait encore insuffisante pour terminer les travaux nécessaires pour rendre l'Isle navigable jusqu'à Périgueux, l'excédant devra être

_____

(1) Une ordonnance royale du 23 janvier 1822, a autorisé la société anonyme dite *Compagnie de la navigation de l'Isle*, établie à Périgueux, pour l'exécution de cette loi.

fourni par le gouvernement, qui en prendra l'engagement ; si au contraire elle dépassait les besoins, l'excédant sera diminué sur le dernier versement à faire par les soumissionnaires.

3. Les droits de péage à établir sur cette navigation, ainsi que tous les avantages qui pourront résulter des travaux, serviront de privilége spécial aux payements des intérêts et du fonds d'amortissement mentionnés à l'article suivant : mais, les soumissionnaires ne voulant courir aucune chance résultant du plus ou moins de produits de ces péages, ils seront administrés pour le compte et aux frais du gouvernement, et versé dans ses caisses ; et ce privilége spécial ne diminuera en rien les garanties directes que les soumissionnaires entendent conserver contre le gouvernement.

4. Quel que soit le montant de ces droits de péage, les soumissionnaires toucheront des caisses du gouvernement, tant pour le service des intérêts dus aux actionnaires que pour l'amortissement du capital, dix pour cent de toutes les sommes versées par eux et à partir de chaque versement ; de manière que, lorsque la somme entière de deux millions cinq cent mille francs aura été versée, ils devront toucher deux cent cinquante mille francs par an.

Cette allocation de dix pour cent par an aura lieu en deux payements égaux, de six mois en six mois, et se prolongera pendant dix-neuf ans après le dernier versement ; après cette époque, la navigation et les droits de péage seront dégrevés du privilége réservé aux soumissionnaires par l'article précédent.

Le payement de cette allocation aura lieu dans le domicile qui sera indiqué ultérieurement par les soumissionnaires au gouvernement.

5. Les soumissionnaires sont autorisés, sur chaque payement qui leur restera à faire jusqu'au payement définitif, de prélever, sur le pied de dix pour cent par an, les intérêts et le fonds d'amortissement qui seront dus par le gouvernement à l'époque de chaque versement.

6. Lesdits soumissionnaires, ayant l'intention de se former en société anonyme, rempliront les formalités nécessaires pour en obtenir l'autorisation de sa majesté, et se réservent la faculté de diviser alors en actions le capital de leur association.

7. L'acte de société, ainsi que tous ceux qui résulteront de cet acte ou de la présente soumission, ne seront sujets qu'au droit fixe d'un franc pour l'enregistrement.

8. La présente soumission sera acceptée par une loi.

9. Toutes les contestations auxquelles elle pourrait donner lieu entre le gouvernement et les soussignés seront jugées administrativement par le conseil de préfecture du département de la Dordogne, sauf recours au conseil d'État.

Fait à Paris, ce 10 janvier 1821.

Bon pour deux millions cinq cent mille francs.

Signé FROIDEFOND DE BELLISLE.

*Loi du 5 août 1821, relative à la construction du pont de Pinsaguel,
dans le département de la Haute-Garonne.*

ART. 1er. L'offre faite par le sieur Urbain Sartoris, de Paris, de fournir cent cinquante mille francs pour concourir à la construction du pont de Pinsaguel dans le département de la Haute-Garonne, et sur la route royale, n° 23, de Paris en Espagne, par Toulouse, est acceptée.

2. Toutes les clauses et conditions stipulées, soit à la charge de l'Etat, soit à la charge du soumissionnaire dans l'acte qu'il a souscrit le 24 avril 1821, recevront leur pleine et entière exécution. Ledit acte, ainsi que le tarif des droits de péage à percevoir sur le pont de Pinsaguel pour rembourser le sieur Urbain Sartoris, de la somme prêtée et lui assurer l'indemnité de cette avance, demeureront annexés à la présente loi.

Soumission.

Je soussigné, stipulant et m'obligeant au nom d'une compagnie, contracte, moyennant la pleine et entière exécution de toutes les conditions ci-après désignées, l'engagement d'avancer au gouvernement la somme de cent cinquante mille francs, qui sera employée exclusivement pour la construction du pont de Pinsaguel, département de la Haute-Garonne, et sera versée dans la caisse du receveur général de ce département aux époques qui seront ultérieurement déterminées, mais en quatre ans, à dater de 1821 inclusivement. L'avance de cette somme sera faite aux clauses et conditions ci-après :

Art. 1er. Le gouvernement s'engage à terminer en totalité le susdit pont dans le délai de cinq ans, et à fournir tous les suppléments nécessaires à son achèvement complet.

2. Il sera tenu compte à la compagnie, sur le pied de six pour cent, de ses avances successives, à dater du jour de chaque versement.

3. A partir de l'époque de l'achèvement du pont, ou au plus tard dans cinq ans, à dater de la promulgation de la loi, il sera accordé à la compagnie, indépendamment de l'intérêt stipulé dans l'article précédent, deux pour cent annuellement, à titre de prime d'indemnité, jusqu'à l'époque où la dette du gouvernement aura été éteinte par l'amortissement.

4. L'amortissement s'effectuera par un payement annuel de deux pour cent sur le capital emprunté, et commencera à l'époque à laquelle le pont aura été achevé.

5. La compagnie formera une société anonyme, dont les statuts seront soumis à l'approbation de Sa Majesté, et qui existera jusqu'à l'époque à laquelle le rembours de ces avances aura été effectué en totalité au moyen de l'amortissement contenu dans l'article précédent. Elle aura la faculté d'émettre des actions divisées en intérêts et primes, comme elle l'entendra.

6. Dans le cas où les produits de péage ne suffiraient pas à l'acquit de l'intérêt, de l'indemnité et de l'amortissement, stipulés dans les articles précédents, le gouvernement s'engage expressément de pourvoir au déficit par des sommes complémentaires à prendre anuellement sur les budgets des ponts et chaussées; et, à cet effet, des ordonnances

du trésor seront émises en temps utile, pour que les payements des susdits objets puissent être effectués régulièrement et sans retard aux époques convenues.

7. Les droits de péage seront versés dans la caisse du receveur général du département de la Haute-Garonne et seront affectés, par privilége spécial, au payement de l'intérêt et de l'indemnité accordés aux prêteurs, ainsi qu'à l'amortissement du capital.

8. Le receveur général du susdit département tiendra des comptes et registres particuliers pour les payements et recettes relatifs à ce pont. La compagnie pourra prendre connaissance de ces comptes et registres.

9. Les frais et le mode de perception seront réglés de concert entre l'administration et les prêteurs. Les frais seront prélevés sur le produit brut des péages.

10. Les droits de péage se prélèveront conformément au tarif qui sera arrêté par le gouvernement.

11. Les payements des intérêts, de l'indemnité et de l'amortissement se feront, par semestre, au chef-lieu du susdit département, sur les produits du péage; et, en cas d'insuffisance de ces produits, le complément sera prélevé sur les fonds des ponts et chaussées, ainsi qu'il est dit à l'article 6.

12. Le soussigné s'engage personnellement à faire acquitter les premiers payements jusqu'à concurrence de trente mille francs, laquelle somme servira de cautionnement et de garantie pour l'exécution régulière des engagements stipulés dans la présente soumission. Il est pareillement convenu que la société anonyme qui sera formée, sera tenue de faire les payements subséquents, et qu'aucun recours ne pourra être exercé contre le soussigné au delà des trente mille francs ci-dessus assurés en cautionnement.

13. Les contestations qui pourraient s'élever touchant l'exécution de la présente, seront jugées administrativement par le conseil de préfecture du département de la Haute-Garonne, sauf recours au conseil d'État.

14. Le soussigné s'engage à faire exécuter dans toute leur intégrité les obligations par lui ci-dessus contractées, à compter du jour où Sa Majesté aura sanctionné et promulgué la loi qui consacrera les stipulations portées dans la présente soumission, laquelle ne forme dans toutes ses conditions qu'un tout indivisible, et ne sera obligatoire pour le soussigné qu'à compter de ladite promulgation.

Fait à Paris, le 24 avril 1821. *Signé* Urbain Sartoris.

Tarif des droits qui se perçoivent au passage de Pinsaguel, et qui seront perçus sur le pont.

	fr.	c.
Pour le passage d'une personne chargée ou non chargée. .	»	5
Idem d'un cheval ou mulet chargé.	»	10
Idem et son cavalier, valise comprise.	»	12
Idem non chargé.	»	8
Idem d'un âne chargé ou d'une ânesse chargée.	»	8
Idem d'un âne non chargé ou d'une ânesse non chargée. .	»	6
Par cheval, mulet, bœuf, vache ou âne employé au labour ou allant au pâturage.	»	6

	fr.	c.
Par bœuf ou vache appartenant à des marchands et destinés à la vente.	»	10
Par veau ou porc.	»	4
Pour un mouton, brebis, bouc, chèvre, cochon de lait, et par chaque paire d'oies ou de dindons.	»	2

Lorsque les moutons, brebis, boucs, chèvres, cochons de lait, paires d'oies ou de dindons, seront au-dessus de cinquante, le droit sera diminué d'un quart.

Lorsque les bœufs, moutons, chèvres, boucs et autres bestiaux appartenant aux habitants de Pinsaguel, et portant une marque convenue, iront au pâturage, ils ne payeront aucun droit.

Les conducteurs des chevaux, mulets, ânes, bœufs, etc., payeront.	»	4
Pour le passage d'une voiture suspendue à deux roues, celui du cheval ou mulet, ou pour une litière à deux chevaux et le conducteur.	1	»
Idem à quatre roues, du cheval ou mulet, et du conducteur. .	1	60
Idem attelée de deux chevaux ou mulets, conducteur compris.	2	»

Les voyageurs payeront séparément par tête le droit dû pour une personne à pied.

Pour le passage d'une charrette chargée, attelée d'un seul cheval, mulet ou deux bœufs, conducteur compris.	»	80
Idem d'une charrette chargée, attelée de deux chevaux, mulets ou quatre bœufs, conducteur compris.	1	»
Idem d'une charrette chargée, attelée de trois chevaux ou mulets, y compris le conducteur.	1	25
Idem d'une charrette à vide, le cheval et le conducteur. .	»	40
Pour une charrette chargée, employée au transport des engrais ou à la rentrée des récoltes, le cheval ou deux bœufs et le conducteur.	»	40
Pour la même à vide, le cheval ou deux bœufs et le conducteur.	»	30
Pour une charrette chargée ou non chargée, attelée seulement d'un âne ou d'une ânesse et le conducteur.	»	30
Pour un chariot de roulage à quatre roues, chargé, un cheval et le conducteur.	1	»
Pour un chariot de roulage à quatre roues, chargé, deux chevaux et le conducteur.	1	50
Idem trois chevaux et le conducteur.	2	»
Idem à vide, attelé d'un seul cheval et le conducteur. . .	»	50

Il sera payé par chaque cheval, mulet ou bœuf excédant les nombres indiqués pour les attelages ci-dessus, comme pour un cheval ou mulet non chargé ; et par âne ou ânesse, le droit fixé pour les ânes et ânesses non chargés.

Loi du 5 août 1821, concernant le canal Saint-Martin.

Art. 1er. La ville de Paris est autorisée, conformément à la délibération du conseil municipal, du 7 juin 1821, à créer quatre cent mille francs de rentes et à les négocier avec publicité et concurrence, dans la proportion des besoins, pour acquitter,

1° La valeur des propriétés à acquérir sur la ligne du canal Saint-Martin;

2° Le prix des travaux nécessaires à l'ouverture et à la confection de ce canal.

2. Chaque année, il sera porté au budget de la ville de Paris, et prélevé sur les revenus, outre les arrérages des rentes, un fonds annuel d'amortissement de deux cent mille francs au moins, pour être affecté au remboursement tant desdits quatre cent mille francs de rentes que de celles précédemment créées en vertu de l'ordonnance royale du 13 septembre 1815. Ce fonds d'amortissement s'accroîtra des arrérages des rentes rachetées.

3. Le traité à conclure pour l'exécution des travaux du canal Saint-Martin sera fait sous l'approbation du gouvernement, avec publicité et concurrence, et pourra contenir la concession dudit canal pour une durée de quatre-vingt-dix-neuf ans au plus.

4. Le tarif des droits de navigation et de stationnement établis par la loi du 20 mai 1818, sur le canal de Saint-Denis, sera applicable au canal Saint-Martin.

5. Il ne sera perçu qu'un droit fixe d'un franc pour l'enregistrement, soit du traité et de ses annexes, soit des actes de cautionnement relatifs à la construction du canal Saint-Martin.

Ordonnance du 8 août 1821, contenant des dispositions relatives à l'exécution des travaux des routes départementales (1).

Art. 1er. Les travaux d'entretien des routes départementales, dans les limites des sommes portées aux budgets votés par les conseils généraux et approuvés par notre ministre de l'intérieur, seront exécutés sur la seule approbation donnée par les préfets aux devis arrêtés par les ingénieurs en chef.

2. Les travaux d'art dont la dépense n'excédera pas cinq mille francs seront également exécutés sur la seule approbation des préfets, toutes les fois qu'ils n'exigeront ni acquisition de terrains, ni changements dans la direction ou les alignements des routes, sauf toutefois les cas où les préfets jugeraient utile de consulter le conseil des ponts et chaussées. Les préfets rendront compte à notre ministre de l'intérieur des approbations qu'ils auront données par suite des dispositions du présent article.

3. Les adjudications des travaux continueront d'avoir lieu suivant la forme prescrite par l'arrêté du 10 mars 1803, et seront exécutées dès

(1) Consulter l'ordonnance royale du 10 mai 1829.

qu'elles auront été revêtues de l'approbation des préfets, qui en rendront compte à notre ministre de l'intérieur; néanmoins, en cas de réclamation, il sera sursis à l'exécution jusqu'à la décision dudit ministre.

4. Les arbres plantés sur les routes départementales et sur les terres riveraines desdites routes, pourront être abattus dans les cas prévus par l'article 99 du décret du 16 décembre 1811, sur la seule autorisation des préfets.

Ordonnance du 15 août 1821, qui approuve la transaction passée pour le perfectionnement du canal de Lunel.

ART. 1er. La transaction passée le 5 mars 1821 entre les propriétaires du canal de Lunel, les commerçants et le conseil municipal de cette ville, et d'après laquelle les propriétaires dudit canal s'engagent à exécuter les travaux de perfectionnement reconnus nécessaires, moyennant une augmentation dans le tarif des droits de navigation, est approuvée.

Cette transaction demeurera annexée à la présente ordonnance.

2. Les propriétaires du canal se conformeront dans l'exécution des travaux au projet qui sera approuvé par notre directeur général des ponts et chaussées.

Transaction.

Entre les soussignés, d'une part MM. les propriétaires du canal de Lunel, et d'autre part MM. le maire et les membres du conseil municipal de la ville de Lunel, commissaires délégués aux fins de la présente convention, par délibération dudit conseil municipal, du 12 février dernier, et présents encore et consentants les syndics nommés par les commerçants notables de la même ville de Lunel, suivant leur délibération du 10 du même mois; ces deux dernières délibérations approuvées par l'arrêté de M. le préfet, sous la date du 16 du susdit mois de février; il a été exposé par les susdits sieurs propriétaires que, sur les représentations à eux itérativement faites par le commerce de Lunel, qu'il serait utile aux intérêts du commerce qu'ils voulussent bien faire audit canal de Lunel des ouvrages et constructions nouvelles qui favoriseraient la navigation et faciliteraient les arrivages, offrant d'ailleurs de prendre avec eux tous les arrangements qui seraient jugés convenables pour les dédommager des dépenses auxquelles ces nouveaux ouvrages pourraient donner lieu; considérant qu'encore que le canal de Lunel existe aujourd'hui en l'état et suivant les plans et devis qui furent arrêtés et convenus lors de l'adjudication qui en fut faite par monseigneur Lamoignon de Basville, intendant de Languedoc, le 25 janvier 1718, autorisée par l'arrêt du conseil, du 5 mars suivant, on ne peut disconvenir que le développement du commerce de la ville de Lunel, depuis cette époque, et surtout la grandeur des barques qui arrivent journellement, ne sont plus en rapport avec les dimensions fixées primitivement audit canal et les travaux exécutés il y a cent ans; que, dans cet état, il peut être dans l'intérêt, tant de MM. les propriétaires dudit canal que dans celui du commerce de Lunel, d'aviser aux moyens de mettre ledit canal plus en harmonie avec les besoins du commerce, faire cesser ainsi les embarras qu'éprouve la navigation et prévoir les conséquences fâcheuses qui pourraient résulter s'ils étaient plus long-temps prolongés;

Qu'à cet effet, désirant se prêter aux vues du commerce de Lunel, MM. les propriétaires auraient fait dresser par M. Fovis, ingénieur ar-chitecte de la ville de Montpellier, les devis estimatifs et plans des ou-vrages à faire, qu'ils remettent sur le bureau;

Que de ces plans et devis il résulte une dépense considérable qui s'élève à 132,000 fr.; que pour dédommager MM. les propriétaires du canal de cette dépense excessive, il est juste d'en venir à une nouvelle fixation des droits à percevoir à l'avenir sur ledit canal, avec d'autant plus de raison, que ceux perçus aujourd'hui ne le sont que sur le tarif établi et fixé, il y a cent ans, par l'arrêt du conseil d'Etat et lettres-patentes du 11 juin 1715, et l'adjudication du 25 janvier 1718, et l'ar-rêt du conseil, portant autorisation de ladite adjudication du 5 mars suivant, quoique depuis cette époque les dépenses d'entretien aient beaucoup augmenté, et que les propriétaires soient privés, en ce mo-ment, de plusieurs avantages et franchises qui faisaient partie de leur concession, et soumis à des charges, notamment au payement des con-tributions qui, suivant les clauses et conditions de leur adjudication, devraient être acquittées par la ville de Lunel; que déjà cette demande de MM. les propriétaires avait été discutée entre eux, M. le maire de Lunel et MM. les commissaires du commerce, délégués à l'effet de dé-battre contradictoirement les bases d'une augmentation des droits, d'ail-leurs reconnue juste; laquelle augmentation, après mûre délibération, aurait été convenue et arrêtée aux 25 vingtièmes, soit un et quart en sus et par-dessus les droits actuellement perçus;

Que les droits respectifs de MM. les propriétaires et des habitants de la ville de Lunel se trouvant consignés et réglés par nombre d'arrêts et ordonnances de l'autorité supérieure, ou conventions particulières, il est de l'intérêt de toutes les parties de demeurer dans la même posi-tion, avec les mêmes droits, priviléges et avantages, sauf les articles auxquels il serait dérogé par la présente convention, que les susdits ar-rêts, lettres-patentes, règlements et ordonnances et conventions particu-lières, reçoivent à l'avenir et à perpétuité leur pleine et entière exécu-tion, et deviennent la règle et la loi des parties.

Qu'indépendamment de l'augmentation des droits à percevoir sur ledit canal pour l'avenir, augmention déjà convenue et réglée avec le commerce de Lunel, qui, dans sa délibération du 1er du présent mois de mars, approuve le rapport de ses commissaires délégués, auprès de MM. les propriétaires du canal, pour la fixer contradictoirement; il est nombre d'autres dispositions qui sont une suite des travaux projetés, qui doivent être débattues entre lesdits propriétaires du canal, M. le maire et le conseil municipal, traitant et stipulant pour la ville de Lunel, et qui sont l'objet de la présente convention, qui doit comprendre l'en-semble de tous les droits respectifs, sans préjudice de ceux déjà acquis par les arrêts du conseil, lettres-patentes, ordonnances, règlements et conventions particulières qui continueront à être exécutées suivant leur forme et teneur, sauf les articles auxquels il serait dérogé par la pré-sente.

Sur quoi M. le maire et les commisaires délégués du conseil municipal et du commerce soussignés, pour et au nom de la ville de Lunel,
adhérant à l'exposé qui vient de leur être fait par MM. les propriétaires,
auraient déclaré être prêts, en vertu de leur mandat, à entrer dans
l'examen et la discussion des divers points qui restent à régler entre les
propriétaires et la ville de Lunel, et à apposer la sanction de l'autorité
municipale, aux dispositions déjà arrêtées avec le commerce.

Dans cet état, la matière mise en délibération, après un mûr examen
et discussion dans l'intérêt de toutes les parties, il a été réglé et convenu, pour avoir sa pleine et entière exécution à l'avenir et à perpétuité, ce qui suit :

1° Les plans et devis dressés par M. Fovis, ingénieur, tant pour l'é-
largissement du port et ses avenues que pour la construction d'une
écluse pour augmenter la hauteur des eaux ; desquels plans et devis, les
parties déclarent avoir pris une entière connaissance, sont adoptés par
elles, et seront exécutés par MM. les propriétaires, sauf le chemin en
zigzag sur le revers du talus qui doit, d'après le plan, faire aboutir par
un contour du chemin dit des Pauvres, au quai du canal, en traversant le chemin de Saint-Just, sauf encore la confection d'un aqueduc
de quarante mètres, évalué 720 fr., devenu inutile ; sauf encore la dépense de trente chasse-roues, évalués 600 fr. ; et en considération de ces
diverses suppressions, MM. les propriétaires demeurent tenus de conduire par un chemin creux, en ligne directe, le chemin dit des Pauvres
sur le quai du canal : et comme d'après ces nouvelles dispositions le
chemin de Saint-Just se trouverait coupé, MM. les propriétaires seront
tenus d'y jeter un pont pour la continuation de ce dernier chemin, étant
néanmoins expressément convenu que si ce changement au devis actuel
occasionnait une dépense de plus de 2,000 fr., l'excédant de cette dépense
serait supporté par la ville de Lunel ; convenu encore que lesdits plans
et devis seront paraphés par les parties, et qu'une copie en forme, également paraphée, faite aux frais de la ville et accompagnée du devis
raisonné, sera déposée dans les archives de la ville de Lunel.

2° Les propriétaires permettent à la ville de Lunel de faire construire
à ses frais, sur leur terrain, à côté de la croisée du chemin des Pauvres
et de celui de Saint-Just, un lavoir public qui se dégorgera dans le canal ;
laquelle construction aura lieu sur les plans et sous la direction de M. Fovis, ingénieur, et sera faite de manière à ne pouvoir, dans aucun cas,
porter aucun préjudice à la propriété, et à ne gêner en rien, ni la navigation ni l'embarquement et débarquement des marchandises : au moyen
de quoi, le lavoir actuel situé à l'est, vis-à-vis l'église Saint-Antoine,
sera supprimé.

3° Les propriétaires cèdent à la ville de Lunel et lui abandonnent le
jardin potager, le sol à dépiquer et le petit champ y contigu, c'est-à-
dire toutes leurs propriétés renfermées à l'est par le chemin de Saint-
Just, au midi et à l'ouest par le chemin dit des Pauvres, au nord par le
chemin dit des Trippes ; le tout d'environ 1 arpent 75 perches 10 mètres,
se réservant, les propriétaires, sur la présente cession, tout le terrain
qui leur sera nécessaire pour leur excavation et le reculement du chemin
de Saint-Just, qui en est la suite, tous les arbres qui existent tant dans
l'étendue desdits jardins et champs, que sur les bords des chemins qui
les entourent ; tous les matériaux provenant tant du maisonnage que

du puits à roue, et en outre se réservant, lesdits propriétaires, une surface de terrain en carré long, à l'est dudit jardin cédé, de 60 mètres de longueur sur la ligne du chemin de Saint-Just et du port, dans la partie la plus rapprochée de la ville, sur 15 mètres de profondeur, pour y construire des magasins, si jamais le terrain cédé par le présent traité, pour y élever une esplanade venait à changer de destination.

4° Il est encore réservé aux propriétaires la faculté de déposer la terre provenant de leurs déblais, sur toute la surface du jardin qu'ils cèdent à la ville, mais seulement en rehaussant d'un mètre le sol actuel; ils ne pourront y déposer que des terres et non des sables et graviers.

5° Les propriétaires feront porter les sables et graviers provenant de leurs déblais, et dont il n'auront pas l'emploi pour leurs constructions ou remblais, sur le chemin qui forme une ceinture autour de la ville.

6° La ville de Lunel s'engage à faire céder aux propriétaires, aux prix d'estimation, comme il est usité pour les travaux publics, et après l'homologation de la présente convention par l'autorité supérieure, tous les terrains qu'il leur sera nécessaire d'acquérir pour le dépôt de leurs déblais.

7° Le canal et le terrain qui en dépendent étant une propriété particulière, nul ne pourra s'arroger le droit d'y faucher des herbes, d'y faire paître des bestiaux, pêcher ou chasser sans y être autorisé par les propriétaires, à peine de toutes poursuites et condamnations de droit, et à raison de ce, tous les arrêts du conseil, lettres-patentes, ordonnances et règlements existants, continueront à être exécutés comme par le passé.

8° En compensation des dépenses considérables qu'exigent les améliorations qui vont être faites au port et canal, ainsi que la construction d'une écluse et de la cession que les propriétaires font à la ville de leur jardin potager et champ, ci-devant mentionnés, les parties, après avoir mûrement discuté les intérêts réciproques, tant du commerce et des habitants de la ville de Lunel et des environs, que ceux des propriétaires du canal, se sont accordés à augmenter les droits actuels de 25 vingtièmes, sans aucun droit d'écluse ni tout autre, sous quelque dénomination que ce soit, étant en outre convenus que dans les calculs du nouveau tarif qui sera annexé au présent acte, et dans lequel les anciens poids et mesures seront réduits au système décimal voulu par le gouvernement, toutes les fractions de centimes au-dessous du demi-centime seront comptées en faveur de la perception pour demi-centime, et toutes les fractions au-dessus du demi-centime seront comptées pour un centime entier.

9° La perception des droits, d'après le nouveau tarif, aura lieu du moment que les travaux seront en activité, les propriétaires s'engagent à les continuer et à les parachever sans interruption, à moins d'événements de force majeure légalement constatés. Le cahier des charges, sur lequel l'adjudication sera prononcée, déterminera le temps et le délai dans l'espace desquels l'adjudicataire sera tenu de parachever lesdits travaux.

10° Il sera fait un corps de règlements pour la navigation et la police du port et du canal; ils seront rédigés de manière que, sans être dans le cas de vexer arbitrairement le commerce ni les navigateurs, les propriétaires et leurs préposés puissent exercer une police prompte et nécessaire, et se garantir de la fraude et de la mauvaise foi ; ces règlements seront soumis à l'approbation des autorités compétentes, afin que l'exécution en soit assurée.

11° L'ouverture du canal d'embranchement projeté, qui joindrait le canal latéral de l'étang de Mauguio, également projeté, au canal de Lunel, étant d'une utilité indispensable, à cause du peu d'eau qu'il y a dans l'étang à de certaines époques ; ce qui rend l'entrée du canal de Lunel difficile et souvent impossible aux barques chargées, la ville de Lunel s'engage à joindre les sollicitations les plus pressantes à celles que feront les propriétaires pour obtenir du gouvernement cet embranchement et le redressement du Vidourle, et les faire rétablir dans le cahier des charges de la nouvelle concession proposée des droits de péage sur les canaux aboutissant au port de Cette.

12° Il sera remis à MM. les propriétaires une expédition en forme des diverses délibérations de la chambre de commerce et du conseil municipal, relatives à la présente convention passée entre eux et la ville de Lunel.

13° La présente convention, ensemble toutes les pièces à l'appui, comme plans, devis, délibérations et cahier des charges, seront soumis à l'approbation du gouvernement.

Fait en deux originaux, dont l'un doit rester déposé dans les archives de la ville de Lunel, et l'autre restera entre les mains de MM. les propriétaires du canal.

Montpellier, le 5 mars 1821. (Suivent les signatures.)

Tarif.

Pour un minot (soit 50 kilogrammes) sel.	0 fr. 11 c.
Pour un baril sardines ou anchois.	0 06
Pour un demi-baril *idem*.	0 03
Pour un tonneau harengades, soit sardines pressées.	0 56½
Pour 100 kilogrammes eau-de-vie.	0 27½
Pour un muids (soit 684 litres) vin.	2 25
Pour 100 kilogrammes fer.	0 27½
Pour un hectolitre blé.	0 17
Pour un hectolitre seigle ou mixture.	0 14½
Pour un hectolitre gros ou petit millet.	0 14½
Pour un hectolitre billon, vesces ou hesses.	0 22½
Pour 100 kilogrammes fèves ou légumes de toute espèce.	0 27½
Pour chaque cuir en poil.	0 11½
Pour 100 kilogrammes savon.	0 27½
Pour 100 kilogrammes sucre, cassonade, droguerie ou épicerie.	0 27½
Pour 100 kilogrammes draperies, laine ou mercerie.	0 27½
Pour 100 kilogrammes huile de toute espèce.	0 27½
Pour 100 kilogrammes foin.	0 27½
Pour 100 kilogrammes roseaux (réduits à moitié du nouveau tarif, devant payer comme le foin, d'après l'ancien tarif).	0 14

Dénomination des diverses espèces de bois.		
Pour une majourié.	1	35
Pour une bâtarde.	0	67½
Pour une filate.	0	34
Pour une tailladoine.	0	17
Pour un bigon ou coublet.	0	08¼
Pour chaque grosse (soit 12 douzaines) ais ou planches.	1	69

Pour chaque muids (soit 684 litres), tonneaux vides, vieux ou neufs. 0 34

Pour chaque charge (soit 124 kilogrammes) cercles ou osiers. 0 34

Pour chaque 100 kilogrammes charbon de bois ou de pierre. 0 27½

Pour une charge (soit 124 kilogrammes) terraille. . . 0 34

Pour 100 kilogrammes bois de chauffage. 0 14

Pour 100 kilogrammes pierre de taille. 0 14

Pour 100 kilogrammes cuir tanné et toute autre espèce de marchandises non mentionnées au présent tarif. . . . 0 27½

Pour une grande barque (dite penelle) fumier. . . . 0 50

Pour une petite barque (dite savoyarde) fumier. . . . 0 25

Fait et arrêté en deux originaux, à Montpellier, le 5 mars 1821. (Suivent les signatures.)

Ordonnance du roi, du 29 août 1821, relative à la construction d'un nouveau quai au port de Granville.

Louis, etc. Vu la pétition présentée, sous la date du 29 octobre 1817, par le commerce de Granville, tendant à obtenir l'autorisation de construire, à ses frais, un quai pour la jonction du môle de ce port avec le roc, et communiquer ainsi du faubourg au port ;

Vu la délibération prise, à ce sujet, par la chambre de commerce et le conseil municipal, les 10 août 1818, 22 août 1819, et 20 juin 1820;

Vu les plans et états estimatifs des travaux arrêtés par le conseil général des ponts et chaussées, le 11 novembre 1820, et l'avis de la commission mixte des travaux publics, du 21 février 1821, adopté par nos ministres de l'intérieur et de la guerre, les 2 mars et 4 mai suivants:

Notre conseil d'Etat entendu,

Nous avons ordonné et ordonnons ce qui suit:

Art. 1er. L'offre faite par la compagnie d'actionnaires formée par délibération du 22 août 1819, pour la construction d'un nouveau quai au port de Granville est acceptée.

2. Les travaux seront exécutés conformément aux plans et devis estimatifs arrêtés d'après l'avis de la commission mixte des travaux publics, du 21 février 1821.

3. Le fonds de l'association est fixé à cent actions de onze cents francs chacune ; le maire de Granville est autorisé à en prendre 25 au nom de la commune, conformément à la délibération du conseil municipal du 22 août 1819.

4. Les travaux seront exécutés par les soins immédiats d'une com-

mission syndicale, sauf la surveillance des ingénieurs des ponts et chaussées, sous le rapport de la partie d'art.

5. La commission syndicale sera nommée par le préfet; elle sera choisie parmi les actionnaires, et, autant que possible, parmi les plus intéressés, en raison du nombre d'actions pour lesquelles ils auront souscrit; elle sera composée de cinq membres, y compris le maire de Granville, qui en fera toujours nécessairement partie, et qui la présidera.

6. La commission syndicale, indépendamment de la direction des ouvrages, sera chargée de l'emploi des fonds, de la correspondance, des ventes, licitations, transactions, et généralement de tout le contentieux.

7. Les délibérations, ainsi que les comptes seront soumis à l'approbation du préfet.

8. L'association demeure chargée à perpétuité de l'entretien et conservation du quai; à cet effet, il nous sera présenté ultérieurement un projet de règlement sur le mode d'administration auquel elle devra se conformer, après les travaux de première construction, pour les dépenses annuelles, et le recouvrement des taxes sur les membres de l'association, ou leurs ayants cause.

9. Il est fait concession à perpétuité, au profit de la compagnie d'actionnaires, des terrains enlevés à la mer dans toute l'étendue du quai construit à ses frais, sauf l'emplacement que réclament la conservation de la batterie basse de l'œuvre, et la voie publique à établir sur ce quai, sur 14 mètres de largeur.

Ordonnance du roi, du 19 octobre 1821, portant règlement sur l'organisation des portefaix du canal de Givors.

Louis, etc.; sur ce qu'il nous a été représenté qu'il était survenu des difficultés entre le commerce et les autorités municipales des communes de Rive-de-Gier et de Givors, dans les départements de la Loire et du Rhône, d'une part, et les propriétaires du canal de Givors, d'autre part, relativement à l'exécution du règlement publié, le 13 février 1782, par une commission du conseil établie à Lyon, touchant le service des portefaix ou crocheteurs employés, sur le canal de Givors et sur les deux ports de Rive-de-Gier et de Givors, au chargement et au déchargement des charbons et autres marchandises, et qu'il était nécessaire d'augmenter les salaires attribués aux portefaix par ledit règlement;

Vu le règlement du 13 février 1782 susénoncé, et la loi du 12 juin 1791, concernant le canal de Givors; les délibérations des deux conseils municipaux de Rive-de-Gier et de Givors, des 5 mars 1816 et 8 septembre 1819; les observations fournies par les directeurs et syndics du canal de Givors; les avis et projets d'arrêtés donnés en 1817, 1820 et 1821, par les préfets du Rhône et de la Loire;

Considérant que des motifs d'utilité publique, et pris de l'intérêt commun du commerce et des propriétaires du canal, ont déterminé l'organisation et le régime donnés aux portefaix du canal de Givors par le règlement précité; que les mêmes motifs paraissent devoir le faire maintenir aussi longtemps qu'il n'en sera pas résulté des abus graves et manifestes;

Considérant, néanmoins, que cette organisation ne saurait préjudicier à la police supérieure qui appartient à l'autorité municipale sur des manouvriers, et particulièrement dans un lieu public, et voulant assurer l'exercice de cette surveillance et statuer sur d'autres difficultés survenues dans l'exécution du règlement de 1782;

Notre conseil d'Etat entendu,

Nous avons ordonné et ordonnons ce qui suit :

Art. 1er. Le mode d'organisation et de nomination établi pour les portefaix employés au service du canal de Givors par le règlement du 13 février 1782, est maintenu.

2. Nul portefaix ne pourra être admis qu'il ne soit porteur d'un certificat de bonne vie et mœurs du maire de la commune, visé par le sous-préfet de l'arrondissement.

3. L'autorité municipale continuera d'exercer, tant sur les ports du canal que sur les portefaix et autres ouvriers y employés, la police qui lui est attribuée par les lois.

4. L'inspecteur préposé à la surveillance du mesurage des charbons, nommé par le maire, veillera à ce que les portefaix, en mettant le charbon dans la mesure, exécutent cette opération d'une manière loyale et marchande, et qui ne donne lieu à aucune plainte. Tout portefaix qui occasionnerait habituellement des plaintes fondées à cet égard, sera, sur la demande du maire du port où il sera employé, renvoyé du service.

5. Les propriétaires ou exploitants d'usines situées dans les communes des ports continueront de pouvoir faire décharger par qui ils jugeront à propos les charbons et autres marchandises destinés à leurs usines, ainsi que les produits desdites usines; la même liberté appartiendra aux habitants des bords du canal, pour les objets destinés à leur approvisionnement.

6. Les règlements de police intérieure qu'il y aurait lieu de faire pour le service des portefaix des deux ports seront dressés par les maires respectivement, et autorisés par les préfets du Rhône et de la Loire, chacun en droit soi, après avoir été approuvés par notre ministre secrétaire d'Etat de l'intérieur.

7. Il en sera de même des tarifs à établir pour les salaires des portefaix : ces tarifs toutefois ne seront autorisés par les préfets qu'après avoir entendu les conseils municipaux des deux communes, ainsi que les propriétaires du canal.

Ordonnance du roi, du 21 novembre 1821, contenant règlement sur le mode d'exploitation du minerai de fer des terrains houillers du département de la Loire.

Louis, etc.; sur ce qu'il nous a été représenté par notre ministre secrétaire d'Etat au département de l'intérieur, qu'il est nécessaire de pourvoir par un règlement général au mode d'exploitation du minerai de fer des terrains houillers du département de la Loire, lequel se présente dans des gisements qui n'avaient pas été exploités jusqu'ici;

Notre conseil d'Etat entendu,

Nous avons ordonné et ordonnons ce qui suit :

Art. 1er. Le minerai de fer, lorsqu'il se présentera à la surface du sol sans aucune connexité avec des couches de houille exploitables, et qu'il pourra être extrait à ciel ouvert sans danger reconnu par l'administration pour son exploitation future, sera exploité conformément aux dispositions du titre VII, section II, de la loi du 21 avril 1810.

2. Le minerai de fer, quand il sera dans la profondeur sans aucune connexité avec de la houille exploitable, et toutes les fois qu'il y aura lieu de pousser des ouvrages souterrains, soit dans des terrains non compris dans une concession ou dont le concessionnaire aurait été régulièrement déchu, soit dans des travaux abandonnés de recherche et d'exploitation, ne pourra être exploité qu'en vertu d'un acte spécial de concession obtenu conformément aux dispositions du titre IV de la loi du 21 avril 1810, et sous les réserves portées à l'article 70 de cette loi.

3. Le minerai de fer, lorsqu'il se présentera en connexité avec la houille exploitable, sera concédé, de préférence, au même concessionnaire que celui de la houille, à la charge par lui de payer, pour cette seconde concession, une rétribution nouvelle aux propriétaires du sol, de fournir le minerai de gré à gré, ou à dire d'experts, à l'usine qui sera déterminée par l'acte de concession, et sauf l'application, s'il y a lieu, de l'article 49 de la loi du 21 avril 1810.

Ordonnance du roi, du 11 décembre 1821, approuvant l'adjudication de la concession du canal Saint-Martin au sieur Vassal.

Louis, etc.; vu la loi du 5 août 1821, par laquelle le gouvernement est autorisé à conclure, avec publicité et concurrence, un traité pour l'exécution des travaux du canal Saint-Martin;

Vu le procès-verbal du 12 novembre 1821, constatant les opérations faites à la préfecture du département de la Seine, pour parvenir à l'adjudication de cette entreprise;

Nous avons ordonné et ordonnons ce qui suit :

Art. 1er. L'adjudication de la concession de l'entreprise du canal Saint-Martin, faite et passée le 12 novembre 1821, par le préfet du département de la Seine, au sieur Vassal, agissant au nom de la compagnie des canaux de l'Ourcq et de Saint-Denis, pour le prix de cinq millions quatre cent soixante-dix mille francs, est approuvée.

Toutes les charges, clauses et conditions contenues au cahier de charges relaté dans le procès-verbal d'adjudication du 12 novembre dernier, recevront leur pleine et entière exécution.

2. Le cahier de charges et le procès-verbal d'adjudication, ainsi que les pièces y relatées, demeureront annexées à la présente ordonnance.

Charges et conditions du traité à conclure pour l'entreprise du canal Saint-Martin.

Art. 1er. La compagnie s'engage à exécuter à ses frais, risques et périls, et au profit de la ville de Paris, d'ici au 1er janvier 1826, tous les travaux et ouvrages d'art nécessaires pour la confection et l'entier achèvement du canal Saint-Martin et de ses dépendances, depuis la sortie du bassin de la Villette jusqu'à son débouché dans la Seine.

2. Le canal sera exécuté conformément au plan général, n° 1, aux profils en longueur et en travers, nos 2, 3, 4, 5, 6, 7, et au tableau coté A, contenant l'indication et la description sommaire des ponts, écluses, égouts et autres ouvrages formant l'ensemble de l'entreprise ; lesquels plan, profils et tableau demeureront annexés au présent traité ; et il ne pourra y être apporté aucune modification sans l'approbation préalable du préfet de la Seine.

3. La largeur du terrain à occuper par le canal sera de 60 mètres, dont 27 mètres entre les quais et 16 mètres 50 centimètres pour chacun des quais.

Cette largeur, déterminée par le plan général n° 1, et par le profil en travers n° 7, sera uniforme dans toute la longueur du canal, excepté :

1° Dans les fossés de l'arsenal où les quais seront limités par les murs actuels, sauf les modifications qui devront résulter des travaux à faire pour la restauration de ces murs, et qui sont indiquées article 10 du tableau coté A ci-annexé ;

2° Sur la rive droite du canal, entre les rues Grange-aux-Belles et du Faubourg-du-Temple, où il sera formé une place contiguë aux quais, et destinée principalement aux dépôts des marchandises à embarquer ou à débarquer. Cette place aura 300 mètres de longueur sur 150 mètres de largeur, non compris le quai.

La compagnie aura la faculté d'élever autour de cette place, sur trois côtés, dans une largeur de 25 mètres, conformément au plan n° 1, ainsi qu'il est stipulé article 11 du tableau coté A, des magasins d'utilité publique dont la propriété, comme dépendance du canal, demeurera à la ville à l'expiration de la concession.

4. Tous les terrains nécessaires pour l'emplacement du canal dans les dimensions prescrites par l'article précédent seront fournis par la ville de Paris et à ses frais ; ils seront mis à la disposition de la compagnie, savoir :

Ceux déjà acquis, sur la première réquisition, et ceux restant à acquérir, à mesure des besoins ou de l'avancement des travaux, et de manière à ne pas en retarder l'exécution.

5. Si pour des dépôts ou emprunts de terre, établissement de talus, fossés de desséchement, etc., il était nécessaire d'occuper des terrains non compris dans la superficie ci-dessus déterminée, les frais d'acquisition ou d'indemnités temporaires qui en résulteront, seront à la charge de la compagnie.

6. La compagnie sera également et exclusivement passible, pendant toute la durée de sa concession, des indemnités de toute nature auxquelles pourront donner lieu les filtrations du canal, les ruptures de digues, les détériorations de terrains, et en général tous dommages

causés aux propriétés particulières, soit par l'effet des travaux, soit par suite de l'existence du canal et de ses dépendances.

7. Toutes contestations qui pourraient s'élever entre la compagnie et les particuliers pour raison des indemnités dont elle sera passible en vertu des deux articles précédents ou pour quelque autre motif que ce soit, seront portées devant les tribunaux.

8. Sous la condition que la compagnie remplira exactement toutes les obligations qui résultent du présent traité, la ville de Paris lui concède la jouissance du canal Saint-Martin pendant quatre-vingt-dix-neuf années, à partir du 1er janvier 1823.

La compagnie jouira exclusivement des droits de navigation et de stationnement qui seront établis sur ledit canal.

Elle percevra ces droits à son profit, conformément au tarif fixé par les lois des 20 mai 1818 et 5 août 1821, lequel tarif sera annexé au présent traité, n° 8.

La compagnie jouira également des chûtes d'eau de ce canal et en disposera à son profit, mais seulement pour l'entretien des usines qu'elle pourra établir aux conditions stipulées dans les articles ci-après, et sous la réserve expresse qu'elle ne pourra vendre ni distribuer dans Paris aucune portion des eaux du canal Saint-Martin.

Les produits de la pêche appartiendront aussi à la compagnie.

9. Le canal Saint-Martin sera doté du même volume d'eau que celui du canal Saint-Denis, c'est-à-dire qu'après le prélèvement des quatre mille pouces d'eau réservés au bassin de la Villette par la ville de Paris, pour la distribution aux fontaines publiques, conformément à l'article 4 du traité du 19 avril 1818, tout le surplus des eaux qui seront amenées par la dérivation de l'Ourcq, sera partagé également entre ces deux canaux. Ce partage sera fait sous la surveillance et l'autorité de l'administration aussitôt après la réception des travaux du canal Saint-Martin.

Cependant si, à cette époque, le volume d'eau qui restera disponible après le prélèvement des quatre mille pouces réservé par la ville de Paris ne s'élevait pas à quinze cents pouces d'eau pour chacun des canaux de Saint-Denis et Saint-Martin, ce dernier canal aura droit, comme celui de Saint-Denis, au quart du volume total des eaux amenées par la dérivation.

Dans tous les cas, sur le volume d'eau qui formera la part du canal Saint-Martin, la compagnie devra en affecter d'abord, et par préférence, six cents pouces pour sa navigation; l'excédent de ces six cents pouces pourra seul être employé au cours d'eau des usines.

Il est bien entendu que, dans tous les cas de chômage résultant de la pénurie d'eau ou d'avaries quelconques à la dérivation de l'Ourcq, la compagnie du canal Saint-Martin sera soumise à toutes les conséquences qui résultent des obligations contractées par le traité du 19 avril 1818, sans qu'aucune de ces conséquences puisse en résultat donner droit à ladite compagnie de réclamer, auprès de la ville de Paris, aucune espèce d'indemnité ni dommages-intérêts pour le fait de ces chômages ou avaries.

10. L'administration s'engage à continuer, après l'expiration de la concession, le service des cours d'eau qui auront été établis pour l'entretien des usines, à la condition que les propriétaires de ces usines

payeront à la ville de Paris, pour la jouissance desdits cours d'eau, un prix de location qui sera alors fixé à l'amiable ou par une expertise contradictoire qui sera renouvelée à chaque période de vingt-cinq ans.

11. Il est entendu que les bâtiments des usines, les magasins et toutes dépendances établis sur des terrains autres que ceux qui auront été fournis par la ville de Paris, resteront à perpétuité la propriété de la compagnie ou de ses ayants droit.

12. La compagnie sera tenue d'entretenir à ses frais, pendant toute la durée de la concession, tous les ouvrages du canal Saint-Martin, et d'y faire toutes les réparations et améliorations de quelque nature qu'elles soient.

Sont exceptés de cet entretien les travaux qui auront été faits par la compagnie pour le raccordement des chaussées des rues, aux abords des quais et ponts du canal. L'entretien de ces chaussées de raccordement, faisant partie de la voie publique, rentrera à la charge de l'administration aussitôt après la réception desdits travaux, laquelle devra être faite après le premier relevé à bout du pavé.

13. La compagnie ne sera pas chargée du pavage ni de l'entretien des chaussées à établir sur les deux quais du canal et sur la place destinée à former un port de décharge. Ces quais et cette place, faisant partie de la voie publique, seront pavés et entretenus aux frais de l'administration, ou suivant les règlements en vigueur pour le pavage des rues de Paris, après que la nécessité en aura été reconnue par l'administration, et que tous les ouvrages de terrassements à y faire par la compagnie auront été achevés et consolidés.

Il est convenu que, par mesure de police, il sera réservé et mis à la disposition de la compagnie, le long desdits quais, une largeur de cinq mètres, à partir des bords du canal, pour servir au mouvement des marchandises. Cette portion des quais ainsi réservée ne pourra pas être enclose ni interdite aux promeneurs, et la compagnie ne pourra pas exiger qu'elle soit pavée ni entretenue aux frais de l'administration.

14. Toutes les dépenses, prévues ou imprévues, qui résulteront soit de l'exécution des travaux du canal, tels qu'ils sont prescrits par le présent traité, soit des améliorations qui pourront y être faites pour les consolider ou les perfectionner, soit enfin de l'entretien ou de l'exploitation dudit canal, seront entièrement à la charge de la compagnie, qui ne pourra réclamer de la ville de Paris aucune participation dans ces dépenses, ni aucune indemnité, ni aucune contribution autre que celle qui est stipulée dans l'article suivant.

15. Pour compenser l'excédant des dépenses à la charge de la compagnie sur le capital représentatif des revenus présumés, la ville de Paris payera à la compagnie, à titre de forfait, une somme de cinq millions quatre cent soixante-dix mille francs, montant du prix d'adjudication. Cette somme sera payée en numéraire, aux termes et de la manière ci-après indiqués.

16. Ladite somme de cinq millions quatre cent soixante-dix mille francs sera acquittée par la ville de Paris entre les mains de la compagnie, en seize payements égaux, qui seront effectués successivement, de trimestre en trimestre, mais qui ne seront exigibles qu'après qu'il aura été constaté que les travaux sont suffisamment avancés dans une

proportion corelative à l'évaluation des ouvrages et à la somme à payer par la ville de Paris.

Lesdits payements d'à-comptes trimestriels seront basés, en raison de l'avancement des travaux, sur les prix proportionnels portés dans l'état indicatif ci-annexé, n° 9.

Il est bien entendu que, quelle que soit l'accélération des travaux, lesdits payements ne seront effectués que de *trimestre en trimestre*, et dans le cours complet de quatre années, à partir du 1er janvier 1822 jusqu'au 1er janvier 1826, sans qu'aucun de ces payements puisse s'élever à une somme excédant le seizième du montant du forfait.

17. La compagnie sera substituée au lieu et place de la ville de Paris, en ce qui concerne l'adjudication passée au sieur Michau, entrepreneur de maçonnerie, le 20 mars 1813, pour la confection de la partie voûtée du canal Saint-Martin, qui traverse la place de la Bastille. En conséquence, la compagnie s'engage à remplir, pour la ville de Paris, toutes les obligations résultant de ce marché, soit en faisant continuer l'exécution des travaux dont il s'agit aux clauses et conditions de ladite adjudication, soit en prenant avec l'adjudicataire tels arrangements qu'elle jugera convenables pour le désintéresser, de manière qu'il n'ait aucune répétition à faire auprès de la ville de Paris, soit enfin en supportant les frais auxquels la résiliation de ce marché pourrait donner lieu.

18. La compagnie sera tenue de verser à la caisse municipale une somme de vingt mille francs, au moyen de laquelle la ville se chargera de payer les dépenses qui ont été faites par la compagnie des canaux de l'Ourcq et de Saint-Denis, pour le complément de l'étude des projets du canal Saint-Martin, qui font la base du présent traité.

Conditions générales. — 19. Quel que soit le mode que la compagnie suivra pour l'exécution des travaux et pour toutes les parties de l'exploitation du canal, elle restera constamment et personnellement responsable de tous les résultats de l'entreprise envers l'administration, qui ne reconnaîtra aucun sous-traité.

20. La compagnie sera tenue de se conformer, pendant l'exécution des travaux et durant toute la durée de sa jouissance, aux lois et règlements concernant la voirie, la police, la navigation, etc.

Elle sera pareillement tenue de supporter et de faciliter l'action de la direction de l'octroi de Paris, sur les marchandises soumises aux droits d'entrée qui seront introduites dans le canal.

21. Les travaux du canal Saint-Martin seront exécutés par des ingénieurs et conducteurs des ponts et chaussées, nommés par M. le directeur général, sur la présentation de la compagnie et la proposition du préfet.

22. Il y aura auprès de l'administration de la préfecture de la Seine un commissaire spécial choisi parmi les inspecteurs généraux des ponts et chaussées.

Ce commissaire sera chargé de donner son avis au préfet sur toutes les demandes et propositions de la compagnie tendantes à l'exécution des dispositions du présent traité, comme aussi de suivre et de surveiller l'exécution de tous les travaux du canal, et d'en constater l'avancement aux époques des payements à faire par la ville.

23. Pour garantie des engagements résultant du présent traité, la

compagnie s'oblige à fournir un cautionnement de la valeur d'un million en immeubles ou de cinquante mille francs de rentes sur l'Etat ou la ville de Paris, lequel cautionnement ne sera rendu que progressivement, au fur et à mesure de l'avancement des travaux, et dans des proportions relatives à la portion des dépenses pour laquelle la compagnie doit contribuer dans l'exécution du canal.

24. Faute par la compagnie d'exécuter les travaux et de remplir les diverses obligations qu'elle contracte dans le présent traité, elle encourra la déchéance; et, dans ce cas, tous les ouvrages construits ou en exécution, les approvisionnements, matériaux et équipages, ainsi que le cautionnement ou la partie qui resterait encore en dépôt, deviendront la propriété de la ville de Paris, sans qu'il y ait lieu à aucun recours de la part de la compagnie, ni de celle des intéressés, privilégiés et autres ayants droit.

La présente stipulation n'est pas applicable au cas où la cause de l'interruption ou de la non-confection des travaux proviendrait de force majeure.

25. Après l'achèvement du canal Saint-Martin, il sera dressé un état descriptif des ponts, écluses, aqueducs et autres ouvrages d'art qui seront exécutés conformément aux conditions du présent traité et au tableau coté A ci-annexé.

Cet état, dûment arrêté en double expédition, sera conservé comme annexe du traité, pour servir au recollement qui sera fait lorsque la ville de Paris rentrera en jouissance dudit canal.

26. A l'époque de l'expiration de la concession, la compagnie sera obligée de remettre à la ville de Paris, en bon état d'entretien, le canal Saint-Martin avec les ouvrages d'art et autres dépendances indiquées dans l'état descriptif qui aura été dressé en vertu de l'article précédent.

La ville de Paris rentrera immédiatement dans la jouissance des droits de navigation, de stationnement, de location de cours d'eau employés aux usines, enfin de tous les droits quelconques qui se trouveront alors établis sur le canal Saint-Martin, et dont la perception lui sera rendue.

27. L'adjudication ne sera définitive qu'après l'approbation du gouvernement. (*Suivent les signatures.*)

Procès-verbal des opérations faites pour parvenir à l'adjudication de l'entreprise du canal Saint-Martin.

Ce jourd'hui, 12 novembre 1821, nous, comte Chabrol de Volvic, conseiller d'Etat, préfet du département de la Seine, assisté de M. Walckenaer, maître des requêtes, secrétaire général de la préfecture, et de M. Tarbé de Vaux-Clairs, maître des requêtes, inspecteur général des ponts et chaussées;

En présence de M. Bellart, président du conseil municipal de la ville de Paris et de la commission spéciale chargée, en vertu d'une délibération dudit conseil, de suivre l'affaire du canal Saint-Martin, et de MM. Montamant, secrétaire; Breton, Bricogne, Bonnet, Gauthier et Olivier, membres du conseil municipal et de ladite commission;

Nous avons procédé aux opérations suivantes pour parvenir à l'adjudication de l'entreprise du canal Saint-Martin, conformément aux bases et au mode arrêtés dans les délibérations précédentes de ladite commission, et en exécution des dispositions prescrites par l'article 3 de la loi du 5 août 1821.

La séance a été ouverte à neuf heures du matin, dans l'une des salles de l'Hôtel-de-Ville. Il a d'abord été fait un résumé des diverses dispositions arrêtées par la commission du conseil municipal pour adjuger l'entreprise du canal Saint-Martin, avec publicité et concurrence, conformément à l'article 3 de la loi précitée.

Lecture a été faite de deux annonces insérées successivement dans le *Moniteur* des 16 septembre et 9 octobre 1821, ainsi que dans tous les autres journaux de la capitale, pour avertir le public que la concurrence était ouverte pour l'entreprise du canal Saint-Martin; lesdites annonces contenant en substance : un appel à toutes les personnes qui voudraient se charger de cette entreprise; une indication des formalités à remplir et de la nature des engagements qu'elle comporte, l'offre de communiquer les plans, détails des travaux et le cahier des charges, clauses et conditions dont les minutes sont restées déposées à la préfecture jusqu'à ce jour, avec une invitation ainsi conçue : « Les personnes qui veulent concourir sont invitées à adresser au préfet de la » Seine, *jusqu'au 25 du mois d'octobre, une déclaration portant qu'elles* » *sont dans l'intention de soumissionner l'entreprise du canal Saint-* » *Martin, aux clauses et conditions imposées par l'administration.* Cette » déclaration, dont on pourra donner un reçu, devra, à défaut de la » preuve notoire, être accompagnée de pièces authentiques prouvant » que le signataire peut fournir le cautionnement d'un million, et les » autres garanties qu'exige cette entreprise importante.

» Ces déclarations seront examinées et jugées par la commission chargée d'arrêter la liste des concurrents admissibles, auxquels il sera » donné ultérieurement des instructions sur les formes et l'époque de » l'adjudication, etc. »

Il a été ensuite exposé que, d'après ces annonces et dans l'intervalle compris entre l'époque de leur publication jusqu'au 25 du mois d'octobre, *six déclarations* portant que les signataires étaient dans l'intention de concourir pour l'adjudication du canal Saint-Martin, ont été adressées au préfet de la Seine, et ont été soumises ensuite à l'examen de la commission, qui, dans sa délibération du 29 du même mois d'octobre, a jugé que tous les signataires offraient, par la preuve notoire, des garanties suffisantes, et a, en conséquence, arrêté et clos la liste des concurrents admissibles, composée, ainsi qu'il suit, des signataires desdites déclarations, savoir :

1° M. Vassal et compagnie, banquiers à Paris;

2° M. Thuret et compagnie, banquiers à Paris;

3° M. Berard, tant en son nom qu'en ceux de MM. Laffitte et compagnie, et André Cottier, banquiers à Paris;

4° Le comte de Saint-Didier;

5° Lettré, banquier à Paris;

6° Destors, propriétaire, entrepreneur de bâtiments.

Après cet exposé, il a été fait lecture de la lettre adressée le 31 octobre 1821, par le préfet de la Seine, à chacun des six concurrents ci-dessus dénommés, pour leur annoncer leur admission à la concurrence; cette lettre, à laquelle étaient jointes des copies du cahier des charges et conditions, et du tableau indicatif des ouvrages à faire pour la confection du canal Saint-Martin, avec l'invitation de prendre à la préfecture connaissance des plans et projets dudit canal, ainsi que tous les autres renseignements nécessaires aux concurrents, contient, ainsi qu'il suit, l'énonciation du mode et de l'époque de l'adjudication dont il s'agit, conformément à ce qui a définitivement été arrêté par la commission du conseil municipal, dans sa séance du 29 octobre.

« L'adjudication du canal Saint-Martin sera faite à l'extinction des feux,
» et au rabais d'une mise à prix qui sera annoncée à l'ouverture de la
» séance : on n'admettra pas de rabais inférieur à la somme de dix mille
» francs.

» Cette adjudication aura lieu en présence d'une commission du con-
» seil municipal, le lundi 12 novembre 1821, à midi précis, dans l'une
» des salles de l'Hôtel-de-Ville, où il ne sera admis que les concurrents
» agréés, etc. »

Nous nous sommes ensuite occupés du dernier examen et de la révision entière du cahier des charges, dont quelques clauses ont été modifiées par une nouvelle rédaction, et auquel deux conditions ont été ajoutées.

Nous avons également discuté de nouveau le montant de la mise à prix, en ce qui concerne la portion contributoire de la ville de Paris, dans les dépenses auxquelles les travaux du canal Saint-Martin donneront lieu, et après avoir considéré les différentes offres qui nous ont été faites antérieurement pour traiter de cette entreprise à l'amiable, et avoir combiné l'évaluation des dépenses prévues avec les revenus présumés et les chances de l'entreprise; nous avons, d'un avis unanime, fixé ladite *mise à prix* pour la portion contributoire à payer, à titre de forfait, par la ville de Paris, ainsi qu'il est stipulé par l'article 15 du cahier des charges, à la somme de cinq millions cinq cent mille francs, au rabais de laquelle l'adjudication sera tranchée après l'extinction des feux.

Et, à une heure de relevée, nous avons fait entrer dans la salle de la séance les personnes représentant et composant les six compagnies admises à la concurrence, et dénommées ci-dessus.

Lecture a été faite : 1° du cahier des charges avec les modifications et additions qui venaient d'y être faites; 2° du tableau coté A annexé audit cahier, lequel contient l'indication et la description sommaire des ponts, écluses, égouts et autres ouvrages formant l'ensemble de l'entreprise; 3° des autres annexes relatées dans ledit cahier des charges.

Après avoir répondu à quelques observations faites par les concurrents, et avoir satisfait à leurs demandes sur quelques renseignements qui leur ont paru nécessaires, deux des concurrents nous ont déclaré qu'ils s'étaient réunis, savoir :

Le comte de Saint-Didier à la compagnie des canaux de Paris, dont il fait partie, laquelle est représentée par M. Vassal, banquier;

Le sieur Destors à M. Thuret, banquier.

En conséquence, la liste des concurrents s'est trouvée réduite ainsi qu'il suit, savoir :

Le sieur Vassal, banquier, agissant tant en son nom qu'en celui de la compagnie des canaux;

Le sieur Destors, en compagnie avec M. Thuret, banquier;

Le sieur Bérard, tant en son nom qu'en celui de M. Laffitte et de MM. André Cottier, banquiers;

Le sieur Lettré et compagnie, banquier.

Le rabais a été ouvert sur la somme de cinq millions cinq cent mille francs, montant de la mise à prix, ci. . . . . . . 5,500,000 fr.

Un premier feu a été allumé, pendant la durée duquel il a été offert un premier rabais de dix mille francs par M. Destors; puis un second rabais de même somme par M. Bérard, ce qui a réduit le prix de l'adjudication à. . . . . 5,480,000 fr.

Un second feu a été allumé, pendant la durée duquel M. Vassal a offert un troisième rabais de dix mille francs, au moyen duquel le prix de l'adjudication s'est trouvé réduit à. . . . . 5,470,000 fr.

Un troisième et un quatrième feux ayant été allumés, et s'étant éteints sans qu'il ait été fait de nouveau rabais,

L'adjudication de la concession de l'entreprise du canal Saint-Martin a été faite et passée à M. Vassal, agissant au nom de la compagnie des canaux, demeurant faubourg Poissonnière, n° 2, pour le prix et somme de cinq millions quatre cent soixante-dix mille francs, et en outre aux charges, clauses et conditions contenues dans le cahier des charges, devis et annexes mentionnés ci-dessus, lesquels, après avoir été signés, cotés et paraphés par ledit adjudicataire, resteront annexés à la minute du présent procès-verbal, et a ledit adjudicataire signé avec nous, conseiller d'Etat, préfet de la Seine, et les membres de la commission dénommée ci-dessus, etc.

A l'Hôtel-de-Ville, les mois, jour et an que dessus. (*Suivent les signatures.*)

Ordonnance du roi, du 16 janvier 1822, relative à la fixation des droits à percevoir sur les bateaux pour le passage sous les ponts de Paris (1).

Louis, etc.; vu le décret du 28 janvier 1811, relatif à la navigation sous les ponts de Paris;

Notre conseil d'Etat entendu,

Nous avons ordonné et ordonnons ce qui suit:

Art. 1er. Le salaire des chefs de ponts de Paris, institués par le décret du 28 janvier 1811, sera établi, à partir du 1er janvier 1822, conformément au tarif annexé à la présente ordonnance.

2. Il est défendu à tous autres que les chefs de ponts de passer les bateaux sous les ponts.

Sont exceptés de cette disposition:

1° Les coches et alléges dépendant de l'entreprise des coches de la Haute-Seine qui seront descendus aux ports Saint-Paul et de la Tournelle, ou qui en sont remontés;

2° Les toues et bateaux de bois qui seront débardés à l'île Louviers, à l'Arsenal et au Port-au-Vin;

---

(1) Voir l'ordonnance royale en date du 13 août 1823.

3° Les margotats, bachots et doubles bachots;

4° Les bateaux de charbon de bois, mais seulement jusqu'à la gare de la Femme-sans-Tête.

3. Les chefs de ponts prendront les bateaux dans le bassin de la Rapée.

4. Les déclarations à fin de lâchage continueront d'être faites conformément au décret du 28 janvier 1811.

Les chefs de ponts donneront acte de l'inscription des déclarations.

5. Les chefs de ponts seront tenus de descendre les bateaux selon l'ordre de date des inscriptions, et dans les trois jours des déclarations.

Soixante-douze heures après la déclaration, les bateaux seront à la charge et responsabilité des chefs de ponts jusqu'à ce qu'ils soient rendus au port de leur destination.

Les bateaux chargés pour le compte du gouvernement seront descendus à la première réquisition.

6. Les chefs de ponts seront tenus de lâcher les bateaux tant que l'eau n'aura pas atteint la hauteur de trois mètres deux cent quarante-huit millimètres (dix pieds), et les toues, la hauteur de trois mètres huit cent quatre-vingt-dix-huit millimètres (douze pieds); la hauteur de l'eau se prendra à l'échelle du pont de la Tournelle.

Les bateaux devront avoir trois cent vingt-cinq millimètres (douze pouces) de bords, et les toues deux cent soixante et onze millimètres (dix pouces).

7. Les marchands de bois auront la faculté, sous l'autorisation préalable de notre préfet de police, de faire décharger leurs bateaux, savoir : avant la déclaration aux chefs de ponts, sur tel point qu'ils jugent convenable, et, après la déclaration, sur les ports du haut, si, trois jours après la déclaration, ils n'ont pas été descendus.

8. Les chefs de ponts seront tenus de lâcher les bateaux de charbon de bois toutes les fois que le comble pourra passer sous les ponts.

9. Les déclarations à fin de remontage continueront d'être faites conformément au décret du 28 janvier 1811.

Les chefs de ponts donneront acte de l'inscription des déclarations.

10. Les chefs de ponts seront tenus de remonter les bateaux déclarés dans les trois jours de la déclaration.

Lorsque la saison pourra faire craindre les glaces, c'est-à-dire depuis le 15 novembre jusqu'au 15 février, ils seront tenus de remonter les bateaux dans les vingt-quatre heures qui suivront la déclaration.

11. Après les trois jours de la déclaration, dans les temps ordinaires, et après vingt-quatre heures de la déclaration, depuis le 15 novembre jusqu'au 15 février, les chefs de ponts sont responsables des bateaux jusqu'à ce qu'ils les aient rendus à leur destination.

12. Notre préfet de police recevra toutes les soumissions qui lui seront faites pour le service du halage et remontage des bateaux dans Paris.

13. Les soumissions contiendront : 1° l'obligation de se conformer aux dispositions de la présente ordonnance et des règlements existants sur le même service; 2° le rabais qui sera offert à raison de tant pour cent applicable à tous les prix du tarif; 3° l'obligation de payer annuellement à la ville de Paris, pendant la durée du bail, la somme fixe de quinze mille cinq cents francs, comme prix du droit exclusif attribué

aux chefs de ponts, selon les dispositions de l'article 14 du décret du 28 janvier 1811.

14. L'adjudication sera passée en conseil de préfecture par notre préfet de police, comme pour les travaux publics, en prenant en considération, outre le rabais offert, la capacité des soumissionnaires.

15. Lorsque l'adjudication aura été passée, il sera ajouté au tarif une colonne contenant la réduction des prix ou salaires d'après le rabais de l'adjudication. Les prix ou salaires seront seuls exigibles.

16. Le tout sera soumis à l'approbation de notre ministre de l'intérieur, sur le rapport de notre directeur général des ponts et chaussées et des mines.

17. Le tarif réduit comme il est dit ci-dessus sera affiché dans les lieux les plus apparents des bureaux des chefs de ponts, et dans les ports et gares de Paris.

18. Les dispositions du décret du 28 janvier 1811, qui ne sont pas contraires à la présente ordonnance, sont maintenues selon leur forme et teneur.

TARIF

des prix fixés pour le service des ports de Paris, à partir du 1er janvier 1822.

GARE où les bateaux seront pris.	PORTS où les bateaux seront conduits.	OBJET du service.	TOUES de charbon de terre.	BARQUETTES de 20 mètres et au-dessous, et toues de bois.	BARQUETTES au-dessus de 20 mètres, et toues de charbon de bois et marchandises.	BATEAUX de 20 à 28 mètres.	BATEAUX de 28 à 38 mètres.	OBSERVATIONS.
	La Tournelle	Lâchage	10 } 18	7 } 12	12 } 20	15 } 24	18 } 28	Les bateaux de bois, seulement qui seront descendus à fausse charge à la Conférence au-dessus du pont Louis XVI, payeront, savoir :
		Remontage	8	5	8	9	10	
	Saint-Paul	Lâchage	12 } 21	8 } 14	18 } 27	18 } 28	21 } 32	
		Remontage	9	6	9	10	11	
	Miramiones	Lâchage	12 } 21	8 } 14	15 } 24	21 } 31	24 } 29	
		Remontage	9	6	9	10	15	
	Grève ou place aux Veaux	Lâchage	12 } 24	8 } 16	18 } 30	24 } 39	30 } 50	
		Remontage	12	8	12	15	20	
La Rapée	Bassin du Pont-Neuf	Lâchage	21 } 33	14 } 22	30 } 42	55 } 70	66 } 90	Par bateau : Lâchage... 64 } 90 Remontage. 26 }
		Remontage	12	8	12	15	24	
	Quai d'Orsay, ou la Conférence au-dessus du pont Louis XVI.	Lâchage	24 } 42	16 } 28	34 } 52	60 } 80	74 } 100	Par toue : Lâchage... 19 } 34 Remontage. 15 }
		Remontage	18	12	18	20	26	
	Quai des Invalides, ou la Conférence au-dessous du pont Louis XVI.	Lâchage	27 } 47	18 } 31	40 } 60	65 } 90	90 } 118	
		Remontage	20	13	20	25	28	
	Ile des Cygnes, ou la grille de la Conférence.	Lâchage	30 } 50	20 } 33	42 } 63	70 } 100	95 } 128	
		Remontage	20	13	21	30	33	

Ordonnance du roi, du 3o janvier 1822, approuvant le traité relatif à la con-cession des canaux des Etangs et du canal latéral à l'étang de Mauguio.

Louis, etc. ; vu la loi du 5 août 1821, par laquelle le gouvernement est autorisé à concéder le péage qui se perçoit sur le canal des Etangs, et les droits à percevoir sur le canal latéral à l'étang de Mauguio et sur l'embranchement de ce canal avec celui de Lunel, à la charge par le concessionnaire de fournir la somme de 1,750,000 fr., reconnue nécessaire pour exécuter les divers travaux mentionnés au cahier des charges annexé à ladite loi, et l'embranchement du canal latéral de Mauguio au canal de Lunel, ou de se charger de l'exécution des travaux;

Vu les cinq soumissions présentées au gouvernement par suite des publications faites pour appeler la concurrence; et attendu que les conditions les plus favorables à l'Etat sont celles proposées par le sieur Usquin et compagnie, qui ont offert d'exécuter les travaux moyennant la concession pendant vingt-neuf ans et neuf mois des perceptions que le gouvernement est autorisé à concéder;

Vu le traité passé le 22 janvier 1822, entre notre directeur général des ponts et chaussées, autorisé par notre ministre secrétaire d'État de l'intérieur, d'une part, et le sieur Usquin et compagnie, d'autre part,

Nous avons ordonné et ordonnons ce qui suit :

Art. 1er. Le traité passé le 22 janvier 1822 entre notre directeur général des ponts et chaussées et le sieur Usquin et compagnie, est approuvé : toutes les charges, clauses et conditions qui y sont contenues recevront leur pleine et entière exécution.

2. Une expédition de ce traité, ainsi que le plan qui y est relaté, demeureront annexés à la présente ordonnance.

Traité.

Entre les soussignés Louis Becquey, conseiller d'Etat, directeur général des ponts et chaussées et des mines, membre de la chambre des députés, commandeur de l'ordre royal de la Légion d'honneur, demeurant place Vendôme, n° 19, autorisé à l'effet des présentes par décision du ministre de l'intérieur en date du 15 janvier 1822, d'une part;

Et Philippe-François-Didier Usquin, propriétaire, chevalier de la Légion d'honneur, demeurant à Paris, rue Thérèse, n° 11, stipulant tant en son nom que pour la compagnie qu'il représente, d'autre part;

Il a été convenu ce qui suit :

Art. 1er. Le sieur Philippe-François-Didier Usquin ayant, par sa soumission du 28 septembre dernier, offert la condition la plus favorable à l'Etat pour la construction des travaux à faire sur la ligne de navigation entre le canal de Beaucaire et celui des Deux-Mers, en exécution de la loi du 5 août 1821, le gouvernement concède et abandonne audit sieur Usquin, à titre de concession spéciale, et par privilége, à compter du premier jour du mois qui suivra l'émission de l'ordonnance approbative du présent traité, et pendant vingt-neuf ans et neuf mois qui commenceront à courir desdits jour et an :

1° Les droits de péage actuellement établis sur le canal dit des Etangs, se dirigeant de l'étang de Mauguio à celui de Thau, à partir du pont-levis inclusivement ;

2° Les droits à percevoir sur le canal latéral à l'étang de Mauguio, et sur l'embranchement à ouvrir entre ce canal et celui de Lunel ;

3° La jouissance, pendant le même laps de temps, de la pêche et des produits des francs-bords des canaux concédés.

Les étangs salés du département de l'Hérault ne font point partie de la présente concession.

2. Le droit de navigation à percevoir sur tous les canaux concédés, sera le même que celui perçu sur ceux desdits canaux qui sont actuellement navigables, et tel qu'il a été fixé pour le canal du Midi, par la loi du 21 vendémiaire an v (12 octobre 1796).

3. Aucun autre droit que ceux mentionnés en l'article précédent ne pourra être établi sur les canaux faisant partie de la concession ; et dans le cas où, pour l'avantage du port de Cette, il serait ouvert par le gouvernement, et à ses frais, un nouveau canal parallèle au canal de Cette à l'étang de Thau, comme ce nouveau passage détruirait nécessairement une partie des revenus de l'ancien, il fera partie de la concession, à dater du jour où il sera ouvert, avec les mêmes charges d'entretien, depuis son embouchure dans l'étang de Thau, jusqu'à sa rencontre avec le canal de la Peyrade à Cette, et les concessionnaires y jouiront des mêmes avantages que sur les autres canaux concédés.

4. La présente concession est faite à la charge par le sieur Usquin, qui s'y oblige personnellement et y oblige sa compagnie :

1° D'ouvrir et terminer le canal latéral à l'étang de Mauguio, et l'embranchement de ce canal sur celui de Lunel, conformément à la nouvelle direction approuvée le 21 août 1821 par le directeur général des ponts et chaussées, et indiquée au plan annexé au présent traité ;

2° De curer et restaurer les canaux actuels se dirigeant de l'étang de Mauguio à celui de Thau et au port de Cette, conformément aux devis approuvés.

5. Les travaux imposés au sieur Usquin et à sa compagnie, par l'article précédent, seront commencés au plus tard le 1er avril 1822, et terminés dans l'espace de quatre ans.

Ces travaux s'exécuteront dans une proportion périodique à peu près égale, et dans l'ordre qui sera ultérieurement indiqué par le directeur général des ponts et chaussées. On commencera par l'ouverture du canal latéral à l'étang de Mauguio ; on procédera ensuite à la restauration du canal des Etangs, en commençant par l'établissement des portes de garde du bassin circulaire du Lez ; l'entreprise sera terminée par l'embranchement du canal latéral de l'étang de Mauguio sur le canal de Lunel.

6. Le sieur Usquin et sa compagnie s'obligent à prendre à leur compte, à dater du jour de leur mise en jouissance, les dépenses de police et de conservation, comme aussi tous les frais d'exploitation, garde, régie et recette des canaux concédés.

Au moyen de cette clause, l'entretien du canal des Etangs, dans l'état actuel, et en attendant l'exécution des travaux de restauration mentionnés en l'article 4 du présent traité, demeurera à la charge du sieur Usquin et de sa compagnie, qui, à dater du jour où ils auront été mis en jouissance des produits, et pendant les quatre années qui leur seront accordées pour la restauration entière du canal, feront exécuter à leurs frais tous les travaux d'entretien annuel, conformément aux devis approuvés par le directeur général des ponts et chaussées, et dont la dépense ne pourra être moindre de 5o,ooo fr. par an.

7. Pendant les quatre années fixées pour l'exécution des travaux, et jusqu'à leur entier achèvement, le sieur Usquin et sa compagnie s'obligent à verser toutes les recettes provenant des canaux concédés, dans la caisse qui leur sera indiquée par le préfet de l'Hérault avant leur mise en jouissance.

Le préfet fera vérifier l'état de cette caisse toutes les fois qu'il le jugera convenable ; il exercera sur les recettes les moyens de contrôle qui lui paraîtront nécessaires ; il veillera à ce qu'il n'en soit détourné aucun produit pour un usage étranger aux charges de la concession, et n'aura égard qu'aux quittances dûment en forme, qui lui seront représentées pour l'acquit des engagements contractés par le présent traité.

8. Tous les trois mois, le préfet de l'Hérault fera constater par l'ingénieur en chef du département le degré d'avancement, et la qualité des travaux imposés au sieur Usquin et à sa compagnie.

En cas de retard provenant du fait du concessionnaire, ou de vices d'exécution qu'il aurait refusé de rectifier immédiatement, le préfet demeurera autorisé à mettre en séquestre toutes les recettes qui seront alors employées en travaux, sous les ordres du gouvernement et la surveillance immédiate d'ingénieurs des ponts et chaussées, jusqu'à ce que la compagnie ait été mise au pair de ses engagements.

En cas d'insuffisance des recettes pour l'exécution de cette clause, il y sera pourvu par un prélèvement, jusqu'à due concurrence, sur le cautionnement à fournir par le concessionnaire, et déterminé ci-après.

9. Le sieur Usquin et sa compagnie fourniront, dans le mois qui suivra la signature du présent traité, un cautionnement pour garantir l'exécution des engagements par eux contractés.

Ce cautionnement pourra, au choix des soumissionnaires, être fourni en immeubles, ou en inscriptions sur le grand livre de la dette publique.

Dans le premier cas, il sera de 400,000 fr., et dans le second, il sera de 200,000 fr. au cours du jour.

Après l'entière exécution des engagements contractés par le concessionnaire pour l'achèvement des travaux mentionnés en l'article 4 du présent traité, et sur le certificat de réception définitive, il lui sera donné mainlevée de son cautionnement.

10. La nouvelle direction, approuvée le 21 août 1821 pour le canal latéral à l'étang de Mauguio et son embranchement sur le canal de Lunel, étant la suite d'un système adopté pour la dérivation du Vidourle, qui doit mettre lesdits canaux à l'abri des inondations de ce torrent, et ce système opérant une diminution considérable dans les travaux d'exécution et d'entretien auxquels aurait donné lieu la direction primitivement adoptée pour le canal de l'étang de Mauguio, et l'embranchement de ce canal sur celui de Lunel, le sieur Usquin et sa compagnie s'engagent, à raison de ces avantages, à contribuer pour une somme de 150,000 fr. aux travaux de dérivation du Vidourle.

Cette somme sera versée dans les termes et de la manière qui seront fixés par M. le directeur général des ponts et chaussées, pour l'acquit des dépenses relatives à la dérivation de ce torrent.

11. La robine du Vic, le canal dit Grau du Lez, le Grau de Pérols, et le canalet qui fait communiquer l'étang du Repausset avec les eaux de l'étang de Mauguio (bien que le concessionnaire ne doivent percevoir aucun droit sur ces canaux), feront partie de la concession, et leur entretien sera à la charge du sieur Usquin et de sa compagnie.

12. Immédiatement après l'achèvement de chacune des entreprises mentionnées au présent traité, il en sera dressé contradictoirement procès-verbal de réception par l'inspecteur de la division et l'ingénieur en chef du département; expédition en sera remise à la compagnie concessionnaire et à M. le préfet de l'Hérault. C'est d'après cet acte que le concessionnaire prendra l'engagement d'entretenir les divers canaux dans l'état où ils auront été reçus, pendant et jusqu'au terme de la jouissance. L'inspecteur divisionnaire des ponts et chaussées, accompagné de l'ingénieur en chef du département de l'Hérault, s'assurera, chaque année, par une vérification spéciale, du bon état d'entretien, et en rendra compte à M. le directeur général des ponts et chaussées.

Faute par le concessionnaire d'entretenir annuellement les canaux concédés dans l'état où ils auront été reçus, il sera pourvu à cet entretien aux frais dudit concessionnaire, sous la surveillance immédiate d'ingénieurs nommés d'office par M. le directeur général des ponts et chaussées. Pendant la durée de ces travaux, la totalité du produit des canaux concédés sera perçue au nom de l'Etat, et mise à la disposition du préfet de l'Hérault jusqu'à concurrence des sommes nécessaires à l'exécution des travaux. Le concessionnaire ne rentrera en jouissance qu'après que ces canaux auront été remis en bon état d'entretien, et après le compte établi entre lui et l'administration des ponts et chaussées, des travaux exécutés à ses frais.

13. Tous les agents et employés sur les divers canaux faisant partie de la concession, seront à la nomination du concessionnaire, qui en déterminera le nombre, règlera les fonctions et fixera le traitement.

14. Tous les pontons et leurs dépendances comme marie-salopes, agrès, armements, ponts, etc., appartenant au canal des Etangs, seront remis au concessionnaire aussitôt après son entrée en jouissance.

Les machines seront évaluées d'après une estimation contradictoire dont il sera dressé procès-verbal, et elles seront rendues dans les mêmes état et valeur à la fin de la concession.

Si néanmoins le concessionnaire jugeait convenable de substituer à l'usage des pontons celui du draging-machine ou drague anglaise, il aurait la faculté de rendre au gouvernement, les pontons, marie-salopes et agrès qui lui deviendraient inutiles, mais toujours dans les mêmes état et valeur où il les aurait reçus.

Le concessionnaire recevra en outre tous les objets servant actuellement à l'exploitation de la pêche sur les canaux concédés, les maisons destinées à loger les employés des bureaux de la Peyrade, de la Croisée du Lez, et des gardes-canaux, le tout aux mêmes conditions que pour les pontons.

15. Le sieur Usquin et sa compagnie se réservent la faculté de se former en société anonyme, en remplissant les formalités nécessaires pour en obtenir l'autorisation de Sa Majesté.

16. L'acte de société anonyme et tous ceux qui résulteront de cet acte, ou du présent traité, ne seront sujets qu'au droit fixe d'un franc pour l'enregistrement.

17. La loi du 5 août 1821, ayant modifié le cahier des charges annexé au projet de cette loi, et la nouvelle direction approuvée le 21 août 1821, pour l'embranchement du canal de Mauguio sur celui de Lunel, et pour la dérivation du torrent du Vidourle, ayant exigé des modifications au second cahier des charges approuvé par le ministre de l'intérieur, le 6 du même mois, il n'y a d'obligatoire dans ces deux cahiers de charges que les clauses rappelées au présent traité.

18. Toutes les contestations qui pourraient survenir, pendant la durée de la concession, entre le gouvernement et le concessionnaire, à l'occasion du présent traité, seront jugées administrativement par le conseil de préfecture du département de l'Hérault, sauf recours au conseil d'Etat.

Les contestations entre le concessionnaire et des tiers seront portées devant les tribunaux ordinaires.

19. La présente convention ne vaudra qu'autant qu'elle aura été approuvée par ordonnance du roi.

Fait double à Paris, le 22 janvier 1822.

Signé USQUIN et compagnie et BECQUEY.

Circulaire du directeur général des ponts et chaussées et des mines (M. Becquey), à MM. les préfets, relative aux formalités à remplir pour obtenir l'autorisation de construire des moulins et usines sur les terrains soumis aux servitudes militaires.

Paris, le 30 janvier 1822.

MONSIEUR le préfet, une ordonnance royale du 1er août 1821 fixe le mode d'exécution de la loi du 17 juillet 1819, sur les servitudes imposées à la propriété pour la défense de l'Etat.

L'article 7 de cette ordonnance est ainsi conçu : « Notre ministre » de la guerre pourra permettre, par exception aux articles précédents, » la construction de moulins et autres semblables usines en bois, et » même en maçonnerie, à condition que lesdites usines ne seront com- » posées que d'un rez-de-chaussée, et à charge par les propriétaires de » ne recevoir aucune indemnité pour démolition, en cas de guerre. Les » permissions de cette nature ne pourront toutefois être accordées » qu'après que le chef du génie, l'ingénieur des ponts et chaussées et » le maire auront reconnu de concert, et constaté par procès-verbal, » que l'usine qu'on se propose de construire est d'utilité publique, et » que son emplacement est déterminé par quelque circonstance locale » qui ne peut se rencontrer ailleurs. »

Cet article, s'il était entendu d'une manière absolue, pourrait faire croire que Son Excellence le ministre de la guerre peut autoriser les établissements d'usines sur les terrains militaires, et que, dans ces cas d'exception, il n'y aurait d'autres formalités à remplir que celles qui sont énoncées audit article.

Cependant les lois et règlements généraux en vigueur et la jurisprudence constante du conseil d'Etat ont déterminé les formalités à suivre pour obtenir l'autorisation de construire une usine. Cette autorisation ne peut être accordée que par le roi, sur le rapport du ministre de l'intérieur, après une information *de commodo et incommodo*, et après qu'il a été reconnu que l'établissement de l'usine ne nuira ni à la navigation, ni au service des ponts et chaussées, ni aux intérêts privés des propriétaires voisins.

Lorsqu'une usine doit être établie sur un terrain frappé de la servitude militaire, on conçoit qu'il faut que l'ordonnance royale, portant autorisation, ait été précédée d'une permission ou consentement émané du département de la guerre. C'est dans ce sens que l'article 7 précité doit être entendu; et c'est ainsi que Son Excellence le ministre de la guerre se propose d'en assurer l'exécution. Son Excellence développera le véritable sens de cet article dans une circulaire qui sera adressée à tous les agents militaires, et, en attendant, elle ne délivrera aucune permission d'usines sans y insérer la clause expresse, que « la permission est accordée uniquement en ce qui touche les intérêts du département de la guerre, et sauf à l'impétrant à se retirer par devers qui de droit, pour obtenir, s'il y a lieu, conformément aux lois et règlements de la matière, l'autorisation nécessaire à l'établissement de l'usine projetée; n'entendant, par ladite permission, rien préjuger sur ce que cette usine pourrait avoir de contraire au service de la navigation, des ponts et chaussées, aux intérêts privés des propriétaires riverains, et généralement à tout autre intérêt étranger au département de la guerre. »

Cette détermination de M. le ministre de la guerre est le résultat d'une conférence ouverte entre Son Excellence et M. le garde des sceaux, sur l'interprétation de l'article 7 ci-dessus rapporté; et je crois devoir vous prier de veiller avec MM. les ingénieurs, à ce que la nouvelle disposition de l'ordonnance du 1er août 1821, sur les propriétés frappées de la servitude militaire, ne soit pas un obstacle à l'accomplissement des autres formalités prescrites par les lois et règlements généraux en matière d'usines.

Ordonnance du roi, du 6 février 1822, qui substitue MM. Beslay, Thuret et Tirlet au sieur Desorgues dans la concession du canal de la Brillanne.

Louis, etc.; vu le décret du 10 mars 1807, qui autorise le sieur Desorgues, propriétaire à Aix, à construire à ses frais et dans le délai de cinq années, à peine de déchéance, le canal d'arrosage de la Brillanne, dans l'arrondissement de Forcalquier, département des Basses-Alpes;

Vu l'acte notarié passé le 12 octobre 1810, et par lequel le sieur Desorgues fait cession au sieur Demontigny-Dampierre de tous les droits qui lui avaient été concédés par le décret du 10 mars 1807, et ceux dudit jour 12 octobre 1810 et 3 novembre suivant, par lesquels le sieur Demontigny-Dampierre constitue pour son mandataire, pour la suite de cette affaire, le sieur J.-T. Bruguière du Gard;

Vu l'ordre donné sous la date du 3 mai 1811 par le directeur général des ponts et chaussées pour la suspension des travaux, jusqu'à ce qu'il eût été statué définitivement :

1° Sur la concession en faveur de la compagnie Dampierre-Demontigny et Bruguière du Gard;

2° Sur un nouveau projet de canal sur une plus grande dimension proposée par cette compagnie, lequel l'ingénieur en chef était chargé d'étudier;

Vu le nouveau projet rédigé par l'ingénieur en chef des Basses-Alpes, sous la date du 12 février 1814, et l'avis du conseil général des ponts et chaussées du 19 avril 1815;

Vu la soumission présentée sous la date du 5 mars 1821 par les sieurs Beslay, membre de la chambre des députés, Thuret, banquier, et le baron Tirlet, lieutenant général d'artillerie;

Vu le rapport de l'ingénieur en chef du département des Basses-Alpes en date du 15 mai 1821, sur la susdite soumission; l'avis du préfet, du 20 du même mois, et un second avis du conseil général des ponts et chaussées, du 9 juin suivant, sur le tout.

Considérant que le sieur Desorgues a depuis longtemps encouru la déchéance prévue par l'article 1er du décret du 10 mars 1807;

Que le sieur Demontigny-Dampierre et le sieur Bruguière du Gard sont morts, l'un en 1818, et l'autre en 1819, sans avoir fait aucune disposition pour justifier de leur solvabilité pour la reprise des travaux de ce canal, et sans avoir répondu à la communication qui leur avait été donnée en 1815, du nouveau projet rédigé en quelque sorte sur leur demande, par l'ingénieur en chef des ponts et chaussées;

Vu les diverses réclamations adressées, tant à notre ministre secrétaire d'Etat de l'intérieur, qu'à notre directeur général des ponts et chaussées par les sieurs Lombard et Richard d'une part, et Bourgeois de l'autre;

Vu enfin les avis émis par le comité de l'intérieur de notre conseil d'Etat, les 31 août 1821 et 21 décembre suivant;

Notre conseil d'Etat entendu,

Nous avons ordonné et ordonnons ce qui suit:

Art. 1er. La concession faite au sieur Desorgues par décret du 10 mars 1807, pour l'exécution des travaux du canal d'arrosage de la Brillanne, est révoquée.

2. Les sieurs Ch. Beslay, membre de la chambre des députés et négociant à Dinan, Isaac Thuret, banquier, demeurant à Paris, et le baron Louis Tirlet, lieutenant général d'artillerie, sont substitués à tous les droits de ladite concession, sauf les modifications résultant des dispositions de la présente ordonnance.

3. Les concessionnaires seront tenus de rembourser aux anciens concessionnaires, ou à leurs ayants cause, la valeur des travaux reconnus utiles exécutés, et des terrains acquis tant par le sieur Desorgues que par la compagnie Demontigny-Dampierre, soit de gré à gré, soit sur l'estimation qui sera faite par experts, contradictoirement, de leur valeur actuelle.

4. Le canal sera exécuté conformément au projet du grand canal tracé par l'ingénieur Brun, suivant son mémoire du 10 septembre 1777, depuis la Brillanne jusqu'au ravin de Matty, sauf les modifications qui seront jugées nécessaires lors de l'exécution et approuvées par le préfet, sur le rapport de l'ingénieur en chef.

5. Les concessionnaires seront tenus de construire et d'entretenir le

çanal de manière à recevoir en *minimum* le volume d'eau déterminé par les dimensions suivantes du canal à son ouverture entre la prise d'eau du rocher de la Brillanne et les premières martillières de distribution d'arrosement, savoir :

Fond du canal. . . . . 3 mètres.
Profondeur prise du côté des berges. . . . . 2 mètres.
Ouverture en gueule. . . . . 7 mètres.
Hauteur d'eau. . . . . 1 mètre 40 cent.
Pente de o m. 025 pour 100 mètres.

Les pentes et dimensions dans la partie inférieure du canal seront coordonnées à raison des localités et de l'écoulement des martillières, de manière à assurer la jouissance du volume d'eau ci-dessus déterminé, et dans l'hypothèse d'une prolongation du canal sur le territoire du département de Vaucluse.

6. Les ouvrages seront exécutés sous la direction d'un ingénieur des ponts et chaussées désigné par la compagnie et accepté par le préfet.

Tous les ans l'inspecteur divisionnaire en fera la visite et constatera leur bonne exécution.

Les ponts nécessaires pour rétablir les communications interrompues par le canal, seront construits dans les dimensions suivantes :

Pour les routes royales (*maximum*). . . . . 8 mètres.
Pour les routes vicinales. . . . . 6 mètres.
Pour les chemins de simple communication d'une rive à
l'autre. . . . . 4 mètres.

La nécessité des ponts pour rétablir les communications interrompues sera constatée, pour les chemins publics, par l'administration qui prononcera sur le nombre des ponts à établir, et sur le point où ils devront être construits.

A l'égard des chemins de simple exploitation qui doivent être considérés comme propriétés privées, le nombre et l'emplacement des ponts à construire pour assurer les communications d'une rive à l'autre seront déterminés, ou par l'arrangement à l'amiable de la compagnie avec les parties intéressées, ou par les jugements qui ordonneront l'expropriation pour cause d'utilité publique.

7. Les concessionnaires seront tenus, sous peine de déchéance, d'exécuter leurs travaux et de mettre l'irrigation en activité jusqu'à Saint-Tulle, en quatre années, et jusqu'à Mathy, en cinq années, à partir du 1er janvier 1822.

Dans le cours des années 1825 et 1826, il sera procédé à la visite des travaux; il sera dressé procès-verbal de cette visite; et, si les concessionnaires ne se sont pas mis en mesure d'exécuter leurs engagements, la déchéance sera immédiatement et de plein droit encourue par eux.

8. Ledit canal est déclaré objet d'utilité publique; en conséquence, les terrains situés sur la ligne du canal et sur ses grandes dérivations, ceux qui seront nécessaires aux emplacements des bassins de distribution et des berges, ainsi que pour les lignes de communication du canal avec les terrains inférieurs à arroser, seront acquis par les concession-

naires et payés par eux, soit conformément aux arrangements passés de gré à gré par eux et les propriétaires, soit, en cas de refus de la part des propriétaires, en procédant ainsi qu'il est réglé par la loi du 8 mars 1810 sur les expropriations pour cause d'utilité publique.

La largeur moyenne des terrains à occuper sur la ligne du canal sera de 18 mètres, compris ses digues latérales, sauf plus grande largeur s'il y a lieu dans les localités où la base des digues serait jugée par notre directeur général des ponts et chaussées devoir être plus étendue, et où se trouveraient établies les usines, les logements des aiguardiers et surveillants.

L'étendue des terrains à acquérir, et dont l'expropriation est autorisée pour cet objet, sera limitée pour chaque commune par un plan terrier qui sera soumis à l'approbation de notre directeur général des ponts et chaussées.

9. La détermination de la quantité des terres incultes et graviers dont les concessionnaires pourront disposer en toute propriété, en conformité de l'article 2 du décret du 10 mars 1807, sera fixée par notre directeur général des ponts et chaussées, de manière à assurer, même en cas de nouvel abaissement du lit de la Durance, la faculté de l'établissement du canal d'avant-prise, à donner au cours de la rivière, une direction utile à la défense et à l'entretien du canal, et propre à couvrir son flanc jusqu'à Lanzon.

10. Les concessionnaires auront, pendant un espace de quinze ans, à partir du 1er janvier 1822, la faculté de prolonger la ligne du canal de la Brillanne sur la portion du territoire du département de Vaucluse susceptible d'être arrosée par ses eaux.

11. Le gouvernement s'engage à n'accorder aucune autre concession d'irrigation sur les terrains qui pourront être arrosés par le canal de la Brillanne, qu'autant que les concessionnaires auraient refusé de faire effectuer les travaux nécessaires à l'arrosement des terrains pour lesquels la nouvelle concession serait sollicitée.

12. Le sol du canal et les terrains qu'il arrosera jouiront des avantages, exemptions et modérations d'impôts stipulés par les lois en faveur des entreprises qui auront pour objet des améliorations sensibles dans le mode des cultures.

13. Les règles et le tarif du prix de l'arrosement pour les propriétaires qui n'auront pas traité avec les concessionnaires à perpétuité, ou pour un temps limité, seront déterminés par des règlements qui seront ultérieurement soumis à notre approbation.

14. Le règlement à intervenir déterminera aussi les époques d'ouverture et de clôture de la saison d'irrigation;

Le mode d'usage et de distribution des eaux;

Les amendes et réparations autorisées par les lois en cas de contravention à ces règles;

La forme dans laquelle seront constatés l'usage des eaux et les contraventions;

La formation et l'exécution des rôles de perception du droit d'arrosement.

15. Les concessionnaires feront lever, à leurs frais, des plans parcellaires indiquant avec précision la contenance et la nature de culture de chaque parcelle de terrain qu'ils jugeront pouvoir être arrosée.

Les plans seront déposés à chaque mairie; les intéressés seront invités par publication et affiches renouvelées trois fois, à venir en prendre connaissance, et à faire, s'il y a lieu, leurs observations pendant le délai d'un mois, passé lequel délai, lesdits plans parcellaires seront transmis au préfet, pour être homologués et arrêtés par lui, et serviront de règle dans l'application du tarif qui sera déterminé par les règlements pour les payements à faire aux concessionnaires par les propriétaires qui voudront profiter des eaux du canal pour l'irrigation de leurs terres.

Avis du conseil d'État du 21 février 1822, sur la propriété du droit de pêche dans les rivières flottables et non navigables (1).

Le conseil d'État, sur le renvoi qui lui a été fait par M. le garde des sceaux, d'un rapport transmis par M. le ministre des finances, relatif au droit de pêche dans les rivières flottables et non navigables;

Vu la lettre de M. le ministre des finances du 26 décembre 1821 qui propose de soumettre à l'examen du conseil les deux questions suivantes:

1° Le droit de pêche dans les rivières flottables et non navigables appartient-il à l'État?

2° Y a-t-il lieu, dans le cas de l'affirmative, de réformer l'avis du conseil d'État du 30 pluviôse an XIII?

Vu la décision du même ministre, du 6 novembre 1820, qui prescrit la mise en ferme des parties des rivières de la Meurthe et de la Moselle qui ne sont pas flottables;

L'avis du conseil des finances du 6 octobre 1820, sur les deux questions ci-dessus, la loi du 14 floréal an x, l'art 538 du Code civil, l'avis du conseil d'État du 30 pluviôse an XIII, relatif à la propriété du droit de pêche dans les rivières non navigables;

Considérant que dans l'acception commune on confond sous la dénomination de *rivières flottables* deux espèces de cours d'eau très-distincts, savoir:

1° Des rivières navigables *sur trains ou radeaux*, au bord desquelles les propriétaires riverains sont tenus de livrer le marchepied déterminé par l'article 650 du Code civil, et dont le curage et l'entretien sont à la charge de l'État;

2° Des rivières et ruisseaux flottables à *bûches perdues*, sur le bord desquels les propriétaires riverains ne sont assujettis qu'à livrer passage dans le temps du flot, aux ouvriers du commerce de bois chargés de diriger les bûches flottantes et de repêcher les bûches submergées;

Considérant que les rivières flottables sur trains ou radeaux sont, de leur nature, navigables pour toute embarcation du même tirant d'eau que le train ou radeau flottant;

Que les rivières flottables de cette espèce ont été considérées comme

---

(1) Cet avis est très-important, en ce qu'il explique quelles sont les rivières *flottables* qui dépendent du domaine public, aux termes de l'art. 538 du Code civil. La cour de cassation a également prononcé dans le même sens. Un arrêt du 22 août 1823, a déclaré que ledit article 538 ne s'étendait pas aux rivières et ruisseaux simplement flottables à bûches perdues.

rivières navigables, soit par l'ordonnance de 1669, soit par les premières instructions données pour l'exécution de la loi du 14 floréal an 10;

Que dès lors les rivières flottables sur trains ou radeaux dont l'entretien est à la charge de l'Etat, se trouvent comprises parmi les rivières navigables dont la pêche peut, aux termes de ladite loi, être affermée au profit de l'Etat;

Qu'il est impossible, au contraire, d'appliquer les dispositions de ladite loi aux cours d'eau qui ne sont flottables qu'à bûches perdues et qui ne peuvent, sous aucun rapport, être considérées comme rivières navigables;

Est d'avis:

1° Que l'Etat a droit d'affermer, en vertu de la loi du 14 floréal an X, la pêche des rivières qui sont navigables sur bateaux, trains ou radeaux, et dont l'entretien n'est pas à la charge des propriétaires riverains (1);

2° Que ce droit ne peut s'étendre, en aucun cas, aux rivières ou ruisseaux qui ne sont flottables qu'à bûches perdues.

Ordonnance du roi, du 27 février 1822, portant autorisation de la société anonyme provisoirement constituée à Paris sous le nom de Société des transports accélérés par eau.

Louis, etc.; vu les articles 29 à 37, 40 et 45 du Code de commerce;
Notre conseil d'Etat entendu,
Nous avons ordonné et ordonnons ce qui suit:

Art. 1er. La société anonyme provisoirement constituée à Paris sous le nom de *Société des transports accélérés par eau* est et demeure autorisée, et ses statuts sont approuvés ainsi qu'ils sont contenus dans l'acte social passé par-devant Fourqueray et son collègue, notaires à Paris, les 15, 18 et 19 janvier 1822, lequel restera annexé à la présente ordonnance (2).

2. La présente autorisation étant accordée à la société, à la charge, par elle, de se conformer aux lois et aux statuts qui doivent la régir, nous nous réservons de révoquer ladite autorisation dans le cas où les conditions ne seraient pas accomplies, et sauf les actions à exercer par les particuliers devant les tribunaux, à raison des infractions commises.

3. La société sera tenue de remettre, tous les six mois, copie en forme de son état de situation au préfet du département de la Seine, au greffe du tribunal de commerce et à la chambre de commerce de Paris.

Loi du 17 avril 1822, relative à la concession des eaux surabondantes du canal de Saint-Maur (3).

Art. 1er. Le gouvernement est autorisé à concéder pour l'établissement d'usines: 1° l'usage des eaux qui passeront par le canal de Saint-

---

(1) Voir la loi du 15 avril 1829, relative à la pêche fluviale.
(2) Voir cet acte au Bulletin des lois.
(3) Voir l'ordonnance royale du 14 août 1822.

Maur, et qui ne seront pas nécessaires à sa navigation ; 2° et le droit de disposer de la chute qui sera créée par le barrage à établir dans la Marne, pour régler la prise d'eau du canal.

2. La concession sera perpétuelle. Le gouvernement provoquera la concurrence par la publicité.

3. Les parties de terrains qui ont déjà été acquises par l'Etat, pour l'établissement des usines, feront partie de la concession.

4. Il pourra être stipulé, à titre d'encouragement, que les bâtiments d'habitation et d'exploitation qui seront élevés sur les terrains compris dans le plan des usines, ne donneront lieu à aucune augmentation de la contribution foncière à laquelle ces terrains se trouveront assujettis au moment du traité. Cette exemption ne pourra pas excéder la durée de vingt-cinq ans.

Loi du 17 avril 1822, relative à l'achèvement du pont de pierre en construction sur la Seine, à Rouen.

Art. 1er. Les offres faites par la ville de Rouen de fournir neuf cent mille francs, et par le conseil général du département de la Seine-Inférieure, de fournir six cent mille francs pour concourir avec les fonds de l'Etat à l'achèvement du pont de pierre en construction sur la Seine à Rouen, route royale, n° 158, sont acceptées.

2. Conformément à la délibération du conseil municipal, en date du 30 août 1821, il sera perçu pendant six années, à dater du 1er janvier 1822, pour former le contingent de la ville, un décime par franc en sus du montant brut des droits déterminés au tarif de l'octroi de la ville, le produit de cette perception extraordinaire ne sera pas soumis à la retenue du dixième au profit du trésor.

3. Conformément à la délibération prise par le conseil général du département de la Seine-Inférieure, dans la session de 1821, le contingent du département sera réalisé en sept années consécutives, au moyen du prélèvement annuel d'une somme de quatre-vingt-cinq mille sept cent quatorze francs.

4. Le surplus des dépenses nécessaires à l'achèvement du pont et des rampes d'accession qui en dépendent, sera imputé sur le budget du ministère de l'intérieur, chapitre des ponts et chaussées. Ce complément sera fourni dans l'espace de six années, et dans des proportions convenables pour que le passage sur le pont soit livré au public le 1er janvier 1828.

Ordonnance du roi, du 17 avril 1822, qui annule un arrêté de conseil de préfecture de la Seine.

Louis, etc.; sur le rapport du comité du contentieux, vu le pourvoi élevé par notre ministre de l'intérieur contre un arrêté du conseil de préfecture du département de la Seine, du 9 mars 1821, qui déclare que le sieur Jacques Chaland, surpris en contravention aux lois et règlements sur la police du roulage pour excès de chargement, n'est pas passible d'amende ; ledit pourvoi tendant à l'annulation dudit arrêté ;

Vu le mémoire en défense pour le sieur Chaland, tendant à ce que, sans nous arrêter à l'appel interjeté par notredit ministre, lequel appel demeurera comme non avenu, il nous plaise confirmer l'arrêté attaqué, et ordonner, en conséquence, qu'il recevra son exécution pleine et entière ;

Vu la lettre du préfet de police du département de la Seine, du 5 septembre 1821, contenant des observations sur l'objet de la contestation ;

Vu l'arrêté attaqué du conseil de préfecture du département de la Seine, du 9 mars 1821, qui tend à établir que, lorsqu'un voiturier passe devant un pont à bascule avant de commencer son voyage, on doit supposer qu'il a l'intention de vérifier le poids de sa voiture pour éviter de s'exposer à la contravention ; que d'ailleurs c'est au préposé à avertir le conducteur de la faculté qui lui est accordée de faire vérifier son chargement, et que, s'il ne le fait pas, le voiturier ne peut être en faute ; qu'enfin, n'ayant pas encore emprunté la route, il ne l'a point dégradée, et n'est passible d'aucun dommage ; que seulement il doit décharger l'excédant, s'il y en a, et payer au préposé la rétribution qui lui est allouée pour le pesage ;

Vu la loi du 29 floréal an X, celle du 7 ventôse an XII, et le décret du 23 juin 1806 ;

Considérant que c'est au propriétaire de voitures et aux rouliers à déclarer s'ils veulent user de la faculté qui leur est réservée par l'article 15 du décret du 23 juin 1806, de faire peser leurs voitures avant de commencer un voyage ; que les préposés n'ont point été assujettis à les avertir des précautions qu'ils doivent prendre en ce cas, et qu'en effet, quand une voiture passe devant un pont à bascule, le préposé ignore si c'est le commencement ou la continuation d'un voyage ;

Considérant que les amendes fixées par ledit décret sont encourues par le seul fait de la surcharge, sans qu'il soit nécessaire de faire constater si cette surcharge a plus ou moins dégradé la route ; qu'aux termes dudit décret il est expressément question d'amendes, et non de réparations de dommages ;

Considérant que le pavé des villes dans le prolongement des routes fait essentiellement partie desdites routes, et est compris au budget des ponts et chaussées ; qu'ainsi l'on ne peut pas dire qu'une route commence au pont à bascule qui serait placé à la barrière d'une ville ; que d'ailleurs beaucoup de villes n'ont pas même de ponts à bascule,

Considérant que le conseil de préfecture du département de la Seine a méconnu ces principes dans son arrêté du 9 mars 1821 ;

Dans l'espèce, considérant que le sieur Chaland a agi de bonne foi ; qu'il ne fait pas profession de roulage, et qu'il est dans un état constaté d'indigence ;

Notre conseil d'Etat entendu,

Nous avons ordonné et ordonnons ce qui suit :

Art. 1er. L'arrêté du conseil de préfecture du département de la Seine est annulé.

2. L'amende encourue par le sieur Chaland est modérée à un franc.

Ordonnance du roi, annulant un arrêté du conseil de préfecture de la Meurthe qui s'était déclaré incompétent pour connaître d'une anticipation commise sur le chemin de halage de la Moselle.

Paris, le 8 mai 1822.

Louis, etc.; sur le rapport du comité du contentieux; vu le rapport de notre ministre de l'intérieur, tendant à ce qu'il nous plaise annuler un arrêté du conseil de préfecture du département de la Meurthe, du 19 février 1819, par lequel ledit conseil se déclare incompétent pour prononcer sur un procès-verbal dressé le 30 juin 1818 contre le sieur Comte, propriétaire à Gripport, même département, pour anticipation commise sur le chemin de halage de la Moselle;

Vu l'arrêté du préfet du département de la Meurthe, du 24 novembre 1820, qui demande l'annulation dudit arrêté du conseil de préfecture;

Vu la lettre de notre directeur général des ponts et chaussées et des mines, du 5 mars 1821, à l'appui du pourvoi élevé par le préfet de la Meurthe;

Vu la lettre du préfet de ce département constatant qu'antérieurement au 5 novembre 1821, le présent pourvoi a été communiqué administrativement au sieur Comte, qui n'a pas produit de défense dans les délais voulus par le règlement;

Vu le procès-verbal de contravention, les rapports des ingénieurs, la réclamation du maire et du conseil municipal de Gripport, et le plan des lieux;

Vu l'arrêté attaqué;

Vu l'ordonnance du mois d'août 1669, les articles 538 et 560 du Code civil, l'arrêté du 13 nivôse an v, les lois des 28 pluviôse an viii et 29 floréal an x, et les décrets des 10 et 12 avril 1812;

Considérant que, par le décret du 10 avril 1812, les dispositions du décret du 16 décembre 1811, qui renvoie aux conseils de préfecture le jugement des contraventions de grande voirie, ont été rendues applicables aux canaux et rivières navigables, sans préjudice de tous les autres moyens de surveillance ordonnés par les lois et décrets;

Considérant que la servitude des chemins de halage et marchepieds le long des rivières navigables et flottables est établie par l'ordonnance de 1669 et par le Code civil; que dès lors les contraventions à ladite servitude sur les rivières navigables et flottables sont, de leur nature, matière de voirie et doivent être réprimées d'après les mêmes règles;

Considérant que le conseil de préfecture a mal à propos fondé son incompétence sur un décret du 12 avril 1812 qui a été rendu en matière d'intérêt privé, relativement au droit de pêche, et que, dans l'espèce, il s'agit d'une question d'ordre public;

Notre conseil d'État entendu,

Nous avons ordonné et ordonnons ce qui suit:

Art. 1er. L'arrêté du conseil de préfecture du département de la Meurthe, du 19 février 1819, est annulé.

2. Il sera donné suite devant ledit conseil de préfecture au procès-verbal de contravention dressé le 30 juin 1818 contre le sieur Comte.

II.   31

Ordonnance du roi, du 15 mai 1822, portant autorisation de la compagnie des mines de houille de Schœnecken (1).

Art. 1er. La société anonyme établie à Schœnecken (Moselle), sous le nom de *Compagnie des mines de houille de Schœnecken*, formée par acte déposé, le 9 juin 1821, chez Vilcocq et son confrère, notaires à Paris, est autorisée, et ses statuts sont approuvés ainsi qu'ils sont contenus audit acte, et amendés, quant aux articles 4, 9, 11, 13, 14, 15, 16, 17, 18, 30, 31, et au titre V, par la délibération motivée de la société du 6 avril 1822, lesquels acte et délibération resteront annexés à la présente ordonnance (2).

2. Cette autorisation étant accordée à la charge par la société de se conformer aux lois et à ses statuts, nous nous réservons de la révoquer en cas de violation ou non-exécution, sans préjudice des actions à exercer devant les tribunaux par les particuliers à raison des infractions commises à leur préjudice.

3. La société sera tenue de remettre, tous les six mois, copie en forme de son état de situation au préfet de la Moselle, au tribunal de commerce et à la chambre de commerce de Metz. Pareille expédition en sera adressée à notre ministre secrétaire d'Etat de l'intérieur.

Circulaire du directeur général des ponts et chaussées et des mines (M. Becquey), à MM. les préfets, portant invitation de tenir la main à l'exécution de l'article 44 du décret du 23 juin 1806.

Paris, le 29 mai 1822.

Monsieur le préfet, les plaintes qui m'ont été souvent adressées sur la lenteur avec laquelle les préposés aux ponts à bascule sont payés de la portion des amendes qui leur est accordée par les lois et règlements, m'ont mis plusieurs fois dans la nécessité de réclamer de Son Excellence le ministre des finances les mesures propres à assurer le prompt acquittement des sommes qui sont allouées à ces préposés, et vous avez eu connaissance de ce qui a été prescrit à ce sujet.

Le décret du 23 juin 1806 charge les préposés aux ponts à bascule de retenir les chevaux des contrevenants ou d'exiger une caution : l'exécution de cette disposition préviendra les retards dans le recouvrement des amendes. Je ne puis que vous inviter, monsieur le préfet, à y tenir la main dans votre département. Le même décret porte en outre que les voituriers et conducteurs pris en contravention ne peuvent continuer leur route qu'après avoir déchargé leurs voitures de l'excédant du poids qui aura été constaté. Il est également d'une grande importance de faire observer exactement cette disposition.

Je vous prie, monsieur le préfet, de m'accuser réception de cette lettre, et d'assurer l'exécution des mesures qu'elle rappelle.

---

(1) Une ordonnance royale du 2 août 1826 a autorisé l'émission de deux cents actions nouvelles de 3,000 fr. chacune.

(2) Voir les statuts au Bulletin des lois.

Ordonnance du roi, du 5 juin 1822, portant établissement à Marseille d'un nouveau port pour la quarantaine des bâtiments venant des pays suspectés de fièvre jaune.

Art. 1er. Il sera formé près de Marseille, au moyen d'une jetée, entre l'île de Ratonneau et l'île de Pomègue, un nouveau port pour la quarantaine des bâtiments venant des pays suspectés de fièvre jaune, et il sera construit sur l'île de Ratonneau un hôpital destiné à recevoir les malades des navires admis dans ce nouveau port.

2. Les travaux à faire pour la formation du nouveau port, et la construction du nouvel hôpital, seront exécutés conformément aux plans et devis qui seront approuvés par notre ministre secrétaire d'Etat au département de l'intérieur.

3. Il sera pourvu à la dépense, suivant les vœux émis par la chambre de commerce et le conseil municipal de la ville de Marseille, au moyen:

1° D'une somme de sept cent cinquante mille francs à prendre sur les fonds qui existent dans la caisse de la chambre de commerce, et qui étaient destinés aux travaux extraordinaires du port de Marseille;

2° D'une somme de deux cent cinquante mille francs qui sera fournie par la ville de Marseille, en cinq ans, à compter de 1825, et comprise à cet effet dans ses budgets de 1825 à 1829, à raison de cinquante mille francs par an;

3° Des fonds qui seront accordés sur les crédits ou alloués au budget de l'Etat pour les dépenses sanitaires.

Circulaire du directeur général des ponts et chaussées et des mines (M. Becquey), à MM. les préfets, annonçant que le service des routes départementales est rendu à la direction générale des ponts et chaussées.

Paris, le 15 juin 1822.

Monsieur le préfet, Son Excellence le ministre de l'intérieur ayant pris, le 30 mai dernier, un arrêté par lequel il réunit à la direction générale des ponts et chaussées le travail qui se faisait dans l'intérieur de son ministère pour les routes départementales, j'ai l'honneur de vous informer que c'est avec cette direction que vous aurez à correspondre désormais pour le service de ces routes, comme vous le faites pour celui des routes royales. L'ancien ordre de choses se trouve ainsi rétabli, et les affaires en seront plus promptement instruites et terminées. Déjà de grandes améliorations ont été obtenues au moyen des sacrifices que s'imposent les départements: l'empressement avec lequel les conseils généraux votent des fonds pour les communications doit être secondé par l'administration et par les ingénieurs, et nous devons nous appliquer à éviter les retards qui seraient nuisibles à l'avancement des travaux.

L'ordonnance du roi, du 8 août 1821, a d'ailleurs simplifié les règles prescrites antérieurement pour l'entretien des routes départementales. Les travaux de cet entretien s'exécutent maintenant sous votre seule approbation (art. 1er): vous pouvez aussi ordonner l'exécution des ouvrages d'art, lorsque la dépense n'excède pas 5,000 francs, et qu'ils n'exigent ni acquisition de terrain ni changement de direction. Dans ces deux cas, l'examen du conseil des ponts et chaussées et mon approbation sont nécessaires; l'un et l'autre peuvent l'être encore dans d'autres circonstances dont vous êtes juge, pour des travaux qui ne s'élèveraient pas à 5,000 francs (art. 2, § Ier), ils le sont enfin pour tous ceux dont la dépense doit être plus considérable.

Suivant l'article 3 de l'ordonnance, les adjudications sont exécutées d'après votre seule approbation, sauf à en rendre compte. Je vous serai obligé de m'informer exactement des autorisations que vous aurez données à cet égard, ainsi que de celles relatives aux ouvrages d'art, jusqu'à concurrence de 5,000 francs (art. 2, § II).

Enfin, vous pouvez, aux termes de l'article 4, permettre l'abattage des arbres plantés le long des routes départementales, dans les cas prévus par l'article 99 du décret du 16 décembre 1811.

Tous les projets continuent à être rédigés par MM. les ingénieurs des ponts et chaussées, qui sont toujours chargés de la surveillance et de la direction des travaux, et qui offrent, sous le rapport de leur bonne confection, comme à tous autres égards, les garanties qu'on trouverait difficilement réunies ailleurs. Il a paru juste, en raison du surcroît d'occupations qui résulte pour eux de ce service, de leur allouer des indemnités auxquelles les conducteurs sous leurs ordres peuvent aussi avoir part, lorsque vous le jugez convenable. La circulaire de Son Excellence le ministre de l'intérieur, du 12 juillet 1817, a réglé ces indemnités, et il n'est rien changé à ces dispositions.

La réunion que le ministre vient d'ordonner a eu pour but de hâter et de simplifier la marche des affaires, et c'est vers ce but que doivent être dirigés tous nos efforts. Je ne veux point finir cette lettre sans vous dire, monsieur le préfet, la satisfaction que j'éprouve de voir s'accroître les relations que je me féliciterai toujours d'entretenir avec vous dans l'intérêt du service dont je suis chargé.

Ordonnance du roi, du 19 juin 1822, portant autorisation de la société anonyme dite du Bateau à manége de la Dordogne.

ART. 1er. La société anonyme dite *du Bateau à manége de la Dordogne,* formée à Bordeaux, est autorisée : ses statuts, contenus dans l'acte social passé les 19 et 20 mars 1822, par-devant Maillères et son collègue, notaires à Bordeaux, lequel acte est annexé à la présente (1); sont approuvés sous les réserves ci-après.

2. La présente approbation ne porte novation ni dérogation au traité passé, le 20 août 1821, entre le préfet de la Gironde et le sieur Church, et aux conditions et garanties sous lesquelles ledit sieur Church est devenu adjudicataire du passage de la Dordogne à exploiter au moyen du bateau à manége, la société anonyme étant formée uniquement pour

---

(1) Cet acte est inséré au Bulletin des lois.

fournir au sieur Church les moyens d'assurer l'exploitation à laquelle il est engagé.

3. L'agent comptable établi par l'article 15 des status ne pourra entrer en exercice sans avoir fourni à la compagnie un cautionnement dont elle sera tenue de déterminer le mode et la somme, avec l'assentiment du préfet de la Gironde.

4. Notre autorisation étant accordée à ladite société, à la charge par elle de se conformer aux lois et à ses statuts, nous nous réservons de la révoquer dans le cas où ces conditions ne seraient pas accomplies, sans préjudice des actions à exercer par les particuliers devant les tribunaux, à raison des infractions commises à leur préjudice.

5. La société sera tenue de remettre, tous les six mois, copie en forme de son état de situation au préfet du département de la Gironde, au greffe du tribunal de commerce et à la chambre de commerce de Bordeaux. Une copie de ce compte sera adressée à notre ministre secrétaire d'Etat au département de l'intérieur.

Circulaire du directeur général des ponts et chaussées et des mines (M. Becquey), à MM. les préfets, rappelant les formalités à remplir pour l'exécution des ouvrages urgents.

Paris, le 23 juillet 1822.

Monsieur le préfet, j'ai eu occasion de remarquer que plusieurs ingénieurs faisaient exécuter, sans autorisation, des travaux qu'il eût été très-possible de prévoir, et pour lesquels ils auraient pu rédiger des projets qui eussent été soumis à mon approbation, suivant les règles prescrites.

Des circonstances impérieuses mettent sans doute quelquefois dans la nécessité de s'écarter de ces règles ; mais, hors ces cas d'une extrême urgence, on doit toujours s'y conformer. Toute autre manière de procéder aurait l'inconvénient de rendre sans objet la surveillance de l'administration ; d'occasionner des dépenses que peut-être elle n'aurait pas autorisées ; de diminuer ses ressources déjà si faibles, et de l'obliger ainsi d'ajourner d'autres travaux reconnus utiles ; enfin, d'apporter, dans l'emploi des fonds, des changements contraires à l'ordre qui doit régner dans la comptabilité. Il importe d'éviter ces inconvénients.

D'après l'instruction du 13 août 1810 (art. 26), on ne peut faire exécuter, sans autorisation préalable, que des ouvrages dont l'urgence est bien démontrée et dont l'ajournement présenterait du danger ; mais, dans ces circonstances, MM. les ingénieurs devront, dès l'instant même où ils feront mettre la main à l'œuvre, vous en rendre compte, et indiquer, au moins par aperçu, le montant de la dépense. Les états détaillés de cette dépense devront ensuite vous être adressés, afin que vous puissiez me les faire parvenir avec votre avis.

Je désire, monsieur le préfet, que ces dispositions soient exactement suivies, et je vous prie d'y tenir la main dans votre département.

Loi du 14 août 1822, relative à l'achèvement et à la construction de divers canaux (1).

Art. 1er. L'offre faite par les sieurs Loque et Desjardins d'exécuter, à leurs risques et périls, le canal d'Aire à la Bassée, département du Pas-de-Calais, moyennant la jouissance dudit canal et de ses dépendances pendant quatre-vingt-sept ans et onze mois, est acceptée.

Toutes les clauses et conditions, soit à la charge de l'Etat, soit à la charge des soumissionnaires, stipulées dans le cahier des charges par eux souscrit le 4 avril 1822, recevront leur pleine et entière exécution. Cet acte, ainsi que la soumission et le tarif des droits de péage à percevoir sur le canal, resteront annexés à la présente loi (2).

2. L'offre faite par le sieur Jonas Hagerman, banquier à Paris, de fournir la somme de vingt-cinq millions pour l'achèvement du canal de Bourgogne, est acceptée.

Toutes les clauses et conditions, soit à la charge de l'Etat, soit à la charge du soumissionnaire, stipulées dans le cahier des charges par lui souscrit le 4 avril 1822, recevront leur pleine et entière exécution. Cet acte, ainsi que la soumission et le tarif des droits de péage à percevoir sur le canal, resteront annexés à la présente loi (3).

5. L'offre faite par les sieurs André et Cottier, banquiers à Paris ;
Ardoin, Hubbard et compagnie, banquiers à Paris ;
Bodin frères, banquiers à Lyon ;
H. Hentsch, Blanc et compagnie, banquiers à Paris ;
Jacques Laffitte et compagnie, banquiers à Paris ;
César de Lapanouze, banquier à Paris ;
Jacques Lefebvre et compagnie, banquiers à Paris ;
Pillet-Will et compagnie, banquiers à Paris ;
Renouard de Bussière, député du Bas-Rhin ;
Périer frères, banquiers à Paris ;
P.-F. Paravey et compagnie, banquiers à Paris ;
Florent Saglio, député du Bas-Rhin ;
J.-G. Humann, député du Bas-Rhin ;
de fournir la somme de trente-six millions pour l'achèvement des ca-

_____

(1) Tous les tarifs mentionnés dans la présente loi sont compris dans la collection des tarifs qui forme le 2e volume du Dictionnaire hydrographique que j'ai publié en 1824.

(2)   *Loi du 29 juillet 1829.*

Art. 1er. Le tarif des droits à percevoir sur le canal d'Aire à la Bassée, département du Pas-de-Calais, sera modifié ainsi qu'il suit :
Les bateaux chargés, quelle que soit la nature du chargement, payeront *vingt et un centimes* par tonneau de mille kilogrammes et par distance de cinq kilomètres.
Les bateaux vides payeront cinq centimes par tonneau et par distance ; seront assimilés aux bateaux vides, et payeront conséquemment le même droit, les bateaux uniquement chargés de sable, fagots, charbonnette, engrais, tourbes, fumiers, cendres fossiles.
2. La jouissance du canal d'Aire à la Bassée et de ses dépendances, fixée à quatre-vingt-sept ans et onze mois par l'article 1er de la loi du 14 août 1822, est déclarée perpétuelle.

(3) Une ordonnance royale du 13 novembre 1822 a autorisé, sous le nom de *Compagnie de l'emprunt du canal de Bourgogne*, la formation d'une société anonyme pour l'exécution de cette loi.

naux de Nantes à Brest, d'Ille et Rance et du Blavet, désignés sous le nom de *Canaux de Bretagne*, est acceptée.

Toutes les clauses et conditions, soit à la charge de l'Etat, soit à la charge des soumissionnaires, stipulées dans le cahier des charges par eux souscrit le 4 avril 1822, recevront leur pleine et entière exécution. Cet acte, ainsi que la soumission et le tarif des droits de péage à percevoir sur les canaux, resteront annexés à la présente loi (1).

4. L'offre faite par le sieur Gabriel Odier et compagnie, négociants à Paris, de fournir la somme de cinq millions cinq cent mille francs pour l'achèvement du canal d'Arles à Bouc, département des Bouches-du-Rhône, est acceptée.

Toutes les clauses et conditions, soit à la charge de l'Etat, soit à la charge des soumissionnaires, stipulées dans le cahier des charges par eux souscrit le 4 avril 1822, recevront leur pleine et entière exécution. Cet acte, ainsi que la soumission et le tarif des droits de péage à percevoir sur le canal, resteront annexés à la présente loi (2).

5. L'offre faite par les sieurs André et Cottier, banquiers à Paris;
Ardoin, Hubbard et compagnie, banquiers à Paris;
Bodin frères, banquiers à Lyon;
H. Hentsch, Blanc et compagnie, banquiers à Paris;
Jacques Laffitte et compagnie, banquiers à Paris;
César de Lapanouze, banquier à Paris;
Jacques Lefebvre et compagnie, banquiers à Paris;
Pillet-Will et compagnie, banquiers à Paris;
Renouard de Bussière, député du Bas-Rhin;
Périer frères, banquiers à Paris;
P.-F. Paravey et compagnie, banquiers à Paris;
Florent Saglio, député du Bas-Rhin;
J.-G. Humann, député du Bas-Rhin;
de fournir la somme de huit millions pour l'achèvement du canal du Nivernais, est acceptée.

Toutes les clauses et conditions, soit à la charge de l'Etat, soit à la charge des soumissionnaires, stipulées dans le cahier des charges par eux souscrit le 4 avril 1822, recevront leur pleine et entière exécution. Cet acte, ainsi que la soumission et le tarif des droits de péage à percevoir sur le canal, resteront annexés à la présente loi (1).

6. L'offre faite par les sieurs André et Cottier, banquiers à Paris;
Ardoin, Hubbard et compagnie, banquiers à Paris;
Bodin frères, banquiers à Lyon;
H. Hentsch, Blanc et compagnie, banquiers à Paris;
Jacques Laffitte et compagnie, banquiers à Paris;
César de Lapanouze, banquier à Paris.
Jacques Lefebvre et compagnie, banquiers à Paris;
Pillet-Will et compagnie, banquiers à Paris;

---

(1) Une société anonyme s'est formée à Paris pour l'exécution de cette loi, sous la dénomination de *Compagnie des Quatre-Canaux;* ses statuts ont été approuvés par deux ordonnances royales des 12 mars 1823 et 16 juin 1824.

(2) Une ordonnance royale du 13 novembre 1822 a autorisé, sous le nom de *Compagnie de l'emprunt du canal d'Arles à Bouc,* la formation d'une société anonyme pour l'exécution de cette loi.

On peut voir au Bulletin des lois les statuts de ces différentes compagnies.

Renouard de Bussière, député du Bas-Rhin ;
Périer frères, banquiers à Paris ;
P.-F. Paravey et compagnie, banquiers à Paris ;
Florent Saglio, député du Bas-Rhin ;
J.-G. Humann, député du Bas-Rhin ;

de fournir la somme de douze millions pour l'achèvement du canal du duc de Berri, est acceptée.

Toutes les clauses et conditions, soit à la charge de l'Etat, soit à la charge des soumissionnaires, stipulées dans le cahier des charges par eux souscrit le 4 avril 1822, recevront leur pleine et entière exécution. Cet acte, ainsi que la soumission et le tarif des droits de péage à percevoir sur le canal, resteront annexés à la présente loi (1).

7. L'offre faite par les sieurs André et Cottier, banquiers à Paris ;
Ardoin, Hubbard et compagnie, banquiers à Paris ;
Bodin frères, banquiers à Lyon ;
H. Hentsch, Blanc et compagnie, banquiers à Paris ;
Jacques Laffitte et compagnie, banquiers à Paris ;
César de Lapanouze, banquier à Paris ;
Jacques Lefebvre et compagnie, banquiers à Paris ;
Pillet-Will et compagnie, banquiers à Paris ;
Renouard de Bussière, député du Bas-Rhin ;
Périer frères, banquiers à Paris ;
P.-F. Paravey et compagnie, banquiers à Paris ;
Florent Saglio, député du Bas-Rhin ;
J.-G. Humann, député du Bas-Rhin ;

de fournir la somme de douze millions pour la construction du canal latéral à la Loire, de Digoin à Briare, est acceptée.

Toutes les clauses et conditions, soit à la charge de l'Etat, soit à la charge des soumissionnaires, stipulées dans le cahier des charges par eux souscrit le 4 avril 1822, recevront leur pleine et entière exécution. Cet acte, ainsi que la soumission et le tarif des droits de péage à percevoir sur le canal, resteront annexés à la présente loi (1).

8. Le gouvernement est autorisé à emprunter jusqu'à concurrence de la somme de huit cent mille francs pour les travaux de la navigation du Tarn entre Alby et Gaillac.

Cet emprunt aura lieu avec publicité et concurrence, et dans les formes adoptées en 1822 pour les canaux.

9. Il sera fait et présenté aux chambres, chaque année, par le ministre de l'intérieur, un rapport séparé sur chacun des canaux entrepris tant en vertu de la présente loi qu'en vertu des lois antérieures. Ce rapport contiendra l'état des travaux exécutés et celui des sommes dépensées.

Cahier des charges pour le canal d'Aire à la Bassée.

Art. 1er. La compagnie s'engage à exécuter à ses frais, risques et périls, et à terminer pour le 1er janvier 1826, tous les travaux nécessaires

---

(1) Voir la note (1) de la page précédente.

à l'établissement et à la confection du canal d'Aire à la Bassée, dont la dépense est évaluée à la somme de deux millions.

Elle sera tenue de se conformer, dans l'exécution des ouvrages, aux plans et projets généraux et particuliers approuvés déjà ou qui seront approuvés ultérieurement par M. le directeur général des ponts et chaussées.

Seront annexés au présent cahier des charges, pour être acceptés et signés par la compagnie : 1° un profil indiquant la section du canal et sa profondeur d'eau; 2° un état énonciatif des principaux ouvrages, de leurs dimensions générales, et de la nature de leur construction. La compagnie ne pourra se prévaloir de l'estimation exprimée ci-dessus pour réclamer aucune espèce d'indemnité, dans le cas où la dépense effective excéderait l'évaluation annoncée.

2. Elle contracte en outre l'obligation spéciale de construire, à ses frais, des ponts dans les endroits où les communications qui existent maintenant seront coupées par le canal, et de rétablir et assurer, également à ses frais, l'écoulement de toutes les eaux dont le cours serait modifié par les ouvrages nécessaires à la navigation.

3. Tous les terrains destinés à servir d'emplacement au canal, à ses chemins de halage, à ses francs-bords, à ses écluses, gares, bassins, rigoles, réservoirs, etc., ainsi qu'au rétablissement des communications interrompues et des nouveaux lits des cours d'eau, seront achetés et payés par la compagnie sur ses propres deniers. La compagnie est mise au droit du gouvernement pour en poursuivre, au besoin, l'expropriation, conformément aux dispositions établies par les lois sur la matière, dans le cas où elle ne pourrait pas conclure des arrangements amiables avec les propriétaires. Elle aura droit également de faire les emprunts et dépôts de terre prescrits par les projets approuvés, moyennant tout dédommagement nécessaire et préalable.

4. Les indemnités pour occupation temporaire ou détérioration de terrain, pour chômage d'usine, pour tout dommage quelconque résultant des travaux, seront également payées par les concessionnaires.

5. Le canal et toutes ses dépendances seront constamment entretenus en bon état. Les frais d'entretien, les réparations, soit ordinaires, soit extraordinaires, demeureront entièrement à la charge de la compagnie.

6. Pour indemniser la compagnie des dépenses qu'elle s'engage à faire par les articles précédents, et sous la condition expresse qu'elle en remplira toutes les obligations, le gouvernement lui concède la jouissance du canal et de toutes ses dépendances pendant l'espace de quatre-vingt-sept ans et onze mois, à dater de la ratification de la loi à intervenir.

Cette jouissance se compose de la perception des droits de navigation déterminés par le tarif ci-annexé, de l'exercice du droit de pêche, de l'ensemencement des digues et talus, et de la faculté de planter sur les francs-bords. Les frais de régie, de perception et d'administration, seront à la charge de la compagnie.

Les plantations seront exploitées conformément aux règlements sur la coupe des arbres du domaine public. La compagnie remplacera tous ceux qui auront péri ou qu'elle aura coupés, et elle ne pourra plus en abattre à dater de la dixième année qui précédera le terme de la concession.

7. La compagnie pourra employer, soit pour l'établissement de moulins et usines, soit pour l'arrosement des terres, ou concéder à des particuliers, moyennant une redevance annuelle, les eaux que l'administration aura jugées n'être pas nécessaires à la navigation. Elle se soumettra pour la forme des prises d'eau, quelle que soit leur destination, aux règles actuellement établies sur le canal du Languedoc. Après l'expiration de la jouissance accordée à la compagnie, le gouvernement s'engage, moyennant les redevances déterminées, à continuer le service de ces cours d'eau dans toutes les circonstances où la navigation n'en réclamera pas l'usage.

Il est entendu que les bâtiments des usines, les magasins, hangars, etc., servant à des exploitations particulières, et assis sur des terrains autres que ceux qui seront compris dans les plans approuvés pour l'établissement du canal et de ses dépendances, resteront à perpétuité la propriété de la compagnie ou de ses ayants droit.

8. Sur les canaux déjà commencés, les sommes dépensées jusqu'à ce moment, les indemnités de terrains déjà payées par l'administration, les matériaux en approvisionnement, s'il en existe et si la valeur en est complétement acquittées aux fournisseurs, ne seront, de la part du gouvernement, l'objet d'aucune répétition, et sont abandonnés aux concessionnaires pour en jouir pendant la durée de la concession.

Quant aux terrains occupés et non payés, ainsi qu'aux matériaux approvisionnés et dont le prix n'est pas encore acquitté, la valeur des uns et des autres demeure à la charge des concessionnaires.

9. La compagnie aura droit aux deux cinquièmes de la plus-value des propriétés desséchées par les travaux du canal. L'exercice de cette plus-value aura lieu et le montant en sera déterminé dans les cas et suivant les formes établies par la loi du 16 septembre 1807.

10. Après l'achèvement des travaux, la compagnie fera faire à ses frais un bornage contradictoire et un plan cadastral de tous les terrains spécifiés dans les art. 3 et 8; elle justifiera, par des titres authentiques, qu'elle en a complétement acquitté la valeur. Il sera dressé en même temps un état descriptif des ponts, acqueducs, écluses, déversoirs et autres ouvrages d'art qui devront être établis conformément aux conditions du présent traité.

Les procès-verbaux de bornage, le plan cadastral et l'état descriptif, dûment arrêtés en double expédition, seront ajoutés aux annexes du présent cahier des charges pour servir au récollement qui aura lieu lorsque le gouvernement rentrera dans la jouissance du canal.

A l'époque de l'expiration de la concession, l'Etat, par le fait seul de cette expiration, sera subrogé à tous les droits de la compagnie dans la propriété des terrains désignés au plan cadastral. La compagnie sera obligée de remettre en bon état d'entretien le canal, les ouvrages d'art indiqués dans l'état descriptif dont il vient d'être parlé, ainsi que les quais, chemins de halage, ports, bassins, gares, réservoirs, perrés, talus, plantations et toutes autres dépendances.

Le gouvernement reprendra immédiatement la jouissance du canal, de toutes ses dépendances et de tous ses produits.

11. Faute par la compagnie, après avoir été mise en demeure, d'avoir exécuté les travaux et les diverses obligations qu'elle contracte par la présente convention, elle encourra la déchéance; et, dans ce

cas, tous ouvrages construits ou en exécution, les approvisionnements de matériaux, les terrains acquis par les concessionnaires pour l'emplacement du canal et de ses dépendances, les équipages et le cautionnement ci-après stipulé, ou la portion qui resterait encore en dépôt, deviendront la propriété du gouvernement, sans qu'il y ait lieu à aucun recours de la part de la compagnie, ou de ses intéressés ou ayants droit.

La présente stipulation n'est pas applicable au cas où la cause de l'interruption ou de la non-confection des travaux proviendrait de force majeure.

12. La compagnie s'oblige à porter, dans les dix jours de l'adjudication, au dixième du montant de l'estimation, le dépôt préalable qu'elle a fait pour être admise à soumissionner. Si, à l'expiration du dixième jour, le dépôt n'est pas ainsi complété, la concession sera réputée nulle et non avenue, et la première somme déposée demeurera acquise au trésor royal à titre de dommages et intérêts.

Le complément du dépôt s'effectuera dans les valeurs prescrites pour le dépôt lui-même, et l'un et l'autre seront rendus par parties à mesure que les travaux exécutés par les concessionnaires s'élèveront à des sommes équivalentes.

13. La compagnie sera tenue de se soumettre au contrôle et à la surveillance de l'administration, tant pour l'exécution, la réception, l'entretien et la conservation des ouvrages, que pour l'accomplissement de toutes les autres clauses énoncées dans le présent cahier des charges.

14. La compagnie pourra établir à ses frais des agents, tant pour la perception des droits que pour la surveillance des plantations et la conservation des ouvrages.

15. La contribution assise aujourd'hui sur les terrains qui serviront d'emplacement au canal et à ses dépendances, sera exempte de toute augmentation pendant la durée de la concession.

16. Le tarif des droits de péage annexé au présent cahier des charges, et signé par les soumissionnaires, ne pourra être modifié que du consentement mutuel du gouvernement et de la compagnie; et, dans tous les cas, il ne pourra être fait audit tarif aucune augmentation qu'en vertu d'une loi.

17. Les contestations qui pourraient s'élever sur l'interprétation des clauses et conditions énoncées ci-dessus, seront jugées administrativement par le conseil de préfecture du département du Pas-de-Calais, sauf le recours au conseil d'Etat.

18. La concession ne sera valable et définitive qu'après la ratification de la loi.

Article additionnel. — Les frais d'amélioration à faire sur la branche déjà ouverte entre la Bassée et la Haute-Deule sont compris dans la somme de deux millions énoncée à l'article 1er. Cette branche est concédée par le gouvernement à la compagnie pour en jouir, comme des autres parties du canal d'Aire à la Bassée, pendant le même temps et aux mêmes conditions.

Cahier des charges pour le canal de Bourgogne.

Art. 1er. La compagnie s'oblige à verser dans les caisses du trésor royal, à Paris, jusqu'à concurrence du montant de vingt-cinq millions, dans l'espace de dix ans et trois mois, pour l'exécution des travaux désignés ci-après.

Les versements s'effectueront de trois mois en trois mois, et seront égaux entre eux.

Le premier versement aura lieu le 1er octobre 1822, le second le 1er janvier 1823, et ainsi de suite.

Lorsque les versements effectués s'élèveront au montant du dépôt préalable nécessaire pour être admis à soumissionner, ce dépôt sera rendu à la compagnie.

2. Ladite somme de vingt-cinq millions sera employée exclusivement à la confection des ouvrages qui seront définitivement approuvés par M. le directeur général des ponts et chaussées, pour le canal de Bourgogne.

Elle ne pourra, en aucun cas et sous aucun prétexte, être détournée de cet emploi spécial.

Si la somme de vingt-cinq millions est insuffisante, le gouvernement prend l'engagement de suppléer au déficit; si au contraire la dépense effective n'atteint pas les estimations présumées, le prêt des soumissionnaires sera diminué de la différence.

3. Le gouvernement s'engage à terminer les ouvrages énoncés dans l'article précédent, dans le délai de dix ans et trois mois, ou plus tôt, si faire se peut.

4. Pendant la durée des travaux, la compagnie recevra un intérêt de cinq francs dix centimes pour cent, sans aucune autre allocation.

Les intérêts seront acquittés par semestre : le premier semestre est fixé au 1er avril 1823; le second, au 1er octobre 1823, et ainsi de suite, de six mois en six mois.

Le compte des intérêts sera arrêté au dernier jour de chaque semestre, et le payement s'en fera au trésor royal à Paris, dans le courant du mois qui suivra le semestre échu.

5. Lorsque les travaux seront terminés, ou, au plus tard, à dater de l'expiration du délai fixé par l'article 3, la compagnie, indépendamment de l'intérêt stipulé dans l'article précédent, recevra annuellement, à titre de prime, un demi pour cent du capital primitif, jusqu'au moment où ce capital sera complétement amorti.

6. L'amortissement commencera en même temps que l'allocation de la prime. Il s'effectuera par un payement annuel d'un pour cent sur le capital emprunté, et sera calculé avec les intérêts composés au taux fixé dans l'article 4.

Le dividende de la prime et celui du fonds d'amortissement seront acquittés aux mêmes époques et aux mêmes caisses que le montant des intérêts.

7. A dater de l'époque où le canal sera complétement navigable de l'une de ses extrémités à l'autre, les recettes du péage, celles des fermages et des locations d'usines établies ou à établir, les revenus provenant de la plus-value des terrains desséchés par les travaux de navigation, le produit de la vente des arbres et des herbes, celui des concessions d'eau pour arrosements, et en général les revenus de toute nature du canal, de son domaine et de ses dépendances, seront exclusivement consacrés,

1° A l'acquittement des frais de perception, de surveillance et d'administration ;

2° A l'entretien des ouvrages, et aux réparations tant ordinaires qu'extraordinaires ;

3° Au service des intérêts, de la prime et de l'amortissement.

Si ces revenus et produits ne suffisent pas pour pourvoir à ces diverses dépenses, le gouvernement s'oblige à y suppléer par des sommes complémentaires imputées annuellement sur le budget du ministère de l'intérieur, chapitre des ponts et chaussées, et, à cet effet, des ordonnances du trésor seront émises en temps utile pour que les payements puissent être effectués régulièrement et sans retard aux époques convenues.

8. Dans les années où l'ensemble des produits excèdera tous les prélèvements stipulés dans l'article précédent, le fonds d'amortissement s'accroîtra de tout l'excédant, et sous aucun prétexte il ne sera fait une distraction quelconque pour une autre destination.

9. Lorsque, par l'action progressive de l'amortissement, la compagnie se trouvera complètement remboursée de ses avances, il sera fait annuellement un partage égal du produit net entre le gouvernement et la compagnie. Ce partage aura lieu pendant quarante ans, après lesquels le gouvernement rentrera dans la jouissance pleine et entière de tous les produits du canal et de ses dépendances.

10. Il sera tenu, tant pour les recettes que pour les dépenses du canal, des comptes et des registres particuliers, dont la compagnie aura droit, en tout temps, de prendre connaissance.

Elle sera d'ailleurs admise à prendre également connaissance des projets, et à présenter les observations qu'elle jugera convenable d'adresser dans l'intérêt de l'exécution et de la conservation des ouvrages, pour être statué ultérieurement par l'administration ce qu'il appartiendra.

Elle pourra se faire assister par un ingénieur des ponts et chaussées en retraite, et même par un ingénieur en activité ; mais, dans ce dernier cas, le choix de la compagnie sera soumis à M. le directeur général, qui décidera s'il est possible, sans inconvénient, de distraire du service public un ingénieur en exercice.

11. Le tarif des droits de péage annexé au présent cahier des charges, et signé par les soumissionnaires, ne pourra être modifié que du consentement mutuel du gouvernement et de la compagnie, et, dans tous les cas, il ne pourra être fait audit tarif aucune augmentation qu'en vertu d'une loi.

12. Le canal et ses dépendances ne seront soumis à aucun impôt.

13. Les travaux énoncés dans l'article 2 seront mis en adjudication par lots, suivant les formes ordinaires ; mais si, à dater d'un mois de la première publication, il ne s'est présenté aucun soumissionnaire offrant un rabais d'un vingtième au moins sur l'estimation approuvée, la compagnie aura la faculté d'entreprendre, à ses risques et périls, l'exécution des ouvrages, aux clauses et conditions exprimées dans les devis et cahier des charges, et aux prix qui auront servi de base à l'adjudication. Il est expressément stipulé que la compagnie sera soumise, pour l'exécution des travaux dont elle voudra se rendre adjudicataire, à toutes les conditions imposées aux entrepreneurs des ponts et

chaussées, et que les cas d'éviction et de surenchère pourront trouver les applications dans les mêmes circonstances.

14. La compagnie est autorisée à former une société anonyme, qui aura la faculté d'émettre à volonté des actions négociables, provisoires ou définitives, pour la totalité des sommes comprises dans la présente convention, et de les diviser en primes, intérêts et chances, comme elle l'entendra. Toutefois, l'acte de société anonyme sera soumis à l'approbation du roi, conformément à la loi, et un commissaire du gouvernement sera chargé d'en surveiller les opérations. Il visera toutes les actions qui seront mises en circulation, en y apposant sa signature. Les actions et le transfert de ces actions ne seront soumis à aucun droit.

15. Les signataires de la soumission s'obligent personnellement à faire acquitter par la compagnie qu'ils représentent jusqu'à concurrence du sixième de l'estimation. Cette somme servira de cautionnement et de garantie pour l'exécution régulière des engagements énoncés dans les articles précédents. Dans le cas où la soumission serait souscrite à la fois par plusieurs intéressés, dont chacun aurait signé pour une somme déterminée, il est entendu que chaque signataire ne demeure engagé que jusqu'à la concurrence du sixième du montant de son engagement personnel.

Les porteurs d'actions ou effets créés par la société seront tenus de faire les payements subséquents, et ils perdront tout droit à l'action dont ils seront porteurs, s'ils n'ont pas versé aux termes fixés les sommes dont ils seront redevables : dans ce cas, l'action sera vendue pour leur compte, à la diligence du gouvernement, sans qu'il soit besoin de faire prononcer la déchéance par un jugement; le tout sans préjudice des droits de ceux qui auront exécuté ponctuellement leurs engagements, et sans qu'aucun recours puisse être exercé envers la compagnie, au-dessus de la somme stipulée en cautionnement.

16. Les contestations qui pourraient s'élever sur l'interprétation de toutes les clauses et conditions précédentes seront jugées par le conseil de préfecture du département de la Côte-d'Or, sauf recours au conseil d'Etat dans les formes et suivant les délais d'usage.

17. Les engagements respectifs stipulés dans les articles précédents ne seront valables et définitifs qu'après la ratification de la loi.

Canaux de Bretagne.

La durée des travaux est de dix ans et trois mois.

Le montant de l'emprunt est de trente-six millions.

L'époque du premier versement est fixée au 1er octobre 1822.

L'intérêt consenti par la compagnie est de cinq francs soixante-deux centimes pour cent.

Le conseil de préfecture appelé à juger, en première instance, les contestations qui pourraient s'élever entre le gouvernement et la compagnie, sur l'interprétation des clauses et conditions du cahier des charges, est celui du département de la Loire-Inférieure.

Toutes les autres conditions du cahier des charges annexé à la soumission pour le canal de Bourgogne sont communes aux canaux de Bretagne.

Canal d'Arles à Bouc.

La durée des travaux est de six ans et trois mois.

Le montant de l'emprunt est de cinq millions cinq cent mille francs.

L'époque du premier versement est fixée au 1er octobre 1822.

L'intérêt consenti par la compagnie est de cinq francs douze centimes pour cent.

Le conseil de préfecture appelé à juger, en première instance, les contestations qui pourraient s'élever entre le gouvernement et la compagnie, sur l'interprétation des clauses et conditions du cahier des charges, est celui du département des Bouches-du-Rhône.

Toutes les autres conditions du cahier des charges annexé à la soumission pour le canal de Bourgogne sont communes au canal d'Arles à Bouc.

Canal du Nivernais.

La durée des travaux est de sept ans et trois mois.

Le montant de l'emprunt est de huit millions.

L'époque du premier versement est fixée au 1er octobre 1822.

L'intérêt consenti par la compagnie est de cinq francs vingt-huit centimes pour cent.

Le conseil de préfecture appelé à juger, en première instance, les contestations qui pourraient s'élever entre le gouvernement et la compagnie, sur l'interprétation des clauses et conditions du cahier des charges, est celui du département de la Nièvre.

Toutes les autres conditions du cahier des charges annexé à la soumission pour le canal de Bourgogne sont communes au canal du Nivernais.

Canal du duc de Berri.

La durée des travaux est de huit ans et trois mois.

Le montant de l'emprunt est de douze millions.

L'époque du premier versement est fixée au 1er octobre 1822.

L'intérêt consenti par la compagnie est de cinq francs trente et un centimes pour cent.

Le conseil de préfecture appelé à juger, en première instance, les contestations qui pourraient s'élever entre le gouvernement et la compagnie, sur l'interprétation des clauses et conditions du cahier des charges, est celui du département du Cher.

Toutes les autres conditions du cahier des charges annexé à la soumission pour le canal de Bourgogne sont communes au canal du duc de Berri.

Canal latéral à la Loire.

La durée des travaux est de huit ans et trois mois.

Le montant de l'emprunt est de douze millions.

L'époque du premier versement est fixée au 1er octobre 1822.

L'intérêt consenti par la compagnie est de cinq francs dix-sept centimes pour cent.

Le conseil de préfecture appelé à juger, en première instance, les contestations qui pourraient s'élever entre le gouvernement et la compagnie, sur l'interprétation des clauses et conditions du cahier des charges, est celui du département de la Nièvre.

Toutes les autres conditions du cahier des charges annexé à la soumission pour le canal de Bourgogne sont communes au canal latéral à la Loire, de Digoin à Briare.

Ordonnance du roi, du 14 août 1822, qui approuve l'adjudication de la concession des eaux surabondantes du canal de Saint-Maur (1).

Louis, etc.; vu la loi du 17 avril 1822, qui autorise le gouvernement à concéder, avec publicité et concurrence, les eaux surabondantes du canal de Saint-Maur;

Vu le procès-verbal du 30 juillet 1822, constatant le résultat des soumissions présentées pour la concession de ces eaux,

Nous avons ordonné et ordonnons ce qui suit :

Art. 1er. L'adjudication de la concession des eaux surabondantes du canal de Saint-Maur, faite et passée le 30 juillet 1822, par le préfet du département de la Seine, au sieur *Dageville*, pour le prix de six cent cinquante-cinq mille deux cents francs, est approuvée.

Toutes les charges, clauses et conditions contenues au cahier des charges relaté dans le procès-verbal d'adjudication du 30 juillet 1822 recevront leur pleine et entière exécution.

2. Le cahier des charges et le procès-verbal d'adjudication, ainsi que les pièces y relatées, demeureront annexés à la présente ordonnance.

Cahier des charges pour la concession des eaux surabondantes du canal de Saint-Maur.

La concession a pour objet l'établissement d'usines aux abords du canal de Saint-Maur; elle comprend :

1° La faculté exclusive d'user, dans les limites fixées ci-après (article 12), des eaux qui passeront dans le canal et qui ne seront pas nécessaires à la navigation, et d'en jouir avec la chute résultant de la différence du niveau de la Marne, de l'amont à l'aval du canal, sauf la pente que comportera l'écoulement de l'eau;

2° La propriété des terrains qui ont été acquis par l'État aux abords du canal pour établissement d'usines.

Le gouvernement et les concessionnaires sont respectivement soumis aux clauses et conditions suivantes :

Art. 1er. La concession est perpétuelle.

2. Le volume d'eau à prendre dans le canal sera livré aux concessionnaires immédiatement à la sortie du souterrain, et par une seule prise d'eau de quatre mètres de largeur sur chacune des deux rives. Si les dispositions qui seront adoptées par les concessionnaires nécessitent de changer les emplacements des deux prises d'eau, actuellement fixés aux

---

(1) Une ordonnance royale du 16 juillet 1823 a autorisé, sous le nom de *Compagnie des eaux de Saint-Maur*, la formation d'une société anonyme pour l'exploitation de cette entreprise. On peut voir au Bulletin des lois les statuts de cette compagnie.

points *A* et *B* du plan joint au présent cahier de charges, ils pourront opérer ce changement en barrant celles-ci et en donnant les mêmes dimensions aux deux nouvelles prises d'eau qu'ils établiront à leurs frais sur d'autres points, sous la surveillance de l'ingénieur en chef du département, et dont les projets devront être préalablement soumis à M. le directeur général des ponts et chaussées et des mines.

Le volume d'eau est ainsi fixé :

1° Les vantelles des portes de l'écluse à sas étant fermées, et la dépense des eaux du canal n'ayant lieu que pour le service des usines, la plus grande vitesse de l'eau à la superficie du canal, mesurée à partir de l'entrée du souterrain, n'excédera jamais cinquante-cinq centimètres par seconde sexagésimale, ou trente-trois mètres par minute, et ce pour quelque hauteur d'eau que ce soit en rivière.

Le *maximum* de vitesse ci-dessus indiqué pourra recevoir les accroissements nécessaires au service de l'écluse et à la navigation du canal.

2° Il sera établi, aux frais du gouvernement, un barrage dans le lit de la Marne pour régler la prise d'eau du canal. Ce barrage sera disposé de manière à obtenir sur le busc de la porte de garde une hauteur d'eau qui ne devra pas être moindre d'un mètre cinquante centimètres, et qui pourra augmenter suivant les diverses crues de la Marne, sans pouvoir jamais excéder quatre mètres.

Lorsque les eaux en rivière auront atteint cette hauteur, les portes de garde seront fermées, et le biez inférieur sera alimenté par les vantelles pratiquées dans les portes de garde, lesquelles auront ensemble une superficie de trois mètres cinquante centièmes carrés, et seront placées sur l'entretoise inférieure.

Dans aucun cas, la hauteur d'eau, dans le biez inférieur, ne pourra excéder celle de quatre mètres ci-dessus indiquée.

3. Pour que la vitesse de l'eau dans le canal souterrain et la dépense par les usines puissent être ainsi réglées, il sera établi, à l'ouverture de chacune des prises d'eau *A* et *B*, un système de vannes ou de poutrelles dont la manœuvre aura lieu, sous la surveillance des ingénieurs, par l'éclusier du canal.

A l'effet d'assurer la facile exécution de l'article précédent, il sera établi des échelles à la porte de l'écluse de garde et à l'entrée de chacune des prises d'eau alimentant les usines. L'échelle placée près de l'écluse de garde faisant connaître par sa graduation la hauteur d'eau de la rivière, celles qui seront placées près de chaque prise d'eau porteront une graduation correspondante, déterminant, relativement à cet état de la rivière, à quel point les vannes de prises d'eau doivent être levées pour que la vitesse de superficie des eaux à l'entrée du souterrain n'excède point (0^m,55) cinquante-cinq centimètres par seconde sexagésimale.

La graduation de ces échelles sera réglée d'après des expériences faites, aussitôt qu'elles pourront avoir lieu, contradictoirement entre l'ingénieur en chef et les concessionnaires.

Les concessionnaires resteront soumis aux règlements de police qui pourront être faits par l'administration pour les cas de grandes eaux et de glaces.

4. Pour la conservation de la chute qui doit animer les eaux concédées, le gouvernement s'oblige à empêcher la construction de tous

II.   32

ouvrages, de quelque nature qu'ils puissent être, qui auraient pour conséquence de diminuer la différence naturelle du niveau de la Marne d'une extrémité à l'autre du canal.

S'il se formait en rivière, par une cause quelconque, des alluvions qui, en retenant les eaux au-dessous de l'embouchure du canal, vinssent à diminuer cette chute, l'enlèvement de ces alluvions serait effectué par les concessionnaires.

5. Le gouvernement se réserve de ménager, à travers le barrage construit sur la Marne pour assurer la prise d'eau du canal, un pertuis pour le service de la navigation par le contour que forme la rivière. Ce pertuis sera ouvert aussi souvent que le besoin de la navigation l'exigera; et si, par l'effet ou par suite de cette manœuvre, l'eau s'abaisse sur le busc de l'écluse de garde à une hauteur moindre qu'un mètre cinquante centimètres, il n'y aura pas lieu à admettre de ce chef aucune réclamation de la part des concessionnaires.

6. Le gouvernement fait abandon en toute propriété, aux concessionnaires, des terrains acquis par lui pour établissement d'usines, et de ceux qui sont provenus du comblement du bras de Gravelle, à charge de bornage avec les anciens riverains. Ces terrains sont indiqués par une teinte rouge au plan joint au présent cahier de charges. La remise n'en sera faite toutefois qu'après qu'ils auront été dépouillés des terres végétales et glaises nécessaires à la formation des corrois du canal.

Ces corrois devront se terminer en 1822. Dans le cas néanmoins où, jusqu'à l'époque qui sera fixée ci-après pour la prise de possession des eaux, il serait nécessaire de faire, pour les besoins du canal, de nouveaux emplois de ces terres, les concessionnaires seront tenus de les laisser prendre, sans indemnité, dans tous les emplacements non bâtis qui seront désignés par les ingénieurs.

Ces terrains seront, du reste, livrés sans aucune garantie de mesure, et dans l'état où ils se trouveront à l'époque de la remise, sans que le gouvernement soit tenu de combler les fouilles qui auront été ou qui seront faites, ni de régler ou enlever les dépôts de remblais dont ces terrains auront été rechargés. Il est de plus entendu qu'il sera, dans tous les temps, ménagé le long de la Marne, pour chemin de halage, un espace libre de la largeur prescrite par les ordonnances.

La remise des terrains sera constatée par un procès-verbal détaillé, rédigé contradictoirement entre l'ingénieur en chef et les concessionnaires.

7. Le gouvernement abandonne également en toute propriété aux concessionnaires, et avec les terrains qui en dépendent, les deux contre-canaux de dérivation creusés entre la Marne et l'ancien cours du bras de Gravelle. Cet abandon aura lieu à la charge, par les concessionnaires :

1° D'entretenir et de conserver à perpétuité ces contre-canaux dans leur état actuel, tel qu'il est décrit et repéré au plan joint au cahier de charges;

2° D'établir, conformément au projet qui sera arrêté par M. le directeur général des ponts et chaussées, et d'entretenir à perpétuité un pont de halage sur chacun desdits contre-canaux, à leur jonction avec la Marne;

3° D'indemniser l'entrepreneur du gazonnage des talus de ces contre-canaux, dans le cas où la jouissance des herbes qui lui a été abandonnée pendant trois ans serait troublée ou restreinte par suite des travaux des usines.

Le gouvernement se réserve en outre, dans l'intérêt de la navigation et des usines placées sur la Marne, au-dessous du canal de Saint-Maur, de faire exécuter à l'extrémité du contre-canal de la rive droite, désignée sur le plan par la lettre E, tel ouvrage que bon lui semblera, pourvu qu'il ne s'oppose pas au déversement des eaux qui auront alimenté les usines des concessionnaires.

8. Les murs de soutenement des levées du canal formant la limite des terrains dont le gouvernement se réserve la propriété, feront partie de la concession, à la charge par les concessionnaires de les entretenir à perpétuité. Ils pourront, en conséquence, y asseoir des clôtures et façades de bâtiment, en se conformant, pour les alignements à suivre, au plan joint au présent cahier de charges.

9. Les concessionnaires seront libres de disposer, comme ils le jugeront convenable, du volume d'eau qui leur est concédé, et de distribuer, en conséquence, dans les terrains désignés en l'art. 12 ci-après, leurs bassins de prise d'eau, leurs canaux de fuite, leurs bâtiments d'habitation et d'exploitation, et tous les ouvrages accessoires, en ménageant toutefois un libre passage sur toute l'étendue du chemin de halage de la Marne, au moyen de ponts construits partout où besoin sera, et dont les projets seront soumis à l'approbation de M. le directeur général.

10. Le gouvernement prend l'engagement de livrer les eaux concédées deux ans et demi au plus après l'homologation de l'acte de concession.

Si, par suite de retard dans l'exécution des travaux provenant d'autres causes que de force majeure, les concessionnaires n'en étaient pas mis en possession à cette époque, il leur serait payé, par forme d'indemnité, une somme de trois mille francs par mois de retard.

11. Dans aucun cas et sous aucun prétexte, les concessionnaires ne pourront prétendre d'indemnités, dommages, ni dédommagements :

1° Pour événements de force majeure qui frapperaient sur tout ou partie de la concession;

2° Pour chômages entiers ou partiels de leurs usines pendant la fermeture des portes de garde, et pendant tout le temps nécessaire à l'exécution des ouvrages d'entretien, de curage, de réparation et reconstruction des diverses parties du canal et de ses accessoires;

3° Pour dérivations que le gouvernement jugerait à propos de faire dans la partie supérieure du cours de la Marne et de ses affluents, à l'effet d'alimenter des canaux de navigation autres que celui de l'Ourcq, moyennant que, dans le plus bas étiage, il se trouve un mètre et demi de hauteur d'eau sur le busc de la porte de garde du canal, sauf le cas de l'ouverture du pertuis pour la navigation, ainsi qu'il est prévu ci-dessus par l'article 5.

12. Il est stipulé, à titre d'encouragement, que les bâtiments d'habitation et d'exploitation qui seront élevés sur les terrains compris dans le plan des usines, ne donneront lieu pendant vingt-cinq ans, à partir du jour de l'homologation de la concession, à aucune augmentation de

la contribution foncière à laquelle ces terrains se trouveront imposés au moment du traité.

Lesdits terrains sont ceux qui, pouvant être occupés par les usines à construire ou leurs dépendances, sont compris entre les deux contre-canaux de dérivation du bras de Gravelle et leurs prolongements, d'une part et de l'autre, entre la Marne et le chemin de Charenton à Saint-Maur, après que ce chemin aura été rétabli.

Ces terrains sont enveloppés par un liséré bleu au plan joint au présent cahier de charges.

13. Le prix de la concession sera versé au trésor royal, et sera spécialement affecté à l'achèvement des travaux du canal de Saint-Maur.

Les versements auront lieu par les concessionnaires en quatre payements égaux, de six mois en six mois. Le premier payement sera effectué dans les deux mois qui suivront l'homologation de l'acte de concession.

14. Pour sûreté et garantie de ses engagements relatifs aux versements du prix de la concession, la compagnie fournira un cautionnement dans les dix jours qui suivront l'acceptation de la soumission.

Ce cautionnement pourra, au choix des concessionnaires, être fourni en immeubles ou dans les mêmes valeurs que le dépôt de garantie.

Dans le premier cas, il sera de trois cent mille francs, et, dans le second, de deux cent mille francs, en calculant au pair les valeurs dans lesquelles il sera fourni.

Si, à l'expiration du vingtième jour de l'adjudication, le cautionnement n'est pas fourni, la concession sera réputée nulle et non avenue, et la première somme déposée demeurera acquise au trésor royal, à titre de dommages et intérêts.

15. Le dépôt de garantie que les concessionnaires auront fait à la caisse des dépôts et consignations, leur sera rendu immédiatement après qu'ils auront justifié avoir fourni le cautionnement stipulé en l'article qui précède.

16. Le cautionnement fourni par la compagnie lui sera rendu par partie et proportionnellement aux payements qui auront été faits du prix de la concession.

17. En cas de retard dans l'un des payements à effectuer par la compagnie, elle encourra la déchéance, après avoir été mise en demeure, et le cautionnement ou la portion de cautionnement qui resterait encore en dépôt, deviendra la propriété du gouvernement, sans qu'il y ait lieu à aucun recours de la part de la compagnie, ou de ses intéressés ou ayants droit.

18. Toutes les contestations qui pourront s'élever entre le gouvernement et les concessionnaires, relativement aux interprétations et à l'exécution des clauses et conditions qui précèdent, seront jugées administrativement par le conseil de préfecture du département de la Seine, sauf recours au conseil d'Etat.

Procès-verbal de l'adjudication de la concession des eaux surabondantes du canal Saint-Maur, en exécution de la loi du 17 avril 1822.

L'an 1822, le mardi 30 juillet, à midi, nous Gilbert-Joseph-Gaspard-

Antoine comte Chabrol de Volvic, conseiller d'Etat, préfet du département de la Seine, accompagné de M. Walckenaer, maître des requêtes, secrétaire général de la préfecture, et de MM. Champion, Marchand, Leconte et Gauthier, conseillers de préfecture, en présence de M. Eustache, ingénieur en chef, et de M. Emmery, ingénieur ordinaire, chargé des travaux du canal de Saint-Maur, nous sommes rendus dans la salle des criées de l'Hôtel-de-Ville, à l'effet d'y procéder publiquement, conformément aux instructions de M. le directeur général des ponts et chaussées, en date du 26 juin dernier, à l'adjudication, sur soumissions cachetées, de la concession des eaux surabondantes du canal Saint-Maur, en exécution de la loi du 17 avril 1822.

La séance ayant été ouverte, nous avons fait donner lecture : 1° de ladite loi du 17 avril 1822; 2° du cahier des charges de l'adjudication; 3° de l'avis contenant l'annonce de la mise en vente publique desdites eaux, des conditions à remplir par les soumissionnaires, du mode et du jour de l'adjudication, en faisant observer que, pour donner à cette dernière pièce toute la publicité convenable, elle a été insérée dans le *Moniteur*, le *Journal de Paris* et le *Journal du Commerce*, du 10 juillet, mois courant. Nous avons annoncé, de plus, que la déclaration du *minimum* du prix ne sera ouverte et lue que dans le cas seulement où aucune soumission n'aurait atteint le prix y déterminé.

Cette lecture achevée, nous avons déclaré que le terme pour la réception des soumissions courait depuis ce moment jusqu'à une heure; que ces soumissions devaient être déposées entre nos mains, cachetées, et qu'à mesure de leur remise, elles seraient numérotées et rangées sur le bureau pour être ouvertes par nous à une heure, publiquement, séance tenante, et nous avons invité les assistants à en effectuer le dépôt.

En même temps, nous avons déposé sur le bureau, en présence du public, un paquet cacheté, que nous avons annoncé renfermer la déclaration, signée de nous, du *minimum* du prix auquel le gouvernement consent à vendre les eaux dont il s'agit.

Pendant cette heure, trois soumissions ont été déposées sur le bureau, et numérotées depuis 1 jusqu'à 3.

Une heure ayant sonné, nous, conseiller d'Etat, préfet, avons déclaré qu'aucune soumission ne serait plus reçue; puis nous avons procédé immédiatement à l'ouverture, ainsi qu'à la lecture publique des soumissions déposées, en commençant par celle qui porte le n° 1; et leur contenu a été successivement constaté ainsi qu'il suit, savoir :

Première soumission, de M. Laffon de Ladebat, au prix de cinq cent cinq mille cinq cents francs;

Seconde soumission, de M. Gabriel-François Dageville, au prix de six cent cinquante-cinq mille deux cents francs;

Troisième soumission, de MM. Jude Joseph Meslier et François-Xavier Alary, au prix de quatre cent un mille francs.

Le prix porté en la soumission de M. Dageville excédant le *minimum* fixé par M. le directeur général des ponts et chaussées, nous avons déclaré qu'il ne serait point donné lecture de ce *minimum*.

Procédant ensuite à l'examen desdites soumissions et des pièces à l'appui, nous, conseiller d'Etat, avons reconnu que la soumission de M. Gabriel-François Dageville, sous le n° 2, offrait le prix le plus élevé.

En conséquence, de l'avis des fonctionnaires présents, nous avons déclaré ledit M. Dageville (Gabriel-François), demeurant à Paris, rue Neuve-Saint-Augustin, n° 1, adjudicataire des eaux surabondantes du canal Saint-Maur, au prix de six cent cinquante-cinq mille deux cents francs, sauf approbation du gouvernement, et sous les clauses et conditions du cahier des charges de l'adjudication, approuvé par le ministre de l'intérieur, le 20 juin dernier, lequel cahier des charges, après avoir été coté et paraphé par l'adjudicataire, restera ci-annexé; et a, ledit M. Dageville, signé avec nous et les fonctionnaires assistants, le présent procès-verbal, qui a été clos à une heure un quart.

Ordonnance du roi, du 13 novembre 1822, portant autorisation de la société anonyme des fonderies et forges de la Loire et de l'Isère.

LOUIS, etc.; vu trois actes passés par-devant Farine et son collègue, notaires à Lyon, les 11 janvier 1821, 21 février et 8 août 1822, par lesquels les sieurs Frèrejean et consorts ont converti en société anonyme la société en commandite par actions par eux déjà établie pour l'exploitation de diverses mines et usines dans les départements de la Loire, de l'Isère et de l'Ardèche, laquelle conversion avait été, entre lesdits associés, prévue et résolue dès l'origine, suivant autre acte séparé du 11 janvier 1821;

Vu les bilans et inventaires détaillés desquels résulte le passage effectif de la société en commandite à la société anonyme, d'un actif net correspondant à la valeur des actions attribuées dans l'association nouvelle aux propriétaires de l'ancienne, y compris la valeur des actions qui avaient été désignées sous le nom de *gratuites* dans la société en commandite;

Vu les articles 30 à 37, 40 et 45 du Code de commerce;

Notre conseil d'Etat entendu,

Nous avons ordonné et ordonnons ce qui suit:

Art. 1er. La société anonyme établie à Lyon, et déjà connue sous le nom de *Compagnie des fonderies et forges de la Loire et de l'Isère*, est autorisée; ses statuts, tels qu'ils sont contenus et rectifiés dans les trois actes des 11 janvier 1821, 21 février et 8 août 1822, sont approuvés, sauf les réserves suivantes. Lesdits actes resteront annexés à la présente (1).

2. Les articles 34 et 35 de l'acte du 11 janvier 1821, confiant au directeur le droit d'engager la compagnie et de signer pour elle, et l'article 2 de l'acte du 8 août 1822, lui prescrivant des limites dans lesquelles il devra se tenir pour l'exercice de cette faculté, nous entendons que de notre approbation des statuts il ne puisse être rien préjugé dans les contestations qui s'élèveraient entre la compagnie et les tiers qui auraient traité avec le directeur.

3. De ladite approbation il ne sera pareillement rien préjugé, nonobstant l'article 44 de l'acte du 11 janvier 1821, sur le mode éventuel de la vente des immeubles de la société à l'expiration de la société.

(1) Voir ces actes au Bulletin des lois.

4. Dans le cas prévu par l'article 14 de l'acte du 11 janvier 1821, où la dissolution volontaire de la société avant son terme serait proposée, les voix seront comptées, dans la délibération relative, suivant le nombre d'actions dont les sociétaires présents seront porteurs directement ou par procuration, sans s'arrêter, pour ce cas seulement, à la restriction ajoutée par l'article 3 de l'acte du 21 février 1822 à l'art. 13 de l'acte du 11 janvier 1821.

En outre, la dissolution volontaire ne pourra avoir effet qu'autant qu'elle sera résolue ou consentie par les propriétaires des trois quarts au moins de la totalité des actions sociales.

5. Nonobstant la modification apportée à la rédaction de l'article 46 de l'acte du 11 janvier 1821 par celle de l'article 6 de l'acte du 21 février 1822, aucune modification des statuts par nous approuvés ne pourra être faite sans notre autorisation.

6. Nous nous réservons de révoquer notre autorisation en cas de non-exécution ou de violation des statuts par nous approuvés; le tout sauf les droits des tiers, et sans préjudice des dommages-intérêts qui seraient prononcés par les tribunaux.

7. La société sera tenue de remettre tous les ans copie de son état de situation au préfet du département du Rhône, au greffe du tribunal de commerce et à la chambre de commerce de Lyon.

Ordonnance du roi, du 20 novembre 1822, qui annule un arrêté du conseil de préfecture du département de l'Indre, en matière de police de roulage.

Louis, etc.; vu les procès-verbaux dressés les 15, 18, 20, 27 et 30 avril, 2 et 3 mai 1820, par le préposé du pont à bascule de Châteauroux, département de l'Indre, contre divers individus dont les voitures ont été rencontrées sur les routes royales n° 23 et 171, sans être munies, conformément à l'article 34 du décret du 23 juin 1806, d'une plaque indicative des noms, prénoms et domiciles des propriétaires;

Vu l'arrêté du conseil de préfecture du département de l'Indre, du 16 août 1620, qui s'est déclaré incompétent pour prononcer sur les contraventions;

Vu les jugements du tribunal de première instance, séant à Châteauroux, chambre correctionnelle, par lesquels jugements ce tribunal s'est également déclaré incompétent pour prononcer sur ladite contravention;

Vu le rapport de notre garde-des-sceaux, ministre secrétaire d'État au département de la justice;

Vu les observations contenues dans la lettre de notre directeur général des ponts et chaussées et des mines;

Vu le décret du 23 juin 1806 concernant le poids des voitures et la police du roulage;

Considérant qu'aux termes de l'article 38 du décret du 23 juin 1806, toutes les contestations qui pourraient s'élever sur l'exécution dudit décret, et notamment sur le poids des voitures, sur l'amende et sa quotité, seront portées devant le maire de la commune, et par lui jugées sommairement et sans frais; que ces décisions seront exécutées provisoirement, sauf le recours au conseil de préfecture, comme pour les matières de voirie, selon la loi du 29 floréal an x;

Considérant qu'il résulte de ces dispositions, que la répression des contraventions dont il s'agit aurait dû être jugée administrativement, et qu'ainsi le tribunal de Châteauroux s'est, avec raison, déclaré incompétent pour en connaître;

Notre conseil d'Etat entendu,

Nous avons ordonné et ordonnons ce qui suit :

Art. 1er. L'arrêté du conseil de préfecture du département de l'Indre, du 16 août 1820, est annulé.

2. Le préfet du département de l'Indre continuera les poursuites commencées contre les contrevenants, en observant les formes prescrites par l'article 38 du décret du 23 juin 1806.

Ordonnance du roi, du 20 novembre 1822, portant règlement pour l'exploitation des carrières du département de Loir-et-Cher (1).

Art. 1er. Le règlement ci-annexé, pour l'exploitation des carrières du département de Loir-et-Cher, est approuvé, et sera exécuté selon sa forme et teneur.

Règlement.

TITRE Ier. *Exercice de la surveillance de l'administration sur l'exploitation des carrières.* — Art. 1er. Les carrières de pierre à bâtir et de marne actuellement existantes dans le département de Loir-et-Cher, et toutes autres carrières du même genre qui pourront y être ouvertes à l'avenir, seront soumises aux mesures d'ordre et de police qui sont prescrites ci-après.

2. Tout propriétaire ou entrepreneur qui se proposera, soit de continuer l'exploitation d'une carrière en activité, soit d'en ouvrir une nouvelle, sera tenu d'en faire sa déclaration devant le préfet du département, par l'intermédiaire du sous-préfet de l'arrondissement et du maire de la commune dans laquelle sera située ladite carrière.

3. Cette déclaration énoncera les nom, prénoms et demeure du propriétaire ou entrepreneur de l'exploitation, avec indication de ses droits de propriétaire ou de jouissance du sol. Elle énoncera le nombre d'ouvriers que l'exploitant se propose d'employer, avec désignation des différentes fonctions auxquelles ces ouvriers seront appliqués, d'après les usages locaux.

4. La même déclaration fera connaître d'une manière précise le lieu et l'emplacement de l'exploitation, la forme générale des travaux faits ou à faire, soit à ciel ouvert, soit par puits ou par cavage à bouche, ainsi que la disposition des moyens qui seront employés ou projetés pour assurer la solidité de l'ouvrage, pour prévenir les accidents tant au dehors qu'à l'intérieur, pour épuiser les eaux et pour extraire les

---

(1) Il est intervenu un règlement postérieur, en date du 2 juin 1829, lequel est inséré aux *Annales des mines.*

matières : à cet effet, ladite déclaration sera accompagnée d'un plan coordonné avec deux coupes verticales faites en deux sens perpendiculaires l'un à l'autre ; le tout dressé sur une échelle de deux millimètres par mètre. Ces plans seront vérifiés par l'ingénieur des mines de l'arrondissement et certifiés par le maire de la commune.

5. Ladite déclaration devra être faite :

1º Par tout entrepreneur de carrières actuellement en activité, dans le délai de trois mois, à compter de la publication du présent règlement ;

2º Par tout entrepreneur de nouvelle carrière, un mois avant que l'on puisse commencer à mettre en activité l'exploitation de la carrière projetée.

6. Faute par lesdits propriétaires ou entrepreneurs d'avoir fait la déclaration susénoncée dans les délais prescrits, le préfet, aussitôt qu'il sera informé de l'existence d'une exploitation non déclarée, en ordonnera la visite ; après quoi, sur le rapport du maire de la commune où sera située ladite exploitation, et sur l'avis de l'ingénieur des mines, le préfet, après avoir entendu les exploitants de ladite carrière, pourra ordonner, s'il y a lieu, que provisoirement, et par mesure de police, les travaux en seront suspendus jusqu'à ce que la déclaration sus-énoncée ait été effectuée, et sauf recours devant le ministre de l'intérieur.

7. Dans toute exploitation de pierre à bâtir ou de marne, la surveillance de la police sera exercée, sous la direction du préfet, soit par le maire de la commune dans laquelle sera située l'exploitation, ou, à son défaut, par les adjoints du maire, soit par les commissaires de police ; le tout conformément aux articles 8 à 15 du Code d'instruction criminelle.

La surveillance de l'administration, relativement à l'observation des règlements locaux, sera exercée, sous l'autorité du préfet, par l'ingénieur des mines de l'arrondissement, et par le maire de la commune où sera le siège principal de l'exploitation. En l'absence de l'ingénieur des mines, cette surveillance sera exercée par un conducteur surveillant des carrières, qui sera nommé par le directeur général des ponts et chaussées et des mines, sur la présentation du préfet.

8. L'ingénieur des mines présentera tous les ans, au préfet, un rapport sur les carrières du département, après les avoir visitées. Il donnera son avis sur les affaires administratives qui s'y rapporteront, toutes les fois qu'il en sera requis par le préfet ; il informera le préfet de tout désordre, abus ou inconvénient qu'il aurait observé dans l'exploitation des carrières ; il proposera les mesures d'ordre public dont il aura reconnu la nécessité, ou les moyens d'amélioration qu'il lui paraîtrait utile d'introduire : sous ce dernier rapport, il éclairera les exploitants, en leur faisant connaître les inconvénients qu'il aurait reconnus dans leurs travaux.

9. Sur le rapport de l'ingénieur des mines, le préfet, après avoir pris l'avis du maire de la commune, et entendu l'exploitant de la carrière dont il s'agira, pourra ordonner la suspension des travaux reconnus dangereux, et prescrire telles mesures de sûreté qu'il appartiendra, sauf recours à notre ministre de l'intérieur.

10. L'exploitant sera tenu de faciliter aux ingénieurs des mines et au conducteur surveillant, ainsi qu'à tous les fonctionnaires publics et agents délégués par l'administration, les moyens de visiter et de reconnaître les travaux de l'exploitation.

11. Il sera personnellement responsable du fait de ses employés et

ouvriers; ces derniers devront toujours être porteurs de livrets, conformément à l'article 12 de la loi du 22 germinal an XI.

12. Nul exploitant ne pourra abandonner, combler ou faire écrouler une carrière, avant d'en avoir fait sa déclaration au préfet, lequel, après avoir fait reconnaître l'état des lieux, prescrira ce qu'il appartiendra dans l'intérêt de la sûreté publique.

13. Les contraventions au présent règlement, qui seront commises par les carriers, exploitants ou autres personnes, seront constatées, comme les contraventions en matière de voirie et de police, par l'ingénieur des mines, ou par le conducteur surveillant, et concurremment par les maires et adjoints des communes ci-dessus désignées, ainsi que par tous les officiers de police de ces localités, chacun dans son ressort.

14. Les procès-verbaux constatant ces infractions seront dressés sur papier libre, timbrés et enregistrés en débet. Lorsque ces procès-verbaux seront rédigés par un gendarme, un commissaire de police ou un garde champêtre, ils seront affirmés, dans les vingt-quatre heures de leur rédaction, devant le maire de la commune où l'infraction aura été commise.

15. Ces procès-verbaux seront adressés en originaux au préfet, pour faire statuer sans délai sur les peines et amendes encourues par les contrevenants, sans préjudice des dommages-intérêts qui pourront être réclamés par les parties lésées.

TITRE II. *Règles spéciales sur l'exploitation.* — SECTION Iʳᵉ. *Classement des carrières.* — 16. Les masses ou bancs calcaires présentant des épaisseurs variables et divers degrés de dureté, et ces bancs ou masses étant couverts par une épaisseur plus ou moins grande de terre, il y aura, d'après ces circonstances, différents modes d'exploitation. Ces modes sont :

1° A découvert, par tranchées à ciel ouvert;

2° Par cavage à bouche, en pratiquant, dans un front de masse mise à découvert, des ouvertures au moyen desquelles on pénètre dans son intérieur par des galeries plus ou moins larges;

3° Les marnières seront exploitées à ciel ouvert ou par puits, suivant l'état des lieux.

SECTION II. *De l'exploitation à découvert.* — 17. Toutes les masses dont le recouvrement de terre sera moindre de quatre mètres, et généralement lorsque les bancs du sol n'auront aucune solidité, ou que la pierre aura une trop grande quantité de fils ou fissures, seront exploitées à découvert.

18. Les terres seront coupées en retraite par banquettes ou talus suffisants pour empêcher l'éboulement des masses supérieures. La pente à donner aux talus sera déterminée par la reconnaissance des lieux, à raison de la nature et de la consistance du banc de recouvrement.

19. Il sera ouvert un fossé d'un à deux mètres de profondeur et autant de largeur, au-dessus de l'exploitation; on rejettera le déblai de ce fossé sur le bord du terrain, du côté des travaux, pour y former une berge ou rempart destiné à prévenir les accidents et à détourner les eaux.

20. L'exploitation ne pourra être poursuivie que jusqu'à la distance

de dix mètres des deux côtés de tous chemins à voiture, édifices et constructions quelconques.

21. Il sera laissé, outre cette distance de dix mètres prescrite par l'article précédent, un mètre pour mètre d'épaisseur des terres au-dessus de la masse exploitée au bord desdits chemins, édifices et contructions.

Section III. *De l'exploitation par cavage à bouche.* — 22. Les masses qui seront recouvertes par quatre mètres au plus de terre, et dont les bancs supérieurs présenteront assez de solidité pour servir de ciel à la carrière, pourront être exploitées par cavage à bouche.

23. L'exploitation par cavage à bouche sera divisée en trois classes.

Première classe : le cavage provisoire, faisant suite à l'exploitation à découvert.

L'enfoncement ne pourra être poussé à une profondeur horizontale de plus de quinze mètres, passé laquelle l'exploitation sera assujettie aux mêmes règles que l'exploitation souterraine. Dans tous les cas, il sera laissé des piliers distants de sept à huit mètres au plus, et épais de cinq mètres.

24. *Deuxième classe* : le cavage à un seul étage, qui sera pratiqué comme il suit :

Sur la longueur du front du cavage, on enlèvera, en tout ou partie, les terres de recouvrement de la masse, de manière à y former une retraite ou banquette de deux mètres de largeur.

25. Un fossé d'un mètre de largeur et autant de profondeur sera ouvert parallèlement au front de masse et au-dessus de l'entrée de la carrière, comme il est prescrit par l'article 19 ci-dessus pour l'exploitation à découvert.

26. Vers les deux extrémités du front de masse, on percera en ligne droite deux entrées de galerie de service, ou une seule au milieu, suivant l'étendue en largeur de la masse à exploiter; la largeur de ces galeries sera subordonnée à l'état du ciel de la carrière; et, dans les localités connues jusqu'à présent, cette largeur n'excédera pas trois mètres et demi, et sa hauteur vingt-cinq décimètres.

27. Il sera ouvert de l'un et de l'autre côté de la galerie de service, ou d'un côté seulement s'il y a deux galeries aux extrémités de la masse, des ateliers ou chantiers d'exploitation qui auront une largeur de trois à quatre mètres au plus.

28. Les piliers qui devront être laissés entre chaque atelier seront épais de cinq mètres et pleins sur toute leur longueur; ces piliers ne pourront être recoupés que dans le cas où l'on serait sur le point d'abandonner la carrière, et qu'après en avoir fait la déclaration, ainsi qu'il est prescrit à l'article 13 ci-dessus. Le préfet, après avoir fait reconnaître l'état des lieux, réglera, sur le rapport de l'ingénieur des mines, et après avoir entendu l'exploitant, les dimensions des piliers qui devront être laissés définitivement.

29. La hauteur des ateliers ou chantiers d'exploitation n'excédera jamais deux mètres et soixante-quinze centimètres; et, dans tous les cas, il sera laissé au faîte une portion du banc solide dans lequel on travaille, sur une épaisseur de cinquante à soixante centimètres au plus, si cela est nécessaire pour assurer la solidité de la carrière.

30. Les débris de pierre et les déblais seront placés dans les chantiers abandonnés, de manière à les remplir jusqu'au faîte.

31. *Troisième classe :* le cavage à plusieurs étages.

Cette exploitation pourra être pratiquée dans les masses épaisses de plus de sept mètres, lorsque le banc supérieur aura au moins un mètre d'épaisseur et paraîtra suffisamment solide pour servir de ciel au dernier étage de l'exploitation.

3o. Les ateliers ou chantiers d'exploitation de l'étage inférieur ne pourront avoir plus de quatre mètres soixante-six centimètres de largeur ; leur hauteur n'excèdera pas deux mètres soixante-six centimètres. Les piliers réservés entre eux devront avoir au moins quatre mètres d'épaisseur.

33. Dans les étages supérieurs, les chantiers d'exploitation auront toujours en largeur un mètre de moins que ceux de l'étage immédiatement inférieur. Les piliers seront disposés de telle manière que ceux d'un étage correspondent exactement à ceux des autres étages, et qu'il y ait toujours dans la carrière plein sur plein et vide sur vide.

34. L'épaisseur des planchers laissés entre deux étages successifs ne devra jamais être moindre de treize décimètres ; elle pourra, suivant les circonstances, être portée à deux mètres, et même au delà, si la nature de la masse l'exige.

35. Dans cette espèce d'exploitation, les piliers ne pourront jamais être recoupés.

36. Aucun étage d'exploitation ne devra être entrepris ou poursuivi, dans les parties supérieures de la masse, avant que l'état des bancs inférieurs n'ait été reconnu par des sondages ou quelque autre moyen que ce soit.

Dans le cas où de telles recherches auraient fait connaître l'existence d'une exploitation inférieure, le plan devra être joint à la déclaration exigée par l'article 4, et les ateliers du nouvel étage seront coordonnés avec celui du premier, ainsi qu'il est prescrit par l'article 33 ci-dessus.

SECTION IV. *Dispositions particulières aux carrières de Bourré, Monthou et Montrichard.* — 37. Les exploitants des carrières de Bourré, Monthou et Montrichard, sont dispensés de joindre à la déclaration qu'ils sont tenus de faire, aux termes du présent règlement les plans et coupes verticales qui sont exigés par l'article 4.

38. Tous les maîtres-ouvriers, carriers ou exploitants des carrières qui sont actuellement en activité dans les communes de Bourré, Monthou et Montrichard, feront lever en commun et à leurs frais un plan de toutes les parties de ces carrières, où sont situés leurs ateliers actuels, en y comprenant les chemins ou galeries qui y conduisent. Ce plan, tracé sur une échelle de deux millimètres pour mètre, sera accompagné des coupes verticales nécessaires pour faire connaître la position des ateliers entre eux, et leur relation avec la surface du sol. Il devra être remis à la préfecture, dans le délai de trois mois, à compter de la publication du présent règlement, et sera ensuite transmis à l'ingénieur des mines de l'arrondissement, pour être vérifié et certifié par lui.

39. A défaut d'exécution de l'article précédent, ou pour cause d'inexactitude reconnue des plans, ils seront levés d'office aux frais des exploitants.

SECTION V. *De l'exploitation des marnières.* — 4o. L'exploitation des marnières à ciel ouvert, ou par enfoncements peu profonds est assujettie aux mêmes règles que celle des carrières de pierre, et qui sont prescrites par les articles 18, 19, 20, 21, 22 et 23.

41. L'exploitation des marnes pourra être faite par puits, lorsque ces terres se trouveront à plus de sept à huit mètres de profondeur; les puits n'auront pas plus de quinze décimètres de diamètre, et seront boisés solidement en chêne dans toutes les parties où ils ne traverseront pas un rocher reconnu suffisamment solide.

42. L'exploitation proprement dite ne pourra commencer qu'à la distance horizontale de six mètres au moins du fond du puits. Les galeries qui partiront de celui-ci seront larges d'un mètre, et hautes de deux mètres au plus. On évitera avec soin tout éboulement qui pourrait compromettre la solidité des puits.

Section VI. *Dispositions communes à toutes les exploitations souterraines.* — 43. Les exploitations par puits ou par cavage, de quelque classe quelles soient, ne seront poussées qu'à la distance de dix mètres des deux côtés des chemins à voitures, des édifices et constructions quelconques. Cette distance sera augmentée, suivant les différentes localités, d'une quantité égale à la somme de la hauteur et de la largeur des chantiers d'exploitation.

Circulaire du directeur général des ponts et chaussées et des mines (M. Becquey), à MM. les préfets, indiquant les règles qui seront désormais suivies pour les congés à accorder aux ingénieurs.

Paris, le 30 novembre 1822.

Monsieur le préfet, le service des ponts et chaussées a pris depuis plusieurs années de notables accroissements. Les travaux des canaux et des grands ponts reçoivent une activité nouvelle; ils exigent le concours de beaucoup d'ingénieurs, et j'ai été obligé de réduire temporairement, dans quelques départements, le nombre de ceux qui sont employés aux ouvrages ordinaires.

Dans une telle conjoncture, MM. les ingénieurs sentiront facilement qu'ils doivent plus que jamais se consacrer tout entiers au service confié à leurs soins, et que ce service serait compromis s'ils le quittaient un seul instant. De nombreuses demandes de congés m'ont été adressées dans ces derniers temps; il est même arrivé quelquefois que plusieurs ingénieurs d'un même département en ont été absents à la fois, et leur absence n'avait pas toujours pour cause des circonstances vraiment impérieuses.

Ces circonstances seules pourront désormais me déterminer à accorder de nouveaux congés. MM. les ingénieurs auront soin d'en justifier d'une manière positive, à l'appui des demandes qu'ils formeront, et qui devront toujours, monsieur le préfet, me parvenir par votre intermédiaire, afin que vous puissiez en apprécier les motifs, et me donner votre avis. Celui de MM. les ingénieurs en chef accompagnera aussi, suivant l'usage établi, les demandes présentées par MM. les ingénieurs ordinaires.

Animés comme ils le sont tous, du sentiment de leur devoir, tous, j'aime à le penser, entreront avec empressement dans les vues que je viens de manifester pour le bien du service.

Je leur adresse une ampliation de la présente circulaire.

———

Circulaire du directeur général des ponts et chaussées et des mines (M. Becquey), à MM. les ingénieurs en chef des ponts et chaussées et des mines, pour leur demander l'inventaire des papiers et du mobilier appartenant à l'État dans les bureaux des ingénieurs.

Paris, le 30 novembre 1822.

MONSIEUR, les décrets des 25 août 1804 et 18 novembre 1810 (art. 77 et 90) exigent qu'il soit fait un inventaire détaillé de tous les plans, papiers et cartes, des instruments et du mobilier appartenant à l'État, et existants dans les bureaux des ingénieurs en chef et des ingénieurs ordinaires des ponts et chaussées et des mines; le double de cet inventaire devait être adressé à la direction générale.

Cette disposition a dû être observée; d'ailleurs, toutes les fois qu'un ingénieur a pris possession d'un département ou d'un arrondissement, il a été tenu de donner, à celui qu'il a remplacé, une reconnaissance de la remise qui lui a été faite de tous les objets de bureau : mais cette partie du service a besoin d'être complétement régularisée; car il importe que ce qui est la propriété de l'État soit bien connu et distingué des objets appartenant en propre à MM. les ingénieurs, et qu'ils ont payés de leurs deniers.

Je vous prie, en conséquence, monsieur, de me faire parvenir, par l'intermédiaire de M. l'inspecteur divisionnaire, l'inventaire détaillé et complet du mobilier et des papiers existants dans votre bureau, et qui appartiennent à l'État.

Cet inventaire sera divisé en quatre parties.

La première comprendra tous les papiers relatifs à votre service, c'est-à-dire ce qui fait le fonds des archives du bureau de chaque ingénieur; et vous aurez soin de faire une mention exacte des cartes et plans, tant anciens que nouveaux, qui se rattachent à ce service.

La seconde comprendra les livres et les cartes plans de toute espèce qui auraient été fournis par l'administration, comme les cartes de Cassini, etc.

La troisième, tous les instruments qui auraient été également payés par le gouvernement.

Enfin, le mobilier, dans lequel on comprend les tables, bureaux, tablettes, cartons, etc., formera la quatrième partie de cet inventaire.

MM. les ingénieurs ordinaires, aspirants ou élèves employés sous vos ordres, devront vous adresser des inventaires semblables, en ce qui concerne leurs bureaux. Je vous serai obligé de me les transmettre par l'intermédiaire de M. l'inspecteur divisionnaire, après avoir été vérifiés et visés par vous.

MM. les inspecteurs conserveront un double de ces états, et ils auront soin de les vérifier dans leurs tournées. Vous devrez, à cet effet, leur donner avis, ainsi qu'à moi, des changements ou augmentations qui pourront survenir dans votre bureau et dans ceux de MM. les ingénieurs ordinaires.

J'adresse à ces derniers une ampliation de la présente circulaire, dont je vous prie, monsieur, de remplir l'objet le plus promptement possible.

————

Ordonnance concernant le mode de mesurage et de perception pour les bateaux à vapeur qui sont ou seront établis sur les différents bassins de navigation et canaux appartenant à l'Etat.

Au château des Tuileries, le 11 décembre 1822.

LOUIS, etc. Vu la loi du 30 floréal an 10, portant création d'un droit de navigation sur les fleuves, rivières et canaux navigables;

Vu la loi du 28 avril 1816 et les lois de finances qui ont successivement maintenu ce droit ;

Vu notre ordonnance du 8 août 1821, concernant le mode de mesurage et de perception du droit sur les bateaux à vapeur employés à la navigation maritime;

Vu également notre ordonnance du 3 juillet dernier, qui prescrit l'application de ce mode de mesurage aux bateaux à vapeur sur la basse Seine;

Vu la demande faite d'appliquer ce même mode au bâtiment à vapeur établi sur le cours de la Charente pour le transport des voyageurs et des marchandises de Saintes à Rochefort, et *vice versâ*;

Considérant qu'il convient de favoriser un genre d'industrie qui a pour objet de procurer des moyens de transport plus rapides, plus fréquents, et plus profitables au commerce, aux consommateurs et à l'Etat;

Considérant que, si le mode actuel de perception des taxes de navigation était appliqué aux bateaux à vapeur, il s'ensuivrait que ce genre de transport serait assujetti à des droits plus élevés que ceux exigés pour les transports effectués par les bateaux ordinaires;

Sur le rapport de notre ministre secrétaire d'Etat des finances,

Nous avons ordonné et ordonnons ce qui suit:

ART. 1er. Le mesurage des bateaux à vapeur qui sont ou seront établis sur les différents bassins de navigation et canaux appartenant à l'Etat, sera calculé d'après l'espace uniquement destiné au placement des voyageurs et des marchandises, et déduction faite de l'espace nécessaire à l'emplacement de la machine à vapeur, au magasin des combustibles, à celui des agrès et à celui des employés des équipages.

2. La même distraction aura lieu pour les bateaux à vapeur naviguant sur les bassins et canaux où le droit est perçu d'après le chargement possible du bateau.

3. Les droits actuellement établis sur la nature du chargement seront perçus pour les bateaux à vapeur comme pour les bateaux ordinaires.

Ordonnance du roi, du 30 décembre 1822, qui annule les arrêtés par lesquels le conseil de préfecture du département de l'Oise a cassé, pour défaut de forme, des procès-verbaux en matière de police de roulage.

Louis, etc. ; vu le pourvoi élevé par notre ministre des finances contre deux arrêtés du conseil de préfecture du département de l'Oise, en date des 26 octobre et 14 décembre 1821, qui annulent, pour défaut de forme, cent trente-deux procès-verbaux dressés par le sieur Cousin, préposé au pont à bascule établi à Senlis, pour contravention à la police des routes, et ordonnent la restitution des amendes consignées par les contrevenants ; ledit pourvoi tendant à l'annulation desdits arrêtés ;

Vu lesdits arrêtés du conseil de préfecture du département de l'Oise ;

Vu les lois des 19 décembre 1790 et 22 frimaire an VII (12 décembre 1798) ;

Vu l'article 38 du décret du 23 juin 1806, qui porte que les procès-verbaux en matière de police de roulage seront portés devant le maire de la commune, pour être par lui jugés sommairement, sans frais et sans formalités ;

Vu le décret du 18 août 1810, qui n'astreint les préposés aux ponts à bascule qu'à l'affirmation de leurs procès-verbaux ;

Vu l'article 77 de la loi du 28 avril 1816, qui maintient les dispositions des lois, décrets et ordonnances auxquels il n'est pas dérogé par ladite loi ;

Vu notre ordonnance du 29 août 1821 rendue en pareille matière ;

Considérant que la disposition de la loi du 19 décembre 1790 a été abrogée par les lois et décrets postérieurs, et notamment par le décret du 23 juin 1806, qui n'a pas assujetti au droit de timbre et enregistrement les procès-verbaux relatifs à l'exécution des lois du 29 floréal an X (19 mai 1802) et 7 ventôse an XII (27 février 1804) ;

Considérant qu'il résulte des documents transmis par notre ministre des finances, que c'est ainsi que ce décret a été entendu et exécuté par l'administration générale des domaines et de l'enregistrement ;

Notre conseil d'Etat entendu,

Nous avons ordonné et ordonnons ce qui suit :

Art. 1er. Les arrêtés du conseil de préfecture du département de l'Oise, des 26 octobre et 14 décembre 1821, sont annulés.

FIN DU TOME DEUXIÈME.

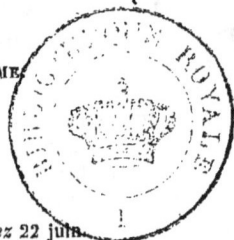

—

ERRATA.

Page 94, ligne 13 : 22 août, *lisez* 22 juin.
— 171, — 5 : elur, *lisez* leur.
— 220, — 42 : Tarn, *lisez* Tarde.
— 264, — 7 : relatif, *lisez* relative.

PARIS. — IMPRIMERIE DE FAIN ET THUNOT, RUE RACINE, 28, PRÈS DE L'ODÉON.